U0830000

国家出版基金项目

小阿瑟·M.施莱辛格
史学经典

新政的来临 1933—1935

罗斯福时代

Ⅱ

[美] 小阿瑟·M.施莱辛格 著
林国荣 —— 译

上海译文出版社

小阿瑟·M. 施莱辛格史学经典

编委会

顾云深　李剑鸣　黄仁伟

刘　鸣　任军锋　邱立波

总　序

小阿瑟·施莱辛格："见证者历史"的书写者

顾云深

美国作为一个世界性大国，虽然立国时间也就区区二百五十年左右，其文化软实力则不容小觑，历史学作为文化软实力的一种呈现，在美国格外受到重视。自二十世纪以来，随着美国国力的增强和国际地位的提升，美国的历史学经历了职业化和学科化的发展，特别是自二十世纪初"新史学"——以历史学家詹姆斯·哈维·鲁滨逊（James Harvey Robinson）一九一一年的著作《新史学》（*The New History*）出版为标志——发轫之后，极力主张打破狭隘的政治史研究传统，用进步的、综合的、多因素的观点从整体上考察历史的发展和演变，倡导历史学与新兴的社会科学相结合，注重历史的社会功能，强调历史为现实服务。由此呈现出史学发展的新面向、新格局和新趋势。在二十世纪美国史学发展的进程中，小阿瑟·M.施莱辛格无疑是一位令人瞩目的历史学家，他与理查德·霍夫施塔特（Richard Hofstadter）、埃里克·戈德曼（Eric Goldman）、丹尼尔·约·布尔斯廷（Daniel J. Boorstin）等同一代著名史学家成为接续二三十年代"进步主义史学"之后，在一九四〇年代至一九七〇年代最为活跃、最负盛名的历史学家，直至一九八〇年代之后各类新流派、新转向，如"新文化史""新政治史"等的出现后被迭代，但是，他们是二十世纪中期承上启下的一代史学家群体，也被贴上"自由主义史学""保守主义史学"或"一致论史学"等标签。

小施莱辛格出身史家名门，其祖父一代一八六〇年从德国移民至美国，父亲阿瑟·M. 施莱辛格一九一七年从哥伦比亚大学获得博士学位，随后走上历史学教学和研究的道路，曾先后执教于俄亥俄大学和艾奥瓦大学，一九二四年获聘于哈佛大学，小施莱辛格随全家一起迁居到波士顿剑桥，从此与哈佛结下了深深的情缘。作为二十世纪初“新史学”的倡导者和践行者之一，小施莱辛格勇于打破美国传统精英史学的羁绊，尤其关注美国社会生活史、劳工史、妇女史、黑人史等，所撰写的《殖民地商人与美国革命，1763—1776》（*The Colonial Merchants and the American Revolution*, *1763—1776*）、《美国历史新观点》（*New Viewpoints in American History*），以及主编的多卷本《美国生活史》（*A History of American Life*）等均获得学界的好评，其与弗雷德里克·杰克逊·特纳（Frederick Jackson Turner）、查尔斯·奥·比尔德（Charles A. Beard）、弗农·路易斯·帕林顿（Vernon Louis Parrington）等人一样，被认为是“进步史学派”的代表人物。

小施莱辛格的母亲伊丽莎白·班克罗夫特（Elizabeth Bancroft）据称和十九世纪美国最具声望的政治家、历史学家乔治·班克罗夫特（George Bancroft）是远亲。小施莱辛格从小受到家庭的熏陶，尤其是得到父亲在人文教育方面的培养，其年少聪慧，博览群书，涉猎甚广，一九三三年，小施莱辛格十六岁，已经从高中毕业，考虑到进大学年龄还小，同时为了奖掖他学业优秀，父亲带全家进行了一次环球旅游，以开阔他的眼界，更多地了解世界。他们游历了东亚、东南亚以及欧洲许多国家，瞻仰了人类文明史上许多著名的历史遗迹，从金字塔到雅典卫城、庞贝古城，从紫禁城、万里长城到吴哥石窟。正是在北京，哈佛大学毕业后又在牛津大学获得博士学位的费正清（John King Fairbank，当时他正在中国从事研究和学习汉语）带着他的新婚妻子威尔玛·坎农（Wilma Cannon，中文名费慰梅）前来拜访施莱辛格一家，与小施莱辛格结识。威尔玛·坎农的父亲沃尔特·布拉德福德·坎农（Walter Bradford Cannon）是哈佛大学医学院著名生理学家（坎农家的旧宅所在地后来建成现在的哈佛燕京图书馆）。一九三六年小施莱辛格进入哈佛大学读书，这位十九岁的一年级新生认识了比自己大五岁的女孩玛丽安·坎农（Marian Cannon），她正是威尔玛·坎农的妹妹。当时已经回到哈佛的费正清夫妇慧眼识珠，也曾为他们的姻缘牵线搭桥。两人成婚后，小施莱辛格与费正清不仅变成了连襟，两位历史学家还成了终生的好朋友。我们从两人的相关记载中可以看到，一九八七年正值费正清八十大寿，小施莱辛格夫妇专程去剑桥为其祝寿，而当年恰好也是小施莱辛格的七十大寿，费正清夫妇也特地到纽约海德帕克的罗斯福总统图书馆参加了小施莱辛格的生日庆祝会，彼此之间有着深切的交往（据小施莱辛格《日记，1952—2000》）。

在哈佛求学期间，小施莱辛格师从著名思想史家佩里·米勒（Perry Miller）和文学史家弗·奥·马西森（F. O. Matthiessen），以研究十九世纪美国思想家奥雷斯蒂斯·奥·布朗森（Orestes A. Brownson）的思想为主题的论文获得哈佛大学的荣誉学位，论文经他补充修改后成书，于一九三九年四月正式出版，书名为《奥雷斯蒂斯·奥·布朗森：一个朝圣者的成长》（*Orestes A. Brownson: A Pilgrim's Progress*）。这本书出版以后，受到一些史学名家如比尔德、亨利·斯蒂尔·康马杰（Henry Steele Commager）等人的好评，比尔德称之是“对美国历史写作的真正思考”。正是由于对布朗森的思想史研究，小施莱辛格对十九世纪美国社会历史发展和演变有了更为深切的理解，他接触大量有关社会等级和思想冲突、宗教教派和神学思想、社会经济和政治变迁等方面的文献史料，对一八三〇年代民主党总统杰克逊当政时期，美国由早年的精英民主政治向大众民主政治转型产生了兴趣，尤其是对当时美国史学界关于“杰克逊民主”的传统诠释产生疑惑，如“边疆学派”宗师特纳从“边疆在美国历史上的重要性”的角度，把“杰克逊民主”主要解释为“源自密西西比河流域的边疆民主社会”，过于强调区域利益冲突，而忽略财富与阶级的不平等和冲突。这样的问题意识激发起小施莱辛格对探究杰克逊时代历史的浓重兴趣。同时，他也试图在美国的历史中为当时罗斯福总统正在大张旗鼓实施的“新政”寻找先例，以此证明“新政”的合法性。他把思想史研究与政治史研究结合起来，以思想史的方法来研究政治史，采用文献档案和口述史并重的手段，对杰克逊时代美国社会的转型、美国民粹主义运动的兴起、两党制度建构与形塑等问题，进行了深入细致的研究，撰写了成名作《杰克逊时代》，打破了以特纳为代表的“边疆学派”片面地将“杰克逊民主”的形成完全归因于西部边疆生活的观点，他认为，“杰克逊民主”同样具有重要的东部起源，尤其是杰克逊主义中的激进主义的来源，就是东部那些思想家和知识分子的产物，他明确提出阶级冲突是发生社会变革动力的观点，认为“杰克逊民主”的真正动力源于日益城市化、工业化的东部，那里的劳工阶级、作家和知识分子在更为激进的经济民主中起到了领导作用。“杰克逊民主”更多地表现为阶级斗争而不是区域之间的斗争，而在美国政治生活中，阶级斗争的形式便是工商业界与其他所有群体对国家控制权的争夺。该书在一九四五年出版后，即获得学界甚高的评价，被认为是“进步主义史学”最后一部具有里程碑意义的著作，“具有成熟的眼光和分析性的思考”（霍夫施塔特语）。史家阿兰·内文斯（Allan Nevins）在书评中称：该书“赋予了杰克逊主义运动新的意义……是值得关注的分析历史作品，充满活力，富于洞察力和新的事实”。《杰克逊时代》获得一九四六年普利策历史著作奖，一举奠定了他在美国历史学界的地位。此时，小施莱辛格才二十八岁，可谓是少年成名。由于其出色的史学才华和成就，同年即被哈佛大学聘为历史系副教授。施莱辛格父子两人同时执教于哈佛大学历史系，施莱辛格把自己在哈佛常开的一门课程“美国社会与思想”拆分成两门课，思想史部分由小施莱辛格开设名为“美国思想史”的课程，他自己则专讲“美国社会文化史”。父子接续，相得益彰，受到了哈佛学生的欢迎，“上阵父子兵”也成为哈佛校园中的一道亮丽风景线。

小施莱辛格和其父母均是坚定的自由主义者，也是民主党的忠实拥趸，他在学生时代就十分赞赏一九三〇年代罗斯福总统为应对美国经济大萧条而实施的“新政”社会改革。面对战后美国出现的保守主义思潮，“反共”“恐共”也成为攻击和诋毁“新政”的借口，在东西方冷战的缘起阶段，小施莱辛格对美国历史上的自由主义传统进行了总结和反思，撰写了一部为自由主义张本的政论性著作——《核心：自由的政治》（*The Vital Center: The Politics of Freedom*），于一九四九年出版。此书全面阐述了他对自工业革命以来世界历史发展的深入分析和主要观点，以及对战后国际关系和国际形势发展趋势的判断，提出要理解自由主义传统，秉承“新政”自由主义的路径，除了“核心”，无左无右。唯如此，才能真正捍卫美国的自由民主制度。他的这部政论性著作被评论界视为“一部战后自由主义的宣言”，同时，也标志着小施莱辛格从进步主义历史观向自由主义历史观的转变。在“非美活动忠诚调查”和麦卡锡主义猖獗的年代，他秉持自由主义的立场，认为意识形态的对立只是思想的分歧，并非你死我活的斗争，反对对同情和支持左翼的知识分子进行打压和迫害，他不赞同把所有身为共产党员的教授开除出大学的观点，主张“在课堂上要采取价值中立的态度”。

从第一次世界大战结束到第二次世界大战结束的三十年间，美国经历了一些具有特殊意义的历史事件：“一场史无前例的资本主义扩张，一次美国历史上最大的经济危机，一场引人注目的政治改革试验，一次天翻地覆的世界性战争。美国跃居世界领先地位。”（埃里克·方纳《新美国历史》）大家都想了解自己所生活的那个动荡起伏、风云变幻的年代，专业历史学家们纷纷著书立说，写出了一大批研究这一历史时期的作品。一九五七年至一九六〇年，小施莱辛格出版了《罗斯福时代》三部曲，即《旧秩序的危机 1919—1933》（*The Crisis of the Old Order: 1919—1933*）、《新政的来临 1933—1935》（*The Coming of the New Deal: 1933—1935*）、《剧变的政治 1935—1936》（*The Politics of Upheaval: 1935—1936*）。与绝大部分论述罗斯福“新政”的作品或其他罗斯福传记不一样的地方是，小施莱辛格并不局限于“新政”本身来讨论“新政”，也非主要突出罗斯福个人对“新政”的建树和贡献，而是将“新政”和罗斯福个人置于一个特定的、宏观的历史背景中加以考察和论述。他曾说：“一切都是以我当时所处的历史时代为条件的。”该三部曲的第一卷《旧秩序的危机 1919—1933》，就着重追溯和分析了“新政”的思想和历史根源，特别是将罗斯福的政治思想与伍德罗·威尔逊、西奥多·罗斯福的政治思想进行对比研究，指出了他们的异同，以及小罗斯福汲取了前任思想观念的合理部分，形成了他自己独特的政治思想和实施“新政”的政治理念。小施莱辛格以后来逐步成型的“美国历史周期理论”为分析范式，他把这种范式称为“全国范围内公共目标和个人利益之间的持续转换”。每隔数十年，就会出现一个这样的历史周期，因此，小施莱辛格深入地分析了一九二〇年代美国社会在共和党保守主义政府治理下，如何从所谓的“柯立芝繁荣”走向经济大萧条的过程。小施莱辛格对“新政”这一历史事件的记述是全景式的，书中翔实地描述了罗斯福动员当地美国人和移民，各种族（无论黑白）选民，无论北方各州还是南方各州的各阶层选民结成联盟来赢得大选的胜利。《罗斯福时代》这部巨著还“记录了美国社会在公共政策引导下成功向现代资本主义社会转型与过渡的过程，充分展示了现代民族国家采取切实有效的尝试和举措，增强危机的处置能力，妥善应对史无前例的经济困境，从而帮助人们克服恐惧心理，摆脱危机阴影，取得经济发展和社会改革的业绩和成效”（艾拉·卡茨尼尔森《恐惧本身：罗斯福新政与当今世界格局的形成》）。小施莱辛格还认为，“新政”是悠久的改革传统的一部分，该传统可以追溯到美国的立国之初。

“新政”改革也是群众性的民主运动的一部分，这场运动在与那些贪婪自私的利益集团的斗争中获得了成功。这部著作气势宏大，文笔优美，论述生动有力，感人至深，出版后获得了史学界和一般读者的欢迎和好评，极大地影响了人们对罗斯福时代的看法，第一卷《旧秩序的危机 1919—1933》还获得了美国历史学最高奖班克罗夫特奖，著名史学家约翰·威廉·海厄姆（John William Higham）曾评价说：“自从乔治·班克罗夫特那个时代以来，首次有一部描述美国历史中一段时期的多卷本学术著作能获得如此高度的赞扬。”（海厄姆等《历史：美国历史研究的发展》[*History: The Development of Historical Studies in the Unite States*]）当代史家卡茨尼尔森也指出，在众多历史学家中，小施莱辛格“首先提出了围绕救赎这一主题书写‘新政’历史的主张。这也是最早由职业历史学家对这一主题作出的严肃评判，为后来的‘新政’研究定下了基调”。

在《罗斯福时代》三部曲中，小施莱辛格解释历史的框架再次发生了变化，他不再坚持“进步史学派”的那种“阶级冲突论”，而是致力于论证“美国的政治传统主要是基于一种自由主义的和谐一致”。后来有人也把他归入“和谐论”的历史学派中，其实他与“和谐论”有所不同，他更大程度上是一个自由主义史学的代表人物，不仅在历史研究和历史书写中秉持这样的观念和立场，在参与具体政治实践时，亦是如此。由于两次世界大战的经历，小施莱辛格体会到知识分子的思想和才华也可以对社会与现实政治产生影响，他希望自己不同于父亲，仅仅充当一个温和的自由主义者，而是像他从小就敬仰的先辈班克罗夫特一样，既能成为一位伟大的历史学家，也能在政治舞台上发挥自己的作用。他对于介入政治行动有很大的热忱和积极性，也成了一个在政治上的行动主义者。一九四七年他与罗斯福夫人埃莉诺等人一起发起组建了自由主义者的政治组织“美国人争取民主行动”（ADA），并在该组织中发挥思想智囊的作用。一九四九年出版的《核心》一书，被称为“战后自由主义的宣言”，自然也是ADA的行动纲领。一九五二年和一九五六年，小施莱辛格先后两次参加了民主党人阿德莱·史蒂文森的总统竞选班子，成为史氏的演讲撰稿人，但是，史氏两次都败给了共和党候选人艾森豪威尔。然而，小施莱辛格的自由主义观念引起了民主党参议员约翰·肯尼迪的注意，遂将其吸纳到自己一九六〇年的总统竞选团队中来，一方面，他觉得小施莱辛格可以成为他和自由主义知识精英之间的一座桥梁，另一方面，他觉得小施莱辛格对自由主义观念的一些阐释可以为他的竞选纲领提供一些新意，这恰恰是他本人最感缺乏的。正如肯尼迪传记的作者罗伯特·达莱克（Robert Dallek）所言：“施莱辛格加入肯尼迪的竞选阵营，主要是因为他认为肯尼迪与史蒂文森相比是个更加现实的自由主义者，而帮助杰克发现一种与众不同的自由主义观点的正是施莱辛格。”（罗伯特·达莱克《肯尼迪传》[*An Unfinished Life: John F. Kennedy, 1917—1963*]）肯尼迪试图学习罗斯福，网罗了一批知识精英进入他的智囊团，小施莱辛格与沃尔特·惠特曼·罗斯托（Walt Whitman Rostow）、约翰·肯尼思·加尔布雷思（John Kenneth Galbraith）等人一样成为大卫·哈伯斯坦（David Halberstam）所称的“出类拔萃之辈”中的一员，肯尼迪任命他为总统的特别助理，参与白宫内外事务的处理。史学家从政，究竟能发挥什么样的作用？这确实引起过一些人的质疑。肯尼迪的密友和幕僚特德·索伦森（Ted Sorensen）曾写道：“其在白宫的职责还是引起了一些人的诟病，说他不过是装饰门面的知识分子，这些人或者不了解肯尼迪总统以史为鉴、对历史的重视程度，或者不了解阿瑟有着多么敏锐的政治头脑……后来阿瑟写的关于约翰·肯尼迪和罗伯特·肯尼迪的传记充分证明了白宫的选择是明智的。”（特德·索伦森《总统幕僚：在肯尼迪身边十一年》[*Counselor: A Life at the Edge of History*]）

一九六三年十一月二十三日，肯尼迪总统在达拉斯遇刺身亡，一九六八年六月四日，曾在肯尼迪政府中担任司法部部长的弟弟罗伯特也被刺杀身亡。罗伯特·肯尼迪遇刺身亡后一个月，其遗孀埃塞尔就向小施莱辛格提出要求，请他为其丈夫撰写一部传记，尽管此时小施莱辛格还沉浸在肯尼迪总统遇刺后深深的悲伤之中，他曾对朋友说："因为伤心欲绝而无法静心思考。"（理查德·奥尔德斯《施莱辛格：帝国历史学家》[*Schlesinger: The Imperial Historian*]）但是面对肯尼迪兄弟的遗孀杰奎琳和埃塞尔以及他们的家庭，他都是无法拒绝的。他说过，作为一个"长时期以来唯一能从白宫这一有利位置观察历史的职业历史学家"，当然义不容辞地有责任把这段历史记录下来。另一方面，他也是为了回应当时由著名记者与史家威廉·曼彻斯特（William Manchester）的畅销书《总统之死》（*The Death of a President*）中对肯尼迪兄弟夸张和不实的叙述。为了如实记录肯尼迪总统白宫执政的岁月，他曾应肯尼迪的要求，积累了许多重大事件决策过程的记录和笔记（本是准备为肯尼迪将来自己所用），后来又对一些当事人作了口述史实录来加以补充。他花了一年多的时间，撰写了《一千天：约翰·菲·肯尼迪在白宫》，一九六六年再度获得了普利策奖和国家图书奖。后来又完成了罗伯特·肯尼迪的传记《罗伯特·肯尼迪及其时代》（*Robert Kennedy and His Times*），此书也获得了国家图书奖。因为要连续为肯尼迪兄弟立传，他不得不放下《罗斯福时代》第四卷的写作，致使这部伟大的多卷本著作始终存在未竟的遗憾。事实上，作为肯尼迪的同龄人，小施莱辛格对于"接过火炬的一代"（指出生于二十世纪的年轻一代政治家）有着充满理想主义色彩的期望，按照他正在逐步成型的"美国历史周期理论"，肯尼迪正是接续罗斯福"新政"改革传统的一代，这一代不但可以塑造出一种新型的自由主义，而且是在政治上可能更能创新的人。《一千天》如同他的前两部作品一样，具有优秀史家的宏大叙事风格，史实清晰，细节生动，为读者勾画出肯尼迪当政时期内外政策形成和决策的历史情境。

当然，小施莱辛格从内心深处希望能将肯尼迪时代与美国历史上的自由主义改革传统接续起来，为它的存在提供合法性的证明。正是由于对肯尼迪兄弟执政历史的分析和记载，他写成了从“杰克逊时代”“罗斯福时代”，直到“肯尼迪时代”的美国民主党自由主义传统和推进社会变革的作品系列，也形成了小施莱辛格主要历史著述的一个特征。作为被评论界称为一度处于美国政治核心圈的人物，小施莱辛格如此接近政治权力中心，可以利用局内人和局外人的双重身份以及历史学家的独特视角来描述和分析美国统治集团内部的政治运作，但这样的描述和分析能否摆脱政党圈子的立场和偏袒，能否具有真正的客观性和可信度，也常常遭到学界和社会的质疑，有人就说他是“肯尼迪的卡米洛”，是“宫廷历史学家”，是“肯尼迪神话”的制造者之一。但是，小施莱辛格指出，在历史学职业化之前，许多伟大的历史学家撰写的历史就源于他们亲身的经历。涉足历史记录的客体对历史学家而言是有益的。他后来在谈到历史学的功用时指出：“历史学家的目标是在重现往事的过程中力争做到准确、抽丝剥茧与客观公正。但是历史并非仅仅是供奉于大雅之堂中的一门学科，它在国家走向未来的过程中扮演着独特的角色。历史之于国家就像记忆之于个人，一个人被剥夺了记忆，会感到无助与迷失，全然忘记他去过哪里或即将前往何处。以此类推，当一个国家否定了自己的历史时，它将无法应对自己的当下和未来。”

离开白宫后，小施莱辛格又回到校园，他被纽约市立大学聘为阿尔伯特·史怀哲人文讲座教授，除了教书写作，也较多地参与社会政治活动，发挥着一个自由主义公共知识分子的作用，关注着美国社会和政治，在各类媒体上发表了许多论文和时评，一部分结集出版，如讨论美国历史发展问题的《美国历史的周期》（*The Cycles of American History*），探讨美国总统制度的《帝王总统》（*The*

Imperial Presidency）和《战争与美国总统制》（*War and the American Presidency*），参与美国种族问题与多元文化主义争辩的《美国的分裂：对多元文化社会的思考》（*The Disuniting of America: Reflections on a Multicultural Society*）。其“美国历史周期理论”来源于其父亲施莱辛格的“国家政治趋势论”，并吸纳了一九六〇年代社会学中“代”的理论发展而成，认为美国“政治周期”就是国家在公共目标与个人利益之间的一种持续不断的运动。他以此理论解释二十世纪的美国历史，对一些相关的社会科学领域产生了一定的影响，不过褒贬不一，争论不少。对美国总统制的研究，主要体现其自由主义态度和立场，尤其是针对二十世纪以来美国总统行政权力的扩张，小施莱辛格提出了“帝王总统”的概念，其时恰逢美国政界为尼克松总统的“水门事件”闹得沸沸扬扬之际，“帝王总统”很快成为被学界和社会接受的一个政治术语，认为其恰如其分地阐释了二十世纪以来随着美国经济实力增长和国际地位上升，美国总统制所发生的变化。由于其长期参与总统竞选的实践，并一度担任总统的特别助理，使那些研究总统史的专家也不得不承认其著述具有很强的说服力（福里斯特·麦克唐纳《美国总统制：一部知识史》[Forrest McDonald, *The American Presidency: An Intellectual History*]）。对于自一九八〇年代兴起的关于“多元文化主义”的讨论，小施莱辛格也积极参与其中，一九九一年出版的《美国的分裂：对多元文化社会的思考》一书，即是他针对美国的种族歧视和种族隔离的历史痼疾，将“多元文化主义”放在美国历史发展的进程中加以考察的成果，他认为正是来自世界各地的民族和种族怀着共同的信念和理想，在北美大陆的历史进程中逐步“合众为一”，而融合成为一个全新的国家和民族。他坚持美利坚国家认同，反对偏执地极力地宣扬“非洲中心论”、从一个极端走向另一个极端的倾向，担忧族群自我认同超越国家认同有可能产生的危

害，其最终结果必将导致美国的分裂。对照当下的美国，小施莱辛格的担忧不无道理。

作为历史学家的小施莱辛格，一生笔耕不辍，除了为世人留下了十几部史学专著之外，还主编过许多有价值的历史文献资料，如在《牛津美国历史学会历史文献指南》（*The American Historical Association's Guide to Historical Literature*）中就列入了其主编的《大西洋移民与美国的建立：1607—1860》，此外还有《美国的思想道路》（*Paths of American Thought*）、四卷本的《美国政党史》（*History of U.S. Political Parties*）和十卷本的《美国总统选举史：1789—1984》（*History of American Presidential Elections, 1789—1984*）等。二〇〇〇年他八十三岁，出版了自己两卷本的回忆录中的第一卷《20世纪的历程：1917—1950》（*A Life in the 20th Century, Innocent Beginnings, 1917—1950*），二〇〇七年去世后，他的儿子安德鲁（Andrew Schlesinger）和斯蒂芬（Stephen Schlesinger）又根据他的日记编辑了回忆录的第二卷《日记：1952—2000》以及《小施莱辛格书信集》（*The Letters of Arthur Schlesinger, Jr.*）。由于小施莱辛格具有多重面向，西方著名的《历史学家与历史著作百科全书》（*Encyclopedia of Historians & Historical Writhing*）认为他“可能是二十世纪下半叶最知名和最具争议的历史学家”。二〇一七年，英国史家理查德·奥尔德斯编写出版了小施莱辛格的传记《施莱辛格：帝国历史学家》，因其九十年的一生确乎伴随着美利坚“帝国”盛衰荣辱的过程。一九八八年十月二十六日，《纽约时报》用一整版的篇幅，刊登了一份自由主义的公告，训斥时任总统里根对自由主义的嘲弄和轻蔑，坚称自由的原则是永恒的。包括小施莱辛格、肯尼思·加尔布雷思、丹尼尔·贝尔（Daniel Bell）在内的六十三位著名自由派公共知识分子在上面署了名，当代著名历史学家托尼·朱特（Tony Judt）称他们是“关键的知识分子核心人物，是美国公共生活中的坚强道德中心”（托尼·朱特《重估价值——反思被遗忘的二十世纪》[*Reappraisals: Reflections on the Forgotten Twentieth Century*])。

二〇一五年我在为谈丽博士的专著《小阿瑟·施莱辛格史学思想研究》(复旦大学出版社，二〇一五年)撰写序言时曾说道："在中国，不知出于什么原因，除了《一千天：约翰·菲·肯尼迪在白宫》和由其主编的《美国政党史》有中译本(其实都是摘译本)之外，他的重要著作《杰克逊时代》《美国历史的周期》《罗伯特·肯尼迪及其时代》《帝王总统》《罗斯福时代》三部曲以及《美国的分裂：对多元文化社会的思考》等，目前都无中译本。而事实上，对小施莱辛格的史学与史学思想的剖析和研究，无疑有助于加深我们对二十世纪美国史学史和思想史的理解。"二〇一六年，上海译文出版社决定把译介小施莱辛格的主要史学著作列入该社的出版计划，并购买了其中十部主要史学著作的版权，翻译出版，以飨读者。小施莱辛格的史著是二十世纪中期的作品，尽管它的某些观点和结论已经显得落伍，他本人也始终摆脱不了时代和阶级的局限性，但是在美国史学史、政治史和思想史研究发展过程中，无疑还有其一席之地，特别是《杰克逊时代》《罗斯福时代》等作品，既有学院派职业历史学家的深邃眼光和扎实功力，又兼具深受读者喜爱的通俗历史作品书写中叙事精彩和文笔生动的特点，至今仍被认为是史学的经典之作。对于中国读者来说，要了解二十世纪美国历史，小施莱辛格的史学作品依然是值得一读的。如果要想深入了解小施莱辛格的史学思想，前述谈丽博士的专著《小阿瑟·施莱辛格史学思想研究》可以说是目前国内学界最为扎实最为深入的著作，可以参照阅读。

二〇二一年九月

献给我的母亲与父亲

开创一种新秩序，是最为艰难、前途未卜而险象丛生的事。

——马基雅维利

目　录

第四部分　街头呐喊

第五部分　公共开发计划之战

第六部分　劳工运动大转变

第七部分　右翼浪潮

第八部分　总统制的演化

前 言

《罗斯福时代》的前三卷是在一代人的时间之前初次问世的，现在，传统文库决定重新印发，这三卷分别是：1957 年问世的《旧秩序的危机》、1958 年问世的《新政的来临》和 1960 年问世的《剧变的政治》。这三卷涵盖了富兰克林 · 罗斯福直至 1936 年为止的生涯及其时代，包括 1936 年大选在内。重点则是新政和国内事务，这也反映出富兰克林 · 罗斯福本人在这些年间行事的侧重点。

接下来一卷当然是计划书写 1930 年代富兰克林 · 罗斯福与对外事务问题。但在 1960 年，很多关键性的对外政策文件和材料都处于官方封锁且未解密状态，因此无法展开学术研究。没办法，我只能将《罗斯福时代》搁置，直到有一天能接触到这些文件和材料。而后的数年间，我投身其他政治及学术事务之中。

近年，美国和英国陆续开放了一系列档案，涉及时间直至第二次世界大战结束（当然，现在已经远远超越了这个时间节点）。《罗斯福时代》的第四卷终于可以开启了，该卷的重点是富兰克林 · 罗斯福与战争的来临。这样我便可以陆续推出更多卷册。此前的耽搁令我备感遗憾，不过我们家族的先辈乔治 · 班克罗夫特倒能给我一些安慰，他在 1834 年推出《美国史》第一卷，而后兴致十足地介入政治和公共生活，令该书的第十卷即最后一卷直到 1874 年才问世，1882 年才增补了两卷本的《美国宪法的形成》（*History of the Formation of the Constitution of the United States*），此时的班克罗夫特已是八十二岁高龄。

我着手撰写《旧秩序的危机》时，富兰克林 · 罗斯福已经谢世十余年了。他的总统生涯激发了种种鲜活且强烈的情感。跟美国所有伟大的总统一样，他在自己的时代就是极富争议的人物。大多数美国人都敬仰他。憎恶他、责骂他的人当然也不在少数。变革总是要激发仇恨和怒火的，特别是来自旧秩序的受益者们。1930 年代的激情到了 1950 年代并没有平息。很多美国人仍然十分爱戴罗斯福；对他充满恨意的人也依然不在少数。

此外，1950 年代的美利坚，跟三十年前的 1920 年代以及三十年后的 1980 年代一样，置身于政治循环的保守阶段。（当然，自由主义、改革以及积极政府的阶段也是以三十年为周期展开循环：1901 年的西奥多 · 罗斯福和进步主义时代，1933 年的富兰克林 · 罗斯福和新政，1961 年的约翰 · 肯尼迪和新边疆运动。）当政治循环进入保守阶段时，自由派总统的声望就会趋于沉落，如同保守派总统的声望在自由主义阶段也会趋于沉落一样。

无论如何，总统谢世不久的那个时段，其声望自然都会沉降下来。我于 1930 年代进入大学时，分别于 1919 年和 1924 年谢世的西奥多 · 罗斯福和伍德罗 · 威尔逊也刚刚从那种流行看法当中挣脱出来：此前人们一直认定西奥多 · 罗斯福虽然精力充沛却夸夸其谈，伍德罗 · 威尔逊则不过是个长老派狂热分子。我为《旧秩序的危机》撰写的前言明显有辩护意味，这一点读者都不难体会，之所以如此，原因很简单，当时的美利坚政治循环已然进入保守阶段，并且富兰克林 · 罗斯福谢世不久。

今天，罗斯福谢世将近半个世纪，1930 年代和 1940 年代的剧烈情感已大为平复。史学圈和政治学圈的周期性调查结果，已然习惯了将罗斯福同林肯和华盛顿并举，将此三人认定为最伟大的三位美国总统。富兰克林 · 罗斯福重塑了学者心目中的总统观念及民众对总统的期待，他那高耸的形象，对总统职位和权能的娴熟把控，令他之后的所有总统都备感苦恼，威廉 · 洛伊希滕贝格于 1985 年推出的《在富兰克林·罗斯福的阴影下》(*In the Shadow of FDR*)一书对此情状就颇有提点。即便是在 1980 年代这个经典的保守时段，罗纳德·里根，赫伯特·胡佛之后最为强硬的保守派总统，虽然正倾尽全力推动那场反罗斯福新政的保守派革命，但在谈到富兰克林·罗斯福时，也是满怀情感和敬意，毕竟这位保守派总统在年轻时将自己最初的四张总统选票都投给了罗斯福，应该说，当时的罗纳德·里根要比登临总统大位的罗纳德·里根更有头脑一些。

但历史不是靠着这样的敬仰就能走下去的。罗斯福当然拥有杰出的领袖品质，对时代的关键问题也有着完美的直觉，更有卓绝能力甄选并管控能力非凡的下属，作为公共教育家，他也有着巨大能力以共和国的士气并动员国家能量。但罗斯福绝不是永不犯错的。事实上，无论在政策上还是政治上，他都出过错。有时他也会展现出狡猾、精明、虚荣的一面，会肆意无度，会冷漠残忍。他有高蹈的理想主义，但其中也融合了粗粝的现实主义，这种现实主义有时到了琐碎的地步。不妨这么说，他的确是非同寻常之人，但难免有常人的摇摆、脆弱和错误。

富兰克林·罗斯福手下有一批极为干练的人物，他们在给罗斯福提供支持的同时，也让罗斯福时代增色不少，令这个时代变得更为激动人心。我的这些作品初次问世时，如下这些名字和人物依然是响当当的，比如霍普金斯、伊克斯、华莱士、赫尔、摩根索、法兰克福特、特格韦尔、伯利、弗朗西丝·珀金斯、汤姆·科科伦、本·科恩、吉米·伯恩斯、杰西·琼斯、罗伯特·杰克逊、弗朗西斯·比德尔、萨姆纳·韦尔斯以及大卫·利连索尔，等等。这是何等令人生畏且干劲十足的一个群体啊！今天，他们中的大多数人已经被淡忘了。不过我相信，我的撰述足以揭示他们的性格，也足以揭示他们对那个动荡且躁动的时代的影响。我自然是极为幸运的，有机会认识他们中不少人，也有机会跟他们交流，希望他们自己的述说能令我的叙述更为逼真且生动。

既有这样的机缘，我当然要充分利用这些仍然在世之人的证言；实际上，我之所以决定撰写《罗斯福时代》，这也是其中一个重要动机。在我准备撰写《杰克逊时代》的过程中，杰克逊研究者们的成果令我受益，特别是詹姆斯·帕顿的杰作《安德鲁·杰克逊传》，更令我收获无穷。帕顿在其杰作的序言中谈论了这样一个问题：倘若一个人“在长达十二年甚至更多的岁月里，得到三分之二国民的敬仰，被三分之二的公民奉为神圣，另外的三分之一却对之诋毁有加”，那么又该如何寻找、发掘有关此人的材料和信息呢？帕顿是在杰克逊谢世十年之后着手研究的，为了发掘那个真实的杰克逊，帕顿“不遗余力地同过往一代的诸多政治人物展开交流，毕竟，到了这时，他们已经没必要有所隐瞒了”。于是，他游走各地，四处发掘“各色相关人物的回忆素材，无分男女，无分自由人和非自由人，只要他们了解他，了解他生活的各个时期，无论是离他很近的人，跟他一起生活的人，为他服务的人，还是被他服务的人……种种矛盾由此化解，种种神秘由此揭开，真相便由此逐渐浮出水面”。

初版序言

《旧秩序的危机》是《罗斯福时代》的第一卷，我在这一卷中描述了开启于 1929 年的经济大危机期间美国领导集团的无能表现。《新政的来临》是《罗斯福时代》的第二卷，这 卷旨在呈现美国人民在富兰克林 · 罗斯福第一届总统任期之时，是如何开始应对这场危机的。这一卷的主体内容是发生在 1933 年和 1934 年的一系列大事件，当然，某些情况下，也有必要将叙事时段延展到 1933 和 1934 年之后。对外事务则留待后续卷册予以讨论（当然也会有例外，比如伦敦经济会议，因为此次经济会议是内政演进过程的有机延伸）。

在此，且容许我重复一下《旧秩序的危机》的序言里已经说过的那些话：本书十分欢迎各方斧正或拓展。并且要再次感谢那些在百忙之中慷慨襄助本书写作的人，正是他们的帮助，令本书质量大为提升，也令我在写作过程中备感愉悦。对于父母阿瑟 · M. 施莱辛格和伊丽莎白 · 班克罗夫特 · 施莱辛格，我的感激无法言表，他们极为认真且尽责地通读了本书的全部初稿，虽有父母之爱，但他们的批评意见从不容情。我的朋友西摩 · 哈里斯和约翰 · 肯尼斯 · 加尔布雷思不仅审读了书稿，更耐心地同我谈论了不少问题，尽管那些问题对我来说颇为复杂，但对他们都是小儿科；我对他们的感激也是无以复加；倘若本书在经济问题上仍有错漏，那只能怪我自己鲁钝，跟他们的建议无关。还有很多人审读了书中的部分内容（但最终的文责全然在我本人），我对以下诸位也深怀感激：阿瑟 · J. 奥特迈耶、埃米利 · 莫里森 · 贝克、小阿道夫 · A. 伯利、

约翰 · D. 布莱克、本杰明 · V. 科恩、托马斯 · G. 科科伦、切斯特 · 戴维斯、约翰 · 邓洛普、赫伯特 · 费斯、詹姆斯 · 劳伦斯 · 弗莱、杰尔姆 · 弗兰克、鲁思 · 哈里斯、利昂 · 亨德森、加德纳 · 杰克逊、巴巴拉 · 温德尔 · 克尔、利昂 · 凯泽林、詹姆斯 · M. 兰迪斯、阿瑟 · 马斯、雷蒙德 · 莫利、保罗 · A. 波特、布莱克韦尔 · 史密斯、雷克斯福德 · G. 特格韦尔、詹姆斯 · P. 沃伯格、奥布里 · 威廉斯。赫尔曼 · 卡恩不仅对书稿提出了极其锐利且详实的批评意见，更以海德帕克富兰克林 · 罗斯福图书馆馆长的身份，协同他那令人敬仰的团队，为我提供了极为慷慨也极为有效的协作。罗斯福的研究者们，比如约翰 · M. 布卢姆、弗兰克 · 弗赖德尔、理查德 · H. 罗维尔、巴兹尔 · 劳赫、詹姆斯 · M. 伯恩斯、罗伯特 · 雅各比以及厄尔 · W. 牛顿都极尽慷慨地满足了我的种种诉求。在此还要感谢霍顿 · 米夫林的团队成员，特别是海伦 · 菲利普斯、安妮 · 巴雷特以及保罗 · 布鲁克斯等人，他们都为我提供了颇有价值的建议。在此，要特别感谢阿道夫 · A. 伯利、小弗朗西斯 · 比德尔和麦乔治 · 邦迪，他们为我提供了亨利 · L. 史汀生的文件和材料，要特别感谢莫莉 · 杜森、赫伯特 · 费斯、莉拉 · 莱维特夫人，他们为我提供了 J. P. 莫法特的文件和材料，要特别感谢雷蒙德 · 莫利、小亨利 · 摩根索、布莱克韦尔 · 史密斯、雷克斯福德 · 特格韦尔以及詹姆斯 · P. 沃伯格，他们允许我参研并援引他们的私人文件。当代美国历史的所有研究者都应当感谢哥伦比亚大学口述史研究会所做的工作，这是众所周知的。此外也要感谢保罗 · H. 巴克、罗伯特 · 海恩斯以及哈佛大学图书馆的工作人员，没有他们一直以来的帮助和协作，本书不可能完成。唐纳德 · 博恩担当本书的校对工作，可谓尽心尽责，在此一并感谢。

很荣幸能够在这里对 E. G. 辛纳以及辛纳基金会表示特别感谢，他们雪中送炭，为我提供了丰厚的研究经费，对我的帮助无可估量。研究和写作过程中，但凡遇到实际困难，朱莉·杰普森都会挺身而出，帮我攻克难关，无论是研究方面的，还是打字以及办公室管理方面的；而且他始终那么有魅力，那么温和，那么慷慨。最后，也请容许我特别感谢我的妻子玛丽安·坎农·施莱辛格，她以极大的坚忍分担了我的构思和写作之苦，更给我的全部生活增添了不少轻松和惬意。

小阿瑟·M. 施莱辛格

1958 年 3 月 10 日

新政的来临　1933—1935

罗斯福时代 II

一　序幕：百日

1

1933年3月4日，星期六。“这个国家要求行动，现在就行动……我们必须行动，立刻行动。”国会大厦前人群如潮，在这三月的阴沉天空之下，拥挤在雾中和风中，对说这话的人报以热烈掌声。新总统的演说随即来到了尾声：“面对这个国家的祈愿，我们谦卑地恳请上帝赐福。愿上帝保佑我们所有人，每个人。愿上帝在接下来的日子引领我们。”接着骑兵号角吹响，就职巡游开始，富兰克林·德拉诺·罗斯福面色依然沉静、肃穆，他回归自己的专车，检阅白宫前的队伍。

此时，整个国家的人们都在通过广播倾听总统的就职演说，内心激荡着希望。接下来的几天里，将近五十万封信从各地涌入白宫。人们说：“这是天堂这一边最美好的事情了”，“您演说中对我们所有人都展示出如此深厚的人道情感，这太棒了”，“看来，人民，当然也包括我在内，有盼头了”，“这可是您将自己的名字镌刻在不朽神殿中的最好机会啊，而且是镌刻在耶稣旁边”。也有人干脆写道：“人民正在瞩望您，就如同瞩望上帝。”

但也有人已无法压制内心的焦虑。埃莉诺·罗斯福认为此次演说"非常肃穆，还有点吓人"，之所以说"吓人"，"是因为罗斯福在演说中提到，自己必须担当起通常在战时才授予总统的权能，他在这么说时，当然收获了平生最为热烈的掌声"。但是，对这个身陷囹圄的绝望的国家来说，这究竟意味着什么呢？"现如今，人们的感受是四处飘零，没有方向感，不知何去何从，"埃莉诺说，"因为我们已然陷落于巨大的洪流之中，没有人知道去往何处登陆。"[1]

2

早上，内阁成员随同罗斯福在白宫对面的圣约翰圣公会教堂祈祷，来自格罗顿的恩迪科特·皮博迪主持了祈祷仪式。下午晚些时候，华盛顿的街道在经历了一个白天的激奋之后归于沉寂，内阁在白宫的椭圆办公室再次聚会。他们站在那儿，一个安静、肃穆的群体，一场大危机令他们在此时此地集结起来，真是人生难测：科德尔·赫尔，国务卿，严肃、苍白且柔弱；威廉·伍丁，财政部部长，因银行业坍塌而面色阴沉；哈罗德·伊克斯，内务部部长，方脸，表情倔强；亨利·华莱士，农业部部长，诚挚且热切；弗朗西丝·珀金斯，劳工部部长，女人特有的干脆、果断；他们旁边是几个职业政客，他们当然是有备而来，总检察长霍默·卡明斯、商务部部长丹尼尔·C. 罗珀、邮政部部长詹姆斯·A. 法利以及内勤秘书克劳德·斯旺森和乔治·德恩。大法官本杰明·N. 卡多佐主持他们的宣誓仪式，先例由此被打破；此前不曾有哪届内阁这样一次性集体宣誓，也不曾有哪届内阁在白宫宣誓就职。罗斯福则微笑着称之为"小小的家庭聚会"，而后分派了各人的职责。

第一天就这样在紧张和期待中结束了。第二天，新总统（据罗斯福自己回忆）带着紧迫的工作感醒来，早早地用过早餐后，便自行来到新办公室。他第一次坐上了总统的椅子，置身空空的房间里，兀自生出孤独之感。桌子上什么都没有，抽屉也空空如也，甚至找不到可以用来做笔记的铅笔和纸板。他试图在桌上找寻蜂鸣器，但根本找不到按钮，便也无法联系外面的世界。他坐了片刻，宽绰的房间荡漾着空寂的回声，就在这么一个危机时刻，这个行动的中心竟然跟国家隔绝开来了。最终，新总统还是振作起来，提起嗓门喊了一声，莱汉德小姐和马尔文·麦金太尔闻声赶忙从隔壁房间跑过来。罗斯福常常讲起这个故事，在很多人看来，这似乎只是因他的身体残疾而起的一个小小玩笑，但是对新总统来说可不这么简单。这个故事不也寓意了这个国家当前的无助情形吗？这一情形在这么一个危机时刻，不正是伸展到了威尔逊所谓的“体系的行动中枢”吗？至少雷克斯福德·G. 特格韦尔也是这么看的。

此时人们迫切需要行动，需求之强烈难以低估。短短四年，国民收入已经下降了一半多。将近一千三百万美国人正在绝望地找寻工作，将近总劳动力的三分之一。负担日益加重，失业防护和失业救济机制处处走向崩解。实际上，就在就职演说开启几个小时之前的那个早上，美利坚所有的银行都关门大吉了。到了这个地步，就不仅仅是延缓饥饿的问题，更是代议制民主制度的生死时刻，世人倒是要看一看代议制民主制度能否解决经济危机。同时，问题也将演变为如何延缓暴力乃至革命（这么看问题的人并不在少数）。

无论革命之可能性是否切实存在，对自由制度的信仰显然在削弱。资本主义在很多人眼中已然耗尽了能量；民主制度也已然无法应对经济危机。唯一的希望看来就在于兼具权力和意志的政府领袖机制，代议制没有能力催生这样的领袖机制。一些人望向莫斯科，满心羡慕，另一些人则望向柏林和罗马；那些地方看上去激荡着热情、奉献精神以及钢铁意志。美利坚有能力祭起此等牺牲和团结精神吗？阿尔·史密斯，纽约州前任州长，1928 年的民主党总统候选人，此时也不免发出问询："在一场战争中，民主制度该当何为呢？就是要成为暴君、专制者，实实在在的君王。在世界大战中，我们应当收起我们的宪法，将其束之高阁，不闻不问，直到战争结束。"堪萨斯州的阿尔弗雷德·M. 兰登更是直抒胸臆："即便是一个国家独裁者的铁腕也胜过麻木和瘫软……很多人觉得铁腕人物已经死绝，但我要说，倘若真有什么办法可以令我这样的人物，一个中西部州的共和党州长，去襄助［总统］展开这场厮杀，那我现在就报名参战，将这场战争进行到底。"[2]

3

重中之重是银行业。若不率先将这经济血管清扫一番，其他一切都无从谈起。现任总统约请当选总统于 1 月一起应对这场银行业危机。不过，赫伯特·胡佛为此次协作提出了要求，那就是以自己的条件为基础；他私下跟自己的一个朋友谈起，这样的要求意味着罗斯福必须批准"这届共和党政府的整体重大规划"，并"就此放弃 90% 的所谓新政"。这样的提议也意味着获选总统必须放弃让自己赢得选战的那些政策，罗斯福当然很是恼怒，双方的谈判遂归于破裂。就职演说前夕，人们做出最后努力，试图促成二人合作，但这最后的努力也无果而终。就此，获选总统算是避免了在无权状态下承担责任，当时间来到 3 月 5 日，富兰克林·罗斯福便权力和责任兼而有之了。

此时的罗斯福已拟订好总体的进攻计划。抵达华盛顿前，他已草拟了两份总统声明，一份要求召开国会特别会期，另一份则宣布暂停银行业，并召请尘封多年的《对敌贸易法案》中的诸多条款，对黄金输出实施控制。星期六晚上，距离就职演说仅几个小时，财长伍丁同意在国会于 3 月 9 日星期四开启特别会期之时，备好银行业紧急议案，提交国会。星期天用过午餐，罗斯福召集内阁前来完成行动计划。伍丁在早上的会晤后汇报，银行家们应他召请，从全国各地匆匆赶来，他们自己并没有什么具体的计划。总检察长卡明斯随即给出官方授权，正式启动《对敌贸易法案》。这为总统已经备好的两份宣言铺就了道路。接下来的四个小时里，两份声明相继发布。

银行业歇业声明发布后，政府在国会重启会期之前，有八十小时拟定银行业复兴方案。财政部新老职员遂夜以继日地展开工作。胡佛的财长奥格登·米尔斯主持大局，力促此方案及时出台；倘若这个团队不能按时完工，那么“总统和伍丁先生就会让我们滚蛋，让能干的人进来”。我们“都忘记谁是共和党谁是民主党了”，罗斯福的首席智囊兼助理国务卿雷蒙德·莫利写道，“我们就是一群志在拯救银行业的人”。

拯救而非改革银行业，这一决定应该说是仓促之间出台的。如总统所见，首要问题便是扫除恐惧。若要恢复人们对银行业的信心，就必须提出银行家们会予以支持的政策。由此观之，除了恢复现存结构，总统实际上并没有别的选择。雷克斯福德·G. 特格韦尔，农业部副部长，也是罗斯福智囊团的另一个成员，他倒有一个计划，即让邮政储蓄系统接管储蓄业务并监管银行业务，同时由多个公司担当商业信贷业务；但这个计划在银行业危机期间显然是不受待见的。特格韦尔后来也承认，华尔街和正统派经济学家垄断了这个领域的知识。此时的美利坚，在这么一个魅惑十足的圈子之外，不可能出现一个如英国的约翰·梅纳德·凯恩斯那样可以构思切实改革计划的人物。

总统提的方案在国会引发了一片躁动。“每每想起 1933 年 3 月 4 日的桩桩件件，”来自新墨西哥州的参议员布朗森·卡廷后来记述，“我心里都会泛起一阵疼痛。那个时候……罗斯福总统完全可以将银行业国有化，不会遇到任何抗议。那是他犯下的一个大错啊。”就在国会会期开启的前夜，来自威斯康星州的参议员小罗伯

特 · M. 拉福莱特和来自科罗拉多州的参议员爱德华 · P. 科斯蒂根，身为进步派的两个领袖人物，前往白宫敦促罗斯福利用这个机会，着手建立一个真正全国性的银行体系。但二人发现罗斯福心意已决。“根本没有这个必要，”拉福莱特后来记述了总统当时的回应，“银行家们已经向我保证会全力合作。”至于那些货币兑换商，总统在就职演说中曾言之凿凿地说过他们是如何从神殿的大位之上匆忙逃离的，现在，这些人也正纷纷拥入财政部的走廊。[3]

4

宣布银行业歇业，令人们不禁生出了小阳春之感。毕竟，银行就此关门，似乎是给这段历时漫长的经济下滑趋势画上了最终的休止符，仿佛经济形势已经触底，再往后便只能反弹了。此时任何情况恐怕都要比那令人烦扰不堪的不确定性更好一些。毕竟，到了这时，所有人都知道自己的处境和位置了。人们享受着这种共克时艰的感觉。于是，人们开着玩笑，开着支票，并且都接受这一纸凭证，就这么高高兴兴地去适应没有银行的经济机制。

但此时的华盛顿方面可没资格这么达观，银行业在等着华盛顿去拯救。最后期限日益迫近，令华盛顿已然高度紧张的神经几乎到了断裂的地步。各地城市不断来电，都是凄惨之声。财政部的走廊里满是风言风语，满是恐惧和迷茫。重压之下的银行家们已然崩溃，华府的智囊团也是一派紧张气氛。不过，财政部的老团队在米尔斯和副部长阿瑟 · A. 巴兰坦的领导下保持冷静；新上任的财政部首脑也展现了出人意料的镇定和耐心。

伍丁有着尖尖的下巴和颇为精致的三角形脸庞，令人不免联想起“小妖精”这个形容词，他那率真面容背后当然隐藏着力量。有关他的一些传闻倒是能让人宽慰，不过那传闻跟眼前的银行业危机并没有太直接的关联；据传，他特别喜欢用恶搞性质的双关语，喜欢拨弄琴弦，还创作了《破布娃娃的快乐歌谣》。这一年，伍丁已经六十四岁了，身体状况并不好，话风很是柔和低调，看起来，他并不是那种可以主宰已经深陷恐慌的银行家集团的人。然而，在这样一场危机中，他确实十分冷静，头脑清明。他要求采取他所谓的“迅速的断奏行动”，也十分积极地担起责任、推行决策；在动荡中，他一直岿然不动。

到了星期一，财政部方面已经开始讨论各种方案了。很多银行家希望政府效仿 1907 年大恐慌时采取的对策，增发纸币。这种想法自然是认为此时银行系统掌握的货币太少，不能满足重启银行业之所需。胡佛政府的最后一批法案之一实际上就是准备以联合决议案的形式，由清算机构发行货币凭证。但是在纽约联邦储备银行的乔治 · L. 哈里森以及汉诺威中央银行的乔治 · W. 戴维森加盟财政部之后，重发货币方案也经受了多番考量，令财政部态度发生转变，对此方案持反对态度。此时的财政部转而支持联邦储备局 E. A. 古登维塞尔博士提出的一项方案，据此方案，将依托《联邦储备法》并以银行资产作为对冲来发行联邦储备券。不妨这么说，问题的重中之重是要恢复信心，跟清算机构发行的货币凭证相比，联邦储备券不会对公开货币市场造成太大扰动。在星期一晚上的一番讨论之后，据说已倦意十足的伍丁又弹起了吉他，就这么悠然自得地采纳了古登维塞尔的方案。

接下来的动荡时段里，银行法案得以出台，该法案授权财政部部长采取措施，遏制窖藏黄金的行为，也有权以金条和联邦储备券赎回纸币；同时依托特许机制和“保护机制”（conservators）对各家银行状况展开审核，审核通过便可以重新开张。财政部官员此时也日以继夜地展开工作，将这份笼统方案转化成立法语言，中间仅偶有停顿，喝点咖啡或者冲个澡，实在不行就稍稍打个盹。星期三下午，草案便呈送白宫了。当晚罗斯福便将这份议案送交国会两党领袖会审。一名记者问起伍丁，议案是否完成。“是的，已经完工了，”伍丁又开始恶搞双关语，“我的名字就是比尔（Bill，议案），我也差不多报销啦。”

3 月 9 日星期四中午，就职演说之后已然经过了五天的连续奋战，国会的特别会期也终于开启了。国会刚刚开启，总统便传话过来：“国会必须即刻行动起来，这一点不用我多作强调了。”银行与货币委员会主席亨利 · B. 斯蒂高尔大声宣读了银行业议案的副本，那也是国会能拿到的唯一副本。论辩则限制在四十分钟之内，实际上还没到四十分钟，议员们就开始喊着“投票！投票！”。刚过四点，众议院在没有点名的情况下便一致通过了这份议案，甚至没有几个议员看过议案文本。与此同时，一致等待打印文本的参议院也不再等待，决定就用众议院的那个版本开启论辩。来自路易斯安那州的休伊 · 朗试图对议案进行修订，此举只是彻底激怒了来自弗吉尼亚州的卡特 · 格拉斯，格拉斯可是伍德罗 · 威尔逊时期的财政部部长；休伊 · 朗的修订之举就此搁浅。将近七点半，参议院以七十三票对七票通过了议案。一小时后，议案便回归白宫了。从引入国会到最终的总统签字，整个过程耗时不足八小时。

国会已经很多年没有在行动之时表现得如此迅速，如此果断。实际上，在议案获得正式通过之前，我们的财长便已发布新规，允许相关银行进行紧急业务了。尽管技术上的一些牵绊令银行业无法在 3 月 10 日也即星期五如罗斯福期望的那样重启，但基本程序已然确定。黄金和准备金已经开始向银行回流。过了这个周末，民众就保证能看到银行业有序重启了。[4]

5

罗斯福本打算在这份紧急议案通过之后便遣散国会。但是现在看来，该法案激发了十足的能量，这样珍贵的能量就这么浪费掉，实在太可惜。星期三晚上，亨利 · 华莱士和特格韦尔提议延长此次国会会期，争取借这个势头让农业议案也获得通过。罗斯福的预算管家刘易斯 · W. 道格拉斯甚至更为迫切，认为总统应当抓住这个机会，在政府开支问题上有所行动。

最开始的这几个星期里，刘易斯 · 道格拉斯的影响力日益提升。此时的道格拉斯刚刚三十八岁，身形消瘦，为人友善，总是露出随和的笑容，褐色眼睛透射出坦率之光，处事风格开诚布公，颇有口才。他出身亚利桑那州的一个铜矿业家族，后来前往阿默斯特读书（读书期间，他所在班级的毕业纪念册将他描述成“肮脏道格，来自亚利桑那荒野的狡猾猎犬”）；第一次世界大战期间，他参加了阿尔贡和弗兰德斯地区的战事，表现杰出；战后，他经营了一段时间的矿业，也干过一阵柑橘园生意，而后便投身政治了。1927 年，他从亚利桑那州议会进入联邦众议院，就此进入华盛顿。在众议院，他为节约政府开支而战，为此甚至挺身而出，力拒退伍军人游说集团，由此成为全国关注的人物。要知道，当时此等行为称得上是英雄行为，并不逊色于第一次世界大战期间他在法国的英勇举动，该举动可是得到过潘兴将军的特别赞誉。

道格拉斯希望政府能够节约开支，他对此事充满激情，激情背后当然是更为深沉的信念。他认为，经济秩序乃至整个文明本身，都是以财政信誉为依托的。“国家的未来就寄托在这上面，”他说，“说白了，就是要平衡预算，结束无度铺张。”胡佛政府极尽铺张浪费之能事，对此，道格拉斯宣称，美利坚正在“走上德国战后那几年的老路”，唯一的希望就是决然且猛烈地扭转财政政策。“倘若我们不厉行节约，不平衡预算，就会陷入恶性循环，令情况日益糟糕而难以自拔，最终无可避免地令合众国的经济彻底崩塌……而这将把整个世界推入黑暗境地。”

不过，道格拉斯并不希望通过增税来平衡预算。他认为，若是增加税负，对经济的影响将跟赤字消费同样糟糕。解决办法是削减政府开支，确切地说是削减农业、商业、公共工程、退伍军人乃至国防等方面的支出。“肯定有人会说‘一定不能削减军队’，”道格拉斯宣称，“但是我要问，哪个更重要？是那令政府信誉坍塌却全然无用的国防，还是不受损伤的政府信誉呢？就我来说，我当然选择‘不受损伤的政府信誉’。美利坚人民的一切人类价值最终都依托于此。”

在道格拉斯眼中，罗斯福方案的精髓就在于罗斯福在1932年匹兹堡竞选演说中给出削减政府开支25%的保证，并据此保证，将美利坚引向罗斯福本人后来所谓的“持久经济复苏的稳健基础，这基础就是彻底且切实的预算平衡机制”；虽然这一保证当时只是仓促做出的。道格拉斯相信，一旦预算得以平衡，信心就会回归，冻结的贷款也将就此释放出来，信贷规模会随之扩张，经济复苏也就获得了保障。不过，在众议院的经历也让他明白，国会绝对不会亲力亲为来削减政府开支。此等情形之下，若要厉行节约，唯一的办法就是将所需的权力委托给行政分支；这是他逐渐想明白的一点。在等待入主白宫的那段时间，罗斯福和道格拉斯曾讨论过第一次世界大战期间国会给予伍德罗·威尔逊的战时权能让渡问题。此时已经是罗斯福登临总统大位的第一个星期，国会已然异乎寻常地顺服，看来机会不错，是时候再次要求国会实施类似的权力让渡了。

3月9日星期四晚上，刚刚签署《紧急银行法》不到一小时，罗斯福便大体拟定了一份节约方案并送交国会领袖。在该方案中，罗斯福秉承着坦诚和善意提出了自己的建议：重组退伍军人津贴机制并削减津贴额度，这项工作将由国会授权总统完成；削减国会津贴；削减联邦工资；这些可以节约五亿美元的联邦预算。政客们听闻此等方案，简直不敢相信。第二天，罗斯福不为所动，向国会发送特别咨文，进一步解释自己的看法。“在过去这三年的漫长时光里，”他在咨文中申述，“联邦政府一直行走在通往破产的道路上。”五十亿美元的巨额赤字已然令经济越发陷于停滞，令失业状况不断恶化，还推动银行业落入破产泥潭。就业和经济健康唯有依托国家信贷才能维系。总统还特别告诫：“自由政府之航船因散漫的财政政策而最终触礁的事，近来历史上可是屡见不鲜啊。”[5]

6

罗斯福的此番申述是深沉且坦诚的。他的财政观念全然属于正统一途。在预算问题上，他不觉得家政、州政和联邦之政有什么区别。在罗斯福看来，家政、州政也好，联邦之政也罢，米考伯的格训都是正确的：收入超过支出，就是幸福；支出超过收入，就是悲苦。更何况，此时的罗斯福深受自己这位新预算管家的影响。4月初，他还跟威尔逊的一个老友、此时仍然在操持政党幕后工作的爱德华·M. 豪斯上校谈起，刘易斯·道格拉斯“在很多方面都算是本届政府的最大发现”。总统也跟莫利说起，“十二年后，道格拉斯将成为合格的民主党总统候选人”。5月，《纽约时报》的阿瑟·克罗克就已将这位预算管家称为“罗斯福内阁的实际首领”了。雷克斯·特格韦尔也在日记里抱怨，总统“太过依赖道格拉斯”，并补充说，“道格拉斯太招人喜欢，以至于人们都忘了他的那些偏见”。

不过，节约议案似乎也一时之间破除了总统的魔咒。众议院方面，民主党核心党团拒绝支持总统。一些民主党人当然是因为对退伍军人游说团队的昔日义务，要么就是担心这个集团的报复能力。不过，也有一些民主党人则是真诚地相信，在这样一个时期，整体经济形势甚是糟糕，到处都需要花销，花钱已经成了头等经济需求，削减政府开支是毫无意义的；这样的看法似乎也并非毫无道理。一些民主党自由派，包括来自田纳西州的格尔顿·布朗宁、来自肯塔基州的弗雷德·文森、来自得克萨斯州的赖特·帕特曼、来自纽约州的詹姆斯·米德、来自密西西比州的约翰·兰金以及来自马萨诸塞州的约翰·麦科马克在内，都在这个问题上背弃了总统。不过，民主党保守派仍然在来自亚拉巴马州的约翰·麦克达菲的领导下，维持了国会主导权；同时，颇有经济头脑的共和党人、来自纽约州的约翰·泰伯更是从旁襄助，提供专业意见，令麦克达菲于星期六顺利地让该议案在众议院通过了，票决结果是两百六十六票对一百三十八票，此时距离银行业议案获得通过只有两天时间，距离就职演说也只有一个星期。

罗斯福政府的第二个星期天，对总统来说可不是个轻松日子。这一天的白宫宴会上，罗斯福说起："我觉得我们应该喝上一桶啤酒，庆祝一下。"路易斯·豪当场拿出了民主党纲领的副本，当晚晚些时候，罗斯福以这份纲领为基础，写就了一份简短咨文，旨在对《禁酒法》实施调整，令啤酒和低度葡萄酒合法化。这个月的13日，也就是星期一，国会收到了这份咨文；同一天，节约议案通过了参议院的初审。星期二，众议院不顾反沙龙联盟和妇女基督徒禁酒协会的抗议，票决通过了3.2度的啤酒。星期三，参议院以六十二票对三票通过了节约议案，星期四则以四十三票对三十票通过了啤酒议案；至此，华盛顿的两个最具实力的游说集团——退伍军人集团和禁酒集团，都沦落溃败境地。3月13日发行的财政债券在一天之内便被认购完毕，显然供不应求。3月15日，于银行歇业期间关闭的证券市场重新开放，一派牛市预期。银行业同时重启，储蓄额度已经开始超过取款额度了。很明显，剧烈的恐慌情绪已经结束了。[6]

7

这段时间，总统不仅向国会发声，也直接向人民发声。就在国会特别会期开启的前一天，罗斯福举行了自己的第一次记者招待会。一百多个记者各怀心事，面带疑虑，拥入行政办公室。在这里，记者们没有见到昔日白宫接待人员习以为常的那种尖刻暴躁，大厅里反而洋溢着欢快且颇为开放的友好氛围。总统告诉媒体，自己经常“在奥尔巴尼举行令人愉悦的家庭聚会”，他希望自己的记者招待会能够成为扩大版的家庭聚会。罗斯福还说，“以后就不用手写问题了”，也不用“总统发言人”了。他转而提议行政分支和新闻界建立一种自由且开放的交流机制，同时，对相关信息实施界定，将其中一些信息界定为“背景信息”，确切地说，就是白宫在形式上不对这类信息承担责任；并将一些相关评论完全界定为“非正式”的，由此令双方的交流机制变得更为自由，也更有效能。“有人告诉我，我要做的是不可能的事，”罗斯福说，“但我已经决心一试了。”接着，总统便开诚布公地谈起了这场银行业危机，在此过程中，人们都能看出来，他很喜欢这种同新闻媒体交流的方式。记者招待会结束时，在场记者们不由得报以掌声。

3 月 12 日星期天晚上，罗斯福政府的第一个星期即将结束，总统选择在这个时刻发起了他自己后来所谓的“炉边谈话”的第一场，借此同国民建立更为直接的联系。此次“炉边谈话”的目的是让民众安心，银行虽然要关门一段时间，但他们的存款是安全的。查尔斯·米切尔森遂拟定了一份草稿，并将之送交财政部的巴兰坦等人修订。而后，米切尔森将这份草案呈送罗斯福，据米切尔森说，总统“斜靠在座椅上”，仔细批阅，并“将之修订成自己的措辞”。就在格雷斯·塔利为总统斟酌词句时，总统的眼睛一直望着空白墙壁，试图让那上面映射出那些需要帮助的人，比如一个在新建筑里劳作的泥瓦匠、一个站在柜台后的女孩、一个正在修理汽车的男人、农田里的农民，等等，所有这些人都在说：“我们的钱都存在波基普西的银行，是否安全？”罗斯福用朴素的语言分析了这场银行业危机，并预测了未来的情况。“让我们团结起来，驱逐恐惧，”他总结说，“……这是你们的问题，也是我的问题。我们要并肩而行，我们不能失败。”对于此次“炉边谈话”，威尔·罗杰斯评论说，总统就这么娓娓道来，将银行业如此复杂的问题讲得明明白白，令每个人都理解了，甚至把银行家都说通了。

罗斯福政府履行职责的第一个星期，美利坚重新涌动起希望的浪潮，此次“炉边谈话”可谓其中的高潮。“三年了，美利坚不曾像今天这么高兴过，银行也好，劳工也好，一切的一切，都是那么高兴。”这仍是罗杰斯对这第一个星期的评说，“……人们知道终于找到了那么一个人，这个人知道怎么对付国会，知道怎么对付那些所谓的大人物。整个国家都跟他站在一起，他会有所作为的。倘若他将国会大厦付之一炬，我们也会欢呼：‘烧得好，我们至少是放了一把火。’这么多年了，他们训诫我们，‘千万别摇动那航船’，否则那船就会沉没；但实际上，我们早已经落入海中，还不是一样在奋力挣扎，奋力游动？”

甚至保守派也报以掌声。不管怎么说，罗斯福挽救了旧日的银行体系，削减了政府开支，向禁酒令发起了攻击，并且没有展现出任何激进主义苗头。亨利·L. 史汀生，胡佛的国务卿，满腹狐疑地听完了罗斯福的就职演说，此时也提笔致信新总统：“您在第一个星期就取得如此进展，我备感激动，特此向您表达我最诚挚的祝贺。”威廉·伦道夫·赫斯特则说：“我猜想在下一次大选中，您将获得一致赞同。”汉密尔顿·菲什更是骄傲地宣称这一新体制是“建基于被统治者之同意的美利坚专政制度，于个体自由以及人之权利绝无任何侵犯”。牛顿·D. 贝克干脆将罗斯福视为“天意时刻的命定之人”。红衣主教奥康纳称罗斯福是“神赐之人”。

对行动的感受和意识，已然在这座都城陷于麻木和阴郁之泥潭太久太久，而今，这样的感受和意识开始重新唤醒这个国家。“3月初，”沃尔特·李普曼总结说，“这个已经沦落至彻底混沌且绝望状态的国家，可以追随任何领袖前往领袖选定的任何地方……短短一个星期，这个已经对一切事、一切人失去信心的国家，便重获了对政府、对自己的信心。”[7]

8

最重要的是，新白宫本身就体现了这种新精神。斯塔林上校是总统特勤处的负责人，就职演说日当天，他先是将胡佛团队送往火车站。几个小时之后，他返回白宫之时，便发现白宫“在我离开的这段时间里，已然旧貌换新颜，成了欢快之所，人们脸上都洋溢着自信”。鲁道夫·福斯特自麦金利之后便以行政文员的身份服侍历任总统，颇为内敛且素受尊重，他后来回忆说：“旧人换新人，不过我根本不敢相信短短二十四个小时竟会发生如此大的改变。”先前的白宫一片肃杀之气，种种繁文缛节肆意横行，而今，则是轻松惬意和高度严肃相融，庄重和兴奋交织；公共事务都在突进当中，但人们不免会听到原初的犬吠之声以及孩童嬉闹之声。“胡佛先生如同孤堡的主人，可谓高处不胜寒，”《纽约时报》的一名记者报道说，“而今的行政办公室里则是一片欢声笑语，其乐融融，二者完全不可同日而语，差别之大并不逊色于正儿八经的外交茶会跟海德帕克老宅里的家庭聚会之间的差别。”特格韦尔也写道：“总统就是在如此随和的光彩当中施行统治的，这光彩将整个华盛顿都照亮了。”

就职演说的前一天，罗斯福打算仪式性地拜访白宫，他委婉地暗示，即将离任的总统无须回访自己。胡佛则冷冷地回答：“罗斯福先生，如果您在华盛顿待了如我一样长的时间，你就会明白，合众国的总统是不会拜访任何人的。”不过，胡佛的华盛顿在这种新的随和氛围中很快便归于消散了。胡佛作此评论之后没过五天，费利克斯·法兰克福特便提醒罗斯福，这一天是奥利弗·温德尔·霍姆斯的九十二岁寿辰。在3月8日那天结束之前，总统便从银行危机事务中抽出足够时间，跟这位老法官商量一号街那过于陡峭的楼梯问题，并借此向老法官表达了个人的敬意。“我们正面临严重危机，”罗斯福告诉老法官，“您有何建议？”这位内战老兵毫不犹豫地回答：“列好队，战斗吧！”（“二流的头脑，”霍姆斯后来品评罗斯福，“却是一流的情商！”）

5月的一件事更为鲜明地呈现出罗斯福同前任总统的差别。其时，“补助金远征军”的第二波队伍来到华盛顿安营扎寨。罗斯福的应对策略是出自本能的应激策略，即借由善意来平复这场风波。他没有像安纳考斯迪亚那样，用简陋窝棚以及警察和军队来对付这些老兵，相反，他为这些老兵提供了军营，配备了一日三餐，咖啡更是要多少给多少，还特意提供了一顶特大帐篷，以供集会之用，这场运动的领袖人物可以在此尽情抒发胸中块垒。海军军乐队也奉派前来为前辈演奏；陆军方面则调派医生，专门看护老兵身体；牙医为他们拔牙；总统亲自跟他们的领袖人物展开会商；总统夫人和路易斯·豪更是在一个春日的雨天，乘坐一辆蓝色敞篷车，专程前来探望老兵，将这个故事推向高潮。当路易斯在车里打盹时，总统夫人徒步走过脚踝深的泥路，领着这些老兵一起吟唱“小路弯弯，小路弯弯”。一名老兵不禁感怀：“胡佛派来的是军队，罗斯福却把他老婆派来了。”两个星期之后，大部分老兵心平气和地进入了平民保育团，第二次“补助金远征”行动就以这么一场没有任何痛楚的滑铁卢告终。

此时的白宫工作团队基本上就是一批老朋友，由此令这轻松、随和且昂扬的氛围更为浓烈。路易斯·豪颇有些精明气且颇有些玩世不恭，此时的衣装比以往更为随意、破旧，他就这样担当起首席秘书的工作。还有另外两名1920年选战的老兵，一个是顽固强硬但颇有效能的斯蒂芬·厄尔利，另一个是颇有绅士风范的马尔文·麦金太尔，此二人负责处理媒体关系及约见工作。玛格丽特·莱汉德和格雷丝·塔利则负责速记工作。至于总统自己，他每天的生活模式很快也稳定下来了：在床上吃早餐，快速浏览半打晨报，上午九点就在床边开会，讨论当天的紧急事务。豪和其他几个秘书负责引领日程；不过，在这时期，政策问题上最具影响力的人则是莫利和道格拉斯。

于是，一天的生活大大地拓展开来，涵括了约见、会晤、电话、信件、备忘录、决策等，人们就这样在忙乱不堪当中，奇迹般地将事情做起来了。唯有压力感是恒常不变的。各色人物分成多个小团体，种种指令含混不清，职责界定也不明确，经常是临时起意，甚至权责范围也变动不居，草稿出来了，又被撕掉，重新起草；人们总是围绕相关方案争执不休，在寂静的政府大楼里，在乔治城的狭窄房间里，常常奋战到破晓时分。

罗斯福终究是掌控全局的。看来，他也颇能掌控危机。记者们从总统记者招待会上得出的印象是温雅背后蕴藏着掌控力，总统就那么轻松自在地坐在桌子后，硕大的脑袋向后靠着，脸上从来都是笑容闪动，而且在你来我往的谈话间，他总是那么愉悦，那么享受，伴随着爽朗笑声。他见识了激愤不已的议员、恐慌不已的商人以及妒意难平的各色官僚；他会跟一脸严肃之人开上一会儿玩笑，会安抚自利之人，对灰心丧气之人则会予以鼓励。一种晦暗且精明的意识同样贯穿其中。他完全可以变得强硬且威势十足，只要他愿意，也完全有能力以冷酷手腕操控政治游戏。魅力、幽默、权力、循循善诱、威慑以及理想主义，这些都是他武器库里的武器。[8]

9

第一个星期可以说是爆炸性的，见证了《紧急银行法》，见证了削减政府开支运动，见证了对禁酒令的攻击，当然也见证了总统领导权能的戏剧性展现；这还只是刚刚开始。不过，此时罗斯福尚未推行自己在选战之时宣示过的那些东西。3 月 16 日星期四，政府有了新动向。罗斯福在这一天向国会发出咨文，呼吁将国家计划机制引入农业领域。这显然是第一步，随后还会有系列提案出台，罗斯福政府是要一步步地重组美利坚经济生活的基本方面。接下来的几个星期里，新政体系便开始陆续推展开来。

随新政而来的，当然就是新政派。这座古老首府不知该如何看待新政派的这场入侵。“一堆年轻律师麇集华盛顿，如同一场瘟疫，”老资格的农业运动领袖人物乔治·皮克讽刺说，“他们都宣称是某某人、某某人的朋友，大部分都跟费利克斯·法兰克福特和杰尔姆·弗兰克有交情。他们就那么晃晃悠悠地入驻各个办公室，占领办公桌，索要各种文件材料，没头没尾地忙成一片。我根本就不知道他们为何而来，不知道他们在做什么，也不知道他们为何离开。”

当然，这只是一种观感而已，这样一场变动肯定是会让人吃惊的。这场大萧条封堵了法律实务以及大学方面的正常职业出路，由此较之以往更容易得到一批有干才之人；政府也比以往更为热切地需要这样一批人。法律圈和学术圈如同层层涟漪，无限推展开来。每一个出色的新政派人士都有着足够的自我举荐能力，华盛顿因此被源源不断的青年才俊淹没了。“如果才干能用锡桶来衡量，”维拉德·基普林格于 1934 年在美国商会期刊上写道，“那我要说，罗斯福政府储存的才干可是超过了近来历史上的任何前任。”这些年轻人带着锐利、激奋、权力欲望、危机本能以及奉公精神而来，恰恰就是这些元素，构成了 1930 年代华盛顿的精髓。阿瑟·克罗克评论说：“跟这个政府集团相比，恐怕以往的任何集团都不曾如此有趣或者如此无趣，如此聪敏或者如此愚蠢，如此强横或者如此柔顺，如此干练或者如此无能；他们在金钱事务上的荣誉感、在实际方法上的铁腕无情，都是以往的统治集团不能比拟的。”此等干劲，此等勇气，此等冒险意识，此等强劲的自信和确定，还有那永不枯竭的行动力，都是有传染性的。他们通常很躁动，但也从来都那么鲜活。“这些光明之子令我十分反胃，”1934年初，法官勒尼德·汉德评论说，“他们如此自负，如此不知内敛，如此傲慢。不过总体上应该说，守旧派在思想上已经沦落至垂死状态了……变得太过愚蠢，只能发出那些干枯、空洞的声音。”

新政派的声音则绝少是干枯或空洞的。实际上，他们改变了作为一个共同体的华盛顿的整体节律和音调。这座首府还从来不曾像此时此刻这样，成了一座真真切切的城市；正如安妮·奥黑尔·麦考密克所言，这座首府终于跟合众国融为一体了。“他们改造了它，”雷·塔克在《柯里尔》上写道，“将昔日静寂、恬淡的南方小城，连同那僵硬的容貌和风俗，一下子变成了一个欢快、精巧的大都会中心区，给人以清风拂面的感觉。”现在的一切都那么活泼且随意。克罗克说：“放松下来时，他们就是欢乐人群，这新政派啊。他们喜欢唱歌，喜欢跳舞，喜欢开怀畅饮。他们能吃，也能劳作。”最重要的是，他们都非常健谈。就在约二十五年前，亨利·詹姆斯曾将华盛顿称为“谈话之城”：“这是我所知道的集体自我意识的最为纯粹的例子，甚至可以说是最为自然也最为幸福的例子。”即便如此，这座城市也从来不曾像今时今日这般，将交谈的氛围推进到如此炽烈、如此欢欣且如此肆意的程度。国务院的一个老职员颇为艳慕地在日记中写道：“这个智囊团的所有成员都拥有异乎寻常的自我表达能力……每个人都能够把事情讲得酣畅淋漓，令人不得不信服。”“乐观向上之人的共同特点，”皮克说，“就是无可止息的交谈欲望。他们的谈资简直是无穷无尽。”饭后谈天的话题不再是无聊的狩猎或高尔夫球。相反，那些话题里有问题，有观念，可以一直持续到第二天清早。雷·塔克说：“在华盛顿的那些日子，就是那么鲜活，不停地聊天、交流，实在令人兴奋，受益匪浅。”

那么这个新政派究竟有哪些人呢？他们代表了美利坚社会的各阶层，从富兰克林·罗斯福、埃夫里尔·哈里曼、弗朗西斯·比德尔这样的富家子弟，到哈里·霍普金斯这样的寒门子弟，但主体成员则来自中产阶级。他们也代表了各个行业，但主体成员是律师、大学教授、经济学家及社会工作者。他们来自全国各地，既有城市，也有乡村，当然，大多数都有州立大学或常春藤盟校的教育经历，其中很多人都是在廉洁市政的斗争中建立自己的初次政治经验的。他们涵括了各个年龄段，不过，大多数生于1895至1905年间。说到底，正如赫尔曼·卡恩敏锐指出的，所有这些人的共同点就在于他们都很享受观念世界。他们已经习惯了分析和辩证，并且有意将智识用作统治工具。他们不仅仅是专家。就如卡恩进一步评说的，他们都是或者自认是通才，都有或者自认有能力用逻辑来影响或者解决社会问题。让心灵自由施展，这令他们乐在其中。

他们绝对不是单一派系。他们代表的是繁复多样的哲学观念，彼此往往是有冲突的。民主党当中倡导自由放任自由主义的一派，乃忠诚于克利夫兰的传统，奉行稳健货币、正统财政和削减关税等政策路线，其代表人物是刘易斯·道格拉斯和科德尔·赫尔，依托《节约法》初尝胜果。农业主义统绪在国会的势力较之政府方面更大一些，这一派尊奉威廉·詹宁斯·布赖恩的统绪，要求推行货币膨胀政策，力图以此为手段，令贸易条件向农民倾斜，这一派的思路体现在针对《农业调整法》提出的托马斯修订案之中，货币贬值政策也是这一派思路的体现。布兰代斯-威尔逊的反托拉斯自由主义则致力于将经济从大公司体系当中解放出来，这一思路在新政集团的代言人是来自哈佛大学的费利克斯·法兰克福特教授，并且不久就成功推出了《证券真实法》及《格拉斯-斯蒂高尔法》。除了这些传统的民主党派系之外，此时的新政集团也注入了1912年的西奥多·罗斯福-赫伯特·克罗利进步主义统绪，其代言人涵括了右翼的雷蒙德·莫利和左翼的雷克斯福德·特格韦尔，此一统绪致力于借助政府-商业协作机制来遏制无序竞争。

罗斯福给予新政集团的是一次将观念付诸实践的机会。当然，集团内部各色人物的动机是相当复杂的。有人将之视为一次工作机会而已，有人则只是出于一时的热情，也有人将之视为权力之路。但其中的精英人物有着深沉动机，如弗朗西斯·比德尔所言，令他们获得满足的，

> 是一种深深的给予和分享的感受，而不仅仅是做好事情能够带来的表面上的愉悦，这样的感受植根于因避开了孤独和厌倦的自我境遇以及虚幻的个人野心而带来的解脱感。这样的满足感源自个人行为同集体的融合，借由这样的融合，铸就了共同的目标和共同的诉求。这并不是逃避自我；这恰恰是在实现自我。

他们常常会遭遇挫败和失望。他们常常会工作到崩溃边缘。有时候，他们会因此痛恨华盛顿，痛恨政府，痛恨罗斯福。不过，对他们中的大多数人来说，这也是他们一生中最为幸福的时光，他们在这段时光获得了最为深沉的实现和满足。“那是我这辈子最快乐的时光之一，”在罗斯福抵达华盛顿之时负责相关报道的记者托马斯·L. 斯托克斯后来记述说，“我们都变得十分兴奋且热切。”特格韦尔在回首往事时，也说那是“复兴的春天”，人们内心都激荡着超乎本能的勇气及超乎合理期许的希望，人们对人之可能性充满了信仰，那样的可能性若瓦解了，将会是巨大的背叛，无论如何，那是“黑暗时代之后的重生时代”。此等记忆怎能很快就褪色呢？那无休止的磋商，那满地的烟头，餐桌上匆匆吃过的三明治，（倘若有闲暇）还有波托马克河边浸润着阳光的码头上那慵懒的午餐，大家还会津津有味地议论那糟糕的传闻，还有白宫不断打来的电话、延迟的晚餐、被冷落的妻子、办公室里深夜透出的灯光、悬挂

在乔治城花园上方散发着芳香的丁香花，这一切的一切都深植在人们的记忆中。当时的人们可是在重建这个国家，为此他们会长时间地饮酒聊天，他们会大公无私，他们会虚荣，会犯错，当然，他们也会有所成就。在最糟糕的时候，一个新政派成了彻头彻尾的情感主义者或愤世嫉俗的实务家。在最好的时候，他则是合众国历史上最具才干、最有头脑也最为无私的公仆。[9]

10

就职演说之后的三个月里，国会和公众便淹没在总统以观念和方案交织而成的火力网中，这样的情形可是美利坚历史上前所未有的。1933 年 5 月 15 日，国会休会之时，总统和已经筋疲力尽的第 73 届国会留下了这样的记录：

3 月 9 日——《紧急银行法》

3 月 20 日——《节约法》

3 月 31 日——建立平民保育团

4 月 19 日——放弃金本位制

5 月 12 日——《联邦紧急救济法》出台，旨在建立全国性的救济体系

5 月 12 日——《农业调整法》出台，旨在确立全国性的农业政策，以托马斯修订案为依托，授权总统实施货币扩张政策

5 月 12 日——《紧急农业抵押法》出台，旨在为农田抵押提供再融资

5 月 18 日——《田纳西河谷管理局法》，旨在统一开发田纳西河谷区域

5 月 27 日——《证券真实法》出台，要求今后发行债券，所有

信息都要公开、透明

6 月 5 日——取消公共契约和私人契约中的黄金条款

6 月 13 日——《业主贷款法》出台，旨在对房产抵押实施再融资

6 月 16 日——《国家工业复兴法》出台，旨在建立联邦监管之下的工业自治机制，同时推出三十三亿美元的公共工程项目

6 月 16 日——《格拉斯-斯蒂高尔法》出台，对银行的商业、投资业务和保证金业务实施分离

6 月 16 日——《农业信贷法》出台，旨在重组农业信贷

6 月 16 日——《铁路协调法》出台，旨在对交通运输实施联邦协调

这就是所谓的“百日新政”；百日期间，富兰克林·罗斯福向国会发出了十五份咨文，引领了十五项重大立法活动，发表了十次演说，每周召开两次记者招待会和内阁会议，同多国首脑展开会晤，主持了一场国际性会议，做出了内政和外交领域的所有重大决策，从未表现出恐慌或惊惧，甚至没发过脾气。此等自持和镇定，令很多自认对他有长期了解的人都备感震惊。诺曼·戴维斯在总统办公室遇到雷蒙德·福斯迪克时，禁不住表达了曾在威尔逊时期共事的那些人的惊奇之感：“雷，里面那位可不是我们熟悉的那个家伙。这简直是奇迹。”《民族》杂志的主编奥斯瓦尔德·加里森·维拉德也感叹：“我们当中很多人都认识他很久了，可以说是相当了解，但此时都不免自问，那是同一个人吗？”

此时，入主白宫的罗斯福就如同回归故园一样。无论是为国家发声，还是向国家发声，他都表现出相当的尊严、雍容，而且很明显是乐在其中的。“真相是，”特格韦尔在日记中评论说，“富兰克林·德拉诺确实爱这份工作以及跟这份工作相关的一切。他工作努力且实在，我也确实很高兴，他能这么享受。”这种权力和愉悦的

融合，对白宫里那些既不适应权力也不适应愉悦的人来说，其魅力是难以抵挡的。这也令美国人民建立起新的自信。罗斯福此举实实在在地提振了这个国家的士气。“我们的‘老胡桃木’安德鲁·杰克逊谢世之时，”罗斯福于7月份陈词，“有人询问：‘他会去往天堂吗？’答案是：‘会的，只要他愿意。’现如今，倘若有人问我，美利坚人民会走出这场萧条吗，我的回答是：‘会的，只要美利坚人民愿意。’”

3月4日之前，美利坚已陷入极度惊惧的状态。就如同休·S.约翰逊将军后来所言，当时的美利坚，没有人知道“我们已经何等迫近崩溃和革命的边缘。那时的我们，若要找寻一个独裁者，可比德国人找寻一个希特勒容易多了”。“我觉得这么说也并不为过，”特格韦尔写道，“3月4日，我们正面临一场真刀真枪的抉择，要么是一场有序革命，我们借助这场革命，和平却也迅速地脱离旧观念的轨道；要么就是一场暴力且无序的运动，一场旨在全盘颠覆资本主义结构的运动。”沃尔特·李普曼写道：“2月底，我们都已沦为无序且恐慌的暴民和派系。但是，经历了从3月到6月的百日时光之后，我们回归了有组织的状态，再次成为有序国度，并且自信有能力为自己提供安全环境，有能力掌控自己的命运。”

就这样，华盛顿终于迎来了一个有统治意志和决心的政府，罗斯福也就此在已然失落了信心的民众当中解锁了新的能量，重新唤起了人民的信心，令人民不仅相信政府有能力应对这场经济危机，而且相信自己也有能力做任何事情。人们对这场运动的感受是极为强烈的，到了莫可抵御的程度。阿瑟·克罗克记述说，此时的华盛顿正经历着这样一种体验：一个人在生死迷途当中艰苦跋涉了数千英里之后，突然发现自己可以从破旧牛车改乘飞机了。“从未见过政府易手竟然能催生此等变化，”大法官哈兰·斯通在罗斯福履新两个月之后致信老朋友赫伯特·胡佛说，“且看看这变化速度，若换作他人，恐怕需要数十载才能有如此效果。”克罗克则补充说，毫无疑问，领袖人物已经确立了：“总统就是老板，就是发动机，就是工作。”

在1933年的这么一个梦幻时刻，惰性和自私熔铸的愁云惨雾似乎一下子消散了。这绝望之地升腾起未来的美利坚愿景。“从我记事起，这还是第一次，”弗朗西丝·珀金斯说，“我们万众一心，努力团结成一体。”安妮·奥黑尔·麦考密克将这样一场变动视为“一个民族的崛起”。哈罗德·伊克斯说：“这不仅仅是新政，这就是一个新世界。人民重新感受到自由。他们可以自由呼吸了。这感觉，就如同脱离停尸房，直奔开阔林地一样。”《柯里尔》评论说：“我们已经有了我们的革命，我们喜欢这样的革命。”乌云散了，但还会回来，人类历史经历的漫长辛劳已证明了这一点。不过，在这么一个清爽时刻，美利坚人民已然挣脱了那病恹恹的失败感，开始重拾信心了。同时，他们重新点燃了世界各地的希望之火。英国的一个评论家写道：“［罗斯福］此番努力所展示的勇气、力量和力道，必将赢得所有国家的坚定同情，他若获得成功，也必将推动整个世界进入一个更为轻松也更为温和的时代，让人类有沐浴阳光的机会。”跟罗斯福一样，那位伟大的英国人也是以长时段的历史视角来看待罗斯福的壮举的。温斯顿·丘吉尔如是评论：“说真的，罗斯福是一个探险家，他开启的航程，跟当年的哥伦布一样，充斥着不确定性；他所追寻的东西，其分量当然不会逊色于哥伦布当年发现新大陆。”[10]

第一部分　为农业平衡而战

二　农业政策出台

1

银行业是百日新政的第一要务。不过，在这年 3 月份，另有一个紧迫问题也沉甸甸地压在罗斯福心头，那就是农民问题。这场大萧条除了黑人劳工外，恐怕对农民群体的打击是最为沉重的。1932 年，农业劳动者到手的净收入跟 1929 年相比，已经削减了超过三分之二，可以说在这三年里经历了一场大崩溃。农产品价格的下跌幅度更是超过了 50%；平价比率，也就是农民收入价格跟支出价格的比率，也从 1929 年的八十九点下降到 1932 年的五十五点（以 1910 至 1914 年间的平均比率为基准系数一百）。这一年的整个冬天，农业地带的暴力现象正在涌动，愤怒民众集结起来阻止当局对抵押到期的东西实施罚没，并在公路两侧设置警戒线，阻止农产品入城，这些都清楚表明，农民群体的耐心已经快到极限了。1933 年 1 月，农业局的负责人爱德华·A. 奥尼尔对参议院委员会提出警告："除非为农民做点什么，否则不出十二个月，农村地区就会发生革命。"

对此，罗斯福当然心知肚明。他也清楚，只要这么庞大的一个人口群体依然不能恢复购买力，就基本上无法指望迎来普遍复苏的机会。他经常跟来访者谈起："农民是我们的同胞，你们必须支持他们，让他们振作起来。"在胡佛总统的"瘸鸭"国会会期即将结束时，罗斯福便已经不失时机地指示自己的支持者优先考量新的农业立法工作。1月和2月，国会深陷于剧烈的立法斗争当中，此等情形之下，当然没有采取行动的可能；不过，随着特别会期的到来，有了新的机会，令政府有可能在春种之前有所作为。3月8日，当新上任的农业部部长和副部长亨利·华莱士和雷克斯·特格韦尔力主罗斯福将国会特别会期延长，以便通过新的农业议案时，二人发现总统对此番提议十分受用。[1]

2

亨利·阿加德·华莱士时年四十五岁，看起来比实际年龄年轻，此时算是刚刚开始担当自己的第一份重要职位。不过，倒也不能说他是要面对全新的挑战；实际上，跟入主白宫的罗斯福一样，入主农业部的华莱士也有宾至如归的感觉。此时的他就坐在十年前他父亲在共和党政府时期曾坐过的部长位置上。他的第一批动作之一，就是将老华莱士的画像从尘封中取出，用相框装裱起来，悬挂在办公桌对面的墙上。华莱士家族的虔敬传统是颇为深沉的；这个传统实际上令年轻的华莱士跟自己的祖父贴得更近，他的祖父也叫亨利·华莱士，在麦金利和塔夫脱时期，祖父完全有机会担当部长之职，但老头更喜欢做《华莱士农民》的主编，并就此成为中部边疆地区的一个老资格政治家。

华莱士家族的传承因此带着对土地以及在土地上劳作的人们的忠诚。这些也都深深植入年轻的亨利·华莱士的心性中。春日里湿润泥土的味道、谷物嫩芽从黑土地里萌动而出、秋日里艾奥瓦农田里散射出的金色光芒，这一切，以及农民生活的单调和艰辛、同神秘莫测的市场力量的无休止的搏斗等，都是华莱士不曾忘却的。《华莱士农民》的评论栏目多多少少成了农民的哭墙；这位害羞、严肃、勤奋的年轻人就在这样的氛围中成长起来，这氛围鲜活地灌注了对农村生活之荣耀和艰辛的感受。

华莱士年纪轻轻便致力于农业科学和农业经济学的研究。他还是个孩子时，便有一个名叫乔治·华盛顿·卡弗尔的瘦高黑人陪伴他左右，教他识别草丛中花朵的雄蕊和雌蕊，这个黑人在埃姆斯的艾奥瓦州立农业学院学业颇为突出。华莱士不久也将进入这所学院学习，不过在此之前，这个年轻人已经自行开始植物遗传学方面的实验了，特别是杂交玉米方面。第一次世界大战来临时，华莱士便已经算是相当出色的植物遗传学家了，同时是相当有能力的农业统计学家、《华莱士农民》的重要供稿人，当然，也是华莱士家族传统的合格传承者。

当亨利·C. 华莱士进入哈定内阁时，年轻的华莱士便接管了这份家族报纸，笔名为“H. A.”。随后的十年间，农业运动可谓风起云涌，年轻的华莱士成为其中的重要人物。他倒不像乔治·皮克或者切斯特·戴维斯那样扮演核心角色，也不像此二人那样在其中叱咤风云；不过，他自然有他的特殊担当。他最喜欢的议题之一是提高农业生产率，另一个议题则是如何更好地利用土地。他特别关心用中国所谓的“常平仓”机制来平均农业生产盈余。第一次世界大战之后，美国从债务国一跃成为债权国，华莱士自然也十分关心这场国际角色的变化。

在年轻的华莱士看来，哈定政府对父亲是颇为不公的，对父亲实施了迫害，这也就令当儿子的不免对共和党心生恨意，特别是对胡佛。胡佛主导商务部时，看上去特别仇视老华莱士，同时也仇视一切致力于提高农产品价格的计划。1928 年，H. A. 抛弃了家族历来支持的那个政党，转而支持阿尔·史密斯。1932 年，当雷克斯·特格韦尔将华莱士引入罗斯福圈子时，这个年轻人表面上的冷漠背后隐藏着的强烈理想主义情感给当选总统留下了深刻印象。这个魁梧壮实的家伙，还差两英寸就有六英尺高了，头发蓬松，言谈甚是敏锐，甚至有些暴烈，蓝灰色的眼睛闪动着关切和激情，眼神不时四处游移，闪着光芒，为人处事偶尔也会热情且恳切，但通常都是心不在焉或者心事重重。就这样，这个年轻人令人颇为吃惊地进驻了富兰克林·罗斯福的内阁。

3

华莱士，一个务实的功利主义者，内心却也融入了浓重的混沌且梦幻的东西。农作物遗传学、农产品价格以及银行和信贷，是他素日关切之事，这些当然表露了他的那种务实且精确的理智好奇心。不过有时候，他的心灵也会突破音障，自我改变，令那清明、坚实的分析无形中幻化成炽烈的神秘主义。

他对科学和统计学是有激情的，但这激情下面潜藏着深沉的宗教心性。“你一定不能指望成为一个真正的大人物，”他的祖父曾跟他谈起，“除非你尊奉一种真诚、热忱的宗教生活……实际上，我们已经生活在一个伟大的世界上了，我们是上帝的仆人，而上帝的伟大绝对超乎我们的理解。”华莱士自然感受到了上帝的存在，这存在既是内在的也是超越的。有一次，华莱士参加天主教仪式时，突然有了要亲自领受十字架之苦的冲动，遂双膝跪地，默默祈祷。最终，他既无法前往罗马，也无法接受艾奥瓦长老会的严厉教规，遂妥协加入了圣公会的高教会派。他还当了一段时间的侍祭，身着长袍和法衣，协助八点钟的弥撒仪式。

这就是他所谓的“隐而不显的至福实存，就是我们所说的上帝”，同此等“至福实存”的亲近感，将使命赋予他的生活。最能打动他的莫过于旧约中的先知。弥迦见证的愿景永远铭记在他内心：铸剑为犁，熔矛为镰，各国再无征战，所有人都生活在自家的葡萄树和无花果树下，没有人再让他们恐惧。这些古先知若是面临现代问题，将会站在何等立场上，对此，华莱士也没有任何疑虑。他曾说："对我而言，很幸运，《圣经》的记载应该说是完全站在进步党独立派这一边的。"华莱士这话并非全在开玩笑。弥迦和耶利米，以利亚和阿摩司，在他心目中可是真真切切的，如同身边的参议员诺里斯；华莱士会游刃有余地援引这些先知的言词，如同援引前一天刚刚一起吃过饭的老一辈自由派政治家的言词一样，轻松惬意。

倘若这个时代如同华莱士说的，是个先知的时代，需要"先知那样的激情咆哮、炽烈渴念以及对终极目标的识见"，那么，华莱士在这样的时代正是如鱼得水，自感已经是先知了。他过着一种禁欲生活，破晓时分起床，然后徒步两英里半，穿越石溪公园，前往工作地点。他会狂热地投入工作，弃绝烟酒，有时会过上一段素食生活，还会时常大吃特吃甘蓝、大豆及棉籽之类的食材。他内心涌动着颇为紧迫的宗教复兴意识；他相信，那个时刻很快就要降临，届时"合众国将迎来伟大的精神变革……此等变革于这个国家，于整个世界，都意义重大"。这样一场精神复兴，将给人类带来类似于早期基督教或中世纪时期的那种道德团结局面，令尘世间的男男女女在对社会正义的共同激情中走到一起（"世界当大同"，他于1934年写道）。[2]

4

华莱士显然是有心借由宗教追寻人类大同的，这样的渴念很快便令他超越了基督教正统的界限。拉尔夫·沃尔多·特赖因的作品对他影响深重，跟特赖因一样，他也竭力寻求与无限取得协调和融合。秘教令他极为着迷。他在美国国徽里也看出了特别意涵，国徽上镌刻了“E Pluribus Unum”的字样，显然是“合众为一”的意思；他在国徽的反面更是看到了特殊的意涵，那是一座未完工的金字塔，由十三层石头铺就，顶端高高悬挂着一只眼睛，仿佛要将整个世界尽收眼底，四周则以铭文环绕：Annuit Cœptis……Novus Ordo Seclorum①。“但凡虔诚信奉《圣经》先知且对我国之创建和命运有深沉感念者”，华莱士曾写道，这样的人自然会觉察出，国徽的反面很可能预见了弥赛亚的再临。尽管他一直对自己此番信仰的深度讳莫如深，但确实于 1935 年说服财长将国徽反面的大金字塔印制在新版美元之上。他向财长摩根索兜售此观念时，给出的理由倒是颇为朴素：“新秩序”（Novus Ordo）就是拉丁语的“新政”。随后多年间，这位可怜的摩根索一直因此被纠缠不休，因为总有人觉得新版美元上印制的那座大金字塔象征着财长自己是信奉某种秘教的。

对秘教的此等热忱乃令华莱士于 1920 年代后期深受一个白俄神秘主义者的影响，此人名叫尼古拉斯 · 洛里奇，是布拉瓦茨基秘教统绪中人。洛里奇是个画家，曾是莫斯科艺术剧院和迪亚吉列夫芭蕾舞团的助手，也是斯特拉文斯基和泰戈尔的朋友，个头矮小，秃头，声音柔和，留着白色胡子，素来自视为“东方大白兄弟会”的特殊代表，喜欢在满心仰慕的弟子面前高谈阔论，讲述万物归一的观念。华莱士偶尔会在纽约环河路边的洛里奇博物馆跟洛里奇会面。二人的友谊在华莱士去往华盛顿之后仍然持续着。洛里奇一直希望能有一份国际协议，令战时各国保证不破坏拥有“和平旗帜”标记的文化珍宝。此等计划当然是值得赞誉的，其支持者涵括了不少非秘教人物，诸如来自内华达州的参议员帕特 · 麦卡伦、佐治亚州州长尤金 · 塔尔梅奇、明尼苏达州州长弗洛伊德 · 奥尔森以及詹姆斯 · M. 贝克等。“我对‘和平旗帜’代表的那些东西，是有着深

① 拉丁语，佑吾基业……时代新秩序。

沉信仰的，”华莱士曾跟洛里奇谈起，“若能尽我所能与您合作，促成此事，那将是我莫大的荣幸。”他尤其沉迷于这面印了三个球体的旗帜，三个球体象征着三位一体，外面由一个更大的圆环包裹。华莱士在自己的《新边疆》一书中写道：“这样的设计有着深沉的寓意。”“那想象出来的大同自由之圆环”在他看来，分明象征着个体多样性在整体框架之内得到了实现。

“华莱士为何如此热切，为何会向赫尔先生如此施压，”国务院的一名官员在日记中记述，“这仍然是个谜。”华莱士的此番坚持终于有所斩获。1935 年 4 月，二十二个国家在白宫签订了《洛里奇协定》。与此同时，华莱士也在同洛里奇以及后者的一些门徒的长时间的怪异通信中获取了私人安慰。其中一些信笺称呼洛里奇为“尊敬的导师”，更有诸多秘教称谓，比如“燃烧者”“摇摆者”及“中庸者”，这很可能是指罗斯福，还有“尖刻者”（科德尔·赫尔）、“黑暗者”或“老虎”（苏联），当然还有诸多秘教意象，比如上方升腾着火焰的圣杯，美利坚堕入炼狱之火的深渊当中，等等。有一次，华莱士甚至颇为莽撞地在给罗斯福的信中同时援引了阿瑟·霍普金斯的《荣耀之路》和洛里奇的话，据此申述，我们已然置身“新时代”的边缘：

> 此时，我也短暂地感觉到，我们必须应对“强力者”“躁动者”“狂热者”，甚至“无火焰者”的暂时回潮，这些人在奄奄一息之际，仍然会做最后一搏，力图重新激活那已经垂死的“资本主义”巨人。
>
> 总统先生，您就是那个“燃烧者”，那个有着永恒向上精神的人，要引领我们进入一个人类的孩子能够再次吟唱歌谣的时代。但是我感觉，总统先生，上周三我跟您谈起的那些危险也是我们必须成功逾越的，否则我们就无法安全进入这个让精神得以无限且无私地扩张的时代。

此处所谓的“那些危险”，大概是指美国有可能认可俄国，这是华莱士强烈反对的，华莱士的这种态度则很可能是受了洛里奇的白俄情感的影响。此时的华莱士和洛里奇是否已经开始酝酿着要前往“戈壁滩”探险了，这一点并不清楚；此次探险，表面上是要寻找一种抗旱的植物，但也可能是要执行某种反苏计划，甚至是要找寻弥赛亚再临的征兆。不论如何，第二年洛里奇确实离开了农业部，离开美国，去实施这趟探险之旅了。他一去不返。

对于此类迷狂情绪，罗斯福自然搞不明白，也只是颇为和善地将之视为“某种神秘情感”，一笑置之，转而跟华莱士谈论庄稼、土地、水等问题，在这些事情上，华莱士的知识则是颇为扎实的，所作分析也是实实在在、分量十足。华莱士对洛里奇秘教的热情究竟是怎么回事，这一点确实很难评估。用威斯布鲁克·佩格勒的话来说，华莱士实际上就是“喜欢逛精神商场，只看不买”，这背后的动因既有威廉·詹姆斯式的对于灵魂研究的实验性质的好奇心，也有某种荒野神秘主义；当年艾奥瓦人纷纷退往加利福尼亚的时候，正是这种神秘主义引领他们进入了一些诡异教派。华莱士当然不至于全然信奉这样的东西，但洛里奇的通灵术大杂烩倒也有可能令华莱士从中获得解脱感（或者说从中寻求逃避），就如同人们会在性或者酒精里找寻解脱和安慰一样。

此等秘教提供的精神统一的愿景，可以令华莱士将自己分裂的性格统一起来，而这很可能对华莱士产生了特殊的吸引力。华莱士既是科学家也是神秘主义者，既是政客也是先知，既是机会主义者也是理想主义者，可以说，这个人活生生地分裂为两半了。此等内在分裂并没有催生创造性的张力，反而造成了一种摇摆不定且备受折磨的离乱格局，华莱士一直试图借助神秘主义将其祛除，要不就是借助修辞的力量将之勾连起来。人自身及这个世界当然会存在矛盾和分裂，不过，华莱士似乎认为，这样的矛盾和分裂可以靠着更高的、通常看来更为朦胧的程式予以化解。“在我看来，”华莱士曾以标志性的劝诫口吻写道，“应当找寻建设性的而非批判性的程式，将我们团结起来，而不是分裂开来，我们所有人都应当将此奉为基本目标之一。”

然而，无论是神秘主义还是修辞，都不能消除那深植于他人格核心的分裂和空寂。他很少跟人交流，这很可能是因为他跟自己交流起来也是非常困难的。他的同僚和助手都怀疑他是否具备人类的亲情。人们时常会感觉他跟植物更为亲近（“草本植物的力量和静谧”，身为农业部部长，他曾以此为题发表过一次广播演讲）。在公共生活中，这种内在分裂令他走到了逃避和犹疑之地。一旦面临抉择，他通常将事情分为两半，将分歧变成分裂，进而将折中错误地当成综合。他苦苦追逐个人整合，这样的追逐活活将他吞噬了，不论在宗教生活还是政治生活中都令他沦落冷僻之地。最终，无论是冥想还是秘教都没有带来满意答案。[3]

5

在华盛顿，华莱士是一个粗笨角色，不修边幅，不够温雅，不会小范围交流，不懂讥诮，也没什么仪表；如同舍伍德·安德森所品评的，“不矫情”。就职演说前夕，特格韦尔专门带华莱士到萨克斯第五大道精品店，要确保他至少穿得体面一些，出现在就职演说仪式上；但这并不足以祛除华莱士那根深蒂固的乡土气。沃德曼公园那套精致公寓，是之前他父亲待过的地方，他在那里总显得不合时宜；置身华府的鸡尾酒会或者政府宴会，他非常不自在；甚至在自己的办公室，他也很不舒服，无法习惯用蜂鸣器来寻找秘书，总是自行走到秘书门前，敲门找人。开会时，他总是软绵绵地瘫在椅子上，眼睛半睁半闭，衣服的扣子都没扣上，脚就放在垃圾筒上，手托着腮帮子。他时不时地用空洞眼神看着在场的人们，或是发出神经质的笑声，令大家颇为尴尬。“他给人的感觉总是怪怪的，总让人觉得他根本就没在听别人说话。”他手下的一个文员记述说。在听众面前，他总是乱说一通，不知所云。一个老派政客品评说：“亨利就是那种人，让你一直搞不清楚，他究竟是准备布道呢，还是准备尿床。”

不过，要是谈起农业，华莱士就会变得极为干脆，掷地有声，令人印象深刻。尽管他内心如此动荡，外在举止也如此乖僻无常，但必须承认一个事实：1933 年，绝少有谁能像他那样深入这场农业危机，展开如此深湛的思虑，并拥有如此敏锐且详实的判断。这可都是真刀真枪的知识。除了一身知识，华莱士的羞怯和内敛更是为他赢得了下属那充满关爱的仰慕，也赢得了众多同僚的尊重。“所有内阁成员中，他是最容易共事的，”唐纳德·里奇伯格后来写道，“……我跟很多身负重大职责的人都打过交道，他是其中最不自傲于自己观点的人，而且可以肯定，虽然身居高位，他并无傲气。”他的根本欲念就是完成自己的任务，说白了，就是要为农民找回在国家经济中的位置。

走马上任不久，华莱士便有过如下议论：“昔日的文明纷纷衰落，我们有强有力的理由相信，那些文明之所以衰落，就是因为它们未能在城市和乡村之间达成必要的平衡。”他捧读了弗林德斯·佩特里和古格列莫·费雷罗的作品，这些作品强化了他的这一观念，实际上，此观念也正是他的农业哲学的基础。在他看来，美利坚的城乡平衡已然倾覆了，原因就在于农业的脆弱性。商业群体若是遇到需求下降的情况，大可以减少产量来维持价格水平，以此寻求自保；农民遇到同样的情况，则很显然是无法自保的，只能维持原有的产量，最终眼睁睁地看着价格沦陷。华莱士非常直接地申述说：“在农业领域，是供给决定价格。在工业领域，是价格决定供给。”

战后的农业曾遭遇两次沉重打击，第一次是因为 1920 年代海外市场的消散，第二次则是因为大萧条。工业价格是刚性的，因此，农业不得不在1929年之后的价格调整当中承担主要的压力，此进程无疑只能令城乡失衡格局更形恶化。华莱士曾颇令人侧目地论断："如今，我们任其生长发育的这种价格结构，一半是钢铁，一半是面团。"农民手中的钱完全是以小麦、玉米、猪肉和棉花为基础的，其结果便是令农民的实际购买力削减了一半；城市的美元则以黄金为基础，因此能够买到比以往更多的农产品。

据此分析，若要重建平衡，就必须在柔性价格部门提升价格并削减产量，在刚性价格部门降低价格并提高产量。具体来说，有四个主要举措是颇为紧迫的：其一，借由国内分派计划来减少农作物种植面积；其二，降低农业负债率，并对农业债务实施再融资；其三，扩张支付手段，华莱士颇为坦率地称之为"有控制的通货膨胀"，具体来说，可以让美元贬值，也可以像康奈尔的乔治·F. 沃伦博士所建议的，提高黄金价格；其四，借由互惠贸易协定机制，寻求新的海外市场。[4]

6

就华莱士对1933年3月的情况的看法，这些举措当中最为紧迫者就是国内分派计划。此计划是1929年酝酿出来的，旨在为农民提供价格补贴，以此回报农民对减产政策的默许和支持。有一段时间，农业领袖并不喜欢限产政策，遂对此计划实施抵制。不过，大萧条也剥除了古老的偏见。到了1932年，大多数农业领袖，包括爱德华·奥尼尔以及强大的农业局在内，都开始认可对农产品盈余采取直接行动的必要性。其中，蒙大拿州立大学一个名叫M. L. 威尔逊的教授功不可没。

威尔逊有着丰富的农业经验，曾在埃姆斯求学（他就是在那时

结识了年轻的亨利 · 华莱士），第一次世界大战前曾在蒙大拿操持过农庄，1920 年代担任过农业部农田管理局的负责人，并随同约翰 · D. 布莱克和比尔兹利 · 拉姆尔在大萧条前夕酝酿了国内分派计划。威尔逊其人甚是温和，不修边幅，但内心极具热忱，时年四十八岁，有着农民对土地的情感，同时有着意识形态上的信念：文明的根基在于农业。他始终有决心通过拯救农业来拯救这个共和国，这也就令他对新计划生出了传教热情。1931 和 1932 年间，他围绕新计划展开了巡游、通信和演讲，因为无力承担普尔曼客车的费用及两美元一天的旅馆费用，这两年里，他只能马不停蹄地工作。美国商会的会长亨利 · I. 哈里曼是他的早期信徒之一，哈里曼在蒙大拿拥有数万英亩的牧场，而且，威尔逊的国内分派计划在他眼中就对应于他在工业领域推行的中央计划体制。当然还有另外一批信徒。比如亨利 · 华莱士，他曾于 1932 年告诉威尔逊，只要这个国家向着国家社会主义迈进，这份计划就有可能施展开来并取得成效；他还补充说，这个国家显然正在向着国家社会主义迈进。比如莫迪凯 · 伊齐基尔，他自哈定时代开始就在农业部供职，此时也开始在农业局内部大力推动国内分派计划。又比如雷克斯 · 特格韦尔，可以说，在民主党的芝加哥全国大会前夕，特格韦尔就已经开始向罗斯福推销这个想法了。当然，农业局的一批负责人对此观念也颇为信奉。

1935 年春天，共和党的两个农业主义者，堪萨斯的克利福德 · 霍普和南达科他的彼得 · 努尔贝克将国内分派议案引入国会。协同布莱克和伊齐基尔拟定这份议案的威尔逊则在国会委员会面前提供证言，同时展开活动，在农业集团面前为该议案代言。到了这时，该计划与布莱克的原始方案已经有所不同了。确切地说，该计划集中于四个过剩农产品大户：小麦、猪肉、棉花和烟草。据此计划，农民只要同意依据政府规划实施限产，就能从政府手中拿到补贴；不予配合的农户也可以因为价格的普遍上扬而得到好处，不过，若是对补贴支付恰当规划及计算，合作农户因减产而得到的好处就会超过不合作的农户从增产当中得到的好处。联邦农业局的顾问斯坦利·里德指出，这样的计划很可能是违宪的，除非以税收权为依托；H. I. 哈里曼遂提议在初始加工环节征收消费税，主要是面粉厂、纺织厂以及罐头厂等，将税收所得用来给合作农户提供补贴。该方案的早期版本是计划征收足够额度的加工税，以便令关税发挥效能；后期版本则规定，这个税收额度应当足以为农户提供足额补贴，据此令农产品恢复“平价”，确切地说，就是恢复战前相对于工业品的购买力。（实际上，无论是加工税计划，还是平价方案，都出自麦克纳里-豪根的“均等费率”观念及“比率价格”观念。）

具体执行该计划的过程中，威尔逊特别强调了分权和民主。参与到计划当中的绝大多数农户都必须以公决的方式表示赞同，计划才能生效，日常管理则应当尽可能以郡县为单位展开，并由农户自己负责管理和经营。管理层面当然要奉行分权机制，但政策层面则要奉行集权机制。农民是国家经济的组成部分，在保护农业收入方面，联邦政府担当决定性角色，对这一点，该计划并无避讳。1932年，威尔逊说：“依据消费来调控生产，该计划就是要将这样的基本观念运用于农业，工业领域已经有类似的计划在推行了，比如斯沃普计划以及美国商会为了维持商业稳定性和持续性而推行的计划。”[5]

7

至于此时的新任总统，先前在纽约州的执政经历已经令他对土地使用有了清晰的想法；不过，在谷物和棉花生产过剩之类的问题上，他的切身了解少之又少。选战期间，伊齐基尔、威尔逊和华莱士协助他拟就了在托皮卡的演说文稿，在这次演说中，罗斯福拟定了农业纲领的一般性规程，很显然，这样的农业纲领是以分派计划为取向的。1932年12月，大约四十个农业代表在华盛顿跟摩根索和特格韦尔展开会商，此时的情势已经逐渐明朗，人们的看法较之以往任何时候都更倾向于国内分派计划。华莱士自然完全赞同这样的计划，但也担心若是仅仅奉行这单一的农业救济计划，很可能会遭遇更大的政治阻力，同时会令管理机制更加僵硬。于是，华莱士在3月提议，由政府推出一份议案，授权采取多种方法，至于具体的选择权，则由农业部部长担当。

3月16日，华莱士召集农业领袖人物来到华盛顿聚谈，此时这些代表对此前银行法案实施的广泛授权机制颇为赞许。由此，政府和各个农业组织在政策观念和原则问题上便达成了公正一致，令此次华盛顿会议非常成功，用《草原农民报》的克利福德·V. 格雷戈里的话来说，那是“我参加过的气氛最为融洽的会议”。接下来便是一段疯狂日子，在此期间，华莱士同伊齐基尔、农业运动老兵弗雷德里克·P. 李和城市律师杰尔姆·弗兰克一起着手起草相关议案。

该议案的实质，如这些起草人所见，就在于“农业调整”，不过，他们所谓的“调整”，并非简单地削减产量，而是要对过剩的农业生产格局实施调整，令其摆脱过剩境地。在这份议案当中，国内分派计划以补贴机制为推动力，并借由加工税机制来获得资金支持，由此仍然是核心条款，不过，议案同时给予了农业部部长颇为广泛的其他权力。应该说，在美利坚历史之上，从未有哪份单一议案融合了如此重大的社会和法律创新力度。确切地说，这些广泛授权当中，包含了麦克纳里-豪根法案的残余，比如借由市场协议和配额机制来控制农产品出售数量的权力，借由补贴机制刺激农产品出口的权力，等等。当然也引入了诸多新的机制，比如可以对农田实施租赁和退耕，由此达成减产目标；政府可以对仓储收成提供贷款或者干脆由政府出面直接买进，以此维持价格水平；还可以借由农产品加工许可证制度来强制农户服从减产规划；等等。华莱士评论说，此等举措“在社会关系领域是崭新的发明创造，正如当年汽油发动机在机械领域也是全新的东西一样”。随后的四分之一世纪里，所有的农业政策基本上都是依托这份《农业调整法》。

华莱士和特格韦尔带着这份议案前往白宫时，也带来了一份准备发送给国会的咨文草稿。不过，此时的罗斯福已经在新计划之胆略的激励之下，变得斗志十足了；这位新总统已经以普通文字而非速记体自行拟就了一份咨文，内容就记在一张纸片上。咨文十分简洁、朴素，但力度十足。他在咨文中告诫国会：“且容我坦率地告诉诸位，这是条新路，前人不曾走过，不过我也要同样坦率地告诉诸位，今日之境况是前所未见的，因此必须试验新的办法。”[6]

三　组织农业调整

1

《农业调整法》本质上是领导层的决策，由农业经济学家拟定，并由他们推销给各个农业组织的领袖群体，而后便由经济学家和农业领袖群体合起来推销给总统，因此，在公众的见解和意识当中是没有任何基础的。特别是对保守派而言，这样的法案太让人震动了。此时的保守派一下子便从这样的方案当中品味出计划体制的异端邪说，那正是罗斯福在民主党芝加哥全国大会前夕的演说中宣示过的；他们曾对新政第一个星期的情况颇为满意，此时则迅速从中清醒过来。《纽约先驱论坛报》惊呼："竟然将如此强横的议案引入美利坚国会，这样的情况即便有也太罕见啦。"来自伊利诺伊州的众议员弗雷德·布里滕宣称："摆在众议院面前的这份议案，可比苏维埃俄国的任何法令法规都更布尔什维克主义。"来自马萨诸塞州的众议员约瑟夫·W. 马丁说得更干脆："我们正在走向莫斯科。"保守派自然对任何政府计划都秉持憎恶态度，这是本能，但在这件事情上，因为罐头厂主、磨坊厂主及食品产业对加工税的反对，情况变得复杂了。很快，加工业群体便组织了游说集团在国会山展开活动。

此时的农民群体，已然被眼前的债务及抵押等问题压得无法喘息了，在这样的情况下推出减产计划，当然令他们十分不安，一时之间是不能指望他们充分领会这复杂新计划的意涵的。此外，农业集团在华盛顿的一些代言人已然对整体的农业调整观念持怀疑态度。农业同盟的领导层在包括乔治·诺里斯在内的一些参议员的支持下，要求政府为生产成本做出担保，但具体的标准仍然太过含混笼统，并不具备有说服力的实际效能。一批农业州的参议员则还是倡议老的解决办法，那就是货币膨胀，这批参议员的影响力要更大一些。倘若总统有意尝试各种调整计划，他们倒也不是特别反对；不过，他们不希望总统忘记便宜货币才是真正靠得住的办法，可以减轻债务负担，修正颇为不利的城乡贸易格局。

众议院的论辩是可以加以限制的，因此政府没费太大力气就令调整议案在众议院通过。但在参议院，货币膨胀论的势头则没这么容易压制下去。实际上，此时已有三种膨胀思路在参议院获得了坚定的支持者。一些膨胀论者，诸如来自蒙大拿州的伯顿·K. 惠勒和来自路易斯安那州的休伊·朗，用当日的话来说，希望在银币问题上“有所作为”。另一批膨胀派，诸如来自得克萨斯州的汤姆·康纳利，则支持普遍的货币贬值。还有一些膨胀论者，诸如来自俄克拉何马州的埃尔默·托马斯则相当率直地主张用增发纸币的办法来扩容货币。虽侧重点有所不同，但这三派人物都认为政府推出的调整方案是有致命缺陷的，因为该方案忽略了货币政策的补救效能。

通胀呼声激发了广泛回应。这个 3 月，已经有太多的行动和举措就其效果而论是货币紧缩性质的，特别是银行歇业及《节约法》；美元的实际购买力仍然在上扬当中；而且失业问题愈发严重了。此时的参议院方面，伶牙俐齿的托马斯成为通胀集团的领袖人物。托马斯是 1896 年那场自由银币运动的老兵了，自大萧条之始便一直倡导通胀政策。他的理论分析颇为粗浅。在他看来，所谓货币就是法币，不会有更多的意涵；银行存款在他看来不过是货币的虚拟替代品，在金融信心尚属强健的时期，依托银行存款而来的银行票据当然是可以接收的，可以用来代替实物，但在萧条时期，就不见得可行了。因此，经济复苏之道只能是扩容法币："我们必须有更多的钱进入流通。至于是银币、铜币、金币还是纸币，我倒不在乎。"若没有通胀政策的支撑，他阴惨惨地预断，即便是华尔街也扛不住，华尔街那富丽堂皇的大厦也将沦为"蝙蝠和猫头鹰的住所"。他据此申述，抉择就在于"再膨胀"和"革命"之间；"再膨胀"政策，此时也很可能是在《阿莫斯与安迪》这套广播节目的影响之下，膨胀论者再度祭起的万灵药方。既有此等信念，托马斯便将主要的膨胀手段，包括银币、贬值以及法币在内，整合起来，悉数融入托马斯修订案中，打算将自己的修订案嫁接到农业调整议案上。

政府对这股通胀浪潮颇为警觉。4 月 17 日，惠勒的银币修订案付诸票决。实际上，此前 1 月份，一份类似的修订案在票决之时仅仅收获了十八票；这一次则收获了三十三票。此等情形之下，白宫还能将形势控制多长时间呢？银币修订案此番挫败之后，埃尔默·托马斯即刻将自己全方位的修订案引入国会，该修订案旨在授权总统发行绿背纸币，重新将银币货币化，同时要改变美元的黄金含量。很明显，托马斯的方案是要将所有的通胀派都联合起来，如此就很有可能在参议院赢得多数。此时的罗斯福也倾向于宽许性质而非强制性质的通胀立法，遂克制了手下正统派幕僚的强烈反对，决定接受限定之后的托马斯修订案，借此化解这股通胀浪潮。[1]

2

此时，农业带的不满已经非常严重了。3 月中，农民假日协会通过其首领米洛·雷诺发话，威胁说倘若国会在5月3日之前不接受该协会的要求，就要发动一场罢工运动。该协会抨击国内分派计划“愚蠢透顶”。他们要的是政府为农产品提供生产成本担保，提供抵押救济，当然，最重要的就是要求政府推行通胀政策。雷诺宣称：“我们的问题并非生产过剩，而是消费不足，皆因有人垄断并操控了流通媒介所致，这是毫无争议的事实。”农业议案在参议院陷入困局，既如此，农民便开始自行行动，如同他们在前一年秋天所做的。他们阻止强制出售，拒绝终止抵押赎回权，威胁银行和保险公司的职员。4月27日，五百多个农民聚集在艾奥瓦勒马斯小镇的法院，要求法官查尔斯·C. 布拉德利暂停执行抵押赎回权终止程序，直到州法院通过最近颁布的相关州级立法。布拉德利对这些农民的要求予以拒斥，并谴责他们在法庭里面还戴帽子、抽烟，此举引发了人群的愤怒和抗议。农民假日协会的一名领导人后来记述了农民当时的反应：“那不是他的法庭。我们农民纳税，养活了这个法庭，这也是我们的法庭。我们完全有权出现在这里。”法官继续申斥人群，人群则开始迈步向前，他们都用蓝色大手帕遮挡脸部，最终活生生地把布拉德利从法官席上拖了下来。愤怒之下，人们对这位法官拳打脚踢，还用一块布料将布拉德利的眼睛蒙住，而后将他扔到一辆卡车上。人群中有人喊叫：“找条绳子，把他吊死！”在距离城里一英里的地方，卡车停了下来，有人从电报线路上扯出一个绳头，将一端绑在法官脖子上，然后慢慢将绳结收紧，令布拉德利差点昏厥过去。此时，另有人从卡车上取来毂盖，套在法官的脑袋上，其他人则将法官按着跪在地上，命令法官开始祈祷。布拉德利就这么顶着毂盖，里面的油脂顺着脸庞淌了下来，他跪倒在地，望着周围愤怒的人群，祈祷说：“哦，上帝，且听我祈祷，要让这里所有人尝尝正义的滋味。”这位法官仍然拒绝在农业抵押问题上提供任何保证。人们开始往他身上扔脏东西，扯下他的裤子，将灰土和油脂搅拌起来往他身上涂抹。最终，人们可能是累了，也可能是内心不安，便陆续散去了。

就在同一个星期，在艾奥瓦的丹尼森，一个名叫 J. F. 菲尔德的农民因农田抵押到期，将要失去赎回权，银行派出工作人员和特派代表前来收取这块农田，但遭到一群农民的围攻。此等暴力态势令州长克莱德 · L. 赫林感到警觉，遂将该州的半打郡县置于戒严状态，国民卫队也奉命进驻该州。当地的一个农民和《纽约时报》的一名记者见证了一辆辆卡车从春日泥泞的道路上穿行而过，匆匆运送士兵，士兵们身着卡其衫，背着步枪，靠在卡车的四边；军队在四处搜寻菲尔德的儿子。“我猜这里已经是俄国了。”菲尔德说。最后，普利茅斯和克劳福德的几个郡县有将近一百五十人被捕。苏城附近，一个年轻农民告诉弗拉泽 · 亨特，倘若政府不中止罚没抵押农田并提高农产品价格，很可能会爆发革命。亨特询问他所说的革命是什么意思。“我认为我们不会愚蠢地远离家园，”这个农民正色道，“你知道的，公鸡为了守卫自己的粪堆，是会奋力一搏的。也许，我们就是要围坐在家园的树下，短枪在手，等他们来。无论如何，他们都不可能把我们赶出我们的土地。”《纽约世界电讯报》评论说：“在美利坚，常常有人肆意议论革命及诸如此类的威胁，美国人总是觉得那样的革命和威胁仅仅存在于虚假爱国者的疯狂想象当中，然而，农业带已经实实在在地涌起了革命潮流，美国人对此的意识太过迟缓了……当本土美国人保守群体的地方反抗潮流涌动而起、为捍卫家园的权利而战时，那将成为一个征兆，一场更大规模的爆炸很可能就要随之而来。”

此时的农民已经遭遇了太多的磨难。冰雹袭击了他们的庄稼，干旱和虫灾令农作物纷纷枯萎，农产品价格下跌令他们的血汗归零，银行和保险公司更是威胁着他们的家园和生计，他们诉求立法，但是司法体系的否决和国会的冷漠再度威胁着此番诉求。“绝非偶然，”《纽约时报》的哈兰 · 米勒写道，“勒马斯骚乱恰恰就在农业议案……遭遇困顿之际爆发了。”[2]

3

此时的华盛顿，论战仍在持续。政府的农业计划已经令人反感十足了；托马斯修订案在体制化之外，又引入了通货膨胀政策，这就令人们更加恐惧。来自密歇根州的参议员阿瑟·H. 范登堡评论，这是“美利坚政府史上最具革命性的方案”。卡特·格拉斯眼含泪水，恳求参议院不要授权总统削减美元的黄金含量。来自宾夕法尼亚州的参议员里德号召民众拒斥“此等疯狂计划”。奥格登·米尔斯此时也返回华盛顿组织共和党反对派，他申斥说，这样的议案将会导致不受控制的通货膨胀，据他推断，该议案将令美利坚的信贷额度一下子扩张到六百亿美元。

但此时要求采取行动的声浪已经十分巨大，参议院遂以六十四票对二十票通过了该议案，并于 5 月 12 日将议案返还总统签字。最终的法案涵括了三个部分的内容。第一部分是《农业调整法》，第二部分是《紧急农业抵押法》，第三部分则关涉货币问题，托马斯修订案自然包含在其中。罗斯福签字生效之后，农民假日协会则在明尼苏达州的奥尔森及中西部地区一批政治盟友的压力之下，同意推迟罢工，以便给新法案一次机会。

此时的抵押赎回权问题是最为迫切的，其引发的乱象自然也是最为近切的；政府已经在采取有力行动来平息事态了。3 月底，罗斯福重组了已然杂乱不堪的联邦农业信贷体系，将之整合成一个单一的新机构——农业信贷署，并将自己在达奇斯县的邻居小亨利·摩根索任命为新机构的负责人。摩根索及其副手、来自康奈尔的威廉·I. 米耶斯可谓雷厉风行，在二人的领导下，新机构采取迅速行动来平复骚动。该机构的权能以《紧急农业抵押法》为支撑，6 月份又得到了《农业信贷法》的拱卫，农业信贷署据此对农业抵押展开再融资行动，同时策动了一系列的“救济”贷款，为二次抵押提供资金，还想方设法说服贷款人做出合理安排，建立了地方农业债务调整委员会，最后更是建立了一整套的地区银行体系，为抵押、生产以及销售提供贷款，同时为合作社提供贷款。农业信贷署运作的前七个月，便已经提供了超过一亿美元的抵押贷款，接近前一年整个土地银行体系所提供抵押贷款总量的四倍。与此同时，农业信贷署还全方位削减了农业贷款的利率。约翰·加纳，乌瓦勒德的银行家，某天也不免在内阁向摩根索抱怨说：“你这个该死的老钱袋子。你没来的时候，我们夫妇平均可以收到 16% 的利息，现在的利息顶多 5% 。”此时的农业带依然躁动难安，不过，农业信贷署的一系列行动足以让人们明白，至少紧急债务问题已在掌控之中了。[3]

4

不过，农业调整方面的问题则要更为复杂，这条战线上能够取得怎样的进展，也就没那么确定。总体计划当然是很清楚的：提升农产品价格以帮助修正工农业失衡；借由减产、规范市场及其他举措来提升农产品价格。在具体的操作机制方面，当然也达成了广泛一致，那就是在农业部内部建立一个新机构，即农业调整署。不过，农业调整署给予行政分支的自由权能是相当巨大且广泛的，这就令众多关键决策需要留待未来了。莫迪凯·伊齐基尔认为这场农业实验“将是资本主义框架之下，一个民主制度在和平时期推行的最为伟大的单一经济计划实验”，这样一场实验当然是需要召集人手的，实验的效果乃至成败在很大程度上就取决于具体操持者的才能了。

这样一场极具胆略的实验，在甄选操持者时自然要慎之又慎。

华莱士和罗斯福在政治上当然都是精明之人，他们将伯纳德·巴鲁克视为第一人选，而且二人相信，选任巴鲁克将平息国会山和农业资本家集团的疑虑。但巴鲁克同样是精明之人，他回避了这个任务，转而举荐了自己在战时工业委员会的老同事、麦克纳里-豪根法案的创制人乔治·皮克。从政府的观点来看，这个想法倒也有不少好处；毕竟，国会山方面历来认为皮克是"务实"之人，同时，皮克完全认同农业平等事业。在离开战时工业委员会之后，皮克前往伊利诺伊，将莫林农具公司挽救回来。接受任命当天，皮克回忆说："这就是我在1920年所做的事情。当时，整个国家都在拼命压榨农业，我快疯了，竭尽全力对抗各方压力。"1922年，皮克和休·约翰逊，两位战时工业委员会时期和莫林公司时期的同僚，开始酝酿一些基本想法，这些想法后来都沉淀为麦克纳里-豪根法案，也就是这些想法为1920年代的农业斗争奠定了基本框架。

不过，若是选任皮克，同样面临诸多问题。他是从那场农业战争中走出来的人，而且算是那批人的主将。此时这位老兵已经六十岁了，是否有足够的灵活性去应对农业调整署中各种变动不居的状况，人们是颇有疑问的。皮克那暴躁、狭隘且好斗的个性，令这样的疑虑更为严重。1920年的战斗令他疯狂，此后这种狂放性格便一直没有改变。对于农业问题理论家们后来推出的种种观念，他都报以刻薄和不信任的态度，常常讽刺说："这些头发锃亮的男孩啊！问题其实很简单。不就是提高农产品价格嘛。"那些理论家自然不遑相让，对他同样报以不信任，尽管他们对这位老兵也从不缺乏尊重，毕竟，在这些后辈眼中，皮克可是早前那个时代的战争英雄和丰碑。"我们常常看着皮克缓缓走过街道，"特格韦尔后来生动记述了年轻一代对这位老英雄的印象，"一瘸一拐，脚步迟重，像个印第安人……略显笨拙，但也颇为精明，如同一位英国乡绅。"

在政策问题上，麦克纳里-豪根主义仍然被皮克奉为终极农业智慧。“他每次只犁一垄，”罗素·罗尔德说，“但是犁得笔直。”皮克相信，农业问题“主要就是关税问题”。依据他的分析，健全政策之基本要素就在于一套双重价格机制及一套高关税机制，如此便可以为美国农民找回美国市场，当然，还需要销售协议机制去控制海外农产品流入国内市场，此外还需要退出政府监管的出口项目，为以保护价位无法找到国内市场的农产品寻获海外市场；如此一来，就根本不需要控制生产了。皮克对减产计划秉持反对态度，认为减产就是农民对圣灵犯下的罪过。他坚称问题的关键在于“控制供应而非控制生产”。在他看来，压根儿就不存在生产过剩，只要这个世界上还有美国剩余农产品的倾销之地。

因此，皮克的政策取向从根本上就截然不同于华莱士、威尔逊和特格韦尔等人，因为这些人相信，目前情况下，是必须采取减产措施的，而且，海外倾销这样的解决办法已经不现实了。不过，1933 年的危机中，皮克确实向后面这些人的看法让步了，让步幅度之大显然超过了皮克的这个信念所容许的程度，也许他后来并不愿意承认自己做过这么大的让步。来自南卡罗来纳州的参议员科顿·艾德·史密斯在听证会上询问了农业调整立法问题：“您的意思是不是说，为了维持价格，不妨将已经在田地里生长的庄稼给毁掉呢？”对此，皮克颇为直接地回答：“是的，先生，我就是要这么干，以免这小小的过剩毁掉整个经济。”而且，此时的皮克虽仍坚持高关税，但也在 3 月告诉罗斯福：“说到底，我们有必要普遍降低关税。”尽管他的主要信念还在于销售协议及释放出口能量，但在 1933 年 4 月，他同华莱士之间的分歧更多是在侧重点上，而不是在原则上。特格韦尔在 4 月初匆忙写就的一份日记中总结了自己和华莱士对皮克的看法，说皮克虽有诸多缺点，却是个强劲且能干的人物，他在国会山很有影响力，完全有能力引领巴鲁克集团。“我们特别不喜欢这个集团，我们宁愿要一个强硬的进步主义者。不过，这倒也是一个新情况，结果如何，恐怕很大程度上取决于实际操作者之间的合作……他当然不愿意向我们寻求建议，但我们会尽力把事情办好。”

农业产量控制问题此时仍然没有得到解决。5 月初，华莱士希望让事情尘埃落定，遂安排了在白宫同总统会面。此次会谈，华莱士和特格韦尔力主缩减种植面积；皮克不同意，虽然还是为棉花开了个口子。总统仔细倾听各方意见，但在具体政策方面并没有给出明确的说法。在《农业调整法》生效成为法令的当天，华莱士重申了自己的立场，他在一封正式信件中告诉皮克：“在我看来，情况已经十分清楚了，我们应当缩减种植面积，无论棉花还是谷物都不能例外。”皮克由此完全明白了华莱士的观点，不过很明显，他仍然希望调整或干脆规避这样的举措；很可能就是这样的意愿，令他在巴鲁克的鼓动之下，坚持同总统“直接沟通”，说白了就是越过农业部部长，直接向总统汇报工作。此时，他在莫林时期的老下属休 · 约翰逊同样担当了工业复兴机构的负责人，并很可能可以向总统直接汇报工作，这自然也会令皮克在农业调整署里为自己寻求同样的地位。不管怎么说，此时的罗斯福认为自己是需要皮克这样有着强烈政治符号意味的人物的，遂接受了皮克开出的这一条件。华莱士别无选择，虽然不快，也只能隐忍，并且预见到将来会有麻烦。“情况愈发明显了，”5 月中旬，华莱士向总统抱怨说，“皮克先生是要把您当成工具，在他和我之间实施裁决啊……如此一来，《农业调整法》执行工作的统一性将遭遇重大障碍。”

6 月，罗斯福亲自确认，政策重点应当是减产而非销售协议。皮克默认了；但他同时也在尽可能地启用 1920 年代跟他一起战斗过的人入驻自己的新机构。皮克选择了查尔斯 · J. 布兰德作为自己的副手，对此华莱士不但予以赞同，而且特别高兴，布兰德是个老资格的行家里手，曾跟华莱士的父亲关系密切。切斯特 · 戴维斯在麦克纳里-豪根战争中曾跟皮克并肩作战，不过在新农业政策问题上态度更为开放，此时他进入新机构，成为生产部的负责人；M. L.

威尔逊则成为小麦部的负责人。此外，皮克还公开宣称，他将约请巴鲁克及伊利诺伊州前共和党州长兼资深农业政治人物弗兰克·洛登作为顾问。这一系列运作令那些一直担心农业调整署会落入特格韦尔和伊齐基尔这类社会实验家手中的人，顿时打消了疑虑。不过，自由派也并非全盘溃败。特别是要考虑到，自由派占据了一个极具战略分量的位置，即法律总顾问。[4]

5

新上任的总顾问是杰尔姆·N. 弗兰克，在纽约和芝加哥都有履历，对皮克集团来说，这个人物代表了一个完全陌生的世界。1933 年，弗兰克四十四岁，曾在芝加哥拥有一段成功的公司法务生涯，还以公司法务的身份经历了 1920 年代早期那场漫长的牵引机车诉讼案；1930 年，弗兰克来到纽约，并在纽约拥有了一段更为成功的法律执业生涯。弗兰克本质上是个知识分子，对一切都充满好奇心，心性锐利且不轻信，言辞犀利，考虑问题永远是直追根本，全面周详。1930 年，他推出大作《法律与现代意识》，可谓新法理学领域的一次大胆尝试，以决绝之态和十足的冲劲伸张了法律现实主义论题。新政开启之际，杰尔姆·弗兰克对公共生涯充满欲望，遂动身前往华盛顿，随身携带费利克斯·法兰克福特的推荐信，希望知道自己能做什么。

此时的华莱士正要为农业部物色一个法务人员，一下子就看中了弗兰克；吉姆·法利却将名字搞错了，认定弗兰克的岳丈是纽约的一个政敌，令弗兰克失去了这次机会。实际上，此时的弗兰克哪里有什么岳丈；但要抹掉此番误解也并不容易，于是，弗兰克改投农业调整署，将全部才能和个性都投入到农业救济事业当中。弗兰克中等身材，消瘦，高高的前额给人以严厉之感，蓝色眼睛炯炯有神，举止灵便且欢快，似乎从不会停止工作、谈话或思考。“嫁给杰尔姆，”他的妻子曾说，“就等于是被绑在彗星的尾巴上了。”

弗兰克从纽约和芝加哥的法学院以及大公司找寻人手，以建立自己的团队。农业知识在弗兰克看来是最起码的要求；他有着律师的自信，相信受过法律训练的人能学会并掌握任何东西。他告诉皮克：“我们需要的是干才十足的年轻人，拥有敏锐的法律心性和想象力。”弗兰克短时间内便集结了一批才智卓越之人，其中包括来自耶鲁法学院的瑟曼·阿诺德和阿伯·福尔塔斯，来自芝加哥的阿德莱·斯蒂文森，来自哈佛法学院的阿尔杰·希斯、李·普雷斯曼、约翰·阿布特以及内森·威特。他的领导才具十分精准且严格，效率和明晰度令他的助手们迷醉不已；他的记忆力、头脑及无限的精力，令手下人自叹不如。他树立的标杆令这些年轻人在心醉神迷之余，不免也生出追赶之心，团队里的很多年轻人每天工作二十个小时，通常睡在办公室的沙发上，略事休息便又急忙去恶补农业知识了。

弗兰克从来都在追赶时间，能挤多少时间就挤多少时间。就这样夜复一夜，各方律师、经济学家及报界人士，还有利益无关的旁观者，不断出现在弗兰克和特格韦尔合住的房子里，跟弗兰克举杯相邀，深入恳谈。有时甚至分不清究竟哪一方更为痴迷。（有一次，弗兰克的一个朋友结束了白天的工作后，在弗兰克住所过夜，见到特格韦尔脸上挂着一副早间忙碌的神情，不免大为震惊，即刻电告弗兰克：可得注意了！杰尔姆，可得注意了。今天一大早，我在你的早餐桌旁看到了罗伯斯庇尔的脸。当晚跟特格韦尔一起驱车回住处时，弗兰克把电报拿给特格韦尔看。看过电文，特格韦尔突然来了一个急转弯，将车停在马路牙子上，评论说，这样的事情太糟糕了，总会有一些傻瓜偷偷看一眼，然后就重复报纸上的话。“好吧，”弗兰克说，“不管怎么说，你开车的风格的确很像罗伯斯庇尔。”）

在这些农业运动老前辈眼里，弗兰克的办公室就是一座活生生的动物园。“对我来说可是全新的种群啊。”皮克说。说实在的，这些老派农业专家早已成为类似俱乐部的集团，大家相互熟识，突然来了这么一帮陌生城市人，当然令他们恨意顿生。这个动物园里有着太多常春藤盟校的人、太多知识分子、太多激进派，也有太多太多犹太人。坊间传闻说，当李·普雷斯曼参加一次旨在拟定通心粉条例的会议时，曾颇为好斗地问询，这样的条例对“通心粉种植户”究竟有何意义；还有一则传闻说，农业调整署的一名律师前往乡间实地调查时，平生第一次见到萤火虫，禁不住大喊：“哦，上帝啊！这是什么东西？”不过，这类传闻并不能改变什么。乔治·皮克从一开始就反对弗兰克，他还记得当年正是弗兰克所在的那个律所清算了莫林农具公司。当他发现没办法阻止弗兰克继续这样招募人手时，便要求将自己局长的薪水转发给弗雷德里克·P. 李，以便让后者担任自己的私人顾问。应该说，从一开始，总顾问和局长之间就已经有摩擦了。

弗兰克及其律师团体在农业调整署的另一个部门找到了支持，这就是消费者顾问部。老资格的弗雷德里克·C. 豪，一个为众多自由派事业战斗过的老兵，时年六十六岁，但内心仍然满怀希望，此时则担当起重大责任，要确保农产品价格的提升不会伤害消费者。同他共事的是另一名斗志十足的自由派，从年龄上讲，算是豪的晚辈了，此人名为加德纳·杰克逊，曾在萨科-万泽蒂案中扮演过主要角色，他有着丰沛的同情心，更有勇气和好奇心，这令他不惧权贵，为无权之人打了一仗又一仗；“他和受压迫者紧紧相连。”他的一个朋友如此评论杰克逊。那些并不畏惧逾越授权渠道的改革者们在农业调整署体系之外，也寻获了强有力的支持，比如身为农业部副部长的特格韦尔，俨然被改革者们视为领袖；比如保罗·阿普尔比，报纸编辑兼发行人，华莱士实际上已经将此人招纳为幕僚和助手；比如 C. B. 鲍德温，一个充满自信的弗吉尼亚人，此人则成为阿普尔比的助手；比如莫迪凯·伊齐基尔，此时已然是华莱士的经济幕僚；还有路易斯·比恩，一个出色的统计学家；当然，部长本人也会不时提供支持。

特格韦尔、弗兰克及其追随者组成的集团有着两个共同点，其一是城市背景，这样的背景令他们在思考问题时不仅仅局限于农民的角度，还会去考量农业政策对消费者以及整个经济的影响；其二是强烈的自由主义取向，这就令他们不仅关心如何填满农民的钱包，也要考虑对整个农业生产和分配体系实施重组。相形之下，皮克这样的人，全部心思都在于提升价格，除此之外没有别的考量；在他看来，总顾问部门及消费者顾问部门充斥了太多意图改造美国的人。皮克常常颇为尖刻地品评说，这是农业部，不是“万事部”。[5]

6

这样一个农业部当然不会是“万事部”，不过，它所应对并处理的事情也肯定比特格韦尔或弗兰克所知道的更多。无论如何，总顾问部门有着强烈的社会战斗姿态，这一姿态实际上也是一套幕布，幕布背后所运作的恐怕就不单单是杰尔姆·弗兰克的改革自由主义事业了。农业带一直涌动着的不满，长期以来吸引着美国共产党的热切目光。该党的农业专家是哈罗德·韦尔，此人的母亲正是老资格鼓动家埃拉·里夫·布洛尔。韦尔在苏联有过多年经历，此番经历令列宁也刮目相看；后来，就如他亲爱的母亲所说的，“俄国农民已经集体化了，他的用处就不大了，反而是美国农民更需要他”。于是他返回美国，负责操持美国共产党的农业事务。

韦尔其人颇为审慎，认真而且安静，在人群中根本不显眼，一副无框眼镜和一副朴素的中西部面容；惠特克·钱伯斯是他的美共地下活动联系人之一，据惠特克回忆，他是那种“再普通不过的美国人”。柯立芝时期，韦尔成为农业部的顾问人员，并且始终在农业部职员名册上，直到胡佛政府的最后一年。1932 年秋天，韦尔和母亲布洛尔参与了艾奥瓦西部的农业罢工行动。1933 年返回华盛顿时，韦尔在农业调整署体系遇到了一些实际上的或者潜在的美共党员，他很快便据此组建了一个地下集团。这个集团的成员包括普雷斯曼、威特、阿布特，据一些人提供的证言，希斯也在其中。

很显然，这些人进入农业调整署体系，并不是出于美国共产党方面任何有组织的农业部渗透计划，而是很偶然的缘故，说白了，杰尔姆·弗兰克需要人手。其中一些人，比如纳坦尼尔·维尔，农业调整署的一个经济学家，确实是作为共产党员来到华盛顿的；另外一些人，比如普雷斯曼，则是在来到华盛顿之后才受到招募的（至少他自己是这么说的）。所有这些人都以他们自己的方式秉持了良知和热忱，他们相信资本主义已经走向穷途末路，因此都盼望着加入一场社会改造运动。“我们这代人眼中，未来是一片黑暗，”普雷斯曼后来记述说，“……我希望看到希特勒主义的毁灭，希望看到国家的经济状况有所改善，因此加入了一个共产主义团体。”

这些新人当中，位置最高的当属普雷斯曼和希斯（这是钱伯斯和维尔的证言），此二人是哈佛法学院的同学。二人的背景和个性截然不同，一个是敏锐且玩世不恭的犹太人，另一个则是英俊、冷静且颇为持重的盎格鲁-撒克逊血统中人，不过这并不妨碍二人成为密友。杰尔姆·弗兰克于 1933 年夏天致信查尔斯·布兰德，对普雷斯曼有颇多评说：“我并不愿意促成他来华盛顿一事，不过最后还是在希斯先生的坚持之下这么做了，希斯先生对普雷斯曼先生的能力和品性是有极高评价的。”普雷斯曼接着便举荐了威特，弗兰克则又接收了在芝加哥时就已经认识的阿布特。

这群人会在康涅狄格大道的一间音乐室聚会，那是韦尔的妹妹经营的，这样的聚会非常隐秘。共产党为政府工作，这并非不合法之事；据农业部的一项规定，“政府雇员可以是共产党，也可以是民主党或共和党”。不过，若要在仕途有所发展，实际上是必须隐瞒美共党员身份的。纳坦尼尔·维尔在回首往事时不免记述：“倘若党员身份暴露，那仕途也就到头了。”太多的上级都不喜欢美国共产党。杰尔姆·弗兰克无论在理论上还是在实践上都反对共产主义。特格韦尔也刚刚因为哥伦比亚大学经济系的一个导师有牵连，不得不接受了一次测验，幸好他通过了此次测验。庸纳德·亨德森曾是特格韦尔的学生和追随者；就因为这样的牵连，特格韦尔“得出结论，说自己再也不会跟任何美共党员共事了，会尽可能避开……只要感觉这些年轻律师有可能亲共或加入了美国共产党，就会拒绝他们”。华莱士则更是宣称“对美国共产党主张或者代表的很多东西都深为憎恶”，他说：“我实在是讨厌他们煽动类似宗教狂热的情绪，还大言不惭地说是为了国家利益或者阶级利益，他们这是在培育阶级仇恨。”

此类因素令这些年轻的美共党员不得不在黑暗中互动。此时，危机激发了亢奋情绪，人们迫切地要做成一些事情，同时也存在一个共同的右派敌人，这一切都给他们涂上了一层保护色。他们的上级都觉得他们的工作能力不错，并没有觉察出他们内心是有所保留、有异心的，没有察觉他们那隐秘的晚间聚会以及他们内心的蔑视和嘲讽。而且真要说起来，农业调整署里面有这么一些人，倒也并非全是坏处。在那小屋中聚会的人们毫无疑问一直都在想方设法地襄助美国共产党的事业，不过，农业问题有其自身的特性，这样的特性决定了农业问题不会对美国共产党的诉求有所助益，除非是站在极为普遍性的、长远的立场上看待这个问题。确切地说，所有农业问题都不可能以唯独有利于美国共产党的方式予以操控；他们在农业调整署体系里促成的一切有点分量的事情，实际上也都是农业调整署的自由派无论如何要做的。对美国共产党来说，农业调整署集团是一个舞台区域，其功能主要在于招募人手，要将之作为一个政策着力点是不可能的。[6]

四　农业政治

1

乔治·皮克尽管不情愿，还是接受了对棉花、小麦以及后来的玉米和猪肉的减产计划，不过，皮克始终将销售协议视为农业调整署最根本的武器。他认为，倘若目标是提升农产品价格，那么让农产品加工者支付更高的价格给农民，将是最便捷、最有效的办法。加工者，特别是那些免于反托拉斯法案问责的加工者，实际上可以将溢价的部分转嫁给消费者。高价格自然会刺激生产，由此带来的过剩可以设法通过海外市场来解决。说白了，这仍然是老办法，仍然是建基于农业派的老观念：农业政策的职责就是照管农民的利益，至于经济体中的其他部门，只能自己照管好自己了。当然也不是没有新观念，比如，同农民的传统敌人中间商展开合作。皮克在第一次公共演说时，便向食品产业和纺织产业承诺，他“将尽可能地不干扰既有建制和机制，确切地说，要在达成法令之固定目标的前提下，尽可能少地实施干预；这固定目标就是提升农产品价格”。

华莱士、威尔逊、特格韦尔、弗兰克等人对此完全不能赞同。

在那样一个各国高筑关税壁垒且配额纷飞的世界里，在海外市场寻求倾销，他们对这样的想法持彻底怀疑态度。华莱士告诉皮克：“我们现在的行动，就是要把我们当成一个自足的农业经济体。”既如此，他们认为生产过剩问题必须在国内寻求解决。其中一些人，特别是弗兰克和特格韦尔，当然也看到了销售协议机制的诸般前景，但只是将这样的机制视为达成经济总体平衡的一种手段，而不单单是为了让加工商和农民的钱包鼓起来。弗兰克申述说，加工商要获得反托拉斯豁免权，就需要为政府做点什么，而且，要遏制价格过度提升，真正有效的办法就是对公司账册实施核查。用这样的办法，就可以将中间商支付给农民的价格和中间商向消费者索要的价格维持在合理的落差幅度之内。既有此等分歧，便也不难想见，1933 年夏天，一场斗争便悄悄展开了，斗争态势也越发激烈。皮克要求接纳一系列销售协议，弗兰克提出一系列尖锐问题，将此等协议机制搁置，弗雷德·豪则以消费者的名义，对此类协议提起抗议。皮克和弗兰克不时将此等分歧提交已然是头疼不已的部长定夺，华莱士则在二人中间摇摆不定。

9 月下旬，部长亲自压下了蔗糖产业提出的一份销售协议草案，算是给改革派打气了，这份协议如法务部所见，旨在以消费者为代价，为蔗糖加工商提供帮助，但甘蔗和甜菜种植户从中并无太大受益。与此同时，他在工业复兴特别委员会的一次会议上颇为率直地谈到了加工商利润问题。政府不能无限制地回避利润问题，他说：“我们当然可以仓促行动，让人们生产，让价格抬高，也可以暂时对这些事情听之任之，不过，一旦这股热潮过去，我认为无论是农业调整署还是国家复兴署都肯定会彻底核查那些账册，原因很简单：资本主义在我看来是要在这个过程中攫取太多利润，这是必然的；劳工和农业不会从中得到足够收益，这也是必然的。”华莱士认为，要拯救资本主义，就必须进一步限制利润，并确保劳工和原材料生产者有足够的收益。[1]

2

9月，双方的争斗达到了高潮，当时的争执涉及一份烤烟销售协议。这份协议令烤烟产业集团极为愤怒，因为其旨在限制烤烟提价。该协议同时也寻求对公司账册实施严厉核查，但烟草产业认为这样的核查力度显然有些过分了。在谈判中，法务部代表对烟草公司实施了威慑，烟草公司认为这样的威胁将政府的反商业情绪表露无遗；此时的皮克也开始在法务部的一般性行动中觉察出了某种邪恶模式，遂要求重新起草该协议，以满足烟草公司的诉求。此时还有其他事情令皮克操心不已。比如，大约同一时期，李·普雷斯曼在拟定牛奶销售协议时，不免要询问律师政府是否可以接管牛奶产业的控制权（律师还将这封信转给皮克看）。这名律师回答说，政府要是能接管牛奶产业的话，那为什么不将百货店和商场一并接管了呢？普雷斯曼则回应："为什么不呢？"若如此，这岂不成了共产主义吗？"随便你怎么叫吧，"普雷斯曼接着回应道，"现在的计划看来是不怎么行得通了，政府肯定会采取行动的。"（若将此番论说同农业调整署里的美共活动联系起来，也只能说这是一个傲慢的年轻律师的无心之语；一个真正有作为的反叛者，若真要推进这些话中所说的目标，绝不会这么说的。）皮克则认定，有那么一批"集体主义者"正图谋将农业调整署改造成激进变革的工具，遂将围绕烟草问题展开的这场争斗推至总统面前。皮克所谓的"集体主义者"，泛泛地指涉包括特格韦尔和法兰克福特在内的对立派。罗斯福听完汇报后，就事论事地支持了皮克（除了控制种植面积这个问题而外）。然而，皮克在尝试摆脱弗兰克的过程中，继续遭遇挫败；并且只要弗兰克在场，所有的销售协议都定然会引发一场斗争。

与此同时，皮克也在继续推进自己的另一半计划，那就是推动出口。他借助《农业调整法》里的出口补贴条款，于10月将大批小麦从西北太平洋沿岸地区输送到远东地区；11月，他打算将五十万美元的加工税用来补贴出口欧洲的黄油。此时，华莱士不在华盛顿，留下特格韦尔担当代理部长。特格韦尔在一番思量之后，驳回了这一方案，部分原因可能在于他觉得是时候正式应对皮克的问题了，但本质上的原因却是此方案造成的价格双轨制，确切地说，销往海外市场的价格要比国内市场低，在特格韦尔看来，这种价格双轨制对美国的对外经济关系的影响将是灾难性的。“这种做法，”特格韦尔致信华莱士说，“是一切国会会议都予以谴责的；我们最近的关税停战协议对这种做法给予了特别关注；这是公认会挑起贸易报复的做法……健全的对外贸易必须建基于平等交换的国际关系。”

对皮克来说，这可谓结束的开始。倘若销售协议以及《农业调整法》中的外贸条款遭到颠覆，生产控制成为政策中心，那也就不需要他再去推行这法令了；“我想我应该撤出这场战斗”。此时，一直对行动鲁莽的特格韦尔颇为不满的罗斯福，让特格韦尔来白宫一见。特格韦尔也是有点发狂了；他告诉总统，自己采取的路线就是总统最终必然采取的路线，那些一直为此而战的人反而一直被总统呵斥；特格韦尔还说，到了这时，总统必须有所决断。“我该做什么？”罗斯福沉吟着问，“要我罢免皮克吗？”还是给皮克另谋职位，比如驻葡萄牙大使？特格韦尔提议，既然皮克这么关心开拓海外市场，不妨让他在这方面做点事。“天呐，天呐，”罗斯福说，“科德尔·赫尔会喜欢这个办法的！”但不管怎么说，这未尝不是一条出路。几天后，罗斯福召见皮克，告诉皮克外贸领域有重要工作需要他去担当，并暗示，在这个领域，他会有更大建树。皮克遂辞去了农业调整署负责人的职位，接受了新的任命。

皮克这段暴风雨般的农业调整署生涯由此走到了尽头。这样一个人物是历时十年的农业斗争所塑造的，其目标如钢铁般坚定，目光所及完全是被剥削了太长时间的农民；他唯一的目的就是修正这种城乡失衡格局，不惜一切代价，促成经济平衡。他没有越过农民去看看农民之外的世界，比如看看消费者，看看国内总体经济，看看国家在世界经济当中的位置。此外，他所理解的农民是大规模种植的商业化农民，说白了就是地产主；对于乡村经济体系中的佃农、分成制农户以及仅仅维持基本生存的小农，则基本上没有什么关怀可言。他身上承载着上一代人的烙印，因此，对于1930年代这场全国性经济危机，他的感受，或者说预感，是颇为狭隘且僵硬的。一旦遇到挫折，他就只能以暴烈态势对待反对者。他不懂得具体情况具体对待，说白了，他的怒火是缺乏区分度的。1933年，他的确感受到了华莱士、特格韦尔和弗兰克未能感受到的东西，农业调整署中的确有一些人并不真正关心农民，只不过是将农民的仇怨作为工具，借此让当前制度丧失信誉；但是，当这个愤怒的老人宣称特格韦尔和弗兰克也是这场阴谋的组成部分时，实际上也令自己本能当中的一切清明和持重都丧失了信誉。

没过几天，华莱士便决定让皮克的老伙计切斯特·戴维斯继任皮克之职。最后谈话时，皮克告诉戴维斯："摆脱杰尔姆·弗兰克以及这一干人，要将此作为接受任命的一个条件。"戴维斯自信能够掌控局面，也就没有把皮克的提点和叮嘱放在心上。[2]

3

与此同时，尽管高层争斗不休，农业调整署本身却在迅速且有效地将生产控制计划推行开来。第一个问题是棉花，前一年的滞销量为八百万捆，差不多是正常水平的三倍，这一存量足以满足1933年世界市场的全部需求，用不着美国再有任何种植和收获。到了

1933年5月法案最终获得通过之时，棉花种植面积已经达到四千万英亩，并且丰收在望，产量很可能超过前一年。事已至此，还能怎么办呢？如同乔治·皮克所言，“我们都是在跟时间战斗”。但1933年的棉花价格已每磅下跌五美分，若将这一年的产量再次投入市场，价格水平就不知会跌到哪里去了。

此等情形之下，仅存的希望便是缩减部分棉花种植面积。但何以达成此事呢？此时的农业调整署已是文山会海，电话、访客源源不断，可谓一团乱麻，显然没有能力展开大规模说服教育工作。不过政府已储备了一批经验丰富的田野工作者。此时各州的政府赠地学院都建立了农业推广项目，依托这样的项目，大多数乡村郡县都拥有了地方工作人员，给农户提供信息，以改进农业技术。这批人很了解地方问题，也颇得当地民众信任，这不就是农业调整署理想的田野工作队伍吗？

M. L. 威尔逊正是因此才怀着草根参与的热情，相信并建议将州农业推广局的管理人员转变成州农业调整署计划的管理者。但特格韦尔提出异议，认为农业推广局太过认同大农户的利益了。“我对农业推广局的人没有半点信心。”他在离开农业部办公室举办的一次农业推广会议时，曾对华莱士大声嘟囔。无论如何，特格韦尔看得很清楚，这些农业推广规划的背后，隐约存在一个非正式的农业权力结构，这实质上是一个私人性质的权力结构，终有一天会对抗并挑战农业部。农业推广规划最初实施的几年间，地方农业机构也纷纷建立起来，以支持郡县层面的工作人员。这些地方机构先是以州为单位进行融合，而后才在全国层面上联合，最终形成美国农业局同盟。农业推广局，按其设定，是一个公共实体；农业局则是一个私人游说团体，由此形成了一种长期的贵庶联盟格局，但绝少有政客会将此情况放在口头上，也没有谁会予以批评。政府赠地学院则以宽松态势主持着这套联络机制。由此，便有三个集团在其中代表并表达了商业化农业体系的既得利益。

因此，若是利用这样一个农业推广体系，就很可能会令农业调整署的未来在相当程度上落入地方派系的手中，这些人在农业技术和知识方面的资质自然是不错，不过，在所有权以及收入分配方面，他们的思维势必会局限于农业现状。那么，替代选择又是什么呢？除了推广局和赠地学院之外，农业调整署将从哪里招募训练有素的人手来组建自己的田野团队呢？时间正在流逝，庄稼在渐渐成熟，必须有所决断，他们毕竟是在跟时间战斗。华莱士遂认可了威尔逊的方案。[3]

4

郡县的工作团队即刻展现出旋风一般的行动态势，很快便跟数十万农民签订合同，将已经种植的棉田犁掉。就这样，拖拉机牵引着铁犁，顷刻间便将1933年四分之一的棉花铲除（毕竟还是有一些地方的农民只有畜力可用，他们很难驯服牲畜沿着棉花垄行进）。作为回报，这些棉花种植户收到了超过一百万美元的补贴。此等情状的确非同寻常，“是美国农业的一个时代”。甚至皮克也在7月大声宣示：“……这些天确实创造了历史。”亨利·华莱士则更为伤感。他说，此番行动，可谓雷厉风行、胆略十足、“见所未见”，但他也不忘补充说，类似的事情，“我还是希望以后别再干了。就这么摧毁正在生长的庄稼，违背了人性当中最为深沉的本能”。

政府也采取了其他的举措来拱卫棉花价格。奥斯卡·约翰斯顿，农业调整署体系中的一个密西西比种植户，建议政府以高出市场的价格向棉农提供贷款。此类贷款就以棉花为担保，如此一来，可以令过剩产量不会进一步压低市场价。倘若棉花价格高出贷款，种植农就能赎回棉花；否则棉花仍然为政府所有。这一年秋天的一个下午，罗斯福约请复兴金融公司的主席杰西·琼斯来到白宫，告诉琼斯："杰西，我希望你能给棉花提供贷款，每磅10美分，怎么样？"此时，棉花价格大约为每磅8到9美分，这样的贷款额度显然是用来给棉花提供价格支持的。琼斯遂同自己的总顾问、肯塔基州的斯坦利·里德详细商讨此事；10月16日，他们建立了商品信贷公司以推行新计划。该机构依托复兴金融公司注入的资本，即刻向同意参与1934年减产计划的棉农释放贷款。截至年底，棉农便已对棉花价格走势抱有一定希望了，不再像以前是彻底的绝望。平民保育团就此也算是引入了非常出色的机制来提供价格支持，政府很快便将同样的机制运用到玉米、小麦以及其他可储藏农作物上。

小麦问题的紧迫性并不逊于棉花。1933年，小麦的滞销量已经是正常水准的3.5倍，约有3.6亿蒲式耳。统计数据显示，自伊丽莎白女王之后，小麦价格便不曾像今天这么低落。华莱士说，合众国拥有"人类历史上最大的小麦过剩量，但等着领取救济食品的队伍也是历史上最长的"。不过，糟糕的天气状况很可能会压低1933年的小麦产量，看来并没有必要铲除正在生长的小麦；如同华莱士评说的，"大自然已经代劳了"。在M. L. 威尔逊的悉心引领下，小麦计划就这样相对舒缓地推行开来。农业调整署提供了三年期的补贴方案，以便参与农户于1934年和1935年按照规定比例实施减产。[4]

5

玉米和生猪则是特别的难题。华莱士一度考虑对玉米也来一场铲除运动，但最终还是放弃了，转而协同一家商品信贷公司发起了贷款计划，借此对玉米种植面积实施调整。大部分进入市场的玉米都是用来饲养生猪的，既如此，农业调整署便同时提议大幅度降低

1934 年的生猪饲养量。但是，玉米带能靠着每磅 0.35 美元的玉米价格和每磅 2.5 美元的生猪价格闯过这一年的冬天吗？很显然需要额外采取一些应急措施。于是，1933 年夏天，全国玉米—生猪委员会应运而生，该委员会代表了地方上的玉米种植户和生猪饲养户，同时也涵括了各地农业局、农业保护协会以及农民协会的主席，甫一成立便提出了一个令人吃惊的建议：要阻止大量生猪在第二年冬天充斥市场，唯一的办法就是由政府在这一年的秋天购买并屠宰五百万到六百万头猪苗。

华莱士和农业调整署官员当然能预见到这一想法会对公众造成何等震动，但他们也看不到有别的办法。在政府内部，生猪计划倒是招惹了一番肆意玩笑（“乔治，你们批量宰杀生猪的计划进行得怎么样了？”某大的行政例会上，罗斯福发出这样的问询。“我想还在进展中。”皮克回答说。“计划生育从长远来看会不会更有效一些？”总统接着问道，当然是开怀大笑。“反正我不这么认为。”皮克回答说，表情略显沮丧）。外界的反应则是普遍的愤怒和难以置信。没有人比华莱士更能感受此等计划的疯狂。“1933 年 8 月，我们铲掉了上千万英亩的棉花，1933 年 9 月，我们宰杀了六百万头猪苗，”他在第二年写道，“这在任何清醒的社会，都不可能是理想主义行为。这实在是不得已而为之的应急行为，1920 到 1932 年间，世界级政治家之匮乏已然到了疯狂的地步，令我们不得不这么干。”

那么在既有的游戏规则之下，替代选择在哪里呢？人们当然可以高调宣称，只要还有一个忍饥挨饿的亚洲人，这个世界就不存在食物过剩这回事。“但是，此类为农民命运哭泣的顽固情感主义者应当控制生产，”华莱士颇为尖锐地评论说，“切不可肆意宣示说，衣服加工厂应当无限制地生产下去，无论是否存在有效需求，直到每一个衣衫褴褛的中国人都整整齐齐地穿上衣服。”这位农业部部长还申述道，1929 到 1933 年间，美国工业在远低于其潜在产能的水平上艰难运作，那时不曾有人显示出这样的道德义愤，尽管价值两百亿美元的工业品足以解决身陷困境的美国人的吃穿住问题。如今，农业产值仅仅削减了二十亿美元，便遭到如此强烈的谴责。既然工业有权限制产量，农业为什么就不能得到同样的权利呢？“我们只能打手中现有的牌，”华莱士说，“在资本主义社会，农业绝无可能作为一桩博爱事业存活下去。”

这一逻辑自然是无可反驳的。在利润体制当中，农户也必须赚取利润，否则就会完蛋。倘若他为饥饿的亚洲人种植，但那饥饿的亚洲人又买不起他的产品，那这个农民就只能等着毁灭了。“那些高调谈论最后一个饥饿的中国人的人，实际上不是在批评农户，也不是在批评农业调整署，他们这种态度只能是在批评利润制度。”华莱士继续申述说，宰杀猪苗，毁掉棉株，将令更多的人在1934年能吃上饭，若非如此，恐怕就得有更多的人挨饿。围绕猪苗问题而来的那些鼓噪和哭喊，尤其令农业部的官员恼火。为什么宰杀成年猪就比宰杀猪苗更为人道呢？华莱士认为这类人似乎觉得，“每一头猪苗都有权利长大成年，以便让猪性充分地发育出来，而后才能宰杀。且听听这些人的高谈阔论，他们简直把猪当宠物来饲养了”。不过话又说回来，这些猪苗倒也没有白白牺牲，10月，华莱士协同哈里·霍普金斯和哈罗德·伊克斯组建了联邦过剩产品救济公司，该公司将超过百万磅的猪苗肉用于救济饥饿人群。

华莱士同时也强调，农业调整署的最终目标不是制造稀缺，而是要促成平衡。“无论如何要保持理性态度，”特格韦尔早在百日之初就说过，“整个国家和整个世界沦落至深重的匮乏境地，我们不能让制造稀缺成为一种宗教。”因此，农业调整署是一种控制机制，借此来按需实施减产或者扩张。华莱士评论说，一旦经济平衡建立起来，需求也得以恢复，“我们就可以卸去这制动闸门，开足马力上路了”。在现代社会，此等“强制稀缺”终究是无以为继的；亚当·斯密那“坚硬、无望”的经济学终将式微，新的“潜能经济学”终将崛起并取而代之。“除非是心性完全错乱了，否则任何人都会珍视那物质丰裕的境地，那丰裕终将超越今天人们最为珍爱的梦想。”这是华莱士于1933年在得梅因的一次演说的陈词。只要人们彼此友善，新的社会机制就会破土而出。“哦！过去那段岁月，这个世界为了生存，为了将身体和灵魂维系在一起，承受了何等重压啊！”华莱士在1934年的某个激情时刻禁不住宣示说，“我们终将扔掉这悲惨的重轭。我们终将回归自由，在阳光下傲立。”[5]

6

在那么一个时刻，此等渴望看来是遥不可及的。确实，人们在1933年春天给予农业调整署的热情，随着夏日时光的流逝也渐渐流逝了；这个夏天，农民的境遇并没有发生奇迹般的改善。考虑到该法案很晚才获准推行，也确实不会有什么农业调整署的项目能在1934年之前就对价格产生切实影响；但是农业带对造成此番迁延的各种情由并无充分理解。此外，6月和7月间因一场投机潮流而一路走高的农产品价格，在初秋时节也开始沉降下来，恰恰就在这时，农业制造商和邮购系统开始提价，以此回应国家复兴署的改革举措。倘若工农业价格比率由此跌落，即便农产品价格有了提升，又有何意义呢？

到了9月，密切观望价格走势的农业带日益恼怒起来。“当前，中西部牛奶户和饲养户的政治情绪可要比您想象的糟糕多了。”9月11日，华莱士警告总统。此时，印第安纳州一个农民致信罗斯福，这封写给总统的信虽不成章句，但恰恰因此而表达了此时农民群体日趋躁动和愤怒的心绪：

> 我是个农民。我毕生都在操持我那两百英亩的农田，还有房舍和农具。我已经负债一千两百美元，不过跟 90% 的农民相比，我估计能挺过更长一段时间。去年春天，我觉得您是真的打算要为这个国家做些事情。现在我完全放弃这些想法了。我发誓，从今往后，我与那些金融寡头势不两立，我不会放过一切可以报复他们的机会，我会竭尽所能，促成共产主义。

在南达科他州阿伯丁，农民假日协会的一个领导人说："我们的感受就是这样，华盛顿的那些人根本就不能理解我们。我们的要求他们一概不管不顾。我们试图帮忙，但他们听都懒得听。"此人有一处三千英亩的农庄，有属于自己的设置了升降机的谷仓，直到不久前还雇了二十个人干活。他接续申述："看来，总统先生只会听从华莱士和那所谓的'智囊'。好吧，华莱士和'智囊'并没有为我们做多少事情……而今，我们手里只剩一件武器。我们已经声嘶力竭。我们能做的只有抵抗。"

农民假日协会即刻将这股不断涌动并扩展开的不满情绪利用起来。米洛·雷诺满怀激情地回归战场，叫喊着："忘掉华莱士，也忘掉白宫里的那个人，倘若他忘了我们。"农民协会的约翰·辛普森也加入了这场鼓噪。农业派的国会议员同样加入了这场大合唱。"总统在 3 月 4 日将货币兑换商逐出了国会山，"来自北达科他州的威廉·勒姆科高声宣示，"但是，3 月 9 日，他们便又都回来了。"埃尔默·托马斯在南方和西部的群众集会上则重振通胀呼声。人们开始鼓噪着要重新发动一场农业罢工。

在北达科他州，州长威廉·兰格发布禁令，禁止本州小麦向外输出。在威斯康星州，激进的农业领袖在麦迪逊举行了一次游行，并占领了州议会大厅。在艾奥瓦州，农民封堵道路，掀翻卡车，将桥梁付之一炬；牛奶再一次被倾倒在冰冷的混凝土路面上。"他们说生产过剩了，必须减产，"米洛·雷诺说，"只要这个国家还有五百万忍饥挨饿的人民，就没有生产过剩一说。在这样的时刻，政府竟然摧毁食物，还要求减产，太恶毒了。华盛顿自然是要给农民补贴，但就那么一点点钱，也太可怜了。这计划不会有任何效果，是错的，不能那么干。”

雷诺遂开始向总统连续发送电报，要求即刻推行农民假日协会的方案。（“我不喜欢有人把枪顶在我脑门上，吩咐我干这干那。”罗斯福颇为愤怒地告诉亨利·摩根索。）此时的激进派也有了自己的一番锦囊妙计，他们要为农民打造一部条例，以国家复兴署的条例为模板，有相应的条款来保证农业收入并固定农业价格。这个秋天，人们的情绪不断积聚起来，西北地区的五个州长在激进农工党人、明尼苏达州州长弗洛伊德·奥尔森的引领之下，将这一农业条例细化；11 月，他们来到华盛顿，要求政府采纳为基础农产品实施强制性的生产控制计划和定价计划，并向全体农民和加工商颁发许可证，以推行此计划。奥尔森申述说，国家复兴署的条例是禁止生产商的销售价格低于生产成本，那么为什么唯独农民要被这供需法则抛弃呢？“农业是这个国家的基础产业，”奥尔森说，“但也是其价格在公共市场唯一不受保护的产业。”

此等计划自然有着颇为强烈的体制化取向，对此，华莱士自然也是颇不待见；华莱士遂提议，顶多只能向那些已经加入减产计划的农户提供许可证，所有谷物和牲畜的销售则都需要依托票证机制。州长们不为所动，特别是奥尔森觉得华莱士太过小心，也太过冷漠了。“哲学家当然可以是好谋士，但很可能是坏将领。”这位明尼苏达州州长后来还用这话来提点罗斯福。农业调整署的一名官员以试探态度告诉他们，这个计划有可能违宪，其中一个州长则颇为快活地谈起了感情：“嗨，朋友之间谈什么宪法啊？”三天的会商结束之后，政府压下了这个州长团的方案。罗斯福随后致信奥尔森：“倘若农民要固定价格，并要求一切都围绕这件事情展开，我觉得，要真正兑现这样的想法，就只能靠国会立法了……我始终认为，在农民没有普遍且充分了解相关情况并且愿意接受之前，我们不应当强推任何东西，也不应当仓促采纳任何强制措施。”

此时的华莱士也在农业带展开了抚慰性质的巡回演说，借此宣告了贷款计划，但凡参与 1934 年玉米和生猪生产控制计划的农民都可以得到贷款。与此同时，政府也着手在货币政策领域探寻新的可能性。在这个过程中，农业补贴、商品贷款以及农业信贷署的抵押再融资开始陆续涌入中西部地区，依据黄金买入条款，美元也有所贬值，这也就令通胀派的情绪有所平息；此等情形之下，农业集团的躁动不安开始平息。11 月中旬，总统已经可以品评说，西部的情况大有好转了。到了这一年的冬天，可谓云开雾散，农业调整署终于可以步入正轨了。[6]

五　先知浴火

1

农业调整署就这样满怀信心地进入了1934年。而就在此时，出现了一个突如其来的新情况，它来势汹汹，令农业调整署的运作变得既复杂又简单。1930年代的美国农业正在为此前数代人的粗放模式付出代价。在太长的时间里，美国农民于平原地带随意拓殖土地，在平原草地放牧，那薄薄的土壤保护层原本强固，但也无形中慢慢被这种粗放模式销蚀掉了。也许农民们并不知情，但他们的财富确实是以这个保护层为依托的。正是这层草皮涵养了土壤中的水分，阻止土壤遭到风蚀。在大自然中，风和水之间的战斗是永无休止的，没有了保护层，这场战斗便只能以荒漠告终。犁耙硬生生地肢解了保护层，牲畜的蹄子也轮番踩踏，过度放牧更是令其破碎，最终，土壤保护层变得稀疏且脆弱。

1920年代是大平原地区的湿润年份，雨水丰沛。农民因此不断地展开拓殖，越过半干旱界线，深入了父辈眼中那些因过于干旱而不适合农垦的区域。1930年之后，降雨不再那么稳定且丰沛了，夏日骄阳无情照射，常常突袭而来的急雨只是更为迅猛地冲刷土壤，当北方蓝色湖面开始沉降并低落到一个高个子那样的高度之时，不祥的阴影便开始笼罩大平原地带。1931 年便已出现了旱灾，尽管影响范围并不很广，但对未来的预警可是颇为深重。接着便是大风四起。土壤迅速归于干裂状态；尚有草皮存留的地方，青草也迅速枯黄，无法再抓住土壤；大风如同掠过平展草原的喷砂机，扬起尘土，形成巨大的黑云，那阵势可谓遮天蔽日。

2

1931 至 1932 年间已有多次预警，小规模尘暴已经在堪萨斯西部和科罗拉多东部区域出现。1933 年，农业部的农学家和气候学家对下一年的情况忧心忡忡。他们预测会有旱灾出现；也正是因为他们的预测，农业调整署才决定不再铲除西部平原地区的小麦。雷克斯·特格韦尔于这年冬天对平原带展开巡视，也不免传回悲观看法。这年的冬雪很是微弱；不过，即便有降水，这些区域的土壤也已是破落不堪，根本没有能力吸收并涵养水分；现在要制造一场农业灾害，已经不需要强风，光靠水就足够了。特格韦尔说，土壤就裸露在草皮中间，小麦甚是稀疏，“如同老人下巴上稀稀落落的胡茬”。

1934 年春天，只有太阳，没有雨水；而且太阳之后便是强风。5 月，尘暴开始涌动。巨大的黑色云团从狭长地带升腾而起，涌入天空，先卷起土壤中的腐殖质和胶体，接着将耕作层土壤剥离而去。太阳仍然阴惨惨地照射着大地。干旱很快便降临在两个达科他州的中央地带，之后席卷了中西部地区和中部各州，向南一直伸展到得克萨斯，向东一直伸展到阿勒格尼山。此时，夏天临近，风的热度也在提升，而且更为猛烈了。平原地带的尘暴云团在天空肆虐，褐色的、黄色的，弥漫着刺鼻的味道。尘暴如同暴雪，席卷了谷仓和护栏。学校放假，车辆纷纷停在路边，正午时分也不得不开启街灯。尘暴横掠，穿窗入室，令农家晾晒的湿布片和床单沾满灰尘，最终整个房间都阴沉下来，里面的空气变得灼热且刺鼻。云团如同旋风，继续席卷大地，其中一些尘暴进入已然目瞪口呆的东部，那毒性极大的橙黄色云团迅速散布开来，空气中弥漫着脏土和细沙的味道。最后，这些云团继续横行，没入大西洋。

这尘暴将数百万英亩农田的表层土壤裹挟而去。二十四个州的农作物遭到炙烤。尘暴所过之处，小麦和玉米纷纷枯萎在农田里，土地被烤得硬如坚石，到处都是死去的树木，孤零零地映衬着地平线。牲畜已经失去了水草，而且吸入大量灰尘，日渐瘦弱，纷纷躺倒农圈角落里等待死亡。一些牲畜在啃食草根时吃进大量灰尘，胃里形成了大量泥球，最终死于这样的泥球。农民就这样在大萧条的灾难之外，承受了一场严重旱灾，庄稼枯萎、牲畜日渐羸弱还是次要的，关键是土地。此时的土地已然裸露且脆弱，变得支离破碎；风水肆虐之下，土壤肥力不断流失，最终变得枯黄、贫瘠、了无生气。有人不免评论道："这个国家陷入愁云惨雾之中，仿佛死神就在身边。"此时，农民的反应甚是怪异。一些人将这场干旱和尘暴视为上帝的审判，上帝是要惩罚那些胆敢铲倒棉株并宰杀猪苗的人。于是有人要求取缔农业调整署。面对合众国历史上最为严重的旱灾，华盛顿方面迅速采取行动，向灾区输送种子和食物，购买并转移死去的牲畜，还采取了其他举措帮助农民渡过难关。与此同时，政府也开始酝酿更为长远的水土保护计划。

尘暴区的农民对行事积极的政府报以感激。富兰克林·罗斯福也于 1932 年之后再次巡视密西西比以西地区，之后于 1934 年写道："他们是有希望的人群，他们脸上都写着勇气。他们看起来昂扬向上。他们知道他们正在'对抗时艰'，不过，他们有决心干成这件事；1932 年的情况可不是这样，那时到处都是一片绝望之气。"[1]

3

1934年的尘暴产生了颇为重大的长远影响，力促政府加快酝酿联邦水土保护政策。不过，这场灾难对农业调整署的运作也有直接影响，毕竟它令农作物大幅减产，特别是小麦，其效能可谓致命且残忍，远超农业调整署管理者的一切人为努力。1928到1932年间的小麦年均产量为八亿六千四百万蒲式耳，1933到1935年间，这个数据一下子降到五亿六千七百万；这一减产额度中，大约有两千万蒲式耳是因农业调整署的减产计划所致，其余的则是由于灾害天气。其结果便是小麦积存量得到消化，价格随之提升，截至1935至1936年间，合众国实际上已经开始大量进口小麦了。

小麦价格因减产而提升，这就充分印证了农业调整署的经济思路。在整条农业战线上，农业调整署的种种项目，比如生产控制、补贴机制、平民保育团贷款、购进过剩产量并转入救济渠道，以及农业调整署这个多样化武器库里的其他武器，等等，都产生了类似的效果。棉花方面，农业调整署的确可以宣称，价格提升之功劳全在于它的项目。玉米方面，当然是农业调整署的项目和天气因素共同促成了价格提升；没有人可以质疑这个结果。“如今，艾奥瓦州的玉米收购价是七十美分，”参议员路易斯·墨菲致信罗斯福说，“两年前只有十美分。昨天，艾奥瓦的上等生猪收购价是七点四美元，比前一年提高了四点五到五美元。农民都非常高兴，他们相信这计划机制是起了作用的……现在，艾奥瓦农民不会吝啬对华莱士部长的支持。”

1932到1936年间，农业总收入增长了五十个百分点，包括政府购进在内，农民的现金销售收入差不多翻了一番。更重要的是农民的贸易条件有了显著改善。成本价和销售价之间的比率，包括利息和税赋在内，从 1932 年的五十五稳步提升到 1934 年的七十，1936 年更是提升到了九十。这一时期，农产品价格提升了三分之二。与此同时，农业债务额度缩减了十亿美元，信贷发放机构也从私人银行和保险公司转移到联邦机构，这样的变动是非常有好处的。在收入和就业的整体形势仍然颇为低落的情况下，农业领域的这股复苏潮流就更为瞩目了。[2]

4

此时，农业调整署的具体运作更是出人意料地顺畅，这就更有助于其推展自己的项目，以提升农业收入并修正经济平衡。这场农业实验遭遇了不小的困难，农作物和地域的多样性，令一场全国性的实验在与之相协调的过程中困难倍增，农户已经习惯了尽可能多地生产，并历来以此为傲，当然很难接受减产计划；农民同时也是人口群体中最为固执也最为独立的，要规制他们的行动，自然难上加难。不过，具体境遇方面的因素最终对农业计划机制的运作颇为有利，这超出了很多人的预想。农民的灾难处境在相当程度上缓和了他们对集体行动的反对态势。此外，1920 年代农村经历的长期劫难也令人们在技术分析层面将农业问题视为一个全国性的经济问题；各地赠地学院及推广体系历时数十年的培训工作已然造就了一个大规模的专家团队，这个团队有能力推行经济学家们设计的任何规划。

不过，农业调整署之所以有如此成就，首要因素还是在于管理上的出色洞见。空位期是难得的安静时段，对未来的罗斯福内阁来说，这段时间也算是相当长了，人们有时间去静心思考一些事情。有一天，在科斯莫斯俱乐部同华莱士和威尔逊共进午餐之后，特格韦尔廓清了这其中的奥秘。“我们的计划，”特格韦尔申述说，“就是要付钱给农民，令农民第一次拥有社会心性，让他们去为所有人做事情，不再仅仅为自己考虑。这样一来，我想我们就可以成功地为社会福祉而驾驭自利动机。”说白了，若是任由自利动机横行天下，很可能造成无政府状态；若是以强制手段对付，则很可能带来暴政，特格韦尔所述计划可以说是民主制度之下可行的中间道路，其实质就是推行以激励而非命令为基础的计划机制。“还可以更进一步，”特格韦尔补充说，“用这样的办法，让农民参与并襄助长远规划。我们可以为农民而推行计划，并且协同农民一起推行计划。”

如果说特格韦尔的侧重点是“为”农民而计划，那么威尔逊的侧重点则是“协同”农民一起计划。在一切节点上，威尔逊都坚持农业调整署的调整计划应当同农民的意愿保持同步。华莱士自然也强烈认同并分享了这种对他所谓的“经济民主”的信仰。由此，农业调整署的这些施政之人依托非同寻常的社会才智，创制了种种办法，将重大决策向农民推展。

农业调整署的“生命源泉”，用特格韦尔的话来说，是由郡县层面的各个生产控制委员会提供的。这些委员会都由农民组成，农民自行选任管理人员，并且实际上负责操持很多控制项目。就这样，这些郡县层级的委员会推行种植面积调配计划，并负责监管项目的具体实施，在这个过程中，农民便自然而然地浸润于一个崭新的经济自治过程。他们在全国性政策框架之内操持农业事务，由此也等同于在社会纪律方面进行自我教育。“三百万农民经受此等历练，在我看来，定然会对全国各地的共同体产生实实在在的影响。”

共同票决机制是作为辅助手段出现的，种植户借此决定具体的生产控制计划。而且，即便是绝大多数农户已然认可了相关计划（如同1934年、1935年的玉米-生猪控制计划票决结果及1935年的小麦控制计划票决结果表明的那样），农业调整署也仍然倾向于将具体计划维持在自愿基础之上。实际上，强制推进计划的压力并非来自华盛顿，而是来自农民群体自身。恰恰就在农业调整署坚持自愿原则时，国会为了回应普通农户的诉求，于 1934 年通过了《班克黑德棉花控制法》和《科尔-史密斯烟草控制法》，两份法案都旨在动用税收权能来强制不顺服的种植户融入控制计划体系。

多年之后回首往事，特格韦尔不免总结说，对“草根民主”的这种崇拜，实质上是一场幻象。其效果不过是将农业决策权转给了一个农业等级体系，这个等级体系是三头联盟，其一是农业推广局，其二是农业局，其三是赠地学院；如此一来，实际权能便相当于交给了各个地方的富有农户。无论如何，郡县层面的生产控制协会是不可能代表民众利益的，唯有政府能有这样的代表资格；而且在实践中，此类协会组织很可能只是代表了富裕农户，毕竟只有这样的农户才有能力雇用人手为自己干活，自己则有闲暇前去参加委员会会议。

草根民主之议，常常带着感情色彩，特格韦尔对此等感情上的诉求提出质疑自然是有道理的，不过，地方委员会体系既然到了如此庞大的规模，其催生的民众教育和民众合意效果自然也是非同小可。到了 1934 年中，已经有了四千个这样的委员会组织，特格韦尔似乎是轻看了这样的效果。这个问题引发了农业调整署的内部分歧；同时，这种草根民主模式定然远远不能达到华莱士-威尔逊式的辉煌预期，二人的梦想是“一个新时代，民主将第一次成为现实，将经济生活和政治生活尽皆涵括在内”。不过话又说回来，1935 年，雷蒙德 · 莫利已经可以颇为稳妥地将农业调整署视为“新政体系最为成功也最具民心的机构”了，很显然，草根民主之道在这其中有着莫大贡献。[3]

5

尽管取得了此等外在成功，农业调整署内部的紧张和分歧却不曾消散。皮克和弗兰克（以及弗兰克背后的特格韦尔）代表了1933年农业调整署内部对峙着的两派观念，一边是老派的农业主义，另一边则是城市自由主义；华莱士任命切斯特·戴维斯担当农业调整署的负责人，显然是有考虑的，他希望戴维斯能够以技巧和耐心将两派调和起来，并据此化解内部分歧。戴维斯是土生土长的艾奥瓦人，毕业于格林内尔学院，曾在蒙大拿州当过一段时间农业期刊编辑，在1920年代奔赴华盛顿之前也曾担任蒙大拿州农业委员。应该说，除了皮克之外，对当年那场麦克纳里-豪根运动的认同度最为强烈者，非戴维斯莫属。不过，他毕竟比皮克小十四岁，并且远不是那么固执，也算是最早一批放弃了麦克纳里-豪根路线的人之一。借助出口倾销来化解生产过剩问题，这样的思路和希望在戴维斯这里并没有维持太久。在农业调整署初年的论战当中，戴维斯在关键性的生产控制问题上选择了站在华莱士和威尔逊一边。戴维斯其人身材矮小、强壮，行动敏捷，言谈举止粗粝但不失幽默，处世风格温和且务实，看来，这样一个人物颇为适合担当新旧两派之间的调解人角色。

选任戴维斯当然也是一个有着决定性意义的决策。无论如何，现实主义取向的戴维斯是决心要在既有的农业权力框架之内展开工作的。戴维斯其人在很多方面都拥有广阔的社会视野；对于加工商，他通常秉持保留态度；农业推广局、农业局及赠地学院融构而成的三头同盟体系也常常令他十分恼火。不过，作为农业调整署的首脑，他倒也并不觉得改变工作条件是自己的责任。他的职责，如他自己所见，就是复兴农业，而且为了达成这个目标，他也准备好了同农业领域的一切力量展开合作。在这个过程中，他自然无可避免地要同改革派发生冲突。

特格韦尔仍然是农业部内部自由派的最终动力源泉，不过，此时的特格韦尔在农业调整署体系中几乎没什么影响力了。在戴维斯的任命问题上，华莱士甚至都没有征询他的意见，而且，此后的戴维斯也尽可能少征询他的意见。在农业调整署内部，杰尔姆·弗兰克则是比以往任何时候都更为强烈地担当了改革派之火花塞的角色，此时，他的年轻律师团队在背后推动着他，弗雷德里克·豪、加德纳·杰克逊以及消费者顾问部也在背后支持他，而且展现出相当的进取态势。作为改革派，他们自然希望利用这样的机会去解决农业经济当中那些更为顽固的恶疾，确切地说，就是分成制农民以及佃农群体的长期贫困、农业雇佣劳工的悲惨处境、加工商和分销商过度攫取的利润以及限制性销售方法。对改革派来说，农业调整署可不仅仅是恢复农业收入的手段，也是一次用来修正农业群体内部收入分配格局的机会。为了达成这些目标，改革者们经常越过他们的上级戴维斯，以非正式渠道向部长直接汇报情况，用这样的办法修正或者推翻戴维斯的决定。

改革派同他们所谓的“亨利的父亲帮”的关系并不稳定，而且多变。两个阵营都不乏有才干且忠诚之士，双方为着共同关切的问题一起辛苦工作，一致要多于分歧。不过，在这个过程中，双方也都越发清晰地意识到彼此之间更大也更为根本的分歧。随着分歧不断加深，官僚体系内部的冷战态势愈演愈烈，彼此在组织内部不断施加阻绊和干扰，还不断向新闻界透露信息。

即便在皮克辞职之后，围绕销售协议问题的争端和摩擦也依然如故。戴维斯跟皮克不一样，他并不相信销售协议可以成为主导性的解决办法，不过，他也认为销售协议可以成为生产控制的有用补充；此外，销售协议还为那些因为种植“非基础”作物，比如水果和蔬菜，而被排除在现金补贴范围之外的农民，提供了救济渠道。戴维斯还相信，宽泛的农业调整署项目若要取得成功，就得继续努力去争取加工商的支持和合作。特格韦尔和改革派则不这么认为；1934 年夏天，戴维斯为了提升农业价格而着手跟大包装商展开秘密谈判，就在这时，特格韦尔突然在得梅因发表演讲，指名道姓地抨击了一批包装商，原因是这些包装商拒绝开放账册以供核查。于是出现了这样的局面，这些包装商一边跟农业部的一批人密谈，同时却被农业部的另一批人猛烈抨击，遂自感成了背信弃义的牺牲品。这场谈判就这么被活活挖了墙脚，令戴维斯勃然大怒，遂向华莱士告状，华莱士则发出指示，从今往后，所有牵涉农业调整署问题的演说活动都必须得到农业调整署署长戴维斯的许可。如同保罗·阿普尔比界定的那样，“问题的关键在于，这样攻击加工商是否明智。切斯特相信，厄尔·史密斯和克利福德·格雷戈里是成功农业领导人物的典范，他们一向是找重要人物谈事情”。阿普尔比还就此作了一番补充，颇能体现弗兰克集团的心声：“我自己是这么看的，要么继续秉持战斗态度，要么继续跟那些大人物展开和谈。若是依据政治便利观点在二者之间作出选择，我们作为民主党人当然应该选择战斗姿态。”

牛奶问题上的争执尤其激烈。“最麻烦的是牛奶和奶制品问题。”戴维斯于 1934 年 2 月告诉国家应急委员会。特格韦尔在 4 月的一份日记中也写道：“我最担心的就是牛奶问题。”对国民健康来说，没有什么东西比牛奶更为重要了；不过，也很少有哪个领域会比牛奶分配更为混乱，中间商在其中斩获的利润超出其他领域，中间商集团构成之复杂也是其他领域不能比拟的。（杰尔姆·弗兰克在出席了芝加哥举行的一场牛奶问题听证会之后说：“我不禁觉得还是农业好，相形之下，农业是如此温和且充满田园气息的行当。”芝加哥听证会上，匪帮横行，外套里都藏着武器，难怪弗兰克会如此感叹。）到了 1934 年 1 月，第一批牛奶销售协议基本上都败下阵来，大牛奶分销商也都表现出强烈的我行我素的意向。

1 月下旬，亨利·华莱士在威斯康星的麦迪逊发表演说，抨击了大牛奶场区的分销商过度攫取利润的行为。与此同时，农业调整署的自由派，特别是消费者顾问部的改革派，则纷纷宣示说，牛奶行业应当列为公用事业，甚至提议展开试验，建立市政牛奶加工和分配机制。罗斯福本人倒是颇为喜欢将牛奶纳入市政体制，他很可能有过这方面的提议；而且，该计划也颇有一些进展了，已经选定了密尔沃基作为试点城市，该市市长是个社会主义者。牛奶产业本身则决定反击。农业调整署消费者顾问部的副手帕特·杰克逊，告诉华莱士，牛奶产业集团已经在费城办了一次秘密集会，决定对农业调整署的自由派展开打击。听闻此言，华莱士陷入了沉思。最后他说："我实在没办法理解你们，你和你的朋友布兰代斯大法官。当你看到一些你认为是错误的事情时，你当然想着纠正，于是迅速行动起来。我不是这样的人。我更愿意找一棵树安坐下来，静待时间去修复那些事情。"说着，华莱士用右臂画了一个大大的圆圈，"雷克斯和切斯特都是千里马，但将此二人匹配在一起，实在不合适，这一点我知道。且容我们再往前走走，到时候，我会选择一人留下的。但我现在还不能决定是谁。"[4]

6

此时，一个新问题进入了战场。1933 年的棉花减产计划深深影响到分成制农户以及佃农，南方的分成制农户由此突然进入了公众视野。所涉及的第一个问题就是为减少种植面积而提供的现金补贴该如何分配。此类农户签订的棉花合同实际上是土地租赁合同，这就意味着租金要支付给控制这些土地的人。如此一来，分成制农户在减产计划当中便只能从价格的提升当中获益，条件是实际支付了这样的"平价"补贴。这实质上意味着种植园主将得到 90% 的补贴额度。此外，随着种植面积缩减，很多分成制农户不得不放弃自己的农田，转而纯粹寻求救济，要么只能自行改换门庭，这样的境遇是相当悲惨的。沉沦最深的人，通常都是最先动起来的。

杜克大学的卡尔文·B. 胡佛教授此时引领了农业调整署的一项调查，结果显示南方群体的境况颇令人动容。不过，在切斯特·

戴维斯看来，农业调整署能做的少之又少，于是设置了一套程序来调查此类怨诉；然而，此次调查的结果却是顽抗的分成制农民向自己的地产主提起控诉。此等情形下，若是刻意向分成制农民支付补贴，以此来拱卫减产计划，就必须用雇工制取代佃农制。在戴维斯看来，这其中的根本问题在于这样的农业雇工过分集中在产棉州，农业调整署对此无能为力。

不过，戴维斯还是设法将 1934 至 1935 年间的棉花合同在自己的办公室压了几个星期，利用这段时间同胡佛一起拟就了一项条款，以便为种植面积缩减计划之下的租佃农户提供更多保护，尽管像奥斯卡·约翰斯顿这样的种植园主展开了难以平复的抵制，该条款还是加入了合同当中。阿尔杰·希斯代表法务部加入了这场讨论；最终一致同意尽可能地约束地产主，强制他们维持跟 1933 年齐平的佃户数量，并保证佃农继续拥有自己的房舍、花园用地，并可以使用木料及其他家庭生活必需品。与此同时，新的合同似乎也明确承认，地产主应当保证同样的佃农数量，但不保证不更换佃户，佃户也不保证一定要租赁同一个地产主的土地。

“他们不会因为这场减产计划，就将佃户赶走。”戴维斯在 1934 年初说。但是此番预测显然过于乐观了。地产主实际上主宰了地方法案推行工作，驱赶佃农的情况并没有停歇。就在这时，这些佃农的困境吸引了全国的关注。南方佃农协会遂应运而生。诺曼·托马斯引领众人向农业调整署发难，抨击减产计划在南方造成的不公。外界的鼓噪毫无疑问地夸大了实际情况，不过，这也强化了农业调整署自由派实施纠偏措施的决心。最终采取的手段便是重新解释农业调整署合同中的佃农条款。此时，阿尔杰·希斯依据南方佃农协会的要求对佃农条款实施了再解释，这一解释得到了弗兰克的赞同，根据新的解释，所有佃农在合同期内都有权继续经营所租赁的土地。改革派相信，这个新的解释将令农业调整署项目更符合农业规划以及新政的整体目标。1935 年初，戴维斯展开了一次实地调研，弗兰克利用这个机会说服代理部长将希斯的解释文本作为农业调整署的新指令发布下去，此举并没有征询戴维斯及其他农业调整署高层的意见。

结束调研回归华盛顿的戴维斯对此事非常愤怒，遂取消了新指令，认为那是无可容忍的行政忤逆行为，而且农业调整署初年的棉花合同都是依托先前的条款基础运作起来的，希斯的新指令等于是取消了这样的基础，在戴维斯看来，这是完全没有根据的。戴维斯进而认为，新指令实质上是将农业调整署转化成改革事务，在当前的条件下，这样一场变动很可能导致南方出现革命性的骚乱。戴维斯后来申述说，倘若新的解释条款得以推行，“亨利·华莱士不出一个月就得从内阁滚蛋了”。戴维斯面见华莱士，直接要求这位农业部部长摊牌。华莱士看来是必须做出选择了，要么杰尔姆·弗兰克离开，要么戴维斯走人。一直以来，华莱士都在避免这种摊牌的局面，到了这时，也不得不给出自己的看法：改革派走得太远了。“从法律观点来看，我相信他们是根本站不住脚的，”华莱士后来在日记里写道，“而且我认为，他们过于纵容自己的社会观念了，由此催生的东西不仅在务实的农业观点面前站不住脚，而且不是什么好的法律。”但是，事情已经到了这一步，又该当如何呢？戴维斯的意见是，部长大人不要插手，且给自己二十四个小时来处理。具体怎么办呢？戴维斯雷厉风行，取缔了总顾问部，并将农业调整署里的一批刺头解职，戴维斯给出了以弗兰克为首的一份解职名单，包括普雷斯曼、豪和杰克逊在内。很是奇怪，阿尔杰·希斯竟然不在戴维斯的清除名单上，尽管戴维斯在华莱士面前特别批评了希斯；不管怎么说，戴维斯认为希斯是诚实且勤勉之人，很显然，他觉得这个热切的年轻律师是被弗兰克和普雷斯曼误导了。没有人讨论过此次解职事件的深层动机，尽管十五年后，戴维斯还能回忆起华莱士当时给出的显然并无关联的一番评说：他不能跟美共分子共事，因为他们不信仰上帝。

第二天早上，戴维斯签名的解职信，措辞甚是简短且直接，陆续出现在相关人士的办公桌上。下午，遭到解职的人在紧张和愤怒之中，前往杰尔姆·弗兰克办公室聚商对策，并在那里等待亨利·华莱士再度任命。还有一些人也在场，比如希斯，他们虽然没有遭到解职，但在这样的情况下，也表明了打算辞职的态度。弗兰克从办公桌后面起身，开始在房间里来回踱步，大口大口地吸着雪茄，一支又一支，口中念念有词，情绪激动，说仍然相信亨利·华莱士。不管怎么说，他们完全是在推行华莱士自己的诸般理想。弗兰克就这样以滔滔雄辩来安抚众人，让大家放心。唯有李·普雷斯曼保持了镇定，并以讽刺态度表示不同意见，他语带讽刺，发出问询：弗兰克何以如此天真，竟至于信了华莱士。

最后，有人传话过来，华莱士想见见其中的两个反叛者。杰尔姆·弗兰克和阿尔杰·希斯遂作为代表前去面见部长。弗兰克走出办公室并经过长廊时，仍然满怀希望。他们走进部长办公室时，华莱士将手臂伸展开来表示欢迎，满脸的关切之情。他告诉弗兰克，他和他们都是这桩淳良事业的战士，他们是他见过的最优秀战士，但是他不得不解雇他们。弗兰克询问，为什么部长大人不亲自告诉他们这个消息。华莱士犹豫片刻，而后便颇为温和地说，他没办法面对他们。

一直在佛罗里达休假的雷克斯·特格韦尔此时急忙返回华盛顿。他跟已经愤怒不已的哈里·霍普金斯交流，跟充满同情的路易斯·豪交流，跟犹疑且羞愧不已的华莱士交流，最终也为此事面见总统。特格韦尔认为此次清除行动是有预谋的，显然有人在运作整体计划，要将自由派从农业部悉数扫地出门，并将控制权能转归保守派农业领袖集团及加工商手中。他告诉华莱士和罗斯福，此事牵涉新政大计；被清除者一直在为新政而战。特格韦尔还补充说，他自己也有意就此辞职。“部长大人显然是缺乏决断的，”他颇为沮丧地告诉总统，“而且当我做出决断时，他有可能支持我，同样有可能支持我反对的人。一直以来，我都被告知我跟农业调整署的决策没有任何关联，若是如此，我不觉得我能恰当履行自己的职责。”

罗斯福表示他会亲自过问此事，并劝特格韦尔稍安勿躁，待他将事情弄清楚。此时的总统实际上别无选择，只能支持华莱士和戴维斯。不过，他对杰尔姆·弗兰克是相当尊重的（事实上，总统随即便将弗兰克安置在复兴金融公司了），对帕特·杰克逊也极为欣赏。当参议员科斯蒂根对解职事件表达关切时，罗斯福回复说：“您对农业部门的这场变动的想法，我深有同感。”接着颇为深思地补充：“有时候，管理组织内部确实会出现两个或者更多人之间不能合作共事的情况。大多数情况下，双方都没错。不过，一旦如此，当务之急便是解决麻烦，把情况捋顺，倘若此法不能奏效，就只能请其中一方离开了！……我能跟您说的就是我对此感到遗憾，并且我对相关各方都是极为尊重的。”[5]

7

对华莱士来说，此番抉择当然十分艰难，不过，最终的选择本身也已是预定好的。一边是新政的终极希望所系，那是华莱士以其先知情结深为认同的社会重建愿景。另一边则是冷硬如磐石的政治可行性，这东西虽算不得终极之物，但更具力度和迫切性。华莱士的一半思虑颇为热忱地系于理想主义，另一半则更为迫切地回应农业局、推广局以及阿肯色州参议员乔伊·罗宾逊这等人物。华盛顿生涯也已在华莱士内心催生了新的欲念。自1935年之后，这位农业部部长已经对总统宝座有所觊觎了，至少像特格韦尔和拉福莱特这样的朋友相信，此等野心已经主宰了华莱士。而且真要说起来，华莱士跟特格韦尔和弗兰克并不是一类人，他并不是油滑世故的城市佬；说到底，他的成长环境跟切斯特·戴维斯和乔治·皮克是一样的。

最终，1935年2月，离开的是弗兰克而非戴维斯。此时的华莱士依然在保守派和自由派之间奉行骑墙策略；并仍是凭借个人技巧来做到这一点。戴维斯和特格韦尔此时则比华莱士更为清晰且坚决了。戴维斯运作农业调整署，相当冷静且干练，特格韦尔则以十足的勇气重组并捋顺了农业部其余的事务，华莱士能有此等声望，在很大程度上要归功于此二人。此外，华莱士手下团队之机警也在极大程度上保护了这位部长不犯下愚蠢之错，特别是以精明著称的阿普尔比和后来加入的肯塔基人保罗·A. 波特，此人作风强悍，心思敏锐；对这个情况，戴维斯和特格韦尔自然都心知肚明。尽管有着深重的梦想家特质，尽管洛里奇式的胡言乱语一直萦绕在侧，尽管纳瓦霍药师不时施加诱惑，华莱士仍然有自主力量，这力量虽模糊但力道十足，即便是戴维斯、特格韦尔这等清晰且坚定之人，也不得不顺服。

这其中的部分原因就在于华莱士有着宏大且深沉的职责意识。他天生就知道农业部部长之职有着何等深重的责任担当。此等意识之外，他更是秉有专家对专家的尊重。在他治下，经济学家和科学家们同农业政策之制定有了前所未见的直接接触。而且，这位农业部部长对农业部的生命和需求是有激情的，此等激情不免将新的昂扬之气注入了农业部团队当中，此前这些人已经憋屈了太长时间，就为着狭隘的目标干着狭隘的工作。过去是绝对不能令华莱士满足的；未来则要求新的洞见和新的信念。因此，他引入圣人和圣言以激励团队，这圣人便是爱尔兰诗人乔治·罗素；这圣言便是M. L. 威尔逊辑录的哲学和人类学合集。当然，这在很大程度上是在作秀；不过也在相当程度上得到奉行，并将一种使命感注入平凡枯燥的工作岗位。华莱士并没有什么管理才能；不过，他的农业部在履行诸多新的、时常界定错位的职能时，虽然会有大量混乱和摩擦，团队士气却极为高昂，人们已经有二三十年没见识过此等士气了。

农业部的诸多目标也从未有过如此协调的局面。说到底，华莱士将农业视为全国性问题，可谓宏图在胸，至于具体方面，从玉米到棉花，从俄勒冈的苹果到佛罗里达的葡萄，则都是这幅宏图的组成部分而已；而且在华莱士眼中，这个全国性问题必须依托全国性框架得到解决。他所呈现的就是这样一种全国性的农业问题解决办法，也正是据此对国会和公众展开了一场颇有效力的教育运动，这场教育运动当然也是十分看重农业组织以及农业等级体系的。

对于正在涌动而起的种种需求，他有着颇为清醒的本能感受。1935 年他就已意识到，农业调整署计划，就其初始形态而言，已经开始走向穷途末路了。减少种植面积的计划已在一些地区归于破产，一部分是因为太多农户没有加入（比如小麦种植户），一部分则是因为生产效率的提升已然抵消了缩减种植面积所能产生的效果。而且，农业调整署本身也在遭遇司法挑战，特别是加工商集团纷纷提起诉讼；此等情形之下，华莱士倒是十分乐于让加工税计划遭遇违宪判决，这样农业调整署就可以转而从一般税收里获取资金。1935 年秋天的某个早晨，他步行上班途中就是这么跟摩根索说的。农业调整署必须调整方向，这一点他很清楚，时任项目规划局局长的霍华德 · R. 托利对此更是心知肚明。于是，从 1934 年开始，农业部的规划者们便投入了前所未有的心力，着手拟定计划来实现华莱士一直以来的"衡平仓储"梦想，该计划是以一套价格支持机制为基础的，资金来源则是政府为仓储农产品提供的贷款。

同样清楚的是，光靠农业调整署显然是不够的。一项充分到位的全国性农业政策，可不能仅限于生产控制，还必须碰触生产问题背后的土地问题和消费问题。1933 和 1934 年间，一些重大举措实际上已经启动，旨在保护自然资源，特别是在尘暴袭击之后，公众已经意识到这方面的需要。华莱士热忱支持这场环境保护运动，有大量举措都是在他执掌之下的农业部酝酿出来的。至于消费的提升，这恐怕首先要取决于工业复苏。除此之外，也许可以培育国民更为健康的饮食习惯，从而为农产品提供更多的消费市场。华莱士及其团队遂开始酝酿诸多项目来推动并支持消费，比如为买不起正经食品的家庭提供营养餐等。借助此类办法，过剩产品消化计划得以发挥新的且更为切实的功能。据农业部估计，倘若美国民众，特别是低收入群体，能吃好吃饱，那么这个国家的农业剩余基本上也就能消化了。[6]

8

此外，华莱士从未放弃海外市场重新向美国开放的希望。这位农业部部长当然清楚，倾销手段是绝对不可能敲开海外市场的；而且在农业计划启动初年，他就已坚持认为，海外市场不应当在农业调整署规划中扮演重大角色。不过，站在长远立场上，他也强烈反对自给自足观念。在多番思量之后，他于 1934 年春天推出了《美利坚必须选择》这本小册子。

华莱士申述说，彻头彻尾的国家主义将带来危险后果，比如四千万到一亿英亩农田退耕，比如全面覆盖的许可证制度，比如每年每月就所有农产品向每个农民推送基准配额和盈余配额，比如强行控制销售活动，等等。而且体制化的道路未必能就此打住。对此，华莱士着重写道，农业体制化道路“很可能会比任何地方都走得更远，走得更快，只要我们吃了那诱饵，只要我们要求美国人在一切事情上都百分百地服从。我们这个民族天生就喜欢过火”。为此，华莱士专门回忆了“自由贷款”浪潮，谈到农民曾要求农业调整署计划转入强制轨道。“此等情形，在我看来，传统的美利坚精神将如同滚烫的泉水，随时可能四溅开来，十分危险。若真如此，我想没有什么东西能够阻挡。”

那么，国际主义的办法行得通吗？华莱士说，若是走这条路，则需要美国比1929年多花十亿美元用于进口，这就意味着要大幅度降低关税，同时诸多受保护产业就此沉沦。很显然，华莱士认为这样的办法总比承受“经济紧缩之苦”更好一些；不过，他也感到这需要过于猛烈的快速调整。他是那种喜欢打开天窗说亮话的人，喜欢将分歧拆分开来予以解决。于是在结论部分，他倡议采取计划性的中间道路，据此方案，将退耕两千五百万英亩的合格可耕地，同时降低关税，以便每年多进口价值五亿美元的商品。

《美利坚必须选择》一经推出，便产生了影响。这本小册子文风强劲且朴素；其分析可谓犀利且直奔要害（虽然开篇便抛出主题，美利坚“必须”在国家主义和国际主义之间抉择，但结论中仍然以部长本人那标志性的姿态表明，这场抉择是可以避免的），而且字里行间蕴涵了颇具魅力的先知口吻。华莱士申述说，新时代的基调是这样一种压倒一切的认知：今时今日的人类“已经拥有足够的心灵和精神力量，对大自然有了足够的控制能力，昔日的生存斗争理论已然是明日黄花，被更高的合作法则取代”。他认为，以赛亚的异象和基督的洞见已经快要实现了。

不出六个月，这本小册子便印发了十万册。美国和海外都广为传布。看来，这位先知找到了自己的立言之道。为拯救农业而发动的这场战争，在走向结束时，已然令亨利·华莱士成为全国性的公众人物。[7]

第二部分　工业计划

六 国家复兴署诞生

1

拯救银行体系之战开启了百日新政，拯救农民之战则开启了新政本身。不过，1933 年 3 月那些无眠的日日夜夜，复兴规划中的一个重大缺漏也越发强烈地令人不安。不管怎么说，美国经济的心脏并非金融，也非农业，而是工业；而且此时这颗心脏跳动的声音已经相当微弱。据联邦储备局提供的指数，工业生产已然从 1929 年的 110 跌落到 1932 年的 57，降幅将近五十个百分点。以现行价格衡量，工业成品价值总量的跌幅甚至更大，从三百八十亿美元降到一百七十五亿美元。私人建筑业的产值从七十五亿美元跌到了十五亿美元，这个数据可用悲惨来形容。就职演说五天之后，休·约翰逊将军在纽约的一趟列车上告诉雷蒙德·莫利，仅仅提升农业方面的价格，却不对工业活动实施相应的刺激，这对经济复苏的伤害将会是致命的。

但是究竟如何刺激工业呢？约翰逊和莫利都认同，工业计划必须在商业—政府合作框架之内予以推行。十五年前，约翰逊将军曾协助动员战争工业，今时今日也倡言再来一次类似的全民行动，为复苏而将工业动员起来。约翰逊始终相信，战时工业委员会提供的诸多教益也适用于和平时期。他曾在战后回忆说：“倘若合作体制能够达成此等成就，那也许可以说，古老的竞争体制并不全是对的。”在1918年12月的一份报告中，他写道，当然不需要推行细致入微的中央控制机制，但和平时期的经济若要充分发挥效能，唯有依靠在反托拉斯法令禁止协同行动的领域里推行计划机制，各种同业公会组织则可以成为计划机制的载体。1919年，约翰逊协同皮克，尝试建立他所谓的“政府监管之下的工业自治体制”，为此，二人专门组建了短命的工业局。1920年代的产业经验只不过确证了约翰逊对无约束竞争的反感。大萧条则为他的指控画上了最后一笔。约翰逊宣称，一系列反托拉斯法令使这个国家在历次危机面前归于挫败，战争期间必须中止此类法令，以便国家形成自我防卫的力量。1919年，反托拉斯法令得以恢复，此类法令遂于1929年搭建了大萧条的舞台。法令强化了膨胀势头，也培育了大萧条。无约束的竞争在一个机制化、整合化的社会里是没有位置的。“新政的核心，”约翰逊如此论断，“就是政府监管之下的工农业领域的协作原则，监管的目标是均衡经济，这同野蛮的狼性个人主义的谋杀教义正相反，狼性个人主义瞩望的是一个恶者为王的残酷的丛林世界。”

约翰逊利用强劲的个人关系网，加上昔日战时工业委员会头领的身份，就令这样的一般性观点得到了他的那种似乎超乎自然的经济智慧的支持。1919年，伯纳德·巴鲁克同样支持在公共监管之下，依托工业公会组织建立协作机制。早在1930年春天，他便呼吁中止反托拉斯法令，以便推行反萧条的产业协作机制。1933年5月20日，他挺身而出，抨击《谢尔曼法》，以战时工业委员会为例，现身说法，重申了对工业计划体制的诉求。[1]

2

与此同时，产业集团自身也做了很多工作，试图为“自治”提供组织基础。关键环节如同约翰逊和巴鲁克在1919年申述的，在于同业公会组织；雷蒙德·莫利说，此类组织是“经济生活走出混乱的天然渠道”。（1922年，富兰克林·罗斯福自己就担任过这类组织的主席，该组织是美国建筑协会。）整个1920年代，联邦贸易委员会不仅刺激了此类协会组织的拓展，更鼓励他们颁布“公平竞争条例”，以策工业之需。1926到1933年间，大约有一百五十份这样的条例产生。到了1931年，产业集团的领袖人物，特别是美国商会的亨利·I.哈里曼和通用电器的杰勒德·斯沃普（也是战时工业委员会的老兵），都开始呼吁依托同业公会组织建立全国性的经济计划机制。

哈里曼和斯沃普推出的当然是涵盖全体工业领域的一般性建议，除此之外，陷入严重的内部乱局的一些工业部门，自然也发出了计划机制的呼声，表现得特别急切。比如石油部门，1926到1931年间，因为新油田的开发，石油产量远远超出了现有需求。大萧条降临之际，该产业当然也曾尝试控制生产，先是通过自愿协议机制，而后通过州一级的立法行动。但此类控制举措最终都归于败落，到了1933年年初，工业领袖集团已然预见到未来的无政府状态，遂开始呼吁建立联邦层面的石油产业独裁机制。

当然还有一些工业部门也在动荡当中，诸如煤炭业和成衣业。在这些部门中，对计划机制的呼声则是来自劳工组织；人们通常会绕过同业公会组织，转而直接诉求政府。煤炭产业在整个1920年代都处于病态，此等情形之下，矿工联合会早早拟订了计划，尝试通过联邦许可证制度、生产控制机制、中止反托拉斯法令、每周三十四小时工时制度以及集体议价机制等手段来稳定产业。大萧条开启之后，对矿工联合会的主席约翰 · L. 刘易斯来说，情况已经越发明显了：煤炭产业不可能脱离其他产业自行寻求稳定。于是，他开始呼吁将此类原则向整个经济体拓展。（该产业的一些负责人还秉持更为激进的观点，开始呼吁推行联邦层面的煤炭产业独裁机制，甚至告诉劳工部部长，他们愿意“以政府敲定的价格将煤矿卖给政府。只要能脱离困境，做什么都行”。）

制衣产业已经在毁灭性竞争漩涡当中沉陷了很长时间，因此催生了类似的劳工领袖，有意稳定生产和就业。跟刘易斯一样，制衣工联合会主席西德尼 · 希尔曼也相信，这场病症已经从自己所在的产业部门传布开来，他在 1933 年特别指出，是时候建立“一种机制去协调这个国家的各个产业了，而且这样一种机制应当拥有足够的权能，可以即刻将计划体制广泛推行”。[2]

3

此外，诸多特殊的劳工利益也牵涉其中，正是这样的利益诉求，令美国劳工联合会主席马修 · 沃尔这样的保守派领袖人物也不免发出呼吁，要求建立“全国性的计划机制，从作为整体的国家角度而非个体角度来酝酿经济举措”。在无计划体制当中，劳工总是沦为经济危机的第一批牺牲品。要维持利润，最显见的办法当然就是削减成本；工时最长且工资最低的公司当然能够获得最大的竞争优势。“此等割喉式的竞争，”希尔曼品评说，“令无所顾忌的雇主成为各个产业的领袖，余者只能追随和效仿，无论愿意与否。”（竭力削减工资的产业集团实际上也都明白，他们是在追随正统经济学之原理：维持工资必然增加失业率；这当然更令他们无所顾忌。）

劳工，当然也包括那些有责任担当的产业人士，由此便沦为贪婪、决绝且教条的竞争主义者的牺牲品，那历经多年斗争和谈判而达成的工资和工时标准，随即开始坍塌。没有哪个州会通过立法行动对工资标准提供有效保护；工时方面也许会有法令出台，但没有哪个州每周的工时标准会低于四十四个小时，即便女工也是如此。血汗工厂四处崛起。童工现象重新出现。宾夕法尼亚劳动和工业部报告说，纺织厂和制衣厂的半数女工每周薪水不足六点五八美元，而且有 20% 的劳工周薪在五美元之下。马萨诸塞福尔里弗制衣厂的劳工，每小时工资不足十五美分者超过半数。另一方面，一些州每星期的工时则延长至六十小时、六十五小时，甚至七十小时。人们放眼所及，看到的只是更长、更苦的工作日和更为微薄的工资。

很多时候，同业公会组织都希望靠产业协议来抵御对劳工标准的攻击。但是，当棉花纺织学会决定不再让女性从事夜间劳作时，15% 的厂商拒绝服从，协议机制遂无果而终。如何保护有责任担当的雇主去抵抗工资和工时方面的压力呢？在纽约，干洗产业人士找到全国消费者协会，提出每年支付该协会一万美元，对本产业实施调查，将维持了适当工资和工时水平的厂家列入“优良名单”。不过，其他的厂家则干脆放弃了这种自发性质的努力。为人公正的套装产业主席乔治 · W. 阿尔杰就曾宣称：“今时今日，我相信本产业若要维持体面状态，是需要法律援助的，尽管先前从未有这方面的需求。”如同化工产业公会的行政秘书所说的，雇主的自私令立法成为唯一可以消除不公正现象的渠道。

甚至在总统就职演说之前，先后有过消费者协会和民主党妇女部履历的莫莉 · 杜森，就已经开始告诉罗斯福工时和工资立法意义重大，否则便难以遏制这种恶性循环的势头。当纽约州于 1933 年 4 月通过最低工资法令时，罗斯福呼吁另外十二个州的州长也采取类似的立法行动。但是州一级的行动能否解决这个全国性的问题呢？

希尔曼此前就建言联邦政府设立劳工局，以此控制所有不具备自治能力的产业的工资和工时问题。美国劳工协会一直不愿意走到这一步，但此时也选择了支持亚拉巴马州参议员雨果·布莱克引入参议院的议案，该议案旨在禁止每周三十个工时以上的产品进入州际贸易体系。

《工作、机器与资本主义》一书最为充分地申述了限制工时的必要性，该书于1932年问世，作者是阿瑟·达尔伯格。产业圈对该书也有一定支持度；琼斯与拉姆森机械公司的拉尔夫·弗兰德斯称“很难不赞同达尔伯格的论说”（尽管到1933年，达尔伯格和弗兰德斯都得出结论，认为这场大萧条已经恶化到三十四个工时标准已然无从应对的程度了）。布莱克从达尔伯格处接纳了一个理论：技术进步将使劳动处于恒久过剩状态，除非设法将工作机会在整个劳动群体中分布开来。布莱克还指出，在当前的危机状态之下，三十四小时工时标准意义重大；此标准一旦推行，就可以遏制对劳工标准的进一步攻击，迫使雇主雇用更多工人，由此减少失业并提升大众购买力。布莱克并没有将最低工资条款纳入议案，显然是因为他觉得最高法院定然会判工资率方面的联邦法案违法；当然，也可能是因为美国劳工协会依然反对最低工资立法。布莱克相信，缩短工时可以导致劳动力短缺，同样道理，提升劳工议价能力，也能推高工资水平。他预测，自己的这份提案能让六百万男性劳工重新获得工作，令劳工组织获得新的力量，也是一种可以吸收技术进步之影响的长久手段。

劳工组织对此当然是赞同的。劳工协会主席威廉·格林告诉参议院委员会，倘若国会不通过该提案，劳工就会动用自己的“经济力量”；他语带威慑地谈到了一场大罢工的可能性。“那样的话，你们将会见证一场阶级战争，不是吗？”布莱克强调。格林说得更为直接：“那是很多雇主唯一能听明白的语言，暴力的语言。”[3]

4

这场产业协作运动还有一个源泉，那就是集中体制和控制体制的倡导者，其观念源泉可以溯源至西奥多·罗斯福的“新国家主义”。在这股潮流中，当年“公麋党运动”的老战士，如唐纳德·里奇伯格这样的人，自然不会放弃自己在1917年所说的“工业民主化”。他于1929年写道，“当前诸多商业帝国正逐步扩张，我国边界之内很可能会由此发育出诸多工业共和国”，而这将进一步“在各州和整个国家催生民主政府”；在他看来，那恢宏的目标便是“工业自治体系”。

大萧条令里奇伯格以更为强烈的态势呼吁政府发动一场工业重组运动。他在参议院的一个委员会面前陈词：“这当然不是要提倡产业或财产的永久社会主义化，我们相信，应急性的政府控制机制于今时今日的国民福祉而言，是至关重要的，其分量并不逊色于战争时期……但凡有点头脑的人都不会否认，对关键产业实施有计划的控制是绝对必要的。”有人不免会问，究竟要控制到什么程度，对此，里奇伯格给出了迅速回应：“至少能让人们重新找到工作吧，无论用怎样的办法……一套全国性的计划经济机制是当前危机的唯一解救之道，未来的希望也全系于此。”据此，他提议在所有产业委员会体系金字塔的顶端设立一个全国计划委员会。不同于哈里曼和斯沃普，他的这套产业自治体系所依托者并非同业公会组织，而是由管理者、投资人、劳工组成的委员会体系，而且联邦介入之范围和力度显然更大了。

里奇伯格显然是在一种极端激进的情绪当中提出了这一观念。他颇为痛彻地说，计划机制的解决办法很可能是产业主集团不能容忍的，就因为他们那“肆意无度的贪欲”。“那些有头有脸的货币掮客自诩为你们的理财顾问，但最终不过是证明了他们自肥的能力，”他告诉参议院的一个委员会，“这是再正常不过的事情，但不管怎么说，你们必须明白，他们同样可以证明自己有能力让千千万万的民众陷入贫困境地；意识到这一点，显然是更为重要的。”里奇伯格补充说，自己唯一关切的就是“在太多人因为饥饿而沦落至绝望顺从或决绝反抗的境地之前”，能否施行一套行之有效的救治方案。

罗斯福的圈子里，莫利倡导一套他所谓的“产业—政府合作计划”，以此对抗经济和社会的动荡局面。特格韦尔则提出了一套尤为全面的政府—产业计划观念。特格韦尔认为，“产业自治体制”就其本身而言只能造福相应的具体产业，今日之情形所必需的却是“所有产业之间的一套强制性的平衡格局”。在1933年面世的《工业纪律》一书中，特格韦尔提议建立一个产业整合局，以此推进协作观念。据此观念，每个同业公会都设立自己的计划机构，整合局则依托政府制定的基础规划，协调相关产业的计划。特格韦尔认为，唯有这样才能令新技术催生的私人集体主义稳靠地服务于公共利益。特格韦尔并不回避战时工业委员会的那种模式；毕竟，他曾经颇为赞许地将战时工业委员会视为“美国的战时社会主义”。

杰尔姆·弗兰克，特格韦尔在农业部的盟友，也秉持类似的观点。他认为，关键性的大型产业部门应当坦率地作为垄断来对待，并据此采纳合理且清明的政策；他说，对于利润经济带来的诸多问题，化解之道就在于“强化经济体各个部分之间的协作机制”。“当年，美利坚抓住了重大机遇，向前迈出一步，拒斥了政治无政府状态，将这片大陆整合成一个国家，”弗兰克写道，“而今，同样向前一步，朝着周全的经济整合机制迈进。”跟特格韦尔一样，弗兰克也希望借由一个新的中央机构来推动经济整合。

计划哲学在参议院也有人支持，特别是来自纽约州的参议员罗伯特·F. 瓦格纳和来自威斯康星州的参议员小罗伯特·M. 拉福莱特。在参议院，对工业社会问题的感受最为敏锐者当属瓦格纳。早在大萧条之前，瓦格纳就已提出，政府有责任也应当有权利维持就业和稳定。1931 年，瓦格纳呼吁推行公共工程项目，并建立一个联邦层面的稳定就业机构以及一套联邦失业保险体系。拉福莱特则同样倡导大规模的公共工程计划和救济计划，同时提议建立一个全国性的经济委员会。瓦格纳和拉福莱特都决心跟新政府展开协作，在工业领域有所行动。[4]

5

就这样，各方观点开始汇聚起来，就工业复兴问题形成了一套颇为宽广的应对办法，这其中包括十五年前的战时动员记忆，包括产业集团对价格和利润进行保护的渴望、工会方面保护劳动标准的渴望、自由派对创造性的国家计划机制的渴望，当然也少不了对竞争制度的集体恶感，那种竞争制度显然是以人的体面和尊严为牺牲品的。昔日的政策仅仅流于劝诫且飘摇不定，已经信誉扫地；国家社会主义不受欢迎，政治上也已出局，剩下的可能性便是在政府的组织之下，以强劲力度构筑一套全国性的合作机制，推行一场大规模的实验，以此遏制衰落。甚至像约翰 · T. 弗林这样的作家，也很快成为时局的强烈批评者（而且将全部罪恶都归于美国商会），并于 1933 年 3 月受呼吁“即刻”建立一个经济委员会，“借由政府监管之下的同业公会组织采取措施，达成生产平衡”。

此时这个国家已在翘首以待。很多人都有着痛彻的危机感。在一些人眼中，社会本身已经面临解体危险了。“毫不奇怪，”伯纳德 · 巴鲁克说，“整个产业界似乎集体动起来了，竭力寻找方法去遏制当前局面，人们觉得必须行动起来以图自保。”莱曼公司的亚历山大 · 萨克斯，休 · 约翰逊的好友，在总结此等感受时，不免评论说，整个西方的经济秩序正在遭受威胁，“这并不是因为外在力量或自然力量，威胁的源泉在于内部自发解体的趋势”。萨克斯说，这并不是正常的经济萧条；这是“经济虚无主义，从国家的角度来看，这样的情况不可继续下去”。用当时流行的话来说，这场危机确实比战争更为糟糕。一时之间，所有的赌注都消散了，所有的敌意都中止了；看起来，美利坚必须万众一心，众志成城，否则只能一起失败。

此时的总统忙于银行事务、农业事务以及救济事务，在执政初月并没有分出心力去面对工业问题。1933 年 4 月 6 日，参议院出人意料地通过了布莱克的三十四小时议案，令政府不能继续在工业问题上怠惰下去了。威廉·格林颇为满意地评论说：“这是失业问题上通过的第一项有建设性的举措。”该议案的具体推行工作很可能会落到弗朗西丝·珀金斯身上，珀金斯可远没这么志得意满。而且该议案的条款很是僵硬，这一点尤其令总统不满；“有的工时标准必须配合牛的节奏。”罗斯福评论说。很显然，这话是针对牛奶产业的。此外，罗斯福认为该议案很可能是违宪的。不过对于该议案的目标，这位新总统颇为同情；他也不希望让那些投票支持该议案的民主党人感到尴尬。当然，此时的罗斯福势必已经感受到这个国家日益强烈的要求，即希望政府在工业战线采取行动，这一点毫无疑问是最重要的。欧内斯特·K. 林德利如此评论布莱克议案：“这是一场自下而上涌动起来的革命潮流。”

与此同时，参议院方面也有一批人自主行动起来，呼吁推行联邦层面的公共工程计划。这股潮流的引领者是瓦格纳、拉福莱特和科斯蒂根，并且得到了政府方面很多人的支持（其中包括珀金斯、伊克斯、德恩、特格韦尔和里奇伯格，不过，道格拉斯的反对态度也非常明确且强烈）。就这样，布莱克议案和公共工程计划，两股潮流汇聚起来，对政府形成了促动之势，令政府必须行动起来，着手酝酿一套全面的、可以媲美农业计划的工业计划。一时之间，种种工业复兴方案如潮水般涌入国务院，一股脑地堆在雷蒙德·莫利那繁忙不堪的办公室里。罗斯福也不失时机地告诉莫利，去跟华盛顿周遭那些忙着酝酿产业—政府合作计划的人接触一下，争取带回一些建议。[5]

6

此时，已经有多个群体在独立运作，致力于就这个一般性问题拟定对策。这些群体的成员流变不居，多有交叉，彼此之间也一直在相互参谋，因此很难将具体的进展序列勾勒出来；当事之人的相关回忆也是相当混乱，如同事情本身一样。不过，不难从中辨识出两个有着特别分量的集团，一个以瓦格纳参议员在国会山的办公室为中心，另一个则以商务部副部长约翰·迪金森的办公室为中心。

自进入参议院开始，瓦格纳一直在关心就业计划问题。他的这个集团中，一个名叫大卫·波德尔的同业公会律师，提议对《反托拉斯法》实施调整以推进产业自治，具体做法就是制定公平竞争条例；吉尔伯特·H. 蒙塔古是产业协会法规方面的专家；小罗伯特·M. 拉福莱特则重点推举公共工程和国家计划机制；矿工联合会的 W. 耶特·劳克自然是同时为劳工利益和矿工联合会的经济计划方案代言；布鲁金斯学会的哈罗德·穆尔顿当然是站在经济学家的角度，对诸多方案实施协调和融合。迪金森集团主要依托行政分支的想法和资源；除迪金森外，特格韦尔、杰尔姆·弗兰克和弗朗西丝·珀金斯也都是这个集团的活跃分子。从一开始，两个集团就保持接触和交流。3 月份，特格韦尔举荐哈佛法学院的毕业生利昂·凯泽林来到华府时，就是因为这样的机缘而以律师身份加盟弗兰克的团队，并直接参与了这场讨论。凯泽林一开始的表现就给瓦格纳留下深刻印象，瓦格纳遂邀请凯泽林来到国会山担任自己的法律助手。一段时间后，瓦格纳集团和迪金森集团实际上便已经兵打一处，共同着手酝酿一份草案了。

此时的莫利事务缠身，很难再分出心力应付如此复杂的工业扩张问题。恰恰在这时，巴鲁克和休·约翰逊结束了南卡罗来纳的打猎之旅，返回华盛顿。4月下旬，莫利在卡尔顿酒店大厅里撞见约翰逊，遂恳请约翰逊入局："没有人能比你做得更好了。你拥有战时工业委员会的履历，熟悉当时的情况，那是唯一可以参照的东西。"约翰逊自然是不需要敦促的。当天下午他就前往莫利的办公室，脱掉外套，取下领结，解开领口的扣子，投入近乎狂热的工作当中。约翰逊拥有丰富的产业经验，更同亚历山大·萨克斯在工业复兴日程问题上有过一年的讨论，这就令他相信自己非常清楚该怎么干。只有劳工问题令他有些犹豫。有人向他举荐了唐纳德·里奇伯格。约翰逊遂召请里奇伯格，两人一见如故，相当投缘。

5月初，两份主题草案便出炉了，一份是约翰逊草案，最初在两张法定规格的大页纸上写就，以一份粗糙的政府许可证规划方案为基础，该草案得到了莫利、道格拉斯和里奇伯格的认可；另一份当然就是迪金森草案，更符合法律规范，更为复杂也更为谨慎，旨在依托同业公会体系来建立工业自治，该草案得到了弗兰克及瓦格纳集团的认可。特格韦尔当然十分喜欢迪金森-瓦格纳草案；不过，约翰逊草案提供了更大的权力，责任界定更为清晰明确，这也是吸引特格韦尔的地方。亨利·I. 哈里曼参与了全程讨论，他更倾向于迪金森-瓦格纳草案，因为同业公会在其中有着更大的分量；不过他跟特格韦尔一样，也感觉到约翰逊草案包含的权力和职责是非常必要的。弗朗西丝·珀金斯则觉得两份草案中的公共工程条款都不够充分。

这场讨论似乎无休无止，罗斯福则一直在焦急地等待结果。早在4月12日，罗斯福便已在记者招待会上暗示，不久就会推出一项计划，旨在确保"生产控制，或者更确切地说，遏制愚蠢的生产过剩"。5月初，美国商会在华盛顿聚会时，罗斯福不失时机地呼吁商业集团同政府合作，“以遏制生产过剩，遏制不公正的工资标准，并破除不恰当的工作条件”。（前来聚会的产业界人士对这样的前景已然满怀热忱。四十九个演说人当中，有二十七人当场表态需要政府加强工业引导力度。“倘若要在将来拯救我们的传统自由，”固特异轮胎和橡胶公司的保罗·W. 利希菲尔德说，“……我们就必须向昔日里我们眼中的激进思想做出实质性让步。”）在5月7日的第二场炉边谈话中，罗斯福谈到了政府和产业集团将“合作拟定计划”，政府将“有权”“在相关产业绝大多数人的支持之下，遏制不公平做法，并借由政府权威来推行计划协议”。（就在谈话现场，莫利说：“那您应当意识到，您这一步可是要远远地偏离平等主义和自由放任哲学啊。”对此，罗斯福沉默片刻，极为认真地回应说：“倘若那样的哲学能证明不会破产，那么现在坐在这里的恐怕就是赫伯特·胡佛了。我这辈子对任何事情都不像对这件事情这般确信。”）

三天后，鉴于约翰逊和迪金森仍未达成一致，白宫方面召集了一次会议。会上，罗斯福听取了双方的申述，而后发出习惯性的指示：当场找一处房间解决问题，不达成一致，就不能离开房间。迪金森、约翰逊、瓦格纳、特格韦尔、里奇伯格、弗朗西丝·珀金斯和道格拉斯遂前往道格拉斯的办公室，他们要承受着最后的痛苦去完成草案。这个过程中当然不乏令人不快的时刻；道格拉斯做出最后的努力，竭力剔除公共工程条款；迪金森对约翰逊也越发尖刻且傲慢；但是特格韦尔支持约翰逊草案中的权力条款，最终帮助化解了争端。5月15日，一场历时漫长的斗争结束了，议案出炉，只等呈送国会。[6]

7

议案分为两个主要部分。第一部分“工业复兴”，宣示了国会有意“推进产业组织，以便在各个同业公会中展开合作”。其中公平竞争条例以及豁免反托拉斯法规的条款体现了同业公会的规划；联邦许可证方面的条款则体现了联邦规划者的影响；第7a条款则为集体议价机制、最高工时以及最低工资等提供了保证，很显然，这实现了劳工的愿望以及布莱克议案的承诺。第二部分“公共工程与建筑项目”，则呼吁建立公共工程局之类的机构，并为该机构拨付三十三亿美元的资金，这显然满足了公共工程倡议者的意愿。该议案的有效期实际上是两年。

众议院只用了一个多星期便通过了该议案，并且只是略有修订。这其中最重要的就是威廉·格林为了强化7a条款而做出的坚决尝试。此条款在起草过程中已是飘摇不定。同业公会方面显然认为组织权能是一种特权，只能由雇主来操持，因此只是颇不情愿地接纳了7a条款；这个群体当中更具自由派倾向的人，比如哈里曼和斯沃普，甚至都没有提出劳工组织方面的条款。结果，7a条款一直有遭到否决的危险，只是因为杰尔姆·弗兰克、利昂·凯泽林以及参议员瓦格纳的操持，加之大家都不愿引发劳工抗议，该条款才得以存续。格林遂抓住众议院听证会的机会，说服筹款委员会将这个潜在的漏洞堵上；于是直接借取《诺里斯-拉瓜迪亚法》的那种语言，明确要保护劳工不受反工会雇主群体的压制；具体措辞方面也有另外一些调整，特意取缔了将加入公司工会作为雇用条件的做法。

然而，在参议院，该议案，特别是7a条款，遭遇了激烈的争论。全国制造业协会及商会都对劳工条款发起攻击；来自密苏里州的参议员本内特·C.克拉克更是提出一份修订案，认为“绝不能将这一部分的任何条款理解成要对现有的行之有效的劳工关系强制实施改革，无论是哪家工厂、企业或公司牵涉其中”。参议院自由派在乔治·诺里斯领导之下，很快便发动攻击，认为这样的条款显然是在偏袒公司工会，甚至是要将“黄犬契约”合法化。克拉克进一步申述说，唐纳德·里奇伯格在讨论修订案期间一直在场，他曾作证说该修订案是很有好处的。但自由派不为所动，反而认为里奇伯格根本就不知道自己在支持什么，遂否决了克拉克的修订案。

不过，参议院论辩的真正重点在于另一个问题，即中止反托拉斯法令。来自爱达荷州的威廉·E. 博拉站在老派的反托拉斯主义者的立场上，引领了一场针对相关条款的攻击，得到了伯顿·K. 惠勒和雨果·布莱克的强力支持；瓦格纳则颇为谦恭但也不失头脑地捍卫此条款，虽然他的耐心已经快到极限了。论辩水准之高，确实罕见，由此也将诸多根本问题揭示出来。博拉认为，若中止反托拉斯法令，必然会让财富和权力更加集中。瓦格纳回应说，当务之急是要取缔血汗工厂、漫长工时以及低工资，要达成这个目标，唯有靠产业集团的合作。论辩很快便归结为这样一个问题：在不让产业集团拥有合伙权能和定价权能的情况下，能指望产业集团单单为工资和工时的公平标准以及可行的劳动条件而提供合作吗？[7]

8

定价问题很快开始扮演关键角色。很多产业界人士，包括商会集团在内，都认为该议案将定价权和生产控制权赋予了产业集团。有产业界人士电告博拉，倘若该议案没有做到这一点，就纯粹是一项劳工议案，那么他们是不会参与的。里奇伯格在众议院委员会作证说，定价权当然是允许的。但是瓦格纳清楚看到定价权若是没有约束，将会产生怎样的后果，遂在参议院辩论时强力申述：“价格是不能固定下来的，原因很简单，若是固定下来，将损害公平竞争。”瓦格纳说，该议案并不是要结束竞争，而是要提升竞争质量，说白了，“就是要保证产业界以最好的判断和最高的理想来统摄其竞争活动，进而取代如今在血汗工厂以及无度竞争当中制霸天下的那种低劣标准……该议案并没有取缔竞争，而是净化并强化了竞争”。

不过，即便在瓦格纳这里也有例外，比如为了保护小企业来对抗连锁企业，低于成本价的销售行为是禁止的；比如为了遏制有害的价格波动，合作经营也是有必要的。出于此类考量，瓦格纳反对博拉提起的一份修订案，该修订案反对一切固定价格的行为。真正的危险，瓦格纳申述说，“在于垄断性质的定价行为”；这种行为该议案已经予以禁止了。“参议员担心的事情，”瓦格纳说，“只在本议案在执行过程中遭遇背弃或者背离的情况下，才会出现。”对此，博拉、惠勒以及布莱克都给予了回应，他们的大致意思是，一旦中止《谢尔曼法》，此等背弃之举将是无可避免的。布莱克说：“照您这么说……他们是愿意就最低工资、最高工时问题进行会商并达成一致，同时又绝对不会就价格问题有任何程度的联手行动，对吗？”博拉补充说，大集团利益总是要主宰规章条例的制定工作的，在这样的情况下，议案具体怎么规定，实际上意义不大。瓦格纳回应说，除了规章条例之外，还有别的办法可以将血汗工厂驱逐到法外之地并扶持飘摇不定的劳工境遇吗？“我不觉得会有工业秩序可言，除非我们推行全国性的计划经济机制，而这还只是第一步。”

这场论辩甚是激烈。设若在工资和工时问题上采取直接的联邦举措是违宪的，那么唯一可以阻止竞争摧残劳动标准，令劳工条件不至于沦落悲惨境地的办法，便只能是可在整个产业领域推行的协议机制。然而，倘若为劳工利益允许推行工资和工时方面的协议机制，那何以阻止人们为着垄断利益而在价格和生产问题上推行协议机制呢？在论辩过程中，参议院的看法也一直在摇摆。布莱克投票反对议案的第一部分，而后对整个议案投了赞成票，最后则投票反对会谈报告；拉福莱特、诺里斯、惠勒、科斯蒂根、卡廷以及另外一些进步派则投票赞成第一部分，而后也投了整个议案的赞同票，最后则投票反对会谈报告；休伊·朗肆意抨击该议案（“今晚，民主党已死，总统先生。我们埋了它吧。”），又投票赞同议案，而后又反对会谈报告。不过，参议院最终还是于6月13日以四十六票对三十九票通过了会谈报告，该议案随即送交总统。

总统于6月16日指出，该议案的目的是要人们重归工作岗位。要通过限制工时和提升工资来提升劳工的购买力。要建立体面的工资标准并确保体面的工作环境，令雇主不受无度竞争之害，进而由此提升劳工标准。最重要的是，该议案代表了政府—产业合作制度方面的一场历史性实验。罗斯福强调：“这是对工业的一场挑战，长久以来，工业界一直有权联合行动，这样的联合行动完全可以在普遍福祉方面大有作为。从前，这样的普遍福祉被认为是不合法的；从今天开始，产业界有这个权利了。”

“历史终将记住《国家工业复兴法》，”罗斯福补充说，“因为这很可能是美国国会通过的最具分量且影响最为深远的立法。”[8]

七　蓝　鹰

1

工业复兴议案在国会闯荡之时，休·约翰逊可一点都没闲着。此时的约翰逊每天工作十六到十八个小时，在国会山酝酿草案，同产业界和劳工界晤谈，引领工业条例的拟定工作，准备组织图表，招募人手，通过长途电话跟伯纳德·巴鲁克交流，还会同总统督查一切相关事务。他的奉献精神、他的热忱，简直到了莫可抵御的程度。一天，在和总统审查组织纲要时，罗斯福告诉他："休，这活只能交给你了，你得担起来。"

在亚历山大·萨克斯的指引之下，这位将军已然意识到，议案的第一部分和第二部分是没法拆解开来的。他相信，重新激活资本货物产业是复兴大计的杠杆所在；并且唯有靠着政府推行大规模的公共工程，才能撬动这个杠杆。比如，若是公共工程计划足够迅速地推展开来，就能令购买力得到足够的提升，进而提升销量，如此一来便可吸收新增的劳动力成本，而用不着提升价格。约翰逊倾向于将《国家工业复兴法》视为一个巨大工具，有其在手，他就可以对国民经济施加影响了。为此，公共工程管理局便是不可或缺的棋子。

2

不过，此时的罗斯福内心也开始有所犹疑，毕竟，这样一来，约翰逊就要一身挑起两副担子。这位将军的精力和才干自不待言，但性情十分冲动，有时也不负责任。此外，无论产业控制还是公共工程，都是需要全职投入的工作。而且，在总统看来，这两份工作的职责显然是没有关联的。在罗斯福眼中，国家复兴署是推动长远改革和经济重组的机构；公共工程则是应急之策，因此在他的棋局中并没有太大的分量。法案之所以将这两个部分集结在一起，是偶然所致；在总统看来，两副担子显然需要两个管理者予以操持，应该说，这是常识。

6月16日，总统在内阁会议上提议将两个机构拆分开来。内阁成员当然意识到可以借此机会去掉一个非内阁成员的竞争者，因此都热烈赞同。“约翰逊的压力太大了，”总统思忖着说，“他不会喜欢的，虽然我觉得这是最好的办法了。”总统接着说，“那么，谁来担起这副担子呢？”罗斯福的眼光迅速扫过内阁成员，此时弗朗西丝·珀金斯提出了试探性的建议：“内务部部长如何？”总统回应说：“我反对创立这么多的独立机构。只要有可能，就不这么干。有没有比内务部或者内务部部长更好的选择呢？”此时，伊克斯打破了僵局，冷冷地说：“这太突然了，总统先生，不过我想我起码能做到谨慎且严格，处理如此庞大的公共资金，这些品性是用得着的。”

接着约翰逊被叫了进来。这位将军绕着红木长桌跟在座阁僚握手寒暄，在这个过程中，他觉得他能从一两个阁僚的脸上察觉出不一样的表情，像刚刚吞下一只金丝雀的猫。罗斯福脸上更是笑意如花，他告诉约翰逊，他就要签署法案了，还要任命约翰逊署长之职。约翰逊报以微笑，并做了恰当的回应。接着，罗斯福依然是笑意盈盈地说，他觉得让一个人担当两个要职，工作量之巨实在是太不人道了，因此，他决定另外安排人来担当法案第二部分中的职责。

约翰逊脸上的笑容不见了。脸色先是变红，而后转紫。最后，他压低声音，沙哑地说："我不明白。我不明白。"总统则假装没听到，就此结束了此次内阁会议。散会之后，总统即刻将弗朗西丝·珀金斯叫过来。"跟紧休。哄哄他。切不可让他发怒。"此时的约翰逊已然认定，《国家工业复兴法》是不可能成功的。"除非第一部分和第二部分能够完全协调起来，齐头并进，否则我们给予这套计划的经济基础就会完全改变。"这位将军已然看不到别的出路，只能辞职了。在众人走出大门时，弗朗西丝·珀金斯走过来，搀扶着老将军。约翰逊则是一阵茫然，低声说道："他毁了我。"

珀金斯小姐尝试让老将军高兴一些，老将军根本没有领情。"我必须离开了，我不能待在这里。"为了避免他跟媒体接触，她直接将他领向汽车。二人开车缓缓地在华盛顿转悠了几英里，她仍然努力让他平静下来。"别离开。"她说。"太要命了，太要命了。"他恍惚中回答说。不过，慢慢地，她的魅力和坚持还是占据了上风。约翰逊后来在回忆这段插曲时说，弗朗西丝·珀金斯"太善解人意，太和善，也太有说服力了，除了同意她之外，似乎别无选择……真是愚蠢，我竟然答应了"。[1]

3

这个插曲也足以展现约翰逊其人。这个感性、好斗、强悍的人，历来将全部生命视为一出传奇剧，中间偶尔会穿插一些闹剧元素；他永远都在拯救好人，打击坏人，亢奋或者绝望之际会暴跳如雷，各种谩骂、讥讽和辛辣之词会喷射而出。方正的下巴，厚实的脖颈，红色的脸庞，一副粗粝面相，一人之身融合了高级军官、前沿编辑和地方总督的诸般品性。获得任命的消息传开之后，他颇为典型地品评说："先是热烈欢迎，后是猛烈攻击。这就如同登上一座断头台，去赌一把，但那利斧不落下来的概率却是无穷小的。"

这样一个性情中人自然是习惯了走极端，仰慕也好，蔑视也好，工作也好，说话也好，休闲也罢。他有英雄崇拜情结，先是威尔逊、巴鲁克，而后换成了罗斯福。在华盛顿，没有人比他工作更为卖力，没有人比他嗓门更大，没有人比他更能抽烟，当然也没人能比他更能喝酒。他那刚硬的脸庞满是倦意，已然布满皱纹；蓝色眼睛闪烁着炽烈光芒，眼袋已经深陷；他的声音似乎每天都更为粗暴一些，他的下巴也是日益凸显出强硬和坚决，他的整个举止当然也是越发好斗了。言辞总是如骑兵一样迅猛，凶悍谩骂当中总是穿插着精巧且战斗意味十足的抨击语式，在批评人时，他会说"他们血管里的老鼠血可不是一点半点"，"国务院那帮满身香水味的家伙"，满嘴的胡言乱语，大话空话。然而，就在人们要恨死他的时候，他转瞬之间又会让人对他极度喜爱。那种强烈性情会令他在听到《蝴蝶大人》咏叹调时眼含热泪，啜泣不止；他脸上会泛起舒缓、倦怠且羞怯的笑意，会有颇为懊悔的自我批评，会援引《圣经》；紧接着过分的自我主义，他又会展现出过分的谦逊。

约翰逊拥有十足的才干。政治实战已经表明，他不仅有口才，有骂人的本领，也或多或少能精确把控美国经济体制运作的信息，并且有能力以简洁而有说服力的方式申明复杂问题。有时候，他会刻意蔑视抽象观念（在一名女访谈人请他谈一谈《国家工业复兴法》背后的社会哲学时，他说"我对这些皇皇之词没什么兴趣"）；但事实上，他可读过不少东西，偶尔还多有思考。他是靠着自己的能力赢得这份差事的，并不是靠着巴鲁克的举荐。实际上，巴鲁克恰恰在这一年晚些时候颇为尖刻地品评说："他甚至都没有问过约翰逊的情况，就那么直接启用了。”巴鲁克当时并没有见到罗斯福，因为二人在黄金政策问题上的分歧；不过，巴鲁克也确实告诫过弗朗西丝·珀金斯不要启用约翰逊。“我认为他会是合格的三号人物或者二号人物，但他并不适合担当头号人物。他很危险且不稳定。他总是神经兮兮的，时不时数天都不见人，也不知会一声。我喜欢他，但也务必告诉总统多加谨慎。”巴鲁克太了解约翰逊了，不仅仅是老将军的暴烈脾气，更包括这脾气背后隐藏的内心的不确定；巴鲁克也清楚这位老将军并没有足够的决断能力，恐慌之下总是靠酒精的刺激寻求逃避。

约翰逊方面其实已经选定了自己的二号人物，那就是唐纳德·里奇伯格。约翰逊之所以圈定里奇伯格担任总顾问，是因为他是相当能干的律师，也是《国家工业复兴法》理念的真诚且有说服力的阐释者。当然还有别的原因，约翰逊觉得里奇伯格深受劳工集团和自由派的信任。是年五十二岁的里奇伯格，已经是改革运动的老兵了，为这项事业奋斗了四分之一个世纪，比约翰逊还年长一岁，个头很高，很结实，大脑袋，将近秃顶，大脸庞上混合了善意和精明，举止却是出人意料地轻柔。跟约翰逊一样，里奇伯格也很敏感，也是性情中人；不过，他通常能将这样的性情掩盖在顺滑、柔和、近乎随意的外表之下，这方面他跟约翰逊可不一样。他性格油滑，走犬儒一途，极具野心，同时有着巨大的适应和调整能力。他在谈到法务或策略上的一些小成功时，往往禁不住放声大笑，这个情况朋友们都很了解。

他写过一系列作品，比如小说、诗歌（都不怎么出版）以及1930年的那份自传，都揭示出他那种充斥了浪漫气息且躁动不止的渴念。他喜欢以殉道者的榜样自我勉励，对身边诸多邪恶的阴谋势力从不顺服。他对攻击这个国家工商业集团的领袖人物是有激情的，这种激情绝少有进步派人物能够超越。他不断地攻击“生意人、典当掮客和压迫者，这类人就是在图谋宰制这个世界，就是为了丧心病狂地压榨更多的人，获取更多的钱财”。不过，这样的攻击态势究竟有几分是姿态，又有几分是发自肺腑呢？哈罗德·伊克斯曾跟他在芝加哥一起干过法务，伊克斯并不信任他。当然此时的伊克斯实际上除了自己之外，谁都不信任。然而，里奇伯格在《国家工业复兴法》草拟期间的所作所为，也确实存在模糊难辨之处，比如他明显默认了定价机制，也参与了对 7a 条款的稀释，这就令他的一些老朋友们颇为不安。与此同时，里奇伯格特别注意一点，虽然是约翰逊的副手，他还是尽可能地寻找机会跟总统直接接触。这样的接触，罗斯福当然是欢迎的，约翰逊虽然不情愿，但还是接受了。[2]

4

6 月 20 日，议案刚刚通过四天，约翰逊已经可以宣布成立国家复兴署了。此时，国家复兴署的职员也开始进驻新商业大楼那尚未装修的办公室，对这座新建筑，当时的赫伯特·胡佛是颇为骄傲的。（“这可能是世界上设计最为糟糕也最不方便的办公楼了”，约翰逊如此品评；约翰逊还说，里面的办公室让他想起了联合车站的付费厕所。）在国家复兴署的职责问题上，约翰逊和里奇伯格很快便面临一场根本性的决断。倘若国家复兴署选定的工具就是先前的条例，确切地说是通过条例的方式，令产业集团自行保证缩短工时、提高工资、改善产业管理、改善劳动关系，那么关键环节首先就是为每个产业制定相应的规章条例，其次则是确保规章条例得到执行。

从国家计划者的角度来看，应该说国家复兴署最终是可以成为政府对经济实施直接引导的工具和机制的。《国家工业复兴法》“并没有确定具体的计划”，特格韦尔申述说，“农业法案倒是确定了具体的计划，不过这并不是问题，因为工业计划的运作更为完美。”唯一的问题就是要保证在令产业集团免于反托拉斯法拘束的同时，各个产业也能够担当起公共福祉方面的义务；要做到这一点，需要经历一个颇为艰难的条例谈判过程，同时对许可证权力的使用也必须是坚定且决绝的。特格韦尔认为，倘若能解决这个问题，那么各个产业最终都将建立起自己的一套治理机制，进而据此推进其根本目标（“生产，而非竞争”）。特格韦尔后来评论说，国家复兴署完全有机会运作起来，令“大规模的集体主义”将美利坚的能量纳入国家的计划轨道，据此为公众福祉确立稳定基础。

但是从约翰逊所在的位置来看，事情可没这么简单。他对战时工业委员会的记忆当然是有着准独裁体制的特性的，他自己也曾将相当强横的指令写入法案，但今时今日的约翰逊对于自己手中的此等新权能是否合宪，也是满心疑虑。萨克斯是约翰逊约请而来，担当研究与计划部的负责人的，此人就相信该法案是违宪的；萨克斯在这个问题上的申述也确实动摇了约翰逊的信心。无论如何，此等法律强制举措在法庭上能否站得住脚，约翰逊是非常犹豫的，因此开始觉得自己别无选择，只能放弃社会强制举措，转而赌上一把，看看能否以自愿的方式推行工业计划。几个月后，这位老将军便申述说：“该法案就其性质而言，若没有强劲的公众意志作为支撑，是绝对无法推行的。”这时有消息传来，倘若该法案不能迎合产业领袖集团的意愿，这些人就会把该议案送上法庭；毫无疑问，这样的消息令约翰逊更加犹疑了。面对这样的可能性，约翰逊遂决定，当务之急是要设法在自愿基础上，推动主要的产业接纳规章条例。此举若能取得成效，就可以避开合宪性问题。因此，国家复兴署不仅不能变成经济指导机构，还应成为一个谈判场所。许可证方面的权能当然是充满希望地被写入法案，但这权力实际上是不能动用的（过去也确实不曾动用过）。

此番改弦易辙，从命令机制转换为说服机制，压力和难度自然不小，罗斯福将公共工程管理局剥离出去，这就令压力进一步增大。从一开始，总统就让国家复兴署和公共工程管理局向不同的内阁委员会汇报工作；而且总统不曾给过伊克斯任何专门指示让他跟约翰逊保持沟通。至于伊克斯，本来就反对任命约翰逊，自然也就顺势而为，甚至指示自己的手下不要去征询老将军的意见。在伊克斯看来，所谓公共工程，并不是要快速花钱，而是要诚实花钱。约翰逊履新之后，便在全国上下奔波，竭力让工商业集团接纳条例，伊克斯则是安坐在内务部办公桌后面，对手中的工程项目详加考量，甚是吝啬精细。如此精打细算，公共工程管理局的钱只能是涓涓细流，缓缓注入经济体当中，很难为国家复兴署提供较大的初始动力。（一名新政官员就曾反复梦想着罗斯福任命约翰逊执掌公共工程管理局，伊克斯则执掌国家复兴署。约翰逊是十亿十亿地花钱，也因此促动州和地方官员大把大把地烧钱，令这个国家一派忙碌气象，复兴在望。伊克斯则是精打细算，满腹狐疑，始终在工业领域盘桓。产业条例一直未能签立，但伊克斯制订了让产业条例运转起来的办法，并已实施手中的公共权威。不过，这只是一个梦而已。）

在约翰逊看来，将公共工程管理局剥离，实际上意味着国家复兴署失去了扩张机器。这位老将军相信，为今之计只能是将现有收入额度向着更大的劳工群体扩散，此举当然是寄望于价格的提升不会抵消工资的提升，若真能这样，新出现的购买力就能慢慢促成拓展。“一旦没了第二个肺，”萨克斯写道，“国家复兴署这个肺就要承受太大的压力，自国家复兴署组建之后，公共工程管理局的心脏差不多半年才会跳动一次，而今的情形就是这样。”在这个过程中，约翰逊自然已经意识到自己无法为公共工程提供即刻的物质刺激，遂酝酿着以精神激励来代替物质刺激。所谓精神激励，说白了就是单纯地激发国民情感。若此举值得一试，显然也意味着约翰逊比以往任何时候都更需要产业集团的自发支持。

此等情形之下，约翰逊只能竭力去赢得产业集团的合作，而不是施行控制权能。“该怎么做呢？”他说，“那就是公共舆论。”“哪怕是最微弱的沙皇主义的影子都不能有，”他在另一个场合申述说，“我要达成的就是产业自治。该法案的主旨并不是要压迫并控制任何一个产业，而是要各个产业来到这张桌子旁，谈谈他们的想法，提供他们的意见。”国家复兴署的职责并不是强推规章条例，而是要让规章条例得到接纳。为此，约翰逊特意跟里奇伯格界定了农业调整署和国家复兴署之间的差异：“农业调整署认为政府应当操持商业。国家复兴署则认为工商业应当在政府监管之下自行运作。”约翰逊还告诉全国制造业协会：“国家复兴署实际上是同业公会的组织机构。”这位老将军还特意补充说，在国家复兴署之前，同业公会的效能基本上相当于老年妇女针织社之类的团体；“现在，我要跟这些已然被阉割了的同业公会组织谈一谈我们的法案，此法案将第一次给这些团体注入生命力”。[3]

5

这位老将军当然不能压制自己的躁动和吼叫。不过，这铁手套里通常是一只温软的手。于是，规章条例的制定过程从强推政府计划，转变成一系列颇为漫长的双边谈判。艰难的谈判地位令政府大受钳制。在初始声明中，总统曾明确自己的看法：规章条例应当以工资和工时问题为重心。这就意味着每一次谈判都以产业集团的自动让步开始，这样的让步当然意味着生产成本的增加。换言之，谈判的第二步才会涉及向产业让步的问题；产业集团方面自然不会忽略这一谈判优势。约翰逊曾希望尽快将十个大产业纳入规章条例的管辖之下，分别是纺织、煤炭、石油、钢铁、汽车、木材、服装、批发贸易、零售贸易以及建筑。然而，只有一个产业给予积极回应，即便是在这个产业，约翰逊也在最终订立规章条例之前，就国家复兴署的根本原则做出了妥协。

这就是棉纺业。该产业的同业公会一直希望达成全产业的协议机制，令生产进入有序境地，也让工作条件体面一些。正因为有了这样的产业经验，在国家复兴署通过的当天，该产业的同业公会就已经备好了规章草案。这份草案涵括了最高工时、最低工资以及集体议价等方面的必要条款。约翰逊认为还应当补充拒斥童工的条款。同业公会方面一开始是有异议的，他们认为最低工资条款实际上已经可以扫除童工现象了。但约翰逊坚持；一番紧急磋商之后，同业公会方面同意在形式上也将童工现象列为非法，这一决定在听证现场宣布时引发了如潮掌声，并很快触动了国民情感和想象。

此次终结棉纺业的童工现象，国家复兴署可算是一夜之间做成了数十年改革运动都未能做成的事情。加斯托尼亚大罢工的痛彻记忆尚在人们心间，谁能想到，距离那场大罢工不到四年，棉纺业便承认了工会组织并终结了血汗工厂呢？罗斯福谈到此次取缔童工现象时说道："自我进驻华盛顿以来，也算干了不少事情，但没有哪件事能比这件更让我高兴的了。"新的最低工资条例出台后，取缔童工一事对棉纺厂主来说，在经济上已不算多大的牺牲了，但此事确实打开了光明前景，令人们意识到国家复兴署是有可能引领美国工商业进入这个前景的。不过，《棉纺业条例》同时也揭示出条例谈判的危险。工资条款自然意味着要提升原本低于工资标准的工资；生产成本必然由此提升。为了减轻成本负担，国家复兴署意识到必须在生产方面有所让步，让产业集团有权限制生产。由此，这最早的产业条例也涵括了诸多颇为糟糕的先例，其他产业很快起而效仿。

当无情的夏日骄阳照耀着华盛顿时，产业条例听证会也开始在各个产业展开。"我们打算就在这个金鱼缸里把全部工作做完。"约翰逊说。屡屡受挫的产业界人士，在酷热和迷茫中擦拭着额头，走过商务大楼的长长走廊，竭力搞明白办事程序。人们纷纷脱下外套，汗流浃背，在华盛顿各家酒店大堂的镶金椅子上紧张不安地争论产业重组的细节问题，产业代表和劳工代表之间，你瞪着我，我瞪着你，在国家复兴署副署长的冷眼之下展开缠斗。这是一个缓慢的过程。六个星期过去，棉纺业仍然是唯一一个接纳重要条例的产业。

此时的约翰逊仍然是无可遏制的能量和信念中心。他就那样坐在商务大楼的那间朴素且并不怎么舒适的办公室里，周围满是文件材料和老金牌香烟的烟蒂，外套已经脱掉，蓝色衬衫的纽扣也开到脖颈处，此前他只在办公室的沙发上凑合睡了四个小时，衣服松松垮垮，满是褶皱。他不停地接听各方电话，有时一天多达上百通。布鲁斯·布利文描述他的工作场景之时，用了如下词汇：甜言蜜语、哄骗、威慑、用拳头砸桌子、咆哮中不时突然大笑、随时可能搭乘飞机赶往某处发表演说。办公室外间坐着弗朗西斯·罗宾逊，人称“无处不在的罗比”，老将军的秘书和助手，一个齐整、犀利、活泼的姑娘，也就二十多岁，但已然凭借自己的工作效率以及跟老将军越发亲近的关系，不断提升在国家复兴署中的权力。躁动且兴奋的氛围一直在涌动。不过，一周又一周过去，谈判始终不见成果，约翰逊这个性情暴躁的活跃分子也越发不高兴了。[4]

6

老将军的怒火和不安是有充分理由的。这一年的 3 月到 7 月，生产和就业的确都在稳步提升，不过个中情由也越发清楚了，催生这股复苏潮流的部分原因在于产业规章条例势必会引发生产成本上扬，于是人们都选择赶在颁布产业规章条例之前，在生产和消费方面实施一次突击行动；另外的原因则纯然是对货币膨胀预期的一种投机反应。7月19日，股票市场突遭重挫，令这场工商业回暖一下子无足轻重了。产业规章之路就此陷入泥潭，约翰逊遂开始觉得有必要推行新的重大举措，否则难以重获复苏所需的能量。

此外，国家复兴署方面已意识到，产业间和产业内部都存在竞争，而且，没有进入产业规章体系的产业显然拥有竞争优势，这类产业只需要回应爱国主义并迅速参与竞争就可以了。此等情形之下，就需要采取行动，削弱在产业规章谈判中推行拖延策略的动力，也必须为那些因组织化程度不够而无法提交产业规章草案的产业做点什么。同时，也有一批国家复兴署职员觉得有必要将没有融入州际商业体系的地方劳工融入全国性的商业轨道当中。最重要的是，必须采取行动，激发公众舆论，以推进产业规章的实施，同时也为已经摇摇欲坠的商业复苏潮流注入新的信心。约翰逊于1933年7月中旬总结说，国家复兴署应当演变成一场大规模的民众运动。何不启动一场全国性的运动，让全体雇主都依从一份一揽子协议，支持国家复兴署的工资和工时标准呢？具体而言，就是将周薪下限划定在十二或者十三美元，将工时上限划定在四十个小时；这样一份一揽子协议是否要等到更为正式的产业规章完成之后才能生效呢？工业复兴特别委员会对这一揽子计划并不乐观，约翰逊恰恰是要对这个内阁委员会汇报工作的。“吓死我了，”特格韦尔说，“我很担心这样的承诺机制，也担心总统会陷入其中。掀起这样一场声势浩大的全国性运动，其结果很可能会像我们当中一些人所预期的，市场失去复苏势头，甚至急剧下跌，那样的话，我们的境遇可就悲惨了。”约翰·迪金森认为约翰逊的此番应急方案“势必从一开始就将逐项推进的产业组织化可能带来的优势摧毁殆尽”。还是先拿下大家伙，至于小零售店之类的，可以等等。此外，若是此番造势没有得到足够的回应和支持，又当如何呢？霍默·卡明斯补充说，这毕竟不是战时，“倘若让整个国家都签立这么一份保证书，其中的困难之巨可想而知”。

对此，约翰逊回应说："我事先说得很明白，这就是一场赌博，不过我觉得胜算很大。我认为我能把这件事情办成。"老将军接着申述说，无论如何，欧洲战争之前景对大多数美国人来说，远不如这场大萧条来得真切。"几乎每个人都承受了可怕的遭遇，每个人的亲朋好友也都境遇悲惨；此等情形恰恰为我的计划提供了最为丰沛的土壤，其潜在效能是诸位很难想象的，此时不动，更待何时呢……我认为现在虽然不是战时，但已然具备了战时的全部条件。"[5]

7

约翰逊未能说服这个内阁委员会，也没能让国家复兴署团队的大部分人信服。不过，此时的罗斯福对约翰逊这番胆略是很有感触的，而且显然感觉到民众在等待政府采取行动，遂告诉这位老将军继续前进。7 月 21 日，约翰逊发动了这场新运动。三天后，罗斯福借第三场炉边谈话的机会，阐扬了一揽子协议观念，并呼吁全体国民予以配合，以遏制"已经延续了四年的灾难性经济下滑进程"。几天后，总统的"再就业协议书"的副本便出现在全国各地雇主们的邮箱里，其中当然涵括了工资和工时条款。

此时，约翰逊已经为这场运动的心理攻势备好了基础。一天，在跟亨利 · 华莱士谈了一番雷鸟之后，这位老将军依照古老的印第安象形文字，描摹了雷鸟的形象。请专业人士重描之后，这只雷鸟渐渐幻化成一只"蓝鹰"；刻上"尽职尽责"的标语，便成了国家复兴署给出的用来表示顺从的意象。这倒也并非创新；先前的战时工业委员会就有类似的意象，巴鲁克在 1933 年 5 月的一次演说中也特意提起过。总统在广播讲话中作了一番解释："战争时期，若是要实施夜袭，士兵们都会在肩头佩戴闪亮徽章，以确保同伴不会向自己开枪。道理是一样的，凡参与此次规划的人，都必须顷刻之间认出彼此。”

就这样，以“蓝鹰”为标志，约翰逊发起了一场运动，对这个国家的良知和耳朵发起了猛烈攻击，所到之处通常都有大规模的民众集会、摩托车队、欢呼的人群以及铜管乐队，这位老将军也用尽一切手段，极尽说服和魅惑之能，希望斩获尽可能多的支持。“美利坚的每个家庭主妇都知道，只要允许有蓝鹰标志的东西来到家中，就象征着这个家庭将得到安全，”约翰逊说，“那些对这只鸟不屑一顾的人或者集团，但愿上帝怜悯他们吧。”他对不合作者持严厉态度。

> 不跟我们站在一起的人就是在反对我们，若要表明你是这支新政大军的一分子，最好的办法就是谨守此团结的标志，如同掌握天国钥匙的彼得在沙滩上画下鱼的形象，或者隐士彼得在每个善人和义人的肩带上印下十字架。这场运动全然倚靠美利坚人民众志成城的力量和决心，我们当万众一心，共克时艰。

里奇伯格以同样的热忱支持这场运动。他说，危机当前，时局危险，“我们根本没有体面借口就这么怠惰下去，没有资格浪费时间，徒逞口舌之能，犹疑不止，否则只能让我们的民族目标陷落于法律论辩的泥潭之中”。里奇伯格还以强悍态势补充说：

> 要么是明智计划和管控之下的产业运作机制，要么是回归镀金时代的无政府状态，尽管人们会用所谓的“强悍个人主义”将这无政府状态包装起来；美利坚产业集团实际上别无选择。……除非私人企业主和管理者令产业体系足够社会化，令重大产业部门依从公共义务展开运作，以匹配此等产业所蕴含的公共利益，否则，私人化的产业就必然要接受政治控制。

民众对这场运动的反应兑现了约翰逊的预期，当然也证明了这位老将军的胆略。“蓝鹰”成了道德和公共压力的核心意象。游行队伍纷纷向这个标志致意。各方演说也发起潮水般的赞誉。整个美利坚大地之上，商人们纷纷将“蓝鹰”贴在窗户上，同时不忘烙印在各自的产品上。超过两百万雇主在上面签字。消费者自然也签立了自己的保证（赫伯特·胡佛也在签字人之列，此时的胡佛尚未给国家复兴署贴上法西斯主义的标签）。

9 月初，纽约城迎来“蓝鹰”大游行，这场运动也由此臻于高潮。这是这座城市历史之上迄今最大规模的游行，约有二十五万人来到第五大道，加入游行，还有一百五十万人沿街站立，观望和欢呼。检阅台上，约翰逊将军、州长莱曼同纽约州的国家复兴署主席W. 埃夫里尔·哈里曼并肩站立。约翰逊根本无法压制住欢乐的人群，这氛围同 1929 年那场金属狂欢太不一样了，在他的记忆中，当年那场狂欢“如同舞厅里女主人的狂放笑声，有点造作”。现在，老将军则显然见证了一个新的、更健康的美利坚。夕阳沉下，第五大道的灯光亮了起来，琥珀色的光将整个街区笼罩在金色光彩中。游行队伍陆续拥来，平民保育团的孩子们一身草绿色装束；接着是人寿保险公司和电话公司的队伍；股票经纪人和女声合唱团的队伍紧随其后；啤酒商的队伍则高举着红色旗帜，还有乐队演奏着“快乐日子回来啦”。游行一直持续到午夜时分，最终以彩带纷飞且激荡着热情和同志情谊的狂欢场面收尾。看来，“蓝鹰”已翱翔云天之上了。[6]

8

“蓝鹰”激起的这股民族热潮帮助破除了华盛顿的僵局。各色产业规章条例草案开始如潮水般涌入国家复兴署，7 月下半月是一百四十四份，8 月则达到了五百四十六份，公共舆论显然给了约翰逊新的力量和武器，这位老将军自然当仁不让，以大胆且急切的心态着手推动制定最终的规章条例。造船业和毛纺业的规章草案是在 7 月的最后一个星期呈送过来的；电力产业、服装产业的规章草案是在 8 月的第一个星期呈送过来的。不过，石油、煤炭、汽车、木材以及钢铁产业仍然不见动静。

石油产业的问题在于经营者内部的尖锐分歧。到了这一年仲夏时节，石油产业用约翰逊的傲慢语言来说，已经“沦落至沮丧且涣散的境地，成了一群乌合之众”。该产业的经营者集团当然有一种模糊欲念，希望出现一个沙皇式的人物主宰局面，但对于此等沙皇体制的具体内容，他们是存在内部分歧的，多次尝试均归于失败，情况已然表明他们根本没有希望在规章条例问题上达成一致。此等情形之下，若要有什么进展，看来只能靠政府去推动了；有鉴于此，约翰逊便在罗斯福的支持下拟就了最终的草案，交给该产业，并冷冷地补充说，他们可以在二十四小时内提出异议。“我们已经通过了草案副本，”约翰逊说，“会议也结束了。”石油产业的代表人士急忙冲向那油印文件堆，约翰逊大声喊道：“稍安勿躁，稍安勿躁，否则我现在就叫停这件事。”惊惧之下，这些人又纷纷退回各自的座位。约翰逊遂让这些势利分子自行分发文件，自己则戴上帽子，到外面溜达去了。

钢铁产业仍然是傲气十足的强大产业，他们对国家复兴署的反对可以说是深植于本能当中，此时更是对劳动条款有着明确的抵制。由钢铁研究院拟定的这份草案提出了公司工会方面的条款。钢铁产业人士在一番激烈抵抗之后，才最终依从 7a 条款的思路，接纳了这份草案；作为交换，他们在价格政策上获得了一系列让步。最后，罗斯福约请美国钢铁公司的梅隆 · C. 泰勒和伯利恒钢铁公司的查尔斯 · M. 施瓦布前往白宫。席间，施瓦布说，他不能接受这份规章，因为他对伯利恒钢铁公司的股东负有责任。罗斯福颇为温和地问询说，他就那样将数百万美元的红利发放给尤金·格雷斯并眼睁睁地看着工人活在焦炉里，这是否算是对股东负责。当天晚些时候，罗斯福颇为满意地跟一名访客谈道："我确实吓住了他们，他们以前可没见识过这种情况，而且我直接告诉施瓦布，最好不要再增发红利了。"

木材业也是一块难啃的骨头，国家复兴署同样恩威并施，最终将其拿下。8 月 19 日将近午夜时分，罗斯福签署了石油、钢铁和木材产业的规章条例，但仍然有两大产业尚未处理，其一是汽车产业，其二是煤炭产业。此时，底特律方面的麻烦在于亨利·福特。此人的多疑和独立品性依然如故，一直不曾加入全国汽车业商会，此时依然没有太大兴趣协同其他同行拟定一份国家复兴署产业规章。同行都担心福特若是拒绝加盟，将赢得竞争优势，于是也都驻足不前。约翰逊认为直捣黄龙的办法应该能奏效，遂决定跟福特直接晤谈。这位老将军在底特律机场脆生生地撂下一句话："我来这里就是要解决问题的。"他也一度觉得问题已经解决了。不过，福特虽然指示自己的代表协助起草了产业规章，最终自己却退出了。看来，他不会签立任何在劳工集体议价问题上令自己有义务担当的产业规章。（此外，他很快认定："我们的竞争者在操纵所有的税收计划和国家复兴署计划，他们和国际银行家集团躲在幕后，实际上正是他们在操控这世界上的所有政府。"这恰恰也是他在自己的一份袖珍工作手册里写下的话。）约翰逊对此番推诿失去了耐心，遂决定抛开福特，实施产业计划。一名记者询问约翰逊，尚需多长时间才能拿下顽抗者。"我觉得最终美利坚人民会拿下他，"约翰逊回答说，"不管怎么说，蓝鹰标志很快就会入驻其他汽车公司，到时就剩下他一家了。"

于是，汽车产业在 8 月 27 日抛开福特，制定了产业规章。如此便只剩下煤炭产业了，该产业的情况是最混乱也最令人沮丧的。产业内部不仅存在区域分化，矿主和劳工之间的仇怨更是已深植于血液和历史当中。从一开始，达成全国性产业规划的几率就相当渺茫。约翰·L. 刘易斯已然决心充分利用 7a 条款，据此复兴已处于垂死状态的矿工联合会，这就令谈判更形复杂。不过，约翰逊依然凭借一系列没有休止的晤谈，对劳工和管理方实施敲打，并凭借威慑性的言论，对产业领地展开突击。罗斯福也没有闲着，他召请矿主集团来到白宫，告诫他们，他们正骑在一匹"快要死掉的马"上，他们的策略只是在帮助美国共产党。8 月和 9 月，罢工之火再度燃起。公司安保人员已经向矿工开枪了，矿工联合会则策动了怠工浪潮，以此向矿主集团施压，迫使其接纳产业规章。罗斯福在此召请矿主集团来到白宫，并给了他们二十四个小时去达成协议。9 月 18 日，烟煤产业规章最终达成。

这三个月的时光实在是不可思议，但并非没有代价。约翰逊本人当然是付出了巨大代价。他一直全力以赴地劳作，要操持十二个复杂产业的巨量细节事务以及越发令人绝望且混乱的组织工作，要在全国各地疯狂奔走，不断地向群众集会发表演说，根本没有像样的睡眠；到了这时，情况已经很明显了，即便他那样的狂野精力也是有限度的。国家复兴署同样付出了代价，约翰逊在将一个政府机构转变成一场宗教体验的过程中，已然将过分美好的千禧年愿景铺陈出来，工资提升，工作机会增加，据说到劳动节时，将释放六百万个新的工作机会。并且，约翰逊确实将其他的复兴计划挤出了画面。在众人眼中，国家复兴署已然成为整个的复兴规划。倘若约翰逊就这样过度伸张开来，国家复兴署将落入过度承诺的泥潭中。面对此等情形，里奇伯格不免有所思虑："已经没人引领了，如同游行人群一样。"[7]

八　价格之谜

1

8月，约翰逊曾向工业复兴特别委员会概括了自己的战略。他说，当务之急是将各个产业纳入规章轨道：“我们已经采取极端措施，将一些产业纳入了规章轨道。”在签立规章期间，“无论是规训举措还是调查行动，都不可过于严厉”。一旦将熊的爪子套住，国家复兴署就可以集中精力应对第二阶段的事了，那就是修订并实施。约翰逊预断，第一个阶段的工作将在9月15日之前结束；“到了那时，规训阶段的工作就可以展开了”。

“倘若有人继续顽抗，不接受规章体制，那又该当如何呢？”在用餐时，有人向约翰逊发出了这样的问询。“那他们将遭受迎面重击。”约翰逊擦去嘴边的酱料，掷地有声地回答。然而，诱使人顺服无论如何都不是件容易的事情，特别是司法部方面已经对总统提起的“再就业协议”之可操作性问题提出了质疑，而且此时的约翰逊要竭尽所能不让复兴法案惹上官司。亨利·福特并未遭到任何压制（无论如何，亨利·福特是遵从了产业规章中的工资和工时条款的，这就会让规训部门备感困顿，因为其他那些接纳了蓝鹰标志的雇主，反而在肆意违背工资和工时条款）。[1]

2

对付约翰逊所说的这些骗子，约翰逊的主要武器是社会强制，依据他的计划，凡是这样的骗子，都将被剥夺蓝鹰标志，如此一来就可以触发社会惩戒机制了。约翰逊说，一个雇主，就这么肆意对待拯救国家脱离经济地狱的机会，“那就是在犯罪，跟偷窃盲乞丐碗里的硬币没有区别”。若如此，国家复兴署将剥夺他们的公共信誉标志，在众目睽睽之下折断他们的商业信誉之剑，并将那碎片扔在他们脚下，任人嘲讽。约翰逊预断，其效能将如同“宣判了经济死刑。如此一来，这样的事情就绝无可能发生。此等威胁可不是纯粹经济上的惩罚能够比拟的”。

这位老将军同时也采取了劝诫手段，呼吁产业界人士公正对待他人，并否认工资和工时条款会对任何人造成伤害。“人终将死去，被虫子吃掉，”约翰逊说，“但这肯定不会是因为每个小时发放了三十美分的工资。”若是劝诫和讽刺无效，约翰逊便诉诸责骂。“阿尔·卡彭，”约翰逊在明尼阿波利斯的一场一万五千人的群众集会上陈词说，“就是一个无知且可怜的西西里赌徒，仅次于那些强悍个人主义者，他们都谋划着将这人类关系的黑暗时代延续下去。”在亚特兰大，这位老将军更是发表了如下皇皇之论：

“滚开吧，你们这些小人！你们曾经是产业的将领，但如今变成了灾难军团。你们应该躲在一边，继续犬吠，那样你们才会更安全一些，若继续横在大军前面，阻挡前进，可不是安全之策。你们会被活活踩在脚下，大军仍会继续向前，士兵们不是有意踩踏你们，因为你们的小小身材还不至于引起注意；而且今时今日的人民已经在昂首阔步向前进发了，他们‘已经看到了荣耀’，他们追随的是他们的邻人和朋友富兰克林·罗斯福的天才领导。”

不过，尽管约翰逊极尽威慑，到了入秋时节，情况已经很明显了，国家复兴署激发的这股热潮正冷却下去。一方面，国家复兴署未能达成再就业和复苏的经济目标；另一方面，它也没能让相关各方总是能够持守它在工资、工时以及劳动组织方面的诸多社会目标。各处都对国家复兴署计划的具体实施情况备感不满；乔治·雷顿于1933年晚些时候巡访了四个州的情况，他报告说，产业规章遭到背离、规避乃至忽略的情况并不少见，而且国家复兴署的地方机构都是松松垮垮，效力低下。“当然有人会认为，产业集团有心依照新政精神实施‘自治’，”雷顿评论说，“但任何这样的看法都是荒谬的。利润动机仍然牢牢地执掌天下。”洛雷娜·希科克也在花费数月时间巡视全国之后，颇为绝望地致信霍普金斯说：

> 哎，我一直在尽量欺骗自己，试图让自己相信产业规章运行良好，至少在大产业领域是这样，比如纺织产业也许会有六成的人是遵从产业规章的。但实情恐怕并非如此。我敢跟您打赌，大产业当中99%的人一直在试图挫败产业规章体系，而且他们正在取得成功。至于小产业集团，甚至懒得假装是在推行产业规章。政府的激励以及公众对总统的信心，自然会令产业状况有所提升，但那些人不过是利用这样的便利寻求自肥而已，并且不放过任何机会。说实在的，他们并没有做出任何贡献。

到了11月，批评浪潮已经大范围涌动起来。赫斯特谴责国家复兴署是“彻头彻尾的国家社会主义”，并申斥说，国家复兴署的缩写“NRA”实际意思是“不可复兴”（No Recovery Allowed）。沃尔特·李普曼评论说：“过度的集权化和独裁精神势必催生情感逆流，令人们憎恶对美利坚经济生活实施的这种官僚控制。”甚至早前的支持者也开始失去信心。亨利·I. 哈里曼颇为尖刻地将国家复兴署的办公场所视为“他们在那里开设的疯人院”，并且评论说，六个月前，产业界是百分百支持国家复兴署的；但是“现在，据我所知，所有的代表群体都在全盘质疑其规划”。1933 年 11 月 1 日，杰勒德·斯沃普干脆提议组建一个全国工商业联合会性质的机构来取代国家复兴署，以美国商会为核心，以各个同业公会融构而成的超级组织为地盘；说白了，国家复兴署的权力应当从政府手中剥离，并转归产业界。

人们的失望聚焦在两个问题上。其一是国家复兴署的价格政策：当国家复兴署力图阻止产业集团提价时，产业集团自然会愤怒；当它将既有的价格权能赋予产业集团时，消费者自然会愤怒。另一个问题是劳工政策：众多产业界人士对 7a 条款都怀有敌意，特别是其中涵涉的集体议价条款；众多劳工领袖却觉得约翰逊和里奇伯格自己都没有认真对待 7a 条款。实际上，这两个问题一直是国家复兴署面临的大麻烦，直到它走向终结。[2]

3

复兴议案成为法案之时，罗斯福也曾发表声明，其中自然阐述并界定了价格问题。“此番努力的目标，”罗斯福说，“就是要通过提升巨大的购买力，来恢复潜力极大的国内市场。倘若我们在提升工资的同时，也同等且同步提高价格，所有努力就白费了。我们不能期望该计划发挥充分效能，除非在开启时段的几个关键月份里，我们能够尽可能地抵制价格方面的压力和诱惑，甚至为此牺牲一部分初始利润。”约翰逊将军在其履职之初发布的系列声明中，同样强调了遏制提价的重要性，否则新增的购买力就会遭到瓦解。“一边是要提升购买力，另一边是要提升价格，我们需要双方达成休战协议性质的条款，”这位老将军告诉媒体，“直到我们将方案启动。”几天后，他更是警告说：“这绝对是生死攸关的事——价格确实有失控的危险……政府绝不容许这样的事情发生。”

不过，光说不练显然是不够的，即便这些话是出自老将军之口；特别是在此时，产业界都在期望国家复兴署的产业规章能提供等价物，以交换工资、工时及集体议价方面的条款。实际上，此前的多年时间里，同业公会方面也一直在寻求法内和法外的办法，借由对生产和价格的私人控制机制来“稳定”竞争。而且，全国制造业协会早前就已推出一份产业规章范本了，现在则希望借助国家复兴署的产业规章权能来推行该范本提出的生产配额制度；同时，大多数同业公会也都要求大范围且多样化的定价权能。在这场乱战当中，各产业都开始展开竞争，以寻求价格保护；“只要有哪个产业得到了新的［保护］条款，”国家复兴署的保守派经济学家 C. F. 鲁斯说，“其他产业就会蜂拥而至，纷纷希望自己也能得到同样的待遇。”里奇伯格也评论说，“长时间的萧条催生了普遍的利润饥渴症”。这无疑强化了各产业对价格保护机制的渴望和欲念。亚历山大·萨克斯指出，这已经成了美利坚产业的万灵药方，如同《民数记》里那条铜蛇，可以救治任何在荒野里被毒物咬伤的人。

约翰逊一开始就对这样的价格稳定机制不甚待见，总是报以冷眼，这样的态度自然令同业公会组织起了警觉和敌意，遂施加压力，没过几天便迫使约翰逊让步了。6 月 23 日，约翰逊宣布，产业规章可以包含相应的协议条款，容许价格不得低于生产成本；“不过，若是他们借用这样的规章条款来确立掠夺性价格，”这位老将军颇具胆气地补充说，“我将即刻介入，强令他们遵守条规。”然而，约翰逊虽然在价格问题上有着理论上的情形认知，但很快便深深浸染了蓝鹰运动的热情，令产业规章运动这出大戏在他眼中要比规章细节方面的问题更为重要。在此等情感支配之下，这位老将军为了迅速推行规章条例，是可以牺牲很多东西的。（此等情形令杰尔姆·弗兰克不免回想起1917年的事，并据此评点说，老将军脑子里一直惦记着当年的草案，总觉得如今的产业规章就应以当年的草案为范本，这自然令老将军深受其害。）

产业集团对定价保护机制当然是有强烈诉求的。1933年夏天，对此等诉求和欲念的主要抵制力量并非来自国家复兴署，而是来自工业复兴专门委员会。雷克斯·特格韦尔作为农业部部长的代表兼该委员会的成员，有一套极为清晰的价格哲学。他当然信奉自上而下的全盘性质的计划机制，但也保留着对于功能性价格机制的旧日信仰。“产业状况是否良好，”他常常说起，“其标准之一就是价廉物美。”1920年代的产业界并不愿意随生产率的提高而降低价格，这在特格韦尔看来是造成大萧条的主因之一；他认为，即便在计划经济体制下，价格体系也扮演着基础性的角色，好的时候可以理顺经济进程，反之则会令其落入堵塞境地。他对农业甚是关切，这就更令他决心不让工业价格权能旁落他人之手。所谓固定价格，其意图很显然是要将价格维持在正常水准之上。据特格韦尔分析，如此一来，遭殃的就是购买力（当然，农业调整署带来的益处以及国家复兴署的工资和工时条款也将沦为牺牲品），并势必压制消费；而这最终当然会反过来抑制生产。在特格韦尔看来，价格政策是关键，决定了国家复兴署扮演的经济角色究竟是抑制性的还是扩张性的。

从一开始，特格韦尔便不断拿价格问题来烦扰约翰逊。早在6月29日，他便开始为自己的“不厌其烦”道歉了，因为他一再叮嘱约翰逊注意“价格问题的核心分量”。在一次次会议上，他也反复强调价格政策的重要性，反复申述价格政策有着保护购买力并推动经济扩张之效能。木材产业规章虽然推行起来，但其中包含了价格不得低于生产成本的条款，这就刺激特格韦尔展开了新一轮的攻击。亨利·华莱士在8月21日的委员会会议上指出，生产成本实际上是没办法评定的，至少在农业领域是这样；此外，基本的定价取向通常是依托高成本而非低成本，而且倾向于保护低效生产者并提升价格。“仅仅把更多的钱给予消费者，无助于恢复繁荣，”华莱士后来告诉总统，“因为钱虽然多了，实际购买力很可能反倒不如从前。”[3]

4

然而，约翰逊对于价格问题的感受是在另一个维度上展开的。比如低于成本的定价，在他看来就是昔日坏秩序的重演，在那样的秩序当中，产业界展开恶性竞争，丝毫不顾社会体面。他告诉委员会，“不惜成本地降价”的行径是邪恶的，原因很简单，羊毛出在羊身上，牺牲品只有一个，那就是“劳动者的工时和生活水准”。这位老将军申述说，没有人“有权靠着贬抑劳工来获得低价”。此等恶性降价机制不仅会压低劳动标准，也将消灭小企业，如此就等于加速了经济垄断进程。越是这么干，就越发会加速经济的整体下行趋势。在约翰逊看来，无论是复苏还是人道，都要求终结这种“毁灭性的砍价机制”。为了劳工，为了小企业，为了经济稳定之大局，约翰逊总结说，国家复兴署必须防范并遏制此等“自杀性的”价格战，必须取缔此等“经济谋杀”之策。里奇伯格赞同约翰逊的这番申述。在二人看来，问题的关键在于制定相应的机制，令价格之提升保持在适当的幅度上，既可以维持体面工资和工时水准，又不至于因为过度提价而抽干了购买力，抑制了生产，并令经济陷入新的僵滞局面。二人进一步申述说，约束恶性竞争是一回事，建立垄断体制则完全是另一回事。

对某种中间道路的诉求主导了产业规章的制定过程。到了1935年初，总共超过七百份产业规章当中，有五百六十八份都涵括了不同形式的价格下限条款。为了价格防御机制而推出的众多举措中，最为流行者就是低于成本价销售禁令。前三百份产业规章当中，有三分之二的规章都包含了这样的禁制条款，虽然形式不一；截止到 1935 年 1 月，这样的禁制条款已然出现在四百二十份产业规章中。再往后一段时间，则已经有两百零三份产业规章包含了紧急情况之下的价格下限条款；有一百二十二份产业规章直接给出了一般性的压价禁制条款；还有十二份产业规章干脆授权产业规章机构无需参考成本，确定价格下限。此外，有四百一十六份产业规章涵括了价格公示条款，价格变动或调整是需要在整个产业予以公示的，确切地说，就是在新价格生效之前，设立一段公示期，以等待各方意见；有五百零七份产业规章设置了统一的成本核算方法。有五份产业规章还特别设立了基准定价机制，为所有厂家设置了统一报价，如此一来，就很容易控制价格竞争了。

这些都是直接的价格控制举措，除此之外，还有超过一百二十份产业规章对生产以及产能实施了控制，此类条款实质上是将间接的价格权能赋予了各个产业。一些产业还建立了生产配额制度。还有一些产业规章则规定了机器运转时限，对新的工厂或设备实施限制，若违规超时运转，则禁止市场准入，要不就干脆规定产量同存货的比率上限。

这一切价格和生产控制举措之效果并没有达到产业集团的预期。不过，这倒也不是问题。如同本身就是产业人士的拉尔夫·弗兰德斯评论国家复兴署的定价举措和生产控制举措时说的那样，“这不能责怪我们的立法者和管理者。问题出在产业集团这边，我们总是太过信奉这样一种观念，认为复苏和繁荣取决于限制竞争”。伊克斯也评论说：“此类定价和生产控制举措之所以能进入产业规章体系，应该说完全是因应了产业集团自身的要求。”玛丽·哈里曼·拉姆齐说得更为直接：“政府即便真有这样的心思，若没有产业集团的敦促和推动，也是绝对不敢推出如此众多的法令，对产业自由实施介入的。”国家复兴署方面当然也有自己的说法："那些更具限制性的条款，政府只是笼统地予以认可；实际上，有着充分代表资质的各个产业集团提出、要求并为之战斗的计划和方案，那才叫真正严厉，此类产业集团可不在少数啊。"伯利恒钢铁公司的尤金·格雷斯更为广泛地观察到，"国家复兴署的主要贡献之一就是让工业摆脱了反托拉斯法令的拘束"。说白了，国家复兴署绝不是要刻意推行限制条款，其主要工作是寻求可以保护劳动标准的下限，并依托这个下限去说服产业界接受产业规章。

不过，随着各种举措陆续出炉，由此形成的累积之势显然是将相当可怕的权能赋予了规章机构，实际上是给予了同业公会。这其中的原因很简单，规章机构也许可以行使公共权力，但那样的机构毕竟不是公共实体，如同约翰逊所言，那实际上只是一个"雇主组成的机构"；只在例外情况下，规章机构才会拥有劳工代表或公众代表。国家复兴署将价格和生产方面的宽泛权力给了此类机构，那些权力原本是国会给予政府的。[4]

5

工业复兴特别委员会对这样的趋势自然是越发不满了。本来只是要遏制经济的恶性循环，但从现在的情况来看，产业规章机构推出的一系列举措实际上是要锻造出一个可怕的新工具，用以压制生产并提高价格。如此发展下去，产业集团在追逐各个产业的利润和安全的过程中，最终很可能会令经济复苏彻底失去可能性。

这个特别委员会虽然开始有此担心，但委员会本身在国家复兴署里的分量已显著衰减了。约翰逊一直对该委员会有敌意，此时则比以往任何时候都更痛恨委员会时不时地插上一脚，叮咬国家复兴署推出的政策；此外，该委员会的成员实际上都有自己的全职工作，很难有足够时间和精力去跟老将军缠斗。不过，到了1933年底，特格韦尔等人还是决定迈出最后一步。看着私人价格控制的新机制就这样在产业规章体系之下发育起来，特格韦尔认为，国家复兴署的唯一出路就是引导产业集团放弃赚快钱的欲念，并转而奉行低价格、大产量的政策路线。“利润，”特格韦尔说，“必须来自生产效能的提升。将利润置于优先地位，实在是本末倒置，如同将马车置于马匹的前面一样。”这样下去，恐怕会在真正赚取利润之前，先行剪灭了新增的购买力。

那么该如何抑制价格呢？“而今，规章范本已经确立起来，大批规章也已经据此制定并运转起来，”特格韦尔告诉委员会，“面对价格提升，公众已完全失去了保护，无论是竞争造成了价格提升，还是公共权能造成了价格提升，无论如何，今时今日之情形，各个产业已经可以随心所欲地自行定价了。”若任由此等局面发展下去，各个产业最终都将因为高价而把自己的路堵死。该怎么解决呢？倘若不能通过竞争机制去抑制价格，那么，“结果势必是各个产业不得不完全接纳价格问题上的公共控制权”。此时，一直同钢铁产业规章深有接触的联邦贸易委员会也向总统提出了类似的报告：倘若价格竞争不能对公众形成保护，那么唯一的办法就是“借由政府的价格权能来提供这种保护，不存在明显的中间道路”。

但在约翰逊看来，政府定价制度并不具备政治上的可操作性。此前，约翰逊为了拒斥产业集团对私人定价权越来越多的要求，已然竭尽心力了。这一年 12 月，他终于向委员会充分让步，同意委员会任命一批公共成员进驻规章机构。但是委员会在价格问题上不断纠缠，也令这位老将军越发恼恨起来。当委员会提出国家复兴署的产业规章在最终采纳之前需要经过委员会核准时，约翰逊觉得这显然太过分了，遂向总统发火，要求解散委员会。

罗斯福出于某些考虑，是倾向于约翰逊的意见的。不管怎么说，这位老将军是负责操持此事的，也确实付出了非同寻常的努力，将国家复兴署运转起来，在总统眼中，委员会那些玩家就是一批无事生非之人，他当然对他们有偏见，因此，罗斯福也有心压制这个委员会。此外，罗斯福并不害怕固定价格之策。他是那种喜欢留有后手的人；在诸如以低于成本价销售产品的问题上，若是做出让步以换取劳工条款，在罗斯福看来可不是什么合理交易。罗斯福很可能是以自己最了解的几个行业的情况来看待工业的整体情况的，诸如煤炭、石油这样的能源产业及公用事业等，此类产业中的费率厘定和价格固定都是有传统且有效用的。最重要的是，此时的罗斯福仍然抱持希望，觉得产业集团不会滥用国家复兴署赋予它们的权力。约翰逊的策略自然是先行快速确立起宽泛原则，而后再厘定细节，难道这样的策略不对吗？考虑到这些，罗斯福便爽快应允了约翰逊的要求，将特别委员会的权能转归一个相当边缘的协作性机构，即国家应急委员会，该委员会主要负责协调全部的复兴计划。[5]

6

特别委员会就此淡出，此等情形之下，若要抵制限制性条款的压力，主要的负担就落在了国家复兴署内部一个软弱但也相当好斗的机构身上，这就是消费者顾问委员会。约翰逊最初设计国家复兴署构架时，就建立了工业顾问委员会、劳工顾问委员会和消费者顾问委员会，以此保证规章制定过程中的三方利益。在具体操作中，工业顾问委员会通常会选择支持同业公会的要求或者提议，劳工顾问委员会则往往在劳工的要求得到满足之后就置身事外，不闻不问。于是，只能由消费者顾问委员会为公众发声了。

消费者顾问委员会能够存续，很大程度上要归功于玛丽 · 哈里曼 · 拉姆齐，她是铁路工人 E. H. 哈里曼的女儿，也是 W. 埃夫里尔 · 哈里曼的姐姐。这个瘦弱的黑眼睛姑娘，敏感且活泼，是父亲最宠爱的孩子，也是父亲的好伙伴。她视野开阔，兼具社会良知。她曾回忆说："在我还是姑娘时，就开始认识到，竞争是会伤害一些人的，我梦想着有一天会有更多的合作。"她就是怀着这样的想法于1901年建立了"青年女子协会"，旨在让上流社会女孩参与睦邻运动工作。不久，她便成为纽约社区委员会和女性工会同盟的活跃分子，同时在弗吉尼亚米德尔堡附近自家田地上骑马、打猎，还饲养优等马匹。

玛丽·拉姆齐谈到父亲时，有这么一番陈词："他的时代是一个开拓和建设的时代，竞争是那个时代的主旋律。今时今日，这个世界需要的是合作性质而非竞争性的经济体制。"她相信，在培育这样一套经济体制的过程中，消费者是需要且能够扮演积极角色的。消费者顾问委员会在国家复兴署体系中的诞生，以及农业调整署体系中对应机构的设置，一时之间带来了一副新的经济药方，那就是消费主义。1933至1934年的那个冬天，各方呼声涌动而起，要求建立一个消费者事务部性质的机构。此番消费主义情感和潮流有着多种根源，比如约翰·杜威的《公众及其问题》，比如斯图尔特·蔡斯的作品，特别是他同F. J. 施林克于1927年合作推出的《你的钱价值几何》，比如施林克建立的消费者研究协会以及施林克于1933年同阿瑟·卡莱特合作推出的畅销书《一亿豚鼠》。施林克猛烈抨击消费者顾问委员会的领导权，称其为"虚假消费者的领导权，是上流社会女性的领导权"，在那个有意让产业体制围绕消费者而非生产者运转的群体当中，施林克代表了其中激进的一翼。对消费者论题最为系统化的阐述见于1936年面世的一本题为《豚鼠不再》的书，作者是J. B. 马修斯，随着消费者研究协会从极左翼转换到极右翼，这一最为系统化的发展阶段也走向尾声。马修斯认为这场社会危机的解决办法在于建立一个"消费者社会"，以此避免工商业集团制霸天下，也避免产生一个劳工国家。

在其高蹈时刻，消费主义几乎成了玄幻之事。不过很显然，其中的确涵涉了切实的经济问题。加德纳·米恩斯于1934年对此展开了剖析。只要市场仍然是经济活动的有效规制者，竞争就会令生产者远离低产出和高价格加护。但随着经济集中趋势日益深化，市场的分量也渐趋衰减，产业集团随之对生产和价格建立起大得多的“管理性”控制权能。如此，问题便在于消费者能否发育出足够的力量，令生产者无法屈从于低产出—高价格的诱惑。若能做到这一点，有组织的消费者群体就将成为打开增产之门的钥匙，并由此恢复经济平衡。不过，米恩斯也颇为审慎地警告说，愿望归愿望，能否兑现就是另外一回事了，任命几个消费者代表进驻相关政府部门之类的仪式性举措并不能达到目的。“消费者不会得到自己不曾为之而战的东西，无论政府管理者有着何等的社会心性……倘若作为消费者的民众不向政府施加压力，基本上就没有让自己作为消费者的利益得到有效代表。”

米恩斯还颇为犀利地指出了消费者顾问委员会的困境。工业顾问委员会拥有同业公会的支持，劳工顾问委员会拥有工会组织的支持，消费者顾问委员会则没有任何组织化的支持；用特格韦尔的话来说，消费者顾问委员会的代表都是“没有枪身的枪尖”。不过，这个委员会仍然有一些特质可以作为补偿，特别是颇具锐意的领导层，其工作团队既不乏热忱也不乏专业能力。玛丽·拉姆齐了解相关的所有人，包括罗斯福家族、弗朗西丝·珀金斯在内，她还跟珀金斯合住一栋房子，当然也包括休·约翰逊，那是她极为敬仰的朋友；而且，拉姆齐不惧怕任何人。1933年8月，拉姆齐同来自芝加哥的W. F. 奥格伯恩大吵了一架，原因是这位行政负责人在消费者委员会领导权问题上的表现太过业余。奥格伯恩随即辞职，拉姆齐很快便召请德克斯特·吉泽尔接替奥格伯恩，吉泽尔是一名经济学家，曾在巴尔的摩《太阳报》刊发文章抨击国家复兴署的消费政策，这些文章产生了相当大的影响力。有一段时间，来自芝加哥的保罗·H. 道格拉斯负责引领消费者顾问委员会经济教育处的工作，并尝试组建地方层面的消费者委员会。科尔文·爱德华斯、沃尔顿·H. 汉密尔顿、托马斯·布莱斯戴尔、斯塔塞·马伊、罗伯特·S. 林德以及罗伯特·A. 布拉迪也曾在不同阶段供职于该委员会。[6]

7

消费者顾问委员会很快便在国家复兴署的战斗中扮演起颇有进攻性的角色。约翰逊将军虽然跟玛丽·拉姆齐私交不错，但不免觉得这个委员会对产业规章制定过程的介入越发令人恼火了。“谁是消费者？找一个出来给我看看。”他朝那些所谓的消费者利益代言人泼洒着怒气；老将军还颇为轻蔑地申斥了那些“戴着牛角镜框眼镜”的“学院派”，他当然很清楚，这些人麇集在消费者顾问委员会，对该委员会的霸权是其他机构不能比拟的。老将军后来还写道：“我就没听说消费者顾问委员会支持过国家复兴署的任何举措。”

这一年12月的一个星期六，当拉姆齐小姐领着一个消费者运动领袖人物代表团进入约翰逊的办公室时，老将军正处在这样的情绪当中。这个代表团来自一场消费者集会。单单是消费者集会这类事情，就足以令老将军在暴怒之下，忍不住怒斥代表团，还使劲地捶打桌子。令所有人震惊的是，代表团中有一人同样大声地呵斥老将军，同样用力地捶打桌子，那桌子上的物件就在老将军鼻子底下抖动不已。此人就是来自罗素·塞奇基金会的利昂·亨德森。此等情形令约翰逊一下子被震住了，不过很快便对亨德森的强硬表示欣赏。“你小子够厉害的啊，”约翰逊说，“何不来我这里，当我的助手，一起应对消费问题呢？”亨德森自然毫不畏惧。没过几个星期，约翰逊便对亨德森的表现更加激赏，令亨德森成为研究和计划处的负责人，同时成为国家复兴署的首席经济学家。

消费者顾问委员会也在价格政策问题上进一步施压。保罗·道格拉斯意图完全取消固定价格政策；他认为，依据质量标准对产品实施等级定价，也许会是遏制恶性价格竞争的一个办法。此时，人们在价格问题上越发不满，令国家复兴署最终不得不于 1934 年 1 月举行了价格政策听证会。邓白氏公司的阿瑟·D. 怀特塞德，昔日的同业公会人士，是国家复兴署价格固定政策最具说服力的支持者；他主持了关于基本规则问题的听证会，这些规则旨在令相关的调查材料尽可能维持含混状态。不过，几天之后，杰拉尔德·奈在参议院发表演说，表达了诸多批评意见。

此次演说中，奈援引了消费者顾问委员会的一些价格政策报告，据此宣称，国家复兴署正在培植垄断。奈遂发起攻击，指出钢铁产业、电子产业、水泥产业、纸浆和造纸业以及一些重要产业，都在借助产业规章提供的权力来压制小竞争者，那些产业规章就是出自他们自己之手。博拉即刻起身发言，对此番反托拉斯诱饵做出回应，提议修订复兴法案，不再中止反托拉斯法案。面对涌动而起的反对声浪，约翰逊将军的回应仍然是那标志性的恩威兼施。他发言说，反托拉斯主义者“并无任何切实理据，徒逞口舌之能，靠着大嗓门造势而已”。不过，老将军很快也补充说（这是他在全国干货零售协会发表演说时的发言）：“我只想在这里跟诸位说几个词：‘压价，压价，一定要压价。’”老将军的此番呼吁可谓是发自肺腑。然而，价格依然在上涨。

压力与日俱增，约翰逊遂在 1934 年 3 月召集产业规章部门的人开会，评估国家复兴署的政策。此次会议令四千人齐聚华盛顿，消费者顾问委员会当然很欢迎这样的机会，遂提起一份非常干脆的报告，呼吁对价格政策实施全盘审核。罗斯福在开幕式上发言，重申了对产业集团和国家复兴署的信心。他告诉集会代表：“你们和我正协力进行一场伟大实验，以便找到办法，让产业领袖集团为公共福祉效力。就我个人来说，我相信在你们的帮助下，这场实验是能取得成功的。”罗斯福接着申述说，倘若产业集团愿意压低价格、削减工时并提高工资，这场实验将有更大的效能。在场众人倾听了总统的发言，并报以适度的热情。

约翰逊的总结发言再次展现了大师手笔。他提醒在场之人，就在一年前，他们这些人，说白了就是工业和银行业的领袖集团，“正沦落于彻头彻尾的不堪局面之中”。是罗斯福总统给了他们恢复元气的机会。老将军当然也不忘恭维说：“我们必须做好计划，找到出路，而且，只有靠着心志坚定的产业中人而非学院派，才能达成这个目标。”他还以国家复兴署实验的历史分量来挑战并激励众人：“世界历史之上，不曾出现过如此伟大之事；毫不逊色于尼西亚大公会议或《凡尔登条约》。”当然，老将军接着便斥责他们，羞辱他们，威胁他们，最后依然用励志故事激励他们“前进”。在场众人听着老将军的发言，颇为愉悦。但是，价格依然在上涨。[7]

8

奈提出的批评及这场 3 月大会，倒也催生了一个很实际的成果，那就是组建了全国复兴调查委员会，旨在对产业规章中的垄断倾向展开调查。该委员会是在 3 月组建起来的，当时的氛围还颇为融洽。奈本人可以提名六名成员中的五人；里奇伯格率先提名一个老资历的刑案律师克拉伦斯·达罗担任这个委员会的主席。约翰逊予以热情支持，不过，老将军后来谈起这件事情，说道：“当时我真是彻底昏了头了。”

达罗，一名伟大律师，此时已经年近七十七岁高龄，个头很高，世事磨砺已经令他弯腰驼背。他经验丰富，性情中已然沉淀出几分戏谑，不过，年轻时代那率真的激进情感依然激励着这个老人。他是那种真正经历过沧海桑田的人，身后是绵长的回忆，是五十多载律师生涯中不断闪现的高光时刻：德布斯罢工案，爱达荷州的莫耶-海伍德-佩特伯恩案，麦克纳马拉兄弟与洛杉矶爆炸案，芝加哥的罗布和列奥波德案，在田纳西达尔顿围绕进化论问题同布赖恩对战，此外还有火奴鲁鲁的福蒂斯丘-马塞案，等等。在某种意义上可以说，此次国家复兴署的事，是达罗最后的案子。他决心倾尽全力。

他们将这个老人带到华盛顿，参加国家复兴署的审议大会。老人承认，大产业代表的发言令他印象深刻，他此前不曾意识到富人是这么地爱穷人。“他们应当这么做，”他补充说，仿佛若有所思，“毕竟穷人已经养活他们这么多年了。”休 · 约翰逊提议由他担任国家复兴署的二把手，他婉拒了；这位老人选择了在维拉德酒店办公。“要是我们发觉产业规章里面有不对的地方呢？”他问约翰逊。“你尽管告诉我，”约翰逊指着自己说，“这里的事我做主。”但达罗还是选择了向罗斯福直接汇报。

就这样，达罗及其助手和团队，在华盛顿律师洛厄尔 · 马森的引领之下，夜以继日地展开工作。四个月里，他们召集了将近六十场听证会，审议了大约三千份申诉，考察了三十四份产业规章，并推出了成捆的报告。第一份报告出现在 5 月初，并且定了调。这份报告并没有提出通常那种有节制的赞誉，而是对国家复兴署展开了强烈批评，认为国家复兴署是推行垄断的工具。报告本身的确存在一些疏漏之处。比如第 24 页宣称“一切竞争都是野蛮、自私且无情的；不可能是别的样子。若想令竞争公平，就跟让战争变得温文尔雅一样，都是痴人说梦”。但是第 67 页却出现了这样的陈词：“为了恢复竞争而回归反托拉斯法案，我们相信这是这个时代的重大需求之一。”接着又推出一份补充报告，只有达罗和先前的合伙律师威廉 · O. 汤普森的签名，该报告补充说，回归无约束的竞争是不可能的；“要么是政府支撑的垄断体制，这显然是国家复兴署的取向所在，要么就是计划经济体制，这要求所有权和控制权都社会化；选择就在这二者之间”。该委员会展开的调研和审议工作随机性极强，相当随意且偏见十足，此等观念上的混乱对这样的工作报告来说，自然是再典型不过了。

此时的国家复兴署方面，约翰逊和里奇伯格读着这份达罗报告，不禁怒火中烧。里奇伯格评论说，这就像是“一个出了名的社会主义者，平日里大肆倡导政府对工商业的完全控制权，却［被选任］来撰写报告，为无政府主义观念张目，并且明显反对政府的控制权能，甚至包括控制犯罪”。约翰逊则干脆致信罗斯福：“我从没见过比这更浅薄、更不知节制、更错乱不堪的文件了。”约翰逊还颇有深意地给出如下评说：“即便是血腥的老杰弗里法官，在处置蒙茅斯叛乱分子时，也不曾搞出这等货色的听证会。”至于达罗——

> 在这个世界之上，没有人比他更善于颠倒黑白，指鹿为马，让陪审团相信，那些攻击他人、毒杀他人、如同土匪恶霸一般肆意欺凌他人的人，甚至那些变态到将孩童扔进密歇根粪堆并将其殴打致死的人，根本就没有干过那样的事情……这的确是巨大天赋。

无论是约翰逊还是里奇伯格，都在这肆意抨击乃至谩骂中得到了太多的刺激和满足，完全不去考虑达罗的感受，二人这种不加区分的谩骂也遮蔽了原本正当的批评意见。

达罗已经在重大的同盟论战中历练了五十载之久，自然不会有任何惧怕，而是全力反击。有几个星期，整个华盛顿都在双方言词的枪林弹雨中摇撼着。国家复兴署的劳工顾问委员会也兴致勃勃地参与其中。该委员会提供的材料显然有内在证据，足以表明他们的控词出自另一位论战大师约翰·L. 刘易斯之手，在这份材料当中，劳工顾问委员会申斥达罗委员会的信息来自“一批不负责任的异议人士，来自血汗工厂主以及特权受损的工商业利益集团”。这些劳工领袖宣称，达罗“就是我国政治—经济生活当中那些最为恶劣的集团的走狗”。骂战就这样推展开来；然而，就在这场肆意喧嚣当中，某天下午，达罗向约翰逊发出会面约请。二人乘着约翰逊的车，在傍晚时分前往阿灵顿，一路之上气氛甚是平静，二人谈论着人类学、比较宗教学，谈论杀人者是否会重访罪案现场，谈论人是否有灵魂。[8]

9

国家复兴署方面的愤怒当然是可以理解的，他们为了给工业乱象建立秩序，付出了长时间的艰辛劳作，成果却被此等散乱且片面的听证材料肆意践踏。达罗委员会确实有些极端，不过，也因此以暴烈态势令一个幕后问题就此浮出水面；对于这个问题，工业复兴特别委员会及消费者顾问委员会已经忧虑了好几个月了。

第一份达罗报告出台后，杰拉尔德·奈便顺势在参议院发表系列演说，重启对国家复兴署约束性政策的攻击，这些演说虽然夸张，但令人印象深刻。与此同时，农业调整署方面也重新陷入忧虑，他们担心不断上扬的工业品价格会令农产品价格提升所产生的效果就此消散；联邦贸易委员会此时比以往任何时候更担心垄断问题；公共工程管理局方面则因为国家复兴署价格政策很可能会对建筑成本带来的不利影响而忧心忡忡。看来，已经不能继续回避价格问题了。3 月底，罗斯福看了乔治·特尔伯格为布鲁金斯学会撰写的报告《国家复兴署产业规章当中的价格控制机制》，而后设立了一个内阁委员会，以弗朗西丝·珀金斯为负责人，对价格政策的长期影响展开考察。

大约就在这时，约翰逊终于开始敦促国家复兴署高层关注价格政策问题。法律副总顾问布莱克韦尔·史密斯草拟了一份指令，旨在将价格固定政策彻底清除，无论何种情况；约翰逊对这份指令予以缓解，允许在“紧急情况”下订立最低价格，6月初，这份指令以第228号办公备忘录的形式予以发布。即便是此等有限的禁制令，也引发了产业集团的抗议浪潮，这股浪潮来得极为迅猛，令约翰逊不得不于第二天给出补充说明：该指令并不涉及已经订立的产业规章——国家复兴署体系下90%的产业范围都不受影响。不过话又说回来，尽管做了此番淡化处理，该指令可谓指明了未来的新方向。实际上，在史密斯和亨德森操持之下，相关机构绝少动用此等自由权能；而且价格通常都确定在很低的水平，不会激发各方斗志。产业规章仍然可以依托统一定价条款艰难维持，不过，大规模价格管控的时代显然要结束了。[9]

九　劳工之谜

1

国家复兴署的另一个争议问题就是劳工问题，这个问题更具分量。《国家工业复兴法》中，7a条款蕴涵的诸多原则倒也不新鲜。第一次世界大战期间，全国战时劳工委员会就已培育了这样一种观念：劳工有权以多数票选择自己的代表；富兰克林·罗斯福恰恰就在当时这个劳工委员会供职。1920年的《运输法》和1926年的《铁路劳工法》（该法案的起草人是唐纳德·里奇伯格和大卫·利连索尔）都将自行选任劳工代表的权利赋予劳工；此外，《诺里斯-拉瓜迪亚法》的引言也宣示了类似的观念并涵盖了全体劳工。《国家工业复兴法》所做的，实际上就是令这一历时二十年的趋势获得明确的立法地位，令自我组织和集体议价的权利保证条款涵括至州际商业领域的全体劳工。

如此，工会的实际位置便发生了根本性的变化。此前将近半个世纪时间里，应该说劳工的组织权利都是得到法律承认的，不过，管理者抵制劳工组织的权利同样是得到认可的。雇主们（除铁路部门外）实际上一直可以随意对参与工会行动的劳工实施解雇，甚至加入工会的劳工也有可能遭到解雇；雇主们还可以将公司工会强加给劳工；可以动用除犯罪外的一切手段压制劳工运动，或瓦解劳工组织。此等情形之下，《国家工业复兴法》中的7a条款显然极大地限制了产业集团压制工会主义的合法权能。不过话又说回来，此类扩展性的保证条款的性质究竟为何，仍然是个谜。

> 劳工有权通过自主选任的代表展开组织工作和集体议价工作，在选任代表时，雇主及其代理人不得予以干涉、约束或压制……对于任何雇员或正在寻求工作的人，都不得以加入公司工会为雇用条件，或者以不得加入、组织或协助自主选举的劳工组织为雇用条件。

集体议价权能迫使雇主承认工会吗？究竟该对怎样的雇主行为实施禁制呢？该保证条款是否需要以相应的会商机制和成文协议机制予以匹配呢？具体该如何授权劳工选择自己的代表呢？7a条款对公司工会究竟意味着什么呢？对那些对工会成员身份有限定性要求的企业，又意味着什么呢？这些都是问题。7a条款确实表达了意向。不过，该条款并没有具体界定政策。[1]

2

实质上，7a条款的具体意涵在很大程度上并非取决于条款的文字表述，而是取决于劳资双方在条款解释过程中各自施压的压力。说白了，该法案之下，劳工的切实地位取决于劳工自身的力量，因此也就取决于双方谁能够更成功地利用该法案提供的政府支持之下的组织潜能；对这一点，没有谁比约翰·L.刘易斯看得更透彻了。刘易斯1933年五十三岁，自1920年之后便一直担任矿工联合会的主席。他是那种能给人留下深刻印象的人，厚实的胸脯，身体强壮有力，大大的脑袋，黑色头发向后梳着，给人桀骜不驯的感觉，眉型宽大，眉毛蓬松，蓝色眼睛摄人心魄。他就像那种老资历的蹩脚演员，自带气场；他的言谈举止会随着情绪和听众的改变而变化。私下交往中，他是极具魅力的。他可以无休止地谈论昔日的美好时光，也能讲述发生在自己身上的故事，中间还会发出温和笑声；他还会展示一番学者风范，征引一番莎士比亚，或者宣称是《五卷书》影响并塑造了自己，那是东方的一部动物寓言集。他常常身子前倾，眼神率真且温和，将手放在来访者的膝盖上，一副交心的姿态；总之，他就是那么率真、简单、睿智且魅力十足。

不过一旦到了国务场合，他立刻幻化成一个遥远且英雄化的形象。种种表情从他脸上迅速掠过，如同风暴天空中的云团：时而光华灿烂，如同破晓；时而肃穆当中浸染着忧伤，如同日落；时而阴沉凝重，满是威慑，如同奔雷。他眼睛里燃烧着怒火和轻蔑；声音洪亮，以威尔士福音派的语调，连珠炮式地喷射出一个个句子，咒骂、啜泣、揶揄、谴责，庄严且掷地有声。那简直就是卓绝的演出。没有人比作者本人更享受这一切，他拒绝对此等肃穆的、拒人千里之外的公共人格予以任何的人性化。“埋头做事的人，”他经常说，“无需自吹自擂。”

1920年代煤炭产业的竞争乱象对矿工联合会来说的确是一段艰难时光。新的煤炭产地纷纷涌现，产能向非工会地区转移，与此同时，机械化浪潮也开始铺展开来（刘易斯非常鼓励机械化，他有心降低劳工密集度，以此换取更高的工资水平），所有这些因素都对工会力量造成了冲击。工会内部也有诸多派系试图令工会变得更为好战，并引入更为“进步”的政策。刘易斯则是选择了为生存而战，为此，他颇为系统化地镇压了此等造访浪潮。他谴责自己的对头，说他们是美共分子，他雇流氓恶棍去收拾他们；他建立了个人的铁腕体系，将昔日里那个鲜活的民主组织禁锢起来。然而，他越是强化自己的控制权能，他的王国就变得越小。矿工联合会在1920年尚且拥有四十多万成员，到1933年已经不足十万了。

政治上，刘易斯是铁杆的共和党人，甚至到1932年还在支持胡佛。不过，大萧条也在侵蚀他昔日那种基于自由放任信条而对国家生出的拒斥态度。慢慢地，他开始接受政府，先是将政府视为经济管制者，而今则视为劳工的潜在护佑者。各种动机非常怪异地在他身上混合起来：他的个人权力欲望太过明显，但对艾奥瓦童年时光的痛楚记忆也不曾泯灭，他骄傲地认同矿工的苦难。他感觉现在终于有机会为自己也为劳工群体做些事情，于是在1933年奋力一战，令劳工权利条款进驻复兴法案。

“从人类福祉和经济自由的角度来看，”刘易斯在品评《国家工业复兴法》之时陈词，“我们相信，自林肯总统发布《解放宣言》之后，便再也没有可以跟这项法案相提并论的东西出现过了。”《矿工联合会报》则补充说，国会已然给了劳工“前所未有的伟大机会来确定自己的命运”。不过该报也警告说，该法案是不可能自动推行起来的。“该法案只帮助那些自助之人。”刘易斯建议即刻行动，不可浪费时间。他深入国际工会组织体系寻找助力，决定于当年夏天发动一场组织运动，将矿工联合会的存续寄托于这场组织运动。很快，各个煤炭产区加入了这场运动，一支组织者军团就此出现，一批矿工联合会的老兵成为这支军团的领袖，比如菲利普·穆雷和范·A. 比特纳。他们将工会主义的福音传布到肯塔基、西弗吉尼亚、宾夕法尼亚及伊利诺伊等地，他们动用广播车四处巡游，传播这福音，顶着夏日骄阳，到处分发免费啤酒。他们侵入了煤炭业工会主义的血色战场，比如哈兰县、明戈县、康内斯维尔焦煤产区等地，将工会旗帜插在那些土地之上。所到之处，他们都召请了新政的魔力和权威。“总统希望你们组织工会。拒绝工会不是爱国者所为。你们的工会就在这里。现在不用操心会费的事了。加入工会吧！”肯塔基州劳工同盟的一份传单是很有代表性的：

> **合众国政府**已经说了，**劳工必须组织起来**……忘掉禁令，忘掉黄犬契约，忘掉黑名单，不要担心遭到解雇。雇主若否弃劳工的组织权利，他们是不能也不敢到政府那里寻求特权、寻求支持的。**只要有意加入工会，所有劳工都能得到充分保护。**

亚拉巴马的矿工则唱起了这样的歌谣：

> 1933 那一年，
> 罗斯福登台，
> 他告诉我们的主席约翰 · L. 刘易斯：
> “我们一定要入会。”

他们当然也愿意入会；他们挤在满是烟尘的大厅里，热切地倾听这组织演说，满怀激情地加入了古老工会歌谣的大合唱。若是雇主拒斥矿工联合会，矿工就发动罢工；若是公司派出保安力量实施镇压，甚至射杀罢工者（宾夕法尼亚弗里克矿区就发生过这样的事），那只能让矿工的决心更加坚定。国家复兴署成立之后的几个月里，超过十万矿工重归工会组织；到了这一年的 11 月，工会成员数量实际上已经回到 1920 年的水准了。[2]

3

很少有劳工领袖能像刘易斯这样，如此清晰地洞察到机会。美国劳工联合会的大多数老派领袖，都是在塞缪尔 · 龚帕斯的自愿传统中成长起来的，他们对政府自然不会有信任可言。尽管大萧条已然驱策着他们去容忍并接受诸多的国家主义观念，比如失业保险以及国家复兴署计划等，但他们仍然很难理解这样的情状；政府以合作者身份介入这场组织运动，这样的观念同样是他们难以接受的。此外，刘易斯作为单一产业的工会领袖，自然是本能地希望各个大产业自行推动这场组织运动；跟刘易斯不一样，劳工联合会的大部分人仍然信奉技能观念，他们是站在技能角度而非产业角度来看待组织运动的。比如汽车产业的组织运动，在这些传统领袖看来，就不应组建本产业的单一工会，而应将汽车制造所涉及的各种技能区分开来，每个工种都组建自己的工会。于是，1933 年春天的一个夜晚，当刘易斯提议比尔·格林将劳工联合会也投入这场运动，将汽车、钢铁、橡胶以及造船等产业都组织起来时候（据刘易斯回忆）格林给出的全部答复就是“现在，约翰，我们还是放松一点吧”。

刘易斯在纽约的针织产业获得了最有力的支持。西德尼·希尔曼，制衣工联合会的主席，此前就已经在劳工运动中展现出非同寻常的宽阔视野和想象力。希尔曼于 1887 年出生在立陶宛，1905 年革命之后被投入俄国监狱。二十岁时，希尔曼来到美国。他先是前往芝加哥，在哈特、沙夫纳及马尔克斯的制衣厂当了一阵裁剪工学徒，时间并不长。当时的希尔曼聪明、敏感，渴望知识，渴望获得承认，于是他成了公共图书馆的常客，到处搜寻新观念，不久便在工会活动中有了突出表现。他很早就对工会运动之外的一些群体的力量有了相当体认，特别是社会工作群体和知识分子群体，这也令他同那些更为粗粝的同僚逐渐区别开来。很快，他便从单纯的劳工变成工会官员，在芝加哥的赫尔之家居住一段时间并享受了简·亚当斯提供的福利后，于战争爆发前夕前往纽约，投奔路易斯·D. 布兰代斯。到了 1914 年，他二十七岁时，便已成为制衣工联合会的主席。第一次世界大战期间，作为军衣管理和劳动标准委员会的成员，他开始对华盛顿有了好感，也开始对善意政府的诸般潜能有所体认。

接下来几年间，他一方面在一些大城市的服装市场展开组织活动，另一方面同工会内部的匪帮和其他的破坏势力展开暗战，这样的斗争有时是相当阴暗的。希尔曼当然有着不错的修养和品味，不过，如有必要，他也随时准备用敌人的手段对付敌人。在这段时期，路易斯·布哈尔特，也就是"谋杀公司"那个著名的"莱普克"，同制衣工联合会建立了某种神秘联系。不过话又说回来，如果说希尔曼会在下午同亚伯拉罕·贝克曼和菲利普·奥尔洛夫斯基这等劳工流氓待在一起，那么他也会在晚上跟利奥·沃尔曼和费利克斯·法兰克福特这样的人待在一起，从他们那里学东西。而且，他引领之下的劳工组织主要还是致力于提高工资并改善劳工条件的；尽管有时候他也确实不太关心此等俗事。制衣共联合会便成为"新工会主义"的典范，确切地说，那是一次组织化的尝试，旨在全方位地改善劳工生活，为此，人们建立了研究部门（在沃尔曼引领之下）、银行、保险公司、学校，并推动住房项目，还有合唱团、艺术团，更创办了涵括七种语言的报纸。希尔曼甚至于1920年代初造访苏联，同列宁探讨了经济重建问题。他在自由派和改革派当中的声望由此稳步提升。这些人喜欢他那种颇能迎合他人的个性，并且在他的工会观念中看到了高级形态的工会政治。

大萧条降临之后，希尔曼便成为经济计划机制的早期倡导者之一，并且相当热忱。跟刘易斯一样，他欢迎国家复兴署；希尔曼和沃尔曼也都在劳工顾问委员会同刘易斯形成联手。刘易斯自然对希尔曼印象深刻，很快便将制衣工联合会的管理模式向着劳工联合会推广。与此同时，希尔曼也在男装产业发起了自己的运动，并全力支持纽约的另一个劳工领袖大卫·杜宾斯基，推动杜宾斯基在女装工会展开类似的运动。

杜宾斯基于1932年成为国际女装制衣工联合会的主席，他比希尔曼小五岁，移民美国的时间也晚了四年，在来到美国之前，他先是在波兰有一段工会经历，而后又在西伯利亚蹲了一阵监狱。杜宾斯基强悍且警觉，言谈颇为随和平易，希尔曼则是有些雕琢词句，而且如果说希尔曼取谦恭虔诚一途，杜宾斯基则是取尖刻讽刺一途；此外，杜宾斯基主要关心的还是为自己的纽约州工会赢得好处，对华盛顿方面的劳工政治并没太大兴趣。不过，他和希尔曼在这段时间里倒是形成了很好的配合，组成了一个无往而不利的团队。接下来的几个月里，国际女装制衣工联合会的成员数量翻了三倍；至于制衣工联合会，在大萧条影响下，成员数量的下滑态势虽有所收敛，但此前并没有止住，到了这时，其成员数量则提升了20%。在刘易斯、希尔曼和杜宾斯基的引领之下，美利坚劳工运动开始在这片土地上展现自己的声势了。[3]

4

对众多雇主来说，这样一场工会化运动可算是击中了既有体制的根基。一些雇主可谓不计一切代价，也要避免沾染上这场运动潮流。比如有一天，六家钢铁公司的主席一起走入弗朗西丝·珀金斯的办公室，开始商讨钢铁产业规章问题，这其中包括了伯利恒钢铁公司的尤金·格雷斯、美国钢铁公司的威廉·A. 欧文、全国钢铁公司的欧内斯特·T. 韦尔以及共和钢铁公司的托马斯·格德勒。此时的珀金斯小姐面对的问题，是在这样一个尚未组织化的产业中，如何建立劳工代表权；于是，她召请威廉·格林作为钢铁产业劳工的总代表进驻此次谈判。当这些钢铁巨头发现自己面对的是美国劳工联合会主席那温和却咄咄逼人的目光时，都不免退避三舍，如同见了美杜莎的脑袋一样。他们甚至没敢接受引见，跟格林寒暄两句便退避到角落里，用珀金斯小姐的话来说，“就像吓坏了的小男孩”。见到此等情形，珀金斯小姐便将这些钢铁巨头带到一边，给他们看格林已经准备好的评说之词，那是对国家复兴署的热情赞誉，还有对钢铁产业规章的温和认可。即便这样也不能让这些巨头稳住心神；他们总觉得，要是同意格林介入这场谈判，八成会激起钢铁工人新的反叛浪潮。最终，格林也感到自己和这些巨头确实是多说无益，遂离开了会场，满心憎恶。

刘易斯对雇主集团的态度则更为强势。在国家复兴署召集的烟煤产业规章听证会上，帕特里克 · J. 赫尔利将军作为两家伊利诺伊煤炭公司的法务代表出席。赫尔利曾是胡佛时期的战争部部长，此次听证会上，他颇为高调地宣示了自己对矿工的同情，并申述说，自己年轻时也是热心参与矿工联合会的活动的。此时，刘易斯起身，面色冷淡地发言："作为矿工联合会中人，看到自家组织出来的人在全国政坛上下游走，并建立了全国性的政治声望，这确实让我备感骄傲。[停顿了一下] 不过，看到这个人就这么背叛了自己年轻时代的组织，[再次停顿] 就为了三十块肮脏银币，这也实在令我悲伤且遗憾。"赫尔利一下子暴跳如雷，向着刘易斯冲了过去，口中骂声不断。刘易斯头都没有转过来，一副泰然自若的高傲姿态，直接告诉主持此次听证会的利昂 · 亨德森："那就把'三十块银币'删掉吧，只留下'背叛了年轻时代的组织'。"另有一次，亚拉巴马的一批矿主威胁要取消产业规章里的工时和工资条款，刘易斯评论说："他们要是执意这么干，那矿工联合会在十五天之内就能给总统提供二十个师团，迫使他们遵纪守法。"就在福尔尼 · 约翰斯顿尝试答复这些南方矿主时，刘易斯将全部讽刺和怒火喷射而出，最终令约翰斯顿忍无可忍，提议"到外面解决问题"。刘易斯说："简直太好了！太有创意了！不过我担心这不会给人民带来什么快乐！"

华盛顿的这场劳资冲突甚至演出了喜剧格调。在一些工业城镇，戏剧色彩已经相当浓重了，有时还会发展成悲剧。弗朗西丝 · 珀金斯于 1933 年 8 月初巡视西宾夕法尼亚时就看到了这种情况。

在工业城镇霍姆斯泰德，珀金斯得到了一次在公共礼堂向钢铁工人发表演讲的机会。此次集会之后，她了解到，有不少工人未能获准进入礼堂，遂在外面等着，希望能有机会跟她聊聊。珀金斯便转向市长，要求将这些工人请进来。“不用啦，不用啦，这里的工人已经够多啦，”市长回答说，“那些人可不是什么好东西。他们都是令人憎恶的红色分子。”珀金斯遂站在正门的台阶上发表演说。市长则紧随其后，大声喊着：“您不能在这里讲话啊！您并没有得到允许。”珀金斯小姐遂提议将会场转移到附近的一处公园。“不能这么干。”市长语无伦次地说，已经是面红耳赤了。珀金斯遂将坚定无畏的眼神投向广场对面大楼之上在风中飘扬的国旗，并站在椅子上，向现场人群问询有关钢铁产业规章的问题……堂堂劳工部部长尚且遭到如此对待，那些地位不如她的人，若是想在工业城镇做类似的事情，其命运也就可想而知了，此次事件不免令人对工业城镇的言论自由备感担忧。[4]

5

与此同时，雇主集团则马不停蹄地展开反击。如果说《国家工业复兴法》将组织权利赋予劳工，那也可以说，在具体的组织形态问题上，相关的法规仍然非常含混模糊。于是，很多产业界人士都认定，若要满足《国家工业复兴法》的规定，同时又不至于过分强化劳工力量，最好的办法便是建立公司工会。

对于公司工会，倡议者当然有更为动听的说法，那就是所谓的“雇员代表计划”，其实也不是什么新事物。此类工会建制是典型的单一工厂内部的建制，顶多也就是单一公司的建制。孤立处境令此类工会的议价能量相当薄弱，更令涵盖整个产业的议价机制根本无从推行。此外，此等体制之下，工人通常只能从同一工厂的劳工伙伴中选择代表。那些命运全然寄托于雇主的劳工，在申述劳工问题时，自然不可能拥有局外人的自由，更不可能拥有职业人士的技术和知识。（雇主集团则是在全产业的基础之上组织起来的，可以为谈判而召请外援；不过，对雇主来说，帮助也不大。）此外，公司工会这样的组织形态，基本上是没有机会积聚起足够的资金以策动并支撑罢工行动的。

实际上，早先就有一些雇主建立了这样的公司工会，不过他们是真心要借此维持一种友好的劳资关系，因为担心外来的“游方代表”的介入会破坏友好氛围。不过，以此为诉求而建立起来的公司工会，当然都是1933年之前很久远的事了。在国家复兴署成立之前一直抵制任何形式的工会组织的雇主，而今也开始诉求公司工会，这却是新现象。公司工会的效果就是创制一个议价平台，同时又不至于令劳资双方的议价能力取向对等，因此，这样的工会建制对那些意在满足《国家工业复兴法》之文字但抵制其精神的人来说，实在是再理想不过的工具。于是，这一年的夏天和秋天，公司工会便如同雨后春笋一般在全国各地涌现。1933年11月，国家工业会议委员会报告说，现有的雇员代表计划当中，差不多有三分之二是在国家复兴署成立之后组织起来的。这其中大部分的计划是雇主起草并强加给劳工的。即便允许劳工投票，具体的投票活动也是在公司监督之下展开，而且劳工根本就没有讨价还价的机会。从劳工的角度来看，所谓公司工会就是一种借由经济敲诈机制强加给劳工的代表形式，这样的形式完全是虚假的。劳工当然认为这是在违反7a条款。

在劳工看来，7a条款显然意味着要保护劳工组建独立工会的权利；在雇主看来（至少是那些拥有话语权且相当有势力的雇主），这个条款意味着建立公司工会的权利。一旦这两种解释发生冲突，通常就会激起一场罢工。1933年6月，劳动统计局报告了一百三十七场罢工事件，7月有两百四十场罢工事件，8月的罢工数量则提升到两百四十六场；到了9月，参与罢工的工人数量差不多有三万人。问题就这么拓展开来，看情形，复兴规划本身也很可能会因此遭受威胁。

约翰逊将军当然已经在工会问题上作出了自己的一些声明，但并没有特别地廓清该问题。对于劳工问题，他的态度就跟在大部分其他问题上的态度一样，是颇为复杂且情绪化的。对于作为个体的劳工，他有着深切同情，对大多数的劳工领袖，他个人也颇有好感；他和约翰·L.刘易斯对拿破仑和军事战略有着共同的热情，劳工顾问委员会会议结束之后，二人在回家途中还用沙哑的嗓音一同哼唱着歌谣。有那么一次，老将军觉得产业集团高价聘请的律师在口风上完全压倒了草根工会的管理人员，遂叫停了会议，将利昂·亨德森叫到一边，指示亨德森把工会的人带到自己的办公室，将更有力的数据和说词交给他们。此外，老将军相信，国家复兴署的逻辑就是指向一种行会式的政府机制，这一机制的基础是同业公会和产业工会。不过，他并不信任作为一种建制的劳工组织，只要有罢工事件发生，他就迫切地要直接介入其中，将其化解掉。由此便在劳工政策问题上不断地摇摆和震荡，并由此造成了为数不少的大事件。

在早先的一次记者招待会上，约翰逊宣称，国家复兴署“并不是在任何产业推进工会化浪潮的工具”。“我们无意借助联邦法令来推动工会浪潮。”里奇伯格也给出了类似的陈词。然而，无论政府方面作何感想，劳工群体显然是下定决心要组建独立工会。于是，劳工方面开始积极行动起来，积攒能量，雇主方面的抵制行动也越发强烈，此等情形之下，约翰逊对于7a条款涵涉的这种内在冲突便也越发恼怒了。9月，他向工业复兴特别委员会申斥说：“雇主集团对7a条款强行解释以迎合他们自己的观点，还在他们的所有工厂强推他们的观念，劳工集团也没闲着，他们也强行解释总统的演说或者我以及里奇伯格的一些简单说法，反正就是利用有利于他们的一切东西，最终将事情弄得一团糟。”总体上，他认为“该条款是应当促动工厂向一切工会的成员开放的”；不过，“我并不相信煤炭产业能有这样的结果，我觉得煤炭产业在工会成员身份问题上，定然会有限制”。与此同时，作为性情中人，他也常常直接介入罢工事件；8 月，他就因此去宾夕法尼亚矿区走了一趟，但无功而返，对此颇为遗憾地说：“那根本不是我该管的事情，当然要碰一鼻子灰，我活该啊。”最终，他颇为含混地评论说，国家复兴署的职能“就是保持一种全然中立的态度，不顺从任何人的理论，仅执行法令而已”。[5]

6

这样的评论显然是不够的：在执行法律之前，必须解释法律。8 月初，约翰逊在工业顾问委员会和劳工顾问委员会的联合动议下建立了一个新机构，即国家劳工委员会，负责解决国家复兴署引发的劳工问题。该委员会有三个劳工成员，格林、刘易斯和利奥 · 沃尔曼，三个产业集团成员，杰勒德 · 斯沃普、路易斯 · 基尔斯坦和沃尔特 · C. 提格尔，参议员瓦格纳则以主席身份参与。该委员会的职责甚是含混，其程序也没有界定，除诉求公众舆论外，委员会实际上并没有直接的执行权。不过，瓦格纳的能量和声望是该委员会的力量所在，而且，委员会是有意愿要为劳工问题建立秩序的。

国家劳工委员会遂入手解决罢工问题并廓清 7a 条款问题，为此，委员会的第一个举措就是推出了人们后来所谓的“雷丁程式”。此“程式”要求即刻停止罢工，罢工工人重回工作岗位，在国家劳工委员会主持下选举参加集体议价的代表；要求劳资双方达成协议，将双方争端呈交国家劳工委员会作最终裁决。选举是这套方案的关键所在。公司工会和美国劳工联合会的工会都宣称可以为劳工代言，若出现这样的情况，那么依据国家劳工委员会的方案，解决办法就是让劳工自行选举代表。尽管国家劳工委员会在几个月的时间里都没有明确，但委员会确实有进一步的想法，那就是由劳工依据多数原则选任工会组织，这样的组织才有资格代表所有劳工展开议价。此处所谓“多数原则”意味着一个工厂只有一个劳工组织可以为劳工代言，这显然是抵制了先前的比例代表制；若是依据比例代表制，则会有多个工会组织代表劳工群体的不同组成部分，参与议价。在国家劳工委员会看来，倘若集体议价制度真要发挥效能，就应当是谈判桌两边各有一个组织进行谈判，而不是一边有一个组织，另一边却有半打的组织；说白了，这就意味着两个介入谈判的组织都应当承认对方的存在；同时也意味着双方各自派出的单一组织有着达成协议的严肃意愿。

国家劳工委员会提出的自由选举、秘密投票以及多数原则等机制，很显然会对美利坚民主传统产生强烈的初始吸引力。“这就是美利坚，”杰勒德·斯沃普告诉一个怒气冲冲的工厂主，“这里就是这么做事的。”1933 年的夏末和秋天，劳资关系危机重重，置身这样的局面当中，国家劳工委员会也是相当有效地介入了一场又一场劳资争端。比如 10 月，它就终结了一系列颇为剧烈的罢工浪潮，包括帕特森和阿伦顿丝绸厂的罢工、底特律玩具和模具厂的罢工、伊利诺伊南部烟煤产区的罢工等。11 月，国家劳工委员会在这方面的表现同样出色。

不过，此时产业集团的不满也日益增强。国家劳工委员会此举令雇主承担了新的义务，这样的义务自然不会让雇主高兴。若是公司工会遭到挑战，那么雇主就只能容许国家劳工委员会让工人随着自己的意愿去行事。倘若工人自行选任“外来”工会作为他们的代表，那么雇主就只能跟此等“外来”工会展开谈判，并真心实意地订立劳动合同。在这整个过程中，雇主也不能再像以往那样随意解雇本厂的工会成员，不能凭借其他的经济胁迫手段来建立谈判优势。这个秋天渐渐过去，危机也慢慢消解了，于是，雇主集团开始对国家劳工委员会展开抵制。一些雇主拒绝出席委员会的听证会。11 月，全国制造业协会策动了一场反国家劳工委员会的浪潮；12 月更是对委员会实施了两次直接的抵制，令其整体地位陷入险境。

第一次抵制事件的缘起是韦尔顿钢铁公司一桩年深日久的劳资争端。欧内斯特 · T. 韦尔素来反对劳工组织，1933 年 7 月，他向国家劳工委员会作了足够的让步，建立了一个公司工会。9 月，韦尔顿管理层拒绝跟美国劳工联合会派出的钢铁和锡产业的劳工代表会面，由此引发了罢工浪潮，罢工者遂向国家劳工委员会提起申诉。委员会依据“雷丁程式”叫停了此次罢工，韦尔则同意工人自行票决，在公司工会和独立工会之间作出选择。

韦尔秉持老派的家长主义观念。他开出相对来说较高的工资；大萧条期间尽量避免削减工资；他数年时间一直待在工厂里，尽可能保持跟工人的接触和交流。他在自己书中将美国劳工联合会的领袖人物视为“一小撮骗子引领的一批人”。面对此次危机，他设法将选举延迟并利用这段时间向工人施压，以求有利于公司工会的结果，这一政策引发了劳工方面的大量抗议，抗议浪潮席卷了国家劳工委员会。随着选举日的迫近，韦尔宣布，公司不会允许工人自行选任工会组织，只能依托公司工会选择工人代表。瓦格纳没法说动韦尔，遂将此事呈送约翰逊，约翰逊电告韦尔：“在我看来，您这是在故意违背联邦法令。”但韦尔依然我行我素，继续推进自己的公司选举计划。

费城的巴德制造公司也实施了类似的抵制行径。既有韦尔和巴德开路，各地的雇主便纷纷予以跟进，对国家劳工委员会置若罔闻。与此同时，有人策动了一场运动，意在对参议员瓦格纳实施人身攻击。美国轧钢机工厂的查尔斯 · R. 胡克致信约翰逊将军说：“已经有成千上万的雇主……要么是怒不敢言，要么就是公开敌对了，因为雇主们对国家劳工委员会已经是极为愤怒，若您仔细分析一下个中情由，就不难明白，这敌意都是指向参议员本人的。”[6]

7

国家劳工委员会若要推行自己的决议，就得通过国家复兴署来采取行动，比如取消蓝鹰标识等，要么就是借由司法部展开诉讼。但是所有这些办法都相当耗费时日，只能引发更多的抵制。面对此等情形，瓦格纳成功地得到了一份行政指令，更为明确且具体地界定了国家劳工委员会的权能。但国家劳工委员会仍然没有直接的执行权。到了1934年2月，委员会几乎已经沦落至无能境地，它依然在发表自己的意见，但基本上没人重视。此外，它对7a条款的解释跟国家复兴署方面的解释也渐行渐远，可别忘了，它主要靠着国家复兴署才能推行自己的决议。

也就是在这个2月，总统尝试用新的行政指令来强化国家劳工委员会的地位，结果只是加深了分歧。2月1日的行政指令配发了一份非正式的媒体公告，旨在阐明政府要遏制公司工会的增长势头。此公告随即引发了产业集团异乎寻常的反对声浪。两天后，约翰逊和里奇伯格便发表了自己的声明，反对多数原则，并转而宣布支持多重代表机制，依据这样的代表机制，公司可以跟同一工厂的一个多数集团、多个少数集团乃至个人商定劳动合同。此等理论显然是反工会的；约翰逊自己后来也承认，他并不认为一个多数派工会和一个少数派工会可以在同一个工厂并存，但他仍然坚持：法律就是这么说的。国家劳工委员会方面则认为约翰逊-里奇伯格的解释套路不仅不可行，而且没必要；应该从一开始就完全依从多数原则。

在这个节骨眼上，约翰逊似乎又开始摇摆了。在3月的产业规章会议上，他告诉前来参会的产业集团代表说，若是劳工自行选任了公司工会，那就没有法律会反对公司工会；“不过，99% 的情况下，这都不是实情，这一点你们和我都清楚。我们就不要自欺欺人了……服从法令吧，我们尽快把这个问题解决掉。”这位老将军还特意补充说，“我是宁愿跟比尔·格林、约翰·刘易斯、爱德华·麦格雷迪、迈克·马克多诺夫、乔治·贝利以及我能叫出名字的一干人等打交道，也不愿跟你们在公司工会假象之下生造出的一个弗兰肯斯坦打交道。”

不过，没过几个星期，约翰逊便又在面对他所谓的“弗兰肯斯坦”时，表现出他那习惯性的软弱；他介入一场汽车产业争端，否决了国家劳工委员会负责人的意见。为此，他还召请白宫特权来解决争端，为汽车产业定立比例代表制，并推翻了多数原则。此外，老将军还设立了一个新的汽车产业劳工委员会，以此来取代国家劳工委员会的权威。此番对国家劳工委员会政策及其裁决权能的否决可谓掷地有声，令其就此走向最终衰落。

不过，此时的参议员瓦格纳也早已经对国家劳工委员会的运作情况感到绝望，转而着手起草一份议案，旨在借助国会立法渠道来建立一个新的劳工委员会，这个委员会当然是拥有执行权的。在瓦格纳办公室的利昂·凯泽林的引领下，该议案于 1934 年 3 月被引入参议院。议案的具体条款赋予这个新的委员会诸多权能，比如举行选举，比如禁止雇主实施强制或胁迫行径，同时也要求资方只能同依据多数原则选出的劳工代表进行谈判。很显然，这是要进一步强化 7a 条款，这对那些觉得未强化的 7a 条款已十分吓人的产业界人士来说，当然是无法接受的。接下来的几个星期，产业集团掀起反对声浪，将瓦格纳及其在参议院的几个支持者团团围住。此时的罗斯福仍然希望产业集团能给出合作态度，以便国家复兴署能取得成功，遂拒绝为该议案提供支持。

然而，4 月和 5 月再次爆发罢工浪潮，看来是必须采取行动了。总统最终决定避开瓦格纳议案提出的问题。在 6 月初的一次白宫会议上，罗斯福提议以国会决议案的形式，授权总统设立劳工委员会，这样的劳工委员会有权推行选举，但没有瓦格纳认为此类委员会有效运作所必需的其他权能。当第 44 号公共决议案来到参议院面前时，瓦格纳暂时表示赞同，不过也承诺日后会为更强力的举措而战。其他自由派参议员，包括拉福莱特、诺里斯、奈以及布朗森·卡廷在内，则仍然坚持瓦格纳议案。卡廷颇为痛彻地品评说："新政就是这么在朋友的家中被活活绞死的。"6 月 29 日，罗斯福设立了全国劳工关系委员会，威斯康星法学院的院长劳埃德·K. 加里森任主席。此番举措令全国劳工政策的控制权斗争进入一个新阶段。[7]

十 国家复兴署衰落

1

第 228 号办公备忘录及第 44 号公共决议案只不过是用来应对价格问题和劳工政策问题的权宜之计。这些文件出台之后，冲突仍然继续，而且相当激烈，这也昭示出国家复兴署内部一直没能化解的紧张局面。当然，就国家复兴署之职责的性质而言，这样的紧张局面是无可避免的。不过，国家复兴署的人员组成令这样的紧张局面更形剧烈，更为震荡。

约翰逊在 1934 年春天就已觉察到这内部的紧张。他显然高估了自己的精力，也高估了自己一手操控全部事务的能力。权力开始对他产生不祥的反作用力。过劳、疲惫以及对权力的沉醉，剧烈折磨着他的神经。他没有留出时间进行反思，也拒绝征询他人意见，就靠着巨大的工作量来应对所有的问题，这样的办法通常是无法解决根本问题的。在这个自我消耗的过程中，他原本就不怎么强的自控力也开始瓦解。他越来越频繁地发脾气，有时甚至纯粹为了发泄而骂人。1934 年 6 月，一群劳工在跟他晤谈之后没能取得满意结果，遂说他是风囊，真应当“送到平炉前，把他的夏裤好好烘烤一番”，对此，约翰逊回应说：“真要说起来，我那个地方确实是磨掉了不少皮啊，因为我特别喜欢骑马游走在得克萨斯的平原和亚利桑那的山川，当时也确实因此招惹了半打像他们那样的批评者。”说白了，所有人都臭不可闻，除了休·约翰逊，而且，他从来都是正确的。

日子是越来越难打发了，一旦遇到这样的情况，他便靠着买醉度日，时不时还消失一两天，而后疲惫不堪地回来，眼睑红肿，眼睛充血，满脸污渍，头发粘在脑袋上。于是，弗朗西斯·罗宾逊只能在他缺席期间代行他的职责，尽管这会令国家复兴署的工作团队十分不快。罗宾逊的地位实际上一直在稳步提升。她喜欢约翰逊，竭力让他不要喝酒，她在他面前实际扮演了护士和助理的角色。（有一次，他在解释她为何领那么高的薪水时，告诉媒体说，她不仅仅是秘书。此话一出，便招来媒体的头条新闻，纷纷说她“可不仅仅是速记员”。约翰逊对此颇为恼恨，回应道：“孩子们，你们手段可太卑劣了。”这话显然更让媒体高兴。）政府里的其他人也觉得她管得太多，伊克斯说她“太爱管事，就像私生活中妻子对待丈夫那样”。里奇伯格也曾跟摩根索说过，有一次，他想跟老将军私下谈一些问题，只能将老将军办公室的门锁上，以免罗宾逊闯进来。此举令罗宾逊十分生气，遂用力敲打办公室的门，高声喊叫着说她必须进来。里奇伯格说，自己可从来没见过这样的情况。

这位老将军无疑为国家复兴署的观念注入了一种激情，这种激情在压力之下，已然走向疯狂境地。“对工业和劳工实施彻底的组织化，”他说，“是应对今时今日之严重经济问题的唯一门径。”这很可能意味着固定价格（实际上，约翰逊也说过，他可以想见那样的境况，“在那样的境况当中，固定价格机制是相对小的恶”）；也势必意味着“生产管制”（“一份长久的国家复兴署方案不可或缺的元素”）。说到底，老将军所瞩望的是一种吸收并融合了商务部和劳工部的建制，美利坚政府和经济最终也将以这个建制为轴心，获得重建。

此等国家复兴署的观念有怎样的寓意，相当含混难辨。约翰逊曾将拉法尔罗 · 维格里昂所作的《公司式国家》一书的复印本赠予弗朗西丝 · 珀金斯；他最终辞职时，还在辞职演说中特别提到了墨索里尼这个“光耀四方的名字”。这位老将军当然不是法西斯主义者。不过，他也是矢志奉献于一场圣战的。他后来说，“对我而言，国家复兴署观念就是我所珍视的一切的精华，我信仰它如同宗教，我愿意为之战斗，付出我的一切”；它就是“圣物”。老将军每隔一段时间就会伏在珀金斯小姐的肩头啜泣一番，终于令珀金斯无法忍受，她也开始怀疑这个躁动难安、心地善良但有些神经质的独裁人物“很可能会因为激情，因为失去方向感而走上危险道路”。[1]

2

在国家复兴署内部，老将军同自己的总顾问的关系也变得特别紧张。里奇伯格当然是他的下属，但相当敏感、多疑且有自己的野心；长期遭受老将军那暴躁脾气的折磨，里奇伯格那绷紧的神经很快便难以承受了。到了 1934 年春天，里奇伯格已然深陷自怨自怜的境地，逢人便说，跟约翰逊共事简直就是地狱。约翰逊对于忠诚则仍然抱持着孩子般天真的观念，因此显然没有把里奇伯格的这种恨意放在心上，说忘就忘。老将军后来记述道：“我对他从来都是敞开心扉，没有秘密可言，我信任他如同亲兄弟。”老将军当然是这样。不过里奇伯格倒也记述说，约翰逊曾无意间提议他们二人都辞去职务，让总统另选他人将国家复兴署推进下去，但老将军若有所思地补充说：“可惜，我一时还找不到辞职的理由。”这话不免令里奇伯格觉得，老将军实际上是找不到里奇伯格不辞职的理由。

到了 1934 年年中，约翰逊的无能表现越发明显，开始引起白宫方面的担忧。罗斯福是愿意为行政能力付出一些代价的，一直以来都对约翰逊的这种不负责任的态度和方式睁一只眼闭一只眼，算是回馈老将军为国家复兴署事业投入的精力和知识。这一年年初，内阁便已对约翰逊有所抱怨和批评，当时总统给出的说法颇有哲理风范：所有政府都会有一个捣蛋鬼。到了6月，老将军已经在考验总统的容忍度了。就个人性情而论，罗斯福是不愿硬来的，于是希望通过巴鲁克劝说约翰逊前往欧洲旅游一段时间，此举的意图应是让里奇伯格执掌国家复兴署。老将军接到此番消息，又是一场暴怒，令里奇伯格不得不向总统递交了正式辞呈，当然，辞呈里也隐约暗示，约翰逊才是那个应当离开的人。

此时的罗斯福已经要登上太平洋舰队的一艘巡洋舰，开启一段休假了，因此设法在动身之前将事态平息下去。总统安抚了两人的情绪，命令约翰逊休假，同时将里奇伯格从国家复兴署移出，接管国家应急委员会，这职位当然是更有权力的。此举只不过是延迟了最终的摊牌。总统于8月结束休假回华盛顿时，国家复兴署依然是议程表上的头号问题。此时的里奇伯格和弗朗西丝·珀金斯在摩根索、特格韦尔等人的支持下，力谏总统，郑重面对约翰逊问题。不过罗斯福依然喜爱约翰逊，并且对约翰逊付出的心力颇为激赏，此等情感支配之下，他又一次放弃了采取直接行动。当约翰逊于8月中提出辞职时，总统颇为暖心地要求老将军待下去，直到重组工作完成。“我需要你，”罗斯福说（据约翰逊记述），“这个国家也需要你。”此番温情融化了约翰逊。“我的脚一时之间竟然钉在地板上了，”离开白宫之时他告诉媒体，“我不辞职了。”[2]

3

这显然根本不是解决问题的办法。没过几天，白宫再次约谈约翰逊。里奇伯格和珀金斯小姐也在场。当约翰逊向二人致意时，二人头都没抬。老将军的脑海里即刻闪现出墨西哥潘兴战争期间，圣罗萨莉塔·兰乔紧闭的大门附近，两个苦工给一头牛剥皮的画面。当时，乔治·巴顿正率领一支美军巡逻队追击两个匪帮，巴顿率队经过那两个正在剥牛皮的苦工时，两人都没有抬眼看巴顿，巴顿随即意识到已经将猎物逼至死角了。约翰逊就是这么看待此时此刻的里奇伯格和珀金斯的："他们实际上也正在剥牛皮啊。""看来，我是要引爆一颗炸弹啦。"罗斯福以颇为轻松的语气说，老将军是不是考虑统领一个委员会，研究一下欧洲国家的经济复苏呢？约翰逊即刻要求知道国家复兴署现在究竟是什么情况。总统认为那不过是细节问题，没必要过多纠缠。约翰逊的脸色一下子阴沉下来："总统先生，看来我只能马上辞职了，反正我也做不了别的什么。"他们又聊了一会儿，罗斯福颇为厌倦地谈到了"所有那些拉拉扯扯的事情"，当然也谈到了人们的风言风语。当晚，约翰逊便极为考究地写下一封长长的辞职信，呈送总统，信中总结了自己跟国家复兴署的关系，也表达了自己对总统的情感，以及对里奇伯格的强烈不信任。约翰逊亲手将此信送达白宫，罗斯福在一个小时之内便予以回复，约翰逊后来记述说，那回复"情深意切，充满了关切、体谅和哀伤，令我比任何时候都自感羞愧难当"。总统告诉约翰逊，忘掉那封信，并来白宫恳谈一番。

接下来这场晤谈，总统要求约翰逊将重组设想拟定出来。同时，总统表态要亲自接管国家复兴署，了解一下问题究竟出在哪里。从那一刻起，约翰逊便只是国家复兴署名义上的头领，实际上已淡出国家复兴署了。罗斯福指示国家复兴署的新任总顾问布莱克韦尔·史密斯及执行人 G. A. 林奇负责实际操持复兴署事务并同总统直接联系，无需他人中转，这里所谓的他人当然就是指约翰逊。此后的一段时间，史密斯和林奇便以每周例会的形式跟总统商讨"最近需要注意的难题或有争议的问题"。至于国家复兴署的基本决策，则交付史密斯及复兴署的经济顾问利昂·亨德森。

不过，约翰逊仍然把持着国家复兴署头领之职，里奇伯格也仍然不断诉请总统将约翰逊扫地出门。里奇伯格说，若要令国家复兴署恢复元气，“只有这么一个障碍”了：“一头疯牛混入马队里面，马队自然是无法运转起来的。”除非将这个障碍清除，否则一切的计划都是枉然。于是，里奇伯格和特格韦尔协同提议用一个委员会而非某个人来取代约翰逊，以此彰显国家复兴署一人之治时代的结束。此时的约翰逊依然在往前冲。9 月中，他通过一次广播演讲宣布了自己的国家复兴署重组计划，此举令里奇伯格再度向总统提出抱怨，更颇为阴沉地质疑自己的老上级脑子是不是坏掉了。不过，约翰逊不久也觉察到国家复兴署对他的冷淡态势已然到了无法承受的地步，最终于 9 月 24 日提交了辞呈。罗斯福很快接受了这份辞呈，并写了一封颇为暖心的回信。

1934 年 10 月 1 日，国家复兴署的工作人员涌入商务部大厅。约翰逊看着众人，眼含热泪。“就这样放弃了我在这个军团的位置……这实在是撕心裂肺。”他告诉在场众人，“自那位落魄不堪的犹太人在巴勒斯坦宣示人类关系的新原则‘天国在你心中’之后”，“这个世界便不曾出现过像国家复兴署这般伟大的社会进步了”。“即便只是将国家复兴署视为经济和哲学观念的实验学校，”老将军补充说，“那也是这个世界上古往今来最伟大的教育力量。”演说以他那标志性的情感洪流和高调宣泄达到高潮，老将军（用意大利语）征引了蝴蝶夫人在剖腹自尽前说的话。演讲结束之际，老将军已泪流满面，在场听众也是一片啜泣。[3]

4

约翰逊离职，罗斯福遂任命了一个国家工业复兴委员会来操持国家复兴署的工作。该委员会包括两位产业集团成员，分别是雷诺兹烟草公司的克莱·威廉斯和阿瑟·D. 怀特塞德，两位大学教授利昂·C. 马歇尔和沃尔顿·汉密尔顿，还有一位劳工领袖西德尼·希尔曼。此外，身为经济和法律顾问的利昂·亨德森和布莱克韦尔·史密斯则是该委员会的天然成员。新建制之下，埃夫里尔·哈里曼成为国家复兴署的执行官员。西尔斯–罗巴克公司的唐纳德·纳尔逊进入国家复兴署，担任产业规章执行官。里奇伯格则以行政议事会行政秘书和国家应急委员会执行官的角色，在幕后总领国家复兴署事务，继续对国家复兴署政策发挥影响。这两个委员会都是总统委员会，都信心十足地要为复兴大业建立秩序。

国家应急委员会的一些人认为，国家复兴署要重归公共舞台，国家工业复兴委员会尚需进一步强化。劳工部的小查尔斯·E. 怀赞斯基和伊克斯此时都力主芝加哥大学校长罗伯特·M. 哈钦斯兼领国家工业复兴委员会主席及国家复兴署执行长官之职。罗斯福认为这个想法非常好；哈钦斯得到校董事会的允准后，接受了这一任职邀约。里奇伯格则更倾向于让威廉斯来担任委员会的主席，他觉得需要一股“强劲的保守力量来压制一下一年来令工商业届搅动难安的疯狂潮流”。为此，里奇伯格提醒罗斯福，倘若在这一时刻任命哈钦斯执掌国家复兴署，工商业的信心就有被倾覆的危险，威廉斯和怀特塞德很可能就此退出，整个工业界也很可能就此脱离国家复兴署。此时，委员会的大部分成员（其中包括曾跟哈钦斯共事的两名教授）都特意提出辞职，以便给哈钦斯留出位置，这便令里奇伯格的此番说词更有理据了。哈钦斯任命一事就这样反反复复地拖延下来，最终，哈钦斯也不胜其烦，遂要求叫停谈判。

于是，威廉斯便作为国家工业复兴委员会的主席，担起国家复兴署的名义负责人之职。跟约翰逊或里奇伯格相比，威廉斯这个处世谦恭的南方人，自然单调枯燥得多；不过，也正是这种枯燥和乏味帮助国家复兴署从先前的高调作风中解脱出来。在约翰逊和里奇伯格为争夺头条位置而斗得难解难分时，国家复兴署的次级队伍也已培育了一批极具才干且中正高效的公职人员，这些人在本质上就是效忠于工作和职责的，对权力并无兴趣。所以，就让他们的领导去斗争、去摆谱，他们则一门心思地考虑复兴大计中的具体问题。对于国家复兴署，来自内部的批评跟来自外部的批评几乎同样强烈，并且来自内部的批评意见显然详实得多，理据也充分得多。现在，这批人终于有机会重建国家复兴署政策了。

这批公职人员中的领袖人物是国家复兴署的头号经济学家利昂·亨德森。亨德森其人确实有自己的鲜辣性格。“我是靠着大喊大叫才得到这份工作的，”他曾宣示说，“可以说，我每天都在大喊大叫中度过。”不过，亨德森之所以这么喊叫，是因为他关心的是经济问题，而非他自己。1934 年的亨德森，刚刚三十九岁，一头黑发，褐色眼睛，身材像一只水桶。他常常嚼着口香糖，抽着雪茄烟，偶尔还会破口大骂，牢骚不止，并且刻意装出一副粗粝的样子，足以跟约翰逊将军媲美。这个工人的儿子，曾在米尔维尔和新泽西的玻璃厂干活，靠一已之力完成了斯沃特摩尔学院的学业，第一次世界大战期间在军械部供职，战争结束时已升任战时工业委员会中尉。而后他从事经济学的教学工作，直到被吉福德·平肖任命为宾夕法尼亚州政府的副秘书长。他就是从这个位置上进入罗素·塞奇基金会，之后凭借自己对消费者问题的关心和研究进了国家复兴署。他衣着邋遢，谈风粗俗，随时可以跟路过的出租车司机干上一架，不过这只是他的外表，这外表下隐藏着极其敏锐的性情；他有能力迅速理解并掌控经济细节问题，有着无穷无尽的干劲和精力。他的韧性甚至令约翰逊也印象深刻，在二人偶尔的意见冲突之后，约翰逊仍会赞赏地说：“他们告诉我，你是个社会工作者。”在布莱克韦尔的法务部及消费者事务部，亨德森都找到了强有力的同盟者；当然，他在消费者事务部供职时，该部门已经由托马斯·布莱斯戴尔接管了，先前的主管玛丽·拉姆齐于 1934 年 12 月在一场车祸中丧生。

在这批人看来，国家复兴署问题的关键就是要从眼前这种暴露且不稳定的位置上撤离，将精力集中在它能做好的事情上。他们相信，国家复兴署已经吞食了太多东西。产业规章体系涵盖了太多行业，也推行了太多规章条例，篡取了太多决策权。给猪环扣产业、木塞产业以及保龄球场的置瓶器产业制定规章，这究竟有何意义呢？为什么不将精力集中在主要产业身上，为什么不放弃那种事无巨细的做法，集中精力制定并推行涵括工资和工时在内的最低标准，集中精力处理集体议价问题、童工问题，并清楚界定不公平贸易实践呢？要做到这一点，就必须将当前这套肆意而为的控制结构拆除重建，此前的国家复兴署正是凭借这套胡乱拼凑的体系来规制价格和生产，限制机械化的比率及产能的，甚至也是靠这样一套体系来提高行业准入门槛的。在史密斯、亨德森和布莱斯戴尔看来，正是这套强制性的控制体系引发了产业集团的重大抵制行径，令那些地位稳固的大公司获得了竞争优势，并让人们有理由谴责国家复兴署是在推行稀缺政策。

于是，亨德森于 1934 年 6 月提出："国家复兴署应当将主要精力集中于提供正面刺激，以提高生产率。"那么该如何脱离稀缺哲学呢？价格政策仍然是问题的关键。将价格维持在人为的水平上，无疑是令各个产业在追逐短期利润时，不再寻求"提高产量和服务"，但是，唯有提高产量和服务才能终结失业。5 月，耐用品产业委员会提出将定价权赋予该产业，亨德森告诉约翰逊："这是有悖于公共利益的。价格权能并非产业自治体制应有的权能。在这个领域，所谓自治涵涉了垄断权能，并且很可能是以纯粹的利润最大化为取向的。价格的决定权要么在于自由竞争，要么应当交给一个独立机构，这个机构不只关心股东的利益，也要关心消费者和雇员的利益……政府绝不可将价格控制权赋予产业，否则只能眼睁睁地看着产业走上卡特尔的道路。"在亨德森看来，国家复兴署的首要任务是让价格回归自由机制。"我们需要耐心、持久的努力，去修订产业规章，以便降低价格，如此一来，就能为提升产量奠定基础。"[4]

5

到了 1934 年夏天，国家复兴署实际上已经开始在价格政策问题上有所反转了。第 228 号办公备忘录之后加以推行的产业规章当中，包含定价条款的规章所占比例已经大为缩减，先前推行起来的很多价格条款也都被删减或者干脆归于无效。当然，这是一个持续的斗争过程，也确实充满了讽刺意味。毕竟，正是产业集团有心抛弃自由市场，转而确立一套价格和生产控制体系；新政集团则竭尽所能地反对他们，并力推功能性价格机制和自由市场机制。倘若国家复兴署的产业化形象占了上风，那么结果很可能是将由此催生的私人的经济集体主义置于严密的公共监管之下，进而催生官僚体制化，而这恰恰是产业集团指控新政的地方。

1935 年 2 月，国家复兴署召集了一系列新的价格听证会，直到这时，据《时代》周刊报道，参加听证会的两千个产业代表中，仍然有 90% 的人坚持价格保护体制。棉纺研究院的乔治 · A. 斯劳恩说，倘若国家复兴署终结定价政策，那就等于"将我们送回 1932 年，那就彻底完蛋了"。另一名产业领袖评论说，若是没了价格固定机制，产业规章也将随之瓦解，如此一来，"即便派出全部的海军陆战队，也无法推行工资条款"。然而，国家复兴署的少壮新政派决心推动这场回归自由市场的运动；而且，随着经济复苏进程不断拓展，即便是那些在极端时刻要求价格控制的产业界人士，也已经开始厌烦价格控制机制了。

国家复兴署少壮派在寻求复议并简化产业规章的同时，也在寻求对产业规章的应用实施限制。1934 年，产业规章的执行体系日渐瓦解。抵制现象主要出现在小企业。约翰逊将军也开始意识到，将产业规章体系向地方的服务业拓展，显然是个错误。1933 年春天，恶性竞争开始对工资和工时标准形成压制，保洁、印染及干洗等产业大有沦为大规模血汗工厂的势头；国家复兴署遂实施介入，以防止出现悲惨局面。但随后在熨裤机和美容店产业强制推行产业规章的举动，只不过是凸显并强化了人们对国家复兴署作为一个巨大官僚体系的印象，并且这个巨人正在将小企业逼入死角。另一方面，在推行产业规章的过程中，国家复兴署遭遇的任何挫败，也都令产业规章信誉扫地，令复兴署本身备感沮丧，斗志锐减。据约翰逊估计，90% 的抵制行径投诉来自小产业和小企业，随后他逐渐意识到，光是保洁和印染产业的规章，就足以杀死蓝鹰了。问题到了这一步，国家复兴署自然希望就此止血，遂决定对地方产业规章实施合并和删减，同时不再将小产业纳入规章体系，着力在那些有实际可能性的产业推行规章。

依据《国家工业复兴法》，国家复兴署将于 1935 年 6 月到期。对法案实施延期的时间节点日益迫近，国家复兴署的内部政策遂开始转入克制且温和一途。复兴署的组织机构开始收缩活动，从价格和生产控制领域撤离，对于垄断性质的产业行径，它的态度则是趋于强硬。此时它也不再尝试规划全国性的产业生活，而是越发将精力集中在基本规则方面，同时着力为私人决策建立一套框架。早在 1934 年春天，布莱克韦尔 · 史密斯和埃夫里尔 · 哈里曼便拟定了方案，旨在消解国家复兴署的服务业规章；但是西德尼 · 希尔曼和珀金斯担心此举会对劳工标准产生不利影响，就扼杀了这套方案。亨德森和布莱斯戴尔此时则开始担心产业规章制度有可能在真正发挥效能之前便已经终止，遂酝酿着要将工时和工资标准以及集体议价条款转换成实体法规。但此时的舆论仍然反对这种想法。看来，要应对工业控制问题，产业规章机制应当为灵活，也更为顺应宪法。“我们能否如愿将 7a 条款以及工资、工时条款写入法令并予以执行，甚至维持其合宪性呢？”约翰逊不禁问道。

1934 年 9 月 30 日，罗斯福在炉边谈话中围绕国家复兴署提出了一系列尖锐问题。他说，现在是时候对产业规章制度展开复议了；他更尖锐地质疑了“为推行生产控制或遏制恶行价格竞争而推行的那些举措”是否明智，“尽管众多产业组织都坚持认为那些举措是有必要的”。（总统还补充说，倘若产业规章制度“在定价以及生产控制方面走得太远”，那就一定不能忘记，“商业和工业代表也完全可以将他们的想法写进规章”。）不过，随着国家复兴署延期节点的迫近，罗斯福似乎也感觉到，最好是从国家复兴署的既有经验当中有所汲取，而不是全盘放弃产业规章的想法。[5]

6

在华盛顿，休·约翰逊的星光就此黯淡下去，唐纳德·里奇伯格随之冉冉升起。罗斯福听他的，当然也信任他；他出入白宫的频率非他人所能及。他担当的是各个复兴机构之协调人的角色，这样的角色令媒体给了他“助理总统”的称谓。他昔日的法务合伙人哈罗德·伊克斯对此难免有妒意和恨意，于 1934 年 12 月评论说：“他正在稳步构筑自己的权势，他今时今日之行径，已然是政府的宠儿。他就像一只吞噬了金丝雀的猫。”

罗斯福的早期任命中，最令劳工集团和新政派满意的，应该说就是对里奇伯格的任命了。新政集团中没有谁能像里奇伯格这样，怀着如此强烈的激进情感，欢迎 1933 年的改革浪潮。他于 1933 年评论说，“这场革命，人们已经议论了很长时间，而今总算是在合众国推展开来了”；直到 1934 年 3 月，他仍然评论说，“我们要寻求的是一套社会性质的计划经济，由大众利益的民主组织予以推动和管理……现代商业和工业……必须有纪律，有控制，有指导”。

不过，里奇伯格随后却是越发向保守派阵营靠拢。对于各方奉承，他很是受用，当产业集团在他面前承认他们很吃惊，因为他们发现他并不是危险煽动者，而是一个魅力十足、头脑十足的绅士时，他内心的愉悦溢于言表。“他的心腹之交，”向来尖刻的伊克斯直接品评说，“都是富人和保守派。”此时的里奇伯格似乎将自己的劳工和自由派关系网看成是过往时期留下来的牵绊。有一次，亨德森为了刺激他做一项决定，竟说出这样一席话：“以我多年来对您的了解，从你我二人的生活和经历来看，我们都会希望有这么一个可以为穷人做点事情的机会。”里奇伯格最终还是做出了相反的决策。“我相信他绝不会原谅我了，”亨德森后来记述说，“因为我把过去的镜子就那样摆在他面前。”里奇伯格在 1934 年颇为恼恨地说道：“人们总是拿我扛着红旗的卡通样子来调侃我，这实在让我愤愤难平。”他似乎是刻意要通过疏远昔日盟友来展示自己的自由。

“他已经忙得不可开交了。”伊克斯评论说。1934 和 1935 年间的那个冬天，里奇伯格极为干练也极具信心地投入了工作。不过，已经有迹象显示他正在过度伸展自己。同僚们都觉得他狡猾善变，纷纷指控他利用跟白宫的关系，先是误导总统，而后又借着总统的反应来误导其他人。这一时期他同劳工的关系就颇为说明问题。1935 年初，国家复兴署面对着汽车产业规章延期问题，其中涵括了更新汽车产业劳工委员会的问题。这个委员会是依托多元主义代表理论建立起来的，这样的代表机制同国家劳动关系委员会和劳工联合会倡导的多数原则是背道而驰的。此时的国家工业复兴委员会层面已经形成了马歇尔、汉密尔顿和希尔曼为代表的多数派，这个多数派在亨德森和布莱克韦尔 · 史密斯的支持下，反对对该委员会实施延期。与此同时，亨德森和伊萨多 · 卢宾草拟了一份精细且客观的工业报告，提出效仿其他行业，依托第 44 号公共决议组建一个委员会，以此取代当前的汽车产业劳工委员会，该报告也得到了国家工业复兴委员会的接纳。美国劳工联合会本来就反对延期产业规章，并已经得到保证，以后的相关事务都会咨询过他们的意见之后再行推进；起码，他们认为是得到了这样的保证的。里奇伯格告诉所有相关的人，无需担心。但他同时在悄悄运作，说服罗斯福不要理会全国工业复兴委员会的多数派意见，直接签署延期令。对此，约翰·L. 刘易斯极为愤怒："里奇伯格先生竟然同汽车产业集团的头领密谋欺骗总统，并恫吓劳工。这些人就跟中世纪的土匪一样，白天藏起来，夜幕降临便开始出动，干下种种罪恶勾当，并宣布计划完成。并不难想象里奇伯格先生在事情做成之后，发出何等得意的笑声。"刘易斯继续抨击说，里奇伯格可是吃着劳工的肉成长起来的，"是劳工的奶汁养大了他，他就是吮吸着劳工的胸脯长大的"。

不过话又说回来，里奇伯格虽然手握大权，但也如同伊克斯评说的，"极其容易激动、紧张，很容易仓促行事"。这样一个人物，爬得越高，就变得越不安稳、越暴躁。他听闻休·约翰逊正计划在《星期六晚邮报》上刊载国家复兴署回忆录性质的系列文章，题为"蓝鹰的诞生"，遂找来一本仔细阅读，然后警告《晚报》说，倘若他遭到诋毁，《晚报》将承担法律责任。约翰逊很快评论说："唐纳德看来是坐不住啦，这恰恰说明他良心难安。"两个月的沉寂之后，里奇伯格用一个玩笑开涮约翰逊，说那书的标题应该叫做"蓝鹰：从鸟蛋到自大狂"。约翰逊在这场交锋中，一如既往地占了上风，他回应说："最近有人指控我是自大狂，这是因为我写了一本关于国家复兴署的书，但里奇伯格先生没能成为主角。"[6]

7

国家复兴署需要延期的时间节点日益迫近，此等情形之下，越发有必要强化国家复兴署的内部组织并将之重新激活。克莱·威廉斯担当国家工业复兴委员会主席之职，实在是一场失败。他的立场是亲产业集团的，因此，那些认为国家复兴署的问题在于过分的产业主导权能的人，就不会同情并支持他；在委员会内部，他同西德尼·希尔曼也结下了很深的仇怨。出于一些个人原因，此时的威廉斯也有心回归私人生活，遂于1935年3月初正式辞职。如此一来，国家复兴署便没有头领了。里奇伯格当月就告诉马尔文·麦金太尔："一个好的机构、一项好的立法，其首要条件便是有一个公认权威的主席，能够推行总统的政策，并且知道那政策究竟是什么。"在选出继任者之前，国家复兴署只能随波逐流，这不仅令组织内部士气低落，也削弱了国家复兴署本身在国会山的机会。

那么，新主席会是谁呢？首要的候选人当属阿瑟·D. 怀特塞德和W. 埃夫里尔·哈里曼。里奇伯格后来记述说，他当时是支持怀特塞德的；不过，他也告诉麦金太尔，他"高度怀疑"怀特塞德的方案能否行得通。那还能有谁呢？里奇伯格颇为谦恭地告诉麦金太尔："希尔曼，他可是最了解情况且头脑最为清醒的劳工顾问，他在今天早些时候强烈举荐我来担当国家复兴署主席之职，并将责任积极承担起来。我当然是不能举荐自己的。不过，我必须说，我实际上已经将这责任担当起来了，只是没有相应的权力去履行这责任。"其他的劳工领袖对里奇伯格则没这么高的热情，在他们看来，里奇伯格已经成了强硬雇主集团的走狗，诸如汽车制造商、报纸发行商以及钢铁巨头等。不过，里奇伯格也提议将矿工联合会的菲利普·穆雷纳入委员会名单，由此建立了劳工和产业集团的平等代表权。此举实际上是糖衣炮弹，格林和刘易斯随即向总统表态，他们同意里奇伯格担任临时主席之职。[7]

8

1935年2月20日，罗斯福要求国会给予《国家工业复兴法》

两年延期。他为此提起的咨文总括了国家复兴署内部的新进展。咨文指出，产业规章将予以收缩和简化。为了遏制不公平竞争而给予合作企业的特权，不会变成用来扼杀公平竞争的特许权；“垄断以及产业内部的私人定价机制不会得到允许，也不会得到宽宥”。不过，联邦政府为公平竞争及体面的劳动条件建立最低标准的决心不会动摇。“本法案的基本诉求和原则都有充分理据。若抛弃这些，那将是不可思议的事，势必会令工业和劳工都重回混乱。”

此番咨文可谓掷地有声，显然传达了一种强烈的信心，这样的信心是国家复兴署的支持者们久违的。外来的批评、内部的嫌隙已然令国家复兴署沦落至强弩之末的疲软和飘摇境地。支持者们当然对国家复兴署取得的成绩颇为骄傲，但对其前景也颇为忧虑。《纽约时报》评论说：“国家复兴署的朋友们已经心灰意冷。他们就像拉着一头疲惫不堪的熊的尾巴，不知道该不该放手，不知道怎么做才是安全的。”甚至唐纳德·里奇伯格也在1934年12月承认：“这场工业自治实验已再清楚不过地表明，私人体制尚未为着集体行动和自律机制而充分组织起来。”（“责任在产业集团那边，”哈罗德·伊克斯颇为尖刻地评论说，“政府只不过是高估了他们的自治能力。”）

公众舆论也大幅度冷却下来，当初对国家复兴署的那股热情已然不再，不过，舆论显然还没做好准备去面对没有国家复兴署的经济生活。此时的国家复兴署跟农业调整署的情况一样，没有明确建立起自己的根据地，有一片根据地意味着拥有一批明确享受国家复兴署福利的选民；有这样的选民基础，国家复兴署自然就可以指望在必要时候获得政治支持。国家复兴署的选民基础涵括了产业组织和劳工组织。总体上讲，同业公会和工会组织始终会支持它。美国商会以将近四比一的投票比例支持它延期；商务部产业顾问委员会则几乎是一致支持它延期。劳工集团方面，格林、刘易斯和希尔曼更是为国家复兴署延期全力出战。格林说：“我们在经济计划的道路上已经取得如此进展，若就此回头，对劳工来说，实在是不可想象。”格林实际上希望国家复兴署体系继续拓展，将全体劳工都涵括进来。希尔曼补充说，倘若国家复兴署不能拓展，“这个国家的失业问题恐怕要比1932年时候更为严重”。《矿工联合会报》则依然认为国家复兴署是“劳工历史上最伟大的胜利”。

管制型社会的理论家们也仍然认为国家复兴署是不可或缺的。“除非能设计出比国家复兴署更好的机制，”莫利说，“否则我们必须让它一直运转下去……工业的自由放任是不可想象的。”必须做点什么“以满足人们对政府干预和工业合作机制的需求”；“我国经济生活涵涉的利益太过重大了，根本不能任由无约束的竞争所造成的殊难预料的结果，来决定此等利益”。休·约翰逊则评论说：“若说国家复兴署真有什么问题，我想我也能够证明，那些错误是因我没有干好而起，法规本身是没问题的。”约翰逊特意强调说，倘若国家复兴署在这个6月“香消玉殒”，“那么就我来说，没有办法安然回家，去面对人们的激愤之情，因为我的手上正沾染了国家复兴署的血……倘若我们不能管束这架经济机器，那就足以证明，这架机器没有人予以操持、管理。如此，接下来只能是取消利润制度，然后通知斯大林先生了”。

国家计划体制的支持者们当然很清楚，他们面对的是强大的批评浪潮，不仅仅是进步派参议员的反托拉斯辩辞，更有大法官布兰代斯和法兰克福特教授身边那批极为干练的年轻人，这个集团提起的批评更为精细，他们从来都将国家复兴署视为行政怪物，这怪物植根于大公司体制的诅咒，并献身于稀缺政策。此时，一个集团在政府内部崛起，该集团认为经济复苏的要务并不在于重组经济结构，而在于财政政策，在于提升政府支出。此外，一定不能忘记，国家复兴署的头顶始终高悬着一柄达摩克利斯之剑，那就是联邦法院体系终将实施的一系列合宪性检测。[8]

9

此时国会方面对国家复兴署的巨大忧虑当然在于“垄断”问题。抛开纯技术层面的话题不论，所谓垄断意味着两件事情。其一是大公司体制，大鱼吃小鱼，大公司势必会对产业内的小公司实施碾压。其二则意味着作为一个整体的产业，借由人为提价和限产的办法来盘剥公众。

国会主要关心前者。既然中止了《谢尔曼法》，《国家工业复兴法》便等于将老派进步主义赶下了神坛；仅此一点，就足以让进步派认定国家复兴署令小企业失去了根本性的保护。达罗发起的调查互动更是确证了诸如奈和博拉这等西部进步派从一开始就有的疑虑，他们总觉得国家复兴署是大公司的打手。总统延期咨文发布之后没过几天，里奇伯格便坚持申述说，所有的国家复兴署的法案必然会有足够的柔韧度，能够在不公平的企业联合行为和为着公众福祉而实施的产业合作行为之间做出区分，对此，博拉回应说：“您实际上只是在谈论好的绑架者和坏的绑架者，这有什么意义呢？”（此时，布鲁诺·理查德·豪普特曼正在新泽西的弗莱明顿接受审判呢。）但是在里奇伯格看来，若是遂了博拉的心愿，全盘恢复反托拉斯法案，就等于彻底剥夺了企业界对抗不公平竞争的空间。里奇伯格提出这个看法时，博拉则直接抨击他，称其在未来很长一段时间的公共生活中，都将是“垄断的最大朋友、劳工和小企业的最大仇敌”。

这显然是达罗提出的那些指控的实际意涵所在。即便是约翰逊，1935 年在参议院财政委员会就国家复兴署问题作证时也承认，奈前一年提出的一些批评意见是有道理的。比如确实有一些产业规章制定机构涉嫌操纵产业内部的价格机制，常见的手法是给一些产品提供有利定价，给另一些产品提供不利定价，旨在用这样的办法给那些在产业规章制定机构拥有主导权的公司提供好处，这当然是以伤害其他公司为代价的。就拿钢铁产业规章来说，这份规章激起了极大的公愤，在规章制定过程中，美国钢铁公司和伯利恒钢铁公司占据霸权地位，两家公司在其中的投票权重超过了半数。不过，垄断指控的准确度究竟如何，就殊难料定了。部分指控所依托者并非现实情况，而是立足于同业公会写入规章当中的价格和生产控制条款可能会催生的局面。产业规章当然是给了同业公会组织非同寻常的权能，可以去影响甚至决定产业竞争模式，真正主宰同业公会的通常都是那些最有势力的公司，这些都无可否认。不过，就实情而论，其中很多控制权能并未真正运用起来。就拿生产控制来说，产业配额往往定得很高，实际上并没有产生限制效果。很多价格稳定条款则取决于针对危机情况的官方调研结果，国家复兴署是不会轻易论定存在危机情况的。此外，亨德森、史密斯以及消费者顾问委员会也相当谨慎，往往会阻止产业规章机构动用名义上的权力。加之此时的工业信心已经有所恢复，工业界也就开始觉得此类限制性条款没有太大必要了。因此，产业规章虽有明确条文，但具体实施则是另外一回事。正如约翰逊说的，大量的担忧都是源自“一些理论家就未来可能会带来的伤害所作的猜想”，虽然此等猜想并非没有道理。

价格政策问题是最为关键的，这方面倒是很难看出产业规章的相关条款对小企业有什么无可争议的伤害，一定要说有的话，也只能像雨果·布莱克那样相当笼统地指涉一种趋势，“生产太多，因而肯定会卖得太便宜”，由此遏制普遍复苏的进程。洛厄尔·马森作为达罗的顾问，则站在小人物的立场上反对价格固定体制：“我们最大的不满在于垄断性的产业体制，此等体制之下，大公司有能力将底价确定在很高的位置上，令小厂家根本没有能力给自己准备开发的产品寻获任何市场空间。”这样的情况的确存在；不过，更多时候，统一定价制度能够帮助那些效率并不高的厂家，这些厂家通常会扮演小小跟随者的角色。当然，在固定价格机制之下，大厂家总能获得稳定的市场份额，并摆脱价格竞争的压力，还能获得更高的利润率；不过，像大法官布兰代斯这样的人，绝对是小企业制度的朋友，在他们眼中，大企业垄断体制最厉害的武器就是掠食性的价格竞争，统一定价制度则显然剥夺了这件武器。参议员博拉虽然在抨击国家复兴署价格政策之邪恶性质时肆意挥洒反垄断激情和语词，但在其他问题上，他竟然也是公平贸易和零售价格维持法案的支持者。所谓零售价格支持法案，说白了就是要禁止零售商低于统一定价出售产品。

小企业当然会遭遇诸多困难。不过话又说回来，令小企业备受痛楚的众多垄断行径，实际上在《谢尔曼法》充分发威的那段美好的旧日时光里，依然大行其道；很难将此等行径归罪于国家复兴署。小企业所面临问题的根源在于流动资本和需求的双重短缺，此类问题并不是国家复兴署引起的，国家复兴署的初衷也并非为了解决此类问题。只不过在当时的境况之下，国家复兴署自然会成为那些为求生存而拼尽最后一丝力气的小企业眼中的替罪羊，更何况约翰逊将军的表现的确令人感到他的这个组织是要解决一切问题的。

10

无论如何，认为国家复兴署是小企业的压迫者，这样的看法终究太过偏颇也太过夸大了。事实上，小企业并没有遭遇国家复兴署太大的压迫，所谓压迫不过是同时代人编造出来并传递给后世的一场神话而已；小企业集团之困境的真正原因要深刻得多；而且，即便国家复兴署真的对小企业采取行动，也不会是因为小企业在英勇地抵抗垄断，而是因为他们在试图盘剥劳工。在这方面，国家复兴署工业申诉委员会的经验就足以说明问题了。该委员会是约翰逊于1934年8月为了回应达罗的怒火而设立的，约翰逊专门指示该委员会要特别关注小企业的申述。1935年，该委员会的成员、来自全国天主教福祉大会的约翰·A. 瑞安在参议院财政委员会提供证词说，确实有不少小企业主向该委员会提起申述，“但是他们之所以寻求救济，绝大多数情况下都是因为他们支付不起最低工资，而不是因为他们遭遇了垄断体制的压迫”；而且可以肯定，没有一桩申述是针对垄断体制的。

正是这样的情形，令国家复兴署官员在回应这股对所谓的殉道小企业主予以理想化的潮流时，不免抱持了可以理解的恶意。“你们基本上找不出像样的证据可以证明国家复兴署伤害了小人物，”休·约翰逊说，“所有的证据不过是表明这些小人物不愿意为规定工时支付最低工资而已。”里奇伯格也说，“血汗工厂主就是反国家复兴署怨诉的主体”。埃夫里尔·哈里曼则补充说：“那些完全靠着女工、童工、长工时和低工资来维持竞争地位的人，根本无权生存下去。《国家工业复兴法》已经明确了要终结那种以劳工为代价的竞争。”而且，小企业承受的痛楚应该说并不过分。国家复兴署援引的数据显示，1934年，失败的小企业的比例是1921年之后最低的；并且在国家复兴署展开运作的那些年，经济集中率并没有明显提升。约翰逊甚至敢于宣称“国家复兴署是小企业曾经用过的最为伟大的经济救赎宪章”。

由此可见，对国家复兴署价格政策的外来反对意见，所依托者主要就是这种缺乏理据的指控：国家复兴署在迫害小企业。内部的反对意见则与之不同，也更为精细，主要由亨德森及其支持者表达出来。在亨德森集团看来，国家复兴署的价格政策因为遏制产量提升而抬高价格，进而造成了稀缺并阻碍了经济复苏。在这个议题上，反托拉斯法令的问题也以另一种方式浮现出来。亨德森确实有意借助反托拉斯法令之力，倒不是为了帮助小企业对抗大企业，而是为了提高工业价格的总体灵活度。恰恰就在这个环节上，他同约翰逊、里奇伯格和莫利等人的态度发生了根本性的分歧。

1934年，当联邦贸易委员会试图动用自身的权能，阻止钢业产业规章当局的滥权行径之时，这个问题便浮出水面了。正如莫利界定的那样，联邦贸易委员会之设立，所依托的是政府—产业集团之间的合作观念。莫利特意写道："两个集团，若是在政府同产业的关系问题上秉持对立看法，就根本不存在协作的可能性。"在这个问题上，约翰逊的表述依然更为辛辣且强烈。他说，联邦贸易委员会的经济计划"实际上就是要扮演驯狮人的角色，手持黑蛇鞭和左轮手枪，有硬实的椅子伺候，站在笼子上，六只丛林大猫分别在六张星条旗跪垫上吼叫、撕咬"。很快，这位老将军便坚持让罗斯福在联邦贸易委员会观念和国家复兴署观念之间作出决断："您不能逃避问题，合作还是竞争，您来决断吧。"此时的里奇伯格，虽然也不喜欢直接的定价机制，但也在参议院财政委员会坦言："过去四十五年间，人们一直在强推反托拉斯法案之原则，但这已经沦为一场欺骗性的失败、一场持续性的公共伤害。""倘若国家复兴署立法真的这么没用，只能转而顺从参议员博拉和奈之流的反垄断观念，"里奇伯格私信罗斯福说，"那在我看来，所谓的反垄断观念也是极其无效、极其不可行的，还不如没有任何法规的好。"

亨德森当然无意打击国家复兴署。不过，博拉、奈以及里奇伯格显然是从善恶两分的角度来看待反托拉斯法案的，博拉、奈将之视为善，里奇伯格将之视为恶，亨德森则不同，他从实用角度看待这个问题，认为反托拉斯法案可以作为政府手中的经济管理工具发挥效用。确切地说，政府可以借助这件武器，来阻止产业集团利用产业规章赋予的地位来提升价格并制造更大的稀缺；而且，亨德森并不觉得以产业集团—政府合作为目标，就一定意味着政府不能向产业集团施压并发难。[9]

11

限制主义还是扩张主义？在这个一般性问题上，亨德森的观念显然是正确的。国家复兴署始终蕴含了一种可能性，那就是沦为有组织的产业集团以及有组织的劳工集团（某些产业）的反公众图谋，说白了就是利润—工资形成合谋，消费者则沦为受害者。此等压力之下，国家复兴署势必会推进稀缺并遏制复苏。在这个意义上的确可以说，对国家复兴署的传统批评是有理据的。但是，那样的批评将价格政策视为问题之核心，这肯定是误解了国家复兴署所面临的经济问题的性质。无论如何，有一点是人们都应当承认的：价格政策问题并没有太大的分量，但国家复兴署在这上面消耗的时间和精力远远超出了应有的范围（而且在国家复兴署所做的分析工作中，价格政策问题占据的额度同样太大了）。

价格政策问题在仍然以古典竞争性市场观念看待问题的人们那里，当然占据着主导地位。它所表征的就是这种古典模式的力量，那力量令特格韦尔、亨德森以及保罗·道格拉斯这等在其他经济问题上秉持强烈叛逆观念的人，也不免心驰神往。倘若这样的古典模式可以跟现实对应起来，那么价格政策问题自然值得人们为之付出如此热情和心力。但那样的模式显然过度理想化了，此时此刻基本上已经过时了。造成价格刚性的诸多原因可比同业公会写入国家复兴署产业规章的任何条款都要深刻得多，国家复兴署显然没有能力救治此等深层因素；这才是摆在人们面前的事实。深层市场结构发生的一系列变迁，已然由伯利和米恩斯呈现过了，此等变迁之下，国家复兴署的定价机制实际上根本没有机会带来其批评者认定的那种伤害；即便将一切有着价格保护嫌疑的语词从国家复兴署产业规章中清除出去，也不会产生批评者们期待的效果。比如终结国家复兴署的定价政策，就肯定不会引发太大的经济扩张。问题并不在于价格水平，而在于需求的严重滑落，这恰恰是国家复兴署自身无能为力的。

这当然不是在为那些不惜一切要求保护利润的产业界人士说好话。若是这样肆意拓展经济体系中的自我运作的刚性机制，其效果自然是致命的。不过，也应当指出，国家复兴署的经济哲学绝对不像其批评者认定的那样错漏百出。亨德森等人当然希望回归弹性价格机制，而且认为回归是有可能的，约翰逊和里奇伯格则接受了管理价值的逻辑，并设法将管理价格同国民福祉协调起来。为此，他们尝试在价格和工资问题上建立一套行为准则，并在产业规章里体现出来。此番努力当然代表着对古典市场理论的偏离；但这绝不意味着在总体上背叛市场体制，恰恰相反，在很多方面，这都体现了一种努力方向，虽然是摸索性质的，还没有到成熟境地，但毕竟是要让自由企业适应一种以价格竞争之外的方式推展竞争机制的市场制度。他们的失败并不在于借由价格产业规章来推行定价机制的设想，而在于他们容许产业集团主宰定价过程。真正的救治之策，亨德森已然以其非亚当·斯密式的感受力有所体察了，那就是要强化政府、劳工和消费者在规章制定过程中的参与度和代表度。国家复兴署的此番努力虽然失败了，不过在某种意义上也可以说，它代表了最早的尝试，力图创制一套制度来表达约翰·肯尼思·加尔布雷思后来所谓的“平衡力量”的运作机理。

既然接受了管理性市场的逻辑，国家复兴署也就接受了相应的责任，要对价格、工资和利润的关系采取直接行动，发挥直接影响。国家复兴署拒斥了这样一种看法：一般性原则能以稳妥或建设性的方式解决具体且切实的关系问题。确切地说，国家复兴署认为，要解决此类问题以及较之这些问题更为深层的既有经济机制使用并分配资源的问题，需要在相当程度上对公共计划和私人计划实施整合，在这样的整合机制当中，产业集团、劳工、消费者以及政府都应当扮演角色。当然，国家复兴署为此创设的具体制度机制太过粗糙、权宜，同时因为特殊利益集团及一系列不幸事件而变得太过扭曲且混乱，基本上不可能接近目标，不过，国家复兴署之运作依然是依托极具现实主义的现代市场观念展开的。因此，产业规章这样的政策工具，尽管有不少缺陷，终究成功地为工资—价格恶性螺旋设置了下限，正是这样的螺旋在 1933 年有着把一切推入混乱当中的风险。里奇伯格曾描述过此等恶性螺旋机制：

> 一旦产品在现行价格之下获得利润，企业家……为了避免破产而采取的天然手段就是降低工资并裁员。然而，若是普遍采用这样的办法，无可避免的后果就是进一步削弱民众的购买力，如此一来，所有产品都将遭遇市场紧缩，其结果是进一步降低价格，这必然会令产业集团再一次降低工资并实施裁员，这就是大萧条的恶性螺旋。

确实，价格在实际推行产业规章之前就已经止住了下跌势头，不过，产业规章体制的介入也令约翰逊所谓的这场毁灭狂潮就此消停，无法继续推展开来。约翰 · L. 刘易斯曾将先前的自由企业制度呈现为立足于某种考验机制的竞争，旨在看一看工人究竟能被压榨到什么程度，产业规章体制介入后，也算是结束了此等性质的竞争和考验。

而且，1933 年的某个季度，国家复兴署确实帮助提升了就业。工时缩短，加上依托《总统再就业协议》铺展开来的工程计划，令大约两百万人获得了工作机会；同时，工资的普遍增长也在一时之间提升了需求。不过，除此之外，国家复兴署对经济复苏的严格意义上的经济贡献相当有限。说白了，它代表的是约束和稳定，而不是正面刺激；实质上推高了价格并压制了生产，这终究是在阻碍复苏。如同威廉 · 萨罗扬所说的，听闻某个广播员宣称阿司匹林是国家复兴署成员时，“也许应该说，国家复兴署也是阿司匹林的成员。无论如何，他们组成了一个相当光彩的团队。他们的确麻痹了大量疼痛，但并没有遏制任何疼痛。一切如常，什么都没有改变”。

国家复兴署的持久成就并不在于经济方面，而在于社会领域。在社会领域，国家复兴署完成了一系列令人称奇的改革，那举措若是放在几年前，很可能会极大地震动这个国家。国家复兴署在全国层面上设置了最高工时和最低工资，取缔童工，对血汗工厂实施了致命打击；令集体议价机制成为国家政策，由此彻底改变了劳工组织的位置；将新的地位赋予消费者；清除了一批颇为有害的不公平贸易惯例；为美利坚生活设置了新的经济体面标尺，这样的标尺一旦设定，就不会再次沉沦，无论国家复兴署自身会有怎样的遭遇。在此番努力过程中，国家复兴署实际上在短短几个月时间里成就了改革者们梦想了半个世纪的事情。“四十一年前，”休·约翰逊说，“国会就曾宣称，人类劳动并不是商品。为了不让这句话沦落为虔诚但毫无实效的空话，国会推出了国家复兴署，这也是国会在这方面做出的唯一表示。”

此外，国家复兴署还出力破除了长久以来捆绑着这个国家的经济宿命主义。蓝鹰运动改变了民众情绪，从绝望跃升为认可和行动。心理刺激重新给人民注入了自信，令他们相信自己有能力达成经济救赎。弗朗西丝·珀金斯评论说：“那情形就如同起死回生。”同样重要的是，国家复兴署还将国民经济之意义和意涵传输给人民。国家复兴署收集了基础性的产业信息，这其中很多信息都是首次被这样收集和整理；此前，当里奇伯格发现“这个国家的各个产业和行业都没有掌握自身的基础信息”时，就表达了自己的震惊。国家复兴署令这个国家接纳并习惯了政府规范之可行性，并教导民众依托国家政策框架来思考产业问题和劳工问题。此外，国家复兴署还训练了一批可以在危机时代担当政府职责的人。[10]

12

国家复兴署在历史判决中承受了太多毁谤，一部分是因为书写这判决的人采取了古典的竞争市场模式作为评判依据。国家复兴署之失败已经成为历史学家和经济学家的老生常谈。今时今日，若有心更改此等判决，显然是徒劳的。不过，国家复兴署也定然不至于像传统叙事里所呈现的那般僵硬，那么糟糕。它的目的和诉求，诸如经济稳定及社会体面，这些都是必需的，也是高贵的。它的基本经济观念更接近管理一途而非自我规制一途，这显然比其批评者的看法更切近现实。如果说国家复兴署为了此类目标而采取的办法太过笨拙且迂回，那也是因为1933年的路径选择太过有限了。依据当时的主流宪法理论，国会无权在诸如工资、工时及集体议价之类的事情上实施直接立法。如此一来，只能借由产业规章机制来应对此类事务，否则什么都做不了。经济下行的螺旋正在压制一切劳工和工资标尺，令其陷入萧条深渊，此等情形之下，行动便成为莫可抵御的需要。

国家复兴署过于热切且全方位地回应了这一需要，也就将名目繁多的行政责任累加到自己身上，令其组织体系不堪重负，最终瓦解。不过，国家复兴署终究是在一个短暂时刻，将一种强烈且巨大的国家团结意识注入美利坚人民的心灵中，只要危机意识令公众利益有机会压倒特殊利益，它就能运转下去。经济复苏初现苗头，危机意识则随之退潮，私人利益随之走上前台；国家复兴署的管理工作缺乏清晰的经济观念，其法令也缺乏清晰的法律标尺，这就诱使私人集团以全副精力去攫取各自能攫取的一切。此等情形之下，该如何伸张并确立一种模糊的公众利益，以对抗自我推展的私人利益的众多具体且明确的要求，便成为重要问题；国家复兴署恰恰是在解决这个问题时，最终归于挫败。倘若这些私人利益用得上国家复兴署的政策控制权能，那么一个工商业集团宰制的国家复兴署，一个致力于稀缺政策的国家复兴署，将必定令这个国家陷入恒久萧条的泥潭。话又说回来，倘若国家复兴署采取反工商业集团的决策模式和取向，要么它本身被一场政治风暴摧毁，要么就是政府在自我防御的过程中，以更快的速度迈向国家主义。

危机意识退潮，国家复兴署的心理基础也就随之弱化。不过，团结的记忆仍然存续着；团结的经验也为这个国家做好准备迎接更为巨大也更为猛烈的危机，危机一旦降临，一种国家复兴署式的团结局面就会再次浮现。国家复兴署实际上是先前战时工业委员会的孩子，也是后来的战时生产委员会的父亲。利昂·亨德森、唐纳德·纳尔逊、西德尼·希尔曼、埃夫里尔·哈里曼、威廉·H. 戴维斯、伊萨多·卢宾以及小爱德华·R. 斯退丁纽斯，这些人都在1933和1934年间这段令人窒息的岁月里，经历了全民动员的淬炼。国家复兴署确实有着众多缺陷，但确实表征了一种本质上的连续性，这连续性在危机时刻帮助人们维系着美利坚的统一性。

第三部分　国家主义经济学

十一　第一次新政

1

有人认为，工业增长已然催生了一种有机经济体制，这样的经济体制是要求国家控制的，1933 年的情形则越发支持了这样的看法。3 月 16 日，总统发布农业咨文，呼吁对农业实施联邦规制，到了这时，计划哲学看来是准备好对经济体的一个关键部门实施接管了。两个月后，罗斯福进一步呼吁依托联邦权能对工商业实施组织，看来，计划哲学要进驻另一个关键部门了。一系列决策随之出台，寻求对农业和工业实施集中化管理，这些决策塑造了人们日后所谓的“第一次新政”。

“第一次新政”的信条在于：技术革命已然令大企业、大公司成为无可避免之事，无法再依靠竞争来保护社会利益，大型经济单位是可以抓住的机会，而不是需要与之对战的威胁；在新社会当中，稳定之机理在于依托扩张了的联邦权威，展开联合与合作。这就意味着要创造一系列公共性质或私人性质的新的机构和建制，借以推进经济平衡；这在过去是靠着竞争机制（或者被认为是靠着竞争机制）来做到的；此类新的机构和建制将深刻改变既有的个体经济决策模式，特别是在投资、生产以及价格问题上。

2

此等模式背后所蕴含的精神，当时的人们已非常熟悉了。“工业联合是经济铁律的结果，”西奥多·罗斯福早在一代人之前就申述说，“……出路不在于遏制此类联合，而在于为着公众福祉，对其实施全盘控制。”富兰克林·罗斯福政府中有一批“公麋党运动”的老兵，诸如哈罗德·伊克斯和唐纳德·里奇伯格这等人物，置身这样的新情感中，自然会有回家的感觉；莫利也追奉这种新情感，并将自己这种情感溯源于1912年，溯源于范海思的《集中与控制》一书。特格韦尔对政府主导下的协调机制的信念，则源于西蒙·帕滕的丰裕理论及弗雷德里克·W. 泰勒的科学管理理论；休·约翰逊和乔治·皮克的类似信念则当然来自战时工业委员会的经历。至于其他人，则大都受了1920年代那批社会哲学家的影响，特别是他们对计划机制的信仰，诸如约翰·杜威、索尔斯坦·凡勃仑以及查尔斯·A. 比尔德等，要么是受到社会工作伦理及“社会福音”所蕴含的仁慈家长式作风的影响。

不过，从某方面来看，这种情感应该说是全新的。大萧条引入了一些特殊元素，不仅是对失业问题和经济周期问题的关切（实际上，西奥多·罗斯福早在1915年就呼吁推展联邦公共工程方案来对抗失业了），还有更重要的一点，即一种酝酿已久的意识：经济扩张的时代已经结束了。因此，“第一次新政”并不是在经济增长的背景之下看待制度重组问题的，此前的“新国家主义”一直将经济增长视为理所当然，不曾细细掂量，相反，“第一次新政”则是将制度重组问题置于人们后来所谓的“经济成熟”背景之下予以考量。

当时工厂呈现出一片黑暗图景，小麦烂在田里，在某种程度上可以说，经济成熟观念是对此等情形的自然反应。1933 年的状况看来已经很明显了，美利坚的生产能力已超过了消费能力。史学、经济学及人口学此时也形成汇聚之势，支持并印证了这种看法。弗雷德里克·杰克逊·特纳之后的二三十年里，学者们纷纷涌动而起，不断告诉美利坚人民，边疆已经消失，很多人开始据此推断内部扩张进程已经走到头了。而且，到了这时，即便是最锐利的眼睛也探查不到地平线上会出现任何可以给经济提供巨大刺激的新产业，如同 1920 年代的汽车产业那样。最重要的是，人口状况似乎也正在迫近临界点；在这个问题上，最具专业眼光的人们已然预测，如同特格韦尔所申述的，“也就是几十年的时间里，美国人口增长趋势将会终止，甚至会出现人口减少的趋势”。

这一切都意味着经济增长势头将无可避免地减缓，一种走向停滞的内在趋势出现，除非政府推行积极政策予以抵冲。阿道夫·伯利在罗斯福的共和国俱乐部演说中提出这样的观念，认为美利坚不再需要建筑者和推动者，未来的经济将不再注重生产，而是注重对现有的东西实施管理。特格韦尔也给出了类似的评说，认为这个国家正从“经济发展”时代进入“经济维持”时代；“我们那令人惊奇的童年期已经要结束了”。如今的美利坚必须管理好自己的资源，组织好自己的经济生活，经济当然还会增长，但那将全然是清醒且理智的国家管理的结果。“随着地理边疆的消失，”哈罗德·伊克斯写道，“我们越发需要一种理性的国家计划体制。”莫利、伯利和特格韦尔显然都信奉这一基本设定，尽管各自的解释并不相同。[1]

3

莫利在选战期间曾是罗斯福的首席顾问，此时则成为助理国务卿，对莫利来说，这可是考验人的日子。从罗斯福当选到入主白宫的这段时间是他权力的高光时刻。他后来记述说，他有意在3月4日后仅仅再待上一个月左右。新的乱局令他烦扰不堪，他的诸般诉求和目的得不到明确和解答，同样令他备感困扰；而且他很可能感觉到每一个新进的官员、每一个入驻白宫的新幕僚，都在威胁着他的地位，削弱他的权威，这同样令他心烦意乱。于是他在国务院这个新的场域中将自己隔绝开来。尽管总统劝他多待一阵，但莫利的不满日渐加深。到了春天，他已经在跟文森特·阿斯特商量去报刊或杂志担任主编的事情了。

他在国务院那红木墙壁和高高的天花板组成的办公室里来回踱步，或是蜷缩在卡尔顿的套房里焦躁不安地说话，猛抽着烟管，有人称他那种说话方式是“躁郁”式的；他还不时以辛辣之词进行嘲讽和咒骂，宣泄着心中的憎恶。老朋友们纷纷感到他的自重感显然更为严重了，这不免令他们备感沮丧，纷纷疏远了他。“想一想，就在六个月前，雷·莫利还常常在我办公室门外静静等候，希望我能将他的一些文件材料转呈州长罗斯福，”塞缪尔·罗森曼跟亨利·摩根索谈起，“今天早上，他那样的风范，仿佛是他在操持本届政府，罗斯福是在给他跑腿干活一样。”这段时间，华盛顿流传着一句风凉话：“莫利，莫利，莫利，全能的上帝。”他的这种新感受似乎也令他远离了智囊的理想主义。“我是越发地看不明白他了，”特格韦尔在谈到此事时不免评论说，“我越是想跟他维持昔日的交情，就越是发觉这根本不现实。”在远离老同僚的同时，莫利也开始转向“实务”之人，确切地说是工商业集团和保守派政客。这一倾向很快影响到他对“产业—政府合作计划”的解释。

需要一个积极且有建设性的政府，对此，莫利并无异议。他相信，工业集团若是接受“反托拉斯法令催生的无政府状态”，那简直是疯了：“自由放任自然可以在哲学扯淡及政治演说的诡辩中继续存活，但自由放任体制主宰过的那个世界已经烟消云散了，永远地烟消云散了。”布兰代斯式的管制方式不见得会好多少；力图维持小型经济体制，只会在雇主、劳工和消费者之间催生“战争状态”。“经济集中的进程……是无可遏制的。”政府的职责就是提供一个集结点，借此将经济问题整合起来，予以化解。然而，在产业—政府计划模式之内，莫利越发接受这样一种观念：工商业集团是最了解情况的。

此时的伯利跟莫利和特格韦尔不同，他谢绝了在华盛顿的正式任职，不过，百日期间，他每星期仍然有将近一半时间在华府度过，履行复兴金融公司专业顾问的职责，特别是在铁路和银行立法事务上。伯利当然倡导政府指导经济，但是政府“接管”产业职能也必然带来一系列管理问题，这令伯利备感困扰。于是他跟莫利一样，有心将此类问题和工作交付工商业集团解决。不过话又说回来，他跟莫利是有区别的，他认为有必要强化工商业集团的责任担当，让工商业集团尽可能地履行他们有能力承担的责任。他甚至提出了这样一种想法：一旦政府获取了足够的经验，可以为直接的经济活动创造种种机制，那么“公共所有权的论证和理据也就无可抵御了”。

伯利更为深层的关切在于培育一种新的道德氛围。在这样的氛围中，谋利不再是工商业的头等要务；其目标应是提供足以让人民过上好日子的产品和服务。“若工商业没有做到这一点，结果就是破产。首先是道德破产，经济破产则接踵而至。”经济结构已不能再像 1929 年那样被视为目的本身了。“经济文明如同政治文明或宗教文明，若要维持下去，某种信条就是不可或缺的。至于究竟该信从何种信条，我倒不觉得有太大关系，只要这信条有着内在的精神属性。”除非工商业集团意识到这一点，否则私人所有权体制就注定要灭亡；不过，伯利也许会有焦虑且悲观的时候，但他一直秉持一种信念，认为只需假以时日，公司体制自然会培育出自己的良知和灵魂。

特格韦尔并没有这样的信念或者说信仰，同样的分析思路在他这里却自然而然地走向更为激进的结论。在他看来，工商业不可能催生自我规训之能，因此，政府指导必须是深远且具体的。比如在农业问题上，特格韦尔力主依托民主化的计划机制来推行国家性的生产控制计划；至于工业问题，"我们当前要致力于将产业联合机制推展开来，让其充分运作，为公众福祉对其实施协调和控制……人们对大公司体制自然会感到害怕，不过这都是老旧情感，这样的恐惧已经没有必要了"。随着农业议案及《国家工业复兴法》的出台，"我们已经弃绝了竞争，选择了控制"。特别是在政府干预程度方面，特格韦尔的设想是超越其他人的。"我考虑的是政府主导下的产业领袖会商机制，要以这样的机制来决定配额、价格以及计划表，"他后来申述说，"说白了，是借助正式的资源协议，对生产资料实施控制和引导，依托国民需要之原则来决定其流向，由此可以对竞争实施调整，令投机行径沦为非法之事。"

在莫利的管制经济图景中，政府实际上扮演了信息交换所的角色，同时是推动产业协作的工具。伯利则更偏重于政府—工商业的合伙机制，政府在其中推进新的社会理想，促动工商业集团建立起伦理责任意识。特格韦尔思虑中的政府管理经济模式，是要让政府担当关键决策并对经济制度和建制实施重组，以此造就更为清明的经济秩序。莫利对既有的经济领袖群体抱持信任态度，伯利则是在对这个群体有所期许的情况下，对之抱持信任态度，确切地说，在伯利看来，他们在兑现自身的权力和责任之后，必须懂得反思和忏悔，必须接受新的社会义务。但在特格韦尔看来，即便是伯利的这种加以再造的工商业集团，也是一场乌托邦幻梦。因此，他认为1933 年春天的合作体制根本算不上心性的改变，不过是吓唬一下罢了，毕竟那些人只要感觉到有可能摆脱这样的体制，就会回归老套路。如果工商业体制不曾发生变化，又有什么理由期望工商业群体发生变化呢？

莫利的想法颇为切近1932和1933年间诸如杰勒德·斯沃普和H. I. 哈里曼这类工商人士表达过的观点；特格韦尔则更接近诸如约翰·L. 刘易斯及西德尼·希尔曼这类劳工领袖的想法。话又说回来，无论他们之间有何等差异，尽管此类差异尚在不断扩大，莫利、伯利和特格韦尔都有这样一种强烈信念：必须将经济秩序视为有机体，而非战场。如同莫利所言，老保守派和老激进派同样是错误的，因为他们都将经济生活视为“本质上极为决绝的冲突”。特格韦尔也常说“计划始于仇恨中止之处”。现代技术社会要求的不是冲突，而是协作。[2]

4

协调机制也有着自身更进一步的逻辑。农业调整署和国家复兴署催生的政治—经济模式首先意味着这样一种信念：倘若大萧条的原因在美利坚自身，那么救治之道就在于重组美利坚经济体制；因此，针对大萧条的第一轮攻击，必须在美利坚经济内部策动。当然，这样的自我吸收之策并非合众国独有。实际上，各国政府都在修筑经济壁垒，力图将这场全球性的经济衰落造成的冲击屏蔽在国门之外，并保护本国的复苏计划不受大萧条输出的影响。在将眼光转向国内的过程中，合众国也正在分享这场世界范围的经济国家主义潮流，实际上，合众国已经在这条道路上行走了数年之久。

不过，国家主义有着多种形态；第一次新政的国家主义跟此前共和党政府的国家主义也有所不同。赫伯特·胡佛的国家主义，其主旨在于通过提高关税来保护本国的工业和农业结构。在这过程中，胡佛政府仍然是奉行国际金本位制的。农业调整署和国家复兴署的国家主义则不然，旨在将国民经济从国际货币体制当中解脱出来，因为正是国际货币体制阻碍了国内计划；与此同时，他们并不认为提高关税有多大意义。说白了，保守派的经济国家主义是贸易上的国家主义，但在金融方面仍然奉行国际主义；自由派的国家主义则与之相反，在贸易上奉行国际主义，在金融上奉行国家主义。

1933 年的两份文献很好地揭示了这种对照。其一是萨缪尔·克罗瑟的《自立的美利坚》一书。克罗瑟是亨利·福特的老伙计，也是《星期六晚邮报》的经济问题智者。另一份文献是《耶鲁评论》刊载的一篇文章，题为“国家自足”，作者是约翰·梅纳德·凯恩斯。两份文献的作者都在呼吁国家主义，不过，二人对于国家主义具体内涵的界定，其差异之大也是无出其右。

在克罗瑟看来，资本主义一旦成功屏蔽了外来产品的侵袭，就能在无需计划机制的情况下解决自身的经济问题。凯恩斯则不这么看，他认为所谓经济国家主义，其要义恰恰相反，是要令计划机制成为可能。凯恩斯并非一夜之间就推进到国家主义的位置上，他的思想演进历程是颇有代表性的。如他自己所言，他是在那个将自由贸易视为道德律令之固有元素的世界中成长起来的，但在 1920 年代，他渐渐发现旧日教义和信念是有问题的。自由贸易哲学预设了一个依托自由放任资本主义体制组织起来的世界。但是大萧条也在世界各地迫使政府实施干预，由此令自由放任机制日渐沦落至荒废境地。据此，凯恩斯指出，一旦经济危机降临，各个国家都会尝试制定自己的拯救计划；“我们都会竭尽所能地规避其他国家经济变动可能给自身带来的冲击，以便尽可能自由地推行各自最喜爱的实验，向着未来那理想的社会共和体制迈进”。简言之，此等情形之下，若要催动一场全世界范围的复苏，“必要条件”就是国家自身的行动自由；要获取这样的自由，就必须借由一场计划运动来达成国家自足。

该如何达成这样的自足呢？在克罗瑟看来，答案很简单，就是“禁制性”的关税，必要时还应以“完全禁运”作为支撑。凯恩斯自然不这么看，他本人虽然也在1931年的某个时刻建议英国征收财政性质的关税，但基本上不曾将关税保护视为一种解决办法。在他的分析中，国家主义的关键领域在其他地方。比如他明确指出，倘若英国的利率（或者如他在美国的追随者补充指出的美国的价格水平）仍然依托国际机制来决定，那么英国（或美国）就注定要沦落至恒久的萧条境地，无法自拔。“最重要的是，”凯恩斯总结说，“要让金融机制走上国家轨道。”[3]

5

大萧条同样驱使着怀有古典信仰的美国人走上国家主义轨道。“倘若对经济体制加以组织、计划和管理，”沃尔特·李普曼申述说，“那首先不免要将经济体制保护起来，抵御并屏蔽外来力量的冲击，毕竟那样的力量是不可控的。这就是经济国家主义。”美国人民“拒斥国际自由贸易体制，原因在于美国人民已经决心建立一种审慎管理的经济社会，他们已然将心思和希望都寄托在这上面了”。工业化进程无疑也提升了国内生产的多样性，李普曼补充说，此等情形之下，每个国家更有能力满足自身的经济需求，国际商业竞争因此将变得“既无可能，也无必要”。

查尔斯·A.比尔德并不信奉任何古典原则，他于1934年推出的《国内门户开放》一书中提供了更为激进的方案。他写道，借由开脱海外市场来恢复繁荣，此举只会导致内部的阶级统治和对外战争。美利坚若要吸收经济过剩，真正有效的办法是培育国内市场；要培育国内市场只有一条道路可循，那便是国家计划。至于对外贸易，则交由一个对外贸易局来全权审批并发放进出口许可证。如此一来，这个国家就能够对自己的花园实施精耕细作，而不再寻求对外经济扩张举措了；那样的举措既浪费又无效。

就这样，经济国家主义潮流呈现出崛起之势。约翰·张伯伦写道："现代世界最大的幻梦家，就是那些仍然认为可以维持自由贸易并仍然把持近百年来的社会服务立法成果不放的人。"连弗兰克·W. 陶西格这等备受尊崇的自由贸易先知也公开承认，自己以关税委员会主席身份倡议将最惠国待遇从单一国家推及所有国家，是一场错误。李普曼也宣称这样的原则依然是"死透了"。哈佛商学院院长 W. B. 多纳姆也给出了类似的品评："在我看来，相对的自足和自主不仅可以解决我们的萧条问题，而且是唯一可行的办法。"

新政集团的保守派和自由派，实际上都反映了这场国家主义潮流。伯纳德·巴鲁克常说："我赞成各个国家自行其是，为自己做力所能及的事情，然后再看看能为彼此做些什么。"休·约翰逊看到了"国内市场之无限的拓展可能性，这前景如此丰厚，倘若我们在这样的情形之下，仍然选择以丧失国内平衡为代价，将出口提升三倍（这当然是不可能的），那我们将沦为输家"。乔治·皮克则希望关税机制、贸易控制以及有管制的对外贸易联合行动，三管齐下，以此保护工农业价格。"我们应当以国家自足的经济政策为主要宗旨。"唐纳德·里奇伯格说。莫利也认为所谓的新政规划，实际上预设了"我国国民经济在相当程度上脱离世界体系"。特格韦尔的看法则是一如既往地更为复杂。不过，他终究有心保护美利坚经济不受缺乏控制的国际力量的侵袭，直到取得一定程度的复苏；家庭纷争尚未结束时，最好还是关起家门，不让外人进入。不过，他并不喜欢斯穆特—霍利式的国家主义。他寻求的当然不是那种"我们称之为自由贸易的国际无政府状态"，不过，他仍然寄望借由新的国际机制来达成一场贸易复兴，诸如双边协定、商品交易会、进出口委员会以及其他的国际经济计划机制，等等。[4]

6

不过话又说回来，新政绝不是无所保留地倾心于经济国家主义。罗斯福发表的苏城关税演说引发了不小的争议，这就表明新政集团在关税问题上是存在内部分裂的，为此，罗斯福还特意叮嘱莫利去“调和”休·约翰逊和科德尔·赫尔各自拟就的相互冲突的草案。此时此刻，经济国际主义最为忠实的支持者就是国务卿了，他此时也处在一个特别有利的位置上，可以去推进自己的信仰。

科德尔·赫尔，1933 年六十二岁，是老派南方自由主义的体现者。他出生在田纳西的欧弗顿县，那里是坎伯兰的山脚之地，连绵起伏的土地如波浪般，到处可见月桂树和山胡桃树。孩童时期，他书卷气十足；他的父亲以乡村商贩和放贷人之职在这个世界立足，父亲先是让他完成高中学业，而后送他进入坎伯兰大学法学院学习。政治很快俘获了这个年轻人。当他开启自己在田纳西州议会的第一个任期时，才刚满投票年龄。美西战争期间，他在古巴服役，战争结束后返回田纳西，于 1903 年成为州巡回法院的法官。1906 年，人们日后将一直铭记的赫尔法官，获选进入国会。

在政治哲学的道路上，赫尔有两个伟大导师。其一是杰斐逊。年轻的赫尔将《独立宣言》和杰斐逊第一次就职演说的内容都熟记于心；他相信，“盎格鲁-撒克逊自由的五百年奋斗史，其终极成就就书写在《独立宣言》和杰斐逊的第一次就职演说当中”。他的另一个英雄人物便是田纳西政治家本顿·麦克米林，此人为了削减关税并确立收入税而在国会经历了漫长斗争。此番因缘际会，令赫尔成了一个格莱斯顿式的自由派，这其中当然也温和而真切地融合了南方农业派的进步主义。北方工商业集团在他看来，显然是借由一套邪恶的特权体系来掠夺这个国家；出路便在于瓦解这套剥削工具并回归为着一切人的平等且严格的正义原则，而这显然是杰斐逊式的信仰。在国会的初次演说中，他便要求“镇压非法的经济联合行径并适度遏制公司财富”。

威尔逊的“新自由”观念跟他完全契合。西奥多·罗斯福将政府视为管制者，这样的政府观念令他备感憎恶。此时，他也看到了一个令政府推进机会平等的契机。收入税成为他的特殊关注点。他以平静态势介入这个问题，但那平静只是外表，他的内心是滚烫的，他不停地搜集数据，调查其他国家的收入税立法事务，一次次将议案引入国会，希望借此迫使最高法院撤销先前的反收入税判决，并且反复申述这个问题，以至于钱普·克拉克和约翰·夏普·威廉斯这样的人一见到他，就赶紧躲开。功夫不负有心人，他的坚持终于得到了回报。1913 年在宪法第十六修正案获得通过之后，赫尔随之成为第一份联邦收入税法令的创制者。他趁势跟进，于 1916 年起草了遗产税和地产税法案。

收入税问题既已尘埃落定，他便继续前进，着手应对他的处女演说当中谈到的“万恶之首”——保护性关税。一开始，他完全是出于国内原因反对保护性关税的，确切地说，在他看来，保护性关税意味着用消费者的税钱来补贴生产者，也意味着推动垄断。第一次世界大战拓展了他的视野，令他眼中的关税问题获得了国际维度。他相信，贸易壁垒将压低生活标准，并由此在国家之间培植敌意；1918 年 9 月，他在众议院发言说：“经济战争是实际战争的种子。”余生中，他一直致力于消除国家间的贸易报复和贸易歧视，据此为世界和平而奋斗。

1920 年，哈定败选，赫尔也随之遭遇了一场政治挫败，随后的 1921 和 1924 年间，他一直担任民主党全国委员会主席。1922 年，他重新进入众议院。在 1920 年代的时光进程中，赫尔对这个国家的情况越来越失望。旧日的所有战斗似乎都失败了。“家长式作风、官僚体制、中央集权以及物质主义正在这片土地上肆意泛滥。”他说。于是，他便如同他自己后来申述的那样，成了“国会的卡桑德拉”，所有人对他发出的预言也都不予理会。到了1929年，他几乎决定放弃政治了。就在这时，田纳西州的一个参议员谢世；赫尔遂觉得自己在参议院应该会有更大的发挥空间。1930年，他获选进入参议院。大萧条降临，看来赫尔又有了机会。他于1930年中述说，除非民主党“催动一场公民革命并实施一场政治重塑，如同1800年的杰斐逊、1828年的杰克逊和1912年的威尔逊所做的那样”，否则民主党将成为懦夫，有负使命。

7

为此，赫尔引领了一场反史密斯和拉斯科布的斗争，当然这场斗争也是针对党内高关税和大企业集团的。赫尔自己早在威尔逊时期就认识富兰克林·罗斯福了；而且整个1920年代，罗斯福但凡跟沃姆斯普林斯有交集，都会驻留一下，前往拜会赫尔。1928年，罗斯福支持赫尔获得副总统候选人提名。二人通力协作，致力于民主党的自由化工作；赫尔在芝加哥时还担任过罗斯福集团的领袖。罗斯福喜欢并尊重赫尔，对赫尔那热忱的国际主义当然也有感受、有回应，因此，罗斯福就任总统之时，赫尔便成了国务卿。

严肃、深思、温和、脆弱，赫尔俨然是典型的老派且温和的南方绅士。他奉行的一般性道德准则有着无可指摘的虔诚特质；他看来是相信，只要将高贵原则阐发出来，就完成了四分之三的战斗任务。伸张普遍准则并不难，下决策却是相当困难且痛苦的。他略有口吃，这就强化了无害且和善的形象。“我们必须清除所有这些贸易障碍”这句话经由他的独特发音，已然成为当时华府的流行语，用来表征他的基本信条。他的个人习惯颇为自律，美西战争之后便再也没有玩过扑克牌；每天抽十五支烟长达三十五年，于1927年某天突然结束了这个习惯；不喝酒，只会稍稍喝一点黑麦水。他不会刻意装扮自己，在华盛顿社交圈基本上不会有什么作为。他的确喜欢说教，但这只不过是揭示了他的品性：爱说道，却正直、善良。

不过这个人倒也没那么简单。他确实正直，通常也隐藏了他的自我正义感。不妨看看他两卷本的回忆录，里面根本没有自我怀疑或认错的表示。不管怎么说，一些人眼中那圣人一般的刚正，到了另一些人眼里，则有可能成为发自内心的顽固及虚荣。仿佛他从来都是正确的，他的对头则都怀揣卑劣动机。他自然有他的阴暗面。他来自田纳西中部的无人区，内战时期，那里是联邦和邦联游击队与散兵游勇的纵横之地，发生了不少烧杀抢掠之事。赫尔的父亲就是在游击队的一场袭击中被子弹射中，失去了一只眼睛，那场袭击是因他们的坏邻居而起。战后，老赫尔找到为那场袭击承担责任之人，并在肯塔基一座小镇的大街上将其射杀。科德尔·赫尔自己也曾告诉一个记者："我在田纳西的家乡小镇亲眼看过一打的当街射杀事件。"

他那老派的谦恭风范之下，仍然存续着那个山区复仇的世界。他的脾气时不时会爆发，田纳西式的诅咒和谩骂便喷薄而出，通常是以带着口音的"老天啊"开启。(罗斯福因此常常开玩笑说："科德尔今天又'老天啊'了，那个老男孩可是个好人啊。")有时他的激情会凝结起来，变成一种仇恨和一种决心，这仇恨之阴沉，这决心之无可遏制，不免令人惊惧，十八年前，正是那样的仇恨和决心引领他的父亲对吉姆·斯特普实施猎杀。如同那些了解他的人所说的，科德尔·赫尔是怀揣一把长刀的人。

他身上非常奇特地融合了福音主义和复仇欲望，无私和殉道，他也将这样的奇特融合注入他的斗争之中。"过去十年间，到处都在推行近乎疯狂的经济孤立主义，"他于1932年陈词，"这样的做法就是当前恐慌的最大的潜在原因。"美利坚若是就这么干下去，削减国内产量以适应国内需求，那将无疑是“自杀”之策；要么，美利坚必须降低关税，接受外来产品，并“做好准备展开一场世界贸易征服战”。经济国际主义不仅是复苏之路，更是和平和救赎之路。赫尔秉持的自然是田纳西原教旨主义者的信念，他决心将美利坚送上荣耀之路。[5]

8

此时的国务院看来是要追随这位新任国务卿。确实，在经济顾问赫伯特·费斯身上，赫尔发现了一个相当干练的经济学家，足以面对这个越发推崇国家主义的世界，赋予自己的宣讲以技术意涵和支撑。同时，在政府里，赫尔也有别的支持者。在内阁，他最得力的同盟便是亨利·华莱士，此时的华莱士并没有为美利坚农业找到除了扩大出口之外的长远的解决办法，而且并不认为扩大进口可以提升出口。“坦率地讲，”华莱士于1933年9月致信罗斯福，“我深信，我们迟早要大幅度降低关税。”不过，降低关税之举如何同农业调整署协调起来，对于这个问题，华莱士是一片迷惘；特格韦尔和费斯则各行其道。

赫尔最重要的朋友是总统本人，尽管这个朋友绝非简单之人，也肯定不那么可靠。跟大多数情况一样，罗斯福对此事也秉持深深的实用态度，不过，总统在根底上是个威尔逊派的国际主义者。他之所以选任赫尔，自然是完全明白自己想要什么；而且，真要说起来，即便他显然比赫尔更愿意磨掉国际主义信条棱角，但他也相当尊重赫尔的能力，确切地说，赫尔能唤醒他内心的这种信仰。他曾致信赫尔说：“在纯粹理论上，您和我是想到一处了，不过，就具体情况而论，我们必须调整原则，以面对那坚硬且不太令人舒服的事实！”对罗斯福而言，赫尔效力于经济事务，是担当了国际主义良知的角色，启用这样的人倒并不在乎一时一地的得失，而在于长远考量，一般而言，国际主义良知终究会取得胜利。

同时也应当指出，罗斯福尽管有着威尔逊主义的深沉信仰，但这位总统也跟1933年的大部分人一样，深切地感受到经济自我保护之需求。在获选并等待正式入主白宫的那段时间，赫斯特曾问起罗斯福的外贸观点，这位当选总统坦率地回复说，“就当前危机而言”，他接受赫斯特的国家主义，但并不赞成高关税及“国货运动”，因为这并不是长远之策。“长远来看，这样的政策将伤害我们，伤害我们的世界贸易以及我们的工业。”罗斯福对赫斯特的代表说。在就职演说中，他重申了这一点。“我们的国际贸易关系确实非常重要，但眼前的当务之急是确立稳定健全的国民经济，国际贸易问题尚在其次。优先事务优先处理，我赞成这一务实之策。我当然会竭尽所能促动国际经济的调整，以此恢复世界贸易，但国内危机才是重中之重，才是优先事项。”他相信，眼前的美利坚经济依然超出了美利坚的消费能力，遂告诫人们，不可“就这么徒然地增加工农业产量，寄望于仁慈天意在高价位上为我们找到买家”。控制生产是必然之事，既如此，他本能地在国家计划的框架之内思考问题，如同一个老派的保护主义者：“我们的国民经济，必须以整体语式而非单位语式予以呈现。”同时，他也认可了制度重组之需求。他致信社会主义人士保罗·布兰沙德说：“这其中当然涵涉了众多变动，不过我们在向着新的社会结构迈进，我丝毫不怀疑这一点。”

莫利—特格韦尔—约翰逊的方案和观念当然包含了对他有着重大吸引力的东西，不过，罗斯福绝不会完全服膺一种国家主义。对莫利等人来说，国家计划基本上就是目的本身；对罗斯福来说，那终究只是达成目的的手段。这位总统关心的毕竟是人而非意识形态，是具体情状而非一般原则，因此可以在诸般矛盾当中游刃有余，那样的矛盾很可能会令信奉逻辑之人备感沮丧和绝望。莫利这等人物自然搞不明白，罗斯福何以能同时倚重法兰克福特、赫尔以及选战智囊，毕竟，法兰克福特信从国内竞争体制，赫尔信从自由贸易，选战智囊则信从集中和控制。特格韦尔也发觉，罗斯福往往是从刘易斯·道格拉斯那里撷取一个想法，从法兰克福特那里撷取另一个想法，又加上自己的一个想法，如此轻松写意、顺理成章，那情形就像“从采棉机上拿下一个部件，从轧钢机上拿下一个部件，又从装瓶机上拿下一个部件，将之拼装起来，意在制造一辆汽车一样”。

不过，罗斯福的自我定位，则是他最喜欢的那个四分卫类比。在事情真正做完之前，他不会有什么预测或预言之论。1933 年 4 月，罗斯福曾在记者招待会上谈起：“前一垒，你当然可以打出十码，但下一垒就难说了，倘若你没打好，情况就不一样了。我认为这事很好解释。”从他的角度来看，法兰克福特、特格韦尔、约翰逊以及赫尔等人物和集团所表征的是不同的击球手，这中间的选择并不至于上升到战略层面。他的感受势必是这样的：每一套意识形态不过是呈现了美利坚现实的某些方面，每一套意识形态也都会错失美利坚现实的一些关键情状，因此，效能之关键通常并不在于采纳某一套意识形态，而在于融合这些选项，以应对具体需求。

当然，特格韦尔等人也都是信任实验的，不过，真要说何人才是根底上的实验主义者，那自然是罗斯福。确切地说，特格韦尔等人之实验诉求，必须在各自的体系之内展开。罗斯福则并非如此，这位总统超越了所谓的派系，以此熔铸更为复杂的美利坚图景，这其中涵括了协调机制、分权机制、国家主义、国际主义等，因此也就涵括了诸多不让任何体系拓展到逻辑极端的手段；若真的令某种意识形态体系推展到逻辑极端，结果将会是毁灭性的。在众人眼中，“新国家主义”和“新自由”是你死我活的关系，罗斯福却轻松惬意地将新政界定为二者“令人满意的融合”。总之，在政府的内部冲突中，总统维持了一种灵活的平衡格局，那平衡往往是难以察觉、难以探测的。[6]

十二　美元困境

1

国家主义和国际主义的第一场斗争是在货币政策领域展开的。1933 年 3 月 6 日，总统发布声明，禁止输出或者窖藏黄金，令金本位沦落至飘摇境地。“只要没人询问我们是否背离了金本位制或者黄金标价体制，一切就都没问题，”罗斯福在记者招待会上申述说，“因为没人知道黄金标价体制或者金本位制究竟是什么。”实际上，罗斯福对金本位制相当了解，因此，他有心避免僵硬地信守金本位体制。1932 年选战期间，他的确热情地谈到了稳健货币，但也十分小心地避免将这一无可指摘的术语等同于黄金。1933 年 1 月初，他告诉威廉·伦道夫·赫斯特的代表，倘若不能遏制物价的下跌势头，“我们势必会被迫进行通货膨胀措施”，要么减少美元的黄金含量，甚至采用金银复本位制。他拒绝给卡特·格拉斯提供反通胀保证，这也成为后者拒绝财政部部长之职的原因之一。

3 月初，危机迭出，不过只是暂时令货币政策问题退居后台。就职演说当天，商品批发价格指数只有 1926 年水平的 59.6%，农产品价格指数则只有 1926 年水平的 40.6%。高价位债务总额度已经到了可能造成经济整体崩盘的地步，除非能在一定程度上提升价格。此时的罗斯福也已意识到，第一个月推行的新政举措基本上没有为提升价格提供动力。恰恰相反，总统还在 4 月 7 日陈词：“这个春天推行的大量立法都是通货紧缩性质的，因为那些举措要么是在闭锁货币，要么是在遏制货币流通，现在，我们必须采取措施，予以抵冲……我们还没有赶上已然造成的通货紧缩势头。”恰当的解决办法看来是显而易见的。罗斯福致信豪斯上校：“必须膨胀起来，这一点是全然无法避免的。”他也致信农民协会的老资格通胀主义者约翰 · A. 辛普森：“必须削减美元的购买力，在这个问题上，我跟您一样焦急。”

然而，罗斯福幕僚团队中有一个集团认为这样的政策未免太吓人了。该集团的领袖人物是刘易斯 · 道格拉斯，他相信，唯有节约才能恢复繁荣。德国在 1920 年代的那段经历此时仍萦绕在他心间，挥之不去，他说服自己相信，1933 年春天的合众国，即便拥有此等尚未开掘的资源和劳动力，也完全有可能落入通胀失控的泥潭。当然会有人提议政府推行受控的通货膨胀，但对道格拉斯及正统派的其他代表人物来说，这样的想法太过危险了。“人们纷纷谈论渐进式的通货膨胀，”伯纳德 · 巴鲁克说，“这跟谈论渐进式的开枪，没什么区别……在这个到处充斥着贬值危险的世界里，货币怎么可能回归正常运作状态？”（当然，巴鲁克并非单独一人，他代表的是一个机构，因此十分小心，通常是两面下注。比如他会谈论稳健货币，他的助手赫伯特 · 贝亚德 · 斯沃普则同通胀派展开协作；他会谈论削减关税，他的另一个助手乔治 · 皮克则为保护性关税而斗争。）

道格拉斯自然是秉持了极为严格的正统派立场；不过，在这场为净化经济而展开的斗争中，他在政府内部也有一批得力盟友。其中之一是詹姆斯 · P. 沃伯格，一个干练且平和的纽约年轻银行家，经莫利举荐来到华盛顿，刚刚婉拒了财政部副部长之职，因为他并不信任罗斯福的货币实验倾向。沃伯格虽然也担心很快会滑落通胀深渊，不过他的立场比道格拉斯柔和得多。道格拉斯希望回归金本位制，沃伯格则希望继续向前推进，在新平价的基础上建立一种经过改革的金本位制。道格拉斯的另一个盟友是财政部副部长迪安·G. 艾奇逊，一个高大温雅之人，留着颇为惹眼的胡子，融优雅风格同犀利头脑于一身。（密歇根的卡曾斯曾质疑对艾奇逊的任命，理由是他跟摩根家族的关系太密切；不过，马里兰的泰丁斯则指出，他曾在关税委员会为苏联政府说话，由此洗清了这一指控。）相对而言，艾奇逊并不十分了解货币问题；他的观点介于道格拉斯和沃伯格之间。在政府之外，道格拉斯的立场得到纽约金融集团和一大批学院派经济学家的支持。[1]

2

货币问题的另一极则是在国会。自从国会对纸币的热情在很久以前初次涌动，催生了“一文不值”这个俗语之后，通胀政策便一直是备受国会尊崇的传统。大萧条一如既往地重新唤醒了通胀情感。1930 年之后，威廉·詹宁斯·布赖恩的承续者们在每一届会期都会赢得更多支持者，他们一直在要求美元贬值。只不过，农业议案的引入令俄克拉何马的埃尔默·托马斯刚刚有机会将这个问题充分呈现出来。

不过，通胀运动不仅是返祖式地回归平民主义。其智识传承即便不如道格拉斯的自由放任信条那般受尊崇，也显然比自由放任信条更为精微。但凡有些头脑的经济学家，对耶鲁大学的欧文·费雪所谓的“货币幻象”颇为不满已经有一段时间了，这“货币幻象”认为，货币单位的价值是固定的，以此来衡量其他商品的价值，但货币单位无需衡量自身价值。费雪认为，货币的价值只能跟黄金挂钩；若同商品挂钩，就会陷入无休止的波动状态。那么为什么不能让货币单位同商品而非黄金挂钩并维持稳定呢？对此，费雪申述说，“指数”体系的发展终究能用来衡量美元之购买力和偿债力的波动。如此，令美元拥有稳定的实际价值，并非不可能之事。

费雪不仅是美国最出色的货币理论家，也是颇有头脑和韧劲的组织者。1921 年，他将一批经济学家和工商业界人士组织起来，致力于推动美元稳定计划，该计划的目标是使美元的稳定性基于购买力，而非黄金。稳定货币协会由此诞生。亨利 · A. 华莱士从一开始就是该协会的副主席，约翰 · G. 维南特在其中也相当活跃，其他活跃分子还包括威廉 · T. 福斯特、沃德尔 · 卡钦斯以及韦斯利 · C. 米切尔这样的经济学家。“商品美元”观念也得到了农业集团及一批工商业界人士的支持，银行家集团的支持则为数很少。对此，费雪评论说：“他们自然会憎恶这种观念，毕竟这是要让银行业的价格水平趋于稳定，如此一来，他们赚钱的机会就会减少。”不过，银行家集团也有两个令人瞩目的例外，其一是弗兰克 · A. 范德利普，曾在麦金利时期任财政部助理部长，也担任过多年的纽约国民城市银行行长；其二是乔治 · 勒布兰科，曾是衡平信托公司的主席，正是他说服底特律的电台神父查尔斯 · E. 库格林向日益扩大的听众群体阐扬货币贬值、银币以及货币扩张的好处。

1932 年夏天，范德利普集结了一批工商业界人士，考虑如何应对灾难性的通货紧缩。这场讨论的结果是 1933 年年初成立了重建价格和购买力全国委员会，该委员会遂承续了费雪于 1920 年代铺展开的稳定货币工作。雷明顿-兰德公司的小詹姆斯 · H. 兰德，西尔斯-罗巴克公司的罗伯特 · E. 伍德将军和莱辛 · 罗森瓦尔德，以及甘尼特报业集团的弗兰克 · 甘尼特都是该集团的领袖人物；费雪和康奈尔大学的乔治 · 沃伦教授则以经济学家身份成为该委员会的顾问；其行政秘书则是一个可疑人物，爱德华 · A. 鲁姆利博士，第一次世界大战期间，人们认定他是德国代理人，自那之后，他便一直行事低调，寂寂无名。

国家委员会的选民基础颇为驳杂。一些支持者当然真诚地相信，借由商品美元推行再膨胀政策乃是唯一的救赎之路；另一些人则在膨胀政策中看到了投机机会，特别是银价攀升带来的机会；还有一些人代表了新兴企业集团，寄望于通胀政策能增加可用资本的供给量，并且相信经济增长很快会将新货币吸收掉。另外还有一些人，诸如印第安纳加里市的威廉·维尔特博士，对于货币问题有着怪异想法，当然也是相当温和的美国观念罢了。这个集团的边缘人物则更模糊一些。货币药方通常能吸引政治极端派；国家委员会所扮演的角色可以溯源至第一次世界大战期间鲁姆利的亲德主义，后来则由 1930 年代后期的宪法政府委员会和美国优先委员会承续。1952 年，詹姆斯·兰迪斯委任道格拉斯·麦克阿瑟为该委员会的主席，这可以说是该委员会的终章了。

不过，在 1933 年，该委员会的表象之下深藏了含混和模糊。确切地说，该委员会怀着明确诉求，推出一系列说词，提出大量且多样的政策建议，还雇了一批得力经济学家作为代言人，给这场通胀运动涂抹了受人尊重的色彩，尽管这些都是虚假的。[2]

3

农业调整议案给了国会通胀派第一次重大机缘，他们也充分利用了此次机会。很快便可以看出，他们已然趁着这股潮流迅速崛起了。伯顿·K. 惠勒修订案旨在令银币归回布赖恩时代的十六比一的比价，参议院于 4 月中旬对该修订案进行表决，结果足以表明，埃尔默·托马斯的全盘通胀修订案定会获得通过。托马斯修订案的目的是授权总统发行绿背钞票，将白银重新货币化，同时改变美元的黄金含量。此前罗斯福就曾谈过对通胀政策的需求；到了这时，通胀政策看来是要强加给总统了。剩下的唯一问题则如沃尔特·李普曼所言，就是“如何制造通胀，能否对其实施管理和控制”。

4月18日，李普曼发表了一篇备受瞩目的专栏文章，为罗斯福提供了总统在该问题上的本能感受的充足论证。在文章中，李普曼申述说，1931年夏天之后，各国实际上都必须做出决断，究竟是捍卫金本位制，还是捍卫本国的价格水平，“没有哪个国家能兼顾二者”。倘若美国现在选择金本位制，就等于放弃了信贷扩张和公共工程方面的念想。“今时今日，我相信已有决定性的证据表明，若要维持货币的黄金平价，将令做此抉择的国家面临根本无法承受的价格下行压力。”要么维持国内价格水平，要么维持货币的对外黄金平价，李普曼认为，除了这两者，总统实际上不会有其他的作为。

当晚，白宫方面便召集人手，商议筹划已久的国际货币与经济会议事务，此次国际会议是胡佛政府的遗产。道格拉斯和沃伯格参加了当晚的晤谈，一同参会的还有赫尔和伍丁两位部长级人物，以及赫伯特·费斯、威廉·C. 布利特、内华达的基·皮特曼（时任参议院外交委员会主席）、查尔斯·陶西格以及莫利等人。此次会晤，罗斯福开门见山，第一个发言说，金本位制自3月4日之后便一直搁置，现在看来肯定是要放弃了。这话令道格拉斯集团颇为震惊；沃伯格事后记述说，他们“根本没有料到”总统真会有这样的打算。不过，布利特、皮特曼和莫利此前就认可了这样的决定；费斯也表示赞同；连沃伯格也认为这是必要且明智之举，表示接受，但他主张有个明确表态，一旦环境允许就回归新的金本位制。无论如何，这一决策本身已是既成事实，无需讨论下去了。

接着，总统推出了埃尔默·托马斯修订案，其中辑录了通胀的诸般可能性。总统将草案递给莫利时，颇有几分炫耀地陈词：“彻底修订一番，然后放话出去，让他们通过了吧。”总统接着对其他人说道，“请祝贺我吧。”莫利后来记述说，总统此话一出，顿时炸了窝。沃伯格告诉总统，接受托马斯修订案是愚蠢且不负责任的行为，特别是其中有关绿背纸币的条款；那将意味着“失控的通胀和彻底的混乱”。罗斯福回应说，除非采纳此等性质的修订案，否则国会就会强推通胀政策。保守派反驳说，此等宽许性质的立法，显然会将货币送入飘摇境地，情况将同样糟糕。整整两个小时，道格拉斯、沃伯格和费斯展开了申诉和论证，甚至再次谈到了德国的例子。莫利后来回忆说，他们斥责总统，简直把总统当成了刚愎且愚笨的孩子，当然，当时参会的其他人认为莫利此论太过夸张了。罗斯福则是岿然不动，还略感好笑，将自己把控得很好，对各方攻击只给出委婉回应。皮特曼挺身为总统辩护。据沃伯格记述，莫利坐在一旁默不作声，俨然撒旦式的平静，看着正统派幕僚的闹心场景，他显然颇为愉悦。布利特根本不认为货币政策是重要问题，因此也保持旁观态度，就像在欣赏一场戏剧。费斯却对修订案中如此开放的绿背条款备感愤怒，如此惬意轻浮的晤谈氛围自然令他震惊。伍丁的愤懑是很显见的，赫尔则保持沉默，相当郁闷。

此次晤谈之后，道格拉斯和沃伯格前往莫利所在的酒店房间。二人花数小时跟莫利详谈了他们的担心，话里话外都是对灾难的预判，他们谈话的声音震荡在那个甜美的春日夜晚。最终，道格拉斯宣布了自己的判决。他以一种阴沉且愤激的语调宣示说：“这是西方文明的终结。”[3]

4

从古典经济理论的立场来看，罗斯福此次放弃国际金本位制的决定，确实匪夷所思。英国已经于 1931 年脱离了金本位，但这么做至少是有理由的，当时黄金储备的压力显然令英国别无选择。此时美国的情况则不然，虽然罗斯福一再宣称担心荷兰银行集团会袭击美国黄金，但美国的黄金储备事实上完全有能力满足常规的外贸需求。如此看来，总统的决议很可能有着更为邪恶的意图。此举意味着美国的货币政策不再对国际黄金本位制承担准自动的义务；说白了，美国的货币政策将真正成为刻意谋求国家目标的工具。非但如此，此举更意味着美国将放弃长久以来一直铭刻在公共和私人合同当中的“黄金条款”所要求的黄金支付义务，很显然，此举将给予所有意图从美元升值中大赚一笔的贷款人沉重打击。

此等影响自然令众多工商业界人士极为愤怒。温思罗普·奥尔德里奇在某个国会委员会陈词说，他实在想不通竟然有人会提议放弃一直以来都铭刻在所有债权和所有联邦货币当中的黄金条款；“太不可思议了”，他说。即便是巴鲁克这样的民主党人也不免申述说：“我们提高价格，不过是为了那20%的一小撮人，他们不过是一群失业者和债务人，无能、无智。”对这一脱离黄金的行为，他近乎歇斯底里地补充：“这就是暴民之治，除此之外，便没有别的说法了。也许民众尚不明白这一点，但我认为我们迟早会发觉自己被扔进了比法国大革命更为暴烈的革命漩涡。群众已经攫取了统治基座，此时则要进一步攫取财富。法律和秩序已然消散了。”当国会于6月初以联合决议案形式批准取缔“黄金条款”，并规定法币可以用于偿还私人债务和政府债券时，保守派的愤怒声浪越发激烈了。

不过，奥尔德里奇和巴鲁克的宣示并不能代表全部的工商业群体。新政的黄金政策赢得了摩根家族的支持，这倒是颇出人意料。J. P. 摩根亲自做了一番很是罕见的公开声明，对脱离黄金表示欢迎，认为这是“当前情况之下的最佳选择”。摩根的代理人罗素·莱芬韦尔告诉罗斯福：“您此次脱离黄金的举措，令这个国家免于彻底瓦解。您做的所有好事当中，这件事是最为必要也最为重要的。”

就此时的政府方面而言，这一系列黄金决议是一场大胆行动的开端，行动的目标就是要赢得自由，摆脱外部的经济纠缠。在旧时体制下，一旦国内价格和国际价格失去平衡，就必须重新调整国内价格水平，直到恢复平衡。而今，国内价格无需再为维持海外美元的黄金比价而作出牺牲了。此外，此时此刻的美国正在酝酿公共工程计划，因此实在有必要防范因恐慌引发的资本外逃，一直有人担心日益攀升的预算赤字势必引发这样的恐慌。同时，政府里的一些人相信，美元贬值本身就足以令国内价格水平上升；至少当年英国放弃金本位制时，就曾遏制价格下滑的势头。当然，贬值将改善美国在世界市场的地位，由此刺激出口。

不过话又说回来，这还不是什么货币政策，不过是在向货币政策发出邀约。百日新政实在太过繁忙且混乱，在货币问题上，总统只能是略有提点。确实，他在金融问题上的整体态度也足以揭示出他的随意性，当然还有对传统智慧的不尊重，这自然令正统派幕僚相当不满和沮丧。如同沃伯格后来评说的，货币问题似乎总是令总统厌烦，拒绝予以严肃考量。不过，沃伯格同时也申述说，货币政策问题倒是令总统十分着迷；总统一直在寻找某种办法，可以让货币政策如同变戏法那样一下子冒出来。“这方面的行动压力确实不小，您也确实应当有所作为了，但您显然还没有确定一个真正可以思考这个问题的人选，这的确太过怪异了。”

罗斯福的这种态度揭示出更多的东西。它表达了一种深沉信念：记述细节问题的分量被那些掌握技术的人严重夸大了；此态度甚至蕴含了一种异端感受：在某些问题上，埃尔默·托马斯也许比刘易斯·道格拉斯看得更准。在1933年，总统这种漫不经心的态度确实帮助人们找回了理智视角。货币问题，如同道格拉斯集团认为的那样，并不是致命问题，确切地说，肯定不会意味着西方文明的终结。[4]

5

货币问题的不确定性，主要在伦敦经济会议的筹备工作中成为焦点。到了1932年，赫伯特·胡佛已然觉得国内没有更多的办法来推动经济复苏了，遂认为“接下来的重大建设性举措”在于国际领域。此时的胡佛显然将大萧条视为本质上的国际金融问题，据此得出结论，救治之路的开端在于稳定国际货币体系。于是，他对伦敦经济会议计划表示欢迎，此次会议要表达的便是欧洲核心银行家集团的保守观点；为此，胡佛甚至试图将诸如关税这样的经济问题排除在会议议程之外。此举的目标，用筹备委员会里胡佛的代理人的话来说，就是“要在英国和德国这样的核心国家恢复金本位制”。

胡佛集团的这种政策取向，无论是诊断还是药方，距离新政思维恐怕都远得不能再远了。当莫利和特格韦尔在罗斯福获选到正式就职之间的那段时间介入国务院的经济会议筹备工作之时，二人很快便恳请罗斯福将整个筹备工作无限期推后。选战刚结束，罗斯福便告诉诺曼·戴维斯，伦敦经济会议是否真的“有着顶级分量”，这一点并不能确定。不过，这位当选总统仍然有心拓展会议议程，将关税问题、生产问题以及贸易问题都涵括进来。同时，他将会议的筹备工作交给一批秉持国家主义观点的人，先是特格韦尔，接着是巴鲁克，再往后是莫利。

赫尔默认了自己在这方面的边缘角色。在入职前，他就曾向亨利·史汀生表明态度，接受罗斯福要自领国务卿角色的意向。此外，财政部方面对货币稳定问题显然也有着特殊关切。因此，这位新任国务卿将自己的工作范围收得很窄，仅限于面上的呼吁，希望结束各国间的经济战。在此期间，赫尔常常申述说，世界贸易涵涉的货币总价值已经不足1929年水平的三分之一，实际贸易量则至少下跌了四分之一。胡佛政府已然大大推动了经济国家主义潮流，此时这股潮流看来还在积聚新的能量。筹备中的这场经济会议，在赫尔看来，其真正希望就在于美国；此前，美国一直推动世界行走在错误的方向上，而今，美国应当参与其中，与各国合作，力挽狂澜，将世界从错误的方向上拉回来。

细节问题多多少少是由莫利操持的。面对这样一场经济会议，莫利比以往任何时候都更强烈地感受到，他是这个国际主义集团中唯一诚实的人。在他眼中，赫尔不免是一个心思含混且教条之人，副国务卿威廉·菲利普斯不过是自命不凡，外事领域那些人则只是“高谈阔论之辈”，毫无用处。他说他在国务院根本“找不到一个理解并支持罗斯福国内政策和对外政策目标的人”，可资委任筹备工作。于是，他以一种随遇而安的态度，约请沃伯格、布利特及费斯等人代为拟订会议计划。沃伯格遂投入了无尽精力，起草了一系列草案，这些草案的目标是清除贸易限制，以新的平价寻求稳定货币，当然也要寻求对金本位制实施更新。[5]

6

就在美国的政策思维初步酝酿起来时，欧洲各国政府也一直向华盛顿方面坚称，此次会议不能再延迟了。于是在4月初，罗斯福约请各主要参会国派出代表前来华盛顿进行会前沟通。

这其中，一些国家仍然信守黄金，另一些国家则不然；本质的分歧就在这两个集团之间。黄金集团的领袖是法国和意大利，这些国家可谓克服了极大的困难，力阻本国货币贬值，他们显然是决心要抵制贬值的。他们推动的观点也正是胡佛政府倡导过的：重中之重是要恢复一种国际金本位体制。非黄金集团的领袖自然是英国，这些国家多多少少都认为，金本位体制作为终极目标当然是有价值的，不过要达成这样的体制，需要等到国际价格水平真正提升起来之后。至于新一届美国政府，则已经远远脱离了胡佛那种依托黄金来寻求硬性稳定机制的观念。不过话又说回来，在为国内提价政策寻求自由空间的同时，新政府依然在思考某种形式的国际经济合作，甚至也在寻求某种国际稳定机制。罗斯福在4月月中申述说："我们希望做的事情之一，就是让世界作为一个整体，回归某种形式的金本位体制。"不过这都是未来的事了。就当下而言，罗斯福认为，此次经济会议应当寻求"明智且审慎的国际行动，以此襄助各国自身的经济复苏计划"。（罗斯福在会前沟通函件当中如是说。）当各国大人物齐聚华盛顿展开晤谈时，就是以优先次序问题为切入点的。

最先抵达的是英国首相拉姆齐·麦克唐纳。此时的麦克唐纳无论是个人生活还是政治生涯，都处于最后的解体阶段，他对此次经济会议有着压倒一切的情感诉求。他显然将此次会议视为千载难逢的翻盘机会。然而，就在麦克唐纳前往美国的途中，罗斯福已然带领美国脱离了金本位制。就这样，麦克唐纳不仅失去了脱离金本位制国家昔日在美国身上享有的世界市场优势地位，更令英国和美国的谈判格局发生了逆转。麦克唐纳本指望美国会恳求英国回归金本位制，现在却发觉华盛顿方面对于稳定汇率的欲望反而不如伦敦方面那么强烈了。官方说词显然难掩英国方面深深的恼恨。"整件事情，"伦敦《金融新闻报》评论说，"都是刻意谋划的，其冷血昭然若揭，这就是活生生的外交敲诈。"（当然，这样的反应并不能代表英方所有人。比如温斯顿·丘吉尔，虽然曾于1920年代颇为鲁莽地将自己政治生涯的赌注押在金本位制上，此时则对罗斯福的举措表示祝贺，说那是"高贵且满是英雄气的清明之举"，还补充说，他倒是"乐于见证美国人以更大力度，大幅减少美元的黄金含量，那才是稳健且值得称道的行动”。)

在稳定机制问题上，这场罗斯福—麦克唐纳谈话完全是闪烁其词。素来头脑混乱的麦克唐纳竟然认为，罗斯福是支持美元—英镑之间的直接稳定机制的；实际上，并无任何在场之人会有这样的感觉，也正是这一感觉造成了后来的误解。不管怎么说，货币需要稳定，双方对此在原则上没有分歧，问题的关键在于具体汇率；在这问题上，罗斯福对英国人的不信任可是出了名的，因为英国人总觉得自己的智谋高人一筹。晤谈之后的联合声明干脆搁置了这个问题，只是笼统申述说，“最终要建立”国际汇率的平衡机制，“这样的目标也应当予以考量”。这份联合声明的重点在于“普遍提升物价水平之必要性”，并认为这才是“首要且根本”的问题。声明还呼吁增加政府支出并扩张信贷；而且很显然，其主旨倾向于确证各国自身的复苏举措。

在同法国会商期间，美国将自己最大胆的提议摆上台面（这是布利特的方案），即设立三方稳定储备金，旨在维持美元、法郎和英镑的稳定关系；但此时已相当脆弱的法国政府因为担心此举会引发国内动荡，拒绝了该方案。同法国一起发布的联合声明提到了“重建正常的金融和货币形势”，以及“提升世界价格水平”，并以此为目标；同意大利一起发布的联合声明在强调各国国内公共工程计划的同时，也宣称，“必须依托黄金”来重建稳定的汇率标准。

这一系列联合公报的出台，反映出的不仅仅是黄金集团的压力，也揭示出美国政策存在内部摇摆。此次华盛顿会商不久便可以自行推展开来，到了这时，赫尔、沃伯格以及一批国际主义者便越发地乐观起来。约请各国政治领袖前来华盛顿会商，此举本身就给了世人这样一种印象：罗斯福是伦敦经济会议的一个特别主顾，因此令世人觉得这位美国总统是在引领一场对战大萧条的国际行动。

伦敦经济会议计划于 6 月 12 日开幕，公众预期也就开始无限制地高涨。

至少在莫利看来，情形就是如此。国内方案已经开始成形并浮出水面，莫利认为，若是陷入国际承诺的纠缠和麻烦中，将越发危险。他断定罗斯福不会真的将新政置于自由放任国际主义的祭坛之上，因此越发觉得有必要冷却一下大会之前的这股热潮。于是，莫利借助一系列报刊文章并最终于 5 月 20 日发布了广播演说，告诫人们切不可认为伦敦发生的事情会改变这个世界，当然，莫利此举得到了罗斯福的许可。莫利申述说，这样一场经济会议，全然指望靠国际协作来救治这场大萧条，“必然会以失败收场。各国都必须把自己的事情料理好，一场国际会议的真正效能不过是在一定程度上对各国的国内行动提供一些协助而已……国内政策之分量才是最为深重的”。莫利总结说，在伦敦当然可以做一些事情，但那些都是次要的。

此番演说，莫利并未征询赫尔的意见，因此令二人之间的紧张关系加剧了。二人的分歧主要还是在政策方面。国务院的一名助理人员在笔记中对二人的一番描绘颇为敏锐：

> 国务卿先生：喜欢深思、琢磨，对美国经济、经济史及国际经济史皆有长时间思虑。不过，超出这些领域，他便不甚清楚，也不善于听取他人的想法；他心怀善念，若遇到阻碍和困难，便不能予以分析并找到解决办法，因此完全靠着“宣讲”与之作战。
>
> 莫利先生：有热情，有关切，心思敏锐、跳跃。他不会寻求系统的解决办法，甚至不会寻求系统的程序，喜欢临时抓取种种观念和举措……他时常让别人系统考虑某个问题，他自己不会去干这样的事情。他总是那么举重若轻，轻描淡写，仿佛谈笑间樯橹灰飞烟灭……

> 赫尔简直就是生活在自己制造的真空状态，就那样沉思着，反反复复地吟唱高调，具体举措则全部交付莫利操持，莫利认为他那样的高调不过是旷野里的呼告。

此二人并不信任对方的动机。也就是在这段时期，莫利登门拜访，向国务卿保证：无论国务卿听到什么，他都不会谋求取代国务卿。赫尔不为所动，后来品评说："莫利至少是有这个念头的。"[6]

7

6 月 12 日这个时间节点越来越近，总统不能再拖延了，必须圈定伦敦经济会议代表团人选。罗斯福在圈定人选之时，内心究竟是何考量，这一点自然无从得知。主席人选是赫尔。罗斯福当然很清楚赫尔在对外经济政策问题上的强悍观点，不过，总统并没有因此让赫尔多了解一下国内政策问题上与之竞争的诸般要求。副主席人选，罗斯福选择了俄亥俄州的詹姆斯·M. 考克斯，1920 年曾是罗斯福的竞选伙伴。参议院方面，总统圈定了外交委员会主席、来自内华达州的基·皮特曼，众议院方面则是外事委员会主席、来自田纳西州的萨缪尔·D. 麦克雷诺兹。罗斯福还着力约请加利福尼亚州的海勒姆·约翰逊进入代表团，虽然约翰逊是铁杆的孤立主义者，但为了请到他，罗斯福甚至放话说，倘若约翰逊拒绝附议伦敦经济会议的决议，他作为总统也不会有什么意见。约翰逊拒绝了此番邀约，罗斯福遂在最后一刻圈定了密歇根州的詹姆斯·M. 卡曾斯。第六个成员是在代表团启程前一天圈定的，那就是拉尔夫·W. 莫里森，一个得克萨斯商人，曾为民主党募集政治献金，约翰·加纳和詹姆斯·法利都认为应向他表示感谢。这个代表团里，赫尔、考克斯和麦克雷诺兹大体上是威尔逊国际主义统绪中人，并且信奉稳健货币路线。皮特曼则支持高关税，并且是狂热的白银派；卡曾斯也是保护主义者和通胀派。莫里森对于伦敦经济会议诸般议题的态度，即便有的话，也不甚清楚。这个代表团的所有成员都没有国际会议的经历。

罗斯福给出如此怪异的组合，很可能是为了方便行政和顾问人员对其实施控制；莫利安排了布利特作为行政秘书，沃伯格担当金融问题顾问，费斯则是首席技术顾问。此外，哈佛大学的 O. M. W. 斯普拉格也作为财政部的代表进入该代表团，斯普拉格拥有英格兰银行顾问的履历；纽约联邦储备银行的乔治 · L. 哈里森也予以随行，随时提供必要的协助。此外，还有进一步的安排：莫利将在国会休会之后，前往伦敦担当联络人的角色（尽管赫尔不记得曾有这样的安排）。

莫利称这个即将出海的代表团是“阿尔戈英雄”，说他们是要去寻找金羊毛的。启程之前，总统约见代表团参加简介会。席间，总统将沃伯格于几个星期前草拟的一份决议递给他们，算是指示。无论是总统还是国务卿都无意讨论那些关键问题，实际上，对于横亘在代表们之间的这些关键问题，大家都心知肚明。巴鲁克和莫利当然有意提起这些问题，但都被一些大而化之的安抚之词盖过去了。货币政策问题上这种漫不经心的态度，看来是有些过火了。代表团在一团迷雾当中离开了华盛顿，那迷雾之浓重远远超过了他们在北大西洋海面上遇到的任何雾气。[7]

8

时间进入 5 月下旬，经济会议的前景越发黯淡。此时的伦敦，诺曼 · 戴维斯在一系列私密晤谈之后发觉，英方的情况跟美方差不多，一片混乱，主要问题跟以往一样：白厅方面太乱了，尚需梳理整治一番。“此次经济会议上，英方当然会在经济合作的大方向上附议我们，这没问题，”戴维斯报告说，“不过我担心他们的内阁对国际合作基本上没兴趣，也不相信这种东西，也许麦克唐纳先生是个例外吧。”然而，麦克唐纳此时在伦敦的政策影响力看来跟科德尔·赫尔在华盛顿的处境一样，只能说是聊胜于无。这位英国首相的说词倒是好听，一副自由主义的和善态度，但他们的国民政府则非常强硬，势必会动用优先条款以及配额制度来保护英镑集团。法国方面则已经于5月中将自己的态度知会华盛顿：除非先行达成美元—英镑—法郎的三方稳定协议，否则开国际会议便毫无意义。此时的华盛顿方面，赫伯特·费斯希望将会期延后，莫利和特格韦尔则干脆认为整件事不过是荒谬的空头卖场，因此从根本上就不支持美国涉身其中。

然而，此时的赫尔显然忘了戴维斯传回的沮丧消息，忘了自己同总统的种种分歧，也忘了莫利展开的一系列运作，这就令这位国务卿在主流的悲观情绪当中依然是个例外。在启程时，他陈词说：“不出几个星期，人们就会在基本方面达成协议，该协议可以应对货币稳定问题，也可以应对贸易壁垒问题。”很显然，此一预断有一个前提，那就是美国国会将召集一个特别会期，以通过互惠贸易协定议案；若能在此时通过这项议案，就足以向伦敦会议表明华盛顿方面是真心实意地要削减关税的。然而，在途中，赫尔获悉，总统已然决定不再谋求推进这份议案了。赫尔即刻给总统发送电报，大意是：倘若关税议案获得通过，那么伦敦经济会议将是“您任期之内最为耀眼的成就”；若没有这份关税法案作为支撑，美国代表团在伦敦就什么都干不了。罗斯福的回复很简单：此时的国会已经要休会了，在这样的情况下，再行谋求推进关税立法，既不明智，也无可能。这份电报对赫尔来说是一记重击。“我启程前往伦敦时，满怀希望，”他后来记述说，“抵达伦敦时，却已两手空空。”此番受挫，令赫尔动了辞职念头；考克斯和布利特赶忙知会总统，让总统向赫尔传递私信，争取恢复一下赫尔的心气。罗斯福欣然接受（并发送了内容如下的私信："我是完全支持你的"）；但这并没有给赫尔带来太大的安抚。[8]

9

此时的伦敦可谓一片混乱。来自六十六个国家的代表云集肯辛顿的地质博物馆，在各个委员会房间进进出出，在走廊里扎堆交谈，或是在绝望中退避至底楼那七十英尺长的吧台，兀自品尝各国美酒。所有代表团中，最为混乱的就是美国代表团。赫尔仍然没有走出互惠贸易议案之事带来的挫败和失望，此等情形之下，他显然不能建立自己的权威。没有了坚定的领导者，这个本来就乱象纷呈的团队可以自由发挥各自的奇思异想了。于是，上午的会谈成了没有目标也没有体系的漫谈，完全是闲聊、中伤、发泄，要么就是纯粹无关的胡话。"从一开始，"费斯记述说，"各方代表就没有表现出真心做事的态度；他们根本没有读会议材料，也不曾耐心跟进委员会的讨论，不曾在任何问题上认真交流。"

担任大会货币委员会主席的詹姆斯 · M. 考克斯则保有一些责任意识。沃伯格通常在早上跟考克斯通告相关的信息和情况，就站在考克斯房间浴室的边上汇报，一个英国服务生则利用这段时间将考克斯那硕大的粉红色身体弄干。然而，考克斯没有足够能力把控赫尔扔下的缰绳。皮特曼则依然那么强硬、强悍、粗粝且易怒。他知道自己想要什么，便无所顾忌地直奔目标而去；还好，除白银问题外，他对其他问题则无比冷淡，会议的大量时间里，他基本上都在喝酒和争吵。有一次，他甚至拿着一把猎刀沿着克拉里奇的走廊追赶一名技术顾问；这个被怀疑对白银问题不够热情的顾问，随后特意买了把枪，以备不时之需。卡曾斯倒是偶尔能发挥一些作用，不过，在此等拘束当中，他也发觉难有用武之地，便一直试图辞职。麦克雷诺兹和莫里森则干脆结伴出去骑马，基本上没有时间赶回来参会。另外的多名代表，彼此之间嫌隙已是相当严重，都不愿遮遮掩掩，甚至在公共场合也会爆发出来。简言之，这是一个没有领导的代表团，既无政策，也不团结。说实在的，即便派出世界上最好的代表团，此次会议也很可能会以失败收场，何况是这样一个代表团。

技术团队的存在也无从弥补代表团本身的缺陷。沃伯格当然相当热忱且不知疲倦，但相当感情用事；费斯则一度试图为赫尔维持住局面，但很快便绝望了。布利特自 1919 年那个痛苦的春天之后，第一次出现在外交舞台上，倒是闪耀了一番。罗斯福在 1932 年选战期间见到他时，对他的意气、头脑和冲劲颇有印象；选战结束后，当选总统便准许布利特以自己的代表的身份在欧洲游走一番。就职后，布利特来到华盛顿，希望能在国务院谋得职位。虽然威廉·菲利普斯仍对他当年“背叛”威尔逊一事耿耿于怀，并因此蔑视他，反对给他职位，但莫利最终强行任命他为国务卿特别助理。费利克斯·法兰克福特曾在这段时间撞见布利特，遂问询说：“好吧，比尔，你现在已经学会保持镇静了吧？”“当然，”布利特回答说，“现在我已经非常稳妥了。”但在很多方面，他仍然是过去的那个比尔：第一次世界大战期间一直跟随着他的那副监听器，此时仍在他的电暖器里放着呢。在伦敦，他惹恼了考克斯，因为他说美国代表团的房间被英国人窃听了；他也惹怒了麦克唐纳，因为他将后者的秘书带出去吃饭，想从秘书口中刺探唐宁街的情报；连莫利也不得不承认，对布利特的那种浪漫心灵来说，外交事务充斥着“阴谋和反阴谋”。他对阴谋和手腕的热情，瓦解了美国代表团仅存的一点士气。[9]

十三　伦敦爆炸

1

6月12日，伦敦经济会议开幕，开幕仪式颇为体面。乔治五世致辞欢迎各国代表；拉姆齐·麦克唐纳则在开幕演说中就呼吁各国削减战争债务，开门见山地开启了经济议程，此举实在有点背信弃义。麦克唐纳的具体申述还算温和，但此举显然违背了不谈债务问题的会前协定，令美国方面从一开始就备感恼恨。“我完全惊呆了。”美国驻英大使罗伯特·W. 宾汉姆致信罗斯福说。他还补充说，麦克唐纳的同胞非常贴心地原谅了这种行为，将罪责归于“他的身体和精神状况”。

此次会议，光是开幕发言就持续了数天之久，直到满足了全部六十六个代表团的国家声望之欲念为止。此时的赫尔虽然在贸易协定国问题上受挫，但仍想着再作一搏，打破关税僵局。他指示费斯草拟了一份方案，旨在要求各国普遍将关税削减10%。在一团混乱当中，该方案被提交至大会秘书处，仿佛这是美方的正式提案。此时，皮特曼愤然起身离席，以表明他与此事无关，这一插曲令大会更加相信美国人是何等古怪、滑稽。赫尔随即服软，大会议题就此从贸易壁垒问题转入货币问题。

2

货币问题自然是无可避免的，毕竟法国方面的态度依然没变：除非在稳定汇率方面有所作为，否则一切免谈。不过，稳定汇率只是货币问题的一个方面；另一方面则是国内价格水平问题。一边是稳定汇率，一边是稳定国内价格水平，对于这二者究竟谁是主要目标，几个大国很快便陷入根本性的分歧。

对仍然信守黄金的国家来说，答案是很明显的。他们要的是稳定汇率，而且完全准备好了为此牺牲国内价格的稳定性。对美国来说，答案在一开始并没有这么清晰，但不久就变得同样清晰了。美国决定要提升国内价格水平，因此，美国政府越发决心要达成稳定价格的目标，为此不惜令汇率陷入持续不稳定的局面。英国在这个问题上则陷于内部分裂，还急切地想着扮演一个调解角色，一方面赞同美国，认为在稳定汇率之前需要在某种程度上提升价格水平；同时又赞同黄金集团，认为不应借由通货膨胀或者赤字支出的渠道来提升价格水平。

于是，大会的第一幕就此拉开，核心议题便是安抚法国，为此，大会拟就了一份将法郎、美元和英镑涵括在内的临时稳定协议。会前，三国中央银行的代表便已商讨过这个方案，此时抛出这样的提案，目的显然是在大会期间达成货币休战局面。然而，随着稳定议题铺展开来，其具体表述既反映了法国政府的反通胀意愿，也反映出英方试图让英镑对美元保持低位的意愿。特别是其中一项条款将美元—英镑汇率确定在大约四比一的比率上，就其实际效果而言，等于令总统根本无法动用托马斯修订案赋予的权力。不过，置身伦敦的一些美方代表还是热切敦促罗斯福接受此协议，斯普拉格恳求说："若该协议失败，将是极具灾难性的。"沃伯格也补充说，没有了汇率稳定机制，"美国就绝无可能担当起领导角色，促成经济持久和平的局面"。

伦敦方面的看法，加之法国方面的坚持，是一回事；华盛顿方面的看法，加之通胀派的坚持，则是另外一回事。美国媒体开始报道伦敦会议的诸般消息，并预测汇率稳定举措即将推进，这自然催生了美国国内市场的敌对反应。6月15日，纽约股市急剧下跌，一些商品价格也开始下滑。一时间，整体价格结构有崩盘之嫌。"你在伦敦的那些人显然正在推进汇率协议，"休·约翰逊告诉莫利，"那会将我们辛辛苦苦提升的价格水平一下子打垮。"美元纷纷汇聚外汇市场并很有可能以不利地位同英镑挂钩，自托马斯修订案之后一直相对安静的通胀派便重新鼓噪起来。一份有将近六分之一国会议员签名的请愿书，更是相当直接地要求将库格林神父派往伦敦，担任美国代表团的顾问。

此等背景之下，罗斯福迅速回绝了伦敦提案。他给出的三条反对意见相当有说服力，也相当有分量。其一，提案中的汇率在他看来是高估了美元，令美元处于不利位置；总统于6月17日便电告赫尔说（直到6月23日，豪斯上校跟洛尔德·罗西亚也是这么说的），他当然有心稳定美元—英镑汇率，但应该维持在4.25左右。其二，他不能接受美国国内政策因此将会遭受的拘束；他告诉赫尔，倘若物价下跌，我们就必须保持托马斯修订案赋予的完全的行动自由，否则便无法维持国内价格水平。而且，从长远来看，总统无法信任此等汇率安排可能会带来的后果；他告诉赫尔：这样的安排，就其范围而言，我们自然可以将之理解为一般性的和宽许性的，但那样的措辞也实在是糟糕，倘若我们日后拒绝遵从伦敦和巴黎方面的解释，他们很可能会指控我们背信弃义；这就是我所担心的。

罗斯福此番坦率的电文并非真的要扼杀稳定汇率的计划，而是希望借此促动美方代表展开更有利的谈判，也借此恢复代表团的主次意识。他在电文中总结说：就我个人而言，这样的安排太过注重眼前那一时的波动了。他于 6 月 20 日告诫赫尔：切记，那些银行家集团掌控着的内阁，自然是要过分强调稳定汇率机制的。此等情形之下，美国代表团应担当起领袖角色，要求此次经济会议会商一套恒常机制，以便各国展开交流与合作。赫尔接受了这一立场；一时间危机似乎就此化解了，尽管麦克唐纳对此相当不忿，法国财长乔治·邦内特更是勃然大怒。不过，此时的美国代表团仍然惊魂未定。6 月 22 日，考克斯致电罗斯福：倘若您对我们尚存一丝怜悯，就不要再让我们经历这样一个星期的黑暗时光了。罗斯福则相当平静地回复说：干得不错啊……《纽约时报》的那些评论完全不必介怀，就是寥寥几家报纸而已。

此时国会休会，总统也准备登上“琥珀鱼二号”纵帆船前往新英格兰水域休假，百日新政的确让他太累了。然而，此时的伦敦方面，周末议程已然围绕 10% 的关税税率削减议题爆发了争吵，美国代表团的境况也越发混乱，看来莫利是时候出场，亲赴伦敦了，此事本就是计划好的。在这件事情上，罗斯福的说法一直含糊其词，并且从来没有提及莫利伦敦之行的确切时间。此时，莫利预定了“曼哈顿”号上的一间客舱，计划于 6 月 20 日星期三动身前往伦敦。然而，接下来的二十四小时里，莫利也陷入了最后时刻的犹疑，是马尔文·麦金太尔和詹姆斯·F. 伯恩斯在背后有所劝诫。无论如何，此时的莫利无法确定是否应当赶赴伦敦，遂决定直接找总统来商定。

莫利搭乘海军的舰载飞机飞往南塔科特，从那里搭乘一艘海军战舰来到波洛克角附近，总统的大帆船就在此处水域。罗斯福正在驾驶帆船，“琥珀鱼”在水面上摇曳，莫利坐在阳光下，同罗斯福商讨此次伦敦之行。据莫利后来回忆，罗斯福坚持要他去伦敦走一趟。也有证据表明，莫利此次突然登临“琥珀鱼”，让总统颇有些不高兴。不过，有一点可以肯定，总统默许了莫利的伦敦之行。几天后，埃莉诺·罗斯福也跟丈夫谈起，让莫利前往伦敦是错误决定，因为此举很显然是在轻慢赫尔。小亨利·摩根索当时也在场，他在日记中记述："罗斯福跟埃莉诺解释说，不会发生这样的事情。"

"关键是，"罗斯福告诉莫利，"你要让代表团和其他人明白，我的主要国际目标就是提升国际价格水平。"罗斯福还援引了沃尔特·李普曼的一篇专栏文章，文中指出，倘若国际合作能够促成协调行动，那就是不错的想法；若仅仅是催生了消极且无效的稳定局面，那就不会是什么好东西。莫利知道李普曼此时正在伦敦，遂询问总统是否应当跟李普曼谈谈，也跟凯恩斯谈谈。罗斯福表示赞同，这样能让美国代表团更清楚地认识华府的货币目标。动身之前，莫利留了一份备忘录给总统，那是前一天由赫伯特·贝亚德·斯沃普草拟的，主旨是反对硬性且独断的稳定方案。莫利解释说，若是伦敦方面再有什么恳求发送回来，这份备忘录能派上用场。接下来的二十四小时，"琥珀鱼"乘风疾行，离开了马萨诸塞水域，莫利则搭乘"曼哈顿"号跨越大西洋，赶赴伦敦，一路上气氛甚是肃杀。[1]

3

罗斯福尽量低调处理莫利的伦敦之行。他私下指示莫利不要接触媒体，并特意提醒莫利，他的身份是"在国务卿之下"的；公开场合，罗斯福宣称莫利不过是"信使或者联络官"的角色。不过这样的姿态并没有瞒过媒体，媒体很快便宣称，莫利此行肯定带有总统的新指令，有可能取代赫尔成为代表团的首领，甚至有可能就此成为国务卿。此时的伦敦受惑于此等猜测，也为来自美方的任何事情做好了准备，遂开始感觉到，在莫利抵达之前，是不能有什么动作的。说白了，会议议程实际上已陷于停滞，就等着莫利前来救驾。

此时的赫尔观望着莫利方面的进展，内心极度愤懑。媒体的种种报道纷纷暗示他已经失败，令他纷扰不已；那些在莫利抵达之时前往迎候的官员和代表更是令他生出深深憎恨。莫利收获的礼遇在这位恼恨不已的国务卿眼中，已然接近君王的礼遇。拉姆齐·麦克唐纳直接要求赫尔派莫利来谈判，尽管这位英国首相还是不忘礼数，补了一句："您也可以来，如果您愿意的话。""那些首相和高官趋附在莫利身后，仿佛莫利就是那个吹笛手，"赫尔后来记述说，"我却一直退居后台，像是此次大会最无足轻重的摆设。"赫尔此论自然因怒气难消而有些夸张了（事实上，除麦克唐纳外，莫利并没有见到其他首相）。

莫利当然很清楚此时的赫尔感受着何等的轻慢，无论那是想象的，还是真实的；于是，抵达伦敦之后的二十四个小时，莫利专门用来跟赫尔倾谈，向赫尔保证自己此行只是常规性质的，并无特殊使命。在代表团、媒体面前，莫利更是刻意压低自己的位置，很是低调，并觉得此举已相当成功地恢复了赫尔的自尊。莫利回忆说："赫尔难掩喜色。"然而，赫尔心思之复杂，超出了莫利的想象，虽然此时的莫利相当自信。赫尔后来记述说："我就是把他想要的全部缰绳都给他，且看他在这伦敦乱局中能坚持多久。"

自认已经搞定了赫尔，莫利遂转入新的金融问题。罗斯福对稳定汇率的谈判态度冷漠，这就遏制了外汇市场美元的上扬势头，美国国内物价水平则重启了上升趋势。6月的最后几个星期，美元持续走低，令黄金集团的一些国家禁不住宣称，如此下去，他们也将不得不脱离黄金。此等担忧给暂时稳定的局面遭受的压力添了几分恐慌的意味。在众人纷纷弃守黄金时，黄金集团决定搏杀一番，力图守住黄金战线，遂抛出了一份新的货币宣言，并宣称，为今之计，只有这份宣言能拯救他们了。

此时的莫利已经开始独力操持稳定汇率的谈判，不再征询赫尔的意见，他发觉这份宣言完全没有危险，也没什么恶意。确切地说，这份宣言在很大程度上复制了罗斯福最初给美国代表团的一项指示，皮特曼也曾将其作为正式提案送交大会。依据该宣言，除了一般性的许可之外，美国将不承担任何承诺或义务；那样的许可美国实际上已经给出了，即支持汇率稳定机制（最终），支持黄金（最终），并约束汇率投机。而且，此时的美元—英镑汇率基本上稳定在4.40左右，看来罗斯福此前一周的谈判策略起了作用；莫利印象中，罗斯福愿意接受4.25这个价位，因此，他认为总统提出的同英国合作的条件之一此时已经实现了。莫利遂提议总统接受这份宣言。此时的纽约，艾奇逊、巴鲁克和道格拉斯正在财长伍丁的病榻之侧陪护，这些人便也认可了莫利的提议。

4

罗斯福接到莫利发回的信息之时，尚在北方水域，对于宣言的内容本身，他自然不可能给出严肃反对意见。不过，他对于这个问题的通盘看法自一个月前将沃伯格决议交给代表团之后，便越发清晰了；此前他还颇为漫不经心，但在6月中跟莫利的那次交流以后，他也一直在廓清自己的看法。到了这时，农业调整署和国家复兴署在6月份的运作情况已然令他的国内改革计划变得更为具体，也更为切实。国务院的一个朋友在伦敦提醒费斯：“你们千万别以为此时的美利坚跟你们离开时是一样的。这些变化都是实实在在的。”此外，6月中旬国内价格的震荡也令罗斯福相信，无论如何都要保住国内价格的上扬势头，这一点至关重要。同时，“琥珀鱼”之旅令总统从华府的繁忙当中摆脱出来，他第一次有机会通盘考量如何将国内和对外经济政策协调起来。

当然，还有另外一些更为具体的力量在影响着罗斯福。豪斯上校选择在这个时候将巴兹尔·布莱克特爵士的新书《计划货币》呈送罗斯福。书中有这样的申述："计划货币之于计划机制是至关重要的，倘若价格总水平总是要经受剧烈波动，在这样的货币体制之下，计划机制是无从想象的。"罗斯福势必赞同布莱克特对于稳定价格水平的诉求，"在那样的货币体制中，购买力将维持数年乃至数十年的稳定"。该书还评论了凯恩斯《货币论》的最后一章，并特别提议建立国际商品美元机制，以此促动整个世界对黄金的依附，这自然会对罗斯福产生吸引力；罗斯福还特意指示身在伦敦的莫利去跟凯恩斯交流一下这个问题。总统还跟乔治·F. 沃伦讨论其新书《价格》中提出的管理货币问题；沃伦很快便告诫罗斯福，不可接受伦敦方面的任何协议，因为那样的协议会限制"我们的货币自主权能"。此外，罗斯福也捧读了加雷特·加勒特发表在 7 月 1 日《星期六晚邮报》上的文章，并在"琥珀鱼"号上跟摩根索讨论了这篇文章。文中，加勒特援引布莱克特的书，强力申述说："各国要修复国内经济，首要问题便是设法平衡各自的预算，创造工作机会，恢复偿付能力。"还有一点令此时的罗斯福颇为警觉：国际银行家集团，特别是自己的老朋友，摩根家族的托马斯·W. 拉蒙特，正在竭力通过赫伯特·贝亚德·斯沃普对纽约和伦敦的代表施加影响。（银行家集团当然是要施加影响的，这一点毫无疑问；但有证据表明，斯沃普站在反稳定政策一边。）在纽约，仅仅是有关稳定政策的传言，就已引发了美元的上扬和物价的下跌。

此等情形下，伦敦会议抛出的这份新宣言，无论从文字上来看是何等无害，对罗斯福来说，也有着更大的象征意涵。这样一份宣言足以表明伦敦会议对某个问题的关切有些过火，同时揭示了一种政策取向，这取向在总统看来是错误的。黄金集团不断施压，这自然会影响罗斯福对宣言的解读，将之视为一种企图，企图将美国捆绑在稳汇率的政策路线之上。正如费斯于 7 月 3 日在伦敦申述的那样，“摆在总统面前的第一份稳汇率计划，其意涵是相当深远的，而且显然要求我们的总统放弃自己的货币政策。这很可能会令总统备感戒惧，当第二份稳汇率宣言到来时，总统再生戒惧，也就在所难免了”。莫利确实在电报中提议接受这份宣言，不过，莫利在谈到斯普拉格提议的协助计划之时，也不免特意指出：这其中是有危险的，即便只是临时宣言，一旦公布出来，就很可能会被视为恒久稳定政策的开端。《泰晤士报》也给出了类似的评论：“倘若这份宣言获得接纳，那么各国政府最终完全有可能以黄金为基础，议决稳定政策。”

摩根索此时正跟罗斯福在一起，他在6月30日的日记中记述说，罗斯福对这个问题已是高度关注，看来是要做出决定了。此时的纽约和伦敦，局面更加紧张。6月30日下午，莫利和斯普拉格召集纽约集团成员前往伍丁家中。就在他们商议之时，伍丁突然晕倒，巴鲁克和艾奇逊一度觉得伍丁这次挺不过来了。莫利本来打算向聚集在唐宁街10号的各国政要宣布罗斯福接受会议宣言的消息，这一突发事件令众人不得不各自散去，莫利则在大使馆一根接一根地抽烟，紧张地等待进一步的消息，直到星期六凌晨三点。一大早，莫利便给罗斯福发送电报，语气极度恳切：相信我，此次大会能否成功，甚至能否继续下去，就看美国是否入局。

5

星期六下午三点左右，总统的回复开始传送过来。一直在代表团电报房来回走动的莫利，只需一瞥便明白那并不是自己所期望的。他没等电文全部出来，便急忙去找赫尔，此时的赫尔正要离开克拉里奇，前往克利夫登跟阿斯特子爵夫人共度周末。“我们总得做点什么吧。”莫利喊叫着说（无论如何，这是赫尔对当时情形的记述）。赫尔则是怒气相向。“您该卷铺盖回家了吧，”赫尔说，“您在这里已经无事可做了。”而后，赫尔径直走向自己的汽车。(赫尔后来记述说：“我就是要看着他走上穷途末路，看着他完蛋。”)

莫利返回使馆时，总统的电文已经出来了。这份电文的攻击重点并不在于大会的那份宣言本身，而在于总统在其中识别出的金本位制可能性。罗斯福指出，要是因此被其他国家限制住国内政策的自由空间，那显然是不智之举。此次经济会议之启动和召开，是为了商讨国际世界经济问题的长久解决办法，并就此达成共识，并不是要让六十六个国家去商讨某个国家的经济政策。无论如何，英国是在脱离金本位制两年后才想起来寻求稳定的；法国则已经有三年多时间不曾稳定过了。他们有何理由要求美国在三个月之内稳定下来呢？应当给美国足够的时间……应当证明提升价格才是当务之急，而这是我们能够牢牢掌控的。

莫利就这么眼睁睁地看着自己的希望破碎了，内心涌起十足的讽刺之感。毕竟，罗斯福电文里面到处都点缀着从斯沃普备忘录里摘引的字句，那备忘录正是他自己十天之前留在“琥珀鱼”上的。这个经济国家主义者，一度成为经济国际主义的全部希望所在，最终却被钉死在自己理论的十字架上。他还是颇有担当地回电罗斯福：个人遵从您的判断，总算是解脱了。

第二天，伦敦震惊了。不过真正糟糕的事情还在后面。此时的美国代表团当然是竭力不让伦敦会议就此崩盘，但就在这时，正乘坐“印第安纳波利斯”号战舰向南而行的罗斯福，脱掉外套，在桌子前坐下来，沉思了两个小时之后，写就一份新的咨文发往伦敦，只不过这次是直接提交给伦敦会议方的。罗斯福将咨文文稿大声宣读给亨利·摩根索和路易斯·豪听，又自行做了些许修订，便基本上原封未动地发送出去了。

这份咨文的语调相当强硬，近乎傲慢。总统指出，倘若此次大会就是提出“一些七拼八凑的临时举措，借此仅仅影响少数几个国家之间的汇率”，那就等于自我放任，偏离基本问题，若真是这样，将会是一场世界悲剧。罗斯福接着申述说，这样一种取向，足以表明“此次大会完全缺乏轻重意识，而且显然忘了会议是为着更大的目标而来的”。

罗斯福着重抨击了“那所谓的国际银行家集团昔日迷恋之物”。咨文明确陈词说，那些东西已经过时了，“如今的世界各国应当致力于推行货币计划机制，令各自的货币拥有持久购买力，购买力应跟商品直接挂钩，不应有太大的波动，这也是现代文明的需要。在此，我不妨打开天窗说亮话，合众国意欲确立的美元，是那种一代人之后仍然跟不远的将来有着同等购买力和偿付能力的美元。这样的目标之于各国福祉，其意义恐怕要比一两个月时间的固定汇率更为重大且深远，无论这短期汇率是美元—英镑之间的，还是美元—法郎之间的”。

合众国总统总结说：“此次会议本是要致力于改善甚至救治根本性的经济病症。切不可偏离此一目标。”[2]

6

咨文抵达伦敦，顿时引爆了会场，其造成的强烈震感为其赢得“炸弹”咨文的名号。跟眼前的问题相比，罗斯福此番反应显然是过分了。即便他接受了此前的宣言，对美国、对新政基本上也不会有影响。应该说，莫利的看法是正确的：罗斯福若真想拒绝此前的大会宣言，那么7月3日的那份公共声明更有说服力，也更有效力。不过话又说回来，黄金集团长期以来不断施压，要求达成一种事实上的稳定机制，罗斯福就是以此为坐标系来看待这个问题的，也就怪不得这位美国总统会担心此等临时的稳定机制会引发后续的承诺机制，那么美国就要落入泥潭了。此等情形之下，罗斯福自然会感觉到黄金集团和国际银行家集团在图谋向美国施加压力，迫使美国接受同自身利益相悖的政策，既然此等压力是美国无法忍受的，罗斯福便决心一击，彻底瓦解此类图谋。“开诚布公一些，略作交流，”他后来记述说，“便不难令所有人都明白，其他人对此次大会寄托了怎样的意图；恐怕这也是唯一的办法。”罗斯福此举当然还有进一步的诉求，那就是对伦敦会议实施震慑，令其不要过分关注银行家集团的问题，转而关注深层的经济问题。我是故意将语气铺陈得如此严厉，他电告赫尔说，因为即便远隔千山万水，我也能感觉到此次大会很快就要做出那种温文尔雅的决议了。此外，罗斯福觉得，应当出具这样一份咨文，以抵冲国人的印象，让国人明白，合众国在国际会议上并非从来都是输家。

此时的伦敦，这样的爆炸效果一下令问题变得戏剧化了，远非接受或拒绝大会宣言本身那么简单。罗斯福此举实质上是在用国家管制货币机制来挑战金本位制。约翰·梅纳德·凯恩斯即刻在《每日电讯报》发表题为“罗斯福总统昂首阔步走上正路”的文章，祝贺罗斯福挥刀斩千结的无畏举动。凯恩斯在文中陈词说，这样一份咨文显然“是在挑战我们，要求我们直面问题并做出决断：究竟是循规蹈矩，依从不幸老路，还是另辟新路；所谓新路，是对政客和银行家而言的，对人类思想来说，那倒不是什么新东西”。牛津的经济学家群落，在 J. M. 米德和罗伊·哈罗德的引领之下，同样“热情”欢迎罗斯福的这份声明。英国下议院也涌起强劲声浪，抨击黄金集团并捍卫美国总统。若会议前景就此受损，结局会是怎样呢？对此，温斯顿·丘吉尔直言，“会议是为着人而存在，人可不是为着会议而存在的”。但凡见识过美利坚的伟大实验的人，怎么能想象罗斯福先生会出于对法国的爱而同黄金集团绑缚在一起呢，那也“太匪夷所思了吧”。（然而，这位议长先生显然忘了就在几年前，他自己就做过这样的事情。）英国也真该好好明确自己的政策路线，采取切实举措去提升价格和工资水平了。“美利坚海军已经行动起来，如同第一次世界大战时那样，尽管他们并没有跟我们兵打一处，但彼此是走在同一条道路上……不远的将来，我们必定能联合成一支舰队，以恢宏阵列一同前进。”丘吉尔后来更记述说：“罗斯福的此次壮举有权利赢得所有人的支持和仰慕……只要人类还相信，令价值之普遍尺度依从人类的进步力量，并非建基于商品的稀缺或者丰裕，这是今时今日摆在人类智识面前的至高成就。”

美国方面，很多人都支持总统的决定。沃尔特·李普曼说：“为了捍卫新政大计，总统非常明智地回绝了一切有可能带来干扰的东西。”科德尔·赫尔称这样的声明“干练且勇敢”。莫利致电总统：“我认为您的咨文太厉害啦。那也是唯一可以让人们恢复理智的办法，当然会有人抱怨语气太严厉了，不过这都是小事情，无需介怀。咨文本身是真切、坦率且公正的。”“除非各国都像您现在所做的那样，以赫拉克勒斯之力打扫各自的家园，”伯纳德·巴鲁克宣称，“否则不可能存在可以令我们解决问题的公约数……的确存在一个各国都可以接纳的共同原则，那就是您在咨文中阐述的原则。”摩根家族的罗素·莱芬韦尔也评论说：“您拒绝以任何临时或者恒久协定的方式，将美元同英镑或任何别的货币捆绑起来，这么做是非常正确的。”[3]

7

欧洲方面，人们对罗斯福咨文的反应却相当暴烈。“这是无政府宣言。”曼彻斯特《卫报》宣称。菲利普·斯诺登发表文章，题为“笑柄罗斯福”，可算是欧洲态度的集中体现。他在文中申述说：“此前，可没见过哪个国家的政府首脑向其他国家的代表发送这样的咨文。这是傲慢、自负和两面三刀的经典范例，将垂范千秋万世。”乔治五世在某次皇家花园派对上还特意跟美国共和党的一个要人发泄怒气，指责罗斯福毁了此次伦敦会议；甚至玛丽王后也跟这位共和党人的夫人抱怨不止。（这个共和党人当然会重提 1931 年的事，当时英国可是欣欣然脱离金本位制，令美国兀自滞留在暴露的位置上，英王的此类抱怨自然不会触动这个美国人。实际上，他随后便请麦克唐纳告诫国王，不要再发泄这样的愤懑。）

此时的麦克唐纳已然落魄不堪，甚至没有能力愤怒了。眼前所见全是会议崩盘的场景。绝望中，他不免跟考克斯和沃伯格申述说，最终的结果将是普遍的失望，很可能还会引发社会混乱，至于他自己的政府，那肯定是要垮台了。他给赫尔写了封信，信中表达了自己“最为刻骨的恨意”。对莫利，他则是一脸苦相：“这哪里像是我曾在华盛顿与之相处那么长时间的人说出来的啊。好像完全变了个人。我实在是搞不明白。”他还颇为暴躁地申述说，这样一个罗斯福，令他不免想起劳合·乔治。而后，在一阵倨傲和伤感情绪的共同促动之下，他不禁援引了国王曾跟他说过的话：“我绝不会让这些人以这样的方式烦扰我的首相。”

此时的大会上，黄金集团的代表们纷纷吵嚷着即刻散会，各回各家。倘若大会就此解散，那么罪责显然会落在美国头上。美国代表团遂做出最后的努力，决心避开这最终的羞辱。要阻止大会解散，办法之一就是用适当的语言重述罗斯福的立场，借此赢得其他非黄金集团国家的支持。为此目的，莫利急忙召集凯恩斯、李普曼和赫伯特 贝亚德·斯沃普展开会商，这个一等一的团队一直操劳到凌晨三点半，以委婉语式重述了美国的新政策，当然，那样的重述也是大师级的。结果当然是缓解了紧张态势。这样一份重述也为赫尔铺就了舞台，令他得以突然之间重新展开活动。

对此时的赫尔来说，情况已完全改变了。无论怎样，罗斯福丢下的炸弹对莫利的伤害要更大一些，这一情况本身无疑是有助于他接纳罗斯福的决定的。他毕竟对汇率稳定机制并没有太大的兴趣。

此外，眼前这场反美潮流更是重新界定了他的问题。确切地说，赫尔此时面对的挑战已经不在货币政策领域了，说实在的，他不太懂货币政策，这方面的问题也总是令他十分沮丧；如今，他要面对的挑战来自议会政治领域。这位来自田纳西州的政客，在合众国国会拥有四分之一世纪的履历，可算是来到了自己擅长的领域。复活后的赫尔，遂开始掌控代表团的领袖权能。在布利特的强力支持下，他将手深深探入他的议会策略锦囊中，先是阻止了一切仓促举动，并在走廊里展开颇具力量的说服工作；当谈判时刻看来要降临时，他发出动情诉请，很快便令大会的天平向延期的方向倾斜。结果是一场胜利，大会决定延展三个星期。

不过，这也是一场徒然的胜利。延长痛苦期，只不过世界的沉沦过程变得温和一些。失败已成事实，这是无法掩盖的。[4]

8

此次伦敦会议有可能成功吗？不妨回想一下，此次会议，有多种观念和想法纠结其中。其一是黄金集团的诉求，他们认为此次会议应当集中商议稳定汇率并恢复国际金本位制问题。其二是赫尔的诉求，他认为此次会议应当集中应对贸易壁垒问题。罗斯福当然也有自己的想法，他希望将提升国际价格水平作为此次大会的集中议题。那么，在 1933 年的情形之下，无论以哪个议题为重心，此次会议能有所建树吗？

黄金集团自然是相当强势地主导了伦敦会议，而且这个集团的策略直接且强悍。他们一度制造的恐慌，一时之间令莫利也认可了那临时的稳汇率宣言，不过，那样的恐慌最终被证明是虚假的。那场恐慌当中，有不少国家信誓旦旦地告诉莫利，倘若美国不为稳汇率宣言背书，他们将脱离金本位，但这些国家在罗斯福抛出声明之后，仍然在黄金轨道上滞留了两年乃至三年的时间。法国在整个会议期间都表态说，倘若不能推行以黄金为基础的货币稳定机制，便决心不让此次会议有任何建树。法国的这种策略，就如同瑞典代表团成员、经济学家古斯塔夫·卡塞尔描述的那样，“黄金集团并不满足于自己跟黄金挂钩，更要求其他国家也服从他们的规则。会议期间，此番要求表现得越来越独断，倘若不接受他们的条件，他们便不参与任何货币议题。这种蛮横态度最终毁了伦敦会议”。

如果说黄金集团的此等策略对会议造成了侵扰，他们的目标也可以说是根本无法达成的。比如就美国的情况而论，若是接纳了黄金集团的稳定政策，将会给新政造成极大钳制，罗斯福自然不会轻易付出此等代价。此外，英国对回归金本位制究竟有多大决心，这一点也完全不清楚。实际上，这一年秋天，罗斯福曾通过乔治·L.哈里森发出直接问询（“希望听听英国的态度……倒不是因为我们打算或希望回归”），当时，无论是英格兰银行还是财政部，都回复说，他们不会加入美国，去寻求同黄金挂钩的稳定机制。

就金本位问题而言，基本上可以肯定，伦敦会议绝无可能达成任何协议；至于其他有可能催生经济合作的领域，此次会议同样没有任何建树，其倡议者们的强硬态度是造成这种结果的主因。

至于赫尔的议题，其主要麻烦在于除了赫尔自己以外，没有人真正关心贸易壁垒问题。货币问题遭遇滑铁卢之后，赫尔便顺势而起，再次大胆行动起来，力图让伦敦会议直面关税问题。他也在发给总统的报告中申述了其中的败因。“一般而言，各国当然都倡议取消或削减自身贸易遭遇的全部壁垒……当然，有些壁垒已是根深蒂固，基本上无法消除；总体而言，各国都是这样，要么为自己设置的贸易壁垒辩护，认为那是公正的或是必需的，要么表态说，只要其他国家消除壁垒，他们也愿意追随，并且也都特别申明，其他国家必须先行消除壁垒，至少是同时消除。”英方的内维尔·张伯伦就是据此提出，英国的关税结构仍然在确立当中，因此，在削减过高关税（当然指的是其他国家的关税）的同时，英国的关税税率必须得到保护。此时的赫尔当然将极大的希望寄托在互惠贸易协定上，不过，此等情形之下，即便通过了这样的协定，也很难说能否对问题有些微的帮助。事情远不止于此，正如列奥·帕斯沃尔斯基在总括商业政策问题时评说的，“伦敦会议在这个问题上的一切努力，很可能会在此关键问题面前折戟沉沙”。

就贸易壁垒问题而言，大体可以肯定，此次伦敦会议上，并无任何国家有心取消或者削减贸易壁垒；即便赫尔真能强推自己的方案，最终也难免遭遇一场溃败，沦落至跟金本位制一样的命运。[5]

9

剩下的议题便是提升国际价格水平。从某种意义上可以说，这个议题是最有希望获得成功的。罗斯福和麦克唐纳此前似乎就已达成了一致，决定于4月份发布联合公报，将国际商品价格问题确定为“主要且根本”的问题。实际上，美国代表团很早就将一份决议案引入伦敦会议，呼吁“各国协调行动，同步展开政府支出计划”。罗斯福此番提议各国政府同步展开政府支出计划，看来是在向凯恩斯于1933年《通往繁荣之路》中阐述的那种立场靠近（实际上，沃伯格和费斯在起草这份决议案时，就是从这本书里撷取的想法）。凯恩斯则说得颇为率直：“将关税问题、配额问题及贸易限制问题列入本次会议议题，这根本就是在浪费时间。”

然而，商品价格议题同样注定了失败的命运。尽管罗斯福和麦克唐纳于4月份发布的联合声明提供了诸多保证，但在7月初，英方突然宣布不打算在公共工程方面有任何作为；“我们不会重启此类［重大支出］计划，不管其他国家怎么做。”曼彻斯特《卫报》冷冷地评论说：“很明显，在会议进程中，临时变卦者不只美国一家。”参议员卡曾斯以美国代表团成员身份提议，“除非以更高的就业率、更高的工资以及更大的消费能力为支撑，否则不可能指望价格会有稳定提升”，要达成这样的目标，真正有效的办法便是推行公共工程计划；但此番倡议最终也归于枉然。卡曾斯后来总结说，在这方面，美国的政策“同伦敦经济会议预期的主要目标是直接冲突的”。在卡曾斯看来，放贷人的思维和心性已然主宰了伦敦会议。“其至高目的便是收回债务，大多数政客在谈论提升价格水平时，心里想的其实就是这些……他们绝少提及工资、消费能力，也绝少提及更为公平的财富分配机制，尽管这显然是必需的。”

即便英方在这些问题上予以支持和跟进，黄金集团也定然反对扩张政策。无怪乎专门负责考量美方决议案的那个委员会只开过一次会，而且没有任何建树。

此等情形之下，结果虽然令人痛苦，也是无可避免的。1933年的情况就是这样，一边是将国内价格水平视为主要问题的国家，另一边是将汇率视为主要问题的国家，根本分歧就出现在这两个集团之间。美国肯定不会让任何事情阻碍自身的复苏。黄金集团则不会让任何事情阻碍金本位制。此一分歧显然太大了，任何经济策略或外交策略都无从化解。制造此等分歧的当然不是伦敦经济会议。到了 1933 年，再去化解或挽回这样的分歧，显然是为时太晚而非太早了。

不过，仍然有一个问题需要考量。倘若不可能化解分歧并达成协议，美国能不能把面子上的工作做得更好一些，附议一些堂而皇之但并无实际意义的决议呢？如此一来，岂不是比直接扔下那样一枚炸弹令会议就此崩盘更好一些？此次会议期间，罗斯福对美国政策的日常操控无疑是很糟糕的；这位总统实际上慢慢地才明白自己需要什么；而且，他派出的代表团四分五裂，每个人都有自己的想法和偏见，他们代表的实际上就是这些。这显然会造成混乱。不过话又说回来，基本事实就摆在那里，事实不会欺骗任何人。鉴于那样的基本事实，想必再好的修辞也不会有什么帮助。此次会议实际上在相当范围的议题上有了足够的决议；在货币政策问题上，再用更多的纸面决议来掩盖深刻分歧，显然对任何人都不会有任何帮助。如同荷兰代表团成员 J. W. 贝延后来申述的，“1933 年这次会议实际上是经济问题领域的最后一次尝试；我们希望这个世界能意识到，再行拟就这样的决议不过是浪费时间。此类决议只是空空的文字，不会对任何国家形成任何拘束力，这一点无可避免”。

此次伦敦会议还是取得了一项看得见摸得着的成就，但恰恰成了此次会议的终极讽刺。此次伦敦之行，来自内华达州的参议员基·皮特曼可说是纵情玩乐，不仅令美国代表团蒙羞，也给经济会议制造了丑闻，此人在会议结束之际却成了颇令人瞩目的胜利者。踏上回程之时，他口袋里装了一份已经签字并准备执行的协议，那是一份国际白银协议。[6]

10

也许还有一个胜利者。罗斯福曾给赫尔发出如下电文：在你启程之前，我想再次向你重申我对你的关切和信任。在伦敦的最后一个月，赫尔的确重建了自己的声望。莫利赶赴伦敦，本来是要以总统特别代表的身份拯救会议，八天之后却是在羞辱当中离开伦敦，此时他已经成为总统特别反感之人。莫利本来是要让赫尔黯然失色的，最终却是推举后台的赫尔拯救了伦敦会议，令其避免了尴尬的崩盘命运。

这自然为赫尔赢得了总统和媒体的赞扬，也令赫尔备感受用。不过，此时的赫尔仍有未完成的事。在莫利动身离开伦敦前夕，莫利和赫尔最后还是谈了一场，据莫利记述，赫尔对莫利的善意表达了衷心感激。这倒没什么问题。不过，二人的和谐关系很快便破碎了。莫利离开不久，便有人将一份电文的副本放在赫尔的办公桌上，上面标注了这样的文字："莫利致总统，总统专阅，不在国务院分发。"赫尔遂展读这份电文，一读之下，不免热血沸腾：

个人所见，代表团中，皮特曼是唯一有足够头脑、足够心志，可以代表您的想法的人……若重组代表团，对未来的事态会有帮助。

当然，莫利后来也解释说，之所以会有这样一份电文，主要是因为炸弹咨文令情况发生了变化。既然除了皮特曼之外的所有人都没有分享罗斯福的想法（莫利也强调说，他用的是"头脑"一词，而非"思想"一词），那么建议重组代表团也是合情合理的。但此时的赫尔可没这么通达。在他看来，这样一份电文无疑表明了莫利的终极态度，那就是颠覆和背叛。

当晚，沃伯格回到酒店时，看到房门上贴了一张便条，让他马上去见赫尔。来到赫尔的房间，沃伯格看到这个老人穿着睡袍，浑身发抖，显然极度愤怒。"这个卑鄙小人，莫利，"老人喊叫着（沃伯格后来记述），"他曾蜷缩在我脚下，让我抚摸他的脑袋，就像我的猎犬一样，一转眼，他就咬了我的屁股啊！"赫尔接着便写信给总统，信中文字当然是要平和一些，但也难掩心中愤懑，他说："这是极为痛苦的事……因为我要汇报的是莫利教授的态度和行为方式，那样的态度和行为令我极度震惊。"接着便条分缕析地举证了莫利在伦敦以及来伦敦之前的所作所为，并提出了尖利指控。"事已至此，我将不得不独力应对此次危机。这样也好，我倒也不必谦虚了，我敢说是我挽救了此次会议的命数，我也敢说是我挽救了您，否则世人很可能将您视为伦敦会议的破坏者。莫利干了什么呢，他不过是向您发送密信，讲述我的无能。他竟然还假惺惺地跟我表忠诚、表友谊，假装一副谦谦君子的做派。"赫尔的结论是毫无退让的："我曾经如此信任的一个人，表面上跟我讲友谊，讲忠诚，暗地里却处心积虑地要毁了我，这令我极度震惊，也极度遗憾。"

此时的莫利，也带着一肚子怨愤返回美国。“全世界都认为我这次是颜面尽失，大家也都是这么议论的。”总统就不能跟媒体实话实说吗？最起码也应当私下表示一下歉意吧。莫利刚一回国，便前往拜会总统，不过，他还是在笔记本的前面写了句话，用来自我警醒：“不可表现出对那些事情的恼恨。”罗斯福倒是非常和善，对伦敦的事情没有表现出关切，也没有谈到改善莫利在媒体的境遇问题。莫利认为总统的态度意味着自己可以继续履行以往的职责。然而，当曾经担任代表团新闻专员的查尔斯·米切尔森面见总统时，总统告诉米切尔森，自己计划派莫利前往夏威夷，调研那里的执法情况。

莫利最终获悉这个消息时，当然表示拒绝。此时的莫利对事态发展也有了清楚感受。罗斯福接着便提出把莫利调派到司法部，调研刑法改革问题，莫利接受了这一委派，认为这是让自己体面退出。其实，他此前就已跟文森特·阿斯特协商一起办杂志，此时正好也有了结果，二人将会同玛丽·哈里曼·拉姆齐和埃夫里尔·哈里曼一起从事杂志事务。7 月，罗斯福便已跟阿斯特提过，莫利若有意离开政府，他会接受的。《今日》杂志就此正式启动，莫利便也提交了辞呈。听闻消息，赫尔顺势发表声明，对莫利的引退大加赞扬，同时表示自己并没有参与其事。（萨姆纳·韦尔斯致信诺曼·戴维斯：“您对莫利的预测太准确了。我只是很难相信他这么快就退出了。国务院方面，所有人都算是解脱啦。”）

一名报界人士品评说：“赫尔的落魄身影和阴郁眼神确实让人落泪，不过，也不能忘记莫利后背上还插着一把匕首呢。”[7]

11

此时，还有一些善后工作需要料理。8 月，罗斯福致信拉姆齐·麦克唐纳，语气非常友善："我现在很关心德国的情况，总感觉欧洲大陆的军备浪潮已经到了疯狂的地步，这可比黄金问题、稳汇率问题以及关税问题上的种种吵闹危险千万倍。"麦克唐纳德利用回信的机会委婉地谈到伦敦乱局，这位社会主义者告诉新政派："您自然有大把机会展开实验，我们这里没有这样的机会……我的国家如同我家老宅，看起来光鲜舒适，实际上已经有两百年的时光了，开始展现出腐朽的迹象，在这样的情况下，抽出一块砖瓦看看那后面是什么东西，看看那已然朽烂的结构，显然是非常危险的动作。"11月，罗斯福致信英王乔治，也相当友善地谈论了邮票问题和海军事务，并表达了一番期望："等到这场货币和'稳汇率'噩梦正式了结时，我们两国人民终将走到一起。"这样的信笺令乔治备感困顿，遂将函件转给了外交部，外交部起草了一份温和但也颇为含混的回信。伦敦之事就这样淡出历史了。[8]

十四　黄金与白银之变

1

新货币政策之界定从根本上来说是一个过程，“炸弹咨文”则是完成了第一步。迈出这一步，目标也很清楚了：提升国内价格水平，而非稳定汇率。将美元从汇率束缚中解脱出来，自然为自主的货币政策开辟了空间，不过，此举并不有助于廓清自主货币政策的具体内容。正统派信徒虽在伦敦遭遇挫败，仍希望在纽约有所行动。

货币政策之界定和塑造过程自然是一场斗争，多种利益参与其中。纽约银行集团自然是要重新确立金本位，并将利率控制权交还到私人金融集团手中。这个集团代表着掌握了大量财富的阶层，他们的主要诉求是保护美元的价值，并维持存款的高回报率。但这也绝不是这个群体的一致观点。在纽约之外，南方和西部的商业集团另有想法。这个群体的绝大多数人正处在创业阶段；他们自然需要丰沛的廉价货币。如果说在华盛顿，刘易斯 · 道格拉斯这类人代表的是食利阶层，那么复兴金融公司的杰西 · 琼斯这样的人，则是创业群体的代表。琼斯集团已然有了十足的准备，要支持新政，为此，他们决心从华尔街手中夺取货币政策控制权。农民群体自然是站在通胀立场上，这是他们的习惯立场。如此一来，正统派便要同农业带、新商业集团以及政府的联盟体系展开斗争了。

2

伦敦会议结束之后，美国国内的货币政策战争就是在这样的背景下重燃烽烟。此时的道格拉斯已然默认沃伯格是保守派立场最具说服力的捍卫者，即便稍显异端倾向；遂在沃伯格回国之时，敦促他继续同商品美元集团和通胀派展开斗争。道格拉斯认为，艾奇逊、斯普拉格和伍丁也都值得信赖；他还补充说，即便是莫利，此时也已表明立场，站在保守派一边了。接获此番信息的沃伯格自然动力十足，遂在总统面前重启了货币问题。不过，此时的沃伯格不免感到罗斯福的主要关注点在于国家复兴署，对于伦敦会议上的那些大热问题则相当冷漠；实际上，此时的美国民众也是同样态度。尽管如此，沃伯格还是提议总统设立一个货币委员会，负责确定“合众国将于秋天予以回归的金本位制的具体内容”。罗斯福颇为温和地倾听完沃伯格的申述，告诉他：“你还是去跟沃伦和罗杰斯谈谈吧。”

乔治 · F. 沃伦是康奈尔大学的农业管理学教授，也是土地利用问题的专家，他刚刚同弗兰克 · A. 皮尔森合作推出了《价格》一书，由此引发了一个颇为激烈的新论题。该书的原初论题倒算是常规：大萧条本质上是一个价格现象，可以通过提升价格予以解决。不过，沃伦据此提出了更令人侧目的观点：黄金价格主宰着普遍的价格水平，因此，最快捷也最有效的通胀之策，便是对黄金价格采取措施。书中集结了大量图表和数据，以强悍态势支撑这样一种看法：商品价格的变动实质上都是黄金价格的变动引发的。至于当前境况，沃伦申述说，这场大萧条之缘起，并不在于过高的生活标准，不在于不稳健的商业行为，也不在于生产过剩。“对黄金的低需求期过后，接踵而来的自然是对黄金的高需求期。”这才是真正原因所在。这就要求通过提升黄金价格来提升物价水平，确切地说，要减少美元的黄金含量，而这意味着美元在外汇市场上贬值。政府可以通过提升购进黄金的价格来达成美元对外贬值的效果。最终的目标是促成“商品美元”，“这样的美元有着稳定的购买力，且这样的购买力并非针对特定的商品，而是依托一揽子商品的批量价格所建立，更通过操控美元的黄金含量，令美元就此纳入价格指数管理轨道”。

罗斯福在纽约时就认识沃伦。就职演说当晚，罗斯福曾从百忙中抽出时间跟沃伦晤谈了一番。不过，这整个春天，沃伦在华盛顿主要还是代表国家委员会展开活动。他的理论已经赢得了一批追随者。西尔斯-罗巴克公司的罗伯特 · E. 伍德将军致信亨利 · 华莱士：“如我所见，沃伦说准了所有事情的演变。”华莱士本人当然是“稳定货币”运动的老兵，一度还是国家委员会的协作者，不仅全然信从沃伦的看法，更于 7 月将沃伦引入了总统的圈子。

至于詹姆斯 · 哈维 · 罗杰斯，则是耶鲁大学的教授，也是欧文 · 费雪的学生，对黄金的共同兴趣令他同沃伦结缘。不过，罗杰斯的看法相对温和一些，也更精细一些，没有全盘接受沃伦的看法，并且认为公共工程应该是更有效的疗法。[1]

3

此时的罗斯福面临两套幕僚班子，他还是采取通常策略，吩咐两套班子协同工作。经过一个晚上的交流，沃伯格对沃伦而非罗格斯的看法更有感触；这位康奈尔大学的教授以其诚恳和客观触动了沃伯格，不过，沃伯格并没有就此信从沃伦开出的药方。但此时的罗斯福显然是被沃伦的图表说服了，同时对购买黄金所涉及的技术问题产生了兴趣，这就令沃伯格越发不安。他遂尝试告诉总统，有必要明确黄金价格，以便工商业方面订立合同，罗斯福不为所动。“纯粹是胡扯，”罗斯福回应说，“银行家们想预先知道所有事情，让他们见鬼去吧，我已经跟他们说过了。”此时的欧文·费雪也以老资格货币理论家的身份来到海德帕克，他发现罗斯福对问题已经相当了解了，也相当善于倾听。“我跟不少总统谈过话，这次谈话是最令我满意的。”这个曾同西奥多·罗斯福、塔夫脱、威尔逊、哈定以及胡佛有过交流的教授评论说。不过，罗斯福此时还没有真正打算封禁正统派思路。他说服沃伦和罗格斯去欧洲走上一趟，此举令沃伯格稍感轻松。几天后，总统授权设立了沃伯格一直惦记着的货币委员会，以伍丁为主席，道格拉斯、艾奇逊、沃伯格和乔治·哈里森都是其成员。

伍丁的主席身份只是名义上的。实际上早在7月5日，他便着手辞去财政部部长之职了；到了8月，他的健康状况日益糟糕，已无法在货币理论领域提供强有力的领导，而且真要说起来，他对这个领域的了解相当粗浅。于是，其他成员将工作勇敢地承担起来，此时这些人也都担心，没有了稳汇率机制，剩下的金本位国家很可能不得不同黄金脱钩；对该委员会的大部分人来说，这样的结局将意味着西方文明的终结。[2]

4

此时，国内价格形势急速恶化。6月和7月间的那场价格小阳春已然过去了。9月，农产品价格迅速跌落，农业带的通胀呼声再度涌起。到了9月中，电报和信笺从四面八方涌入白宫，几乎将白宫湮没。得克萨斯的萨姆·雷伯恩于9月14日来电：过去十天里，本州棉花价格迅速跌落，本州民众要求通货膨胀，以支撑棉花价格。亚拉巴马的雨果·布莱克和威廉·B. 班克黑德、田纳西的肯尼斯·麦凯勒、密西西比的约翰·兰金以及北卡罗来纳的罗伯特·L. 道顿也都发来了类似的电文。埃尔默·托马斯更是威胁说会有一场百万人规模的挺进华盛顿运动。甚至诸如帕特·哈里森这样的硬通货派民主党人，虽然是参议院金融委员会的保守派主席，也在白宫的台阶上宣示说："必须提升物价水平。我支持理性的通胀政策，在这方面，我们做得还不够……倘若物价不能提升，不知道我们还有什么办法走出这场萧条。"罗斯福自然很清楚此类诉求背后的个人怨愤，千千万万的农民曾一度有了喘息之机，而今又感觉第三次被强行按回水下。"西部已经躁动难安了，"他跟母亲说，"必须提升农产品价格，让他们有能力偿付债务。"

至此，总统一直以平和中正的态度观望沃伯格和沃伦之间的争论，如沃伯格后来说的那样，像个"安静的裁判，不知倦怠，通常还颇为愉悦"。不过，到了这时，罗斯福对民众疾苦的感受已然越发强烈，因此对正统派的方案越发失去耐心。那方案在他看来完全是思想上的无能，对此颇为恼火；确切地说，在此时的罗斯福看来，无论危机到了何等程度，这个货币集团始终想着要稳定，要回归黄金，除此之外便什么都不想。他觉得他们缺乏同情心，这同样令他愤怒，他们唯一关心的似乎就是国际金融集团的痛苦。此等情形之下，总统开始觉察出，这个货币委员会正沦为纽约银行家集团的工具，正试图控制新政。

最后这种感受对这批有着公共精神的人当然是不公正的。比如沃伯格在华尔街的朋友们就认为他变节了，认为他是激进派。然而，即便是这个委员会中最为开明的沃伯格，在罗斯福看来，也是对民众疾苦及政治现实无动于衷，置若罔闻，简直到了令人绝望的程度。9月20日，沃伯格致信罗斯福说，这可能是他遏制通胀的最后机会了，并恳请总统发布声明，反对美元继续贬值。总统则于第二天告诉沃伯格，话是没错，不过，如何维持物价上扬势头呢？如何缓解债务负担呢？倘若小麦和棉花价格就此跌落，会催生“农民进军华盛顿”运动。沃伯格回应说，若继续贬值，则意味着失控的通货膨胀。罗斯福说，这当然会伤害那些靠固定收入为生的人，但也只能两害相权取其轻了。沃伯格自然是要体谅一下总统的，他认为总统这么做无疑是受到了来自通胀派的巨大压力，对此，罗斯福的回应也颇为尖锐：这跟压力没有半点关系；这是他自己的信念。总统还追问沃伯格：“为了提升价格水平，你具体会怎么做？”这位银行家只能回答说，他看不到有什么捷径；出路就在于一个缓慢且痛苦的重建过程，并且除非工商业集团重拾货币信心，否则这个过程将无从开启。

几天之后，货币委员会正式告知总统，他们反对进一步贬值，并希望回归金本位。“我不喜欢也不赞成这样的报告，”总统也是相当强势地告诉伍丁，并补充说，“我希望银行集团及其经济学圈子能意识到问题的严重性，学会从债务人的角度看待问题，债务群体可占据了这个国家人口的九成啊，不要总是站在那个只占人口10%的群体的立场上，他们不过是债权人而已。”罗斯福最后撂下了这样的话：“告诉委员会，物价必须提升，特别是农产品价格。如何达成这个目标而且仅仅是为着这个目标，委员会必须拿出方案，呈送你我。”[3]

5

对于这个问题，货币委员会没有提供答案。不过就在同沃伯格晤谈的当天，罗斯福从另一个渠道收获了明确答案。“提升价格水平，”乔治·沃伦致信总统说，“是重中之重。要提升并维持价格水平，唯一的办法就是降低美元的黄金含量……可以让财政部以一定价格水平买入一定数量的黄金，并频繁地提升价格，此举很有可能达成目标。”事情到了这一步，基本情况也很清楚了：正统派幕僚无法提供任何方案，只能在等待中眼睁睁地看着民众受苦。非正统派顾问则给他提供了行动机会。

如何将沃伦的看法付诸实施呢？早在 8 月 16 日，罗斯福便跟摩根索谈过，希望财政部在公开市场上买进黄金。“我认为这个办法会奏效，”罗斯福思量着说，“不过我不知道具体怎么操办。”（摩根索询问：“这是谁的主意？”罗斯福回答：“我的。”）9 月，农业带的呼声再次涌动，这就强化了政府买入黄金的决心。问题是，政府是否有合法权能做这样的事。迪安 · 艾奇逊代表财政部宣示说，总统无权以超出规定价格的价位买入黄金，当时的法定价格是每盎司 20.67 美元。总检察长支持艾奇逊的看法。总统很不满。他表示，他要的是一种办法，可以将事情做起来；而不是一个声明，说这事情是不可能的。

9 月 26 日，摩根索告诉总统，他在农业信贷局的律师认为他可以买进黄金。“请让我知道，”罗斯福说，“因为我确实想这么干。”几天后，摩根索将一份普通格式的备忘录呈送罗斯福，这份备忘录是摩根索的总顾问赫尔曼 · 奥利芬特草拟的，里面列举了总统可以借助行政权能买入黄金的种种办法。总统说，他有自己更简单的办法。“我觉得我们可以在复兴金融公司下面单设一个公司，让这个公司去购买黄金，并以其作为财政部对该公司贷款的担保。”奥利芬特则开动自己的记忆和脑力，终于回想起内战时期的一条法令，该法令允许政府在价格依然波动的情况下买入黄金；该法令加上《复兴金融公司法》，看来是给了总统所需的权能。复兴金融公司总顾问斯坦利 · 里德也认可了奥利芬特的思路。

艾奇逊则依然没有信服；他宣称，不管其他法令怎么说，美元的黄金价值本身都是法定的。奥利芬特—里德方案“将为一切为着更高目的的投机行径大开方便之门”。与此同时，沃伯格集团也在继续鼓吹“即刻推行”英镑—美元稳定计划，并力促“尽早”回归黄金。此时的中西部地区，米洛·雷诺则再次呼吁实施一场农业大罢工。

面对这场他所谓的“农业骚动”，总统对银行家集团和财政部的恨意也越发强烈，他认为银行家集团在给他施加压力，财政部则要摧毁他的计划。有几个星期，罗斯福一直在尝试让财政部对黄金实施买入；但一直不见效果，“就像是拳头打进枕头里”。最终在10月19日，白宫方面召集了一场高级会议，讨论买入黄金的合法性问题。艾奇逊当然是强烈申述了自己一直以来的主张（当时在场的沃伦认为艾奇逊“简直是疯了”，当然，沃伦并不是没有偏见），不过，参会的大多数人都认为复兴金融公司有这个权力。艾奇逊遂要求总统给出书面指令；罗斯福冷冷地回答：“我说了，这是合法的。”当天晚些时候，艾奇逊来到复兴金融公司委员会的会议现场，其时，他的胡子都竖了起来，脸色通红，下巴紧锁，据摩根索记述，看着就像一块雷雨云。艾奇逊说：“各位，我刚从总统那边过来。你们知道的，我反对你们买入黄金。总统命令我这么干。我只是执行命令而已。”

三天后，总统借第四次炉边谈话的机会，宣布了自己的决定。“当前法规已有明确界定，我将依据法定权能，授权复兴金融公司对合众国新开采的黄金实施买入，具体价格将在征询财政部部长和总统之后，临时决定……此举的目的是建立并维持持续的控制权能……我们也将由此继续向管理货币机制迈进。”（沃伯格在几天后的日记里留下了这样的陈词：“我同刘易斯·道格拉斯通了电话，电话那头的道格拉斯语气绝望且低沉，他说艾奇逊也是一样的感受。他也认为，总统已经走上了不归路……既然已经宣布黄金价格确定在31.36美元，那就干吧！”）[4]

6

通过提升黄金价格来提升物价水平，总统究竟在多大程度上抱持这种想法呢？答案很可能就是，总统并非真的全然信从这种想法。“我不相信罗斯福全盘接受了沃伦的理论，”欧内斯特·K. 林德利后来记述说，“有一段时间，大家都认为他已经中了沃伦的魔咒，但恰恰在那段时间，我不止一次听到他对沃伦的图表嘲笑不止。”沃伯格赞同此论。沃伯格一直认为，真正触动罗斯福的，并不在于沃伦的理论正确与否，而在于沃伦提供了一套行动纲领，那段时期，民众对于政府的行动要求已然无可抵御了。“我们这些反对沃伦的人，实际上根本不能提供足以跟沃伦媲美的行动选项，这一点我是第一个承认的。”

买入黄金政策无论在理论方面还是在事实方面，确实都不具备任何有说服力的根基。沃伦提供的数据唯独证明不了他的结论。罗斯福幕僚团队中那些更为精细的经济学家们，诸如特格韦尔和伯利等，都认为沃伦的想法没有任何道理可言。总统很可能就是因为预知了他们会作何反应，所以没有征询他们的意见。沃伦自然断言，可以通过削减美元的黄金含量来达成所需的价格水平，不过，倒也不妨暂且抛开此论断，转而在总体上体味一下黄金买入计划本身，想必不难发现，英国和法国先前就已推行过极为相似的计划，尽管是为着不同的目的。正如沃尔特·李普曼所评论的，“我们切不可过于兴奋地认为，合众国正要开启一种世界上从未有过的政策”。此外，谁又能说沃伦的方案就能发挥效能呢？也正如李普曼所言，“在纯粹理论的层面上祝福它也好，谴责它也罢，实际上毫无意义”。对罗斯福而言，沃伦方案无疑有着一个决定性优势：他若不采纳沃伦的方案，就只能坐以待毙，眼睁睁看着物价下跌潮流肆意奔涌，这显然是身为总统的罗斯福不能承受的。“镣铐已将我的双手捆绑数月之久了，”罗斯福说，“此时，我才头一回感觉扔掉了那镣铐。”

于是，从10月25日开始，亨利·摩根索和杰西·琼斯每天早上都在总统卧室展开会商，目的是确定黄金价格。琼斯是以复兴金融公司首脑的身份参与晤谈的，复兴金融公司是黄金买入方案的具体操持者；摩根索则是刚刚出手襄助，通过政府买进方案维持了小麦价格水平，此番履历令他成为卧室谈话会的成员。沃伦有时也会参与。晤谈时，罗斯福边吃鸡蛋，边喝咖啡，黄金价格便在这个过程中确定下来。在此期间，物价势头总体看涨，由此得到的鼓舞自然比每天的确切数据更为重要。有一天，摩根索赶来时，脸色比以往更为忧虑，提议将价格增幅从十九美分增加到二十二美分。罗斯福看了一眼摩根索满脸的忧心，提议将增幅确定在二十一美分。总统笑着说：“这是一个幸运数，它可是‘幸运七’的三倍。”摩根索没听明白这玩笑话，他在后来的日记里干巴巴地写道：“倘若有人知道我们是通过幸运数字的组合来确定黄金价格的，我想他们会吓坏。”实际上，除了幸运数字外，还有无数办法来确定价格。如同琼斯说的，价格增幅之确定必须是无法预测的，否则投机者就有机可乘了。[5]

7

时任财政部副部长的艾奇逊，实际上在敲定黄金买入政策时，便已计划着要辞职了。他曾当过大法官布兰代斯的法务文员，大法官也支持他辞职。不过，他最终还是决定留下来，理由是在这个位置上，他至少可以阻止事情向着更糟糕的方向演化。到了这时，他却要忠实地执行他极力反对的政策了。不幸的是，媒体此时也开始抛出种种议论，说政府中有人认为黄金买入计划是违宪的；白宫方面自然将艾奇逊视为此番传闻的源头。10 月 27 日，罗斯福获悉此消息时，极为恼火，遂告诉摩根索："我猜这股风潮很快就要露头了，你是知道我的，亨利，我一般不会发火，不过，谁要是逼我发火，那就有好瞧的了。"

两天后，罗斯福召集全体官员前来白宫会商新政策。此时的总统已然是冰冷且愤怒。"各位，"他说，"这次把你们找来，是要告诉你们，买入黄金是政策决策。我们都在同一条船上。要是有谁不喜欢这条船，离开就是了。"总统的眼光缓缓巡视房间中人，"我不是针对任何人，这话是说给你们所有人听的。"接着，总统补充说，"各位，倘若我们无动于衷，不对黄金采取任何行动，那么只需一星期左右，一场农民革命将降临在这个国家。"

不久，媒体又爆出一系列传闻。陷入狂怒的罗斯福即刻致信艾奇逊，要求他辞职。艾奇逊还没收到信，总统便已告知媒体，财政部副部长辞职了。艾奇逊是从记者那里获悉了自己辞职的消息，遂平静接受了。几天后，他的继任者宣誓就职，艾奇逊还参加了就职仪式，依然那么温雅，依然泰然自若。他的出现令罗斯福颇为震惊。接着，罗斯福接受了恩迪科特·皮博迪的就职誓言，那也是总统曾经跟艾奇逊分享过的。罗斯福不忘将艾奇逊叫过来。"我对你的态度太糟糕了，简直是疯了，不过，你今天能来，确实是我见过的侠义精神的最佳典范！"艾奇逊的侠义精神给人们留下了深刻印象。后来，当又一个副部长以不那么侠义的方式辞职时，罗斯福也不忘告诫此人要跟艾奇逊学学，了解一下绅士应当如何辞职。最终，白宫也知道了令总统如此愤怒的泄密行径，其源头并非艾奇逊，而是道格拉斯。

罗斯福决定罢免艾奇逊的当天，曾让摩根索在卧室谈话会结束后滞留片刻。他告诉摩根索，伍丁的身体状况已经无法继续履职了；因此，他将任命一个财政部代理部长。总统停顿片刻，接着说："我已经决定了，这个人就是小亨利·摩根索。在奥尔巴尼时，你就对我帮助良多，迄今只有两三个人在华府有出色战绩，你是其中之一，所以，我们携手继续干些大事情吧……你我携手，想必乐趣多多。”[6]

8

将小亨利·摩根索引入内阁，罗斯福也就在内阁拥有了一个珍贵朋友，此人的忠诚是绝对可信的。1933 年的摩根索，四十二岁，高个子，厚实强壮，已经开始秃顶，语速不快，反应往往会有迟疑，但此人的倔强和干劲不可小觑。私下交往中，他是温雅且友善之人；公共生活中，他总是忧心忡忡且相当多疑，不安全感和攻击意识深深地交织在一起，注入他的公共交往，不过，这倒不会给他的工作效能带来太大干扰。

他的这种不安全感，无疑源自童年时代的生活经历。他是在强势且令人敬畏的父亲的管束之下度过童年的，在他面前，他父亲可是说一不二。老亨利·摩根索，民主党内人称“亨利舅舅”，拥有出色的商业和外交履历。他曾在威尔逊时期担任驻土耳其大使，据约瑟夫斯·丹尼尔斯记述，老摩根索曾觊觎财政部部长之职。小亨利是家中独子，因此承载了父亲的全部希望。生活对童年时代的小亨利来说并不容易，直到他快满二十一岁时，因为患病，不得不前往得克萨斯州的一处农场休养身体。也就是从那时起，他爱上了农业劳作，这很可能是因为他热爱土地、马匹和庄稼，也有可能是因为农业生涯令他意识到，可以靠着自己的能力去闯荡世界。

1913 年，他在达奇斯县菲什基尔附近买下一处上千英亩的农场。接下来几年，他遇到了海德帕克的一批邻居，那就是罗斯福家族。他的妻子埃莉诺·摩根索很有头脑也很有公共精神，很快便结识了埃莉诺·罗斯福，小摩根索也跟富兰克林熟识了；两对年轻夫妇遂成为好朋友。就在这段时期，小摩根索开始在州农业圈子出人头地。1922 年，他买下《美国农业家》杂志，并以发行人的身份将这份杂志办得风生水起，成为农业观点颇有影响力的喉舌阵地。不久，罗斯福将他带到奥尔巴尼，担任农业顾问委员会的主席，同时在罗斯福麾下担当环保专员之职，在这个位置上同样干得风生水起；再往后，罗斯福便将他带往华盛顿，担任联邦农业委员会的清算人，同时统领农业信贷署的工作。

小摩根索口齿不清，也常常因为忧心忡忡的习惯而满脸愁容，这令人们低估了他。实际上，在一系列实打实的职位上，他都展现出切实的管理才能。他总能选任干练之人，用人效率和组织效能也相当高，总能达成目的，而且口风素来很严实。他的观念融合了经济理论上的正统观念和社会政策上的人道观念。他相当坚定地推进着自己的观念，对新观念也秉持开放态度。

他的最大野心显然不是为自己而建立的，这一点是最重要的。说白了，他的至高追求就是为富兰克林·罗斯福效力。至于我们的总统，虽然总是抵制不住诱惑，喜欢取笑摩根索，特别是那么一个满心、满脸阴郁和悲伤的摩根索，不过，二人之间的深厚情感不会折损，那是在长期交往中建立起来的。有一次，罗斯福将一幅照片赠予摩根索夫人，画面中罗斯福和摩根索并肩坐在汽车里，总统专门配文：“给埃莉诺，天生一对。”[7]

9

摩根索是在风暴时刻接掌新职的。买入黄金计划已然令金融圈咆哮不止。1933 年 11 月 18 日，商会要求“尽早回归黄金，杜绝进一步的货币实验”。11 月 21 日，斯普拉格教授宣布辞职，并警告说，“通胀局面有可能失控”，“政府信誉也有可能彻底瓦解”。一两天后，沃伯格同政府公开决裂，并对政府的货币政策发动攻击。四十个正统派经济学家，在普林斯顿大学 E. W. 肯摩尔的引领之下，组建了经济学家全国货币政策委员会，借此打击软货币异端。阿尔·史密斯对这场风潮的品评是颇具代表性的：“我支持黄金美元，反对胡扯美元。我赞成经验，反对实验。”

结果便是一场全国性的货币政策论战风潮，而且可以说是1896年布赖恩运动之后最为剧烈的一场。农业领袖纷纷参战，为政府辩护。国家委员会遂将热度升级。休·约翰逊尖刻地斥责斯普拉格，说他“不过是一个无名教授”，“靠着一场表演性的辞职演出，博得那么一两个小时的露面机会”（但不管怎么说，斯普拉格刚刚协助重建了英国货币）。11 月 27 日，一万五千人拥入纽约大剧场，倾听埃尔默·托马斯和库格林神父的演说，托马斯的演说是为通胀政策辩护，库格林的演说则着力攻击“摩根主义”以及“曼哈顿下城区托利派银行家的英式鼓吹”。

此时的罗斯福则越发相信，一场有组织的潮流已然兴起，以纽约银行家集团为领袖，背后则是奥格登·米尔斯和共和党人的策动，意图驱赶这个国家回归黄金。此前罗斯福就已对银行家集团颇为恼怒了，认为他们刻意推三阻四，迟迟不扩张工商业信贷。现在看来，他们是要搏杀一把，意图夺回货币政策控制权能。斯普拉格去职，此举在罗斯福看来就象征着华尔街和华盛顿之间的冲突（讽刺的是，斯普拉格本人是个温和自由派，他并不担心失衡的预算，而且相信复苏之路就在于住房计划）。总统遂起草了一封信，以此回应斯普拉格的辞职信，这封信最终没有寄出，不过从中不难看出罗斯福此时的心境，而且颇为生动。信的开篇相对冷淡：“即便您不辞职，很可能也被解职了。”接下来，罗斯福申述说，你说最近已经没有人征询你的意见了，“这倒是真的，实际上原因也很清楚，我征询你意见时，你从来没有提供可以让我直接采取行动以缓解失业和债务状况的建议……你这种态度完全是消极无为，倘若政府听从你的建议，这个国家估计很快就会滑落到 3 月的那种境况了”。信的最后一句话总括了罗斯福对银行家集团的不满：“您将昔日那个人为的金本位制强加给这个国家，完全不考虑民众的疾苦和焦灼呼声。”

论战风潮就这样奔涌而起，黄金买入计划同时展开。此时的情形已表明，仅仅对国内黄金实施买入，这个政策就难以奏效。不过，一旦在国际黄金市场展开动作，美元的贬值效果就会非常明显，而且很快会在一定程度上遏制价格下滑势头。其价格效应本质上取决于能在多大程度上直接造成美元对外贬值。一旦美元贬值，就能对进出口商品价格都产生影响，并且在一定程度上推升国际贸易，且改善美国国内价格状况。然而，情况很快明朗起来：这个政策并不能对一般性的物价水平产生明确且自动的影响，尽管沃伦信心十足地预测过这样的影响。实际上，11 月和 12 月的批发价格水平一直在走低。

此时的沃伦希望继续提升金价，直到抵达每盎司四十一点三四美元的法定上限，但罗斯福于 1934 年 1 月决定要巩固已有成绩，向财政部兑现新的黄金价格带来的收益，同时对这场黄金买入实验实施清盘。在 1 月 15 日呈送国会的咨文中，总统提议将美元暂时稳定在五十和六十美分之间的水平上，贬值收益则形成储备金，以此帮助稳定外汇。国会遂用两个星期时间通过了 1934 年的《黄金储备法》。总统即刻发布声明，将美元价格确定在最后一次发布的官方金价的59.06% 的节点上，并就此将金价固定在每盎司三十五美元的位置上。[8]

10

商品美元拥有持续数代人不变的购买力，这样的梦想的确值得珍视。随着1934年法案的出台，政府的黄金政策也算是告一段落了。政策发育过程中，确实出现了种种怪象，不过，政策本身的核心连贯性和稳定性也在这个过程中建立起来。政府就这样步步推进，逐渐获得所需的权能去买入并储备实体黄金，阻止其输出，削减美元的黄金含量，对私人和公共合同中的黄金条款实施搁置，并最终有权确定黄金价格。

此等政策规划确实宏大。以此等宏大背景观之，这场黄金买入实验也确实起到了助推作用。其目的是让总统获取货币政策控制权。在当时的情形下，反对集团，特别是倡导稳汇率机制的集团及倡议直接实施通货膨胀政策的集团，施加了巨大的压力，黄金买入政策则给了罗斯福机会，令他得以自主地正面行动，由此将货币政策主动权维持在自己手中。此等举措总体上应该说并无太大效果，其理论基础也十分肤浅且不甚正确。不过，话又说回来，人们也许在政策效益问题上存在争议，但它肯定没带来多大坏处，相形之下，若一直等待下去，直到最后不得不采取另外两项举措当中的任何一项，情况都会更为糟糕。罗素·莱芬韦尔于1934年3月致信罗斯福："您在这场反饥饿、反失业的斗争中，将面临何等艰巨的任务啊！紧缩派阵营中有不少狂热分子和激进分子，一直想靠着紧缩政策来催生一场革命，还有保守分子，诸如巴鲁克、阿尔·史密斯、商会等人物和集团，当然还有我素来敬仰的卡特·格拉斯，他仍在推进一场布赖恩–麦金利式的战争；另一边则是极端通胀派，诸如库格林神父这等人物，他们并不知道极端通胀政策同样意味着饥饿和革命……不管怎么说，您是船长，总能掌控大局。毫无疑问，您将继续掌控局面，在两派之间寻找并维持中间道路。"

罗斯福推行此番货币举措，目标可不仅仅是寻求中间道路。此番黄金政策，可谓组合型的短拳出击，相当强劲，就这样一股又一股地斩断了纽约银行集团一直以来借以掌控国家货币体系的绳子。1920年代，国家货币政策乃在极大程度上操控在纽约银行集团手中，特别是本杰明·斯特朗和纽约联邦储备银行。于国家经济命运至关重要的决策实际上都不是出自对民众负责的政府官员，而是操控在曼哈顿委员会房间里的那些银行家手中。到了1933年，罗斯福将黄金政策推行起来，更重要的是新的银行立法工作以及一系列证券法案对银行利润幅度实施的控制，最终结束了银行家操盘的局面。国家就此确立了货币政策控制权。在这个过程中，合众国的金融中心也开始从华尔街转移到华盛顿，西部和南方正在崛起的工商业群体及联邦政府官员都欢迎这个趋势。罗斯福致信豪斯上校："如你我所见，事情的真相是，自安德鲁·杰克逊时代以来，大城市的金融力量一直掌控着政府，即便是伍德罗·威尔逊的政府也并非完全例外。如今，这个国家正在重演当年杰克逊同合众国银行的战争，只不过范围和规模都要庞大得多。"[9]

11

这段时间，国会对黄金政策的进程保持冷眼旁观的态度，但这种漠然态度绝对没有涵括整体的货币问题。然而，真正引发国会山高度关注的贵金属，并非黄金，而是白银。1933年年底的价格下跌趋势令白银情感再度涌动起来，这一情状自然令罗斯福政府十分警觉地意识到，除非像人们常常说起的那样，对白银做点什么，否则货币问题就无从真正尘埃落定。

胡佛曾说，黄金是万年间深深烙印在人类本能当中并被奉为神圣的商品，若真是如此，在半个多世纪里，白银在南方和西部国会议员的心目中，在美利坚政治神殿当中，也一直是享有神龛的商品。来自亚利桑那州的参议员阿什赫斯特曾跟摩根索谈起："我的孩子，我是吮吸着白银母乳长大的，白银是神圣的，白银之于我就如同宗教之于你那样，不可妄言。"此时的老人们对"1873年之罪”仍然记忆犹新，那一年之所以成为罪孽之年，就是因为政府中止了银币。更多的人则依然记得1890年代为拯救人类脱离黄金十字架而展开的剧烈斗争。“自由银币”的呼声依然令此时的人们回想起当年那个“伟大平民”是如何集结民众，对抗华尔街的硬心肠和硬通货的。黄金是富人的贵金属，是放贷人的贵金属，是银行家的贵金属；白银是穷人的贵金属，是债务人的贵金属，是劳工的贵金属；而且在平民主义传说当中，“罗斯柴尔德家族”自百年前便已开始酝酿着将白银逐出货币王国，自那之后，上述信念便一直是民众奉行不悖的。

而今，黄金要再次让人民跪倒在地，面对此等情形，恢复银币，令白银成为流通媒介的一部分，不正是救赎之道吗？而且，人们指出，重新将白银货币化，不仅能化解国内的债务负担，也能提升诸如中国和印度这类使用白银的国家的购买力，由此为美国商品开辟巨大的新市场。国会方面，再没什么药方能比这个更能引发共鸣和支持了。七个西部州的白银产业集团在国会拥有十四个参议员。基·皮特曼不断要求财政部对白银实施买入。伯顿·K. 惠勒也申述说：“这个国家必须实行复本位制，否则就得面对布尔什维克主义了。”到了1933年春天，已经有四十多项议案被引入国会，要求将白银货币化。

七个西部州之外，也有为数不多的一批人可算是银币集团中人。温斯顿·丘吉尔和伯纳德·巴鲁克都自认是银币派。雷蒙德·莫利宣称：“对银币派的基本观念就这么一笑置之，既不公平，也不理智。”不过，总体上可以说，所有的货币药方当中，银币药方所获得的支持是最为盲目的。比如经济学家们就一直在告诫，高银价非但不会让中国受益，反而会抽干他们的白银，由此引发通货紧缩，并造成巨大的财政压力。然而，此番告诫没能奏效。

托马斯修订案，特别是其中的白银再货币化条款，代表了银币派最初的胜利。然而，这样一场胜利并不够，尤其此时的总统仍然没有动用这方面的自由裁量权。“为白银做点什么”，接下来的一步便是在伦敦迈出的。皮特曼的白银协议旨在平顺白银流入国际市场的进程，为此，该协议在主要的白银生产国和使用国之间订立为期四年的协议，对窖藏白银的销售实施配额制度，同时吸收新开采的白银。然而，协议细则足以表明，皮特曼此举只不过是为了给自己的国内白银计划涂抹一层国际协议的虚假油彩而已。依据该协议，美国将有义务吸收 70% 的白银，这个数量可比 1933 年美国的白银总产量还高。至于其他的签字国，大多数承担的义务只能说是聊胜于无。[10]

12

对于皮特曼协议，罗斯福一直按兵不动，直到 12 月，通胀派压力再起，看来是该给银币集团一些甜头尝尝了。此前的秋天，物价一直下跌，国家委员会也喧嚣再起，越发将注意力集中在白银问题上。与此同时，银币运动催生了一批新的先知人物，其中最有影响力者当属查尔斯 · E. 库格林神父。库格林也在这时致信罗斯福说，倘若这国家能为白银做点什么，那么“我们的工厂就能够加速运转起来，小麦、棉花及猪肉的过剩情况也能即刻化解，还能摆脱亨利 · 华莱士一直以来宣扬的愚蠢理论……我亲爱的总统先生，除非所有衣不遮体、食不果腹之人都得以温饱，否则根本不存在所谓的生产过剩。那些秉持通货紧缩欲念并拒绝接受合格银币的人，其心思实在是肤浅”。

此时的罗斯福则竭力抵制这巨大压力。在 1934 年 1 月的黄金咨文中，他指出，在寻求大幅度扩容银币的同时，他也会抵制任何进一步的建议，直到在伦敦协议方面积累起更多的经验。银币集团并不是能轻易安抚下来的。没过几天，便有人推出《黄金储备法》

的修订案，目的是推行复本位制；为了规避这份修订案，罗斯福不得不接纳了一份宽许性的银币券修订案。这还只是个开端。银币派有更大的目标，那就是要将四年期的伦敦协议变成永久性的国内立法。为此，他们首选的办法便是提起白银买入议案，该议案的发起人是来自得克萨斯的众议员马丁·戴斯，此人可谓不知疲倦，而且此时已是他的第二届议员任期了。

此等情形之下，政府便只能严阵以待，准备战斗。3月15日，摩根索宣布，他反对在这个国会会期再行提起任何进一步的白银立法。四天后，众议院以超过二比一的投票比例，通过了戴斯议案；三个星期后，参议院农业委员会一致通过了该议案的修订版。4月14日，总统同参议院的一批白银派议员会面，进行安抚。晤谈时，总统宣示说自己同情白银派，但反对强制性的立法行径："我不想被强迫。"此时的白银集团当然记得总统拒绝动用托马斯修订案及《金本位法》赋予的宽许性权能，因此，此番安抚并没有打动这些人。

安抚之道没能奏效，看来得尝试别的办法了。2月，摩根索实际上已经对白银投机活动展开了一场调查。此时他告诉总统，是时候"抛出我们的白银名单"了。罗斯福同意这么干，甚至提议将名单分批公布，以便公众充分认知。1934年4月24日，政府开始公布名单。其中最有意思的一个情况是，库格林神父一直鼓吹"动员基督教的全部力量对抗黄金之神"，他的秘书却一直在小心翼翼地将神父的小花电台联盟的资金陆续投入白银期货，额度之巨达到五十万盎司。库格林即刻抨击摩根索，称其为国际银行家集团的走狗，并态度鲜明地赞誉白银是"非犹太人的"贵金属。

白银名单激起的喧嚣并没有维持多久。库格林本人的声望当然有所折损，尽管并没有证据表明他借助白银投机牟取个人利益。银币运动只是暂时中断。剩下的立法计划都沦落至危险境地，罗斯福遂决定不再回避，而是直面必须面对的问题。4月27日，他要求内阁方面提供建议。所有有想法的阁僚都建议妥协。威尔·伍丁于5月初驾鹤西去；在赶赴葬礼的火车上，罗斯福表态，他会研判银币集团的一份新方案。买入白银计划究竟应当是强制性的还是宽许性的，这个问题仍然没有解决；不过，沃尔特·李普曼于5月15日发表了一篇亲银币集团的文章，倒是提供了一个破解僵局的办法。5月22日，总统向国会送出咨文，要求国会实施白银立法，该立法在本质上是强制性的，但也允许财政部在时间节点及买入条件方面拥有自由裁量权。国会两院遂用了一个月时间通过了《白银买入法》。

罗斯福此举相当于在白银集团实施的政治敲诈面前低头了。他确实有理由担心白银集团会对其余的立法计划横加阻滞，也有理由担心若白银集团推行否决策略，秋天的立法就会前景堪忧。此番投降令政府不得不在人为价位上对白银实施无限制买入，直到政府的白银储备额度提升到黄金储备额度的三分之一。简言之，《白银买入法》等于给白银生产者提供了相当丰厚的补贴，作为交换，政府自然是提升了白银储备量，但实际上这样的储备既无必要，也没用处。

此等白银政策可说是特殊利益集团在这段时期取得的最为瞩目的胜利，但人们对此少有品评。就这样，一个小产业，1939年提供的工作岗位还不足五千，最终却能迫使政府交纳赎金，在1934年之后的十五年里，从政府手中强取了十五亿美元的补贴；同一时期政府为了支持农业价格而提供的补贴额度可是远远不及十五亿美元啊。政府据此法案获取的白银储备在美国的货币体系中几乎没有扮演什么角色，此外，美国的此番白银政策更令诸如中国和墨西哥等国家的货币问题更为严重，更形复杂，毕竟白银在这些国家是流通媒介。全部新政立法中，这份白银法案可谓是最缺乏理据的。“我们的白银政策，”摩根索在1935年直言，“是唯一一项我既无法解释也无法证明的货币财政政策。”[11]

十五　互惠机制的胜利

1

罗斯福政府的货币政策，除了在白银政策上出现偏差之外，总体指向很明确，就是要让货币成为公共福祉之工具，而非私人目标的工具。这一政策体系用国内的货币管理体制取代了国际金本位体制，从这个意义上来看，显然是国家主义性质的。不过，若是在经济自主和自足的意义上来理解国家主义，则也可以说，罗斯福政府的货币政策绝对不是国家主义性质的。受控的货币体制可以导向经济自足，也可以推动对外贸易，最终取决于管理者的目标。罗斯福政府当然是获得了货币领域的国家行动自由，但在这个过程中，美国政府也一步一步地远离了孤立自足的贸易位置。

2

科德尔·赫尔尤为支持贸易政策宽松化。他对货币政策上的论战颇为冷漠，真正关心的是关税政策，认为关税政策才是“经济困境之核心问题”。对外贸易的扩张，在他看来不仅是“复苏之路”，更是逃避内部体制化之路，也是世界和平之路。从他的角度来看，罗斯福在具体的策略及时间选择上也许不能算是经济上的国际主义者，但在原则上，依然是一个国际主义者。当然，百日新政期间，罗斯福并没有在互惠贸易协定方面有所动作，不过这只是将关税问题上的一场大战暂时推后了而已。

1933 年的停战纪念日，在国务院方面的动议下，罗斯福任命了一个跨部门的商业对策行政委员会来起草议案，以便在接下来的国会会期予以提交。该委员会的主席是助理国务卿弗朗西斯 · B. 塞尔，法学教授，也是伍德罗 · 威尔逊的女婿，塞尔在赫伯特 · 费斯和哈里 · C. 霍普金斯的协助之下，领导委员会开启了议案草案的拟定工作。1934 年 3 月 2 日，罗斯福向国会呈送咨文，要求国会授权行政分支订立贸易协定，并依据此类贸易协定，将双方的关税率削减 50% 。这一授权的有效期是三年。受到影响的产业则获得保证，可以在关税委员会举行一次听证会。

新议案显然在关税政策制定方面酝酿了一场革命。此次新议案之推进，取消了国会一直以来奉行的一种精细做法，即互投赞成票，由此在削弱受保护产业之游说集团的力量的同时，也削弱了国会在其中的权力。仍然信从老办法的共和党人，几乎一直反对这样的革新。参议员威廉 · E. 博拉非常严肃地宣称该议案违宪，并以美利坚传统自由之名，呼吁抵制新议案。来自密歇根的阿瑟 · H. 范登堡则宣称，“这样的议案，其哲学是法西斯主义，其目标也是法西斯主义”，“显然是违宪的”，“经济独裁体制将降临美利坚”，“这是在侵蚀美利坚宪政制度，图谋颠覆美利坚宪政制度，再没有比这更为嚣张、更具野心的了”。来自佛蒙特的沃伦 · 奥斯丁更警告说：“总统先生，我们似乎是要分道扬镳了。”若能挫败该议案，则意味着美利坚自由可以继续存活下去；若该议案获得通过，则意味着“我们同自由政府体制渐行渐远了”。亨利 · L. 史汀生虽在胡佛时期同斯穆特-霍利主义有所沾染，此时也因为亨利·华莱士的《美利坚必须选择》一书而有所警醒，遂集结共和党党团的力量来支持新议案；但当参议员帕特·哈里森在参议院隐约提及史汀生的看法时，引发了史汀生集团的一片嘲笑，哈里森随即对史汀生集团展开驳斥。众议院方面则只有两个共和党议员支持新议案，同时有一批民主党议员反对新议案；最终，参议院的表决结果是民主党方面以五十一票对五票支持新议案，共和党方面以二十八票对三票反对新议案。

对科德尔·赫尔来说，新议案在国会的推进，代表了他职业生涯的巅峰时刻。1934 年 6 月 12 日晚上九点十五分，赫尔终于看到总统签署了新议案。“每一笔每一画，仿佛都写在我的心上，满满的愉悦。”[1]

3

赫尔内心的愉悦当然是实实在在的，不过，这愉悦是有限度的。《互惠贸易协定法》虽然获得通过，但新政的贸易哲学并没有就此论定。实际上，依据此法框架，仍然存在两种贸易路线。赫尔的路线当然是削减关税并向多边主义稳步推进。另一条路线则是将此法视为双边贸易谈判的工具；该路线在政府内部拥有一个强硬派的强力支持，此人就是乔治·N. 皮克。

皮克于 1933 年 12 月淡出农业调整署之后，罗斯福委任他为总统特别助理，负责贸易政策问题。此后没过几个月，也就是 1934 年 3 月，总统任命他为对外贸易顾问。对此，赫尔后来评论说：“罗斯福先生此举，比在我两眼之间打一闷锤还令我惊讶。”在商业政策行政委员会上，皮克不仅积极参与了贸易协定问题上的讨论，更亲自操刀，对议案进行修订，一改繁复样式，令其变得简洁且更具一般性。他当然可以同赫尔和塞尔展开合作，拟定颇为宽泛的互惠贸易观念；但在基本理论问题上，他同赫尔和塞尔存在尖锐分歧。

在皮克看来，赫尔心目中那个自由贸易世界，不过是一场乡愁，毫无意义。新的保护机制，诸如关税、贸易控制、配额制度、价格双轨制以及双边协定等，才是这个世界的现实，才是真正有效能的元素。“我相信，”皮克写道，“此等情形代表了国际贸易性质的一场恒久变化……全部问题所在，就是要找到办法，谋求对双方都有利的贸易条件。”皮克认为，答案就在于政府管制的贸易体系；在这样的体制中，互惠贸易协定作为谋求双边贸易平衡的机制出场并发挥效能。很显然，在赫尔看来，贸易协定机制是要致力于整体性地削减关税，皮克则将其视为一种“讨价还价”式的双边贸易体制，借由这样的机制，各个国家之间展开一对一谈判，以此推动出口。具体操作方面，二人之间的分歧则在于贸易协定计划究竟在多大程度上意味着最惠国原则。皮克认为，赫尔的这种绝对原则将自动把本来应给予最惠国的贸易优惠无差别地给予所有国家，这是“单方面的经济裁军”。莫利则直接指出，依据这样的原则，所谓的互惠协定就根本不能说是互惠了，说白了，这跟普遍削减关税没有任何区别。皮克和莫利遂转而支持有条件、有限制的原则，依据这样的原则，贸易优惠仅仅涵括那些能提供对等优惠的国家。（相关的听证会并没有廓清这个问题，赫尔本人只是在一个国会委员会作证说：“依据该议案，这个问题仍然有待论定。”）亨利·华莱士致信总统，总结了双方的分歧：“皮克先生的看法，如果我没理解错，应该是说，别的国家怎么干，我们也怎么干，以此攫取尽可能大的贸易收益。赫尔先生则不然，他显然主张我们要竭尽所能地改变游戏规则，由此……向着一个更为自由的贸易世界逐步推进。”

这场争论还有更大的意涵。在莫利这等人看来，赫尔的观念显然试图瓦解新政的计划机制；他写道，这样的观念“同有管制的国民经济观念”无法兼容。莫利还指出：“低关税原则意味着一套整体性的国际主义政策，这样的政策显然是很不利的，毕竟这会全方位地威胁到新政的完整性和统一性。”查尔斯·A. 比尔德也给出了类似的品评，认为皮克“代表了政府在对外贸易问题上的现实主义立场”。新议案的理论基础确实颇为含混。倘若该议案的目标如同其倡议者后来申述的那样，是要令美国做出调整，匹配其作为债权国的地位，那么从逻辑上讲，该议案就应当以扩大美国自身的进口为诉求。但是议案的引言已然明确界定了目标，“要为美国产品寻求更大的国际市场”。倘若以扩大进口的方式来达成这个目标，那么输入美国的商品只能是那些符合美国“经济需求”的商品。论战期间，塞尔指出，该议案的目标是“扩大海外市场”；他还补充说，“这份议案的理据在于避免美国生产者遭到过分伤害”。科德尔·赫尔也宣称：“该议案要推行的政策路线，是用实质性的且逐渐扩张的海外市场来补充我国极为坚实的国内市场……这只能是一种应急措施，用来应对危机状况。”

这段立法史实际上也足以表明，国务院之所以推进该议案，主要还是将之视为帮助美国经济复苏的工具，毕竟该议案可以推动出口。说白了，皮克将该法案视为旨在刺激出口的讨价还价机制，而不是要国会对关税实施普降，这种看法是相当有理据的。[2]

4

在此等混沌情境下，法案的具体执行工作便具备了决定性意义。法案刚刚付诸执行，赫尔便回绝了皮克试图接管法案执行工作的企图。一个跨部门的贸易协定委员会遂应运而生，负责执行该法案，这个委员会先是以塞尔为主席，后来由亨利·F. 格雷迪接替，明尼苏达大学的阿尔文 · H. 汉森则作为委员会的首席经济学家从中协助。国务院随即同一系列目标国家展开谈判，谈判的主旨是要达成迄今并未明确的目标；当然，一直以来，国会方面对这一目标也没有明确认可。该目标便是让出口额度超过进口额度，如同塞尔于 1935 年说的，“扩大出口，以此缩小贸易逆差”。国务院此举自然意味着对既有关税结构的冲击，皮克自然也对此展开顽强且不间断的抵制。与此同时，他还亲自出面，一个国家一个国家地商议双边贸易协定。

皮克和赫尔之间的冷战贯穿了 1935 年上半年。罗斯福当然是永远的实用主义者，他显然认为，这样的冲突局面比服从某种单一政策更好。政府内部支持赫尔的力度越来越大，特别是华莱士和农业部，在此过程中一直推动并维持强有力的低关税潮流。皮克的对头们越发胆大了。“倘若该法案仅仅用来建立并不对等的双边贸易格局，并牺牲其他国家的利益，”塞尔在 1934 年 12 月的一次演讲中申述说，“确切地说，就是以特权换取特权，以歧视对抗歧视，以精明和手腕克制贸易竞争者，那这样的法案还是不要出现为好。”当皮克同德国订立了一桩易货交易以处理美国的过剩棉花时，赫尔即刻批评说，这样的做法违背了贸易协定机制。罗斯福一开始赞同这笔交易，但最终改变了心意。此次挫败，令皮克及其政策就此黯淡下来。

接下来，皮克便只有最后一搏了。1935 年一整年，皮克都在设法牵绊赫尔的贸易协定计划，尽管都没有奏效。7 月，皮克试图辞职；罗斯福要求他暂时不要这么做。皮克便继续担任进出口银行的负责人，这是一家政府公司，于 1934 年设立，主要工作是提供或者担保私人贷款，以此推动对外贸易。不过，到了这时，皮克也无法继续压制愤怒了；1935 年停战纪念日，皮克在纽约战时工业委员会发表演说，将贸易政策问题上的抉择界定为美利坚主义和国际主义之间的抉择，并强烈暗示，政府已经采纳了非美利坚路线。

罗斯福的忍耐此时也逐渐销蚀而去。11 月底，他致信皮克，措辞很是强硬，认为皮克对政府政策的说法是错误的，并结结实实批评了皮克一番。几天后，总统便接受了皮克的辞呈。

皮克可是个战斗到底的人。离开政府时，他不忘知会总统：他将继续战斗。皮克说到做到，转而同萨缪尔·克罗瑟合作撰写了《为何放弃自己》一书，该书内容作为一个系列在秉持反政府立场的《星期六晚邮报》上刊发，同时，作为贸易保护主义重要阵地之一的化学基金会也出资将该书印发了数千本之多。皮克的早期观点当然比克罗瑟在《美利坚自足》中阐发的观点温和不少，但到了此时，内心的愤怒已然驱使着皮克投身极端阵营。

皮克的离开自然意味着赫尔的观念取得胜利。就对外贸易问题而言，新政显然明确了国际主义政策取向。于是，又一个强硬的政治斗士沦为科德尔·赫尔的刀下鬼。[3]

5

截至 1935 年底，互惠贸易协定实际上已经涵括了十四个国家；到了 1945 年，则增加到二十九个国家。互惠机制的拓展伴随着贸易量及贸易额度双方面的稳步增长。不过，也不可将国际贸易的复苏完全归功于贸易协定机制。比如开始的一两年，美元贬值无疑比贸易协定机制更能刺激美国出口。而且贸易协定政策本身之目的仍然没有明确下来，这自然加大了评判难度。该政策之目标究竟是要修正美国因债权国地位而导致的国际贸易逆差，还是要对进出口实施同等力度的推动，由此将贸易逆差进一步拉升，这个问题，即便是该政策的倡导者也无从确定。科德尔·赫尔在该议案获得通过十四年之后，在回忆录有关该政策问题的部分的开篇记述：美国针对协定国的出口增速超过了对其他国家的出口增速！而且可以肯定，整个1930年代，美国的进口虽然也有增加，但始终不曾抵冲掉出口的扩张。从1934年到1939年，出口额度增幅超过十亿美元，进口额度增幅则不足七亿美元。1934年，出口额度比进口额度多出四亿七千七百万美元，到了1938年则超过了十亿美元，当然这其中有美元贬值、欧洲复苏以及战争阴影的影响；1939年，这个数据接近十亿美元。此外，整整十年间，美国的债权额度一直在稳步提升。

由此可见，整个1930年代，贸易协定机制在美利坚贸易平衡问题上基本上没什么贡献；甚至其倡导者是否真有这方面的打算都很难说。此外，该政策之于国内经济活动水平的影响，应该说也相当有限。总体上看，其倡导者一直在夸大其经济效能。不过，他们之所以这么做，倒也不是有意欺骗，而是出于无可遏制的福音主义热情。此等福音主义热忱自然会令国务卿及国务院的相当一部分人过分热衷于该计划，并因此冷落了很多别的重要事务，不过话又说回来，在一个各国都盲目投身经济国家主义怀抱的世界里，这样的计划自然有其作用和效能。赫尔和塞尔以沉静和热忱复活了自由贸易文明的愿景，并令其同极权控制体制形成鲜明对照，由此为1940年代和1950年代再度推展开来的国际贸易自由化浪潮奠定了基础。1930年代的互惠贸易政策，就其目标而言，确实是一片混沌，这种混沌本身反映了那个过渡时代。越过这个过渡时代，最终浮现的是一个颇具魅力的目标：世界经济的扩张。

美国就此接受了世界范围的经济国家主义潮流，并由此开启了早期新政。如此一来，美利坚便将眼光转向国内，在国民经济体系中找寻大萧条的起因和药方。一些新政派人物，诸如皮克、莫利、弗兰克、比尔德以及巴鲁克等，几乎将这一取向和观念拓展成了经济自足体制；他们要的是这样一个国家：对经济实施的外部控制，能令国内经济计划免受国际经济风暴的侵袭。不过，也有一批人，虽然同样反对对于大萧条的国际主义解释，但同时认为对外贸易的复兴是国民经济复兴的一个必要条件。在这些人看来，第一步是要寻求一种自主的货币政策。确切地说，一旦政府能控制货币的价值和利率，就可以放心大胆地削减关税并扩大对外贸易了。赫尔的方案实际上是19世纪的多边主义；不过，他的方案终究能同凯恩斯的新经济学相容（当然，具体工作是由赫伯特·费斯和阿尔文·汉森来做的），更赋予这种新经济学以独特的道德力量。

胡佛政府当然也在推行经济国家主义，不过，那样的经济国家主义一方面不断提升关税壁垒，据此将美国工业保护起来，同时又希望美国的金融和财政服从国际金本位制的运作机理。结果便是紧缩和经济停滞。随着新政对国家主义经济学实施重新界定，最终推出的则是与胡佛政府恰恰相反的政策：在确保自主控制财政和金融的同时，寻求解放并提升国际贸易。看来，只有依循这样的思路，内外双方面的经济扩张才有可能。[4]

第四部分　街头呐喊

十六　联邦救济崛起

1

就这样，新政于 1933 年在农业政策、工业政策、商业政策以及货币政策等领域策动了一系列实验。这些实验既是针对迫切的复苏任务而来，又瞄着更大的诉求，那就是重建。不过，即便在最有利的情况下，也不能指望这些举措的效果立竿见影。同时，数百万失业人口仍然找不到工作，这个重大问题并没有解决。就职日这一天，这个国家的失业人数究竟有多少，自然无从确定，但不会少于一千两百万或者一千五百万，超过总劳动力的四分之一，这个庞大群体在贫弱和绝望中靠着救济生存。那么，该如何维护这个群体，直到他们找到工作呢？

既有的公共救济体系，基本上都是在大萧条过程中临时拼凑起来，此时已是破落不堪，都在瓦解。私人慈善体系长期以来都不足敷用；市政救济体系和州级救济体系当然也远远不能满足需求。1932 年 7 月，《紧急救济和建设法》确实得以通过，该法案向各州和地方政府提供三亿美元联邦贷款，这笔贷款并未产生很大效果，毕竟额度还是太小了，而且需要遵从贷款原则，中间更有相当繁琐的管理程序。此时，每个家庭每天的救济额度大约是五十美分。一些州，40% 的人口得靠救济生活；一些郡县的救济人口比例甚至达到 80% 或 90% 。实际上，全国各地的救济额度都已捉襟见肘了。

一直以来，对该问题有过关注或研究的人，多数认为唯一的希望在于联邦救济。在就职日之前的那个国会短会期里，就有一批包括社会工作者、市政职员以及慈善机构代表在内的专家组团赶赴华盛顿，为参议员科斯蒂根的联邦救济议案奔走呼吁。负责执掌罗斯福的纽约紧急救济局工作的哈里 · L. 霍普金斯在这个问题上所作的呼吁自然是最具力度的。霍普金斯摒弃了向已没有财力的州提供贷款以解决问题的想法，认为这样的想法并不现实；同时，他呼吁建立一个联邦福利机构，而非复兴金融公司那样的银行性质的机构，如此便能以直接拨款的形式向各州提供救济。

实际上，1932 年 12 月，霍普金斯便已致信当选总统，申述了自己的这些看法。但是 1933 年最开始的几个星期里，银行危机和农业危机问题颇为繁重，令罗斯福暂时无法将救济问题作为重点。既然无法将救济问题呈送总统，霍普金斯便向昔日的奥尔巴尼同僚弗朗西丝 · 珀金斯求助。3 月的一个晚上，霍普金斯在老资格的社会工作者、纽约市福利委员会的主席威廉 · 霍德森的陪同下，在女子大学俱乐部同珀金斯会面，当时的俱乐部里已经挤满了人，三人只能在楼梯下面的一处狭窄场所晤谈。霍普金斯和霍德森简明扼要地陈述了联邦救济计划。霍普金斯对情况的准确掌控给珀金斯留下了深刻印象，遂带二人面见总统。

此时，救济局的其他成员也都希望采取救济行动。甚至约翰 · 加纳也在某天宣示说："一旦我们有所行动，我们实际上就是在做出承诺，承诺为穷人做点什么，而且我认为我们是必须为穷人做点什么了。"罗斯福对此表示赞同，1933 年 3 月 21 日，他向国会呈送咨文，要求设立联邦救济机构。同时，他也召见了科斯蒂根、拉福莱特和瓦格纳，让他们负责起草议案。

该议案的主旨是设立联邦紧急救济署，并通过联邦紧急救济署，向各州提供五亿美元的救济款。此举遭遇了猛烈的反对浪潮。来自俄亥俄的西米恩 · D. 费斯说："我几乎找不到什么议会语言来呈现这种看法，他们竟然认为各州和各市没有能力应对各自的境况，所以必须寻求联邦援助。"同样来自俄亥俄的约翰 · B. 霍利斯特则直接发问："我们的联邦体制究竟能干吗？"来自马萨诸塞的罗伯特 · 卢斯更是直接。"这就是社会主义，"他还以学者的精细补充说，"甚至有可能就是共产主义，当然，我不能精确论定。"来自缅因州的 C. L. 比迪则发出了"天佑美利坚"的祈祷。不过，这些只是少数派观点。3 月 30 日，该议案以五十五票对十七票获得参议院通过，三个星期后，众议院以三百二十六票对四十二票通过了该议案。

罗斯福随即出手，决定让霍普金斯执掌这个新机构。在人选问题上，罗斯福同纽约州州长莱曼起了点小摩擦，莱曼不愿就这么放走霍普金斯。最终在 5 月 19 日，霍普金斯电告莱曼：总统说他已经跟您打过招呼了，并让我在星期一早上向他汇报。莱曼则颇为光火地电告罗斯福：您可是有整个国家的人才可供甄选啊。

不过，罗斯福当然知道自己应该选择何人。1933 年 5 月 22 日，哈里 · 霍普金斯赶赴华盛顿，走马上任。[1]

2

霍普金斯时年四十二岁，一路走来，他都自称"苏城马具工匠的儿子"，这样的自我身份认定颇具传奇色彩，实际上，霍普金斯毕生都为这样的身份认定备感愉悦。他在中西部小镇度过了自己的童年，最终一家人落脚艾奥瓦州的格林内尔，他的父亲在那里开了一家马具店，算是以此为业，作为中部边界地带游荡而来的人，他对扑克牌和滚球颇为上瘾。他的母亲则有着热忱的宗教信仰，在循道宗传教团中颇为活跃。年轻的哈里从母亲那里承袭了颇为强悍的社会良心意识，正如从父亲那里承袭了随性且平和的处世风格。

后来，霍普金斯前往格林内尔学院求学，在那里结识了切斯特·戴维斯和保罗·阿普尔比。他一度考虑毕业后跟戴维斯一起前往蒙大拿州操持一份报纸；不过，一份暑期工的机会令他接触到纽约克里斯塔多拉贫民区。（当然，阿普尔比随即接替了霍普金斯在蒙大拿的工作，由此走上农业生涯。）同纽约贫民窟孩子们的此次接触对霍普金斯来说，如同天启。这世间竟有如此破败的地方，这是他此前不曾想过的，此番经历对他的冲击从此一直伴随着他。很快，他便投身到纽约下东城的社会工作中，随后的几年间，他在社会福利工作圈子中的地位便稳步攀升，先后担任过改善穷人生活协会的主席、儿童福利委员会的执行秘书，并在战时担任红十字会新奥尔良分会的负责人；此后，陆续担任了扶贫协会主席助理及纽约结核病与卫生协会的负责人等。他的政治观念颇为激进，但也十分懂得加以约束。1917 年的纽约市市长竞选中，他支持社会党候选人莫里斯·希尔奎特，甚至自己一度注册为社会党党员。总体上看，他信持的还是职业社会工作者的生涯；只是休闲活动有些非同寻常，不仅有网球和扑克，还喜欢挑选春意盎然的时间前往赛马场赌上几把。

霍普金斯身形消瘦，肢体语言很是松散，不修边幅，容貌严峻且阴沉，眼睛里闪烁着讽刺的光芒。语速很快，而且相当强横，字字句句如同连珠炮从嘴边喷薄而出；举止很是粗粝，甚至是一副刻意雕琢过的盛气凌人的态势；他的言词简洁有力，通常不事修饰。有人品评说："他给人的印象就是这样，猛抽雪茄，头发稀疏，满是头皮屑，说话简洁且有十足的讽刺味道，不修边幅，满心忧虑。"即便在状态最好的时候，他依然是张力十足的态势；总是一副朋友们称之为傲气十足的表情，或者说是"你们骗不了我"的表情，他会一下子将脸绷紧，连珠炮式地发出一系列简短但犀利的质询，直到切中问题的核心。一旦知道了该做什么，他才不会浪费时间应付繁琐程序，而是直接将责任担当起来，发布指令并采取行动。他就是那种肆意挥霍精力的人，而后靠着不断抽烟，连续喝上几杯黑咖啡，将消耗的精力恢复过来。在那桀骜不驯且犬儒气十足的外表下，潜伏着一种乐观甚至略显轻浮的信念：只要有十足的精力和决心，没什么困难是克服不了的。他的姿态确实强悍，不过，姿态归姿态，他对人情世故的敏锐把控能力也是惊人的。[2]

3

一旦走马上任，霍普金斯即刻行动起来。第二天的夜幕还没降临，他便已将团队集结完毕，开始收集信息，并通告四十八个州的州长，让他们着手组建相应的州级机构，更向七个州提供了紧急援助。他提醒手下团队：他很快就会成为这个国家最不受欢迎的人，因为他打算不断提醒这个国家别忘记失业和贫困，“他们当然不会愿意听这样的话”。预警归预警，他仍然十分专注且镇定地投身工作。

联邦紧急救济署并不直接接触救济申请人，其职责主要是向地方救济机构提供拨款。五亿美元款项中，半数额度是在配套基础上予以拨付的，确切地说，地方救济机构在拨款前三个月里，每提供三美元的救济资金，便可以获得一美元的联邦救济拨款。剩下的一半款项则用来应急，这部分款项是不需要地方配套的。为了给摇摇欲坠的地方救济机构注入新的生命力，霍普金斯及其手下的小型现场工作团队可以说是用尽了办法，劝说、哄骗、斥责甚至威胁等。若是地方机构已然彻底失去能力，霍普金斯便要求州长出面实施必要的变革。大多数情况下，霍普金斯这种明确的利益无涉态度，都能赢得地方层面的合作。极少数情况下，联邦紧急救济署需要进驻某个州并自行设立救济机构。霍普金斯深深信奉分权的价值。他的华盛顿团队规模很小，重大责任都交付各州救济机构的负责人，当然，他不会忘记尽可能地将地方体系同国家体系结合起来。

在他看来，救济问题之关键就是保护并维持接受救济之人的尊严和士气。大量的人是因为自身不能控制的原因失去了工作，霍普金斯相信，不应当让这些人感觉自己是无助穷人；因此，不仅要保证他们的温饱，还要保证他们的自尊。“若说这些人可以年复一年、月复一月地接受救济，不会因此损害他们的品格，我是不相信这种鬼话的，”他在1933年6月写道，“这将摧毁成千上万家庭的独立性……我认为这会是一场巨大灾难，我要着力应对这个问题。”

救济力度的递减是无可避免的。资金毕竟有限，还要尽可能大范围地铺展开来，因此，那些没有救济仍然可以勉强维持的人，就不会得到救济。如此一来，财产调查便是联邦紧急救济署无可逃避的工作了。调查工作由地方负责，毕竟由他们出面展开调查，对申请者之自尊的折损程度是最小的。一旦确定需要救济，问题便转向救济款的发放方式。一些州建立了专门机构，接受救济者可以直接前去领取食物。这个办法所需的成本倒是不大；不过，霍普金斯认为如此一来，很可能会形成一个单独的救济区域，遂尽速取缔了这些专门机构，转而依托百货店体系来发放救济，这就令接受救济者同正常社区之间不会有那么深的隔阂。不过，这种办法也会令接受救济的家庭遭遇家长式的强制，毕竟，他们来到百货店，只能购买营养专员配发给他们的东西。霍普金斯本人十分倾向于直接发放现金，即便接受救济者有可能会拿这笔钱去购买烟酒；跟失去维生素相比，失去选择权对人类精神造成的伤害更大，这就是霍普金斯的总体态度。[3]

4

不过，霍普金斯原则上反对任何形式的直接救济。他相信，让有工作能力的人赋闲，必然会销蚀精神和士气。1932 年，俄亥俄州托莱多的市长申述说：“我眼睁睁地看着成千上万的男男女女，垂头丧气，绝望不已，卑躬屈膝地求取公家救济。这样的场景，不是国民堕落又能是什么呢？”霍普金斯要求用更具创造力的办法来应对这场灾难，实际上就是为了避免这样的情况。与其让人们了无生气地接受救济，为何不每周发放政府支票，以此换取接受救济者在公共服务领域的劳动呢？霍普金斯认为，工作救济“将维持人的精神和士气，拯救人的技能，还能够给人机会，让他们做一些对社会有用的事情”。这当然会提升救济成本，令成本超出救济资金本身。不过，霍普金斯认为，节约成本的算法并没有将精神成本计算在内，无论如何，直接救济会剥夺公民的“独立意识和能力意识，最终也将剥夺他们的个人命运意识”。

联邦紧急救济署确实是突然之间运作起来的，自然只能将直接救济作为主要手段，不过，霍普金斯仍然以决绝态势予以催动，将大范围的工作救济项目推行起来。救济名册上的教师，纷纷被指派到乡村学校担当教学工作，否则那些乡村学校就要关门了；截至 1933 年 12 月，大约有一万三千名接受了救济的教师，奉派前往乡村地区执教。联邦紧急救济署还推出特殊项目，将临时工群体也纳入轨道，这个群体有数千人之众，他们没有稳定工作，四处游荡，找寻工作和希望。此外，联邦紧急救济署还推出了干旱救济项目，还为地方自助和互换组织提供拨款。霍普金斯还大胆推行实验，呼吁各州救济工作的负责人发挥“想象力”。一些地方机构自然会有抵触。部分原因在于工作救济思路会增加成本，也因为会增加管理难度。即便在那些展开实验的地方，具体的实验计划往往也拟定得相当糟糕，没有说服力。

此时，大萧条已经快到第四个年头的冬天了，失业群体又一次躁动起来。据《财富》报道，领受救济的人群“并不喜欢被救济；这个群体几乎所有人都要求工作”。激进派和美共集团更是不知疲倦地奔走运作，试图利用这股失望和愤懑共同催生的浪潮。1933年8月，俄亥俄州失业者同盟有数千成员集结起来，在哥伦布州府附近游行示威。“我们必须接管政府，”示威者之一路易·巴登斯说，“我们必须建立一个工农共和国。”那么在1933年和1934年之间的这个冬天，依托直接救济原则展开谈判，是否稳妥呢？情况看来越发明朗了，联邦层面必须推行新的、更好的举措，以应对这个冬天的挑战。[4]

5

10月份，霍普金斯在芝加哥实施了一次田野调查，并就此思量下一步行动。他的团队希望全力出击，推行一套联邦工作救济体系。霍普金斯在原则上赞同这个办法。不过，白宫方面会是什么态度，他心里没谱，劳工集团的反对也令他颇受困扰。他将专列停在芝加哥和堪萨斯城之间，在卧车起居室里反复斟酌这个问题（他也将在这里同密苏里州联邦再就业委员会主席、法官哈里·S.杜鲁门会面）。在堪萨斯城，他收到联邦紧急救济署高级幕僚奥布里·威廉斯传来的消息：塞缪尔·龚帕斯本人一度是支持工作救济方案的，这一情况倒是有可能帮助霍普金斯规避劳动集团的反对。受到鼓舞的霍普金斯遂致电白宫，要求同总统会面。

返回华盛顿当天，霍普金斯便同总统共同进餐，并当面向总统概述了自己的计划。罗斯福想知道这个方案能创造多少工作机会。

霍普金斯给出的数据是四百万，当然前提是有足够的资金。罗斯福说，伊克斯的公共工程管理局动作太慢，也许霍普金斯可以从公共工程管理局那边寻求资金；罗斯福这话颇有些自言自语的成分。确实，整个计划看来是打算在下一个冬天之前就摆平失业问题，到了那时，公共工程管理局就可以着手收拾残局了。

这便是民政工程署的缘起。到了11月15日，霍普金斯便可以宣布自己的目标了："1933年12月15日之前，创造四百万个工作机会。"此番宣示等于自行领受了一份极为沉重的任务。跟联邦紧急救济署不一样，民政工程署可以直接运作工程项目，不过，霍普金斯手下并没有团队帮他制订计划，没有轻型公共工程作为铺垫，也没有成型的方案。而且，民政工程署提供的工作机会必须是短期的，容易上手的；冬天的天气限制了具体项目的选择范围；所需的工具也不能足额配备。不过，霍普金斯这样的人从来都擅长迎难而上，完成不可能的任务，在快速扩张的道路上，他不允许任何东西挡道。他即刻从联邦紧急救济署团队抽调大量人手进入民政工程署，并将既有的州际救济机构转为民政工程署的地方团队。公共工程计划是在压力之下催生的，这压力来自双方面，既有华盛顿方面自上而下的压力，也有失业群体自下而上的压力。霍普金斯错过了第一个目标时间节点，到12月14日，只有两百六十一万零四百五十一人在民政工程署名册上登记；不过到了1月中旬，登记人数就远远超过四百万了。

民政工程署所提供的工作岗位范围极为广泛。最多时大约有四十万个项目启动。这其中约三分之一的人从事道路或公路修建。民政工程署运作三个半月后，便修建或改善了约五十万英里的二级道路。其次便是学校。这一时期有四万所学校得以建立或改善，五万名教师在乡村学校或城市成人教育体系获得工作机会，大量的操场得到修建。民政工程署还在全国修建了近五百个机场，也改善了五百多个机场。此外，民政工程署还兴建公园，清理水道，解决虫灾问题，开挖游泳池及下水道，等等。三千个作家和艺术家也在民政工程署体系找到了用武之地（“太棒了！”霍普金斯说，“他们已经可以跟其他人一样填饱肚子了。”）最重要的是，民政工程署为四百万美国人提供了工作机会，否则这个群体很可能会在羞辱和闲散中沉沦下去。

此番举措可谓雷厉风行，霍普金斯自然要为此付出代价。资金成本相当大，最终结算成本将近十亿美元。当然也存在管理疏漏，对此，霍普金斯还是采用惯常做法，在批评者发觉之前将之揭露出来。1934年1月，他揭露了民政工程署运作过程中政治干预及行贿受贿的证据。“我不曾预见会发生这样的事情，”他告诉媒体，“我确实太天真，太不通世故，不过，事实就是事实。虽然我没有干过这样的事情，但我确实感觉很糟。”他随即命令展开调查，对无能或有污点的州级组织实施清洗，同时着手引入一批陆军军官，拱卫民政工程署项目，对抗腐败。

西点军校的工程师约翰·C. H. 李中校遂受战争部指派，前来调研民政工程署事务，看到霍普金斯那非同寻常的工作方式，不免震惊且仰慕。“霍普金斯先生的组织方式极为灵活，”他总结说，“其成就证明了这种方式的正确性。这令他在短短两个月内征调起来的人数，足以跟世界大战期间动员起来的人数媲美，别忘了，那次世界大战可是用了将近一年半的时间才动员了那么多人，而且他们的周薪超过了陆军和海军。”李还特别指出，民政工程署体系在短短两个月里便已铺展到全国的所有郡县和市镇，即便这个冬天的天气状况是有记录以来最为糟糕的。

民政工程署能有如此成就，完全是靠着这位年轻署长以及一批能干的年轻人，他们集结在一起，出谋划策，找寻灵感。他们每天都工作到深夜，那样的干劲完全可以跟战时紧急状态媲美。这些年轻人颇为亲密地称呼霍普金斯先生为‘哈里’。

他们可以随时会商，完全没有什么繁文缛节，但他们始终尊重他，信任他，共襄大业，将全副身心投入其中。[5]

6

联邦紧急救济署的田野调查人员，特别是洛雷娜·希科克和玛莎·盖尔霍恩，就接受救济的群体状况提供了生动报告。种种鲜活想象从这些报告中跃然而出。报告中记载了1933年9月宾夕法尼亚方面的呼声："我们的孩子必须有鞋穿，否则他们就没办法上学啊"；宾夕法尼亚斯科特维尔的一名天主教神父也在恳请医疗援助，以便让自己的子民活下去；得克萨斯休斯敦的一个小男孩拒绝穿着贴有黑白条纹标签的裤子去上学，因为这样同学们会知道他家接受了救济；新泽西的卡姆登说，他每晚七点左右就会上床睡觉，"以便让白天过得快一些"；南达科他的一名农妇用猪毛菜炖汤，"这东西味道不是太糟糕，只是不太能充饥"；北卡罗来纳威尔逊县的一个十六岁女孩在一间黑暗的烟草作坊里做工，以此维持家中生计，她难过地说"那感觉就像不断地下坠"；女孩胸前还别了一枚1932年选战的纽扣，上面是富兰克林·罗斯福的侧面像，如同大家平日里的胸针一样。

1933年，洛雷娜·希科克觉察到美共党员活动的迹象。"他们非常忙碌，"11月她从南达科他阿伯丁写信说，"如同河狸一样，在农民和劳工中间出没。"在宾夕法尼亚，她感到失业者已经"到了绝望边缘"；"他们当中要是出了一大批美共分子，也完全不是什么怪事"。玛莎·盖尔霍恩于一年后巡游全国，发现有组织的抗议活动没那么多了。她认为是罗斯福的偶像作用在削弱抗议浪潮。她致信霍普金斯说："问题并不在于抗击'红色威胁'……而在于抗击人们的绝望感；绝望：一种危险情感，借由无助和依附滋养起来。”沮丧和低落的情绪正在蔓延，这样的情感如同遭受鞭打，就像有人搭便车之时跟西奥多·德莱塞说的那样，“我就是要沉沦下去。我就是要下地狱，真的。跟以前不一样，我现在根本就不在乎了”。对此等失败情绪的感受最为深切者，莫过于盖尔霍恩小姐：“我发现他们都是一样的状况，恐惧，一种让人沦落至半崩溃状态的恐惧；人们的神经都在颤动；对未来的忧虑简直是无可遏制……但凡陷入此等落魄境地的家庭，都在瓦解。”

救济名册的性质也在不断变化。首先是找不到工作的人，接着是劳工阶层的失业群体；到了这时，白领阶层的人数也在不断攀升，四年的大萧条已然耗尽了他们的储蓄，匮乏压倒了他们的顾虑，恐惧蚕食了他们的自尊，他们纷纷走上了接受救济之路。他们当然恨救济，但最终没有别的选择。“我只能扔掉自尊，”一名工程师告诉洛雷娜·希科克，“我靠着面包和水苦苦支撑了三个星期，实在撑不住了，才选择走上这条路的。”一名木材加工商申述说：“我犹豫了一个月，每天都在那个地方来回走动。我就是没办法下决心走进去。一个月后，确实熬不住了。”白领群体进入救济名册，便不免催生了新问题。这其中最重要的是，他们都不愿意彻底放弃昔日的体面，总想装装样子，这令他们同救济机构的关系一下子复杂起来。“我们可以提供工装，但没法提供裁剪得体的职业装，”希科克写道，“我们没法让白色领子一直干干净净的。”

联邦紧急救济署和民政工程署至少做到了不让情况变得更糟糕。总体上看，骚动减少了，饥饿状况也有所缓解，美共潮流也不像预期的那么严重了。匹兹堡的天主教主教休·查尔斯·博伊勒告诉洛雷娜·希科克：“当然这还不够，但此番紧急救济举措，自启动以来，便一直是最为强劲的稳定力量……联邦政府必须花钱，否则——哎，愿上帝保佑我们所有人吧！”民政工程署可以提供工作，因此，失业者自然是接受了这种救济机制，至少那些能登上民政工程署救济名册的人，对此特别感激。民政工程署的第一个发薪日，希科克正在艾奥瓦州。她致信霍普金斯："他们想工作吗？在苏城，他们实际上是在徒手干铁锹的活啊！"民政工程署的一名负责人报告："看到人们的反应，确实令人动容。一些人拿到薪水时竟然激动得哭了。"

不过霍普金斯认为，联邦救济只不过做了最低限度的工作。"我们不曾提供足够的救济。"他在 1936 年这么说。许多社会工作者和机构人员都赞同这个看法。马萨诸塞州切尔西市的市长劳伦斯·F. 奎格利于 1934 年 1 月致信霍普金斯："本市只有一百五十五人得到了民政工程署的工作；现在，我的市政厅里面还集结着两千多号人呢。星星之火就足以引发一场骚乱啊。"奎格利说："我认为，既然联邦政府已经担起责任，纯粹为了提供工作而提供工作，那就应当更进一步，让所有失业者都充分发挥效能，给他们提供最合适的工作……倘若不立即采纳这样的补救措施，容我斗胆预测，政府在年底之前，就会发生根本性的巨大变动。"[6]

7

这是一种看法。另有一派观点认为，根本就不应当推行任何联邦层面的救济计划。1934 年，经济状况趋于改善，这种看法也随之抬头。有人询问亨利·福特对那些乘着火车四处找工作的流浪者有何看法，福特颇为平静地评论说："这是好事啊，四处走走看看，对这些人来说，可是最好的教育了。他们在几个月里学到的经验，胜过在学校里学上几年。"甚至像西尔斯–罗巴克公司的罗伯特·E. 伍德这般宽容的商人，也将救济视为新政的"严重错误"。"我们当然不应当让任何人挨饿（尽管我个人并不认同这种哲学，也不认同城市社会工作者的哲学），不过确实应当收敛一些，如果真要救济，也应将救济维持在生存线上。"大通银行的温思罗普·

奥尔德里奇索性呼吁取消工作救济。林肯·科尔克德于1934年同工商业集团会面后，向霍普金斯总结了该集团反工作救济的立场，科尔科德指出，他们之所以持反对态度，不仅是因为救济成本，也因为所有的救济性工作，即便只是挖挖沟渠之类的，也同私人企业形成了竞争。

农业地区的不满也相当强烈，尤其在南方。种植园主抱怨说，这样的救济体系让他们找不到廉价的黑人劳工。“从前每天五十美分的价钱，可以随时雇到‘骡子’，从日出干到日落，但现在不行了，”一个农民颇为恼火地致信佐治亚州州长尤金·塔尔梅奇，“现在，他们可以去开挖沟渠，凭这个就可以堂而皇之地每天拿到1.3美元的酬劳。”（塔尔梅奇将这封信转给罗斯福看，罗斯福给出的回复颇为尖刻：“我收到您转来的信了，从这封史密斯维尔的绅士写来的信中，我了解到，您赞同每天只给农业劳工提供四十到五十美分的酬劳。”罗斯福据此还推算了一把：考虑到农业劳动的季节特性，农业劳工每年的收入只能在六十到七十五美元之间。“反正我不能理解，这样的薪酬水准怎么维持像样的美利坚生活标准。”不过，一番思量之后，罗斯福还是决定借用霍普金斯的名义发出这封回信。）

整套联邦救济理论跟美利坚个人主义不能兼容，这种看法是最为普遍也最具渗透力的。很显然，人们通常反对高税负，反对高工资，反对联邦权能的任何提升，很大程度上都是以这种观念为理据的；不过话又说回来，这种观念在很大程度上也反映出人们内心实实在在的焦虑，毕竟，对政府救济和恩惠的依附，很可能会给美利坚人民造成伤害。银行家弗兰克·A. 范德利普的一番议论，也是这些年间工商业集团领袖人物重复过无数次的：“我们当前推进的救济工作，已然瓦解了我们的自立和勤奋之德。我坚信社会并不亏欠所有人一种体面生活。”

尽可以嘲讽此类议论，这并不难。当胡佛对联邦失业救济发起攻击，认为这是在破坏人民的“道德材质”时，哈罗德·伊克斯反击说，胡佛当总统时大手一挥，便随意地将数百万美元给了银行、保险公司及企业，他在“削弱这些群体的道德材质”时可是丝毫没有犹豫。胡佛的政策显然支撑了伊克斯的此番反驳。不过，保守派提出的这个问题倒也是实实在在的。霍普金斯自己就对联邦救济的道德影响颇为担忧，因此他更倾向于工作救济而非直接救济。洛雷娜·希科克听到盐湖城的一些小孩子在争论谁的父亲接受了更长时间的救济，并以此为傲，这自然令希科克颇为忧虑。一些接受救济的人已是“欲壑难填”，这令希科克颇为忧心：“他们得到的越多，就要求得越多。”一些社会工作者也指出，“他们渐渐把民政工程署视为他们应得的东西——［他们认为］政府实际上亏欠了他们，这是政府应该做的。而且他们还想要更多的东西”。一些救济项目明显是在弄虚作假，这根本无助于维持工作者或公众的精神和士气。于是，“没事找事”（boondoggling）一词应运而生，用来描述诸如打扫树叶或开挖沟渠之类的救济项目，这类项目显然是没有太大意义的。[7]

8

那么，答案究竟何在？霍普金斯和救济署认为某种形式的救济是不可或缺的，否则会出现革命。若如此，工作救济可以说是最契合自尊和个人主义的救济方式了。而且在1933和1934年间的情形之下，工作救济比后来更具说服力。当时民众士气低落，其他支出项目都还没见效，应急工作计划自然会产生颇为显见的刺激效果，无论经济上还是心理上都是如此。

工商业集团方面此时也无法给出其他明确选项。其中一些人自然希望完全取缔救济，但基本上没人将此奉为笃定的目标。这就令他们大多数虽然不满，但只能在哀叹救济的道德恶果的同时，也倡议直接的现金救济，尽管依据他们自己的理论，失业救济金在道德上是最为有害的。然而，这样的矛盾并没有让他们有所克制，实际上显而易见，他们中很多人都在竭尽所能地给工作救济设置障碍。

工作救济实际上预设了一场全国性的协作行动，毕竟，让四十八个州单独推展工作救济显然是无法想象的。因此，反对者们一直酝酿着要将救济权能归还各州，如此便能有效地消除工作救济观念。这么一来，还可以节省总体成本；各州政府没有能力为自己的债券创造市场，因此各州政府若是单独运作，能找到的救济资源颇为有限。最重要的是，此等政策还能削弱联邦政府的权能。于是，将救济事务归还各州，成了保守派的核心论题。比如 1934 年 12 月，在商会和全国制造商协会的运作下，工商业集团的领袖人物在白硫磺泉镇集会，要求各州接管救济事务。但是当《今日》杂志致电各州州长，听取他们的意见时，三十七个州长中只有尤金·塔尔梅奇表示赞同。有三十三个州长申述说，本州的救济能力已经到极限了。

财政考量只不过是支持联邦救济的论题之一。此外，很多观察者都认为联邦体制能更好地防范浪费和腐败。“若是将联邦资金交给各州管理，”来自南卡罗来纳的参议员詹姆斯·F. 伯恩斯说，“势必引发更多而非更少的政治介入。”政论作家约瑟夫·艾尔索普和特纳·卡特里奇在《星期六晚邮报》撰文指出，“倘若救济体制在需要集权的环节未能集权，必然催生见所未见的大规模‘猪肉桶之乱’”。

然而，还是有人希望有这么一场“猪肉桶之乱”，也有人希望扼杀工作救济之道，更有人一厢情愿地认为，分权将催生新的地方责任意识；于是引发了一场大论战，一场在这十年的剩余时间里不曾停息的大论战。[8]

9

第一轮论战浪潮出现在1934年1月和2月间，围绕民政工程署的延期问题展开。一开始，批评之声是相当克制的，阿尔·史密斯于1933年12月提醒这些批评者："时势艰难啊，圣诞节快到了，任何地方官员，只要家中壁炉上方悬挂了空袜子，只要脑子还清醒，想必都不会想着去射杀圣诞老人吧。"这个情况看来很能解释批评者们在这个时段表现出来的克制。（霍普金斯此时已是严阵以待，他的回应自然灌注了激情："他们不想射杀圣诞老人吗，鬼才相信。圣诞老人确实需要穿上防弹衣了。"）救济过程中出现了浪费和腐败，尽管霍普金斯率先将这些问题揭露出来，但原本就憎恶工作救济体制的人，并不会放弃这方面的指控，此类指控可以强化他们的力量。更重要的是，此时的罗斯福在南方民主党人及自己的预算局长刘易斯·道格拉斯的双重压力之下，也开始觉得，为了预算，昂贵的民政工程署计划必须终止了。

霍普金斯及大多数社会工作者和自由派民主党人则不赞同这一决议。很多共和党人也持反对态度；比如堪萨斯州州长阿尔弗雷德·M. 兰登就致信罗斯福："这样的民政工程计划，是您推出的最健全也最有建设性的政策举措之一，我是全力支持的。"新政左翼阵营则在诺曼·托马斯的引领下，策动了一场挺进华盛顿的运动，借此抗议民政工程署中止。一个星期内便有将近六万份信笺和电文涌入民政工程署的办公室和白宫。民政工程署的劳工也纷纷举行罢工和游行。不过，既然总统已经决定了，霍普金斯便也予以接收，并以他惯常的强劲效率，将自己的这个天才组织体系悉数摧毁。罗斯福自然对霍普金斯表现出来的毫无怨言的忠诚十分感佩，毕竟，民政工程署的管理者们此时的哀痛几乎到了神经质的地步，所有人都在寻找可以依靠的肩膀，兀自落泪，这其中不乏约翰逊派、里奇伯格派、皮克派以及赫尔派等。

民政工程署的剩余项目遂转归联邦紧急救济署的紧急工作救济项目，尽管联邦紧急救济署的工作救济项目并没有那么大的力度。确切地说，民政工程署是要在正常工资水平上为接受救济者及无工作者提供工作，尽管这些人出于种种原因不愿意出现在救济名册上，当然很可能是因为自尊；联邦紧急救济署则不然，联邦紧急救济署只给救济名册上的人提供救济，并且只支付基准工资；民政工程署是自行计划并运营救济项目，联邦紧急救济署则只为各州的救济事务提供融资。不过，联邦紧急救济署还是将民政工程署规划中一些重要部分接收并推行起来，其中就包括白领项目。

此外，联邦紧急救济署在 1934 年也推出了自己的新项目。其中特别引人瞩目的是联邦过剩产品救济公司，该计划是 1933 年酝酿起来的，当时庄稼在乡村四处堆积，城市却在挨饿，该计划是为了避免这种讽刺意味十足的情形。9 月，罗斯福致信亨利 · 华莱士："您能不能跟皮克、哈里 · 霍普金斯商量一下，尽可能拟订计划，对过剩的黄油、奶酪、凝乳、猪肉以及面粉等实施购买，以满足今年冬天的救济之需？"杰尔姆 · 弗兰克遂提议组建一个独立公司来推行这个计划；12 月，计划启动，联邦过剩产品救济公司着手购入过剩产品，目的是双重的，一来可以帮助农民清除对价格造成巨大压力的大量存货，二来可以帮助缺乏食物的失业群体。首先购入的是批量屠杀的生猪猪肉，购买范围很快便从食品扩展到棉花、床单甚至煤炭。

联邦过剩产品救济公司的工作虽在 1934 年间扩展开来，工商业集团中人也开始指控该公司犯下了同私人企业竞争之罪。当联邦过剩产品救济公司购买棉花并将之送往联邦紧急救济署工厂加工成床垫供失业群体使用时，床垫制造商群体爆发出一片怒潮；联邦紧急救济署解释说，这些床垫仅供给那些没钱买床垫的人，不会对床垫市场造成冲击，但这并不能令床垫厂家感到满意。1934 年的干旱强化了联邦过剩产品救济公司业务，当然也强化了工商业集团的批评浪潮。这场旱灾令大批牲畜处身危险境地，若联邦过剩产品救济公司不予接收，它们就只能白白死在旱区，联邦过剩产品救济公司遂酝酿着将这些牲畜加工成牛肉罐头，皮毛则做成鞋子，以此供给受救济群体。此番计划激起了抗议风暴。制鞋产业集团拒绝把必需的设备租给政府。此等抵制浪潮限制了联邦过剩产品救济公司的运作范围。在联邦过剩产品救济公司于 1935 年并入农业调整署之前的两年，该公司有权分发的过剩产品价值总额度只有相当可怜的两亿六千五百万美元左右。[9]

10

联邦紧急救济署还支持自助生产计划，这同样激起了产业集团的强烈不满。自助生产运动在大萧条初期便已自发形成。很多手里没钱的人仍然有工作能力，因此，以自己的劳动成果换取自己所需的东西，便是合情合理的选择了。在这个过程中，各州政府为失业者提供便利以生产生存所需的物品，也是合乎逻辑的。国会遂授权联邦紧急救济署向各州拨付资金，推进“物物交换”运动。

1934 年 6 月，俄亥俄州救济委员会设立了俄亥俄州救济生产公司；几个月内，该州便租下了十二家工厂，供失业者制作衣服、工装、家具及炉子等，可以自己使用，也可用来跟其他州的救济机构进行交换。接着便有超过半打的州起而效仿，着手将闲置劳动力和闲置工厂组织起来（通常都是床垫工厂或罐头工厂），帮助失业群体开展生产。据估算，1934 年夏天，全国将近五万个家庭都加入了自助生产体系，一些是私人组织的，一些则是在州政府推动下组建的。这一年秋天，此类自助项目创造的就业机会在紧急工作救济体系中占了 15% 的比例。

然而，在这类计划推展的过程中，“为使用而生产”这个术语也开始被贴上邪恶标签。产业集团越发认为，这样的自助项目是社会主义的楔子。“俄亥俄计划”非常可疑；并且在厄普顿 · 辛克莱竞选加州州长时，“为使用而生产”计划确实被失业者作为激进经济重建纲领之核心要素予以伸张，此等情形之下，反抗潮流便十分强劲且明确了。鉴于工商业集团的抵制态势，联邦紧急救济署在两年间向这些自助项目提供的资金支持仅有三百万美元略多一点，很是可怜（当然，其中不包括工作救济项目为“为使用而生产”运动提供的支持，这部分支持的力度自然更大一些）。截至 1935 年，“为使用而生产”项目及自助生产项目双双式微。（唯有总统自己还存留着一些兴致，当时正面临启动联邦水坝项目以开启新的电力供应的问题，总统遂要求伊克斯和霍普金斯于 1935 年春天考量一下能否借助失业劳动力，生产铝、镍及镁。）[10]

11

联邦紧急救济署的乡村复兴部则担当着乡村救济之责。该机构最具效能的工作是所谓的“精准恢复”计划，确切地说，就是直接向农户提供贷款，以购买种子、肥料、牲畜及农具等。此外，该机构也尝试建立一批乡村社区，这样的社区并不那么有利可图，所依托的是罗斯福有关分散化产业体制及宅基地体系的昔日梦想。最终，这些计划都于 1935 年并入垦殖署。联邦紧急救济署的民工部则在 1934 年剩下的时间里继续应对规模更庞大的民工问题；1935 年，该部门的活动也逐渐停止了。

联邦紧急救济署在一些特定地区也有突出成就。充满想象力的联邦紧急救济署领导层拯救了佛罗里达基韦斯特，使之免于破败；

当时此地是有可能沦为死寂之地的。1934 年，基韦斯特三分之二的人口都靠救济生活。市政府已经破产，当地服务体系也完全坍塌，街道上堆满了垃圾。小 J. F. 斯通，联邦紧急救济署的地区负责人，遂说服州长宣布“民事紧急状态”，据此将基韦斯特的市政权力委托给佛罗里达紧急救济局。这一举措的合法性是存疑的，不过效能十足。基韦斯特志愿工程团很快便建立起来，负责清扫街道和海滩；住房也都重新粉刷并修缮，旅店重新开张，联邦紧急救济署出资补贴了该市镇的空运服务，此外还在此地推行了联邦艺术项目，组建了联邦紧急救济署马林巴琴乐团，基韦斯特作为旅游胜地遂进入了一个新的阶段，确实有了收入，但从最终结果来看，可以说是毁灭性的。

民政工程署解散之后，联邦紧急救济署便于 1934 年予以接手，将民政工程署的救济事务维系起来，同时在霍普金斯的强力领导下，将其项目向多样化的方向推进，并实施改进。这一时期，联邦紧急救济署的很多工作都给人原地踏步的感觉，因为此时整体的救济方案尚不明晰，真正明晰之日显然要等到公共工程管理局充分施展开的那一天。[11]

十七　公共工程之战

1

公共工程管理局于1933年6月设立，当时依据《国家工业复兴法》第二条的规定，该机构拥有三十三亿美元的拨款额度。依据休·约翰逊的构想，公共工程管理局和国家复兴署是连体双胞胎，不过在诞生之时，二者就被分开了。总统硬生生地从约翰逊那充满期待的怀抱中，将公共工程管理局夺了过来，交给一个跨部门的公共工程专职委员会，该委员会的主席是内政部部长哈罗德·L. 伊克斯，唐纳德·H. 索耶上校则受命担任该机构的代理署长。

2月，总统对伊克斯甚是冷漠；到了6月，对伊克斯则已是颇为尊重了。很显然，这个新任部长是个令人生畏的角色。此时的伊克斯不满六十岁，已是经历过无数斗争的老兵，虽伤痕累累，却强悍勇武。任何挫折都不曾削弱他的斗志。多年来，他一直在同罪恶搏杀，先是芝加哥的政治改革运动，而后是西奥多·罗斯福的公麋党运动，接着便是联手法务合伙人唐纳德·里奇伯格在芝加哥展开的针对萨缪尔·英萨尔和“大比尔”汤普森的运动，饱经沧桑的他几乎成了孤绝、正义且无可遏制的战斗精神的化身。

世人都是通过他的外表来评判他的，认为他强悍、肆意且蛮横。他的修辞，夸张且好斗，是典型的公麋党运动风格，这显然支持了世人对他的这种印象。然而，在行动上，伊克斯非常谨慎。他习惯了将私密想法交付日记，从他的日记里不难看出，他是那种事事处处如履薄冰的人，如女孩般敏感，如放款人般多疑。战斗岁月砥砺的是他的皮肤，并没有硬化他的感受力。他的内心流淌着温软情愫：冷面幽默，对无助之人比如印第安人的深切关怀，喜欢大丽花，热衷美食美酒且是行家；最重要的是对私人亲情和公共安全感的深沉依恋，这样的依恋颇能打动人。长年困扰他的乳突病症及慢性失眠症更是强化了他的内在紧张情绪。他期盼所有人都爱他，但他不信任任何人，因此总觉得大家都在对他展开一场无情阴谋。他质疑所有人的动机，将分歧视为阴谋，将报复欲（至少他自己的报复欲）视为美德。他对上级总是莽撞无礼，这种态度恐怕只有他对下属的那种倨傲可以媲美。诚实于他而言，是世间罕见且一闪即逝的东西，他的运数确实不错，人们对他都是诚实的。他的自我主义极为深重且强烈，到了不自知的地步。他总是以最好的意愿，不由自主地认为一切有助于扩张他手中权能的东西都对国家有好处。

他确实有不少缺点，但这些缺点在他身上都在极大程度上变成德性。好斗意味着胆略；自我正义意味着正气凛然；野心意味着干劲；不信任意味着警觉。他确实暴躁且虚荣，不过，这么一个敦实、干脆且咄咄逼人的人物身上，也散发出战前进步主义运动那种实诚、老派的个人主义光彩。他心志坚定，无可腐化，完全有可能成为卓绝的公职人员。他在内政部拥有一间巨大的办公室，由胡桃木镶板装潢而成，办公室的一端悬挂着填充得满满当当的水牛脑袋标本，来访者必须在那里等待约见。这位部长大人会端坐在办公室另一端的办公桌后面，逐个接待。他似乎说过，一个公职人员不应有任何见不得光的东西。他就那样稳稳当当地坐在椅子上，厚实的鼻子上架着一副金边眼镜，不时瞟上访客一眼，眼神中透露出警觉和不信任，若是遇到长篇大论且毫无意义的官样文章，他就会不断地翻动材料，焦躁难安，干脆提出锐利问题，直奔要害；这样一个人，的确是无可压制的国家利益捍卫者。[1]

2

公共工程管理局拥有多种权能。它可以作为建设机构推行自己的工程项目，可以分派其他的联邦机构执行建筑工程，可以向各州以及其他公共实体提供贷款和拨款，以此刺激非联邦建筑项目。有一段时间，它还可以向一些私人公司提供贷款。总体上，公共工程管理局是通过私人承包商来运作的，而且不同于大多数救济项目，它的劳动力范围并非仅限于救济名册。公共工程委员会每星期都开会商议分派之事。公共工程管理局内部则由国家计划委员会负责提供长期政策建议，这个委员会包括罗斯福的舅舅弗雷德里克 · A. 德拉诺、芝加哥大学的查尔斯 · E. 梅里亚姆，一个出色的城市规划人，还有哥伦比亚大学的韦斯利 · C. 米切尔。总统本人对国家及其需求自然有广博且深湛的了解，因此不仅对大问题有强烈兴趣，对公共工程管理局蓝图的工程细节及草图细节也有很高的兴致。

伊克斯身居公共工程委员会主席之职，地位自然非同一般，有几个星期，伊克斯如同饥饿的老鹰般在公共工程管理局左右盘旋，对索耶上校，他是满心不认同，遂自行准备了重组计划。伊克斯虎视眈眈，加上自己的署长职位只是暂时的，这令这位代理署长备受牵绊，显然没有表现出足够的执行力。7 月，总统从短暂休假中返回，丹尼尔 · 罗珀遂以专职委员会成员的身份提议任命伊克斯为署长。伊克斯对这个职位觊觎已久，也就顺势接受了，并没有表现出明显的吃惊。（尽管他后来还是作了一番自我辩白：“我一直不是这个职位的候选人，也从来不曾想过总统会考虑我。”）

对休·约翰逊来说，公共工程之目标是刺激重工业；对哈里·霍普金斯来说，公共工程的目标是提供救济和工作机会；对伊克斯来说，公共工程的目标则是修筑经久工程，以此美化家园；对刘易斯·道格拉斯来说，公共工程根本就没有目标可言。1933 年的灼热夏天，公共工程委员会的历次会议上，这些不同的观念彼此冲撞推搡，委员会成员都脱掉外套，在伊克斯办公室那精美的椭圆形办公桌周围坐成一圈，展开论战。1933 年 7 月 1 日，道格拉斯令人震惊地陈词："反正我明显感到，经济紧缩的螺旋已经结束了，情况已经好转；没有必要再行人为刺激，毕竟早先那种情况已不存在了……所以，现在是拉下制动闸的时候了。"雷克斯·特格韦尔即刻还以颜色："道格拉斯先生的意思当然是说，我们不应该花掉法案给我们的钱。"对此，道格拉斯说，倘若大萧条在某种程度上是因过度负债而起，那么我们如此增加负债，又怎能结束这场萧条呢？伊克斯插话说："但不管怎样，国会通过了法案，我们不过是受命执行而已。"道格拉斯回应说："确实如此，但是别忘了，这个法案完全是宽许性质的，我的部长大人，这么说吧，这根本就不是强制性质的。在这个问题上，我不能同意特格韦尔博士。"[2]

3

特格韦尔对公共工程管理局的理解，主要还是从经济效能的角度，因此，他主张开足马力向前推进，迅速启动联邦工程项目，同时向地方层面释放低息贷款，以刺激地方工程。对于公共工程管理局的直接经济刺激作用，伊克斯基本上没什么兴趣；公共工程管理局设立之初，他发出一系列指令，其中之一就是告诉索耶，不要征询约翰逊的意见。他的主要关注点在于工程本身是否有价值，同时避免这些公共支出有任何腐败嫌疑。他很清楚，新项目一旦启动，就会催生无数腐败机会，无论大小。他也明白，担当联邦职能的公共工程计划，其命运完全取决于公共工程管理局能否廉洁且诚实施政。蒂波特山丑闻刚刚过去十年，此时仍然是所有人心中的可怕记忆。作为公共工程管理局的救星，他自然要杜绝腐败，为此宁可牺牲进度，在这一点上，他是非常坚定的。他后来记述说："这可是人类历史上最大的一笔工程资金，运作此等规模的资金，又没有任何丑闻，很可能是无从达成的理想，但我们从一开始就确立了这样的理想。"

这一决定意味着公共工程管理局的所有合同和项目规划都是层层审核，直至高层，这自然是一个非常痛苦的过程。伊克斯会审阅相关材料，一行字都不漏过，常常将送审材料驳回，要求修订和纠正。伊克斯对历史报应准则也深有体悟，他特意雇用路易斯·R.格拉维斯负责公共工程管理局的调查工作，二十五年前，正是这位格拉维斯对阿拉斯加油田欺诈活动展开指控，并以强悍斗志引发了内政部那场巴林格-平肖大论战。格拉维斯迅速组建了巨大的探员团队，对可疑雇员以及承包商实施电话监听，或者至少要听一听这些人的电话录音，同时实施跟踪。伊克斯还鼓励公共工程管理局雇员相互揭发，若雇员迟到或咖啡时间拖得太长，也会招致他的一番批评；他甚至发布指令，要求办公室门帘保持敞开，不能拉下来。

此等严厉监督举措得到了E. K. 伯卢的强力支持。伯卢是那种看起来相当温和的老派官僚，但这只是假象，他曾为一家私人侦探公司工作，此时则是伊克斯在内政部的助理，也是公共工程管理局的人事负责人。部长问询机制无疑降低了公共工程管理局和内政部的士气，但同时消除了一直以来最易腐败的政府部门的丑闻现象，当然，最具腐败可能性的应急机构就此同丑闻绝缘。任何政府机构，只要手中握有资源，都将面临无可抵御的腐败侵袭。但在伊克斯这里，腐败势力确实遭遇了更加无可抵御的力量。他的成就是值得充分赞誉的；应该说，若非如此严厉，就不会有如此成就。伊克斯因此赢得了“诚实哈罗德”的绰号。（“这个绰号一直让我很不安，”伊克斯在日记中记述说，“……我恨透了这个绰号。它也让我成了黑枪的目标。”）[3]

4

公共工程管理局之所以进展缓慢，还有别的原因，这些原因是不可控的，即便是约翰逊或者霍普金斯这般有着魔鬼精力的人，也无能为力。原因之一在于公共工程项目都需要先行规划，还得制定细则，实施工程勘探，拟定蓝图，制作成本清单，等等。先前的胡佛政府在公共工程问题上也曾信誓旦旦，但首先在制定实施规划时，历时四年仍是一事无成。公共工程管理局是在罗斯福就职三个月之后启动的，可谓白手起家，此前政府各部门手中的项目只是聊胜于无。此外，公共工程管理局要刺激地方工程，这方面的工作通常需要先经过法律程序，比如允许一个城市借钱或者票决发行债券以募集地方资金，是需要变更相关法规的。清理土地产权，发送招标广告并订立合同，以及理顺程序细节，这些也都需要时间。结果便是到了1934年年初，订立的九亿美元工程合同（这其中实际支出的额度大约只有一亿一千万美元）几乎都跟海军工程一样，仍然处于蓄势待发的状态。

罗斯福也不曾催促公共工程管理局。据伊克斯回忆，各方都在抱怨公共工程管理局太拖沓了，总统则总是将这些抱怨尽可能地压下去，甚至说：“够快啦，我不希望你更快。”总统特意解释说，复苏进程有可能比预期进展更快，因此，“公共工程方面若能更审慎一些，就等于是给财政省钱啦”。伊克斯的强力运作，令总统完全不必担心出现蒂波特山丑闻，罗斯福对此当然十分感怀；很可能是出于这个原因，总统于1934年年底告诉内阁：“当哈罗德接手公共工程时，他必须从零开始，冷静行事。他没有项目，没有组织。这些必须经营起来。很多人认为伊克斯只需要从窗户往外撒钱就行了。公共工程进展缓慢，哈罗德又如此谨慎，不免招惹众多非议。我是从不期望进展更快，原来的速度很不错，而且我们可以抵挡人们对哈罗德那种谨慎作风的批评。到现在为止，公共工程方面，连小丑闻都不曾出现，这应该说是创纪录了吧。”[4]

5

慢慢地，公共工程管理局有了其他一些可供夸耀的东西。进度缓慢确实在经济效能方面有所折损；不过，一部分是因为这一点，公共工程管理局在社会效能方面表现完美。它主导修筑了道路、公路、排水体系和供水体系，修建了天然气工厂及电力工厂，此外还有学校、法院、医院以及监狱等；水坝、运河、屯垦以及灌溉工程、防洪工程也纷纷出炉；桥梁、输水管道、码头以及隧道也都铺展开来。公共工程管理局还启动了海军重建计划，“约克顿号”和“企业号”航空母舰都是其工程项目，此外，还建造了四艘巡洋舰、四艘重型驱逐舰、为数众多的轻型驱逐舰、潜艇、飞机、发动机以及其他的海军设备。公共工程管理局也协助陆军推动现代化和机械化，建立了五十多座军用机场，给陆军航空兵团提供飞机，并改进了三十二处陆军基地。（不过，1935 年，公共工程管理局终止了对防务的这种直接帮助，当时，国会应参议员博拉的要求，明确禁止公共工程管理局提供拨款用于“弹药、战舰以及陆海军设备”。）

伊克斯在一番力劝之后，说服宾夕法尼亚铁路公司借款八千多万美元，完成纽约和华盛顿之间铁路的电力化，并将费城第 30 街区站点完工。伊克斯由此成就了铁路史上最为成功的一笔投资。公共工程管理局还推动了纽约三区大桥的建设，尽管伊克斯和罗伯特·摩西因此发生了激烈争斗。在得克萨斯，公共工程管理局修建了布朗斯维尔港。在芝加哥，公共工程管理局依托贷款-拨款协议，修建了新的排污系统。公共工程管理局在堪萨斯城帮助修建了巨大的市政礼堂，在丹佛修建了供水系统，此外还给华盛顿大学建造了一批大楼，在俄亥俄州麝香谷建造了泄洪工程。1933 年大地震过后，公共工程管理局对洛杉矶的学校实施了重建，并修建道路和桥梁将基韦斯特和佛罗里达大陆连接起来；还帮助建立了田纳西河谷管理局，同时帮助建造了哥伦比亚河上的大古力大坝、邦纳维尔大坝、上密苏里河上的佩克堡大坝以及科罗拉多河上的顽石大坝。

1933 年和 1939 年间，公共工程管理局帮助建造了这个国家 70% 的新建教育大楼，65% 的新建法院、市政厅以及公共卫生机构，以及 10% 的道路、桥梁、地下通道及类似的工程项目。这期间的总支出大约为六十亿美元，创造了大约十七亿五千万个建筑工时，在建筑材料、工具以及运输方面，更是创造了三十亿个工时。没有任何可信的证据能指控公共工程管理局腐败或欺诈。这的确是令人震惊的成就；而且正如伊克斯当初强烈瞩望的，公共工程管理局令这个国家的面貌有了极大的改善。[5]

6

哈里·霍普金斯喜欢花钱，而且认为公共支出是经济复苏的关键。哈罗德·伊克斯也愿意花钱，只要他确定能获得充分回报。不过也有一批机构成员从根本上反对花钱的想法，这其中最具影响力者当属预算局局长刘易斯·道格拉斯。

1933 年的情况并没有改变道格拉斯的看法，他一直强烈认定，政府节约及平衡预算至关重要，不仅对经济复苏是如此，对人类自由也是如此。应该说，是环境令他不得不默认《国家工业复兴法》，包括其中的公共工程条款，但他对国家复兴署的恶感很快便翻腾起来。他并不情愿地认可了救济之必要性，但也认定，应该以成本最小的方式展开救济，说白了就是直接救济。至于公共工程管理局，他则始终认为，公共支出也许能刺激经济，由此刺激复苏，但同时造成了预算失衡，后者对经济复苏的遏制效能要远远超过前者对经济的刺激效能。

道格拉斯的看法是传统的，也是教条的；不过，此等思路十分清晰，更有他强劲的个人魅力加持，因此一度对总统有所触动。不过，1933 年渐渐过去，道格拉斯也感觉到自己的影响力越来越小。世事潮流的演进看来正以横扫之势将新政引入一场通胀大潮，新的货币政策令道格拉斯深为苦恼。逐渐铺展开来的公共工程体系同样如此。此等情形下，道格拉斯认为，当务之急是让罗斯福回归理智和清醒。在这位预算局局长看来，罗斯福应当回归 1932 年匹兹堡演说所界定的那种仪式。在其他人看来，道格拉斯对总统的态度越发有威慑意味了。有一次，摩根索也在场，道格拉斯尖锐地批评罗斯福没有兑现匹兹堡承诺。总统的回应也冰冷且犀利；摩根索绝少见到罗斯福发怒，这就是其中一次。伊克斯也曾在内阁见识过道格拉斯的一次发言，不免在日记中留下了这样的评论："在同总统论辩时，他做得有点过火了，无论是内容还是表达。"

不过，罗斯福个人还是相当喜欢道格拉斯，这种情感并没有因此消散。而且，罗斯福相信，有创造力的政府，部分倚靠的就是论辩，因此自然十分看重道格拉斯作为支持派的抗衡者的角色。1933 年 12 月的一次记者招待会上，罗斯福解释说："道格拉斯的工作就是阻止政府花钱大手大脚。这就是他的工作……他当然是主张不花钱……但也有人希望在公共工程上再增加一百亿美元的开销，我们的道路就在这两个立场之间的某处。"不过，道格拉斯并不满足于反对派的这种特权角色。1933 年 12 月 30 日，他将他所谓的"最后诉请”交给罗斯福，反对政府在直接救济之外再添开支。他提醒总统注意第二年的借款和再融资计划。“我不相信，”道格拉斯说，“就目前的状况，您还能成功借到这么多钱。我不相信政府信誉扛得住此等压力。”道格拉斯继续申述说，若政府继续这么干，势必陷入纸币通胀的泥潭：“我相信这是无可避免的，这一点只需看看您批准的 1934 年财政预算，怎么抵抗都没有用。”

道格拉斯回忆了当时围绕 1935 年预算问题跟总统的一番讨论。“我们不一定总能得到我们想要的，”他告诉罗斯福，颇有点醒世恒言的意味，“为了公众福祉，我们必须有所收敛；一些东西也许是您想要的，倘若推行那样的办法将策动纸币通胀的毁灭力量，那么看在公众利益的分上，请将其终止。”正是出于这样的考量，道格拉斯反对授权复兴金融公司继续发放工业贷款（“联邦政府独霸工业信贷，这是向彻底的国家资本主义迈出的最后一步，这一步很可能会成为桥梁，令这个国家的经济体制走向反面”）；他也因此反对公共工程计划，反对平民保育团。“我十分怀疑您本人是否真的明白此等举措会带来怎样的结果。”道格拉斯总结说。

> 我就这样看着政府支出一波又一波地累积，令纸币通胀成为无可避免之事，并就此毁灭中产阶级。我看着政府逐渐独霸信贷体系，不断推出种种方案，意在为个体经济活动指定计划……在我看来，问题已经十分清楚了，要么我们改变社会秩序，刻意消灭全部私人企业，以政府运营的企业及政府雇用体系取而代之，要么就必须维持政府信誉，以恢复信心……若要达成后面这个目标，我们就必须停止借钱。

道格拉斯的这种坚持当然有可能惹恼罗斯福，这位预算局局长的新习惯同样令罗斯福不快。此时的道格拉斯已经学会草拟相当精细的简报，以书面方式向总统汇报，看样子是要据此建立一套卷宗，以求将来自保。“看来，我需要说一些类似遗嘱的话了，”几个月后，总统申述说，“自从我卸去了迪安·艾奇逊的副财长职位，刘易斯·道格拉斯就学会了这种书面呈文的办法……很显然，要是出了什么问题，他希望用这样的办法为自己免责，凭借这些书面材料向世人表明，某年某月某日，他曾建议总统不要这么干，不要那么干。”[6]

7

这段时间，道格拉斯一直竭力将联邦支出置于预算局的控制之下。罗斯福很可能是对道格拉斯在管理方面的顾虑而非实质性的看法有所触动，因此没有予以阻拦。1934 年 1 月初，总统发布了一道行政指令，要求各救济机构在进一步释放贷款或拨款之前，必须得到预算局的批准。伊克斯认为，这样的指令意味着给了道格拉斯在救济事务上的否决权，遂提起抗议；内阁其他成员及各个救济机构的负责人也纷纷提起抗议；不到三天，该指令被撤销了。

道格拉斯并没有就此放弃。1 月，他明确告诉公共工程管理局，决定不再给公共工程提供超过五亿美元的资金额度。2 月，他在全国应急委员会各州负责人会议上宣布：“联邦政府需要从应急事务领域逐渐脱身，是时候这么做了，至少时间节点已在迫近。”春天，他开始正式提议总统取消公共工程管理局的某些项目，但这时他也在不断丢失阵地。夏初时节，他进入一段颇为漫长的休假期。到了 8 月，罗斯福便颇为恼火地告诉摩根索，道格拉斯“去年跟我说起的所有事情，都完全错了”。

几天之后，也就是 8 月底，道格拉斯前往海德帕克跟罗斯福晤谈。第二天，罗斯福让摩根索从霍普韦尔章克申来一趟。财长赶到时，总统正在洗澡。摩根索进屋，总统从浴缸里坐直身子，看着摩根索，眼睛里满是怒火，语气颇为凝重地说："亨利，用约翰·保罗·琼斯的话来说，战斗已经打响了。"看来，道格拉斯已经辞职了。总统曾恳请道格拉斯坚持到12月，为此先是动用了爱国辞令，接着又动用了民主党纪律（确切地说，就是希望道格拉斯在国会选举结束后再行辞职），但道格拉斯都严词拒绝。罗斯福遂告诉道格拉斯，此后十年，他将一直为今天做的事情后悔。此时，摩根索眼中的总统是十分恼怒且受伤的。

接下来该怎么办呢？罗斯福征询摩根索的意见，能不能让汤姆·科科伦继道格拉斯之任，这让摩根索不免一惊。摩根索回应说，绝无可能：科科伦根本不适合担当管理者之职。此时财长担心总统又会冒出什么怪念头，即刻提议由丹尼尔·W.贝尔担任代理局长；贝尔是老资格的公务员了，三年前以速记员的身份进入财政部，很快便升任账目及存款专员。罗斯福对摩根索的提议表示欢迎，并手写了一份新闻稿，着重突出了对贝尔的任命，淡化了道格拉斯辞职一事，并计划在劳动节的周末发布，因为这个周末想必会十分忙乱。（"他非常高兴，"摩根索记述说，"毕竟是想出了解决办法。"）

道格拉斯方面并没有什么特殊举动；尽管《纽约时报》发表评论，说他似乎没有收到白宫方面通常会有的感谢信，道格拉斯在国会选举期间一直保持平静态势，并没有掀起什么波澜。11月晚些时候，道格拉斯做出最后一搏，意图唤醒总统的良知。他致信罗斯福："容我多说几句，让那段岁月穿越回忆的迷雾，来到我们面前，当时我正在您座下担任不怎么驯服的预算局局长之职。我希望您能见证我的决心，我是要将预算实实在在地平衡起来，我认为，不仅您的历史地位寄托于此，整个西方文明在不远将来的命数也寄托于此，这一点是可以想见的；我多么希望您能见证这些啊。"……

直到第二年的春天，刘易斯·道格拉斯才在哈佛大学展开系列讲座，批评富兰克林·罗斯福的财政政策同苏联财政政策之间的那种“致命相似”。[7]

8

摆脱了道格拉斯，绝不意味着摆脱了道格拉斯代表的观念。政府中大多数人的心目中，平衡预算仍然居于神圣地位，膨胀政策仍是高悬头顶的达摩克利斯之剑。那些认为确实有必要推行政府支出的人，总体上说也是有负罪感的，因为这样的举措悖逆了既有的经济教义。更何况，预算局有着自身的内在取向，任何尽心尽职的局长都会寻求控制政府开支；丹尼尔·贝尔自然是这样一个尽心尽职的局长。贝尔在某种意义上仍然是亨利·摩根索的手下，此时摩根索也对开支政策表现出深切忧虑了。

实际上，道格拉斯离职前两个星期，摩根索便向罗斯福呈送了一份演说草稿，其中特别申述说，本届政府不久就会寻求平衡预算。(对此，罗斯福颇有些不悦：“我不知道你为何说这样的话，很显然，我们是没法在 1936 年平衡预算的。”）此时，预算局已然在摩根索的掌控之下，这令摩根索觉得有更好的机会达成自己素来珍视的目标。的确，随后三年间，这正是摩根索的主要目标所在。然而，民众的悲苦处境总是激起摩根索的同情，令这一目标发生扭曲。数年后，霍普金斯致信摩根索：“你在看似无望的境地中多次出手相助，促成有利决定，帮助失去工作的数百万人。我特别想跟你说说这些，因为早些年，很多人无论公开还是私下里都说你反对救济……我觉得人们根本就不知道，对于那些落魄之人，你是何等伟大的朋友。”

1934 年的夏秋时节，救济形势已然十分严重，要激发财长的同情，这样的形势已是绰绰有余。1934 年年中，每七个美国人中就有一个仍在接受救济，总人数超过一千八百万；到了冬天，这个数字很可能再次上升到两千万。接近七百万不满十六岁的孩子出现在救济名册上。有三十九个州，超过十分之一的人口靠着公共救济存活，有九个州的救济人口超过五分之一，还有一个州，也就是南达科他州，因为旱灾肆虐，靠公共救济过活的人口超过了三分之一。1934 年 5 月，每个家庭的月均救济额度达到二十四点五三美元，一年内就增加了九美元，仍然远远不够。（比如肯塔基州的这个数据为六点七八美元，这意味着在该州，家庭月收入超过六美元就没有接受救济的资格。）同时，没有任何迹象表明国民收入近期会有改善，能缓解一下压在人们身上的重负，这一部分是因为生产率的提升意味着不需要 1929 年时的劳动量，便可以生产同等数量的产品；一部分则是因为历时五年的萧条已经令越来越多的人到了只能靠救济生活的地步。"工业吸收失业者的速度，一直比不上大萧条对人力资源的消耗速度。"

联邦救济看来必须维持下去。不过，摩根索认为也有必要对政府支出项目实施归整，特别是要建立统一的审核机制，涵括全部救济支出和公共工程支出。道格拉斯离职一个星期后，摩根索和贝尔赶赴海德帕克，同总统晤谈预算事宜，二人提议以某种形式恢复前一年 1 月的那道行政指令，该指令授权道格拉斯对各个救济机构的支出实施控制和审核（道格拉斯有七十二个小时时间实施审核和控制）。罗斯福反对这个提议，不过接受了摩根索随后的建议，同霍普金斯和伊克斯一起商讨对各项开支计划实施协调之策。1934 年 10 月 1 日是第一次会商，此次会议上，总统宣示了自己的总体看法：联邦直接救济应有明确的终止时间；此后，所有直接救济都将转为由地方政府负责的贫困救济；华盛顿方面则主要负责推进大规模的公共工程计划，借此推进公共工程救济，令尽可能多的可用劳动力都有工作，这一计划实施的第一年可能要耗费五十亿美元，随后几年则应有所削减。这样的计划可以发挥经济和社会的双重功能，既可以为经济复苏提供动力，也可以缓解失业潮，直到私人雇用体系有能力将其吸纳。

霍普金斯和伊克斯都支持这样的政策，尽管对政策的理解并不一样。对霍普金斯来说，这显然意味着突出民政工程署的轻型工程项目；对伊克斯来说，则显然意味着公共工程管理局式的重型工程注资。但不管怎样，此次会议还是达成了相当程度的一致，伊克斯据此对霍普金斯提出的一份全国性工程和救济方案备忘录表示支持。罗斯福则反对这份备忘录，原因是太过笼统，摩根索则宣示说，整套方案令他心里发凉。(罗斯福评论说："你这话听起来像是摩根家族的莱芬韦尔说的。"摩根索回应道："我倒是希望我有他一半的脑子。"）第三次会议推出了更为详细的备忘录，主推计划是将可用劳动力从救济名册转入工作救济轨道，涵括了住房建设、贫民窟清理、公路和铁路建设、水资源开发以及乡村电力化等。摩根索再次批评这份备忘录的含混笼统，并认为，除非看到工程报告，否则无法评估资金需求。罗斯福多次示意摩根索闭嘴，但摩根索仍然反复强调需要一个集中化的工程组织机制。"我绝对赞同你的看法，"总统第二天早上解释说，"不过我可不想伊克斯和霍普金斯在这时为这块肥肉争斗起来。"[8]

9

此时，工商业集团已经有大批人物敦促罗斯福大幅度削减联邦支出，罗素·莱芬韦尔不过是其中之一。事情的另一端同样存在压力。伯纳德·巴鲁克于1934年10月11日写道："照管贫弱之人是第一要务，除非做到这一点，否则不要惦记着平衡预算。"更麻烦的是，大萧条已经进入第五个冬天，失业群体也开始躁动，要求更大的救济力度。美国共产党控制的失业者协会更是说服了来自明尼苏达州的农工党左翼众议员欧内斯特·伦丁，将一份议案引入国会，目的是按照现行工资标准为所有劳工提供失业救济，并将相关事务交付农工组织普通成员组成的委员会管理。（本杰明·吉特洛当然不是可靠的信息来源，但毕竟是美共高层成员，曾是该党的副总统候选人，他后来记述说，伦丁实际上是美共的卧底，领受薪酬，经常前往党总部从总书记那里领受指令。伊斯雷尔·阿姆特，一名美共党员，曾在一次国会委员会上陈词说："［伦丁］劳工议案的始作俑者就是美国共产党。"）一时间，伦丁议案成了激进潮流的核心议题。

罗斯福当然也敏锐意识到现存体制的诸多缺陷。11 月初，他便在记者招待会上申述，据达奇斯县民主党委员会主席吉姆·汤森说，15%—20% 的救济劳工都在消极怠工。汤森告诉总统："人们普遍觉察到……管事的人实际上发出的指令是这样的：'别太卖力啦。悠着点。尽可能拖延工期吧。'""如果达奇斯县的这种情况是真的，"总统说，"那全国的情况就可想而知了。"为了重组救济计划，罗斯福酝酿了一场双重改革，其一是将联邦救济名册削减 15%—20%，这部分失业者并无资格出现在名册之上；其二，令剩下的人从事确实有用的工程。几天后，罗斯福解释说："我的目标就是要完全取消［联邦］救济。目前我当然不能大声宣示这个打算，但还是希望能用别的东西取代工作救济……我当然知道，某些情况下，工作救济并非救治之策，但我认为就这些情况而言，全部救济支出应当重新由各州和地方来承担，就像以前那样。"

截止到 1934 年 11 月，联邦救济体系下一阶段的总体规划就此出炉了。剩下的问题便是切实拟定各个工程项目，这需要一系列决策，相当麻烦。[9]

十八　社会保障诞生

1

即便就最好的情况而言，工作救济也只是应急之策，仅仅是为那些找不到工作的人而设置的。至于那些有工作可干却仍然生计堪忧的人，工作救济基本上爱莫能助，家庭、未来及养老等问题同样令这个群体备感痛楚。由此观之，在新政对经济和社会的不安全性发起的总体战役规划中，工作救济不过是一个组成部分而已。

“百日”期间，罗斯福就已采取显著举措，以保证提升普遍的保障程度。对中产阶级来说，1933 年最令人沮丧的事情之一就是因抵押赎回权到期而失去房子的可能性。1932 年，已有超过二十五万个家庭失去了房子；1933 年初，丧失抵押赎回权者平均每天都会出现一千多例。如此高的失赎比例无疑令储蓄银行和保险公司的境遇越发糟糕。截止到 1933 年年中，业主便感到抵押的难度越来越大，甚至实施延期也很困难。此等情形之下，房地产市场及建筑业不免走向崩溃。

1932 年，胡佛政府推出《联邦住房贷款银行法》，该法案旨在鼓励银行发放抵押贷款，但收效甚微。1933 年 4 月，罗斯福要求国会推行新的立法，以保护小业主避免丧失抵押赎回权。由此提起的议案以农业抵押贷款议案为范本，要求政府为境遇堪忧的小业主提供抵押再融资，这些小业主早在1930年便失去了房子，也无法通过常规渠道获得贷款。业主贷款公司遂于1933年夏天应运而生，该公司负责从抵押赎回权已经失效的抵押品持有人那里买进抵押品，以便支付税款及修缮等方面的当前费用，同时重新订立抵押合同，将抵押期拉长，令还款变得相对容易，当然也适度调低利率。不过，业主贷款公司的贷款总量是有上限的，不能超过一万四千美元。

据精确统计，大约有五分之一的非农业业主申请了业主贷款公司的贷款。这其中有一半申请获得批准。最终，城市贷款业主中，有五分之一的人成为业主贷款公司贷款的接受者；业主贷款公司实际上担当了城市住房抵押贷款总额度的六分之一。此番贷款业务令业主贷款公司在资产评估、贷款标准、贷款服务等方面都遇到不小的麻烦，甚至会出现抵押赎回权遭没收的情况。在经历了不够稳定的开启阶段后，约翰 · H. 费伊，一名报纸发行人，接手了业主贷款公司的工作；此后便以相当的效率和节约将这项复杂工作推行起来。

很快，业主贷款公司便使房地产市场免于崩盘，并令各个金融机构开始回归抵押贷款业务。由此树立起来的范例令全国各地的房地产融资业务变得更简单也更宽松了。最重要的是，业主贷款公司此番运作拯救了成千上万美国人的家园，由此强化了这个群体对既存秩序的利益诉求，当然也强化了他们对新政的支持。应该说，没有任何举措能像业主贷款公司这样，如此强力地促成了中产阶级对政府的支持。[1]

2

就这样，业主贷款公司恢复了中产阶级关键群体的士气，据此在这场针对经济不安全的战争中做出了贡献。不过，这还只是边缘战斗。普遍保障计划的战斗必须在更为宽广的战线上铺展开来。这场战斗的核心角色就是劳工部部长弗朗西丝·珀金斯。

珀金斯于1933年来到华盛顿时，正好五十岁。她出生在波士顿，在伍斯特长大成人，在曼荷莲女子学院接受教育。当时，她这样活泼且有主见的年轻姑娘，毕业后很快便对伍斯特那沉闷的社交氛围感到厌倦了，遂离开伍斯特，赶赴芝加哥，投身贫民窟事业。在芝加哥，她同简·亚当斯一起住在赫尔之家，并由此进入一个强大社会工作网络的核心圈；而后，她转战费城，在那里跟随西蒙·帕滕学习经济学（她说西蒙·帕滕"是美利坚历史之上最伟大的人物之一"）；再往后的1910年，她成为纽约消费者协会的执行秘书，并在奥尔巴尼积极参与院外游说活动。

除帕滕外，还有两个人对她有特别影响。其一是弗洛伦丝·凯利，人称消费者协会的"贞德"，另一个是坦慕尼厅的大蒂姆·沙利文。珀金斯从凯利身上学到了十字军式的热忱和激情；从沙利文身上则学到，即便是职业政客也有心灵，也可以为好的事业而战。就这样，她活跃在社会工作和政治的交叉领域，不仅与"虔信老姑娘"为友，也结交了罗伯特·瓦格纳及阿尔·史密斯这样的人。接下来二十年间，她便成为纽约这个地界极具能量的人物，先后执掌过州工厂委员会、州工业委员会，更在富兰克林·罗斯福执政纽约州期间担任过工业专员。

她说话干脆利落，一双黑眼睛炯炯有神，宽额头、尖下巴，经常戴着一顶三角皮帽，总是一副上流社会改革者的姿态。她对自己的新英格兰背景甚是自豪（诸如"新英格兰常识""扬基人的节俭"之类语词，常常在她的谈话里闪烁），一直颇为热切地想让那些抗拒进步的蠢人变得清明一些。她性格泼辣、犀利，天性活跃，对现实可操作性有着本能意识，同时有着深沉的宗教情愫以及说教本能，最后这个特性有时也会令她以高高在上的波士顿腔调向着同僚们来上一通长篇大论，令同僚们很是烦恼，有时甚至到了令人无法忍受的地步。1913 年，她同保罗 · C. 威尔逊结婚，威尔逊是纽约的一个统计学家，当时正担任改革派市长候选人约翰 · 珀罗伊 · 米切尔的秘书。她育有一个女儿；她一直强烈地捍卫自己的隐私，抵制新闻界的侵袭。“我们新英格兰人就是这样，自己过自己的。”她说。

3

弗朗西丝 · 珀金斯是第一个以女性身份进入内阁的人，因此有着强烈的责任意识。她受命执掌所有部门中最具男子气息的劳工部，这颇令人生出不相称的感觉，游走于这个部门的可是一帮大男人，嘴里叼着雪茄，通常把脚放在桌子上；不过，她仍然以一贯的敏捷和干练接管了这个部门。接手之际，劳工部在她眼里已处于离乱状态，办公室肮脏不堪，文件材料不断丢失，没有任何工作方案可言，更有一套内部间谍系统，每个人都试图通过揭发他人来赢得她的恩惠。据她后来回忆，当即将引退的部长大人威廉 · 纳克尔斯 · 多克将她引见给各部门负责人时，其中有七个人自我介绍说“我负责移民事务”，真正有“移民专员”头衔的那个人反而什么都没说。履新第一天，她便派人找了一件罩袍，亲自擦拭桌椅，将那位令人生疑的前任的一切痕迹悉数抹去。几年后，当埃米尔 · 路德维希造访整饬一新的劳工部时，不禁品评说，他一下子就能从木质壁板和绿色的皮质用具上判断出，该部门的主人是位女士。

下属曾询问该如何称呼她，她说“叫我部长女士就行”。媒体曾问她身为内阁中的女人是什么样的感觉。“很是怪异。这是个新英格兰用词，就跟卡尔文 · 柯立芝说‘选择’一样。柯立芝先生想必知道在新英格兰‘怪异’一词是什么意思。”有人追问：女人身份是不是一个障碍啊？“也就是爬树的时候。”她给出了脆生生的回复。在内阁，她赢得了同僚的尊重，诸如休·约翰逊和杰西·琼斯这样的保守派甚至比伊克斯和摩根索这样的自由派对她更为尊重（杰西·琼斯直言“我非常喜欢她”），相较而言，伊克斯和摩根索倒是约略觉得她官态十足，话也太多了。从一开始，她便在内阁获得了平等待遇。有一次，海军部部长斯旺森考虑到有她在场，不知道该不该说那么一个故事。“且讲无妨，克劳德，”罗斯福说，“她巴不得听听呢。”

在接受任命之前，珀金斯便已经将一份涵涉范围相当大的议程规划摆在罗斯福面前，失业问题、老年保险问题、最低工资问题以及最高工时问题尽皆在内；罗斯福告诉她向前推进就是了。对珀金斯来说，此次机会应该是毕生希望和劳作的顶峰。她拥有社会工作背景，这令她总体上更希望能为劳工做些事情，而不是让劳工自己去做事情；身为部长，她也更倾向于提升劳动条件并改善劳工福利，相形之下倒不是特别强调培育劳工的自我组织。不过，这一部分是因为劳工运动本身的特点造成的；长期以来，劳工运动都冷落了立法行动，不善于通过立法来改善处境。中产阶级则一向对劳工阶层的立法斗争持反对态度。无论如何，一旦饥饿和匮乏这样的紧急问题获得解决，就要借由社会保险机制来建立一套恒久的个人保障体系，这就是我们这位部长女士的主要目标。[2]

4

1932 年的民主党竞选纲领宣示说：“我们主张依托各州法令推行失业保险和老年保险。”这一宣示当然存在诸多局限，但终究认可了人们对两种公共保险日益强烈的需求，实际上，这方面的浪潮在欧洲已经涌动了比一代人还长的时间；在美国，至少在过去的十年间，人们也不难觉察到。民主党阵营的这番表态，也算是承认了富兰克林·罗斯福日益崛起的影响力，毕竟在那个时代，他是唯一一个认同社会保障事业的全国性政治领袖人物。

两种社会保险当中，失业补助在合众国的历史要短一些，不过，到了1933年，失业补助便成为更为迫切的问题。自大萧条之始，经济学圈子、社会工作圈子以及美国劳动立法协会内部，便一直在热切讨论这个问题。这些讨论总体上是以美国既有的唯一的失业补助计划为标的而展开的，即威斯康星州于1932年在州长菲利普·F. 拉福莱特推动下采纳的那套计划。该计划最早由约翰·R. 康芒斯教授于1921年拟订，十年后，哈罗德·R. 格罗夫斯和保罗·A. 劳中布什予以修订，要求各个公司建立自己的失业准备金，以照管各自的雇员。该计划涵涉了“经验评级”或“绩效评级”这样的设想，以此评定雇主在维持就业水平方面所做的贡献；确切地说，公司失业率越高，贷款利率也就越高。这实际上是将雇主建立的储备金机制同经验评级联结起来，在威斯康星州的相关讨论中，人们认为这样的办法最能激励工商业集团尽最大努力稳定就业。

该计划的倡导者称之为“美利坚计划”，并竭力将其同英国强制性的失业保险体制区别开来。不过，在美国，人们同样希望推行一套更为直接地建基于保险原则的计划。1932年，俄亥俄失业保险委员会推出了自己的方案，该方案在两个重要环节上跟威斯康星计划有所不同。其一，该计划将全部保险资金汇集成一笔共同基金，不再是各个公司单独建立的储备金的模式；其二，雇主和劳工都缴纳保险金，不再只是雇主缴纳。不过，同英国模式不同，俄亥俄计划并没有要求政府也出钱。

美国的一些专家认为，即便俄亥俄计划也是不够充分的。这批专家当中最具影响力者当属亚伯拉罕·爱泼斯坦，时任美国老年保障协会的执行秘书，在社会保障问题上是一个相当流利且强劲的写手。爱泼斯坦不仅赞同共同储备金计划，反对公司单立储备金账户，同时认为没有理由避开英国模式，政府应当参与其中。在这一点上，爱泼斯坦也得到了一批专家的支持，比如芝加哥大学的保罗·道格拉斯教授。在爱泼斯坦和道格拉斯看来，威斯康星计划有着显著缺陷，因为该计划竟然认为，个体公司能够充分控制经济状况，并因此而为自身的就业成绩受到相应的奖惩；实际上，到了1933年，情况已经很明显了，大规模失业绝对不是一家公司或者一个产业能够造成的。

威斯康星计划确实遭到不少批评，但不管怎样，该计划的可操作性很强，这是它的优势，而且确实运作起来了。此外，该计划还拥有一批忠诚且雄辩的传布者，特别是保罗·A. 劳申布什及其夫人伊丽莎白，伊丽莎白是大法官布兰代斯的宝贝女儿。1933年秋天，劳申布什集团在华盛顿同一批工商业集团自由派人士聚会，其中包括了亨利·丹尼森、爱德华·A. 法林以及一批年轻的新政派，诸如小查尔斯·E. 怀赞斯基、劳工部的托马斯·H. 艾略特以及托马斯·G. 科科伦等人（聚会地点就在布兰代斯的公寓；大法官并没有参与）。劳申布什集团的使命是说服政府激励其他州也依托威斯康星计划的路线，推行失业补助机制。为了达成这个目标，劳申布什推出了一份颇具才智的计划，该计划由布兰代斯拟就，主旨是对雇主征收工资税，其中有条款特别规定，在已经通过失业补助法的州，雇主若已缴纳补助金，则可减免联邦税。如此一来，各州就可以在建立失业保险体系的同时，不给雇主的州际商业竞争带来新的成本。该方案当然是确立了最低标准，但总体上给布兰代斯统绪中的地方实验留出了相当大的空间。弗朗西丝·珀金斯对这个想法颇感兴趣；艾略特和劳申布什很快起草了一份议案，由参议员瓦格纳和来自马里兰的众议员大卫·J. 刘易斯于1934年2月引入国会。[3]

5

与此同时，老年保障方面的工作也在推进。国家对老年保险的关注拥有更为久远的传统。1912年的进步党竞选纲领已在呼吁提供老年补助金，随后的几年间，一些州也着手调研老年补助立法的可能性。1920年代，有八个州选择性地通过了相关的法令，随着大萧条的降临，这方面的强制性立法潮流便涌动而起。仅1933年，便有十个州通过了强制性法令。不过，所有这些法令中，资金都是应需求而生的，覆盖率也存在极大差异；将近半数的州根本没有相关立法。在爱泼斯坦及其老年保障协会看来，联邦层面的行动已然是迫在眉睫，还有不少人也都秉持这个看法。

爱泼斯坦的方案是，由联邦政府向各州提供拨款，其额度相当于各州补助金额度的三分之一。来自华盛顿州的参议员克拉伦斯·C. 迪尔和来自马萨诸塞州的众议员小威廉·P. 康内利已将一份此等性质的议案引入国会；1934年，众议院通过了该议案，参议院补贴委员会也就该议案提出了有利报告。

到了1934年春天，瓦格纳-刘易斯议案和迪尔-康纳利议案都已积聚起相当的势头。此时的情况已经很明显，倘若政府不迅速采取行动，就会很被动，陷入被强制的境地。3月，罗斯福也确实认可了瓦格纳-刘易斯议案。不过这样的认可只是针对两份议案所申述的原则性问题，在细节方面，罗斯福尚未表态；而且，此时有人向总统强力施压，需要留出时间以便进一步研究，特别是对瓦格纳-刘易斯方案持反对态度的特格韦尔。此外，总统此时也开始认为，社会保障方案不能这么零敲碎打，而应以一揽子计划的方式推展开来。总统相信，如此可将政治效果最大化，确切地说，既能压制右翼集团对整个社会保障观念的反对态势，又能压制左翼集团日益高涨的呼声，毕竟，左翼集团若继续这么干下去，会令社会保障的标尺提升到这个国家无从承受的地步。

1934 年 6 月 8 日，罗斯福向国会呈送咨文，态度鲜明地重申了自己对社会保障的信念（“我的所有施政目标中，国民的安全保障是第一位的”），不过他也表示，相关立法工作最好延迟到下一个冬天。与此同时，咨文明确了总统心目中的健全原则，确切地说，应是州-联邦的联合方案，应有可靠的核算制度予以支撑，资金来源应是定期缴款，不可因此造成税负的普遍上涨。三个星期后，罗斯福任命了一个经济安全内阁委员会，以弗朗西丝 · 珀金斯为主席，负责拟定方案，并于 12 月前呈送总统。[4]

6

在弗朗西丝 · 珀金斯看来，这个委员会的职责应当是通盘考量经济安全问题。失业补贴是其中最为重要的议题；不过，委员会本身也必须审议老年补助和保险问题、健康保险问题、劳工补助问题，还有救济名册上一些特定群体的公共援助问题，这些都是有针对性的问题，特别是老年群体、盲人群体以及无依无靠的儿童群体等。“在我看来，”珀金斯于 1934 年申述说，“西欧国家在过去一代人时间里推行的所有社会保障举措，在我们国家也应当实质性地确立起来。”（不过，她也警告说，社会保障本身并不能“承诺彻底的经济安全。所有的社会保障机制加起来，也不如就业重要”。）

尽管委员会接受了全面职责，但关注重点仍在于失业补助问题，而非别的。委员会工作团队的行政负责人是威斯康星大学的埃德温 · E. 威特教授，经济安全技术委员会的主席是来自威斯康星的阿瑟 · J. 奥特迈耶。二人都曾是威斯康星计划的参与者，因此很自然地认同其基本原则。这自然同罗斯福自己对于这个领域里的州级实验的信念有所呼应。8月晚些时候，总统召集二人会同珀金斯展开商议，此次会议上，总统明确了自己的态度：他更倾向于州级层面的商业保险实验。

很多专家都支持全国性的保障体制，而且，一开始，无论是技术委员会还是保障委员会的大多数人也都支持全国性体制。此等体制下，联邦政府就可以征税，可以建立管理机构，还可以分配资金。其倡导者认为，唯有全国性体制才能保证缴纳额度及分配标准方面的统一标准；还能满足全国性经济体制的需要，无论如何，就劳工的情况而言，州际流动乃是很常见的现象；当然，跟各州单立机制的杂合体制相比，全国性体制在管理上也更有效率，更为节约。但是威斯康星集团坚决反对全国性体制。他们为此提出的本质性论证也正是布兰代斯给出的论证：国家太需要鼓励地方层面的实验了，特别是在这个有太多根本问题等待解决的时刻。专家群体则正如弗朗西丝·珀金斯申述的，在单立体制还是全国性体制的问题上，在雇员是否缴纳资金的问题上，陷于分裂。珀金斯说："该议案允许各州依据自身的特殊情况来解决这些问题，也允许各州为着自身民众之利益的最大化，来实施地方性的管理。"

各州层面有两种实验方法。其一是所谓的"补贴"计划，政府开征相应的赋税，而后确定补贴和税赋之间的比率，并依照该比率来提供资金，当然，这需要各州的失业补助法令达到明确的联邦标准。其二便是最早一版瓦格纳-刘易斯议案中提出的抵税方案，据此方案，各州可以直接筹集失业补助金。很显然，在两种方案中，"补贴"计划更契合或者说更需要全国性控制机制。因此威斯康星集团倾向于瓦格纳-刘易斯的方案，他们相信，该方案最能保护该集团自己推行的实验。该集团还依托合宪性问题，将一批人争取过来，若是依据计划本身的优缺点，这些人本来是应当支持"补贴"计划的。不管怎样，一旦最高法院否决全国性计划，就什么都不剩了，落入退无可退的境地；而且，一旦补贴计划遭到否决，各州法令即使可以存续，也会因为缺乏资金募集手段而无法运转；瓦格纳-刘易斯的计划则不同，倘若最高法院否决了其中联邦性质的条款，各州法令仍然能运转下去。

整个夏天和秋天就在两种方案的斗争和摇摆中度过。以来自北卡罗来纳州的弗兰克·格拉汉姆为主席的一个经济安全顾问委员会，以九票对七票的表决结果支持补贴计划，尽管多数派的多个成员实际上支持彻底的全国性计划。技术委员会方面则在威斯康星集团的主导下，为瓦格纳-刘易斯的计划站台。1934年11月，华盛顿召开了全国经济安全工作会议，此次会议上涌动着强烈的国家主义情感，尽管总统在会上发表讲话，倡导州级体制。观察者们都注意到，委员会团队似乎都刻意同失业保险问题的专家们保持距离，这些专家显然都倡导全国性体制，比如爱泼斯坦、保罗·道格拉斯、I. M. 鲁宾诺以及埃夫林·M. 伯恩斯等。

此时的委员会内部，华莱士在特格韦尔的促动下，为着全国性计划展开斗争。不过，此时的总统倾向于州级计划，国会方面自然对全国性计划秉持反对态度，加上全国性计划存在合宪性问题，诸多因素令此次会议在强大压力下达成了一致意见。11月9日，委员会方面决定放弃联邦垄断大局的想法。不过这并没有解决问题；几个星期后，委员会基本上又一致推举了一套全国性体制。最终，在圣诞节的那个星期里，面对总统给出的最后期限，委员会一致票决支持瓦格纳-刘易斯的方案，但也正如珀金斯所说的，“大家实际上并不情愿，内心有所保留”。[5]

7

在老年保障问题上，经济安全委员会倒是很顺畅地采纳了缴款制度和遗嘱保险制度，没有太多争议。此举实际上相当冒险，毕竟这同失业补助问题上的谨慎态势有着鲜明反差，而且更应当考虑到，在失业保险问题上，各方对全国性体制的考量远远超过了在老年保险问题上对全国性体制的考量。为何委员会在老年保险问题上更具胆量，原因之一是州际层面缺乏老年保险项目；这个领域并不存在威斯康星计划那样可以扰动各方智识关切的东西。另一个原因在于老年补助问题上有着强劲的社会浪潮；尽管经济安全委员会在汤森运动潮流涌动而起，要求为六十岁以上老人提供每月两百美元的补助金之前，便已经启动了这方面的工作，但1934年年底和1935年年初，汤森运动潮流依然极为强劲，这无疑促进了委员会将力道十足的老年保险方案写入社会保障议案。还有一个原因很可能是决定性的，即精算工作的要求，毕竟以州为基础的老年保险计划无法应对劳工巨大流动性的问题，一辈子不流动的劳工自然是很少见的。

除老年保险体系外，委员会还呼吁为老年贫困人口提供帮助，并为此对各州实施援助。这一计划以1934年迪尔-康纳利议案的相关条款为依托。针对失明群体和流浪儿童群体，委员会也提出了类似的联邦援助计划；同时提议为妇女和儿童健康，为儿童福利以及公共卫生，提供联邦拨款。在健康保险问题上，委员会没有提出任何近期立法计划。1934年，人们对健康保险问题曾一度涌起乐观看法；哈里·霍普金斯一度宣示，他相信“只需一步大胆举措，我们就可以让失业保险体系乃至健康保险体系覆盖美利坚人民”。然而，来自美利坚医学会的压力并没有放松，最终成功地压制了委员会在医疗领域的诸般提案。[6]

8

如何将长期规划同应急救济计划协调起来，仍然是个问题。当失业补助计划显然要在各州基础上运作起来时，霍普金斯和特格韦尔便对计划本身失去了兴趣，转而认为重点应放在公共工程上，借由公共工程来创造工作机会。于是，1934 年秋天和冬天，弗朗西丝·珀金斯的委员会致力于社会保障计划时，霍普金斯和伊克斯也在酝酿工作救济计划。一时之间，珀金斯和霍普金斯似乎都感到两套计划是存在竞争的；不过，罗斯福认为二者是互补的。倘若联邦政府淡出救济事务，在失业者用完补助金之后，公共工程计划仍然可以提供工作机会。当然，这些都仅限于有工作能力的人；至于没法找到工作的人，仍交付社会保障体系予以照管。

1935 年 1 月 15 日，经济安全委员会将一系列报告呈送总统。此时的罗斯福在社会保障问题上已经有自己的看法了。“没理由不将这个国家的所有人都涵括进来，”他曾跟珀金斯谈起，“我看不出有什么理由不将每个孩子从出生开始，就纳入社会保障体系……真的，我看不出有什么理由。”珀金斯对此等全面保障体制势必会带来的行政难题自然是备感恐惧，不免摇了摇头，但罗斯福继续申述说：“确实没理由不这么做。从摇篮到坟墓，他们都应当置身社会保障体系当中，从摇篮到坟墓。”

此外，我们这位总统对社会保险计划的性质问题更有自己明确的观点。他相信，公共保险所依托的原则应当跟私人保险一样。“倘若真要说道说道，”他曾评论说，“公共保险一定要依从缴款制度，我倾向于缴款制度，而且雇主和雇员都应当缴款，精算机制也应当健全。财政最好不要介入。”这实际上是一套自助体制，以缴款和专门税金为依托，一般性的税收不会牵涉其中。弗朗西丝·珀金斯则反对雇员缴款，她认为，雇主无论如何都会设法将工资税转嫁给消费者，所以雇员实际上已经缴纳了自己的份额。特格韦尔则反对工资税，认为这实际上意味着某种形式的销售税，而且很可能会令那些负担能力最弱的群体承担主要份额；不过，所有这些反对意见都没有效果。“我猜你在经济学上是站得住脚的，”几年后，罗斯福向一个满腹牢骚的人解释说，“不过，此类税赋绝不是一个经济学问题。它们是彻头彻尾的政治问题。毕竟，有了这些工作税款，缴款者就有了法律上、道德上以及政治上的理据，去索取他们的补助金及失业福利了。有了这些钱，那些混蛋政客就不能对我的社会保障计划说三道四、动手动脚了。”[7]

9

1935 年 1 月 17 日，罗斯福向国会发送咨文，要求启动社会保障立法。同一天，瓦格纳将草案引入参议院，刘易斯则协同来自北卡罗来纳州的众议员罗伯特 · L. 道顿将草案引入众议院。几天后，参众两院展开听证。2 月初，政府的战线实施重大调整，财长摩根索亲自前往众议院筹款委员会作证，借此机会提出了老年保险体系的新融资计划。

在老年保障问题上，经济安全委员会曾提出一套强制性的缴款机制，劳工可以由此逐渐建立起相应的权利，在老年时领取保险金。这就令已经接近老年的群体成了问题，毕竟他们并没有足够的时间去缴纳养老金。委员会认为，针对这个问题，最好的办法就是由联邦政府出面，缴纳一定额度的养老金。据此估算，到了 1980 年，政府因此对养老保险体系的注资额度将达到每年十四亿美元。委员会承认，此等联邦义务势必会给随后几代人造成负担。但若放弃这个办法，替代选项只能是将缴款比例大幅度提升，由此会给当前一代人造成双重负担，毕竟他们不但要缴纳自己的养老金，还要在一定程度上承担中年以上群体的养老金份额，这部分份额是不会给他们回报的。委员会据此申述说：“这样的计划，相当于让每一代人都去承担当时在世的中老年群体的部分养老义务。”

摩根索接受了委员会的这份计划，并签了字。但在思量相应的融资计划时，他也开始觉察出其中违背情理的成分，并告诉筹款委员会，“向后代借钱来支付这其中的成本”，此举确实不合情理。罗斯福也认可摩根索的反对意见。他告诉弗朗西丝·珀金斯：“就这样逐渐累积出一个巨大赤字，让合众国国会在1980年去填补，此举很难算是诚实的。我们不能这么干。我们不能因为要解决1935年的问题，就将1980年的美国给做空了。”

财政部给出的替代选项是提升养老金比例，以大幅度扩容养老准备金，这笔准备金可以应对未来需求，不用再向当前的总税收索取。摩根索申述说，这样一笔准备金可以用来削减国债。罗斯福甚至认为，可以用这笔准备金来垄断联邦债券，由此将政府从私人银行家的束缚中解脱出来。依据最初的规划，准备金的上限额度不会超过一百二十亿美元；而依据财政部方案，到了1980年，准备金额度将达到五百亿美元。财政部方案是有明显缺陷的，它将供养当前中老年劳工的负担从全体人口身上转移到年轻劳动者身上。亚伯拉罕·爱泼斯坦申述说：“我们的方案实际上是解除了昔日济贫法令加诸富人肩头的传统责任和义务。”此外，建立如此庞大的一笔准备金也是有经济风险的。如技术委员会的阿尔文·汉森及来自伊士曼柯达公司的顾问委员会成员马里昂·福尔瑟姆所说的，这将转移消费者的大量购买力；福尔瑟姆明确申述说，“这势必会对总体状况造成抑制效果”。五百亿美元的巨额资金如何投资，困难重重。

此等自我维持性质的社会保险方案，实际上意味着让穷人承担养护穷人所需的主要成本。尽管如此，也可能恰恰是因为这个，众议院委员会很快便采纳了这一准备金方案；私人保险体制的范例在其中应该说提供了强有力的示范效能。此外，该方案有一项政治优势深深触动了罗斯福。依据原初方案，老年保险体系需要每一届国会批准；现在这套方案则依托缴纳款项建立了规模巨大的准备金，民众便在某种意义上为自己确立了一个明确且现实的平等地位，可以据此去享受自己的退休福利。这无疑从政治上强化了这套制度本身。不过，准备金对经济周期的影响，必然会强化紧缩趋势，在随后的十年间从经济上削弱了整个国家；毕竟这样的准备金制度意味着大笔资金就此退出流通领域，也令累退税制的分量得以提升。随着时光推移，人们最终看清楚了，政府和国会在 1935 年确实是做出了错误决策。[8]

10

就在社会保障计划的支持者们致力于酝酿方案细节时，也有人对这整套观念报以惊惧，甚至是恐惧。工商业集团一直警惕并反对他们眼中的这种有害观念。“失业保险不可能获得健全的金融基础。”全国工业会议委员会宣示说。全国制造业协会也认为，这最终将推动“对生活和工业的社会主义控制”。通用汽车的阿尔弗雷德·斯劳恩说：“产业界有一切理由对其社会、经济和金融后果感到警觉和担忧……这里面的危险是明明白白的。”有人认为，它将摧毁我们的民族生活，“因为它将摧毁创造力，瓦解节约精神并令个人责任感窒息”（这是伊利诺伊制造业协会的詹姆斯·L. 唐纳利的说法），它将就此开启一种“终将消灭私人资本主义的模式”（美国律师协会的小查尔斯·登比如是说）；“罗马的衰亡就是源自粮食法令及此等性质的立法”（这是俄亥俄商会的乔治·P. 钱德勒的看法）。有了失业保险，没有人会去工作；有了老年保险和遗嘱保险，没有人会去存钱；结果只能是道德堕落、金融破产，共和国也将因此坍塌。工商业领袖们则一个接一个地出现在国会各个委员会，动用全部权威，伸张此类阴沉预言。

众议院的共和党人自然忠实地反映了工商业集团的立场。来自纽约州的众议员约翰·泰伯宣示说：“世界历史上还从未出现过如此险恶的举措，如此恶意地遏制经济复苏，奴役劳动者，并意图断绝雇主为民众开辟工作机会的任何可能性。”众议员丹尼尔·里德更是高声宣布：“独裁的皮鞭已经活生生地抽打起来，两千五百万美国自由公民将第一次臣服于指纹测验。”即便是来自纽约州的詹姆斯·W. 沃兹沃思这般素受敬重的共和党人，也只能看到前方的灾难，颇为阴暗地宣称：“该议案是要开启大门，约请如此巨大、如此强劲的力量进入政治王国，此等力量足以威胁我国制度的完整，足以令神殿的柱子坍塌，硬生生地砸在后人的头上。”一次关键票决行动中，除了一人之外，众议院的全体共和党人都投票要求将议案退还委员会重新审议。但最终抵抗力量瓦解了；由于担心票仓因此遭受折损，大多数共和党人在各个环节逐次展开抵抗后，最终还是选择投出赞成票，支持他们眼中的灾难前景。4 月 19 日，众议院以三百七十一票对三十三票通过议案，当然，议案本身也经过了一定程度的修订。

参议院方面，保守党团的抵抗行动仍在继续，但并无章法和力度可言。两院的大部分辩论都围绕老年保险问题而非失业补偿条款展开。来自特拉华州的黑斯廷斯预言该议案将“终结这个伟大国家的进步，并令美利坚人民沦落至欧洲人群的平均水准”，遂提出动议，要求取缔老年保险条款。十九个共和党参议员中，有十二人支持该动议。不过，在最终表决时刻，政治审慎再次胜出，1935 年 6 月 19 日该议案在参议院以七十六票对六票获得通过。不过，难题仍然存在：参议院此前已采纳了一份修订案，该修订案旨在豁免那些已经推行产业补助金计划的雇主，令他们不受政府制度管辖。政府方面反对该修订案，认为其原则颇为恶劣，也不具备可操作性；不过，围绕该问题展开的论辩将两院决议延迟了七个星期之久，直到参议院的与会成员放弃抵抗。

该议案是劳动部酝酿并提出的，这自然令众议院颇为不满，很可能就是因此，众议院在推出修订案的过程中，将社会保障委员会从劳工部剥离出来，令其成为单立机构。参议院则将社会保障委员会重新并入劳工部；不过在两院会商之后，还是维持了该委员会的单立地位。8月，休伊·朗发表冗长演说，令一项针对新建立的社会保障委员会的拨款议案未能如期获得通过。罗斯福同国会两党领袖商议之后，决定先从国家复兴署和公共事业振兴署抽调款项，将问题暂时化解，等待下一个国会会期。

该委员会的主席人选，罗斯福选定了约翰·吉尔伯特·怀南特，怀南特曾担任新罕布什尔州的州长。怀南特个子很高，热忱，口齿不算伶俐，颧骨高耸，面容憔悴，一头蓬乱黑发，活脱脱一副林肯式相貌，是1912年公麋党运动的成员，并一直保持进步主义信仰。担任州长期间，他始终在为最低工资法令、老年补助以及紧急救济举措而斗争；身为经济安全委员会的顾问委员会的成员，他也给人留下了深刻印象。罗斯福担任州长期间就认识怀南特，他喜欢并信任怀南特。委员会的另外两名成员是阿瑟·奥特迈耶和名为文森特·米勒斯的阿肯色州律师。[9]

11

最终获得通过的《社会保障法》远远不能算是完善的立法文件。在诸多重要方面，该法案实际上比前一年推出的瓦格纳-刘易斯议案还要软弱。《社会保障法》并未确立一套全国体制，甚至没能确立有效的全国性标准。实质上全部重要决策都留待各州处理，这令这个国家的失业补偿体系沦为一幅乱糟糟的拼贴画，四十八州各有各的机构，各有各的标准，具体的补助额度更是五花八门。

这样的结果并不能完全归因于威斯康星观念。国会自身甚至更为反对联邦标准。比如最初的议案要求依据能力标准来选定管理人员，国会否决了此条款，更特别禁止社会保障委员会规定各州依据该议案的条款来选择管理人员。最初的议案还试图在老年补助领域确立最低标准，但参议院最终在来自弗吉尼亚的伯德的引领下展开抵制，取缔了该条款。

很显然，这种绩效评级观念源于布兰代斯式的意愿，要强化个体雇主的经济责任（尽管经济安全委员会予以考量的三套方案中，或多或少都存在此等绩效观念），不过，真正令此观念充分施展开来的，却是国会。究竟是推行共同准备金制度还是推行雇主单立账户制度，经济安全委员会在一番辩论之后，采纳了奥特迈耶的妥协案，该妥协案规定雇主要将至少 1% 的企业工资额度上交作为共同准备金。倘若国会接受了这一提案，就会极大地限制雇主的绩效评级，毕竟雇主缴纳的资金比例从来不会高过 1.5% 。不过国会最终否决了该提案。这样的妥协案自然有吸引力（罗斯福也将自己社会保障咨文里的一句话塞进了奥特迈耶的草案中，强化绩效评级观念，总统本人显然对该方案非常感兴趣），不过话又说回来，绩效评级的功能是从整体上调节失业补贴体制，不仅是削减准备金率，还要推动联邦法令意在取缔的州际竞争。绩效评级机制之下，低标准且低税率的州自然比高标准的州享有优势。此外，绩效评级机制令弱势产业越来越多地承担失业补贴的压力；其中涵涉的成本原本应当从社会角度予以分摊，但在这一制度下，成本的估算和分摊只能令弱者更弱。而且，该制度很可能导致充分就业之时的税收减免以及失业时期的税负提升，这无疑会加重经济波动，而非舒缓经济周期。

由此很难避免这样的结论：经济安全委员会正确地预见了国会和法院的反对，并且很可能受到威斯康星经验的过分影响，遂义无反顾地采纳了最次方案。确实，在考量了运行中的联邦法令之后，身为威斯康星实验老兵的阿瑟 · 奥特迈耶也不得不承认，绩效评级体制是一场错误，而且补贴计划显然优于税收抵冲计划，最佳方案应是直接的联邦体制。[10]

12

接下来的几个月，社会保障委员会平静且高效地将计划推展开来。执行工作极为复杂，对管理能力是一场巨大挑战，但社会保障委员会以沉稳的智识和能力予以应对。没有哪个行政机构在面对此等难题时，能展现出此等沉稳和效能。老年保险计划迅速见效；不到两年，四十八个州都通过了失业补贴法令，以此回应联邦的税收抵冲原则；同时，无条件援助项目也令州政府手中有了新的资源来满足匮乏人群的需要。就这样，政府机构的触角直接伸展到数百万美国人的生活中，包括老年人、失业者、病患、贫困人口、盲人、无助的母亲以及孩子等，过程中的混乱和抱怨却是少之又少，这等情形实在是前所未有。如此宏大且非同寻常的计划，其管理成本却比私人保险制度要小很多。这一巨大成就自然是以数百万份档案材料为依托的，还需要投入大量文员和商业机器，不过，主要功劳恐怕还得记在奥特迈耶身上。

该法案当然有诸多缺陷，但仍然可算是一场巨大的破冰行动，借此从昔日禁制体系的束缚中解脱出来。联邦政府最终也算是将责任担当起来，为公民提供一定程度的保障，令人们不再像昔日那样，深受生活变数之摆布和戕害。早在一百一十年前，约翰·昆西·亚当斯就曾宣示，“公民政府制度的伟大目标”在于“不断提升被统治人群的生活状况”。随着此次《社会保障法》的出台，联邦权能之于普遍福祉的宪法忠诚也在美利坚历史上开启了一个新阶段。[11]

第五部分　公共开发计划之战

十九　品评田纳西河谷

1

新政的变革意愿有一部分是防御性质的，说白了，就是要保护公民的自由和机遇不至于被失业和绝望摧毁。不过，也有部分意愿并非属于防御性质，而是要建设一个更好的美利坚，此等意图早在大萧条之前就存在，当然大萧条又将新的能量和可能性注入其中。“百日”期间，新政派投入大量精力，展开近乎狂热的行动，令这套体制不至于分崩离析。其中有一个举措非常引人瞩目，足以作为范本，揭示出这些虔诚之士是如何创造更好的美利坚的。这就是1933年5月8日推出的《田纳西河谷管理局法》。

应该说，“百日”期间通过的所有法案中，《田纳西河谷管理局法》最为强烈地表达了总统的一个核心关注点。此等关注当然跟罗斯福对土地、森林及河水的迷恋有关，不过这只是部分原因。一直以来，总统都惦记着如何改善国民生活，这同样是该法案背后的动力机制。海德帕克的意象，依然令乌托邦情愫在总统心间盘桓——绿茵茵的草地和农田、幽深的森林将宁静抛洒开来，碧波荡漾、缓缓流淌的河水从这宁静之中穿行而过。在罗斯福的感受中，如今的美利坚已然过度陷于城市生活了。1920年代，罗斯福便考虑并探讨过将农活跟地方工厂的兼职工作融合起来，以此维系人民和土地的联系。担任纽约州州长期间，他探讨过如何修正城乡人口的失衡，比如将工厂从拥挤的城市中心区搬迁到敞亮的乡村地区，让贫民窟里面黄肌瘦的孩子有机会享受乡间阳光，在乡间成长。大萧条和总统职位结合起来，自然令罗斯福有了新的机会去推动美利坚走向“平衡的文明”。

也有其他的原因在促动罗斯福追寻这更好的平衡。贵格会的克拉伦斯·皮克特此时在内政部宅地局供职，1934年克拉伦斯从维也纳回国时告诉总统，那里的社会主义者在城市周边推行一英亩花园住宅计划，该计划体系中的社会主义者拒绝跟城市里的社会主义群体结盟去抵抗陶尔斐斯政权的暴力行径。此等对政治无动于衷的性情令罗斯福十分艳慕，在他看来，这性情是借由这样一个情境涵养起来的：他们都是地产主。罗斯福据此申述说，他希望美利坚社会避免无产者心理，为此，应当设法给工厂劳工提供一份地产，同时也要避免农民心理，为此，应当给贫穷农民在工厂打工的机会。总统还特意补充说，人们当然可以说新政是在推行社会主义，但是，新政的目标很明确，就是要提升美国有产者的数量。“这是社会主义吗？”总统向安妮·奥黑尔·麦考密克发出问询，并且眨了眨眼睛，脑袋后仰的同时发出了会心的笑声。[1]

2

田纳西河向南穿行而去，沿途浇灌了南方七个州的沃野，分别是田纳西州、亚拉巴马州、佐治亚州、密西西比州、北卡罗来纳州、肯塔基州和弗吉尼亚州。这条大河从一片片山间高地策源而出，如大烟山、蓝岭、铁山及尤内卡山等，而后奔流而下，进入下方峡谷地带。在诺克斯维尔附近，赫尔斯顿河和弗伦奇布罗德河汇流，就此形成田纳西河；而后，这条大河便以蜿蜒之势在田纳西州伸展开来，在田纳西境内，时而狭窄、湍急，时而宽阔、平缓，就这么一路向南而去，接着又折向西面，从亚拉巴马州背部穿行而过，同密西西比河形成接触，又向北而行，穿越田纳西州和肯塔基州，最终在帕杜卡汇入俄亥俄河。算上支流在内，这条大河的总流域达到了四万平方英里之巨。

河谷区域展现出极为多样的生活方式和风物风貌，从大烟山高耸的丛林，到田纳西东部凄冷、裸露的丘陵，到亚拉巴马散发着慵懒气息的棉田生活，再到西部平坦开阔的红土地带。不过，有一项特质足以统摄这千变万化的河谷区域，那就是“贫穷”。内战前倒是有寥寥几个种植园巨头生活在这片木兰盛开的河谷区域，但这些人都是例外；河谷区域的普通人可养不起奴隶，只能靠着贫瘠的土地艰难求生。内战后，北方人来到这里，一眼便看上了未曾开发的木材资源。于是木材加工厂四处涌现，将这里的硬木森林砍伐殆尽，将昔日里小小的农业村落活生生地改造成木材加工区，而后北方人便离开了，当地人只能孤零零地散落在荒弃的木材营地中间。这便是剥削和撤离模式的开端。阿瑟·E. 摩根，一个出色的民用工程师，罗斯福曾跟他探讨过田纳西问题，他给出的评论很是直接：“这里的三大财富已经被剥夺净尽了，森林、石油和燃气。”唯有贫困存续下来，令此地千千万万的家庭一年都不曾见过一百美元的现金收入；这里的工业发展甚是薄弱，投资资本微乎其微；学校体系已经朽落，政府体系也破败不堪；更有传染病肆虐。

这样的地方看上去是没有出路了。年均五十二英寸的降雨令河水变成狂暴激流，冲刷大地，将土壤中的肥力也一并席卷而去。森林因过度砍伐而凋敝，山火令情况雪上加霜。这里的收入不足这个国家平均水准的一半。只有 2% 的农户用得上电力。1933 年秋天，高地区域超过半数的家庭靠着救济生活；有一个县里 87% 的家庭都出现在救济名册上。面对洪灾、山火以及土壤侵蚀，这片区域似乎没有防护之力了，除了继续沉沦，没有别的路可走。“那强悍的个人主义所造成的破坏，”摩根说，“传递到今天，已然令我们不得不有所作为。”[2]

3

然而，在亚拉巴马州小城马斯尔肖尔斯附近的田纳西河段，是有修筑大坝的可能性的，十二年来，这念头一直激发着人们的微薄希望。此处的湍急河段由岩滩和激流汇聚而成，田纳西河正是在此地四十英里的河段垂降一百三十多英尺。马斯尔肖尔斯的电力潜能自世纪之初便吸引了各方关注；早在1903年，西奥多·罗斯福已经否决了一项旨在将此处河段交付私人之手的议案。1920年代，欧洲的战争强化了人们对马斯尔肖尔斯的兴趣，尽管此等关注主要是因为其合成硝酸盐的潜力，而非电力潜能；合成硝酸盐既是炸药的原料，也可用来生产化肥。1916年，来自南卡罗来纳州的科顿·艾德·史密斯将一项议案引入国会，旨在将公共建筑计划及硝酸盐生产计划在此地推展开来。

要合成硝酸盐，就需要电力；1916年的《国防法》遂授权政府在此地修建水坝和电厂。战争结束后，人们自然面临这些政府设施如何处置的问题。国会的一批南方议员希望马斯尔肖尔斯主要用来保证廉价且充沛的化肥供应。乔治·诺里斯并不支持这样的想法，毕竟马斯尔肖尔斯的生产程序一旦启动，成本是非常高的，因此诺里斯更希望此地的主要功能定位在电力生产方面。一批工商业人士实际上已有了十足的准备，要接管马斯尔肖尔斯的电力和化肥产能，就等政府给出足够有利的条件。

由此，在马斯尔肖尔斯如何处置的问题上，爆发了一场历时漫长的游击战。据估计，整个 1920 年代，没有哪个问题能像这样消耗国会的时间。诺里斯作为参议院农业委员会的主席，自然主导着这场斗争。在他的领导下，化肥集团最终屈服，电力集团占了上风。从 1921 年开始，诺里斯引入了一系列议案，旨在让政府运营田纳西河的水电设施。与此同时，诺里斯引领了反私人集团的斗争；当然有不少私人势力有意接管马斯尔肖尔斯，这其中就包括亨利·福特。“要拯救民众于此等垄断之水火，最好的办法，”诺里斯申述说，“就是联邦政府至少拥有其中的部分生产设施。”政府运营会降低价格；公共机构的费率也可以作为“标尺”来衡量私人公司的费率是否公平。

诺里斯的提案分别于 1928 年和 1931 年在国会通过；不过，柯立芝和胡佛两位总统先后予以否决。胡佛态度鲜明地认为，若由政府运营马斯尔肖尔斯，那将“否定为我国文明奠定基础的那些理想”。不过，诺里斯在这个过程中也展现出十足的耐心和决心，成功地将马斯尔肖尔斯之地维持在公共开发的轨道上。民意之崛起当然是诺里斯此番成功的部分原因；工商业集团方面在马斯尔肖尔斯问题上显然缺乏想象力，这也是原因之一。烟草大王兼南方电力公司主席詹姆斯·B. 杜克的一番话就颇有代表性：“马斯尔肖尔斯的问题在于，这里需要长时间的投资和开发，不能低于五十年，此等情形之下，私人集团绝无可能在此地促成或者建立相关的产业体系，去吸收电力并支付投资利息……今时今日，我肯定不会把马斯尔肖尔斯当成礼物。我要等政府将这里开发完毕，届时倒是有心依托福特提出的条件接管马斯尔肖尔斯；依据福特的计划，政府将提供五千万美元的资本，他则在其中注资两千八百万美元或一千四百万美元，并且每年只支付这部分私人资本的利息。”即便在商业年代，这样的条件对国会来说也太过离谱了。恰恰因此，整个 1920 年代，产能强大的威尔逊大坝基本上处于闲置状态，任由激流毫无意义地冲刷着闸道，附近的硝酸盐工厂自然也是一片寂静凄荒。[3]

4

对乔治·诺里斯来说，马斯尔肖尔斯问题的核心是电力。但对很多南方人来说，硝酸盐才是问题的核心，毕竟他们的棉花和烟草是需要化肥的；雨果·布莱克说："我不关心电力。那根本没什么意义。"这其中当然也牵涉另外一些问题，比如遏制洪灾，消弭土壤侵蚀，疏浚河道，以便通行，清洁河水，涵养森林和土地，等等。富兰克林·罗斯福认为这一切都应纳入通盘计划中。逻辑很清楚，那就是对田纳西河谷实施多功能开发。在罗斯福看来，这不仅是协作开发自然资源的问题。他曾跟阿瑟·E. 摩根谈论过社会计划议题，旨在应对因城市人口过剩和农业生产过剩而出现的种种问题。罗斯福告诉摩根："这一地区，特别是收入微薄的下游地带，也许有可能发展小型工业，令人们可以生产自己所用的东西，使用自己生产的东西，这样用不着实施工业搬迁，就可以吸收大量失业者，也能给当地民众提供稳固的生存根基，或许生活标准不会很高，但也算体面；就以这种自助的方式暂时维持下去，直到我们开辟出新经济之路。"

此番申述显然远远超出了国会对电力和化肥问题的传统关注。罗斯福曾以当选总统身份同诺里斯前往田纳西河谷视察。接着在沃姆斯普林斯的一次记者招待会上，总统很是交心地谈起了自己颇为宏大的河谷开发计划。有人在诺里斯返回华盛顿时询问："他真的跟你一起去了吗？"这位老人对这个问题显然等待良久了："何止啊，他计划的行程比我计划的还远呢。"老人的回答满是骄傲和惊讶。

"待这一波应急立法浪潮结束，"就职八天之后，罗斯福致信诺里斯，"我希望你能来一趟，我们好好谈一谈马斯尔肖尔斯问题以及田纳西河谷开发问题。”结果便是总统提出了一项宏大计划，其胆略远远超出国会在此前缠斗岁月里的一切设想。1933 年 4 月 10 日，总统告诉国会，马斯尔肖尔斯不过是田纳西河潜在能量“很小的一部分”。若是充分且完整地加以酝酿和构思，这条大河的效能绝非“仅限于”电力开发；洪水控制、土壤保育、植树造林、产业多样化以及退耕还林，种种的议题也都涵括其中。为了建立统一的领导机制，罗斯福提议国会设立“一家公司，拥有政府权能的外衣，同时具备私人企业之灵活性和创造力的内核”。这新建立的田纳西河谷管理局将拥有“极为广泛的计划职能”，为着这个国家的普遍福祉，对河谷地区实施开发。总统总结说：“简言之，这一地区的战时电力开发，自然而然地导向了一场全国性的完整开发计划，该计划将涵括很多个州，也关涉数百万人的生活和福祉。该计划将涉及人类的所有关切，并将为所有这些关切注入生命力。”乔治·诺里斯看着一个古老梦想就此攀上顶峰，遂将罗斯福这项咨文称为“白宫历史上最令人震动也最深远的人道主义文件”。

就职前，罗斯福就曾透露过这样的设想，当时他已经预感到保守派的抵制浪潮。“简直是春秋大梦”，新罕布什尔州曼彻斯特《联合报》评论说；另一家报纸也评论说，“这就是超级‘猪肉桶’啊”。即便《纽约时报》也不免发出郑重抗议：“在此时推出这样的议案，显然是要展示出国会之愚蠢的‘低点’。”众议院军事事务委员会对该议案只举行了一次听证会。“马斯尔肖尔斯生产的电能，”来自密西西比州图佩罗的众议员约翰·E. 兰金说得很是直接，“可是要超过内战解放出来的所有奴隶的力量。”不过，一批公用事业管理人员此时也集结起来，质疑田纳西河谷能否用得完如此巨大的“奴隶-电能”，此番质疑是颇能触动人的。这个集团涵括了佐治亚电力公司、亚拉巴马电力公司以及田纳西电力公司的高层；其首领是南方电力公司的主席、一个名为温德尔·L. 威尔基的纽约律师，南方电力公司则是上述三家事业公司的控股公司。[4]

5

1933年春天的温德尔·威尔基，四十一岁，大个子，温和，自信，一头黑色鬈发，举止随和，总是一副随意且无精打采的姿态。他出生在印第安纳州，1920年代在俄亥俄有过一段法律执业生涯，大萧条降临前的几个月才来到纽约。南方电力公司诞生之初，他便担任公司法务，1933年1月，他成为公司主席。他是民主党人，1932年大选中投票给罗斯福，尽管他此前支持牛顿·D. 贝克的提名。在公共事业公司的管理阶层，他代表的是相当进步的管理模式。

在听证会上，他的开场陈词是："主席先生，我想说的是，捧读或谈论如此宏阔的田纳西河谷开发计划，我内心的感恩之心恐怕胜过任何人。"不过他强烈反对铺设政府的电力转送线路。他告诉委员会："拿走我们的市场，就是在抢夺我们的财产。"政府当然可以将马斯尔肖尔斯的电力便宜卖掉，不过，买方应是公共事业公司的电力母排，并且应借由私人所有的转送线路予以输送。除非做出这样的修订，否则威尔基当然要反对该议案。"多番思量和评判之后，我可以告诉您，倘若该议案就这样获得通过，南方电力价值四亿美元的债券就被摧毁殆尽了。"

威尔基进一步申述说，南方电力既有的电力系统，无论如何"都够田纳西河谷地区使用，而且绰绰有余"。他后来更补充说，河谷地区电力产能过剩率甚至达到了66.6%。他的支持团队也竭力明确这样一种观点：河谷地区的既有电能在可见的将来是完全够用的。"我不认为有必要架设更多线路，这个地区并不需要更多的电能，”佐治亚电力公司的主席申述说，“……倘若该议案真的付诸实施，该地区的电能肯定过剩了。”南方电力公司副主席 E. A. 耶茨也明确指出，“这部分电力并不存在任何市场”。耶茨同时也是亚拉巴马电力公司、佐治亚电力公司、田纳西电力公司、南卡罗来纳电力公司以及湾区电力公司的副主席，自称对这个情况十分清楚。

此时在众议员内部，该法案也遭遇了强有力的批评浪潮。来自马萨诸塞州的众议员乔伊 · 马丁引领了共和党党团的攻击行动，宣示说：“田纳西河谷管理局的模式，是在紧密追随苏维埃梦想。”马丁陈词：“议长先生，我肯定要说不，我可以准确预言，这一代人不会看到田纳西河谷的工业帝国梦成为现实。”来自新泽西州的众议员查尔斯 · A. 伊顿说：“这份议案以及与之类似的所有议案，只不过是要将俄国观念嫁接给美利坚体制而已。”来自伊利诺伊州的众议员埃弗雷特 · 迪尔克森发言说：“在这个国家的特定地区展开此等电力或者化肥开发工程，跟普遍福祉实在是扯不上什么关系。”最终，众议院以三百零六票对九十一票通过了一份修订案，对政府修筑水坝并铺设线路的权力实施了限制，在另一些方面也削弱了原初构想。

参议院方面的情况则不太一样，乔治 · 诺里斯亲身引领了这场斗争，还获得了来自田纳西州的参议员肯尼斯 · 麦凯勒的强力支持。5 月 3 日，参议院以六十三票对二十票通过了该议案，并没有出现众议院提出的那些限制条款。随后的磋商过程中，总统实施介入，支持参议院的议案版本，众议院遂接受了总统的决定，5 月 18 日，罗斯福签署了《田纳西河谷管理局法》。“破晓之日终于降临了，”乔治 · 诺里斯说，“从今天起，这条大河从山间到草地再到大海的每一条水流，都将被驾驭起来，用以造福人类。”[5]

6

依据该法案，要组建一个三人委员会来操持新成立的田纳西河谷管理局，对于委员会的主席人选，罗斯福心里已经有了定见。此人就是阿瑟 · E. 摩根。像摩根这样有着如此丰富的洪水控制工程经验的工程师，确实不多见，他的第一个大手笔就是赫赫有名的迈阿密控洪工程，设计建造于第一次世界大战之前，目的是阻止戴顿大洪水复发。摩根将非同寻常的个性同技术天赋融合起来。他个子很高，四肢瘦长，头发灰白，四十五岁，是个令人印象深刻的人物，一个扬基道德主义者和神秘主义者，诚实、正直，喜欢催人奋进的伦理思考，尽管那样的思考多少会有些枯燥；同时是一个浸染了乌托邦情怀的社会思想家。1920 年之后，他便一直担任俄亥俄州安蒂奥克学院的院长。

摩根融合了技术专家和先知的身份，有着真切的激情去重建人与社会。他注意到，人类对自然界的控制曾在多个世纪的时光里进展缓慢，但在最近两百年里又取得了极大的跳跃式进展，他由此认为人对人性的掌控也已到了大飞跃的边缘。“并不存在什么传统界线，”他曾申述说，“可以阻止人类从混沌当中建立秩序；对于一个更具包容性且更具控制力的综合体，我们应当充满希望，无需为这样的希望设置什么限度。”毫不奇怪，他曾花费数年时间捧读爱德华 · 贝拉米的传记。这样一个摩根，自然有充分准备去回应罗斯福的田纳西河谷梦想。“田纳西河谷管理局，”他说，“实质上并不是大坝工程、化肥生产工程，也不是简单的电力输送工程……我们需要更多的东西。”这是一场社会重建实验；“提升总体福祉，改善自然、社会以及经济条件，这才是我们的总体目标”。

不过，摩根相信，靠冲突和仇恨是不可能向“整合性的社会和经济秩序”推进的。“整合性的社会和经济秩序”必须靠“自愿且普遍协议机制下的民主程序”才能达成。在获得任命几天之后，摩根便告诉朱德森·金，一个老资格的公共电力体制倡导者：“有一件事必须跟您说道说道，我是无意跟那些电力公司厮杀的。”他的希望在于那些电力公司能发展出一种“受托人意识”，有了这样的意识，他们就能投身这场新生活运动潮流了。他拒斥“革命者身上频繁出现的错误，即认为毁灭既有的东西是变革大业的首要事务”。[6]

7

就在摩根着手制订计划、重建河谷地区生活秩序时，罗斯福提名了另外两个人进入三人委员会，一是来自田纳西州的 H. A. 摩根，另一个是来自威斯康星的大卫·利连索尔。H. A. 摩根是农业专家，1933 年六十六岁，曾在田纳西大学担任了十四年的校长。自 1890 年开始，他一直在推进南方的农业事务；无论是在田纳西农业学院院长任上，还是在田纳西大学校长任上，都充分利用这样的机会，同农业推广局建立了密切联系，此番经历对他的任命是有强力帮助的。河谷地区的民众信任 H. A. 摩根，他那消瘦、饱经沧桑的脸及雷厉风行的风格，自然深受当地民众喜爱。

剩下的那个成员，时年只有三十四岁，比阿瑟·摩根小了二十多岁，只有 H. A. 摩根一半的岁数。跟温德尔·威尔基一样，大卫·利连索尔也出生在印第安纳州。从迪堡大学毕业后，利连索尔便前往哈佛大学法学院深造，在哈佛，他那爽快的个性和锐利的头脑很快吸引了费利克斯·法兰克福特的注意。当利连索尔离开坎布里奇时，法兰克福特将他强力举荐给唐纳德·里奇伯格，当时里奇伯格正筹划在芝加哥开办一家新的事务所。利连索尔遂同里奇伯格协作起草了《铁路劳工法》，并且靠着自己的努力，很快成了颇有成就的律师，专攻公用事业之法令法规。

1931年，菲利普·拉福莱特走马上任，成为威斯康星州州长，利连索尔遂劝说里奇伯格接受威斯康星公用事业委员会主席之职。里奇伯格拒绝了这个职位，不过，他举荐了利连索尔；完全出乎里奇伯格的意料，利连索尔竟然放弃了收入丰厚的律师工作，前往麦迪逊上任。他随后在委员会的出色表现也令他成为田纳西河谷管理局委员会的当然人选。利连索尔其人沉静、坚定，一张圆脸，戴着眼镜，一头沙土色的头发，发际线正在后退，温文尔雅的举止带有欺骗性，实质上，他的心思是强硬且精确的，更有着公共服务的使命感，有着钢铁般的决心要保护公众利益。此外，对于电力同国民福祉的关系问题，他有强烈的意识。"我们正来到电力时代的起点，"他常常说，"未来前景无限，如同科学家的务实想象力一样，也如同发明家的创造力一样。"在他看来，这样一个结论是无可避免的："对我们这等庞大的自然资源实施并维持最为严格的公共控制机制，这一点至关重要，而且毫无疑问。"

在这个委员会，H. A. 摩根分管化肥生产和农业政策；利连索尔分管电力政策；阿瑟·摩根则管理水坝工程及更为宽泛的农业教育、乡村生活以及社会—经济计划等方面的事务。此三人的才能可谓形成了完美互补的格局，看来是天然地适合在同一个委员会共事。就在此等激荡着肆意昂扬的理想主义和希望的氛围中，田纳西河谷的大冒险开始了。[7]

8

然而，诸般不确定性也是存在的，倒不是因为具体的职责分工问题，而是因为总体观念问题。1933年秋天，几位管理者前往华盛顿，要求特格韦尔明确告诉他们，他觉得罗斯福对田纳西河谷管理局究竟是怎么想的；确切地说，田纳西河谷管理局究竟是一个有着明确且具体的任务的公司，还是一个计划和协调性质的机构，有没有可能是一个新型的地区政府。特格韦尔回复说，在他看来，田纳西河谷管理局必然非常接近一个新型政府，在某些事情上甚至可以取代州政府。

此番回复，等于是认可了阿瑟·摩根的看法：硝酸盐、磷酸盐及电力本身并不能解决河谷问题。实际上，几年前在孟菲斯附近，摩根就已帮助重新开垦了数千英亩的可耕地。“此次开发工程的哲学就是，只要能将创造财富和舒适的手段给予民众，他们就能自行劳作，用不着提供进一步的帮助。然而，今时今日的情形，美利坚最肥沃的土地恰恰是处境最为悲惨的分成制佃农的聚集地，到处是贫困和破败的景象，暴力横行。”他不希望在田纳西重复这样的体验。“我们可以在河谷区域尽可能多建造水坝，”他说，“可以让所有的农田都变得肥沃，可以将电力输送给这里的千家万户，还可以保护城镇不受洪水侵袭，然而，仅仅这些还不足以令这里变得稳定或享受永久福祉。”

摩根希望推展全面的社会和经济计划。他的计划不仅是推动电力和化肥生产，还要刺激小型工业，推动自主合作社体制，必要时还可以让这些合作社发行自己的货币，供小范围使用；他很喜欢宅基地方案，还酝酿了雄心勃勃的教育计划，对健康和住房问题也甚是关心，并希望推行土地法令的变革，令那些未能采取适度的土壤保育措施的农民不得再行种植。他甚至希望河谷地区的居民戒酒戒烟。他的这种愿景颇吸引了华盛顿的一批计划者。特格韦尔写道：“他的计划可谓功在千秋，比起政府任何其他的单一计划，都更能造福全民。”

然而，该法案并没有为此等区域性的计划提供什么拨款。田纳西河谷管理局的大部分资金都有具体且明确的用途，诸如水坝、电力输送线路、化肥、航运、控洪等。而且情况很快就明朗起来：阿瑟·摩根的同僚们对于田纳西河谷管理局的职能和责任并没有如此高远的设想。阿瑟·摩根自然有着强烈的乌托邦倾向，但H. A. 摩根和利连索尔在根本上就是现实主义者。

H. A. 摩根在其漫长生涯中，已经见过太多陌生人怀揣美好计划，进入河谷，意图改善当地状况。他认为阿瑟·摩根的很多想法都不切实际，近乎空幻。另一个南方人乔纳森·丹尼尔斯在造访了阿瑟·摩根的模范城镇诺里斯之后写道："我们当中太多人宁愿要一个怠惰疲软的南方，也不愿意要一个外来人完美规划之下的南方。过往的历史让我们明白，最为恶劣的提包客就是那些意图前来改善我们的家伙。"对于田纳西河谷管理局的这种过于进取的权能观念，H. A. 摩根还有另外的反对理由。他担任过赠地学院的院长，也是农业推广项目的老朋友，因此，若有谁意图限制当地那保守等级体系的传统权能，他自然不会表示欢迎，毕竟长久以来，正是这样一套保守的等级体系主导着美国的农业；但在阿瑟·摩根眼里，这样一套体系不过是"一套强大的政治官僚体系"。

利连索尔则当然从法兰克福特那里学到了对一切高远计划的不信任。他曾说："但凡计划之事，对那些总惦记着如何规划他人生活的人，总是有吸引力的。对那些心思混沌且散乱之人也有吸引力，这些人总会倾心于宏大愿景，但那样的愿景并非此世的静观。四处忙乱却混沌得失去方向的人，是特别热衷于计划的。"他尤其认定，阿瑟·摩根对民间小型工业的热情违背了电力时代之机理。他不认为人类可以同机器时代背道而驰："我反对'编篮织席'之类的事情和想法……我们切不可以为丹尼尔·布恩会协同那淳朴的手工经济'再临'。"

此外，阿瑟·摩根对电力公司的和解态度，更令利连索尔警觉。他是在布兰代斯和拉福莱特的传统中成长起来的，对于公共事业公司自然秉持强烈恶感，因此，他眼中所见，全然是那丑陋的过去，是1920年代的“无耻劫掠”，那些公司肆意地贿赂并购买公众舆论，自身却充斥着恶政和腐败。为此，他申述说，田纳西河谷管理局本身应当起到标志的作用，时刻提醒世人：任何时候，只要电力公司未能尽到公众职责，“公众可以随时揭竿而起，将提供社区生活必需品的责任自行担当起来”。[8]

9

很显然，利连索尔和H. A. 摩根对那种昂扬志向都没有信任可言，这令二人结成同盟，共同对抗阿瑟·摩根。对各自负责项目的关切则加强了二人的同盟。说白了，若是H. A. 摩根能帮助自己获取电力政策领域的自由权能，利连索尔自然愿意认可H. A. 摩根在农业领域的自由权能。早在1933年8月，两位现实主义者就以两票对一票的局面，成功赢得了各自领域的自主权能，由此在这场宏大的统一开发试验的核心之地，开启了一场暗流涌动且越发剧烈的持久内战。

阿瑟·摩根对于从上而下的控制机制有着本能欲望，他的两位同僚为了抵制这种本能欲望，推出了他们自己所谓的“草根民主”理论。据利连索尔说，是摩根创造了这个理论；不过，利连索尔后来成了这一理论最为明晰且强劲的倡导者。该理论之缘起，在于利连索尔所谓的“大规模体制必然蕴含的危险，说白了，一旦权力之运用远离那些可以切实感受其影响的人，就必然会带来灾难”。利连索尔以布兰代斯的风格评论说，权力单位在不断拓展，但人群还是同样的规模。不过，利连索尔同时承认，现代经济的性质本身已然令工业的集中潮流成为无可避免之事，因此，政府权能的集中也随之变得无可避免。那么，如何才能阻止此等集权态势向专制转变呢？对此，利连索尔借用托克维尔所作的一个区分，申述说，权威之集中是一回事，行政之集中则是另外一回事。他倡导一种“权威集中但行政分散”的体制，认为借助这样的体制，可以消解大规模体制的诅咒。而且在他眼中，田纳西河谷管理局就是“我们这个时代最具胆略也可能最为深远的尝试，旨在对联邦管理权能实施分权”。

所谓草根民主，并不仅仅指将决策权能从华盛顿下放到地区机构。草根民主也有正面诉求，即地区机构和地区民众的积极合作。在H. A. 摩根看来，这样的合作机制意味着田纳西河谷管理局应当“同诸多传统建制展开紧密协作，并以此展开自我塑造”。换言之，田纳西河谷管理局不应试图依托自身的独立行动来推行计划，虽然阿瑟·摩根希望这么做；相反，它应尽一切可能，寻求同既有的地方组织协作，并借由这些地方组织展开工作。就农业项目而言，所谓的地方组织就涵括了赠地学院、农业推广局、农业实验站点以及种种私人组织，简言之，就是除了私人电力公司之外的几乎所有地方组织；很显然，利连索尔并不认为私人电力公司是任何意义上的地方组织。由此便出现了这样的悖论：几乎只有阿瑟·摩根赞同通过“地方”组织（也就是私人电力公司）来展开工作；但恰恰是利连索尔在电力公司问题上支持田纳西河谷管理局采取直接且独立的行动。

很显然，借由这样的草根民主机制，河谷地区的民众可以从一开始就参与到项目中，用利连索尔的话来说，这给了民众“最为充分的机会去释放那巨大的才智和能量”。为此，田纳西河谷管理局的办法不是强制，而是说服、鼓励、激发以及签订合同等，显然，这些方法都是以民众对田纳西河谷管理局之善意的信任为基础的。利连索尔对“油嘴滑舌的集权论者，也就是那些管理精英”颇为戒惧。“那独裁式的计划管理机制，其代价将是我们的自由。”这便是利连索尔的最终感受。对于那些不善用土地的农民，阿瑟·摩根的办法是通过立法来剥夺他们的土地，利连索尔和H. A. 摩根的办法则是设法提供激励，让这些农民对土地善加利用。“必须给人自由选择权，”利连索尔说，“不能强迫他们，也不能扮演超人的角色，替他们做出选择。”应当竭尽所能，让民众重新担起选择之责任；唯有通过自愿选择，人才有可能成长。“沦落至疲软境地的共同体责任机制和个体责任肌体，唯有重新工作，才有可能获得新的生命力。唯有经常使用，才能变得强壮。除此之外别无他法。”

田纳西河谷管理局由此成为又一处令早期新政陷入分裂的战场，一边是社会计划派，他们依托有机经济和管制社会之框架来看待问题；另一边是新布兰代斯派，他们思考问题的框架则是分散决策权并重振自由选择权。[9]

10

此时，这场冲突暂时没有爆发，而是潜藏在水面之下。阿瑟·摩根专心修建自己的水坝，推进自己的计划项目和教育项目。H. A. 摩根专心推动化肥的生产和分配事务。利连索尔也专注于自己的电力政策。乔治·诺里斯不时会来到河谷地区走访一番。他会将外套搭在胳膊上，将衬衫的纽扣解开，帽子推到脑袋后面，在施工现场安静地站上半个小时左右，看着推土机和搅拌机将工作进度向前推进。

新的能量正在注入河谷地区。首先是水坝产生的电能，以巨大的发电机作为起点，借由铜铝电线输送到河谷偏远角落的农户和工厂。人们还清洁河水，重植森林，改善土壤墒情，改进耕作方法，修建校舍，甚至开发了各种娱乐休闲活动。这些都是明显可见的，除此之外，还有一些不那么显见却更具穿透力的东西在悄悄涌动：河谷地区的人民看着新的生活前景就这样开辟出来，为他们自己，也为他们的孩子，遂爆发出巨大的道德能量和工作能量。昔日这条大河蜿蜒曲折地穿过破败的田野，穿过过度砍伐的森林，穿过残损不堪的小屋子，充斥着泥浆的河水折射着生活的沉闷和贫困，而今这一切都渐渐远去了，取而代之的是如茵草地、蓝色湖水和白色水坝交织而成的美妙网络。一度是毁灭者的大河，成了人类的仆人。这片破败且贫瘠的土地因新希望的注入而激荡起来。这也是时代的雄辩象征，象征着人类能借助政治和技术上的聪明才智，改变生活，战胜困难。

二十　拯救土地

1

田纳西河谷管理局显然是对自然资源问题的一个方面展开的一场强有力的攻击行动。不过，问题的其他方面，若是运用这种区域性的办法，很难予以解决。比如此处土地本身的未来命数，依然是巨大问题，1934 年，这个问题便极度凸显，当时一场旱灾肆虐于大平原地区，尘暴升腾而起，遮蔽了西部的天空。这样一场巨大的尘暴是一个信号，表明这个国家不能再回避土壤侵蚀问题了。

自然资源问题的某些方面，诸如电力开发、农业调整等，罗斯福虽长期关注，但仍需要依靠专家。在土地问题上，罗斯福自己就是专家。从西奥多 · 罗斯福和吉福德 · 平肖时期开始，罗斯福便一直在为保护土壤和森林不受私人浪费和贪欲之侵袭而战。他相当了解一些脆弱地区，大平原地区过度放牧的草地、阿巴拉契亚山区过度砍伐的森林、横切东南部地区的那道长长的白色伤口；还有被拓殖者的犁头剥去土壤保护层的大片农田，就如同罗斯福说的，“凡遇干旱季节，表层土壤就像雪片，被风生生吹起”。这大地的伤口和消耗，在罗斯福的感受中，如同发生在自己身体上一样。

海德帕克本身就能提供活生生的经验教训，罗斯福也常常借此证明自己的看法。海德帕克的农田在1840年之前一直种植优等玉米。1910年，罗斯福接手海德帕克时，春季洪水和夏季暴雨基本上已将表层土壤冲刷净尽了，种植量较之以往缩减了将近一半。“我给它撒上石灰，使用交叉十字犁，给它施肥，总之想尽一切办法，”他说，“但没有用，它就那么消耗殆尽了，于是，我干脆在上面种上树木，寄望未来某一天，我的后代可以在那上面重新种上玉米，那应该是一个世纪之后的事情了吧。”

这树木象征了他要更新土地的愿望。从公园住宅南端卧室的窗口望去，他可以看到一片颇为壮观的黄色杨树铺展而去，高达一百二十英尺，直入云天，树冠伸展开来，宽度几乎跟高度一样，春日时节，鸟儿在上面筑巢，一派盎然生机。有一段时间，他每年都会在这里种上两万到五万株树苗，有挪威松树、苏格兰松树、杨树，还有铁杉等。他了解这些树木的特性，知道它们的生长速度，知道它们喜阴还是好阳。他非常喜欢树荫之下的宁静，那给了他深深的安抚。

他喜欢开上自己经过特殊设计的小汽车，在小屋上方坡顶附近泛着涟漪的小池塘边上，或下面依次铺展开来的茂密铁杉林里，抑或沿着小路伸展开来的云杉和落叶松组成的浓密的绿色植被当中，停留下来，深深地享受这林间的幽静。他喜欢树木，这样的享受不仅是审美或者情感，毋宁说，这是对大自然之无穷奥妙的强烈回应。他认为森林“是为着维持大自然的有机世界和无机世界之精微平衡的最强劲元素”。树木可以维持坡地的土壤并涵养地里的水分，可以控制河水的流动，可以调节气候的极端波动。他说：“森林就是土地的‘肺’，可以净化空气，将力量带给人们。”[1]

2

在旱灾和尘暴的背景下，罗斯福希望唤醒美利坚人民对于自身在大自然当中的终极根基的紧迫意识。“跟这个世界的大多数大国不一样，”1934年，罗斯福略带痛心地评论说，“迄今，我们没有创制一套全国性的政策，用来开发我们的土地资源和水资源。”很显然，这正是他的主要施政目标之一，虽然跟反萧条的战争比起来，这个目标只能屈居次席。而且可以肯定，大萧条本身的确提供了机会，令罗斯福政府去推动自然资源的开发工作。

最为切近的问题是，为什么不采取行动，派遣失业劳动力进入森林，展开劳作呢？这样不是既能保护资源，又能提供救济吗？实际上，在纽约州州长任期的最后一年，罗斯福的确派出了上万失业劳工，展开植树造林工作。在提名演说中，他也谈到了动用百万劳动力在全国展开造林工作的可能性，当时这个想法还激起了胡佛政府农业部部长的一番肆意嘲笑。不过，在获选之后，罗斯福对胡佛政府的嘲笑岿然不动，同纽约林业学院的纳尔逊·C. 布朗仔细探讨了这个计划，并派特格韦尔前往华盛顿，同林业局的负责人R. Y. 斯图尔特少校商议此事。

银行业危机刚控制住，总统便着手酝酿紧急保育计划。1933年3月14日早上，罗斯福跟莫利大致谈了派出失业青年队伍展开林业工作的计划。“我想我可以把这件事情做起来，”他说，“——就像喝啤酒那样。”一个星期后，总统向国会呈送咨文，要求建立平民保育团。

此时总统还没有明确方案，只是一个模糊的想法而已，而且手头有别的很多问题需要应对，遂将此事交给路易斯·豪处理。豪刚一接手，便推出了大规模的招募计划，有乐队伴奏，旌旗招展，带领一支失业大军赶赴森林，这样的场景实在是浪漫。弗朗西丝·珀金斯和特格韦尔对该计划进行了精简，令其更具可操作性。就这样，在反复商讨的过程中，一份可行的计划逐渐浮出水面，计划制定者们决定让劳工部出面招募劳动力，战争部负责建立并经管营地，农业部和内政部负责组织和监管工程项目。

各方对此的反应可谓五花八门。一些内阁成员认为，就这样将此等规模的失业者大军集结在丛林里是相当危险的事，毕竟这些人内心都充斥着恨意。劳工运动方面则认为，这样的计划意味着劳动的军事化，会将工资削减到生存基准线上。威廉·格林告诉两院的一个联合委员会："我能闻到其中的法西斯主义、希特勒主义的味道。"一个名叫赫伯特·本杰明的共产党人则说得更为直接："这样的议案，显然是要推行强制劳役制度，并将之合法化啊。"约翰·杜威引领的失业委员会也对该方案表达了批评态度。

不过，反对力量最终瓦解了，该议案经过合理修订后，于 3 月 31 日在国会通过。为了让劳工方面高兴，罗斯福任命威尔逊时期的一个老熟人、机工协会的副主席罗伯特·费希纳担任平民保育团的负责人。接着，总统便发布指令，让平民保育团展开工作：到了夏初时节，已然在营地集结起来的二十五万人便成为此次行动的目标。国会则一如既往地将管理细节上的大量问题留给行政分支自由裁量；政府不久便做出决定，保育团只从救济家庭招募十八到二十五岁之间的未婚男性。劳工部只用了三天时间便确立了具体的招募程序，陆军方面紧急召回预备役军官，前往管理营地，林业局和国家公园局则着手为保育团提供工作，并从平民中招募工头负责实际的监督工作。（也有人认为，如此复杂的建制很可能背离了健全的组织原则，对此，罗斯福回应说："哦，这不必担心。陆军和林业局将负责实际运作。劳工部部长也会甄选人员，制定规则，费希纳会让事情'运转'起来，让每个人都满意且放心。"）

3

到了6月中旬，一千三百座营地得以建立；截止到7月底，进入森林的年轻劳工已经超过三万人。这支队伍担当起上千项的保育任务，这些工作已经耽搁了太长时间。他们种植树木，建造蓄水池和鱼塘，修筑拦洪水坝，开挖分洪渠道，架设桥梁和火警塔楼；他们跟各种虫害作战，竭力修复历史上的著名战场，清扫滩涂和营地，并用尽各种办法，保护并改善公园、林地、水域以及休闲地带。

当然，他们的工作并不仅是修复并开发自然资源。在这个过程中，他们也在完成自我修复和自我开发。这些人成分复杂，有的来自大城市，有的来自小市镇，有的来自贫民窟的街角，有的来自丛林，还有人则是从各方浪荡而来，更有人根本就不知道来自何方。每十个或者十一个人当中，就会有一个黑人。一些人此前从未见过大山，从未涉足奔涌的河水，不曾露天睡过觉。来自纽约东区的年轻人会发觉自己置身冰川公园，来自新泽西的年轻人会发觉自己置身俄勒冈的胡德山，来自得克萨斯的年轻人则会发觉自己已然置身怀俄明州。他们的肌肉变得坚硬，身体也变得强壮，自尊就这样回归了。他们也在这过程中了解了各行各业；更重要的是，了解了美利坚，了解了美国人。

超过两百五十万的年轻人经历了保育团营地的淬炼（1935年的报名人数臻于巅峰，超过五十万人）。这其中，大多数人的保育团生涯都在六个月和一年之间。接受采访时，他们言谈之间对这段经历满怀骄傲。“我去到那里时，体重只有一百六十磅左右，离开时已经有一百九十磅了。我真正成为男人啦。”“那样的经历让你学会了为人处事之道，毕竟那是在帮你克服自私自利。”“我们在那里学会了搅拌混凝土，码放石头，开卡车等，有了那样的经历，再找工作就不难了，也知道该怎么工作了。”一个来自克利夫兰的年轻人，曾在西部为平民保育团工作过，他的一番话也颇有代表性：“我感觉自己已经是那片土地的主人了。有一天，当我种下的树木长大时，我想我会回去看看它们。”

不过，平民保育团并非没有困难。陆军提供的实际帮助当然是适度且有效（比如一个名叫乔治·卡特莱特·马歇尔的上校，是工作成效最为出色的军官之一，他在东南部地区建立了十七座营地），不过，战争部的高级军官对平民保育团也有贪婪想法。在这个问题上，战争部助理部长、来自堪萨斯的哈里·H. 伍德林早在1934年就曾写道：“很多人觉得，平民保育团营地是未来伟大的平民劳动军团的先驱，此番真假可暂且不论，不过我相信，这样的活动应当扩张权力，并置于陆军的控制之下。”伍德林补充说，陆军有心将平民保育团同前次战争的老兵以及救济群体一并组织起来，据此建立一套“经济冲锋队”体系，对此时的美利坚来说，这个用词特别不合时宜，毕竟此时的美利坚对希特勒的恶感正开始涌动。白宫方面遂申斥了伍德林。

费希纳有着旧式工会运动人物的精明和干练，总体上，他也算是将各个协作部门之间的关系维持得不错，并无太大波折，而且，一旦新营地建立起来，就有了相应的分肥资源，部分地靠着这些资源，费希纳也能同国会方面维持不错的关系。不过，他似乎更倾向于随波逐流，沿着既有的线路走下去，并不愿意在平民保育团观念中探索新的可能性。特格韦尔认为他没有想象力，哈里·霍普金斯也评论说，要是让他来操持平民保育团营地，完全不需要像费希纳那样投入那么大的精力，只需要费希纳的四成精力就足够了。

尽管面临此等困难，平民保育团毫无疑问可算是最为见效的新政举措之一。“平民保育团营地工作，”罗斯福于1934年告诉全国应急委员会，“应该是我所有举措中最为成功的。不曾听闻任何抱怨，没有人敲木头。”总统自战后便一直惦记着为年轻人建立某种普遍的劳务体系，因此，平民保育团特别贴近他的心思。1937年，林业局的负责人申述说：“总统对此间细节的了解，几乎到了令人称奇的地步。”罗斯福也曾告诉霍普金斯，每个年轻人都应当有机会进入森林，并在那里待上六个月。总统还酝酿着要让平民保育团成为“政府政策体系的恒久元素”。不过，偶然情况的出现还是击碎了总统的此番希望。但不管怎么说，平民保育团终究在土地、河水、森林的保育和清洁方面留下了诸多丰碑，并在这个过程中让美利坚的年轻人经历了保育和清洁。[2]

4

平民保育团只是保育工具，虽然效能十足，终究不能算是政策。仅仅这样一套工具或者手段，显然是不够的。这个国家需要的是多层面上的多方协作，否则就无法让遭受了数代人滥用的土地恢复过来。特格韦尔说，美国人已然用“暴力农耕”的方式挥霍了手中的遗产。罗斯福已然感觉到，是时候采取措施，竭尽所能，遏制土壤破败的势头了。

1933年10月，首席林务官斯图尔特少校因过度劳累而不堪重负，最终选择了自杀。特格韦尔和华莱士选定了费迪南·希尔考克斯作为继任者，希尔考克斯曾是职业护林员，刚刚成为劳工关系专家。在他看来，新接手的这份工作绝不仅是保护既有的森林。在他强劲且充满想象力的引领下，林业局作为最强人的环保机构，很快便拓展了规划，并且开始不知疲倦地探查新的问题和新的手段。

特别是在尘暴问题令罗斯福决心推进植树计划的这个节点之上，林业局也展现出意愿和决心，要就此展开一项不曾有人想过的工作。此时的罗斯福已经酝酿着要建立一道“防护带”，以此破解从加拿大向着得克萨斯阿比勒尼奔袭而来的风雪和尘暴。批评者认为，这是上帝的安排，倘若上帝无意在大平原地区植树造林，那么新政也没理由这么干。技术专家们则对此等规划的效力表示怀疑。但林业局接手了这项工作。接下来几年间，在平民保育团的协助下，林业局在这一地区种下了超过两亿株树苗，以此作为抗尘暴工程的组成部分。[3]

5

土壤侵蚀是个专门问题，特格韦尔建议设立专门机构予以应对。他也在政府里面寻获了相应的人选来引领这个机构，此人名叫休·哈蒙德·本内特，大个子，宽肩膀，语速缓慢，心志坚定且充满热忱，北卡罗来纳人，时年五十二岁，三十年前初入农业部，自那之后便一直为保护土壤不被侵蚀而斗争。1933 年，本内特负责土壤局的一系列土壤侵蚀实验站点。此时，他听闻公共工程管理局已经拨付五百万美元，以保护土壤为名，推行梯田项目，遂在盛怒之下闯入特格韦尔的办公室。他告诉特格韦尔，这场反侵蚀的斗争需要多种措施齐头并进，比如条带种植、迂回犁地、作物轮种，还需要在水道和梯田周边种植草皮等。他还补充说，若给予适当鼓励，农民自己是能做大量工作的。

特格韦尔相当了解本内特的工作，这番申述也确实打动了他；他便劝说伊克斯在公共工程管理局里设立一个专门机构来应对土壤侵蚀问题。但伊克斯绝对不会错过任何机会自内政部和农业部之间挑起土壤保护控制权上的争斗，二者之间的争斗可说已经形成传统了。他的办法是直接在内政部设立了一个专门机构，机构名字就是土壤侵蚀局。（特格韦尔遂向伊克斯发泄不满，伊克斯则颇不耐烦地回应说：“我还准备在内政部设立林业局呢。你为什么不过来全权操盘呢？”）

在本内特这里，土壤保护俨然成了宗教；他几乎是以《旧约》式的狂怒，四处宣扬违抗宗教的后果。在一次著名演说中，他警告说，合众国六亿英亩可耕地当中，已经有五千万英亩毁灭了，还有一亿五千万英亩已到了无利可图的境地，剩下的可耕地，也因为水力和风力的大面积侵蚀或者剥离，而走上稳步毁火的轨道。据他估算，每年至少有三十亿吨黏着土壤从美利坚的农田和牧场剥离；光是密西西比河每年都会将超过七亿吨的土壤送入墨西哥湾。仅仅计算由此损失的生产率，每年因土壤侵蚀造成的经济损失至少达到了四亿美元。除非改变这一切，否则美利坚终将无法避免一场地质灾难。

有一批专家，包括本内特的一些同僚在内，都认为他的此番估算有些夸大了。此外，也有人认为，本内特这种计算方式过多地将土壤侵蚀视为一个自然问题，忽略了导致地力耗竭的社会和经济原因，特别是低收入和滥用土地之间的恶性循环。本内特当然也明白，单独一个机构不可能担当所有的事，不过，纯粹工程学的方式可以避开颇具政治敏感度的乡村贫困问题，由此为土壤保护计划赢得更大范围的支持。在尘暴灾难爆发的背景下，本内特为唤醒国民而做的这项工作可以说是独一无二的，这一点没人能否认。土地之使用应当适度，也应当适度照管土地，这成了本内特团队的口号。依托这样的口号，本内特的专家团队散布到全国各地，操持种种实验项目，并悉心指导农民和保育团从事土壤保护工作。

此时的农业调整署并没有闲着，也在设法为土壤保护计划提供帮助。为此，农业调整署为相关农户提供补贴，以便这些农户分出部分田地来种植有助于改善土壤的作物，并采纳另外一些保护性质的耕作方法。1934 年，农业调整署设立了一个计划部门，以霍华德·托利为负责人，旨在改善土地使用和农田管理。同时，华莱士对土壤保护机构落脚内政部也颇为不满，遂不断向罗斯福和伊克斯施压，要求将这部分在他看来显然归属农业部的事务归还农业部。伊克斯私下倒也承认自己多多少少是赞同华莱士的，不过他的公开立场并没有让步的迹象。不过，1935 年他在佛罗里达度假时，总统发出指令，将土壤侵蚀局的工作转移到农业部，农业部遂将之重建，并命名为土壤保育局（伊克斯后来抱怨说，这都是那两个所谓的朋友华莱士和特格韦尔怂恿总统干的好事）。

1935 年 4 月，《土壤保育法》获得通过，国会也算是第一次将抵制土壤侵蚀的工作视为全国性的工作。随后，各州便以该法案为蓝本通过了各自的土壤保育法令，借由地方的土壤保育区的协同工作，提升了土壤保育局的效能。1933 年，一直期待民众“看待整个国家就如同农民看待自己田地”的华莱士，感觉有盼头了。在他看来，这个愿望实现的时刻很快就要到来。

对此时的总统来说，这样的时刻足以勾起对过往三十年时光的回忆，令他的思绪不免回到当年，他还是来自达奇斯县的年轻参议员的时候。那时的罗斯福，戴着金色夹鼻眼镜，正担任纽约州参议院林业、渔业和狩猎委员会的主席。1937 年，罗斯福致信华莱士：“全部问题的关键就是，倘若纽约州北部地区或佐治亚州或内布拉斯加州或俄勒冈州的农民，就那么滥用土地，放任自己的土地遭受侵蚀，那他们作为土地的主人，是否有无可剥夺的权利去这么干呢？或者说，共同体，也就是相关的政府机构，是否有权阻止农民这么干呢？”实际上，罗斯福早在二十五年前就第一次提出了这个问题，当时他确认“共同体有权”反对个人的这种自私行为，那时的罗斯福正是年轻气盛，而且置身纽约州特洛伊的这个年轻人按捺不住自己无所畏惧的进步主义情感。而今，他自己的政府正在着手给出可行的答案。他自己也正竭力唤醒这个国家关注土壤、水、森林问题，应该说，自“泰迪叔叔”之后，便没人像他这样干过了。[4]

6

此时的哈罗德·伊克斯看着农业部的保育行动，已然怒火中烧。先前的数年里，作为个人公民，他一直在为国家公地而战。眼前的这场国家公地保护运动，难道不应当由他的部门负责吗？然而，此前将近一个世纪的时间里，内政部从来都是行政各部门中最腐败的。毫无疑问，此等恶名恰恰是因为国会将公地的管理责任交付这个部门所致：但凡手中掌控此等资源，当然无法避免私人利益集团的强大压力。环保主义者认为这样的腐败和堕落并不是职能上的，而是内在的。“任何自然资源，公地、印第安自留地、煤炭、石油、水利以及木材等，无一例外，只要交到内政部手中，最终都难逃被浪费或挥霍的命运。”吉福德·平肖如是说，他是保护运动的领袖人物，也是伊克斯在公麋党运动时代的老伙计，“诈骗公地，窃取印第安人自留地，都已是漫长的故事了，那些人挥霍着人民的财产。为了拯救本属于人民的自然资源，有过不少战斗，大多数斗争都是因内政部挥霍人民财产而起。”

1905年，西奥多·罗斯福就曾将国家森林方面的职责从内政部剥离，转交给平肖和农业部的林业局，从而策动了一场保护运动。由此开始，农业部便成为保护运动的堡垒，而内政部日益沦为公认的腐败通道，牧场主集团、石油集团、矿主集团以及土地投机客借由这个渠道对国家资源实施侵夺。平肖本人也曾沦为内政部的受害者，当时，他的林业局（同内政部的路易斯·R. 格拉维斯协作）试图捍卫阿拉斯加煤田不受塔夫脱政府的内政部部长理查德·A. 巴林格的侵夺。十年后，哈定政府的内政部部长阿尔伯特·B. 法尔不仅出卖了一部分国家的优等石油储备，更竭尽所能地试图将林业局从亨利·C. 华莱士处夺回，目的是增加手中的劫掠物。平肖给出的评论简洁且犀利：“内政部的传统就是私人利益优先。农业部的传统就是公共利益优先。”

内政部的声誉和形象就是如此，这恰恰是哈罗德·伊克斯决心要改变的。1932 年，伊克斯实际上支持了平肖的共和党竞选提名；身为内政部部长，他采取的第一批举措之一便是将格拉维斯迎回内政部。他也曾告诉国会的一个委员会：“我可以向各位保证，你们面前这个内政部部长也是环保派，而且我的强硬和热忱不会逊色于这个国家的任何环保主义者。”[5]

7

公共牧场的放牧问题很快给了伊克斯机会去展示他的保护热情。西部牧场主自记事起，一直在利用公地放牧牲畜和羊群，没有监管，也无需付费。结果可想而知，就是过度放牧，并因此令草皮逐渐销蚀，荒漠化现象也蔓延开来。有一段时间，环保主义者力促对私人放牧实施规制，以遏制草地侵蚀。不过，牧场主集团总能在这样的斗争中占上风，令他们眼中这些颠覆性提议归于挫败。

不过，大萧条令畜牧业也遭遇了自身的困境。牛肉价格下跌，更有大量牲畜不在农业调整署体系之内，因此有必要采取措施来稳定畜牧业。要保护饲养户不受冒险家的侵害，不受内部竞争之害，也不受过度生产之害，一个很显见的办法就是控制公共牧场上的放牧行为。国会议员、来自科罗拉多州的爱德华·T. 泰勒就在这时改变立场，信从了国家管制观念，这足以折射出畜牧业观念的变化。此前多年时间里，泰勒一直是联邦保护政策的反对者，甚至是敌对者，此时他突然也觉察到在公共牧场的无度放牧行为将造成何等恶果。“整个共同体的基础经济格局正在遭受威胁，”他后来解释说，“……侵蚀，没错，甚至是人为的侵蚀，已然生根发芽。畜牧业今时今日的情况已然失控，正走在自杀的路上。”

第一份放牧管制议案是 1932 年引入国会的，当时，胡佛政府的内政部和农业部都支持该议案。第二年，泰勒议案再次引入国会，伊克斯和华莱士担当起领导角色，为泰勒议案而战。该议案提议赋予内政部以管制权能。此时，林业局方面已经开始对国家森林地带的放牧行为实施管制，因此有人认为最好还是由林业局负责对公地放牧行为实施管制。不过伊克斯不这么看，他认为内政部一直是负责公地事务的，因此应将公地放牧行为的管制职责交给内政部。为此，伊克斯补充说，他能以远低于林业局的成本来推进此事。不过很明显，对泰勒和畜牧产业集团而言，真正有说服力的是这样一种看法：内政部比林业局更容易接纳压力集团。不管怎么说，此时的林业局和华莱士保持了颇为大度的心态，认为当前的要务是确立管制原则。农业部方面对议案中的一些条款并不满意，觉得这些条款削弱了国家公地问题上的联邦权能；不过，伊克斯否决了这些反对意见。当国会于 1934 年通过《泰勒法》时，伊克斯迅速行动起来，在自己的内政部设立了牧业局。[6]

8

对伊克斯来说，土壤侵蚀局和牧业局只是他更大计划的第一步。将内政部改造成环保部，将自然资源保护和开发所需的全部联邦权能都囊括进来，是伊克斯的强烈野心所在。在他看来，林业局是这样一个部门的基石。初入内政部，伊克斯便开启了不停息的运作过程，意图从农业部手中夺回林业局，为此他可谓绞尽脑汁，手腕、说服以及施压等的办法都用上了。

此番运作很快激起了农业部，特别是林业局的抵制，可别忘了，林业局素来以独立和骄傲著称，而且有着突出的能量，可以动员国会议员支持各自所在州的国家森林保护计划。此外，伊克斯的此番动作很快激起了吉福德·平肖的敌意，平肖显然要保护自己的这个孩子，不希望野心勃勃的老朋友有所图谋，毕竟这个老朋友而今正坐在巴林格和法尔坐过的位置上。1934 年的宾夕法尼亚选举最先引发了这两个公麋党运动老兵之间的紧张关系。平肖素来憎恶参议员戴维·A. 里德（伊克斯说，这两人一直在打架，“如同后篱笆上的两只公猫”），也在初选大会上被里德击败，不过，平肖仍然支持里德去对抗约瑟夫·古费，后者是 1934 年选举中的民主党候选人。伊克斯则为古费助选，在这个过程中，伊克斯明显地避免提及平肖。“他人真的很好，可不能攻击这样一个好人啊，”伊克斯在日记中写道，还补充说，“除非是万不得已。”

直到 1935 年，平肖在反对将林业局转归内政部时，仍然申述说：“伊克斯其人真诚且诚实，不过他不可能永远主持工作。”然而，两人的关系迅速恶化了，伊克斯所谓的“万不得已”的情况，很快降临了。二人都是那种将西奥多·罗斯福视为政治英雄的人，因此，二人也都是暴烈且无所顾忌的环保主义者，这样两个人配合在一起，自然会以暴烈态势发生争斗。到了 1937 年，伊克斯便大肆抨击平肖了，认为平肖是“这场保护运动里的罗得之妻”，是“自封的保护运动的弥赛亚”，已然在太长的时间里惺惺作态，自认是“一切时代里唯一不会犯错、无可指摘且无所不能的环保主义者”。“今日的吉福德·平肖，”伊克斯总结说，“可不是二十五年前那个吉福德·平肖了。”

不过，随着时光推移，伊克斯也开始怀疑自己二十五年前是不是错了。此时的伊克斯已经跟路易斯·格拉维斯闹翻（“我无法再忍受他的强势……那些调查员变成了迫害者，变成了猎人，同样热切地追捕我的团队成员，要将我的团队成员都拉下马，如同他们对付游说集团和邪恶承包商一样”）。很快，他也明显觉察到理查德·A. 巴林格在 1910 年对平肖和格拉维斯同样到了无法忍受的地步。他在亨利·F. 普林格写的塔夫脱传记中探察了当年的巴林格-

平肖事件，因此也对巴林格的这两个对头有了新的认识，遂重启此事，研究了部里保存的相关材料，并得出结论：巴林格就是“美国的德雷福斯”，是被平肖一手组织的阴谋给毁灭了。[7]

9

不过，同平肖的这场斗争不过是暖场，真正的斗争是在伊克斯和华莱士之间展开的，尽管和华莱士的争斗不那么引人瞩目，分量却沉重许多。一开始，伊克斯希望借由谈判来达成自己的内政部野心。为此他也是有所准备的，愿意用屯垦局、土地总局、牧业局、土壤侵蚀局以及宅地局来交换林业局、道路局、生态勘测局，而且提议由特格韦尔担任内政部副部长，主持保护工作。1934 年 3 月，有一段时间，华莱士似乎有意听从伊克斯的此番提议。不过，林业局的反对态度令华莱士的立场也强硬起来，他很快转变态度，反对伊克斯提起的这个一揽子方案。

于是，伊克斯于 1935 年决定更换策略。新策略是说服国会将自己的部门更名为“环保与工程部”。伊克斯申述说，倘若这个国家真要拥有一套环保政策，就应有一个机构来操持这套政策；而这个机构自然应当是内政部。此番说法引发了农业部的公开抵制。西尔考克斯和华莱士即刻站出来宣示说，环保可不是具体的工作或者职能，而是颇为广泛的目标诉求，牵涉所有部门。华莱士指出，设立一个所谓的“环保部”，其性质“有点像是设立一个‘繁荣部’”。华莱士补充说，各部门之间的真正分工应当以具体的资源为参照。有机资源，也就是经历了生长过程的资源，归属农业部；无可更新的无机资源，诸如矿产、石油之类，则归属内政部。环保集团更是明确反对该议案，他们补充说，森林、野生动物以及牧业等，毫无疑问是要归属农业部的职责范围的。

农业部的这种抵制态度无疑刺激了伊克斯，伊克斯遂采取了一场标志性的行动。他装出一副伤感姿态，在国会陈词说，他本以为这份议案所涉及的是家庭内部事务，跟邻居无涉，如同给小婴儿起名字一样。“各位都是坐镇国会各个委员会之人，见惯了形形色色的证人证言，”他颇有几分哲思地申述说，“因此，各位自然也常常思量人性，知道人性的自私，知道人总是喜欢折腾，爱管闲事。有人想要一些东西，也总有其他人不希望他得到这些东西。你们自然是有机会研究人性最糟糕的情形的。”他还补充说，倘若该议案在“名字问题上”冒犯了农业部，那他很抱歉；但也应该问一问究竟什么是农业部，也应当告诉其他部门该做什么吧？“我听说过各种政府类型，寡头制、君主制及民主制等，农业统治倒确实是第一次听说。”伊克斯总结说，不管怎么说，“这份议案本质上是一项自抑性质的议案。”内政部这个称谓本身涵涉了太多的东西，太过笼统；伊克斯说，自己只不过是要尝试界定并限制其名称和职能而已。说实在的，“‘内政部’这个名号更像是墓志铭，而非一个切实称谓。直到两年前，各方也算是对内政部采取了相当有效的行动，令内政部只剩下寥寥几个关键机构……机缘就这样凑在一起，那些充斥着妒意和猎杀欲念的同僚得以大肆杀伐，残存下来的机构则都直接关涉环保和公共工程事务”。恳求、玩笑、辩驳，从讽刺到逻辑再到责骂，伊克斯可谓手腕用尽；但他的议案仍然没通过众议院委员会。1936 年，参议院倒是通过了一份类似的议案，但该议案最终还是没能通过众议院。[8]

10

这个过程中，总统一直竭力置身事外，不介入这场争斗。不过，此时的罗斯福不同意农业部的看法，他并不认为关键区分是有机资源和无机资源之间的区分。在他看来，内政部的职责是照管公地，农业部的职责是为耕种私人土地的群体服务。这样的立场自然是要将林业事务归于内政部；实际上早在1934年，罗斯福就已经跟伊克斯谈起过，林业事务终究应当交付内政部。后来，罗斯福也跟平肖谈起，“人们总是觉得内政部就是彻头彻尾的黑暗和邪恶之地，但那都是以前的事了”。

不过话又说回来，罗斯福也拒绝认可“环保部”议案；他确实多次告诉伊克斯，他会指示农业部停止反议案游说活动，但似乎只是说说而已。“总统内心里确实想这么干，”伊克斯颇为沮丧地写道，“但是很明显，他并不是真的要帮我做成这件事情。”这个说法无疑是相当准确的。此时的罗斯福有多场斗争需要去应对，因此必须有所掂量，很显然，此时的总统不愿意将一直有限的政治资源投入农业部和内政部的这场争斗。说白了，倘若伊克斯能靠自己力量赢得这场斗争，那么总统自然会全力支持他。

由此，环保控制权问题上的这场斗争一直处于悬而未决的状态；内政部和农业部的仇怨也成了华盛顿政治景观当中的一道暗色。1937年，伊克斯和霍普金斯曾结伴前往佛罗里达休闲垂钓，霍普金斯在给总统的电文中调侃说：“要是某一天有大鱼上钩……完全可以想象，先是鱼竿和鱼线，而后便是整个哈罗德都会进入水中，一时之间，我们本预期我们将失去内阁里面最厉害的钓鱼能手。不过很不幸，他很快便浮出水面，一手掐着一条大鱼，分明是亨利·华莱士麾下的两个机构。”这场争斗的确制造了不少麻烦，但也激发了两个部门在环保事务上你追我赶，加倍努力，而这很可能就在罗斯福的预料之中。[9]

11

很显然，自然资源问题已然涵括了太多的分支，诸如土地、水、森林、对土壤侵蚀的控制、对洪水的控制、航运、灌溉、屯垦、水坝、电力、贫困以及政治等，尽皆在内。如此看来，一套中央协调机制自然是必不可少的。1933 年和 1934 年间的那个冬天，控洪拨款方面的压力又是不分青红皂白，一股脑地席卷而来，由此进一步促使人们提出这个问题。“我们就这么年复一年地做着工作，”罗斯福评论说，“种种有关河流和港口的议案以及其他的细碎立法工作反复涌现，我们也都知道，这一切或多或少都取决于谁的嗓门更大，仅此而已，一直不曾有任何明确的规划。”罗斯福相信，今时今日，必须“将这个国家之自然资源开发工作置于明确规划的基础之上”；为此，他酝酿着建立一个“永久且长远的计划委员会建制”，据此为国家开发事务制定为期二十五年或五十年的规划方案。

实际上，公共工程管理局的国家规划委员会已经可以算是这样一个委员会建制的雏形。弗雷德里克 · A. 德拉诺、韦斯利 · C. 米切尔和查尔斯 · E. 梅里亚姆都是该委员会的成员并负责管理公共工程项目，同时协助将这些项目融入一套全国性规划中。这个委员会一直在伊克斯的强力控制之下，委员会已经甚是恼火，因此，对罗斯福的永久委员会想法的反应自然极为积极。1934 年 6 月，该委员会提起报告，建议设立一个恒久的全国性计划机构；该委员会的执行官查尔斯 · W. 艾略特二世遂起草了一份总统指令，意在将委员会转变成独立建制。艾略特的提案令伊克斯勃然大怒。最终，盛怒之下的部长大人成功地将提案中的想法消解开来，令其转变成一个跨部门委员会性质的建制方案，德拉诺集团则以顾问委员会的身份为之效力。

1934 年 6 月在同罗斯福商谈之时，这群计划者讨论了如何最有效地界定自身职责的问题。总统试探着提出了诸如“土地和水资源计划”这样的表述。艾略特提议就用“自然资源”，米切尔则指出，美利坚最宝贵的资源也许就是人了。梅里亚姆遂提议用“国家资源”这个表述。晤谈过程中，总统多次用到这个表述，显然是很喜欢这个辞令，还品评说：“很好，艾略特，我的朋友，就这么定吧，这个词确实是稳妥的。”[10]1934年6月30日，国家资源委员会正式挂牌，伊克斯为名义主席。

德拉诺的顾问委员会实际上控制着整个委员会的技术团队，并且实际上负责指导具体项目。城市计划及地区计划方面，绝少有谁的经验能胜过德拉诺。芝加哥、纽约以及华盛顿的城市发展项目，都打上了他的印记。1927年，稳健土地政策基础委员会正是在他的主持下，起草了一份关于土地利用政策的基础报告。艾略特此前一直担任哥伦比亚特区国家首都公园和规划委员会的计划主管。确实，1930年代的规划浪潮，很大程度上就策源于此类城市规划经验。伊克斯本人在芝加哥时也曾是城市市政制度的老兵，一直在为此战斗；梅里亚姆、里奇伯格以及杰尔姆·弗兰克当然也都拥有这样的经历。

此外，米切尔和梅里亚姆在胡佛时期，还曾担任过近期社会趋势委员会的主席和副主席。该委员会所倡导的就是当时所谓的计划，尽管在当时，计划一词的实质涵义是系统地考量问题，而非系统地推行规划方案。特别是对米切尔来说，所谓计划，本质上是一种研究活动，而非决策。他曾经写道：“国家计划是无可避免的。[我们] 唯一可选择的就是，这样的计划应当是碎片式的、应激性的，还是系统化的并且在技术上经过严格考量的。”不过，在实践中，他也感觉到，所谓计划需要耐心、精确且细密的知识积累，既有的积累远远不够，这样的计划观念即便是胡佛也不会有反对意见（胡佛在1934年确实跟米切尔说过这样的话）。从特格韦尔这样的务实计划者的角度来看，米切尔头脑中的计划活动，实际上可以更为准确地称为“前期规划”。

12

1935年之后，这个委员会再次重组，成为国家资源委员会，米切尔退休了，而后比尔兹利·拉姆尔和亨利·丹尼森联手替代了他的位置。不过在这时，梅里亚姆越发扮演起主导角色。梅里亚姆，一个充满干劲、想象力且品性高洁的政治科学家，此前在芝加哥政坛已经历过一系列风浪，这其中有不少痛楚经历，给他本来温和的品性当中注入了几分多疑的元素，这多疑当然是指向同僚的，令人烦扰。“即便是衷心跟他合作的人，也总会因他的这种态度而恼火、沮丧。”这是他的朋友里奇伯格的品评。在委员会里，梅里亚姆的多疑特别聚焦在查尔斯·艾略特身上。整个1930年代，德拉诺的领导位置因年事日高而逐渐削弱，梅里亚姆和艾略特之间的紧张关系则随之加深，这就令委员会的工作备受牵绊。这种私人性质的紧张关系既反映了方式上的歧异，也强化了这种歧异。梅里亚姆和米切尔都是学者，因此都倾向于长期的研究项目；德拉诺和艾略特则是务实的计划者，因此都着力于塑造当前政策和项目。此外，委员会的前身在地区计划方面的所作所为也令陆军工程团成了委员会的死敌，陆军工程团认为那样的地区计划举措是在侵夺自己的神圣领地。

不过，委员会还是做出有效工作，激励了地方规划，也塑造了区域计划。而且，委员会对自然资源之计划性开发的关切时常拓展开来，对一般性的经济计划也有不少关注。特别是在加德纳·米恩斯于1935年加入团队、成为工业部负责人之后，国家资源委员会就成了政府中那些仍然相信工业计划和管制经济体制之人的武器库。不过，最终委员会甚至在资源计划机制方面也未能达成协调目标，这其中的原因不少，比如委员会自身缺乏权威和领导权能，其他行政部门以及国会山方面的抵制，等等。

不过话又说回来，即便此番环保举措未能借由一套机制引领并操控起来，也仍然有一种共同的精神将之联合起来，这种精神可以说是力度十足。田纳西河谷管理局、平民保育团、乡村电力化、西部大坝工程以及土壤保育、植树造林、控制放牧等领域的工作，都在改变美利坚大地的面貌。1930 年的美利坚大地，全部美利坚生活之根基，已然在大风和洪水的摧残之下归于败落，那时的联邦政府则是一派袖手旁观、无所作为的态势，无知、冷漠、私人利益集团令当时的联邦政府犹疑蹒跚，当然，当时的政府也深信自己在宪法上是无能的。到了 1934 年，联邦层面规模宏大的举措终于开始推展开来，目标所向就是遏制土壤侵蚀，强化土壤，净化水流，保护美利坚文明之自然根基。一度因炙烤而沦为灰褐色的土地开始出现片片绿地，一度水流沉沦沟壑和峡谷的地方开始出现池塘和溪流，一度支离破碎且地力尽丧的地方也开始涌现出沃土。新的美利坚大地的轮廓正浮现出来。[11]

二十一　社区复兴

1

1933年，雷克斯福德·G. 特格韦尔以助理部长身份初入农业部，自此一直在环保事务方面担当核心角色。雷厉风行、干劲十足，蔑视惯例和成规，也蔑视既得利益，这样一个人物自然是要调动全部的政府力量来创建一个新的美利坚，“土地有序安宁，使用得当，要有青山绿水”。对土壤、水及森林等自然资源的保护，在他眼中，只是工作的一部分。特格韦尔的眼光可不止于此，他看到了那紧迫的人类维度。他相信，保护工作首先要将在破败贫瘠土地上辛苦劳作、备受折磨的人群考量进来。贫瘠土地催生贫瘠人群，贫瘠人群催生贫瘠土地。特格韦尔据此认为，国家性的保护政策若要取得成功，必须打破这个恶性循环。[1]

2

乡村贫困问题在特格韦尔的环保议程中是占据前列的议题。不过，在他真正能对这个问题采取行动之前，不得不分散精力从事另外一场斗争，这场斗争历时漫长且毁灭性十足，最终令他的声誉在备受摧残后再也没有恢复过来。作为助理部长，特格韦尔对农业部的老派机构有着特殊责任担当；作为一个对专家治理体制有着深刻信念的人，他也认为自己有义务为农业部的科学家和技术人员提供官方支持，并为此不遗余力，先前的政府不曾提供过这样的支持。此前，他曾不失时机地在土壤保护问题上支持休·本内特，1933年春天也是一样，他抓住机会，将食品和药品署从流放之地召回，那是此前共和党政府时期他曾执掌的部门。1906年，西奥多·罗斯福授命通过了相关法令，实质上，这个机构一直都依据该法令运作。只不过，在经历了超过四分之一世纪的历练之后，基本法规的局限和漏洞已经清楚地呈现出来。特格韦尔遂策动食品和药品署的专家们准备新法令。在“百日新政”结束之前，一份议案草案已经拟就并准备呈送参议院。

此时的境况对该议案还颇为有利。当年，厄普顿·辛克莱《屠场》一书促动了民众呼声，由此帮助促成了最初的《食品和药品法》，1933年1月，同样有一本书横空出世并且到了5月便印发了十一版，看来这本书也能为新法案做出同样的贡献。这本名为《一亿豚鼠》的书，严厉申述了食品、药品和化妆品领域存在的危险。身为作者之一的F. J. 施林克是个物理学家和机械工程师，曾为国家标准局工作，1927年同斯图尔特·蔡斯合写了《你的钱价值几何》之后，便组建了消费者研究协会，为消费者提供检测服务。他的合作者阿瑟·卡莱特是个电力工程师，是消费者研究协会的负责人之一。在一篇颇为辛辣的报刊文章中，卡莱特和施林克告诉美国人，每天都有毒素注入他们的脸部，进入他们的胃里。《一亿豚鼠》一书中列举的种种产品，援引了大量资料，并以翔实材料为支撑，对令人震惊的毁容或死亡案例提起指控，这些都是因为相关产品乱起名字或者造假而造成的。卡莱特和施林克的申述时常给人以这样的印象：日常的吃喝及化妆都成了极为危险的事，如同穿越毒气袭击之下的无人区一样；但不管怎么说，如此猛烈的指控并非无风起浪，其中毕竟是有事实依据的，而且真相的确令人震惊。

食品和药品标准问题对特格韦尔有着强烈吸引力。特格韦尔其人素来注重经济效率，在他眼中，这所谓的“掠夺式的消费欺诈”是造成经济浪费的重大源头之一。特格韦尔热望着让价格水平沉降下来，因此有心要让虚假广告消停下来，并将消费者动员起来，成为一个有组织的利益集团。他对商业欺诈素怀痛恨，所以，将这个国家“从假冒伪劣当中解放出来”成了他的一个目标。于是，1933年春天，特格韦尔多少有些冲动地介入到事态当中，发布了一道行政指令，旨在减少水果和蔬菜在杀虫之后残留的农药。

合法的砷酸铅残留标准从原来的0.02格令降到0.014格令，不过，这个标准仍然高于英国皇家砷酸铅毒素委员会认定的安全标准，虽然已经远远低于美国果农习惯的标准了。结果引发了国际苹果协会的一场怒潮，苹果显然是两党的共同利益所在，来自苹果产区的国会议员，无分民主党人或共和党人，纷纷予以抵制。于是，这项举措未及启动，便从一场科学改革行动演变成一场政治斗争。[2]

3

特格韦尔本人是教授出身，这样的身份自然加重了产业集团的疑虑；而且，药品议案恰恰赶在特别会期结束前夕推出，其强劲势头足以证成产业集团最深的担忧。新议案涵括的一些条款特别令产业集团警觉。具体说来，该议案首次覆盖了化妆品，规章范围也从瓶子的标签拓展到了报刊广告。议案规定，标签要提供明确信息；食品需要贴上分级标签。此外，食品和药品署为了强化此等举措之紧迫性，特意举办了公共展览，将掺假食品、有毒的专利药品、有侵蚀性的染发剂以及依据既有法规无法加以禁制的其他调制品抛在光天化日之下，供民众观瞻。这些展会上有各种故事呈现，讲述人们如何受骗，其中不乏食用了标签错误的老鼠药而致瘫痪的人，这些人本来只是想着将多余毛发去掉，或者只是想借助二硝基酚来燃烧脂肪；受害者当中自然也不乏痴傻之人，想通过种种江湖方子来救治疑难病症；更有照片展示了一个漂亮妇女，如何在用了一款假眼霜之后，将自己弄成瞎子。

媒体称这样的展会为“恐怖屋”，工商业集团认为这是对神圣的消费者选择权原则的一场颠覆性攻击。不过，特格韦尔依然那么淳朴，他始终觉得展会上呈现的那些东西是不合理的，也是不能忍受的；既然不合理且不能忍受，那就必须改变。但他也发现，此事很难争取公众热情和公众支持。特格韦尔遂争取了《柯里尔》的托马斯·贝克前来助阵，四分之一个世纪之前，西奥多·罗斯福策动的那场类似的讨伐运动当中，托马斯·贝克可是扮演过极为强劲的角色；可惜，贝克的圣战岁月显然已经结束了。库格林神父一度似乎也有不小的热情；不过，库格林要求在议案当中增设条款，禁止使用避孕药。1933 和 1934 年间的冬天，在议案进行听证期间，这一条款遭遇了暴烈的反对浪潮，这只不过是确证了特格韦尔的看法：商业集团为了赚钱，不惜牺牲一切。食品和药品署的职员、公共健康官员以及医生们纷纷提供专家证言，告诉相关各方，新法已是势在必行且迫在眉睫，但药品、食品以及化妆品产业仍然依托报刊的宣传攻势，郑重其事地宣示说，资本主义、新闻自由以及自主医疗都是根本原则，倘若否决了他们继续毒害消费者的自由，这些根本原则也将随之毁灭。

专营权协会的 H. B. 汤普森评论说：“我从未读到或听说过用词如此诡异、目的如此邪恶的议案，这样的议案若获得通过，很可能会造成极端恶果。”专营权协会的成员可是涵括了布里斯托-迈尔斯、斯特林药品、麦克森与罗宾斯、默克以及拜耳阿司匹林这等大名鼎鼎的公司，其影响力可说是涵盖了这个国家的整个医药体系。库尔提斯出版公司的C. C. 帕林代表全国出版协会宣示说，分级标签制度直接威胁到美利坚报纸杂志的“生存”。专利药品生产商策动了潮水般的信笺和电报攻势，要求报界行动起来，抨击并抵制该议案，此时，人们已经开始将该议案称为“特格韦尔议案”，并认为这样的议案显然要就此取缔广告合同。对于该议案，特格韦尔除了予以鼓励外，实际上并没有其他任何贡献，不过，敌对集团不会错过任何机会，竭尽所能地将特格韦尔说成是美利坚制度的敌人，并说他很可能是在1927年造访苏联时浸染了苏维埃观念。该议案的主要创制者之一大卫 · F. 卡弗斯在参议院小组委员会作证时，一时激愤之下不免申述说：“产业集团为抵制该议案，可以殚精竭虑，付出巨大心力，倘若在过往的岁月里，他们能拿出四分之一的热情、四分之一的精力，采取措施补救产品的缺陷，今天下午的这场听证会就完全没必要存在了。”

4

身陷此等交叉火力网的人，自然是该议案在程序上的推动者、来自纽约州的参议员罗亚尔 · S. 科普兰。科普兰本人是名医生，曾担任过纽约市的卫生专员，是年六十多岁，为人很是随和，翻领上总是别着一朵康乃馨，处事从来都很灵活，懂得妥协、调整，不过，对于新立法之需求，他有着大体上的职业意识和职业认同。他那种灵变的伦理意识，令他接受了弗莱施曼酵母粉公司、伊诺果盐公司以及马格尼西亚菲利普斯牛奶公司的广播费，当时正值新议案商讨时段；控制制度的更为激进的倡导者们，诸如施林克和卡莱特，遂抨击他是药品利益集团的工具。不过，在向产业集团大幅度让步的同时，科普兰仍然在推动该议案，竭力保护其核心条款，偶尔，他甚至直接抨击“专利药品集团的阴谋”，那样的批评也是相当强烈且真诚的。

最初的草案应该说是有些过分严厉了。科普兰遂主持工作，实施了一系列淡化处理。这样的修订深深地刺痛了特格韦尔（1934年初，特格韦尔向罗斯福抱怨说，科普兰“显然是觉得自己受命于您，可以将食品和药品议案当中但凡有些效能的条款统统杀死”），不过最终内政部还是依循了科普兰的意见：有总比没有好。然而，消费者研究协会方面甚至觉得最初的草案都过于软弱，而且是致命的软弱；遂以暴烈态势反对此番修订。“若是通过这份修订案，”对于1935年的修订案，卡莱特大声疾呼，“参议院将于无形中沦为窃贼和杀人犯的帮凶。”

不过，此时的消费者研究协会也深陷内部倾轧之中。卡莱特针对掺假和误导标签展开的这场讨伐运动，也强化了他自己对眼前这套经济制度的蔑视，他认为，是这套经济制度在奖励这样的恶行。“为了几个钱就将一打人的性命拿来冒险，”他于1934年写道，“这样的行为在利润经济制度中是完全正常的。”他怀着这样的心绪前往国会委员会作证，给出的态度自然也是桀骜不驯、盛气凌人；而且随着此等心绪变得越发浓重，卡莱特不免发觉自己跟共产党方面的协作越发紧密了。1935年，一场剧烈的罢工行动将消费者研究协会撕裂。美国共产党试图组织这场罢工行动，卡莱特站在美国共产党一边，施林克则随同社会福音派的同道中人 J. B. 马修斯，一起反对罢工者，此时的马修斯也已加入了消费者研究协会。结果是卡莱特遭到协会驱逐，卡莱特当然不会放弃，转而自行组建了一个组织同消费者研究协会展开竞争，这就是1936年的消费者联盟。（二十一年后，卡莱特自己也变得越发保守，最终遭到罢黜，失去了消费者联盟负责人的位置。）

至于这份议案，可能是害怕失去广告收入，也可能是别的什么原因，媒体几乎对其实施了完全的新闻封锁，这其中只有特格韦尔那暴烈的责骂之声会偶尔见诸报端。即便是《纽约时报》，在这场历时五年的斗争中，也只有一次将这方面的新闻送上头版（这还是因为一个旁听者在参议院走廊里滋事生非）。罗斯福总统于1935年倒确实向国会发送咨文，呼吁展开立法工作（见《纽约时报》第二版），不过，总统从未调动白宫力量全力支持该议案，不难想见，他有自己的计划，要将火力留给更重要的问题。即便从华莱士和农业部的角度来看，这份议案也不过是一份城市居民议案，在议程表上根本排不到前列位置。不过，食品和药品署以及科普兰并未就此放弃，而是选择了坚持。议案的严厉程度已然淡化并消解，产业集团的反对力量也就没那么大了，更何况，产业集团的管理层此时也在考量若是继续抵制，将造成怎样的公关后果。最终，1938年6月，这方面的一份议案得以通过。此时，分级标签条款已经搁置了很长时间；1938年通过的《惠勒-李法》将广告控制权能交付联邦贸易委员会（而非食品和药品署），等于大幅度削弱了惩罚力度。特格韦尔自然有自己的一番品评，颇为伤感："这对涉入其中的所有人都是一场羞辱。"此番品评四天后，也就是1938年6月，参议员科普兰驾鹤西去。[3]

5

该议案成为法令之时，特格韦尔已经离开政府了。但他的声誉在这场漫长斗争中早已沦为牺牲品。1934和1935年间的抹黑浪潮将布尔什维克教授这个标签贴在特格韦尔身上，再也抹不掉。休·约翰逊倒觉得他是"红蓝参半的母鸡"；产业集团的对头们当然更了解情况。特格韦尔时不时会有盛气凌人、高高在上的态势，这只能令自己陷入更大的麻烦。他对傻瓜、可怜虫及国会议员均没有足够的耐心（他时常不觉得这几类人有什么区别），对待工商业集团中人也从来没有礼遇可言，往往一副拒人千里之外的冰冷态度，教授出身的他更是热衷于学术语言和高远的社会思考；这一切令他在华盛顿的境遇变得复杂起来。

他竭力同民众形成接触和交流，但这通常没什么效果。他的语言总是那么抽象，难以索解。得克萨斯的莫里·马弗里克如此评论跟特格韦尔的晤谈场景：

> 他经常使用教授语言，总说一些诸如“避免革命”的话。这让我如堕五里雾中。
>
> 而后，为了证明自己的看法，他会说：“工人和农民，应当将他们的才智和（后面这个词我实在搞不明白什么意思）结合起来，他们应当凝聚成‘结节’……”
>
> 这下我完全糊涂了。
>
> 我说：“雷克斯啊，现在我感觉很糟，像是受到了羞辱，真不想再听你说下去啦。”
>
> “为什么？”他问道。
>
> “你说的那个‘结节’究竟是啥意思？”我说。
>
> “所谓‘结节’就是——”雷克斯开始长篇大论了。
>
> “停停停！”我喊道，“你不用解释啦。每次你用到我理解不了的词，我都会疯掉。我是美国人啊！‘结节’这样的词，美国人民是不会懂的，我也理解不了，这只能让情况更糟——而且我确实没兴趣知道它是啥意思。没有人愿意听你坐而论道。‘结节’？才怪呢！说话一定要朴素一点。以前我从未听过‘结节’，我也不会喜欢这样的辞令。而且，”我继续说，“这词听起来可是有几分性变态的意味。”

1934 年，有一段时间，特格韦尔实际上还操持了一份报刊专栏，他时常会虚构两个人物出来同自己对话，将对话的内容呈现在专栏里，这两个虚拟人物，一个是“普罗格雷西夫（Progressive）参议员”，另一个是“博勒加德·布恩”。在撰写过程中，他自然会谈论食品和药品议案问题（“即便有这样的议案，人民仍然在水深火热当中，不断地上当受骗，遭受毒害。我不喜欢这个议案”），也正因此，当时的大多数报刊都赶忙取消了他的专栏。“我似乎天生就有招惹麻烦的本领。”特格韦尔在1934年3月的日记里记述说。

不过，他的私人影响力依然存续着。莫利淡出白宫圈子后，特格韦尔一度成为总统的首席心腹。1934年春天，罗斯福和华莱士决定晋升特格韦尔，从农业部助理部长的位置升迁到新设立的副部长位置上。这可让国会山的一批领袖人物着实一惊，来自南卡罗来纳的科顿·艾德·史密斯评论说：“他还没有从上帝的那所伟大大学毕业。”不过，特格韦尔还是靠着自己童年时代的农业经验，竭力以农民形象示人，衣服上、鞋子上尽是灰尘和泥浆。“去告诉雷克斯，”据说罗斯福不久就让华莱士传话，“他能把自己弄得这么一身脏乱，我很吃惊。”最终，罗斯福还是诱使史密斯转变到对特格韦尔有利的立场上了，为此，总统同意任命一个有杀人记录的南卡罗来纳人担任联邦执法官，以此跟史密斯达成交易，罗斯福在内阁谈起此人，说此人是史密斯“宠爱的杀人犯”。此事尘埃落定后，辛克莱·刘易斯似乎也应当在华盛顿办上一场聚会来庆祝特格韦尔的此次胜绩了。

对特格韦尔的任命就这么含混过关了，实际上，这令特格韦尔的争议度比以往任何时候都更大了。无论他碰触什么东西，都会惹来麻烦，即便他的一些行为在后人看来是勇敢、合理且正确的，也同样如此。特别是他在食品和药品斗争中树立的形象，相当严重地牵绊了他所珍视的土地保育计划以及他为那些靠着土地保育计划而生活的人们拟定的计划。[4]

6

特格韦尔同罗斯福之间有着诸多纽带，这其中最为紧密者当属两人对土地的共同情感。实际上，对很多美国人来说，这样的情感已成为挥之不去的浓浓乡愁。“土地啊！”亨利·福特于 1932 年时候宣示说，“是我们的根。任何失业保险都无法比人与一块土地之间的纽带更为牢靠。若能一只脚在工业，另一只脚伫立于土地，人类社会即便面对最为猛烈的经济动荡，自然也岿然不动。”有一个时期，人口甚至有了反向流动的势头；回乡的人超过了进城的人。“是伊利诺伊的农田把我们养人的，”一个城镇居民随性所至写给华盛顿的信，却颇有代表性，“我知道怎么种地。就这么没活可干，也无地可种，每个星期靠着福利人员发放物资糊口度日，我多想回去干活啊……刚刚过去的两个星期，很多地方的情况有变，即便这样的生活方式也难以维系了，于是，福利人员干脆只给我们发放一美元加二十五美分的购物券。”

此外，这场回归土地的热潮还斩获了一个宣传家，《自由》杂志和《纽约图画报》的伯纳尔·麦克法登；甚至找到了预言家拉尔夫·博尔索迪，此人在 1920 年代为了捍卫家庭自足经济并对抗大规模生产体制，展开了一场孤独的斗争运动。博尔索迪自己举家迁往乡间，在那里种植食物，磨面粉，做衣服，并据此获得了他心目中罕见的精神满足。大萧条降临，博尔索迪认为，面对这样的危机，个人的出路也许就是社会的出路。他于 1933 年推出《逃离城市》一书，详细阐发了一套宅基地方案，将人群组成社区，人们在这样的社区里从事创造性的、自我表达式的活动，从中得到满足，由此取代昔日纯粹的消费及代理性质的活动。博尔索迪本人则已经在俄亥俄的代顿附近为这样的社区计划担当顾问了。

这样的梦想甚至令富兰克林·罗斯福也有所触动，尽管罗斯福感兴趣的是其中比较温和的设想。实际上，正是这样的梦想帮助改造了田纳西河谷管理局，使之从一个单纯的电力和化肥项目变成了一场地区计划实验。此时的总统已经觉察到，即便将生产水平恢复到 1929 年的水平，城市的失业问题依然无法真正解决，因此比任何时候都更为强烈地感受到城乡平衡之需要。就职前，罗斯福曾私下谈到要将一百万个家庭转入他所谓的“基础农业”体系中，所谓“基础农业”的表述并不十分令人满意，意思是在工厂附近为这些家庭提供土地，种植家庭所需的农产品，同时又可以在工厂兼职打工。就职后，在数据方面，他倒是没那么大的雄心了，不过那样的希望仍在延续。“百日”期间，他致信乔治·诺里斯：“我确实希望能再推出一份议案，允许我们今年花两千五百万美元，将两万五千个家庭送入农业轨道，平均一个家庭一千美元。这是可行的。而且，等到时间合适，我们就可以将这笔钱的大部分收回。你能否国会山一趟，跟那里怀有同样梦想的家伙们谈一谈？”国会山的梦想家们作出了回应，来自亚拉巴马州的参议员约翰·H. 班克黑德将两千五百万美元的宅基地拨款条款写入了《国家工业复兴法》。班克黑德申述说，回归土地运动“为美利坚社会提供了一个新的基础，它复兴了小自耕农群体，这个群体在历史上曾是各个伟大文明的中流砥柱”。[5]

7

拨款条款归在《国家工业复兴法》的第二条目，因此由身为公共工程管理局负责人的哈罗德·伊克斯担纲；伊克斯迅速在内政部设立了宅地局，以 M. L. 威尔逊为负责人。该条款主要是将相关项目作为一个渠道来吸纳“工业中心的过剩人口”。不过，威尔逊的想法不止于此，他心里琢磨着以此为契机，将贫困的农业家庭从贫瘠的边缘地带迁移走。此时的威尔逊看到了这样一种前景和可能性，那就是将美利坚社会建立在新的、更为稳健的基础之上，以此取代昔日城市和乡间的贫民窟。

贴近土地、重建社区生活的意愿，在威尔逊看来，代表了一场反抗运动，“反抗爵士时代那粗俗的物质主义和浅薄”，并据此回归更为恒久的价值体系。在谈到城市时，威尔逊曾说：“我要摧毁这一切……这绝不是人们的生活之道。我想要人们离开城市，去往阳光明媚、空气清新之地，在那里，他们可以自己挖掘花园……将城市分散开来，将工厂摒弃，给人们生活的机会吧。”他在犹他州找到了某种答案，即摩门教的村庄社区，那里享受着城市电力和管道系统的便利，同时跟土地保持着有机联系。“在今日美国，”威尔逊于1933年写道，“就收入而论，恐怕任何地方的生活标准都不如这些摩门教社区这么高。问题的解决办法就是分散工业，发展新型的郊区工业城镇，在机器时代，这是完全有可能的。”

宅基地运动的“奥义”，连同其植根土地的意向，一时之间是颇有魅力的。“我不禁在想，”亨利·华莱士说，“这种自足的宅地制度，若是交付到有科学、艺术和宗教见解之人手中，由他们予以充分实验，终将引领我们穿越漫长路途，抵达一个更加美好的新世界。倘若我是年轻人且看不到工作前景［这是华莱士一贯的保留语式］，那我想必会决然一试，投身这场宅地运动。”爱尔兰诗人和农业哲学家乔治·罗素此时已然在玛丽·哈里曼·拉姆齐的影响和促动之下，阐发了一套宅地伦理。在近乎降神会的寂静氛围中，乔治·罗素告诉宅地局的人，唯有拥抱土地才能发现生命的整全，否则只能沦落为工业机器的零件。贵格会出身的克拉伦斯·皮克特说：“我们已经忘记了壁炉才是人类生活的中心，昔日家人总是围着壁炉，也在那里接待邻居。而今，我们正努力再次让家庭及家人的福祉成为国家福祉之核心要义。”埃莉诺·罗斯福和路易斯·豪对此也热情满满。甚至像休·约翰逊、哈里·霍普金斯及伯纳德·巴鲁克这等强硬角色，也对此类想法不乏赞许。

梦想就这样生长起来：宁静的社区，由一座座装点着绿色百叶窗的白色房子融构而成，昔日那些在城乡贫困中备受煎熬的家庭将在这里找到庇护和安宁，劈柴喂马、男耕女织，或者从事一些小手工行当，在自家的花园地块上种植自家所需的东西。威尔逊告诉伊克斯，宅地运动“正在为美利坚奠定新文明的基础”。[6]

8

然而，资金有限，宅地局所能做的只是通过样板工程来展示观念的价值。基本的构想是：政府出钱购置土地，修建房舍，添置牲畜和农业器具，引入道路，并配备供水等设施，而后将配套成熟的宅地以三十年期为底线，予以出售。不过，M. L. 威尔逊更是个哲学家，而非运营者。遇到麻烦，他就会采取含混和躲避之道。埃莉诺·罗斯福和路易斯·豪多次实施介入，但并没有太大作用，有序管理机制始终没能建立起来。

埃莉诺·罗斯福在海德帕克的家具作坊里颇有些历练，这令她对小手工业产生了强烈的兴致。1933 年秋天，她前去走访西弗吉尼亚一处破败的软煤产区，此次走访刷新了她对小手工业的兴致。虽然是总统夫人，但她不是那种喜欢抛头露面的人，因此能够四处寻访，不用担心被人认出。一些贵格会的劳工带着她穿行摩根城附近的一系列小村庄，其间见证的诸般情形令她心碎，这里的户主很多都已靠着救济生活了三到五年时间，孩子们都不知道围坐桌旁吃上一顿像样的饭是怎样的感觉，煤灰已令破落小屋成了黑色。埃莉诺将一个商界人士领入一座小屋；此人出来时，脸色煞白，呕吐不止。在一间厂房里，一个工人把自己每周的开支账单给埃莉诺看：

扣除租金、油钱以及百货店的挂账后，每个星期留给家人的开销已不足一美元。他有六个孩子，都面黄肌瘦，满脸恐惧，靠着残羹冷饭生存，平常的美国家庭都是用那些东西来打发猫狗的。一个小男孩更是将一只白色宠物兔子紧紧抱在怀里。他的姐姐告诉罗斯福夫人："我弟弟觉得我们不会吃掉兔子，但我们确实想吃掉它。"听闻这话，小男孩赶紧一溜烟跑远了，把兔子抱得更紧。（不久，罗斯福夫人在一次白宫宴会上讲起了这个故事，威廉·布利特第二天便送了一张支票给总统夫人，并告诉她，他希望这张支票能帮助那只兔子活下去。）

此番境况令罗斯福夫人相信，革命潮流很可能要爆发了。不过，一丝希望之光也在闪烁摇曳。那些贵格会教友一直在设法帮助人们寻求自助之道，他们已经创设了不少小型工厂，以此吸纳当地的行业技能。他们还设立了一笔基金为当地的宅地计划提供资金；返回华盛顿后，总统夫人便在路易斯·豪的热切支持下，尽其所能地推动宅地局投入这场救助运动当中。

第一项工程在斯科特溪的里兹维尔开建。路易斯·豪事前颇为急切地告诉总统，该工程在三个星期之内就可开始了。结果在计划并未真正完成之时，工程便匆匆上马了。急于将事情做起来的路易斯·豪发出急令，订购了五十座事先搭建好的房舍。最终他得到的只是可拆解型的轻型房舍，这些房舍本来是给科德角这样的地方避暑之用的，完全不能匹配西弗吉尼亚的冬日天气。此等情形下，要么重建，要么只能放弃这些预制房舍，路易斯·豪和罗斯福夫人便召集了纽约的一个建筑师团队，负责重新设计并拓展房舍，以匹配新的地基，这个工作相当昂贵。里兹维尔项目，或者说是重命名之后的阿瑟戴尔社区项目，由此造成了巨大的成本，对此，路易斯·豪颇有勇气地站出来辩护，他给出的理由是：这就是实验的代价。"不要吝啬成本，此乃第一规则，也必须是第一规则，任何新产品的开发都是这样，"他说，"……将最初的范本做到尽善尽美，也就意味着随后的生产成本能降到最低。”

对分散化机制素来抱持热忱的威尔逊则依托独立的地方公司展开工作；不过，伊克斯对地方体制的浪费和肆意并不待见，遂于1934年春天实施集权，将大权集中在华盛顿。威尔逊随即辞职。此时的伊克斯对阿瑟戴尔项目尤其不耐烦。听闻阿瑟戴尔项目将成为其他宅地项目的典范时，伊克斯颇为讽刺地问询：那么，它想成为谁的范本呢；很显然，此等住房项目，成本并不小啊。伊克斯还在日记中记述，自罗斯福夫人将阿瑟戴尔项目揽入自己的卵翼之下，“我们就一直在那里烧钱，跟酩酊大醉的水手没什么区别，此等成本，是绝对无法指望这样的工程能够收回的”。伊克斯还记述说：“我确实看不出有什么理由能为这样的工程辩护。”“我已经告诉总统，我全部工作当中，唯一需要说声抱歉的，就是这个阶段的工作。”伊克斯向总统抱怨时，罗斯福表示赞同，但也补充说：“我家娘子，跟一般女人不一样，对钱可没啥感觉。”语气中略显无奈。

不过，慢慢地，在此番并不成熟的彩排后，社区最终也算开始成形了。《星期六晚邮报》的韦斯利·斯托特在1934年刊发的一篇反对文章中说，阿瑟戴尔俨然有点“超级地产开发项目”的样子了，小巧房舍星星点点，散落在这幅崭新的白色画面中，形态各异，错落有致，令人赏心悦目。一个全国委员会随之建立，负责为这个社区设置进步主义的教育纲领，以满足社区的职业需求和娱乐需求。其中涵括了农业项目、牲畜饲养项目、工业和行业技术教育，还有音乐、戏剧和民间舞蹈等活动。已然沉醉其中的伯纳德·巴鲁克欢呼道：“你们真应该来看看这里人们的幸福脸庞，我这辈子都没见过如此令人铭记的景象。”宅地项目招揽的居民都是依托能力和稳定性的标准仔细甄选的。“这些人，”斯托特品评说，“就像经济复兴大潮催生的第一批弄潮儿，是第一批重新站立起来的人。”与此同时，地方工业开发计划也在酝酿中。最初的想法是让阿瑟戴尔生产邮政设备。来自田纳西的参议员肯尼斯·麦凯勒担当起引领者角色，为该提案斗争；不过这个想法遭到猛烈攻击。来自印第安纳的众议员路易斯·卢德洛说："这样的提案……若是获得通过，天知道会把政府引向何方，很可能就是全部工业都走上苏维埃化的道路……美利坚自由的丧钟将就此敲响。"最终，国会担心这样的计划会跟私人企业形成"不公平"竞争，遂特别禁止将邮政资金用在这些方面。接下来几年，阿瑟戴尔只能靠着一间家具厂和多个相继流产的制造业项目艰难求存，可谓步履维艰。[7]

9

这一时期出现的所有宅地社区中，阿瑟戴尔造价最为昂贵，名声也最大。当然还不少别的社区项目涌现，到了1935年年中，大约有二十个这样的社区开建，还有四十个这样的社区项目多少也算得到了伊克斯的允准，尽管伊克斯并不太情愿。艾奥瓦的格兰奇也是一个软煤产区，当地的天主教神父在这场社区运动中担当了领导角色。新泽西的海特斯城附近，一批犹太纺织工人建立了一个社区，将宅地花园同制衣工厂结合起来。在俄亥俄的代顿，宅地局已经接管了拉尔夫·博尔索迪的宅地社区。洛雷娜·希科克代表霍普金斯前往实地考察时，对代顿留下了深刻印象。"这里的家庭跟我平日里接触并攀谈的白领群体是一类人，"她写道，"……这对比简直太强烈了！这里没有绝望，没有恐惧，没有痛楚，昨天一天的观瞻，我发现这里的人们都在忙碌，笑容灿烂，计划着种种事情，他们确实很幸福。"这样的社区组织散布全国各地，对此时美利坚大地上的个人来说，确实起到了片刻之间提振士气的作用。不过，这个国家作为一个整体，却不曾受到多大影响，说白了，截至1935年年中获得批准的所有社区工程，即便全部完工，也只能涵盖约八千五百人。

同一时期，联邦紧急救济署的乡村复兴部也在乡村地区展开工作，这个部门的工作没那么大的排场，不过效能更大。霍普金斯于1934年便已决定不再向农民提供直接救济，转而借由长期贷款并提供种子和设备，推动“就地恢复”，倘若土地无望，就安排移民拓殖。霍普金斯同时在实验他所谓的“乡村工业社区”计划（不过，该计划只是权宜之计；“即便该计划对许多家庭都有着出色效能，”霍普金斯于1936年记述，“……也绝对不会是大范围的解决之道。”）。宅地局只有两千五百万美元资金可供支配，联邦紧急救济署到了1935年年中便已经支出了六千万美元用于乡村恢复，并且为了推行一个旧有的农业部项目而花费了两千五百万美元，用来购置并改善土地。

显然，内政部的宅地机构和联邦紧急救济署的乡村复兴部门都在致力于解决同一个问题，既如此，两个机构各自行事，就越发显得不太正常了。罗斯福遂于1935年4月将二者同联邦紧急救济署的土地项目处及农业调整署的土地政策处合并，就此成立了一个名叫“移民拓殖署”的新机构。至此，总算可以集中各方能量应对相当棘手的农业周期问题，一直以来正是这个问题将土地和人折磨得疲惫不堪，而且，说到底，环保和贫困这两大问题是无可拆分的。在署长人选问题上，罗斯福圈定了雷克斯·G.特格韦尔，过去那段岁月里，特格韦尔一直在为这些问题奔走呼吁，极为坚忍，也是他提出了这套解决办法。[8]

二十二　抑制乡村贫困之战

1

对特格韦尔来说，移民拓殖署的差事很能带来满足感，但也相当令人困扰。“重新分配我们的关键财富，也就是土地，以此让更多的切实资源，诸如金钱、健康、教育及其他的有用财产等，流入弱势农业群体，”成为署长之后不久，他写道，“这是我们这个社会从当前这场大萧条所蕴含的经济必然性当中所收获的最明确的指令。”然而，他也发觉，移民拓殖署的很多东西都不能令他满意。尤其是他从根本上就不赞同整个宅地方案。在他看来，所谓的家庭农庄，不过是原始岁月的纪念品，如同小手工业一样；当今经济已然是大规模生产，在这样的情况下，此类生产形式是存在结构缺陷的。“技术效率绝非一切”，当 M. L. 威尔逊伸张并确立这样一个根本原则，特格韦尔却认为，对抗技术实际上就是对抗历史。如果说家庭农庄或者宅地计划真有什么作用的话，那顶多也只是边缘性质的，其运作成本恐怕远远高出其社会价值能够支撑的程度。

至于有关自主社区的想法，在特格韦尔看来，就更是一场年代错误。“我一直相信，”他于1933年晚些时候评论说，“这样的规划只是为一小撮特异之人安排的小小退避之策；如今的文明已然是高度复杂，绝大部分人口仍然会选择在此等更为活跃、更具生命力的主流文明中生活和工作。”特格韦尔确实经常跟罗斯福谈论分散化的诸般好处，不过，他也在竭尽所能地打消总统关于土地可以吸纳城市失业人口的念头，并且借此打消罗斯福关于一个乡村—城市新社会的幻想。说白了，在特格韦尔看来，农业的真正需求不在于旧日时光里的织布机，而是要将技术革新无情地推展开来，技术革新大潮已然令工业革命大潮涌动起来了。[1]

2

因此，在特格韦尔看来，问题的关键在于大规模退耕已经耗尽地力的土地并展开大规模的移民拓殖，同时对已经被消耗殆尽的农业群体实施再培训，很显然，此番运作将同时触及颇为关键的物理侵蚀和人力侵蚀问题。不过，移民拓殖署在管理方面也有自身的传承，毕竟此前已经有诸多工程上马，并且因此吸纳了相当多的职员。

就这样，移民拓殖署从宅地局和联邦紧急救济署接收了上百个在建或者待建的乡村社区项目，问题也接踵而来：如何为这些项目提供经济支撑，以免它们沦为乡村贫民窟。此类社区未能像 M. L. 威尔逊期待的那样吸引地方工业。国会更是禁止此类社区公开拥有自己的工厂。那么剩下的解决办法在特格韦尔看来，只能是农业商业化。若要创造可出售的盈余，最有可能的办法就是机械化种植，这只能通过集体化机制来实现。于是，移民拓殖署在亚利桑那州的卡萨格兰德、阿肯色州的蒂可湖区、亚拉巴马州的杰斐逊县和沃克县，以及密苏里州的新马德里附近，着手组织并推行合作农业项目。为此，移民拓殖署引入了项目经理、农田经理和房舍监管人，借此改善卫生状况，用朴素的小屋取代肮脏的棚户，并建立医疗和消费合作社，为社区购置重型农业机械，也提供个人贷款以便农户入股。

此外，特格韦尔支持了一种新型的社区开发计划，移民拓殖署内部称之为“郊区拓殖计划”。实际上，特格韦尔对卫星城观念已经念兹在兹很长时间了。1935 年年初他写道：“我的想法就是离开中心人群，选定一片便宜之地，修建一个完整社区，然后鼓励人们入住。如此一来，我们便可以回转城市，将贫民窟片区整体推倒，在那里修建公园。”郊区拓殖项目在马萨诸塞大道的艾弗琳·沃尔什·麦克兰庄园修建了一处工作间。这里的房间吊顶很高，墙壁都以锦缎装饰，处处有壁画，充斥着情感主义风格，此时则成了绘图板、蓝图及透景画的天下，可谓忙乱不堪。那恢宏的绿带城镇观念由此诞生，具体而言就是花园郊区规划，由农田带和林地带环绕并保护起来，去往城市的交通非常方便，同时享受乡村的空间和宁静。四个模范项目随即酝酿起来：马里兰州伯温附近的绿带城，距离华盛顿半个小时的路程；密尔沃基附近的格林代尔；辛辛那提附近的格林希尔斯；新泽西州新不伦瑞克附近的格林布鲁克。

3

十五年后回望移民拓殖署的此番社区计划，特格韦尔品评说：“失败从一开始就注定了。”究其原因，特格韦尔相信，在于构想或操作方面存在诸多缺陷；说白了，“失败的是这些项目的性格，并非因为我们这些人太过孱弱；而是因为环境，那样的环境对此等性格的发育是持有敌意的”。特格韦尔这话的意思是，参与者既无足够的信念也没有足够的自律，可以令这些社区运转起来。他将这个情况部分地归咎于媒体和教会的敌意和抵制。

问题当然出在更深的层面。新机构的工作势头已然略有冒进之态。《圣路易斯邮报》的马奎斯·W. 蔡尔兹评论说，移民安置计划“要再造一个更为纯净、更为真切也更为安全的美利坚，虽是善意，但终归是一场温柔阴谋”。此等渴念之仁慈可算无出其右，人们也在这些计划和方案中注入了大量艰苦思虑。但不管怎么说，正如蔡尔兹评说的，谋划者们都忽略了至为关键的一点，那就是让美国民众相信他们。全部努力都忽略了太多基本态度问题。M. L. 威尔逊就常常谈到“那些纯种白人，他们从不满足，总是躁动难安”，根本不能忍受乡村的孤寂。根本的麻烦在于，大多数美国人都是白人，都是个人主义和竞争文化的子嗣，对共同体观念完全缺乏信念。观察者们也反复谈到社区的人们缺乏共同体精神。政府对此等欠缺也无能为力。过多的外部监督只会削弱地方的积极性和创造力。强劲的地方领导权能理论是能解决问题的，然而，也正如E. C. 班菲尔德说的，“将合众国的大片农田依照卡萨格兰德的模式改造成合作社，需要在领导资质方面有大量投入，此等投入显然远远超过了一切可能的回报”。

在大多数参与者心目中，社区生活不过是为了应对大萧条而采取的权宜之计。他们还批评洛雷娜·希科克，说她“不免有些自以为是了，竟然毫无根据地希望能找回那所谓的‘真实的工作’”。所谓“真实”的生活，仍然是外面的那种生活。威尔·亚历山大博士，特格韦尔移民拓殖计划的主要助手，在造访阿肯色州的一个种植园合作社之后，听取了该合作社主席的一番汇报；这个主席是阿肯色的一个老农，汇报时可谓眉飞色舞，对合作社的发展情况相当满足。亚历山大遂将他带到一边，询问他的真实想法。老农回答：“我相信一个人可以在这里坚持五到六年，攒够了钱，就可以离开，到别的地方添置一处自己的山间农庄了。”1930 年代的社群主义者实际上跟百年之前的傅立叶主义者阿尔伯特·布里斯班有同样的发现；个人的渴念和打算在这种自足的共同体里，是找不到像样出路的。布里斯班曾评论说，看来，最终无可避免的情形便是，“成员们都明白，在他们这个小小共同体之外，存在着一个更契合他们的个人要求和雄心的行动世界，因此应当背弃年轻时代的此类理想，重新融入外面的世界，融入那个更为广阔也更为复杂的天地”。

不过，有一点是可以肯定的，在支持郊区拓殖计划的过程中，特格韦尔也意识并明白了美利坚生活中的一种趋势，这样的意识也许有些超前，但在接下来的十五年间，此趋势将变得十分强劲，那就是人口从城市向郊区流动。1930 年代的绿带观念终究在 1950 年代的郊区发展大潮中得到了实现，虽然其间发生了一定程度的变形。这个观念最终取得成功，不过是给最初的自主共同体观念的失败画上了句号，对移民拓殖的计划者来说，可谓十足的讽刺，即便是他们自己的项目得到了实现。很多垦殖项目都因战争得以脱离困境；慢慢地，政府在这些项目上的原始投资也都收到了不错的回报。不过，这样的社区计划，非但没有为新型文明奠定基础，反而见证了其居民被重新吸纳到美利坚生活的主流模式当中。

当然还存在一些附带的难题。这些拓殖社区并没有自己的政治选区。农业组织基本上秉持冷漠或者敌对态度。工商业集团自然是疑虑重重。劳工方面则担心会出现乡村血汗工厂体系。糟糕的管理和高昂的成本令这些项目在政治上变得相当脆弱，由此扼杀了罗斯福对整套观念的同情。“坦率地讲，”关于威奇托福尔斯附近的社区项目，总统于 1936 年致信威尔 · 亚历山大，语气颇为恼怒，“我认为我们没理由在此等基础上为此类再安置工程提供资金。单位成本已然达到七千五百二十四美元，这本身就已经高出三千美元，还要加上一些附加成本，令单位总成本上升到九千两百七十三美元。我不觉得我们能扛得住如此高昂的成本。”几个月后，罗斯福颇为尖刻地告诉华莱士：“一些项目的选址很有问题，目标住户在这样的地方基本上不可能达成自足目标。”1937 年，当农业保障署取代移民拓殖署时，大部分社区项目都进入了清算阶段。[2]

4

此等社群主义只是移民拓殖计划的次要组成部分。主体规划则在于保护土地和森林，为此，政府决心拯救那收入不足农业总收入的10%的半数农业人口。此时，仍然有太多的美国人生活在岩石山间、贫瘠沟壑、因过度砍伐而归于荒瘠的林地以及已然开采殆尽的矿区的破败窝棚或小木屋里，那里的居住条件、卫生条件及饮食条件，跟最为吵闹、混乱的城市贫民窟比起来，同样凄惨。特格韦尔的目标是将这些贫困的农业人口搬离贫瘠之地，让他们在别的地方获得好的土地、好的组织、好的农具以及好的建议，如此，他们和他们的孩子便可以拥有新的机会。

1934年，南方佃农问题爆发出来，令这个问题得以凸显。内战后，南方种植园转变成一种半封建的结构体系，昔日的种植园主此时转而启用大批分成制佃农，这个群体会以租赁方式使用土地、食品和衣物，不过并不以现金付租，他们手里的现金非常少；而是以租种土地的预期收成为抵押。很显然，昔日的封建关系无论如何有着稳定性和相互间的义务意识，而今的地主-佃农关系则是偶然性的天下，没有安稳可言，而且相当紧张。地主在不断地记录和算计，如同佃农们说的，手里通常拿着一支“邪恶的铅笔”。分成制佃农是佃农里地位最低的，基本上没有法律或经济上的手段可以抵制地主，而且，除非是例外情况，否则基本上没希望在“高高在上的老板”、地方商人以及种植园代理人组成的网络中辗转腾挪，以便最终脱离这个网络。他们能做的顶多是疲惫不堪地从一个地方辗转到另一个地方；平均每三个佃农中就有一个每年都会更换主人。“对这些美国公民来说，”罗斯福曾品评说，“农业阶梯已然变成了重复万年的踏车。”

这是一种灰暗且无望的生活，这样的生活看来正在稳步地吞没南方。1880 年，超过三分之一的南方农田由佃农操持；1920 年，这个比例提升到将近二分之一。到了 1930 年，密西西比州接近四分之三的农民都沦为佃农，这个比例只略少于佐治亚州和路易斯安那州。大萧条助长了佃农体制，更恶化了租赁条件。到了 1930 年代初期，南方的白人佃农家庭已超过百万，黑人佃农家庭的数量也接近七十万了。这就意味着有将近八百五十万人已身陷佃农制的罗网。这其中，超过三分之一的人是分成制佃农（黑人中这个比例则超过了二分之一）。

这些分成制佃农的生活实在是悲惨破败，在生存线上不断挣扎。日出而作，日落方休（就像阿肯色州的佃农说的那样，“从‘能’一直干到‘不能’”），全家人就这样在田地里不停操劳。有人看到一个两星期大的婴儿就裹着床单，被放在田垄里，妈妈则在种棉花。弗拉泽·亨特曾为纽约《世界电讯报》巡访南方，沿途所见所闻令他不禁联想到中国南满铁路上的那些苦力，只不过，在中国，他还不曾在工地见过孩童。亨特写道，分成制佃农“似乎属于另一个世界，这哪里是我认识和热爱的美利坚啊”。

不劳作时，他们就住在破落不堪的窝棚里，四壁徒然，根本不能遮风挡雨，屋顶漏雨，墙壁都已变形。没有遮挡，没有管道，也没有卫生条件可言。吃的就是腌猪肉、杂粮和糖浆，喝的就是附近溪流中的脏水，家人都深受疾病之苦。他们的婴儿自然也备受折磨，消瘦不堪，很多都死于“夏季腹泻”，老人则因为所谓的“衰弱病”或者“诅咒”而浑身发抖，或是沦落至彻底的痴呆状态。很多家庭甚至连屋外厕所都没有。在阿肯色州，一个新来的地主曾打算为自己的分成制佃农盖茅房，他的邻居并不赞同此举，告诉这个地主说：“分成制佃农所需要的就是一片棉花和一根玉米棒子。”埃尔斯金·卡德维尔于 1935 年初造访了佐治亚州基斯维尔附近一处两房的小农舍，里面竟然住了三户人，每一户都有一到四个孩子。“在其中一个房间里，一个六岁男孩正在舔一个纸袋子，里面曾经装过肉。男孩的腿跟一只中型犬的腿差不多，肚子已经鼓起，就跟一百三十磅的妇女的肚子一样……地板上拢着一堆火，旁边躺着两个婴儿，都不满一岁，正在吮吸一只杂种母狗的干瘪奶头。”

就这样，肮脏、劳累和绝望在南方铺展开来，似乎没有穷尽，在这片土地上，疲惫不堪的人群已然因为疾病变得颤颤巍巍，绝望更令人们无精打采，处处都挤着破败小屋，随处可见已经锈迹斑斑的福特T型车，孩子们肚子里都长着蛔虫，衣衫褴褛，四处都是摇摇欲坠的茅房，还有破棉絮和玉米棒子等，这惨淡人群就在这样的境况中艰难求存。一个分成制佃农每年要是能收获两百美元，已经算是幸运的。身陷这单一的佃农制罗网中，大部分佃农甚至没有能力耕种自家的园地作物来补充家庭所需。这里没有娱乐活动，有的只是睡觉、污秽、玉米糊以及不时降临在身上的私刑。“我走过欧洲大部分地区，也走过非洲的部分地区，”英国小说家娜奥米·米奇森于1935年写道，“昨天我看到了阿肯色州分成制佃农的境况，我得承认我从未见过如此惨状。”

1936年年底，亨利·华莱士正在考虑将移民拓殖署并入农业部，此时，特格韦尔敦促华莱士亲自去南方考察一下移民拓殖计划面临的诸多问题。这位农业部部长从南方返回之时，已然被深深地震撼了。不久，他便给出了这样的记述：“今年的光景对棉花来说其实是不错的，但是从阿肯色到东海岸的那些棉花大州，那里的贫困和凄惨是我在欧洲的农业世界不曾见过的……我不得不说，在合众国，三分之一农民的处境都要比欧洲农民糟糕得多，如此惨状，实在令这个国家的城市居民蒙羞。”[3]

5

在长达半个世纪的时间里，分成制佃农的境遇一直是地方丑闻。而今，农业调整署令其成了全国性的问题。减产计划将分成制佃农家庭连根拔起，将他们活生生地发配到道路上流浪，或是送入河流和沼泽之地。尽管农业调整署的合同中提供了相应的补助，但绝少有联邦资金在经历层层盘剥之后，仍然能渗漏一些到佃农手中。分成制佃农当然会抗议此等违背合同的行径，但他们又能到哪里伸冤。地主阶层不仅独霸了农业调整署的地方机构，也主导了郡县法院的治安官及华盛顿的国会议员。这令农业调整署的法务团队不得不对合同实施重新解释，并导致了1935年农业清洗运动。

不过，新政也在分成制佃农和农业雇工群体中唤醒了新的激情。人们纷纷写信给华盛顿，抒发着内心的绝望和希冀。佐治亚州的一个农民在给哈里·霍普金斯的信中写道：

> 我这辈子一直在种地，但是一直跟我一起的那个人拿走了骡子的全部饲料，让我没法干活了……我家里有七口人。去年我不得不铲掉棉株，我可是租了九英亩的地，还种了十四英亩的棉花啊，但是没有饲料，我就没有骡子可用了……这块地我们家已经种了五年，我还想种这块地。我已经没法干活了，所以，有人跟我说，写信给您。

此等绝望和希冀，不久便激发出进一步的情绪，那就是团结意识和战斗意识。1934年7月，阿肯色州波因塞特县泰伦扎附近一处破败校舍里，在煤油灯的昏暗光照下，一群分成制佃农和农业雇工，有黑人，也有白人，聚集在一起，组建了南方佃农协会。“同一条锁链，捆着我们，也捆着你们，”一个满头白发的黑人老人说，“我们在外面的世界已经捆绑在一起，那么我们也应当在这个协会里捆绑在一起……地主一直在剥削我们，拷打我们，让我们忍饥挨饿，让我们不断内斗。不过，我们仍然有办法对付他们，让他们束手无策，只要我们团结起来一致对外。”

一开始，种植园主并没有把南方佃农协会当回事。不过，在泰伦扎商人 H. K. 米切尔的悉心领导下，南方佃农协会开始取得一些进展。霍华德·凯斯特，一个高高瘦瘦的年轻神父，在南方出生和接受教育，他很快也来到阿肯色州，帮助组织佃农。华盛顿方面，加德纳·杰克逊等人也在鼓励这场运动。社会党和共产党也没有闲着，开始介入这场运动。激进派则在阿肯色的米纳建立了联邦学院，帮助训练年轻人从事这场斗争；1935 年春天，联邦学院的学生会主席正是一个名叫奥尔瓦尔·E. 福伯斯的年轻人。这一年，国外访客也不断走访这个地区，诸如英国工党议员珍妮·李及小说家娜奥米·米奇森等。这其中最令人震动者，当属诺曼·托马斯，他以社会党领袖的身份，进入阿肯色州，开始了充满激情的、洗礼般的巡回演说。

氛围迅速转变了。阿肯色州马克德特里的一名牧师告诉《纽约时报》的雷蒙德·丹尼尔："真不如一开始就杀掉几个无名小卒，看看吧，现在闹得这么大了。"种植园主和高高在上的大人物发出种种威胁，短枪上膛，冲散集会，对协会组织者实施拷打。在马克德特里的一场大规模集会上，一个年轻的循道宗神父在回应此番威慑浪潮时宣示说："我完全可以引领众人对这个县的所有地主实施私刑处置，只要他们还没有逃跑，不过，我不想动用暴力；我们已经将我们的怨诉呈送法院了。"不过，这个神父即刻便遭到逮捕，被指控无政府罪行，说他污蔑别人，还试图篡夺阿肯色政权，最终被判入狱六个月。

6

一些外围运动，特别是美国共产党掀起的运动，目的是煽风点火，而非改善处境。不过，地主集团对南方佃农协会的此番攻击，主要动因还是这些男男女女表现出的那种桀骜不驯，这令地主集团极为愤怒，毕竟长期以来这些人一直是安安静静的，温顺的，服服帖帖的。“现在的情况真的很糟了，”阿肯色州的一个头面人物告诉丹尼尔，“究竟是什么，让这些黑鬼被人以‘先生’相称，究竟是什么在刺激他们，竟然认为政府要给他们每个人分上四十英亩的土地啊。”1935 年 3 月，阿克色州到处爆发了恐怖和暴力浪潮，小木屋嵌满机枪子弹，组织者们纷纷策动暴动，杀人现象不断出现，协会成员遭到殴打、恐吓和监禁。弗拉泽·亨特写道：“我们和其中一些人谈过，他们讲述了如何遭受拷打，如何被投入监狱，如何像逃亡奴隶那样遭到猎捕，那样的故事实在令人难以置信。不管从哪个角度看，他们仍然是奴隶。”密西西比的一座小镇，名字倒是好听，“伯德桑”（Birdsong，鸟之歌），一群种植园主全副武装，会同一批当地警察，对诺曼·托马斯实施围殴，将他从讲台上追打下来，并赶出了该县（“我们不需要这些混蛋扬基杂种告诉我们怎么对待黑鬼”）。

托马斯离开阿肯色时，已然下定决心要唤醒国民良知。他致信罗斯福大致讲述了伯德桑事件的来龙去脉，并补充说，此时阿肯色人的心绪状态“是我在美利坚所见情况中最为危险的”。罗斯福一开始将此事交给切斯特·戴维斯处理，戴维斯向总统保证会展开调查，以改善农业调整署减产合同的执行状况；戴维斯致信托马斯说：“很显然，阿肯色州的言论自由和集会自由必须由州政府出面予以保护。”但托马斯坚持己见。亨利·华莱士坚决拒绝见托马斯；无论是特格韦尔还是霍普金斯在联邦紧急救济署的代表奥布里·威廉斯，都不能令托马斯满意。此时的特格韦尔认为自己有庞大计划去缓解那些滥权和腐败行径，而托马斯则一心只想着制造骚动。托马斯遂向罗斯福告状说，特格韦尔和威廉斯“毫不隐讳他们对南方参议员集团的惧怕”。总统遂开诚布公地同托马斯来了一番交流，明确告诉托马斯，自己赞同特格韦尔和威廉斯；确切地说，总统也憎恶佃农体制及其恶果，但就目前情况而言，暂时没什么大动作可以推进。对于托马斯的建议，罗斯福予以拒斥，认为那些都不切实际，他告诉托马斯："诺曼，作为政客，我那该死的视力要比你强一些。""当然，总统先生，"托马斯回应说，"坐在桌子那边的人是您，我只是坐在这边。"罗斯福补充道："我了解南方，那里正崛起新一代领袖人物，我们必须有耐心。"

耐心对分成制佃农来说，可不是什么安慰。对来自西部的季节性雇工而言，同样不是什么好消息，这个群体也在农业调整署体系之外，也在回应新政催生的新潮流。1934 和 1935 年间，因农业调整署减产计划而被逐出棉花田的群体沦为浪荡者，于是同来自尘暴地区的难民兵打一处，这其中涵括了来自阿肯色州的临时农业雇工，来自俄克拉何马州的流浪者群体，还有一批人则来自得克萨斯州、堪萨斯州和内布拉斯加州。他们依循传统的行进方式，一路追赶夕阳而去；他们的指针，就跟当年的梭罗一样，指向西方（"对我来说，未来就在那里，那里的土地更为肥沃，还没有遭受那么大的损耗"）。就这样，一支破败军团乘着同样破败的福特车，一路行进，向着有更多绿色的边疆进发，在遥远的加利福尼亚，有水果农场，还有洋葱地和莴苣地。在帝王峡谷地区，他们令已然人满为患的水果采摘雇工群体更加膨胀，他们游走各处农场，躬身劳作。就在这里，他们开始组织起来，争取足够的住宿和工资条件，以及像样的劳工条件；这里的农场主同样组织起来抵制他们，殴打、绑架及私自逮捕等手段悉数上阵，意在摧毁组织者和领导者，并就此剿灭这场运动。[4]

7

他们的艰难境遇触动了罗斯福。但罗斯福没有采取行动。南方佃农协会的喉舌《佃农之声》评论说，在罗斯福治下，“进步主义辞令通常是空话套话，那下面掩盖的是保守主义行动。我们这位总统，通常说着佃农的话，干着种植园主的事”。然而，此时的罗斯福当然明白这其中的不公和痛楚，但同时也明白，联邦权能有自身的限制，而且变革之事需循序渐进。若是此时选择支持南方佃农协会，对国会的南方保守集团来说，将是再明显不过的冒犯，他的立法大业非常倚重这个集团的支持，尤其会冒犯到来自阿肯色州的那个参议员，《佃农之声》称此人是“油腻乔伊”罗宾逊，罗宾逊恰恰是参议院民主党团的领袖。

罗斯福请求各方保持耐心，此番诉请并非不是发自内心。移民拓殖署此时正竭尽所能地展开工作。其中最具分量的举措当属移民拓殖署土地利用部的举措，这个机构购入了数百万英亩的边缘土地，将之转归各州或国家公园或林业部门，令这些土地变成牧场或林地。乡村重建部此时则已决心不再动用贷款去支援那乡村贫民窟，转而酝酿了农田-家园贷款项目，那些力图将土地和家园维持在一起的农民，可以获取贷款并接受相应的监督，以此来实施指向明确的改进措施。移民安置部则对流离失所的流浪人群实施重新安置。相关的新议案也在酝酿当中，该议案依托乡村重建的经验，矛头直指佃农制问题。1935 年，来自亚拉巴马州的议员班克黑德仍然在寻求恢复小农阶层，他将一份议案引入国会，意在帮助佃农和农业雇工借由政府的长期低息贷款来获取土地。班克黑德议案所构想的是杰斐逊式的经济模式，小自耕农遍布大地之上，每个人都可以在自家的葡萄树和无花果树下获得安全保障。“耕者有其田，家庭式劳作，除此之外，我不知道还有什么更好的办法，在完全健全且永续的基础之上重建我国农业。”亨利·华莱士于 1935 年评论说。

华莱士的团队中，并非所有人都赞同对家庭农场体制的热情。尤其是特格韦尔，他否认佃农制本身是问题所在，也否认小土地所有权制度是解决之道。小土地所有权，不管怎么说，都有可能跟佃农体制一样不可靠，抵押造成的困顿也并不会逊色于昔日地主造成的困扰。而且，小农体制削弱了机械化程度，会令农业成本提升，造成普遍高成本的农耕体系；技术革新浪潮即将席卷而来，在这样的情况下，“四十英亩的小土地制度只能是低效率的残存之物”。在特格韦尔看来，班克黑德不过是要催生“一个自得其乐、散落四处的小农群体”。特格韦尔并不操心所有权问题，他关心的重点在于保证租期稳定，无论对佃农还是对抵押土地的所有者，都力图提供这方面的保证，同时，特格韦尔特别在意为农户提供骡子、种子、肥料，为农家孩子提供更好的饮食，提供医疗服务，以及如何帮助他们渡过实际的难关。

不过，到了这时，特格韦尔的影响力已经开始衰落了。而且真要说起来，对家庭农地制度的信仰深植于民族信念中，不是靠理论辩驳就能轻易推翻的。来自密西西比的西奥多·比尔博于 1935 年 8 月发给总统的电文颇能代表南方政客的看法：“班克黑德佃农议案不仅是本国会会期最具建设性的议案之一，而且有了这样的议案，我们就可以将休伊·朗逐出南方了。”这一年，议案在参议院获得通过，不过还没有进入众议院的票决程序。1936 年，罗斯福任命了一个专门的佃农委员会，要求该委员会于 1937 年年初提供报告。当班克黑德议案于 1937 年夏天最终成为法案时，华莱士在佃农委员会的建议下，终止了移民拓殖署，转而建立了农业保障署，负责执行班克黑德法。农业保障署以威尔·W. 亚历山大博士为负责人，此人对佃农问题有过长期关注和研究，于此，乡村贫困之战进入了一个新阶段。[5]

第六部分　劳工运动大转变

二十三　劳工的苦难

1

这是觉醒的年代。新观念和新希望在美利坚大地上释放出来。它们渗透了整个美利坚大地，不久也渗透了美利坚劳工运动已然昏昏欲睡的指挥部。此前，劳工运动已在稳步衰落的轨道上行走了十年。1920 年是美利坚劳工运动的一个巅峰节点，当时 20% 的劳工都加入了劳工运动，此后劳工运动的力量便年复一年地衰落下去，直到 1933 年。这一年，美利坚劳工组织只有不足两百万的成员，只占劳工总量的 6%。然而，随着《国家工业复兴法》7a 条款的出台，一个新时代看来是要揭幕了。该条款规定劳工可以通过自己选举的工会展开集体议价，全国劳工遂决心充分用好政府的这项保证条款。

1933 年，三倍于 1932 年规模的劳工参加了罢工，纽约的出租车司机、新泽西的码头机工、宾夕法尼亚的铝业工人、蒙大拿的矿工等都融入这场罢工潮流，从百货店的收银员到伐木工，尽皆在列，覆盖了从东到西的美利坚大地。1934 年的罢工行动就更多了。而且其中有一个重要变化：1934 年之前，罢工的主因是已经组织起来的劳工群体要提高工资或缩减工时（或者说是要遏制大萧条以来的工资削减势头），1934 年之后，组织权本身则成为罢工浪潮的核心关注点。对劳工来说，承认工作是一切的关键。对雇主集团来说，至少对其中一个相当强大的少数派来说，若承认这样的权利，在他们看来将意味着一场无可挽回的灾难。于是，双方都觉得这是一场生死战。结果是某些地方几乎陷入了内战状态。[1]

2

明尼阿波利斯，一座甚是强固的城市，圣安东尼大瀑布在它附近切出一条狭窄峡谷，令密西西比河从峡谷当中穿行而过，这座城市就在此地生长起来。大河令这座城市从一开始就成了交通和贸易中心；铁路从四面八方鱼贯而入，更是护卫了这座城市的要冲地位。周边的乡村地区，包括明尼苏达州、威斯康星州以及两个达科他州的乡村地区，纷纷将小麦送到明尼阿波利斯的面粉厂。明尼阿波利斯的仓库也源源不断地将拖拉机和一系列农业器械输送到乡村地区，其数量超过了这个国家的所有城市。这里也是加工业的中心、物流中心和金融中心，还是整个大西北地区的小麦仓储中心、面粉加工中心以及谷物交易中心。

1934 年，明尼阿波利斯更成为开放工厂体系的一处堡垒。此前将近一代人的时间里，公民同盟，明尼阿波利斯的一个雇主组织，一直在运用手中的金钱、人员和秘密情报团队来抵制工会主义。明尼阿波利斯的工商业集团倒也并非像人们说的那样要反对集体议价制度，唯一的问题，如同查尔斯 · W. 皮尔斯伯里所言，在于 “劳工领袖对集体议价制度的解释，依据他们的解释，唯有加入工会方能展开集体议价行动”。或者如公民同盟的创建人 A. W. 斯特朗说的：“我当然可以跟一个保守且负责的劳工领袖谈判，但肯定不会跟明尼阿波利斯的任何劳工联合会领袖谈判。”

不久，国家复兴署及7a条款也在明尼阿波利斯落地了。1933年，在农工党州长弗洛伊德·B. 奥尔森的鼓励之下，明尼阿波利斯的卡车司机开始组织起来。该组织的领袖是三兄弟，都叫做唐尼，都出生在明尼苏达的利特尔福尔斯，爱尔兰天主教背景，都致力于鼓动和反叛之事。唐尼三兄弟当中，文森特·雷蒙德是领袖。他十四岁便已在为一家木材公司开卡车了，并且管理一个车队。他是相当靠得住的劳工，因此先后担任了明尼阿波利斯一家煤炭公司的称重员、调度员，并最终成为工头。他同时也是铁杆的激进派。他是一个“沃布利”（Wobbly，世界产业工人联盟成员），因为个人品性而得以主导当地的卡车司机工会组织，深得全城卡车司机的信任。

作为物流中心，运输业可谓明尼阿波利斯的关键产业。在工商业集团看来，卡车司机的工会计划，就是劳工集团在图谋控制这座城市的命脉。公民同盟此前就曾击溃过劳工，有信心再次上演一场胜利。因此，1934年春天，公民同盟拒绝同卡车司机工会第574号分会谈判。地区劳工委员会遂提请雇主集团要尊重7a条款。此一诉请并未见效。劳工迅速作出回应，于1934年5月12日发出了罢工号召。

唐尼兄弟是那种力图把事情做好、做完整的人，基本上没有给偶然性留下空间。置身罢工指挥部的雷蒙德·唐尼和法莱尔·多布斯以军事效率工作起来。工会有自己的报纸、自己的宣传车，也有自己的情报网，甚至配备了自己的医院，因为他们很清楚，市里的医院对受伤的罢工者来说只不过是一处中转站，目的地就是监狱。很快，这场罢工运动便完成了95%的准备工作。这座城市，如同当地人说的那样，已然绷紧了，就像蓄势待发之际的公牛的眼睛。

双方的谈判继续。工会方面缓和了要求，州长奥尔森也威胁说，若不能达成协议，就调遣国民卫队。不过，雇主集团预计随着民众感受到罢工带来的压力，公共舆论会向自己偏移，遂强化了立场，并准备对罢工运动采取行动。这就意味着要沿用公民同盟以往的策略，该策略在过去总会产生十足效能。公民同盟派驻工会的一个卧底遂受命将纠察队引入警察设置的包围圈。暴力就此涌起。

在工商业集团的一次集会上，托顿·赫菲尔芬格呼吁策动一场“大规模的公民运动”，以结束这场罢工。一支“公民军”随即依照洛里山的流行模式被动员起来，他们开着卡车再次沿着明尼阿波利斯的街道向前推进。超过一百五十五名上层社会成员立誓成为这支军队的“特别军官”，他们几乎是以“骷髅会”那样的昂扬士气接受了这个头衔。阶级冲突的火药味骤然浓重起来，其他的工会组织，一开始采取退避之策，此时也摆明立场，同卡车司机工会站在一起，并肩战斗。总工会方面也认同并支持此次罢工。双方遂开始用铅管和球棒将自己武装起来。

3

1934 年的 5 月 22 日，在历时二十四小时的对峙之后，两万多民众拥入了明尼阿波利斯市政广场。这其中有很多是警察和特别军官，他们决心清理现场，为卡车开路。劳工集团则决心将卡车驱离街道。这中间有一段观望期，气氛很是不祥。接着便爆发了一场冲突，一名罢工者将一堆马铃薯扔进玻璃窗；片刻之间，整个广场乱作一团。棍棒上下翻飞，人们纷纷尖叫着、怒骂着，四处乱撞。有两名特别军官当场身亡，一人是霍奇基斯和耶鲁的研究生，一人是公民同盟的律师。

州长奥尔森遂下令调动国民卫队。在一场人们后来所谓的“代表之战”造成的震荡过后，双方在间接承认工会的基础上达成协议。唐尼兄弟说服工人接受此次妥协（美共地方组织当然是指责唐尼兄弟将劳工出卖给公民同盟了）。不过，和平只是暂时的。在如何解释协议条款的问题上，双方爆发了一系列争斗。仍然寄望镇压工会的雇主集团中止了谈判。1934 年 7 月 16 日，卡车司机再度票决，要展开罢工运动。

于是，卡车再度遭到阻截；双方在寂静的街道上再度对峙。此时的警察决定让卡车再度开动，并且显然决心要加速这场事件，派出一辆卡车开道，并配备了武装护卫。一名罢工者也开动卡车，上面满是没有武装的纠察队员，当这辆卡车试图封锁道路时，警察在没有示警的情况下，用短枪向第二辆卡车开火，同时向人群开火，十分钟之内便击中了六十七人，很多都是打在后背上；有两人当场倒地。在现场为明尼阿波利斯《星报》做报道的年轻人埃里克·塞瓦雷德记述说："突然之间，我明白了，我透彻地明白了法西斯主义是什么。"埃里克的父亲则记述了相反的感受："这——这就是革命啊！"阶级斗争意识就这样撕裂了家庭，也撕裂了这座城市。几天后，在埋葬遇难者时，工人举行了规模庞大的葬礼游行，游行队伍庄重肃穆，穿越城市，阻塞了全部交通。

弗洛伊德·奥尔森自认是激进派，是劳工的朋友。不过，他也是一州之长，而且决心捍卫公共权威。联邦调解员拟定了一份新的妥协方案。此时，奥尔森宣布，除非双方都接受该方案，否则他将宣布戒严令。工会方面表示同意，但雇主集团予以拒绝，国民卫队遂接管了这座陷入战争状态的城市。奥尔森即刻发布命令，裁撤纠察队，并令某些型号的卡车获得通行许可。574 分会的领袖认为此举是在破坏罢工，遂在一次剑拔弩张的晤谈中要求奥尔森在卡车特别通行证问题上给予工会建议权；否则工会将再度令这座城市陷入瘫痪。奥尔森的回应也十分干脆利落。他下令对罢工指挥部实施一场凌晨突袭行动，将运动领袖逮捕。两天后，这位州长下令对公民同盟指挥部实施了类似的突袭行动。

时间慢慢过去，谈判继续，少数雇主开始在联邦方案的基础上同工会签署协议。最终，8 月 21 日，公民同盟突然接受了联邦方案，用雷蒙德·唐尼的话来说，给了罢工者"实质上从一开始就为之战斗、为之流血的东西”。这场内乱持续了四个多月，财产和收入方面的损失相当大，暴力、死亡和戒严纷纷出现。内乱之后，明尼阿波利斯的雇主集团总算承认了卡车司机有权建立自己的工会，并由这个工会来代表自己。消息传来，明尼阿波利斯的劳动者，无分男女，纷纷走上大街，疯狂庆祝，历时十二小时。[2]

4

旧金山，耸立在大湾区的一座宏大城市，可算是美利坚最漂亮的城市了。不过，在那美丽夺目的外表下，隐藏了一段暴力历史。这里有赌博、枪击、民团，有大火，有地震，有暴乱，有炸弹袭击，旧金山人一直生活在死亡的阴影中。

旧金山的劳工群体相当强悍且躁动；旧金山的雇主集团同样强悍且坚定。海边的生活总是艰难的，这给劳动关系注入了野蛮特性。“你们可以把我送进监狱，”渔民安德鲁·弗鲁塞斯告诉那些试图阻止他将劳工组织起来的人，“但是作为渔民，我从来都有自由，你们不可能限制我的这种自由。我一直以来吃的就是那些东西，你们不可能让我吃更差的东西。我一直以来都生活在孤独中，你们不可能让我更孤独。”码头工人也一样愤愤难平，无论是在海雾笼罩的黎明时分在码头等待货船，还是聚集在破落的招聘大厅里，以傲然之态乃至反抗之态面对雇主手中的黑名单。来自澳大利亚的哈里·布里奇斯曾经做过税收工作，也当过码头工人，自1920年便一直住在旧金山，他的痛苦和愤怒已然浸透骨髓。像他这样的人还有很多很多，他们一直在海岸边忙忙碌碌，寻求工作，寻求认可，寻求复仇。

劳工力量在旧金山一度相当强大，第一次世界大战之前，劳工集团强大到可以选任自己的市长。接着便是1916年的准备日爆炸案，1934 年，汤姆 · 穆尼仍然因涉嫌此案而被关在监狱里，尽管证据并不完整。1920 年代，雇主集团建立了产业协会，也建立了公司工会，打算将所有全国性工会组织逐出海岸区域。到了 1930 年代初期，雇主集团的控制权看来是相当稳固了。

然而，国家复兴署很快来到旧金山，如同降临明尼阿波利斯那样。国际码头工人协会的分会组织随即出现。新的斗争情绪很快浸染了内河码头，那是码头工人聚集的街道，沿着海岸弯弯曲曲伸展开来。哈里 · 布里奇斯顺势而起，成为码头工人的领袖。他消瘦、紧张，穿着廉价衣服和破旧外套，强硬、多疑且不苟言笑，但也从无犹疑，从无幻想。很少有人知道他究竟是不是美共党员："我究竟是不是共产党，对此我既不承认，也不否认。"他自己就是这么说的。他的禀性中既有犬儒气息，也有奉献精神，他不为自己考虑，决心跟民众走在一起，这不就是典型的美国共产主义英雄吗；而且，他绝少偏离党的路线。"我们是劳工，我们跟雇主没有共同利益，"他曾以尖锐的伦敦腔告诉一群听众，"我们正置身一场阶级斗争当中。"

在雇主集团眼中，这所谓的阶级斗争是同样真切的，即便在理论上还不至于那么昭彰。1934 年初春，国际码头工人协会开始在这里寻求承认和地位，此时在地区劳工委员会供职的老威尔逊派乔治 · 克里尔不免示警罗斯福，雇主集团看来是要摊牌了；克里尔特别提出，雇主集团的想法很明确，只要能摧毁工会，码头罢工造成的任何金钱损失都可以接受。1934 年 5 月 9 日，码头工人不再寻求别的出路，开始罢工了。[3]

5

罢工在暴力氛围中开启了。警察试图打散纠察线时，旧金山其他的工人，包括卡车司机工会在内，都加入了罢工浪潮。联邦政府派出调解团，在劳工部助理部长爱德华·麦格雷迪的引领下拟定了妥协方案，国际码头工人协会的主席约瑟夫·瑞安接受了这份妥协案，该方案承认工会，并且由工会和雇主集团共同控制佣工大厅。然而，地方分会的领导层担心这样的共同控制机制并不足以让雇主集团放弃黑名单，遂拒绝了这份妥协案。罢工浪潮汹涌澎湃，在城中传布开来，并沿着海岸一直铺展到西雅图，恐慌感随之涌起。

7 月初，产业协会决定强行开港。7 月 3 日，一队卡车在警察武装押运下开出码头，向公司仓库进发。此时正值假期，双方对峙暂时停止。不过，7 月 5 日星期四，针对罢工的围剿行动再次全力铺展开来。内河码头的暴力浪潮涌动而起，罢工者试图推翻卡车，倾倒物资，借此抵抗武装警察的押运行动。一时之间，砖头、石块、棍棒、火棍和催泪瓦斯上下翻飞，乱作一团，最后枪械也开始加入战团。这一天被称为“血腥星期四”，两个罢工者身亡，双方都有很多人受伤。午夜时分，国民卫队开进旧金山，开始恢复秩序。

“血腥星期四”如同一股强烈冲击波，震动了旧金山的所有劳工组织。当地的美共组织遂呼吁展开总罢工，布里奇斯将标语传送给各个工会组织。7 月 12 日，此前已经袭击过码头的卡车司机工会开始在全城展开行动。接下来几天，不断有新的劳工集团加入。即便素日里最为保守的工会组织也加入了这场暴乱。7 月 16 日，旧金山正式开启总罢工行动，上一次的总罢工行动尚需追溯到 1919 年的西雅图。

到了这时，整个西海岸地区的恐慌已经到了新的激烈程度。参议员海勒姆·约翰逊，一个老资格的激进派，此时致电哈罗德·伊克斯：“这里的革命已经不仅在酝酿中，而是初具现实意味了……不只旧金山要沦为灾难之地，整个太平洋沿岸都有可能就此毁灭。”俄勒冈州州长尤利乌斯·迈耶致电总统：“加利福尼亚州州长已经表态，要请求联邦军队介入，我也得这么干了……这场骚乱若不加以阻止，很可能会演变成内战。”休·约翰逊在这个当口上随同国家复兴署的调查团来到旧金山。这位老将军实在无法抵挡这样一场人间大剧的诱惑，即刻开启了他那典型的谴责模式。老将军说，这场罢工“是对整个共同体的威胁，是对政府的威胁。这就是内战……倘若联邦政府无所作为，人民就会行动起来，消灭这叛乱势力，如同用湿海绵抹去黑板上的粉笔字”。老将军还说，但凡有担当的工会组织，“都必须抹去此等邪恶污点。正所谓过街老鼠人人喊打，他们必须将此等颠覆势力扫荡净尽”。

此时的华盛顿方面，总统正乘坐海军战舰休斯敦号在太平洋度假，不过，虽然总统不在，华府仍然保留了一支幕僚团队。霍默·卡明斯和科德尔·赫尔支持采取强硬措施。弗朗西丝·珀金斯则拒绝将旧金山这场骚乱认定为任何严肃意义上的总罢工；在珀金斯看来，这只是一场自发的游行运动，旨在确认集体议价之权利。卡明斯和赫尔希望罗斯福暂停海上巡游，并下令实施武力镇压。不过，路易斯·豪则代表珀金斯，给总统传送了宽解性质的电文：“旧金山罢工事件制造的唯一威胁就是，市长大人吓得够呛，他的恐慌传染了整个城市。”豪和珀金斯建议总统照原计划巡游，不必提早返回华盛顿；否则只会“激发本来必须予以避免的恐慌”。“所有人都在敦促我开进旧金山海湾，”罗斯福后来记述说，“然后，战旗飞扬，枪炮齐鸣，直接结束这场罢工。他们都彻底疯了。”

没错，这些人确实是疯了，珀金斯对形势的评估要比这些人准确得多。这绝不是革命工团主义的胜利，恰恰相反，这场大罢工，尽管有美国共产党的势力在其中运作，但运动本身显然欠缺考量，颇为仓皇。“我们所见到的，”沃尔特·李普曼的评说颇为公允，“其实是一批根本不想要革命的人在挥舞革命武器。”罢工领导者们闭锁了这座城市之后，就不知道何去何从了。“若是食物供应遭到威胁，孩子们没有牛奶喝，民众没了生活必需品，”约翰逊说，

“那就是血腥叛乱了。”但实际上，这场罢工并没有掌控食物、水电供应，也没有掌控交通和媒体；没人沦落饥饿境地；基本市政设施运作如常。“民众遇到的唯一麻烦，”一名观察者说，“就是不能去剧院，不能在酒店餐厅吃饭，不能打车，不能清洗衣物，也不能修剪头发。”既然缺乏明确的政治目标，这场大罢工只是激怒了整个共同体，并没有威胁到共同体。不出四天，罢工浪潮便消散而去。尽管布里奇斯反对，码头工人还是接受了仲裁。最终，工会得到承认，工人的大部分切实要求也都得到满足。[4]

6

明尼阿波利斯和旧金山的场面比其他地方血腥且剧烈。骚动可不止于这两座城市。1934 年春天的托莱多火花塞公司和托莱多爱迪生公司的工会为了得到承认而举行罢工，罢工浪潮导致了警察暴力，劳工遂号召举行总罢工。5 月底的一个春日，俄亥俄国民卫队头戴钢盔，身穿卡其衫，携带催泪瓦斯、步枪、刺刀和机关枪，进驻火花塞工厂，意图保护一批罢工破坏者撤离现场。纠察队以砖头和酒品招呼这支队伍，如同雨点一般，还砸碎了工厂的窗户（“开放工厂终于诞生啦”）。士兵随即向人群开火，两人身亡，数百人受伤或中了催泪瓦斯弹。面对总罢工威胁，雇主集团同意了查尔斯 · P. 塔夫脱的联邦调解方案，该方案满足了工会方面的大部分要求。

明尼阿波利斯、旧金山和托莱多的问题在于劳工自我组织和集体议价权利问题。这三场罢工浪潮，都是因为雇主集团强硬且不知灵变的反工会政策，迫使劳工组织领导权落入激进派手中，明尼阿波利斯是托洛茨基派，旧金山是斯大林派，托莱多则是穆斯特派。实际上，卡车司机工会的丹 · 托宾已经拒绝了明尼阿波利斯的罢工领导权，国际码头工人协会的约瑟夫·瑞安也拒绝了旧金山的罢工领导权。在这场底层工会运动浪潮中，雇主集团不知妥协的强硬政策，自然令劳工集团也无可避免地走向强硬。

这个夏天在紧张和震荡中度过。7月底，在威斯康星的公司城镇科勒尔，科勒尔公司拒绝同劳工联合会谈判，由此引发血案，保安人员开枪放倒了两名纠察队员。1934年8月31日，纺织工人联合会号召罢工，接下来几个星期，从佐治亚州到罗得岛州的游行道路上发生了诸多暴力事件。在佐治亚州，尤金·塔尔梅奇专门设立了一处集中营，收押不受管束的纠察队员。在南卡罗来纳州的哈尼帕斯，治安官枪杀了六名罢工者。此时已然是老人的约瑟夫斯·丹尼尔斯正在北卡罗来纳，他致信富兰克林·罗斯福："面粉厂的工人都已是武器在手，州长应工厂主的请求调动了州卫队……无论如何，军队看来都是听从工厂主的调遣的。"在罗得岛州，罢工者和军队当街发生了冲突。新英格兰的行业杂志《纤维与织物》评论说："也许需要几百个葬礼才能平息此次浪潮。"9月底，工会领袖预计不妙，遂选择了退避，并叫停了罢工，他们接受的条件实际上意味着一场灾难性的失败。[5]

7

确实，对1934年的劳工运动来说，失败就是主旋律。当然也有一些地方层面的成功，比如明尼阿波利斯、旧金山和托莱多；但故事的主体内容就是失败，而且其中最为关键的是大规模产业罢工行动的失败。纺织业、汽车制造业、钢铁业及橡胶业等行业的劳工运动均以失败告终。

有些失败是劳工自身的缺陷造成的，特别是美国劳工联合会的领导能力相当薄弱，更重要的是美国劳工联合会奉行的哲学同

1930年代的具体组织环境很难扯上关系。就汽车业的情况而言，第一个错误就是格林接受了汽车产业规章里的诸多保留条款，这些条款严重限制了7a条款在汽车产业的运用。而后，劳工联合会在依据产业规章组织企业产业劳工这件工作上，也基本没有表现出主动和兴趣。当最终不得不接受挑战时，该联合会派来的组织者竟然是在行业传统中接受的训练，这些组织者耗费了大量时间，竭力瓦解劳工的斗志，这跟他们为了向雇主集团展示斗志而花费的时间和精力是差不多的。1934年2月，休·约翰逊对汽车产业规章实施了重新解释，以此确立比例代表制原则取代多数原则，对此，格林竟然表示接受；此外，格林更默许了以利奥·沃尔曼领导的汽车产业劳工委员会取代全国劳工委员会的举措。当劳工联合会最终决定跟沃尔曼委员会展开斗争时，斗争却如此怯懦，毫无效能可言。与此同时，劳工联合会在汽车产业的领导集团对产业劳工不闻不问，还力图挫伤劳工的锐气和努力，破坏罢工行动，最后也算是得了报应，其成员从1934年的十万人一下子缩水到1935年冬天的一万人。

钢铁产业方面，实际上在国家复兴署之前，便有一个颇有威望的工会组织，该组织在迈克尔·F.泰伊领导下已经拥有五千成员。泰伊时年七十六岁，不管是不是亲切，人们都称之为“老祖母”泰伊。国家复兴署到来后，钢铁工人开始号召罢工，泰伊对此的主要态度就是拒斥，工人们纷纷尝试组建自己的地方工会组织，泰伊对此也是反对且憎恶。整个1934年，这位老人都在跟那些年轻、躁动的追随者制造的种种困扰进行斗争，后者自然希望工会有所作为。泰伊在这方面也确实取得了相当成效；截止到1934年秋天，他便可以告诉美国劳工联合会大会，1933年和1934年间，有十万人申请入会，而今只有五千三百人仍然留在他的工会组织里。

阿克伦橡胶产业工人曾依托工厂建制建立了自己的工会组织，劳工联合会的组织者即刻实施介入，将其拆分成十九个各自单立的行业分会组织，从铁匠组织到钳工组织再到卡车司机组织，等等。其他大规模产业也如法炮制。老派的劳工领袖已经习惯了依托行业类别来组织技术劳工，而今的问题在于依托产业类别将非技术劳工群体组织起来，这其中蕴涵巨大能量，老派领袖根本无力面对并体会此等能量。运动潮流从底层涌动而起，其中充满预兆，自然令这些老派人物被活活吓住了；他们害怕由此释放的力量是他们不能控制的。当然，他们对往日的运动也记忆犹新，最近的一次浪潮是1919到1921年间的事，在那时，情感浪潮往往会令劳工运动过度伸展，运动力量本身反而因此削弱，无法应对新的危机。在他们看来，问题不在于建立新的工会组织，而是要取守成之道，让既有的工会组织足够强大，可以应对未来的逆境。如此一来，他们对运动本身的关心以及对自身地位的关心，自然令他们竭尽所能地阻止新的能量摧垮旧的构架。此等情形之下，一旦劳工希望自下而上组织起来，就必然遭遇挫败。

1934年劳工运动的这场挫败当然也有外部原因。雇主集团既然认定一切都取决于能否击垮工会组织寻求承认的努力，当然就会以前所未有的力度予以反击。于是，在钢铁产业、汽车产业和橡胶产业，劳工联合会就这样挥霍着机会，公司工会主义浪潮在这个过程中获得了前所未有的发展。这只不过是第一道防线。奉行原教旨主义的劳工是准备战斗到底的，必要时不惜展开街垒战。美利坚工商业集团还从未雇用过如此规模的人，充任私人警察、罢工破坏者、打手、卧底以及代理人。他们也从未派出此等规模的催泪瓦斯、机关枪和其他枪械，来应对这场运动。

当然也有联邦政府本身的原因。此时的联邦政府对于自己的劳工政策，比以往任何时候都更没有信心。官方层面上，联邦政府自然奉行7a条款宣示的自我组织原则。但在执行7a条款的过程中，联邦政府也无法超脱现实的力量格局。若是劳工领袖权能还算强劲，比如煤炭产业和针织产业，7a条款就能够令劳工受益。若是劳工领导能力薄弱，比如钢铁和汽车产业，7a 条款就无法弥补损失。而且，7a 条款本身也相当含混，这给具体的执行工作留下了自由裁量的空间。在实践中，政府也就越发不再是公正的法律执行者，而是成为各方势力的战场，一些人支持独立的劳工运动，另一些人则更多地在替雇主集团担忧。慢慢地，战斗便围绕 1934 年 6 月依据第 44 号公共决议案创立的新机构展开，这个新机构是国家劳动关系委员会。[6]

二十四　全国劳工政策的发展

1

国家劳动关系委员会的主席是威斯康星大学法学院的院长劳埃德·K. 加里森。加里森时年三十六岁，很是聪敏，粉红色面颊，秉持自由派信念，但没有自己废奴派祖辈的狂热。他有两个同僚，其一是芝加哥大学的哈里·A. 米利斯教授，一个劳工经济学家，很有耐心，很有学问，很是随和；另一位是马萨诸塞劳动和产业专员埃德温·S. 史密斯，史密斯曾为争取体面劳动条件而经历了长期斗争，已然有了一个刻骨信念：依靠资本集团是不可能有任何实质性改善的。当加里森于1934年11月辞职时，费城的一名律师弗朗西斯·比德尔继任委员会主席。比德尔拥有格罗顿和哈佛的教育经历，在社交圈和法律圈都颇受人尊重，但这外表之下隐藏着他那锐利且充斥了探究欲望的心灵；此时的劳动法还是一片未曾拓殖的领地，他有着强烈兴趣，要成为这个领域的开拓者。

2

新委员会较之其前身国家劳工委员会，有着更高的地位，权力也更大了。这个委员会是独立于国家复兴署的，有明确的 7a 条款解释权，还有权举行选举；为此，委员会有权以传票方式要求公司呈交工资名册，先前的国家劳工委员会就没有这个权力。不过，新的委员会继承了先前的两个主要问题。其一是多数规则问题，依据这个规则，劳工中的多数派可以选任自己的工会，雇主只能跟这个工会进行谈判，并将这样的工会视同代表全体劳工。国家劳动关系委员会相信，若没了这个原则，所谓的集体议价只能是一场闹剧。由此引发的相关问题就是国家劳动关系委员会决议的执行问题。

跟国家劳工委员会一样，国家劳动关系委员会在执行问题上要依靠国家复兴署，委员会可以诉请国家复兴署撤销蓝鹰标志，要么就只能诉请司法部实施介入，展开法律诉讼。1934 年 8 月，委员会发现芝加哥汽车制造公司违反了 7a 条款，加里森遂要求国家复兴署撤销该公司的蓝鹰标志。约翰逊予以拒绝，一部分是因为在约翰逊看来，撤销蓝鹰标志未必有效，而且国家复兴署无需这样的举措也能保证该公司服从 7a 条款；一部分则是因为约翰逊对加里森的此番干涉心有不满。他告诉加里森，他不相信“你在这个工作上有足够经验可以在如此敏感、微妙且严肃的境遇下对我指手画脚……这就像一个小男孩，刚刚乘坐木筏冲出约翰斯顿洪水，就敢在方舟上向诺亚指指点点，大放厥词”。

尽管约翰逊大放厥词，加里森仍然坚持；而且有一段时间，随着约翰逊渐渐淡出国家复兴署的权力场，加里森还颇有成效地令国家复兴署对于国家劳动关系委员会提出的建议都予以自动执行。也是在这段时间，委员会继续推进，重新确认了多数原则。1934 年 9

月 1 日，在霍德工程公司案上，委员会的决议拒斥了约翰逊和里奇伯格在当年 2 月对 7a 条款实施的比例代表制解释，尽管该解释在 3 月的汽车产业规章争端时期还得到了总统的认可。霍德公司遂宣布不遵从委员会的决议，全国制造业协会也敦促全体成员都拒斥这个决议。委员会当仁不让，即刻要求国家复兴署撤销霍德公司的蓝鹰标志，国家复兴署照做了；而后，委员会还要求司法部对霍德公司展开诉讼。

3

1934 年秋天，里奇伯格重归国家复兴署舞台，国家复兴署同国家劳动关系委员会的这段蜜月期便宣告结束。到了这一年 11 月，里奇伯格便着手展开一场公共运动来反对多数原则。接着出现了一个新问题，令两个机构之间的关系更加紧张。一年前，有一批报界人士在专栏作家海伍德 · 布龙的引领下组建了美利坚报业工会，旨在改善报业工作条件和工作保障。迪安 · 詹宁斯因参与该工会的活动而遭赫斯特集团的旧金山《号角报》解雇，詹宁斯遂向旧金山地区劳工委员会提起申诉。该委员会受理了此案；不过，《号角报》拒绝出庭，并宣示说，唯有依据报业规章部门建立的特别委员会，才有这样的司法权能。报业委员会自建立之初，便在所有的重要问题上都陷入僵局，但凡有案件呈送上来，都只是泥牛入海，无果而终。因此，詹宁斯坚持诉请国家劳动关系委员会，到了 11 月底，这个案子便上诉到了华盛顿。米利斯自然预见到了其中的麻烦，因此很犹豫，不知道该不该接招。不过比德尔认为，为了避免跟里奇伯格摊牌再耗费那么多时间，并没什么意义。

因此，比德尔，这位宾夕法尼亚铁路委员会的前任顾问，挺身而出为劳工组织辩护，以此对抗里奇伯格，后者则是铁路劳工委员会的前任顾问。11 月 26 日，比德尔说，他看不出有任何理由在这么晚的时间将该案呈送国家复兴署。12 月 6 日，里奇伯格向白宫方面抱怨："报业工会的代表们并无善意可言，他们完全是为了制造麻烦而来。" 12 月 12 日，国家劳动关系委员会做出裁决，要求将詹宁斯复职。第二天，里奇伯格预测说，倘若国家劳动关系委员会继续接手本来应当归属依据产业规章建立起来的委员会的案子，其结果很可能就是令产业规章调解劳工关系的努力毁于一旦。在给白宫的一份材料中，里奇伯格含沙射影地指出："一个联邦机构，不仅可以罔顾'司令官'的建议，甚至公开攻击'司令官'，这样的事显然要引起高层关注了。" 到了月底，里奇伯格已经无法克制自己对国家劳动关系委员会的怒火了。他手写便笺给罗斯福，指控国家劳动关系委员会"目中无人"，要求对这个委员会实施重组，并抱怨海伍德 · 布龙一直在"恶意"诋毁自己。他总结说，"今时今日，该委员会的恶端远胜好处。它拥有作恶的力量，应当将这种力量遏制下去"。

报界出版人此时也掀起巨大声浪，支持里奇伯格的此番抗议。在报业集团看来，国家劳动关系委员会接手詹宁斯的案子，这本身就是对宪法第一修正案的攻击，也是对新闻自由的威胁。罗斯福决定实施干预；1 月，他致信比德尔，要求国家劳动关系委员会不要触碰那些已经有产业规章对劳工关系实施调节的案子。这其中自然包括了汽车业、新闻业、烟煤业等产业。此时的里奇伯格可谓气势昂扬，罗斯福做此决定时并没有征询比德尔的意见，里奇伯格则要求比德尔将总统的决定跟自己讲一讲。米利斯和史密斯觉得委员会应当采取退避之策。但比德尔认为局面尚且在变化之中，为之一战还是有价值的，参议员瓦格纳表示支持。

然而，到了 1935 年 3 月，国家劳动关系委员会似乎到了穷途末路的地步，大量的裁决权能都已瓦解。即便在其裁决权能并未受到挑战的领域，裁决也越发难以获得服从。借助国家复兴署的力量来执行裁决，不仅问题越来越大，而且效力越来越小；国家劳动关系委员会呈送给司法部的三十三个案子，实际上都没有下文。最重要的是，2 月底，一家联邦地区法院在悬置已久的威尔顿案上作出判决，宣布 7a 条款违宪。

此时的委员会对自己的弱点已然了解得很透彻。委员会当然有权以传票形式索要证言和材料，但只能是跟选举有关的事。而且，委员会每次发出指令要求选举时，雇主方面都可以申请禁制令，以此进行抵制。说到底，委员会的调查结论通常只是建议；而且正如比德尔颇为愤怒地跟一个参议院委员会说起的，“委员会的建议不过是一种看法”。委员会自己的成员则总结说：“委员会根本无权执行自己的决议。”[1]

4

一年前，参议员瓦格纳已经察觉到这样的困难，并提出了补救方案。1934 年的罗斯福一直在回避瓦格纳议案。现在，国家劳动关系委员会正陷入困境，这令这位来自纽约州的参议员沮丧且愤懑，遂决定卷土重来，再尝试一次。他的顾问利昂 · 凯泽林遂携手委员会的总顾问卡尔弗特 · 马格鲁德拟定新议案。弗朗西斯 · 比德尔也以演说和声明的方式，着手为新的劳工立法造势。此时的劳工运动已然见证了 7a 条款落入崩盘境地，自然也支持此次立法运动。1935 年 2 月 21 日，瓦格纳将议案引入参议院。

该议案以瓦格纳的一个信念为支撑：唯有更大范围地分配工业收入，才能达成经济稳定的目标。回想 1920 年代，因为没有强有力的劳工运动，工业收益都流入工厂、利润及投机轨道，并没有用来支撑需求；瓦格纳说，此等分配格局下，大萧条是无可避免的结果。“经久繁荣必须倚仗购买力的公平分配”，要确保此等公平分配格局，最好的办法就是强化集体议价机制。他的议案遂主张给予国家劳动关系委员会新的授权，据此，国家劳动关系委员会将有权发布选举指令，有权定义并取缔不公平的劳动惯例（比如雇主主导的公司工会、对工会成员的歧视待遇以及拒绝善意议价等），有权借由类似联邦贸易委员会的机制执行委员会的决定。很显然，据此议案，7a 条款蕴含的诸多热望，总算是看到了获得执行力并进入现实操作层面的曙光。

不过，此时的政府方面，尽管前一年对类似的议案表达了温和的认可，这次却采取了明确的不介入态度。弗朗西丝·珀金斯对这份议案的评说颇为谨慎，“非常有趣”。里奇伯格，白宫最具影响力的劳工问题顾问，则秉持强烈的反对态度；而且，他的亲劳工的声望由来已久，尽管此时这种声望很难说有实在理据，但足以强化他的看法在总统面前的说服力。此时的罗斯福本人似乎也秉持了反劳工的态度。“劳工的头号公敌，”对詹宁斯案仍然耿耿于怀的海伍德·布龙在纽约的一次群众集会上宣示说，“就是富兰克林·D. 罗斯福。”[2]

5

对罗斯福来说，劳工问题跟环保问题或社会福利问题不一样，他在这个领域并没有基础的经验，也没有清晰的看法。他对待这个问题，完全没有他所属那个阶层的先入之见；他的确是将有组织的劳工视为针对组织化的工商业集团的制衡力量，因此对劳工组织抱有同情。不过话又说回来，这样的同情更多地出于对雇主集团之野蛮作风的憎恶，说白了，他未必将劳工组织运动本身视为充满希望的新潮流。正是这样的态度令他对旧金山发生的事情产生剧烈情绪，同时没有令他对工会组织产生巨大且普遍的信心。“我十分肯定，”他是这么评说旧金山事件的，“是制造业协会及那个集团里的一些人，做了他们能做的一切，最终激发了大罢工，他们很清楚，一场大罢工是解决不了问题的，一旦罢工失败，劳工组织化运动也就到头了。”正是在这种情绪支配之下，当钢铁巨头们拒绝跟威廉·格林坐下来谈判时，罗斯福便十分愤怒。“钢铁公司方面如此蛮横、独裁的态度，”他品评说，“根本无助于解决问题。”他很快又补充说，“不过话要两说，劳工阵营那边，也有一些人的态度同样蛮横霸道。”

他认为自己的角色就是在产业集团和劳工集团之间保持平衡，而且跟两个阵营均保持距离；尽管在第一次世界大战期间及担任纽约州州长期间，他都跟劳工领袖经营了不错的关系并以此自傲。特格韦尔的一番评说无疑是正确的：若是桌子对面坐着农业领袖，他即刻能表现出本能的友善，这样的情感在面对劳工领袖时，基本上是见不到的。弗朗西丝·珀金斯和弗朗西斯·比德尔都作证说，他对工会主义之技术层面问题的态度颇为冷漠，这显然跟他对农业问题或环保问题的细致入微的关切形成了鲜明对照。直到 1944 年，他仍然不记得国际女装制衣工联合会究竟是“西德尼·希尔曼的组织还是杜宾斯基的组织”，当然，也有可能是因为战争的压力太大，令他实在记不清。说到底，罗斯福多多少少是在战前进步主义的家长主义统绪及社会工作伦理中成长起来的，因此，他的本能思虑便是政府应当为劳工做点事情，而不是真要给予工会实实在在的力量，让劳工自己去争取胜利。

最重要的是，1934 和 1935 年间，总统的首要关注点在于经济复苏。当时的罗斯福似乎深受这样一种看法的影响：倘若劳工问题可以推后，等到经济复苏后再予以考量，那么生产问题是可以先行的。对于驱使劳工走上街头展开罢工浪潮的诸般怨诉，罗斯福当然有所同情，但罢工行动本身也常常惹怒我们这位总统，特别是当罢工者将其他政治和经济目的也牵涉进来时。1934 年罢工期间，霍默·卡明斯写了份备忘录给总统，意在提点总统在必要时可以调动联邦军队实施介入。六个星期之后，纺织业罢工浪潮臻于顶峰，斯蒂芬·厄尔利也向总统递话，说了同样的建议，并且推荐了当年哈定的一份声明，认为那是“最契合当前危机的策略”。罗斯福当然不会采取如此暴烈的举措；不过，白宫方面显然考虑过此等举措。

而且，真要说起来，1934 年，新政派普遍不会指望劳工方面有什么创造性的贡献。在弗朗西丝·珀金斯的经验中，工会从来没有自己的观念；在她那个时代，大多数劳工和福利立法都是中产阶级改革派酝酿并推进的，劳工方面的态度则是一片漠然。特格韦尔更是宣称，劳工“从来都是站在进步的对立面，一直都在抵制进步……在这方面，劳工可比美利坚社会大多数集团或群体都更为糟糕”。特格韦尔还特意补充说，一场劳工复兴运动看来是没有可能的；不过，“历史当中怪异之事层出不穷；这件事情倒也并不是没可能发生”。也许吧；不过，1933 和 1934 年间的新政派，绝少有人指望这个。埃德蒙·威尔逊就发觉 1934 年的政府里基本上没人“对美利坚世界看待和感受劳工问题的方式有所了解”。可以这么说，罗斯福执政最初几年，新政派对劳工运动并没有太大的热情，无论政治上还是思想上，都是如此。[3]

6

在民主党自由派中，几乎只有瓦格纳高度看重工会组织；而且可以说，也是瓦格纳以一人之力，推动政府在并非情愿的情况下酝酿一套全国性的劳工政策。针对修订后的瓦格纳议案的听证会于 1935 年 3 月在参议院劳工委员会启动。在该议案的支持者中，主要议题在于新的委员会是否应当独立于劳工部。瓦格纳和比德尔认为应当独立，威廉·格林一度也是这个意见，但不久就改变主意了，据格林自己说，是因为弗朗西丝·珀金斯老是盯着他，并最终说服他改变想法，认为应当将委员会并入劳工部。珀金斯自己的证言则取温和且回避的态势，并无明确态度。至于剩下的人，包括瓦格纳、比德尔、劳工领袖集团，劳动关系问题专家如加里森、米利斯、威廉·M. 雷塞尔森及威廉·H. 戴维斯，还有为数不多的工商业集团成员，则都支持该议案。

总体上，这些人都认为，劳工的组织权利于民主社会而言，是至关重要的一个元素，这不仅仅是“单纯的正义”（加里森语），也是达成经济和社会平衡的手段。唯有强劲有力的劳工运动才能支持工资水平，并保护购买力不被“当今时代持续萎缩的压力”所侵害（比德尔语）。更重要的是，唯有强大的劳工运动才能让劳工感受到，他们的怨诉可以在资本主义体制内部得到纠正。如加里森所言，他支持该法案，是因为该法案“可以成为一种安全机制，毕竟，我认为在这个国家，组织化的劳工是对抗共产主义和其他革命潮流的主要堡垒”。

至于议案本身，瓦格纳认为其实并没有什么新东西；完全是将劳工法里确立已久的原则应用起来罢了。“在我看来，”哈佛大学的萨姆纳·斯利克特教授在前一年就曾作证说，“这样一份议案是不会激起什么争议的。”瓦格纳不赞成因为该议案向雇主而非劳工施加义务，就认定该议案是“单方面”的。他说：“没有人会指责一项交通法令仅仅规定了汽车的速度而非人们步行的速度……也没有人会认为《证券交易法》给经纪人而非买家规定了责任，因此就是邪恶的。”经验已经表明，若不能建立一种机制将 7a 条款执行起来，该条款就不会有任何意义。

但在工商业集团眼中，7a 条款作为一种诉求是一回事；真要执行起来就是另一回事了。《商业与金融纪事报》评论说：“这样的议案在现身国会的议案中，是最需要予以抵制，也最具革命特质的议案之一。”约翰斯-曼维尔的刘易斯·布朗、鲍德温机车制造厂

的乔治 · H. 休斯敦，以及十一个耐用品巨头，这些人据说雇佣了这个国家超过半数的制造业劳动力，他们纷纷指责该议案是在怂恿工会“无约束、无责任地动用最危险的社会威胁武器”。亨利 · I. 哈里曼更是断言，这样的议案若获得通过，“对国家经济生活的影响将是灾难性的”。全国汽车业商会宣称：“这样的议案若成为法案，将令工会正式且实质性地制霸美利坚工业命脉。”欧内斯特 · T. 维尔称之为“立法史上最为邪恶的议案之一”，更补充说：“这一议案意味着雇主和雇员之间美好合作精神的终结，雇员代表制原本一直在培育并推动这种精神。”沃尔特 · 李普曼评论说：“即便该议案获得通过，也不可能真正付诸实施。”李普曼认为该议案就是一头“法律怪物”，“是我们这个时代最为反动的立法文件之一”。俄克拉何马工业协会给出了这样的看法：“它将创造的专制体制令任何人都无从逃避，也无从上诉……是美利坚政府史上对工业和个人自由的最邪恶、最大胆的攻击，令人震惊！”通用汽车公司的小阿尔弗雷德 · P. 斯劳恩总结了这种恐慌感受：“工业界倘若对自身之于后世还有什么责任意识的话，就一定会战斗到底，抵制这样的议案。”《合众国新闻报》的戴维 · 劳伦斯品评说，全国制造业协会为抵制该议案而展开的斗争，可说是“工业界展开的最具力度也最具规模的立法斗争”。

有一个集团对该议案的痛恨甚至超越了美国工商业领袖集团，这就是美国共产党。美国共产党宣示说，新的国家劳动关系委员会将“成为武器，摧毁一直以来劳工借由自己的经济组织赢得的力量”。[4]

7

就在这争论浪潮如火如荼时，参议院劳工委员会在瓦格纳的主导下对该议案展开审议，并于 1935 年 5 月 2 日提出报告，一致支持该议案。南方民主党团做出最后一搏，竭力劝说罗斯福将该议案推后。不过，瓦格纳最终还是说服罗斯福听之任之，不要干预。5 月 15 日，这位来自纽约州的参议员在参议院发表雄辩演说，借此将议案引入参议院。一番论辩之后，参议院决定第二天对该议案实施唱票。此时，甚至像詹姆斯 · F. 伯恩斯、沃尔特 · 乔治以及汤姆 · 康纳利这等南方民主党人也都支持该议案。八个共和党参议员，以沃伦 · 奥斯丁和阿瑟 · 范登堡为首，联合四个民主党保守派参议员，构筑了反对派阵营。最终的票决结果是六十三票对十二票。

此时，总统仍然可以实施否决。商务部部长罗珀于 5 月 22 日写道："倘若人们觉得该议案的目的就是要让单一的机构对这个国家的劳工实施强力控制，那么政府若不予以否决，必然会大幅度丧失公众支持度。"参议院的票决情况自然触动了罗斯福，而且此时的罗斯福很可能也对里奇伯格的看法失去了信心，遂听取了罗珀的建议。5 月 24 日，罗斯福在白宫召集众人进行商议，瓦格纳和里奇伯格就议案问题展开争论。此次晤谈，罗斯福也给出了最后的表态：总统需要某种形式的瓦格纳议案。

6 月中，议案呈送众议院。南方民主党团引领了众议院的抵制行动。来自佐治亚州的尤金 · 考克斯宣示说，该议案是"我国两院政府体制遭遇的最可怕威胁"，而且已摆在明面上了，"我可不是无缘无故这么说的"。来自弗吉尼亚州的霍华德 · 史密斯在众多共和党议员的支持下，也加入了抵制浪潮。不过，众议院大多数都明确支持该议案，这当然跟美国劳工联合会强有力的游说活动分不开，不过也可能是因为他们都预计最高法院会实施终极介入，判决该议案违宪。6 月 19 日，议案没有经历唱票程序便在众议院通过。两院随后通过会商机制消弭了具体分歧，议案便送达总统，总统于 1935 年 7 月 5 日签署。

同一天，弗朗西斯·比德尔的律所合伙人催促比德尔重回律所，比德尔顶不住此番压力，遂提交了辞呈。几个星期后，罗斯福任命J. 沃伦·马登继任比德尔的职位，马登是匹兹堡大学的法学教授，性情平易温和，为人处世很是低调。埃德温·S. 史密斯仍然是新委员会的成员，来自全国调解委员会的约翰·M. 卡莫迪则顶替了米利斯的职位，后者急于返回芝加哥。

两个星期后，美国自由同盟，一个工商业集团和保守派的组织，发布了一份由五十八个律师签名的简报，宣布《瓦格纳法案》无效，认为该法案“完全背离了我们的宪法政府理论和传统政府理论”。有记者询问韦尔顿钢铁公司的顾问和自由同盟委员会的主席厄尔·F. 里德，是否会建议自己的客户服从《瓦格纳法案》。里德回答：“我完全可以建议我的客户不要受此等法案的拘束，因为我认为这个法案是违宪的。”

劳工为获得承认而进行的斗争显然并未结束。这场斗争只不过是进入了一个新阶段。[5]

二十五　产业工会联合会现身

1

就在国会酝酿并推进这一套全国性劳工政策时，劳工运动也没有闲着，也在竭力廓清自己的诉求。1934 年劳工组织运动的失败自然强化了劳工对美国劳工联合会的旧派领导和旧派哲学的怀疑。

塞缪尔·龚帕斯于 1924 年谢世时，给继任者们留下了明确的劳工组织理论。这个劳工领袖拥有四十年的坚实且痛彻的经验，依据这样的经验，劳工联合会的经久战果唯有一条道路可以达成，那便是将关键劳工组织起来，并据此同雇主组织达成交易。时常也会出现一些时代，劳工群体自行获取自己的信仰和宗教，进而自下而上组织起来，比如动荡的 1880 年代。不过，若倚靠此等草根福音浪潮，也会催生诸多过火行径，并令劳工运动变得脆弱，像劳工骑士团那样。龚帕斯理论的精义在于不信任下层的复兴浪潮，抱持这样一种信念：坚实的战果唯有自上而下的组织机制方能达成。

对关键劳工进行组织，这样的战略实际上包含另外两个组织原则，其一是自愿原则，其二是行业工会原则。所谓自愿原则意味着这样一种信条：政府干预不可能令劳工有任何获益。行业工会原则则在于这样一种信条：应当依托技能和生产工具，而非产品及劳工所属的工厂，来组织劳工。老派劳工领袖认为，唯有奉行这样的信条，才能建立起足够强大的工会，抵制雇主集团和政府的压力，最终闯过经济困境。

大萧条已然令这昔日的信条遭受了侵蚀。劳联也不得不对失业保险表示认同并对 7a 条款和瓦格纳议案表示欢迎。此外，此时的劳工领袖已经很难对发自底层的新的组织浪潮置若罔闻了。威廉·格林，为人和善，自然希望一切都好，他于 1933 年 10 月在劳联大会上陈词说，新的口号必须“将大规模工业体制中没有组织的劳工组织起来”，他还特意谈到，有必要将劳联的成员数量提升到一千万（“下一步的目标”），甚至两千五百万。这些当然都是无畏之词，却令报刊评论家们莫名地恐惧了一番。然而，当行动时刻到来时，格林还是退缩了。他对重工业领域的无组织劳工群体的感觉，用本·斯托尔伯格的无情话语来说，“就如同无能老头对美艳少妇的感受。他想要她，但也害怕她”。[1]

2

有诸多因素令格林临阵退缩，其中最重要的就是在劳联的领导体系中有一个强硬且眼光锐利的集团。这些人看待劳工运动当中崛起的新走向之时，内心相当愤懑且沮丧，比如来自下层的工会化运动，比如对政府的倚靠，以及最重要的，工业领域的组织化浪潮。

最后这一点尤其引发了诸多关键问题。劳联当然涵括了一些产业工会组织，比如矿工联合会以及制衣工联合会等，不过，劳联一直奉行行业工会垄断裁决权这一正统观念，裁决权甚至将那些潜在的工会成员都收纳进来了。由此，行业传统深深嵌入劳工运动构架当中。这给了劳联特有的印记，更令劳联一直维持着本质上的技术工人协会组织的属性，由此将老一代移民排除在外，诸如扬基群体、爱尔兰人、德意志人以及斯堪的纳维亚人等。确实，劳联的历史此前也是一部不断驱逐产业工会主义异端的历史，无论这异端潮流是1880年代的劳工骑士团策动的，还是1890年代尤金 · V. 德布斯及美国铁路工会策动的，或是世纪之交时世界产业工人联盟策动的，又或是丹尼尔 · 德 · 莱昂策动的；丹尼尔 · 德 · 莱昂将产业工会视为“攻打资本主义堡垒的攻城槌，资本主义社会结构的继承者”，当然，美共集团也曾策动过产业工会主义浪潮。对老派劳工领袖来说，行业观念才是工会力量和稳定性的保障，无论从组织机制上看，还是就其政治意义和社会意义而言，都是如此。

与之相对，产业工会主义作为一般性的政策，其意涵在于否认既有工会组织垄断裁决权。如此，等于挑战了既有的权力等级体系，而此前劳工运动的完整性就是由此而来的；同时也意味着东欧移民群体及黑人群体的“入侵”浪潮，这些群体可都是从劳动力市场里无技术也无教养的深渊大军中崛起的。此等离经叛道的浪潮，将催生何等灾难性后果，这一点无人能料定。面对此等情形，老派人物不免重归三十年前龚帕斯的训诫：“若迫使工会进入所谓的产业组织，将是对劳工运动史的颠覆，将背离当代劳动者的最佳利益，并必然导致最终令劳工运动归于解体的混乱。”

然而，大萧条和新政的冲击相继到来，令这种老派哲学遭到质疑。大规模的组织化浪潮再次从底层涌动而起。此外，一个善意的政府显然能为劳工提供新机会。在奉行大规模生产机制的工业领域，沿着行业路线分化劳工力量的举措，看来是太过牵强了；这样的举措只会削弱劳工在面对越发集中的产业组织时的谈判力量。在国家复兴署框架下，真正收获可观战果的，恰恰是产业工会。确实，截止到1935年，劳联自身的报告揭示出，行业工会成员数量自1933年后仅仅增长了13%，同一时期，劳联的四个产业工会组织成员数量增长幅度为132%，准产业工会组织方面的数据则为

126%。这样的数据，连同劳联组织下的大规模产业工人运动的失败，看来足以证明行业观念的无能。矿工联合会的约翰·L. 刘易斯就此申述说，倘若"这个国家的劳工运动要兑现使命则必须依托产业基础对机械化、大规模的基础产业劳工实施组织，那也就很清楚了，劳联只要仍然容许行业工会垄断针对这些基础产业技术劳工的裁决权，就不可能满足美利坚有组织劳工运动的根本要求"。[2]

3

产业工会主义的斗争以"联邦工会"问题为开端，"联邦工会"建立于 1933 年，实际上是以孵化器的形式在尚未组织化的区域铺展开来，直到这些区域的劳工可以分配到既有的行业工会里。这样的工会，就其定义而言，显然是暂时的，而且没什么力量。但在老派劳工领袖看来，这样的组织形态有着过于强烈的产业工会主义取向。1933 年的集会上，弗雷会同其他老派领袖，一起批评联邦工会政策。但在 1934 年 1 月的行政委员会上，联邦工作也展示出同样的生存决心。随后，争论一直持续，不见分晓，直到 10 月在旧金山召开的年度大会。

在委员会阶段经历了将近一个星期的缠斗之后，来自排字印刷工会的查尔斯·P. 霍华德虽然是行业工会出身，但也支持大规模工业体系中的产业工会，于是他拟定了一份妥协方案。霍华德决议案的开篇保证了既有工会组织的裁决权将获得充分保护，但接着便主张对于大规模产业工会组织是有特殊需求的；同时也呼吁行政委员会向汽车、混凝土、铝材及其他一些不确定的产业发放工会章程，并在钢铁产业策动一场组织化运动。与此同时，该决议案还总结说，劳联本身必须选择一段过渡时期，对新工会的政策实施指导，以便保护老工会的权利。

表面上看，产业工会原则似乎取得了一场胜利；很显然，产业原则不曾在劳联大会上赢得过此等胜绩。甚至约翰 · L. 刘易斯也发表热情洋溢的演说，支持该决议案。不过，老派领袖集团也有自己的看法，他们认为只要能保证旧日的行业裁决权机制不受触碰，产业章程即便发放出去也不会有太大意义。而且不管怎么说，此时的行政委员会无意真的执行该决议案。行政委员会先是将发放产业工会章程的事情推后，旧金山大会十个月之后，才向汽车产业发放章程，十一个月之后，才向橡胶产业发放章程；接着用大量保留条款将此类章程限制起来，以此保护神圣的行业权利。说白了，劳联基本上无意在汽车产业、橡胶产业认真推行组织运动，至于钢铁产业，则根本没有任何行动意向。

1935 年一整年，产业工会集团，包括刘易斯、霍华德、制衣工联合会的西德尼 · 希尔曼、国际女装制衣工联合会的大卫 · 杜宾斯基以及新闻工会的乔治 · L. 贝利在内，已然是越发不满了。这些人之间的联盟其实是一个很怪异的联盟。刘易斯本人是老派人物，多年来一直是老派领导集团的成员，却引领了这样一场产业工会运动，更在产业领域看到了无限前景。希尔曼和杜宾斯基代表了正力图在陌生社会寻求身份和地位的新移民群体。霍华德和贝利则是精明的老兵，对时代需求有所察觉。

反对集团则是劳联的中坚分子，比如格林、刻版工会的马修 · 沃尔、塑模工会的约翰 · P. 弗雷以及一批劳工首领，比如卡车司机工会的丹 · 托宾、机工工会的阿瑟 · O. 沃顿及电工工会的丹 · 特雷西、制衣工联合会的 T. A. 里克特及木工工会的比尔 · 哈奇逊，此人是相当有分量的人物。这些人都是职业工会运动家，专注于自我的利益，对意识形态方面漠然置之，身为品行端良的爱尔兰移民，对此时纷纷从重工业领域拥入工会运动的意大利、斯拉夫新移民群体以及黑人和贫穷白人群体，是非常瞧不上眼的，丹 · 托宾直接称其为 “垃圾”。（纽约劳工协会的比尔 · 科林斯曾跟诺曼托马斯谈起："我老婆总是能从我衣服的味道嗅出我究竟接触了哪个群体。"）[3]

4

1935年10月，劳工代表纷纷前往大西洋城参加年度大会，双方此时都在酝酿着摊牌。此时的决议委员会正面对着二十一份有关产业工会问题的提案，弗雷提交了多数派报告，令旧金山大会对行业裁决权之垄断机制的保证条款成为决定性条款，霍华德则提交了少数派报告，要求明确产业工会组织注册，向大规模产业发放"不受限"章程。

接下来的论辩中，霍华德颇为冷静且明辨地解释了新潮流的必要性。马修·沃尔则对产业工会主义展开攻击，顺便攻击了《瓦格纳法案》，认为这些都背叛了龚帕斯的遗产。接着便是约翰·L. 刘易斯起身发言，姿态甚是威严且义愤，抨击了劳联在基础产业领域"历时二十五年的连续且稳定的败绩"。大会主席格林则在"情绪激奋之下"，谈起了组织两千五百万劳工的事；"格林主席很可能是搞错了，他说的应该是两万五千，毕竟，现在的总人数更接近两万五千而非两千五百万"。只要行业思维仍然执掌大局，即便是新建立了工会，这些工会也只能是死掉，"如同骄阳炙烤下的秋日草木"。

刘易斯特意谈到了此前一年采纳的那份决议案，语气颇为讽刺。"在旧金山时，他们用好话诱惑我。现在，我当然明白我被诱骗了，我愤怒，我要把他们撕成碎片，这其中包括我们的代表沃尔同志。当然，我说把他们撕成碎片，只是打个比方。"刘易斯以雄辩之词提醒代表们，劳工运动的组织原则应当是强者扶助弱者。"请倾听这来自马其顿的战吼，这战吼发自人心。将没有组织的人组织起来吧，让美国劳工联合会成为现代文明史之上最伟大的工具，以襄助人类的事业。”任何人都不能低估这个问题。“此次大会的决议将决定美国劳工联合会的未来，我就是这么认为的。”

当晚，大会以一万八千两百零四票对一万零九百九十三票，支持了行业立场。不过，此次票决并没有解决这场斗争。接下来几天，行业集团和产业集团围绕该问题的其他方面继续缠斗。约翰·弗雷郑重召请劳联的古老先例，将产业工会主义认定为墨索里尼及希特勒的事业，并宣示说：“美国劳工联合会将一如既往，不会改变。”菲利普·穆雷，刘易斯在矿工联合会最得力的助手，则对弗雷实施了一番调侃，“口吐莲花，泪挂两腮”，并为产业主义实施了强力辩护。大会接近结束时，来自汽车产业和橡胶产业的新立工会代表试图再起风云，比尔·哈奇逊，木工工会的头领，遂要求注意议题顺序，并声明产业工会问题已经尘埃落定了。

身为大会主席的威廉·格林遂即认可了该问题已经解决。刘易斯在盛怒之下起身发言，为产业代表的权利代言。“你们一直拿顺序问题来压制少数派代表，”他说，“此乃小人所为。”哈奇逊此时已是面色通红，再次跳将起来，六英尺三英寸的身形甚至令刘易斯的魁梧身材也不免备受压制。“我就是吃着你们这些小马铃薯长起来的，”哈奇逊颇为含沙射影地讽刺说，“这就是我这么小的原因。”

刘易斯遂走下讲台，向自己的座位走去，却被身形魁梧的哈奇逊挡住去路，不免低声议论了一句“小人”。“我们随时可以让你变小，”哈奇逊怒气冲冲地说，“完全可以让你从行政委员会滚蛋，只要你愿意。”接着便是一串骂人话脱口而出，人们只听清了“婊子养的”这个词。刘易斯的面容顿时绷紧了；就在代表们悠闲地观看二人论辩时，刘易斯突然扑向哈奇逊，结结实实地一拳打在哈奇逊的脸颊上，将两百二十五磅体重的全部力量都用上了。哈奇逊重重跌倒在一张长桌上。一片混战随之而起，代表们纷纷前来解劝。

哈奇逊站起身，走向盥洗室，血顺着他的脸流淌。约翰 · P. 弗雷在讲台上不禁攥紧了拳头，十分紧张，跟身边的格林说："这会毁了劳工运动。"刘易斯整理了一下衣服，理了理头发，往嘴里塞了根烟，若无其事地走向讲台。"你不该这么干，约翰。"格林跟他说。"他骂了我。"刘易斯说。"哦，"一向愿意当老好人的格林说，"这我确实不知道。"约翰 · L. 刘易斯则盯着前方，若有所思。[4]

5

刘易斯说起话来电闪雷鸣，但并不是脾气暴躁、无法控制的人。他后来评论说，哈奇逊"所代表并象征的劳联领导集团，恰恰是这个国家的劳工们所憎恶的"。这么一拳打下去，刘易斯实际上等于以冷酷之势，将劳联内部的分裂以戏剧化形式揭示出来了。当晚，大会休会。第二天早上，刘易斯召集产业集团代表在总统酒店共进早餐。

大家围坐在酒店一张桌子旁，气氛颇为阴沉。来自矿工工会的代表包括刘易斯、菲利普 · 穆雷和托马斯 · 肯尼迪，还有刘易斯的老对头约翰 · 布洛菲，此时已经回归刘易斯阵营；来自纽约的代表包括希尔曼、杜宾斯基以及帽业工会的马克斯 · 扎里茨基；此外还有来自纺织工会的托马斯 · 麦克马洪及查理 · 霍华德。倘若行政委员会不愿意在大规模产业推行工会运动，那为什么不在劳联内部另立一个委员会以推动此事呢？于是，三个星期后，产业工会联合会在华盛顿正式成立。又过了两个星期，刘易斯并没有征询产业工会联合会同僚的意见，便简短致信格林："亲爱的先生和同志，请确认这个日期，我正式辞去美国劳工联合会副主席之职。”刘易斯在接受采访时解释说：“我确实没时间也不愿意跟随这个委员会，每年都来上一番季节性的迁徙，夏天是泽西的海滩，冬天则是佛罗里达的金色沙滩。”劳工内战就此开启。

格林的回应是呼吁解散这个新立的委员会。刘易斯的同僚虽然更为审慎，但在刘易斯的促动之下，产业工会联合会随即做出回应，于 1936 年 1 月行政委员会在迈阿密开会之时，重新要求发放产业工会章程。行政委员会遂宣布产业工会联合会“是在挑战美国劳工联合会的领导权”，并要求其解散。“雷声大雨点小，仅此而已，”刘易斯回应，并且颇为柔和地补充说，他在解散产业工会联合会之前，会看着行政委员会的成员“裹着防火服下地狱”。此时的格林则恩威并施，力图结束这场分裂，但此举也是茕茕孑立，得不到自己集团的支持。当格林说软话时，刘易斯评论说：“哎，可怜的格林，我太了解他了。他是希望我和他一起和稀泥，把事情拖延下去，跟他一起呼喊：‘哦，时代啊；哦，风尚啊！’”若是格林摆出一副威慑姿态，刘易斯则评论说：“我害怕他的威慑，正如我相信他的诺言。”

紧张态势就这样持续了六个月之久。1936 年 7 月，行政委员会正式指控产业工会联合会恶意反叛，并传召迷途兄弟接受异端审讯。产业工会联合会领导人根本就拒绝出庭。不过，审讯还是如约展开。起诉人约翰·P. 弗雷将霍华德比作马基雅维利，将刘易斯比作墨索里尼（“如同火山喷发，裹挟着岩浆，将毒气散布四野”）。最终，委员会以十三对一的票决结果，给了产业工会联合会一个月时间做出抉择，要么认错，要么解散。刘易斯抨击这场审判是“无耻肮脏的蠢行”，并威胁要采取报复措施，将格林逐出矿工联合会。格林则放言说，这不会影响自己在劳工运动中的地位；不管怎样，他可是乐师工会的荣誉成员。对此，刘易斯颇为讥诮地评论：“确实如此。就跟尼禄一样，在罗马城陷落火海时，格林也在抚琴弄瑟。”刘易斯总结说：“美国劳工联合会面朝已经死掉的过往，静止不动了。”[5]

6

并不仅仅是产业工会联合会的抗拒驱使劳联做出此等极端决策；还有比联合会的行为更重要的原因。一直以来，钢铁公司会买入一些煤矿为自己所有，人们称此类煤矿为“俘虏”煤矿，此类煤矿的工人处境是没什么保障可言的，这就令矿工联合会长期以来一直酝酿着要对钢铁产业劳工实施组织化。对刘易斯来说，这是产业工会联合会的首要目标。1936 年 2 月，刘易斯做出最后努力，试图促动格林和劳联在钢铁产业展开组织运动。A. O. 沃顿则代表了行业工会的意见，对此回应说，不需要搞什么普遍运动，他的机工工会始终准备着要将“有资格加入我们组织的人”组织起来。

刘易斯遂提出产业工会联合会会直接襄助“老祖母”泰伊及其散漫不堪的铁、钢、锡产业劳工联合会。格林则提议这个劳工联合会在承认现有行业裁决权的基础上展开一场组织运动，以此回击刘易斯的提议。“鼓动钢铁工人组建工会，”格林说，“这完全是胡说八道。”没过几个星期，泰伊和劳工联合会便尝试规避这一决议。不过，来自下层的压力太大了，1936 年 6 月 13 日，在泰伊的默许下，刘易斯建立了钢铁工人组织委员会，以菲利普 · 穆雷作为委员会的首领。很快，钢铁工人组织委员会便拥有了将近五百人的组织者队伍，开赴各个钢铁城镇展开组织工作。格林表态说会静观事态的发展，刘易斯则致信格林，语气咄咄逼人：“您的此番声明，愚蠢、怠惰尽显无遗，我实在是瞧不上眼……想必您的内心已是动荡难安了吧。”刘易斯还补充说，他觉得这样的事情简直不可思议，格林竟然在这时选择了“跟一堆女人安坐山顶雨篷之下，山谷之中，而钢铁工人正经受产业战争的苦痛和艰辛”。

这个临时创立的组织委员会便成了产业工会联合会选定的武器。分会组织纷纷涌现，制订了非常出色的计划，将资金和组织天赋注入无组织产业，并集中了一批训练有素的领导人物来引领这些缺乏经验的工会，此时也正逢这些新兴工会组织最需要领导的时候。纺织产业、公用事业产业及石油产业很快也建立了类似的委员会。若某个产业的产业工会认为自己像汽车产业那样，已经过了组织阶段，产业工会联合会就为之提供资金和人员。就这样，在产业工会联合会的引领下，一场近乎福音主义的浪潮开始大面积席卷美利坚劳工世界。确实，1936 年的这场大觉醒，在很多方面都表现出复兴的特征。组织者们日夜操劳，不知疲倦，不畏未知的艰险，如同传教士；工人们群集在劳工大厅，听取这新的福音；此等聚会中，新的分会组织纷纷涌现，并致力于传播这新的福音。人们吟唱着或讽刺或惆怅的圣歌；在很大程度上，这就是一场歌唱运动。比如，《妈妈的小宝贝爱工会工厂》就有这样的唱词：

赶紧干活，老板说，
且去做牛做马；
我拿走利润，你们承担损失，
我拿走脑子，我拿走钱财，
上帝就是这么规定的。

产业工会联合会正是在这样的时刻将希望的浪潮引入这已然绝望的人群。这浪潮席卷了大规模产业的非技术劳工群体，席卷了从未被美利坚劳工运动接纳过的东欧和南欧裔移民群体，席卷了黑人群体，席卷了感觉一直被老板及同道劳工抛弃的数百万人。新起的工会里，有信仰，有力量；人们仿照《共和国战歌》的旋律吟唱：

他们劫掠这沉默的数百万人，他们一向是不劳而获，没有我们的才智和肌肉，他们休想转动一个轮子；我们可以摧垮他们高傲的权力，得到我们的自由，只要我们明白了工会将让我们强大。

团结起来，永远，
团结起来，永远，
团结起来，永远，
因为工会让我们强大。[6]

7

主导这场复兴浪潮的，依然是约翰 · L. 刘易斯那谜一般的魁梧身形。他的身姿，从来都有戏剧特质，到了这时则已非常贴近先知了。他似乎看到自己的身影正铺展开来，横掠这片大陆。“今晚收听我广播的工会成员，你们有福了，”他在 1936 年的一次广播演说中给出了这样的陈词，“……从南方大地的勇士河，穿越阿巴拉契亚的巨大山川，一直到布雷顿角岛，你们倾听着。越过干旱的中西部大平原，到落基山和喀斯喀特山，再到遥远的萨斯克彻温，你们倾听着。”1933 年的组织浪潮已然让他回归了自己的工会，更让他找回了四分之一个世纪之前自己那段矿工生涯的鲜活记忆——升腾而起的黑色尘幕将煤矿城镇活活封闭，地下黑暗矿井里的枯燥和孤独，被炸烂的脸庞和破碎的尸体，还有那傲慢和痛苦。而今，大萧条已让矿工的困苦遍布美利坚大地。

此时的刘易斯突然之间对劳工的苦难做出回应，不再是 1920 年代劳联的冷硬官僚。他的演说肃穆恢宏，已没有先前的装腔作势；看来，那些问题最终也将证明他的演说。他的言辞令全体劳工的哀愁和渴望都获得了新的尊严。整个国家的人们都在他身上辨识出一股强大社会力量的真正声音，一些人对此满怀希望，一些人对此则充满恐惧。一个谜团仍然没有解开："是什么在驱策我呢？"据说在某个傍晚时分，在华盛顿的一间镶板办公室里，他坐在一张大大的胡桃木桌子后的红皮旋转椅上，嘴里叼着雪茄，不禁悠悠地向自己的助手发出这样的问询。"是权力欲吗？还是我内心隐藏了一个圣方济各呢？抑或是别的什么东西？"

不管是什么，动力确实是有的！"每个人都要花上一些时间找寻自己在世上的位置，决定自己要为之奉献的东西，"他在接受采访时说，"我花的时间比大多数人长一些。"那么，此时的他完成这个自我发现的历程了吗？除了将没有组织的人群组织起来的激情外，他还有什么观念呢？从政治角度讲，此时的刘易斯已成为劳工阶级反雇主运动的领头羊。然而，1935 年 11 月，他却跟塞尔登·罗德曼特别谈起："我对阶级问题没有兴趣……我绝对不打算告诉劳工说，他们属于一个特定的阶级，由此来催生他们的自卑情结。欧洲的确有这样的事，不过美利坚还没有呢。"罗德曼则不免谈到，机会平等这样的事情正在美利坚消失。"并不难想见，"刘易斯承认，"倘若任由此等危险事态自行发展，我们要见证的恐怕就不仅仅是'阶级意识'了，还有革命。不过，这是可以避免的。雇主集团并没有为此付出太多。但矿工联合会在竭尽所能地让这套制度运转下去，并避免革命。结果如何，且拭目以待吧。"

于是，他自然而然地成为这场劳工运动中经济计划观念的真正支持者。不过，罗德曼也提醒他，在 1925 年推出的《矿工为美利坚标准而战》一书中，对于经济的自然法则，他可是颇多赞颂。对此，刘易斯的回应多少有些辩护色彩："好吧，我多多少少还是赞同当时的看法的。"那么，他如此支持国家复兴署，理据何在呢？沉吟片刻，刘易斯回答说："倘若在艰难时期，经济的自然法则无法为产业和公众的最好利益发挥效能，"此时，他那浓密的眉毛皱了皱，露出一副怪相，“那么，计划的时代就降临了。”

8

本质上讲，刘易斯是希望增加劳工的权利，他无意改变体制。他说：“劳工实际上并不是要求参与产业劳工问题的决策权……劳工要的是在谈判桌上有一席之地，可以在事关劳工衣食住行、子女教育，以及为数寥寥的其他生活享受的问题上，让决策者听一听他们的声音。”对于社会重建，刘易斯跟龚帕斯一样，都没有真正的意愿；半个世纪前，老制烟工工会的阿道夫·斯特拉瑟在参议院的一个委员会作证之时，曾提供了一份很是有名的声明，刘易斯走的其实就是斯特拉瑟的路，说白了就是日复一日地把事情做下去，为眼前的切近目标而斗争，并没有什么终极目标。即便置身那破败不堪的矿业城镇，他唯一的诉求也只是涨一点工资，改善一下安全措施；诸如希尔曼和杜宾斯基心目中的合作社、学校、健康计划及住房工程，刘易斯并没有兴趣，那是社会主义统绪中的劳工领袖的宏图大计。他的自我定位，如同他自己说的，就是要捍卫这套体制，要“在掠夺成性的产业巨头和鼓荡着反叛欲望的美共集团之间”维持一个中间位置，“那些共产党人显然要用火与剑来毁灭我们的传统和制度”。刘易斯和劳联高层官僚的区别在于，后者始终逐字逐句地奉行斯特拉瑟-龚帕斯教义，刘易斯则力图将其中的精神注入一个新时代。

刘易斯也许没什么观念和想法，内心却有着灼热的愿景，那就是一场大规模的劳工运动，借由这场运动，令劳工获得相匹配的社会地位，以此将“工业民主”注入这个国家。显然，此等愿景的炽烈禀性将新的斗争精神注入劳工运动的生命中。刘易斯宣称：“在美利坚，肆意打击迫害劳工而不用担心受到惩罚的时代，已经过去了。我郑重警告那些工业巨头，劳工不会再忍受他们以往的那些政策和策略。”刘易斯那老式的斗争精神此时为新观念和一批新的意识形态人物开辟了道路，其中有希尔曼和杜宾斯基这样的社会主义者或前社会主义者，也有鲁瑟兄弟这样的年轻人，他们正努力在底特律建立工会；当然也有托洛茨基派、洛夫斯通派和斯大林派。刘易斯这种对观念之事心态开放且并无兴趣的人，自然对各门各派都表示欢迎，并且相信自己能将各门各派的热忱转为己用。他需要人手去引领钢铁产业和橡胶产业的战斗，为此甚至中止了自己对共产主义的古老仇恨。他说：“如果我们允许共产主义出现在组织里，不要有抱怨。我们只是雇用了他们。”他也告诉报业工会：“不可拒绝跟任何人合作，只要对方愿意跟我们合作。”甚至在对待苏联的问题上，他也宣示了一种不可知论的态度：“我们不可能搞清楚俄国究竟发生了什么，至少我是不清楚的。”他以这种异乎寻常的克制态度跟塞尔登·罗德曼谈起此事，并且补充说：“我认为我们将以自己的方式解决自己的问题。”此时，李·普雷斯曼辞去了政府中的职位，来到产业工会联合会担任刘易斯的幕僚。一批美国共产主义者也进入战场，成为产业工会联合会的组织者。

无论如何，产业工会联合会有自己的精神，既不同于美国共产党，也有别于刘易斯。不过，一时之间，所有这些势力都在刘易斯福音中得以联合起来：“让劳工组织起来。让劳苦大众集结起来。凝聚民众的呼声，宣示他们的不公，获取他们的特权。让所有清醒之士都来支持劳动者，劳动者的未来就是美利坚的未来。”[7]

第七部分　右翼浪潮

二十六　通往工商业集团的桥梁

1

新政之初的几个月时间，可说是一场万众一心共赴国难的大冒险行动，那样的场面相当令人震撼。1932 年，工商业集团在主体上支持胡佛，但其中的头面人物支持罗斯福；而且，获选之后，无论是罗斯福的竞选纲领，还是罗斯福的个性，对工商业集团来说都不是什么特殊问题。发生在迈阿密的刺杀事件紧随银行业危机而至，也不过是强化了新总统背后的情感团结局面。罗斯福执政第一个月里采取的大部分措施，特别是重启银行业、削减政府开支以及啤酒业的回归，等等，也强化了保守集团对这位新总统的支持。即便是新政推行的计划机制，一时之间也颇受各方待见。毕竟工商业集团中绝少有人关心农业领域发生的事情；而且，国家复兴署不仅汲取了工商业领袖人物长期以来一直在推动的观念，更依托了工商业—政府的合作模式。

2

此外，此时的工商业集团尚难以跟总统对抗。这个集团曾争取过这个国家的领导权能，但这一主张或要求已经消散很长时间了。参议员对股票交易活动展开的调查，足以揭示出（用金融集团头面人物之一约瑟夫·P. 肯尼迪的话来说）“金融集团几乎所有重要人物都有过极其不道德的金融行为”。由此归于消散的不仅仅是工商业集团的政治权威，道德权威也未能幸免。“一直以来，人们都相信，那些掌控着美利坚群体生活的人，是由诚实以及诸般荣誉理想在背后驱动的，”肯尼迪说，“如今，这样的信念灰飞烟灭了。”堪萨斯州州长阿尔弗雷德·M. 兰登，身为共和党人，竟然也指名道姓地挑出了三个颇有名望的工商业领袖，将他们视为“骗子”，认为“诚实民众的蔑视和政府的强力举措，终究要将这样的人逐出金融和产业界”。沃尔特·李普曼提供报告说，到了1933年初，民众对工商业集团已失去信任，“人们都在认真地自问，这种私人管控工业的制度是不是走到头了，是不是应当用公共管理体制取而代之”。但凡清醒一些的工商业界人士都能注意到，罗斯福就职演说时得到的第一轮掌声是在抨击货币兑换商的环节，第二轮掌声在承诺结束工商业不端行径之时如约而至，而且更为热烈。说白了，1933年，工商业集团对罗斯福的需求远远超过罗斯福对工商业集团的需求。

不单单是民众对工商业集团失去了信心。实际上，工商业集团对自己也失去了信心，这一点更令人沮丧。此时的美利坚工商业集团破天荒头一次质疑自己的判断、方式和目标。弗朗西丝·珀金斯后来也不免记述了该集团的一些头面人物，诸如通用汽车公司的阿尔弗雷德·斯劳恩，因女性担当劳工部部长这个危险情况而一下子没了底气，遂不断跟我们这位劳工部部长痛苦忏悔，以此来证明自己的生涯；即便是集团中人，一时之间也会对那样的生涯备感困惑。工商业集团从未对自身的罪责有过如此强烈的意识；唯有银行家集团仍然不为所动。结果，当总统并没有利用民众对资本主义的憎恨情绪，而是邀请一批资本家以合作人身份来到华盛顿，参与全国性计划机制时，工商业集团中人可谓感恩戴德。“在国家复兴署最初建立的几个月间，”唐纳德·里奇伯格说，“工商业界相当一部分人看来都‘找到了信仰’。”该集团的一个头面人物告诉约翰·T. 弗林，他认为罗斯福是耶稣基督之后最伟大的领袖；他希望上帝宽恕他当初投票给胡佛。

华尔街富豪和普通民众都分享了这初始的热忱。约翰·J. 拉斯科布于 4 月致信罗斯福：“除了战争时期，绝少有总统能在整个任期之内完成您在这一个月里就完成的事。”10 月，摩根集团的罗素·莱芬韦尔也致信总统：“我想我要祝贺您在任职之初这七个月时间里取得的成就。眼前的这个国家跟 3 月 4 日时相比，简直认不出来了。”又过了三个月，威廉·艾伦·怀特提议国会给新总统更多授权。“倘若仆人配得上主人的赞誉，”怀特说，“那么美利坚人民就应当通过国会将这赞誉给予富兰克林·罗斯福……在这样一个时刻，总统就是我们的堡垒。”《财富》杂志在总结罗斯福第一年的执政生涯时，相当直接地评论说，这一年的事情足以证明“民主政府在至少保有民主形式的前提下，可以采取比希特勒在攫取权力时更为迅速也更为果决的行动”。[1]

3

国家复兴署是政府-工商业合作体系的第一座堡垒。尽管国家复兴署最终更多的是制造了摩擦而非促成融合，但 1933 和 1934 年间，国家复兴署确实成了工商业集团在华盛顿最具分量的桥头堡。身位商务部部长的丹尼尔 · C. 罗珀于 1933 年 6 月在商务部设立了工商业顾问委员会，力图以此改善合作机制。该委员会最初五年的成员包括联合太平洋铁路公司的埃夫里尔 · 哈里曼、美国钢铁公司的小爱德华 · R. 斯退丁纽斯、S. K. F. 工业集团的威廉 · L. 巴特、克莱顿安德森公司的 W. L. 克莱顿以及后来为政府出了力的工商业界人士。不过，罗珀渐渐对这场实验感到失望。“看来，我无法让工商业集团认可新政的计划体系，也无法让政府跟这些人保持起码的接触和交流频率。”特别是总统对这个委员会基本上没有表现出兴致，这很可能是因为总统觉得罗珀已经向大工商业集团屈服了，而且总统确实曾跟莱汉德说过这样的话。

慢慢地，政府-工商业合作体系中最为经久的据点，便转移到重建金融公司一边，这个机构是从胡佛政府传承而来的，之所以能成为这样的据点，自然有其道理。该公司的新任主席是来自得克萨斯的杰西 · H. 琼斯。1890 年代，琼斯曾是达拉斯的一个伐木工，这是他事业的起点，而后他前往休斯敦，开始介入银行业、房地产业及报业。“我是在这样的信念中成长起来的，”他曾说过，“完满的生活有三个要素必不可少：家庭、宗教和金钱。”人们并不确定这是不是他内心的先后次序；不过，人们也都明白，不要试图去糊弄杰西 · 琼斯。此时的琼斯年近六旬，职业生涯已取得巨大成功，一张结实的方脸，嘴唇紧绷，七十五英寸的高大体格，一头银发，甚是浓密。他是那种典型的得克萨斯风格，平易且沉默寡言，热衷权力，对意识形态没什么兴趣，从不读书，对弱者不抱情感上的幻想，谨守诺言，说到做到。他不拒绝跟任何人做生意，甚至新政派，甚至华尔街。

琼斯一直都是民主党人，当然，1896 年他属于反布赖恩集团。第一次世界大战期间，他主持红十字会的军事救济事务，在此期间跟伍德罗 · 威尔逊和富兰克林 · 罗斯福都打过交道。1928

年，他开出二十万美元的支票，令民主党全国大会在休斯敦举行。这样的姿态当然相当可观；不过，琼斯本人非常节俭，此事过后，他抓住为数寥寥的机会，（如同参议员汤姆 · 康纳利说的）“游走得克萨斯各地募集钱财，力图让自己的钱包重新鼓起来”。感恩戴德的得克萨斯代表团遂让自己最宠爱之人成为候选人。尽管琼斯一直否认自己会把这样的事情当真，小册子还是酝酿而出，力陈他的主张。有一次，一只巨大的袋子由绳子系在集会大厅的屋顶，人们可能是不慎打开了那袋子，一时之间，红色和金色气球飘洒而下，上面印着“杰西 · H. 琼斯竞选总统”的字样。[2]

4

1932 年，胡佛将琼斯带到华盛顿，进入复兴金融公司两党委员会。琼斯发现这是一场考验。他感到，时任复兴金融公司主席的尤金 · 迈耶，在胡佛政府的财政部部长奥格登 · 米尔斯的怂恿之下，将委员会的民主党成员视为二等公民。此外，复兴金融公司的贷款政策似乎只是反映了纽约金融集团的审慎观点，琼斯无法接受这样的态度，这位得克萨斯的推销员对于经济增长毕竟有大想法，也有信仰。胡佛坚持对复兴金融公司的贷款计划实施保密，这也是琼斯不能赞同的。

最重要的是，琼斯希望更为大胆地以复兴金融公司为工具来推动膨胀政策。胡佛和米尔斯则主要将复兴金融公司视为一种心理武器。两人相信大萧条马上就要结束了，因此觉得建立这样一个贷款机构，稍稍提供几笔紧急贷款，做做姿态，就足以恢复经济信心。米尔斯的确曾这样谈论复兴金融公司：“创立得越早，使用得也就越少。”正因此，法令给予复兴金融公司的有效时间只有一年；其贷款方向也仅限于银行、保险公司及其他金融机构（当然也包括了铁路公司，这是因为太多的金融机构持有铁路债券；此举的用意在于支持铁路债务结构，而非支持铁路运营）。法令并不允许提供产业、公共工程及救济贷款；也没有规定向金融机构注资。很显然，胡佛关于复兴金融公司的观念本质上是防御性的，说白了就是保护这个国家的信贷体系不至于遭受清盘之灾。

国会山方面倒是有一些人希望复兴金融公司成为刺激经济的工具。当国会于 1932 年 7 月通过议案，令复兴金融公司可以拓宽业务，向各州、各市以及公司和个人提供贷款时，胡佛颇为恼怒地予以否决。“这样的议案，”他说，“违背了公共金融及政府的一切健全原则。我们这个国家还不曾有过如此危险的严肃提议。”[3]

5

在琼斯看来，初始时期的复兴金融公司在看待自身的职责时，显然是出现了错误，也低估了自己的职责。1933 年 2 月的大崩盘，令复兴金融公司在面对密歇根银行业恐慌时束手无策，更加凸显了它在这段时期的失败。当罗斯福任命琼斯出任复兴金融公司主席时，琼斯遂着手引领这个机构进入一个新阶段，不仅致力于防御，也致力于重建和扩张。

正是这场银行业危机推动着琼斯，向新的复兴金融公司迈出了第一步。一直以来，胡佛的理论就是向银行借钱，以此拯救银行。琼斯认为这恰恰是错误的药方；银行需要的不是更多的债务，而是更多的资本。罗素·莱芬韦尔在总结胡佛政策时申述说：“在这要命的一年半里，复兴金融公司继续依托足额的抵押机制借钱给银行，慢慢地，在拯救银行的过程中，将银行推入破产深渊。”银行休假算是提供了重新开始的机会。紧急银行立法给了复兴金融公司足够的权力去购买银行业的优先股。公共资金就是以这样的方式强化了银行的资本结构，顺带为商业信贷的扩张提供了基础。“花一美元购进优先股，”莱芬韦尔说，“其效能相当于花五到十美元提供足额担保贷款。”

然而，在很多银行家看来，此等注资政策意味着政府很可能要掌控银行业。在整个工商业集团中，几乎只有银行业集团还保留着对权力和声望的幻想，于是他们拒绝同这样的政策合作，即便这政策之初衷就是为了拯救他们。截止到 7 月，只有五家银行启用了复兴金融公司提供的优厚条件。8 月，复兴金融公司的一揽子产业章程计划付诸实施，华盛顿方面遂开始担心银行家集团的抵制浪潮。此时的小企业的流动资本已经在三年萧条之后消耗殆尽，迫切需要贷款来化解日益沉重的工资负担。接近 8 月底时，罗斯福希望琼斯和联邦储备委员会主席尤金 · R. 布莱克说服银行业释放信贷。但银行家们主体上仍然对此时大气候的变化置若罔闻，并没有让步。9 月，银行协会在芝加哥召开大会，协会主席、来自担保信贷集团的弗朗西斯 · H. 西森，还颇为傲慢地对银行业政策展开攻击，认为此等政策“绝对站不住脚”。杰西 · 琼斯则将新的声音引入这场自我恭维性质的集会。他以威慑口吻发表演说，建议银行业放开，让复兴金融公司购进他们的优先股，以此改善银行的资本状况。琼斯还意味深长地补充说：“银行必须提供信贷……否则政府就接受信贷事务了。”“到了这时，都聪明一点吧，”琼斯告诉满心恨意的现场听众，语气颇为严厉，“把政府当成你们的伙伴吧。”

当晚，银行家们举行了年会，并以晚宴和现场表演作为收场。琼斯则再次发出呼吁，他说，他白天把该说的都说了，看来没有人喜欢他说的那些东西。接着他便严肃地指出，如果真要有什么补充，那就是，此次欢宴之上，半数的银行都已资不抵债。“这一点，代表这些银行的人恐怕比任何人都清楚。”[4]

6

琼斯继续用这种率直语气申述说，复兴金融公司将提供低息贷款给各个金融机构，以此刺激短期再融资。同时，联邦储备委员会将继续公开市场的买进操作，以此为信贷扩张拓展基础。金融集团仍然不为所动。“在我看来，毫无疑问，”罗斯福于 10 月致信财政部部长，“你我都是要在银行业兄弟会某些成员释放的无声压力面前俯首称臣的，他们根本无意提供工业贷款。他们现在的心思实在是阴沉，还希望通过维持这种阴沉态势，迫使外汇稳定并借此束缚我们的手脚。倘若你我向他们强行注资，他们将不得不依从我们的意愿。”几天后，总统告诉内阁，银行家集团正在酝酿封堵政府的计划，因此，有必要直接发放联邦实业信贷了。

这一提议不仅得到了新政计划派的支持，也得到了工商业群体有着扩张取向的一个集团的支持，这些人都是南方和西部的创业群体，琼斯正是他们在华盛顿的代表。食利集团自然也是硬通货派，他们的代言人则是刘易斯·道格拉斯，他们自然要借道格拉斯之喉，为银行家集团辩护，强烈反对授权复兴金融公司直接提供实业贷款（正是出于同样的原因，道格拉斯反对黄金买入政策，琼斯则支持此政策）。1933 年秋天，道格拉斯实际上已经在尤金·布莱克的支持下，试图将银行复兴项目从复兴金融公司手中夺走，转归纽约的一个银行家掌控。为此，道格拉斯和布莱克告诉罗斯福，琼斯正在将事情搞得一团糟，这个国家正陷入另一场银行业崩盘的境地。此举在琼斯看来，显然是华尔街再次图谋夺回国家信贷体系的控制权，遂做出了强力回应，说复兴金融公司有能力也必将把事情做好。罗斯福说：“孩子们，我选择支持杰西。”

要得到刚刚推行的存款保险计划的支持，就需要资产凭证，此举最终摧毁了银行家集团对复兴金融公司的抵抗。10月底，纽约制造业协会接收了复兴金融公司两千五百万美元的贷款，以优先股来置换这笔贷款。接下来的几个星期里，一批银行家纷纷效仿。然而，即便是这样的注资措施也不足以令所有摇摇欲坠的银行都能缓解资产负债表。存款保险举措的时限越来越近，此时的琼斯不免退缩了，不敢将两千家银行不能达标的情况周知公众，若公布这份清单，很可能再次引发恐慌。琼斯毕竟是很有头脑的人物，此等情形之下，他提议，对于这些处境不佳的银行，倘若摩根索能保证它们的偿债能力，他也就能在六个月内让这些银行获得偿债能力。摩根索表示同意。琼斯后来记述说，“他其实也别无选择”。就这样，这些有问题的银行都颇为安静地进入联邦存款保险公司的保护伞之下，随后的六个月，复兴金融公司如同琼斯承诺的，令其中大部分银行都恢复了偿债能力。

此番新资本的注入，意味着截止到1935年，复兴金融公司购入了这个国家大约半数银行的额度超过十亿美元的优先股，由此阻止了银行业崩盘，令银行存款获得保证，并最终拯救了银行体系。[5]

7

到这个节点，杰西·琼斯的帝国只是刚刚开始扩张。很快，复兴金融公司便出台了一系列辅助措施，令琼斯的帝国向多个领域伸展开来。商品信贷公司支持农业调整署，借由贷款项目和仓储措施，对农产品进行支持。住房和农场电力化局支持乡村电力化署，为购买电力设施提供资金，特别是用于乡村地区的电力设备。复兴金融公司的抵押贷款公司以及联邦抵押贷款协会支持联邦住房署的举措，实际上为初次抵押开辟了新市场。进出口银行也借由自己的贷款政策，对出口贸易实施刺激。复兴金融公司给八十九家铁路公司提供贷款，这些公司占据了全国三分之二的铁路里程，此举令铁路债券避免了崩盘。此外，复兴金融公司还向公共工程项目提供融资，采取措施压低贷款利率，为洪涝和飓风受害者提供援助，为灌溉、堤坝和排水区域提供再融资，为采矿、冶金、农业销售以及乡村电力提供贷款，还提供资金，支持（或维系）了美国航空公司、田纳西燃气输送公司以及艾尔·帕索天然气公司的正常运转，校舍以及教师薪酬当然也在复兴金融公司的支持范围之内。

琼斯对这个帝国的控制是绝对的。诸如阿道夫·伯利、杰尔姆·弗兰克及托马斯·科科伦这等响当当的名字，不时出现在复兴金融公司的工资名册上；琼斯其人自然是十分精明，很懂得不去压制这些人的个性和风格，不过，他也不会让这些人拿走自己的权威。他在复兴金融公司的六个同僚都对他相当敬畏。其中一个同僚曾品评说："琼斯先生决定的事，我们肯定不会想着去反对。"国会对他几乎也是同样宽许。"我认为琼斯先生在国会享受的信任度，"来自密歇根州的参议员阿瑟·范登堡说，"是罗斯福政府其他任何成员都享受不到的。"（更何况，琼斯对国会宠爱的项目或计划也颇为关注，他自然很懂得用这样的方式讨好国会，软化国会的反应。）在他引领之下，复兴金融公司在政府里确立了自己的独特地位。复兴金融公司之主体运作并不在预算涵盖范围之内，主要靠自己的流转资金及通过财政部出售债券的权力来运作，其日常业务都是自助性质的，其首领在工商界和国会享有普遍信任，这样一个机构自然享有相当大的行动自由度。资金独立，也不受政治影响，作为公共公司，其地位也可以自由伸展，此外，其灵活性也令罗斯福颇为看重，不断将新任务交付这个机构，诸如买进黄金及外贸信贷等，只要问题涉及专门的立法授权，并且成功几率不大或太过耗时，罗斯福通常都会走复兴金融公司这条路。

对于总统，琼斯的态度颇为开放，当然也略显淡然。"但凡重大事务，尤其是打擦边球的事，我都尽早向总统汇报，不过都是先斩后奏。他一向很热心，而且从不批评。”总统则尊重琼斯的才干，将他视为可以保证正确航向的锚。“您的审慎和保守，对本届政府，对我们，都是好事情。”罗斯福曾不失时机地告诉琼斯。

胡佛和米尔斯当初的设想严格局限于拯救金融机构，在琼斯领导下，复兴金融公司已然成长为国家资本主义机制的强劲武器。新政体系中的复兴金融公司实际上已变成一个新机构；它推行的新计划，本质上就是胡佛在 1932 年夏天于盛怒之下予以否决的计划。“这个公司于 1932 年 2 月成立时，”琼斯在 1935 年回忆说，“根本不曾有人预见到它日后会担当此等使命，去襄助实业发展。”截止到 1934 年 1 月 1 日，复兴金融公司在短暂的二十三个月的存在期里支出的资金额度，已相当于摩根家族及其财团在整个 1919 到 1933 年间总认购额度的三分之二。如此看来，复兴金融公司绝对是美国经济体中最大的单一投资者，也是这个国家最大的银行。截止到 1938 年，也就是第一个七年期的最后一年，复兴金融公司付出的资金总额度已累积到一百亿美元。这其中有四十亿美元是向金融机构注资，将近十五亿美元流入农业领域，差不多十亿美元注入铁路，还有十亿美元流入自我清偿性质的公共工程项目，而且，几乎所有这些投资最终都获得了清偿。[6]

8

琼斯对复兴金融公司的改造确实相当剧烈，不过，政府里面的一些自由派人物，特别是阿道夫·伯利，尚嫌不够，觉得还需要继续改造。在这批自由派看来，复兴金融公司不应当仅仅充任公共银行的职能——尽管在这方面它做得很好，更应该成为经济制度重建的关键机构。在伯利看来，复兴金融公司已然“从并不享有公众信任的一个集团手中接管了这个国家的金融控制权，并将之转归拥有必要公众信任度的一个政府机构手中”。这样的复兴金融公司自然是这个国家顶级的长期融资机构，其地位自然使之拥有巨大权力。“只要仍然需要复兴金融公司来追加资本，”伯利申述说，“就必须顺应它因时因地而表达的意见和看法。”此外，复兴金融公司拥有大量优先股，若出现还款违约，也将拥有相应的法律权力，这就令其有能力直接控制个体银行的政策，因此同样有能力影响资本政策、分红利率、人事政策，甚至工资水平。

很显然，伯利希望复兴金融公司将此等权力用于社会目标。而且，此时的伯利希望建立一系列新的公共贷款机构，将复兴金融公司的工作推进到极致。于是，他提议建立连锁性质的“资本信贷”银行，据此积极发掘新的投资机会，发挥众人积极性，创造出更多的企业，既令企业家获益，也能造福公众，如此一来，便可复兴企业家精神及小企业体制。伯利申述说：“在大公司体制之外，那些有创业精神和意愿的人，也应能在商业银行体系中寻获大量援助。”多多少少正是依循这种思路，罗斯福于1934年3月提议设立十二家信贷银行来帮助“中小企业家”。

1934年6月，琼斯得到向工商业发放直接贷款的权力后，即刻将伯利的这一提议封堵起来，此举当然是为了将政府信贷事务控制在自己手中。说白了，伯利关心的是经济组织问题，琼斯关心的则是企业问题。偶尔，琼斯也会在管理层强推一些改革，将自己的人安插进去，担当管理职能；1933年，他甚至对接受了复兴金融公司贷款的铁路公司和保险公司管理层的工资实施限制。此类干预通常很突兀且是强制性的，不过，都是严格意义上的临时举措。他说：“我从未对管理问题发号施令，也从未想过要对银行政策或银行投资实施强制。”1933年，伯利申述说，内在于复兴金融公司机制当中的干预倾向“还很难察觉到”。到了1935年，伯利便不得不品评说：“除了极为罕见的情况外，我不知道还有哪些领域是复兴金融公司无意掌控的。”

简言之，此时的复兴金融公司已深染杰西·琼斯个人的性情和取向，不再是第一次新政的特性和取向了。其职能不是为经济计划提供一个基础，而是变成一桩极为精明且灵变的金融事业，尽管是依托公共权威和公共资金运作起来的，其业务原则却取自私人银行业。琼斯的复兴金融公司自然不同于伯利的，也截然不同于奥格登·米尔斯—刘易斯·道格拉斯—华尔街的。米尔斯绝不希望复兴金融公司担当太多的职能；到了1935年，道格拉斯就希望取缔这家公司了。在他们眼中，复兴金融公司是食利阶层的一道紧急制动闸，这个群体自然迫切地想要保证他们手中股票的稳定收益率，而且并不确定日后还会不会再建立这样一个机构。琼斯则不然，在他看来，复兴金融公司有着持久功能，因为他对这个机构的定位就是襄助一个正在上升期的新群体去获取第一桶金，他自己就归属于这个群体，这个群体包括了经销商集团及企业家集团等。如此，正如托马斯·G. 科科伦所言，唯有一个“有着公牛般的非凡能量，且深谙处世之道，拥有非凡职业才干”的人，才有可能抗拒华尔街制霸政府信贷的企图。

随着新货币政策的出台，新的复兴金融公司和杰西·琼斯也得以扮演一个不可或缺的角色，要将这个国家的经济和金融领导权从奉行硬通货和金本位制的东部剪息票集团手中，转移到那些对经济增长秉持深刻信仰的集团手中；好坏本身暂且不论，这些新崛起的集团毕竟是愿意而且准备好为了增长而冒险在通货膨胀的道路上闯荡一番的。[7]

二十七　金融集团叛离

1

1933年春天，总统看来是做好了充分准备，要欢迎货币兑换商们回归圣殿，但民众对金融集团的态度仍然是相当愤怒的。原因之一就在于报纸头条日复一日频繁伸张的那个话题——金融集团的肮脏和不道德，一直以来，就是这样一群人担当着这个国家的金融领袖之职。每天，记者们都蜂拥而来，挤满参议院核心小组会议的房间，在那高高的窗户和闪闪发亮的水晶灯台下，费迪南德·佩科拉作为参议院货币银行委员会的顾问，正以温和但坚决的态势推进针对银行、股票和政权业务的调查进程。

对华尔街展开调查的念头真要说起来，竟然是发端于赫伯特·胡佛，这可谓十足的讽刺。1932年初，胡佛开始相信，短期卖空者推动的熊市浪潮已成了一支重大力量，令证券市场士气低落不堪。于是，胡佛认为，将其中的一些不端行径予以曝光，将约束此等投机行径。摩根集团的托马斯·W.拉蒙特引领一批银行家抵制调查时，胡佛同样抵制了这股抗议浪潮。来自南达科他州的参议员彼得·努尔贝克遂以主席身份，于1932年4月展开听证。选战结束后，努尔贝克在弗兰克 · L. 波尔克的举荐下雇用了佩科拉，佩科拉身属西奥多 · 罗斯福进步主义集团，而今是个民主党人，曾在纽约县有过十二年的地区助理监察官履历。佩科拉于 1933 年 1 月接掌调查事务，并组建了一支专家团队，其中包括约翰 · T. 弗林，一个干练且不辞辛苦的金融记者，还有马克斯 · 洛温塔尔，一个专攻集团秘密的律师。随着民主党掌控了新一届国会，调查活动也扩张开来，来自佛罗里达州的参议员邓肯 · U. 弗莱彻遂担当了调查委员会主席之职。弗莱彻此时已经是七十五岁高龄，但依然每天亲身前去主持听证会，并给予佩科拉毫不动摇的支持。[1]

2

调查活动从 1933 年的冬春时节开始，穿越夏秋时节，一直伸展到 1934 年。佩科拉，来自西西里的移民，黝黑且强悍，黑色眼睛闪闪发光，一头灰黑色头发高高竖起，一副桀骜不驯的态势，在整个过程中，每个白天全部用来审问证人，而后一直操劳到夜半时分，准备第二天的听证。约翰 · T. 弗林后来记述说："看着这个人在银行业、辛迪加集团、市场交易以及种种诈术的迷宫中穿行，尽管那是他完全陌生的天地，他绝不忘记一个名字，绝不让任何一个数据出错，也不曾发过脾气，这太让人震惊了。"那个时代的头面金融家，在年薪十万美元的律师群体的护卫下，陆续前来听证；查尔斯 · 米切尔，对他的问询是控罪的前奏；A. H. 维金、克拉伦斯 · 狄龙、温思罗普 · 奥尔德里奇，还有托马斯 · W. 拉蒙特、乔治 · 惠特尼和理查德 · 惠特尼等人物纷纷到场。这其中最具分量者当属小 J. P. 摩根，那个泰坦级别人物的儿子，本身也几乎是泰坦级别了，此人绝少抛头露面，但他的签字仍然可以在世界各地创立一个政府或者毁灭一个政府。惊扰之下，即便是这样一个人物，也不得不走出自己的俱乐部、游艇及狩猎小屋，颇为优雅地从暗影中踏步而出，世人终于得见他的尊荣了：硕大的脑袋、浓密的白色胡子、大而厚的鼻子，金表链在腰间闪闪发光。

月薪两百五十五美元的佩科拉面对此等至尊身影，也是岿然不动，一如既往地对相关材料实施问询并将调查推展下去。有一个下午，他询问摩根1930年是否缴纳所得税。之前还是一片低声议论的房间，一下子安静下来。摩根身边的记者似乎都听到他那沉重金表的滴答之声。摩根思忖片刻，回答说“我不记得了”。佩科拉的表情难掩强烈的蔑视，当场举证说，摩根先生在1930年的美国——非常合法地——没有缴纳任何所得税，1931年和1932年也是如此。（这些年间，他倒是在英国纳了税。）而且，1930年，摩根先生的所有合伙人在合众国缴纳的所得税总额度不足五万美元；1931年，公司成员以或真实或虚假的折损抵冲收益，最终没有缴纳任何所得税。“我确实一点都不了解所得税的这些情况。”摩根思量片刻之后回答，不断拉扯着手中的金表链子。

更糟糕的是摩根家族“优先名单”一事也被曝光，名单上都是摩根家族的朋友，摩根家族不时会以远低于市价的水平向名单上的人出售股票。阿勒格尼公司，范·斯韦林根集团的一家控股公司，曾将市价在三十一美元到三十五美元之间的股票，以二十美元的价格出售给杰克·摩根的朋友们，杰克·摩根说他的这些朋友都是“善良、通达、正直之人”。这其中就有那么一个通达、正直的人，在购入这批股票后不久便卖出，从中牟利二十二万九千四百一十一美元——这个额度跟他应受的恩惠是相匹配的，同时意味着他将来应承担的义务。在1929年那段繁荣日子里，接受摩根家族这批阿勒格尼股票的人并不在少数，其中包括民主党保守派头面人物，诸如欧文·D. 扬、牛顿·D. 贝克、约翰·J. 拉斯科布及威

廉 · G. 麦卡杜，更有诸如潘兴将军及查尔斯 · A. 林德伯格这样的民族英雄，当然也不乏一批素受尊崇之人，比如欧文 · J. 罗伯茨，后来胡佛将此人任命为大法官；威廉 · H. 伍丁，后来罗斯福令其入阁。摩根家族标准品牌公司股票的优先认购名单中，涵括了上述大部分人的名字，此外还有卡尔文 · 柯立芝、诺曼 · H. 戴维斯、约翰 · W. 戴维斯以及伯纳德 · 巴鲁克。

优先名单之事甚至令并没有明显反华尔街倾向的《纽约时报》也相当愤怒。该报刊发了一篇措辞严厉的评论文章，谴责摩根集团这种“严重的不端行径”，并发出这样的问询：世界上最为强大的银行集团，为何会操持此等“小商小贩的下作伎俩”。至于那些接受了摩根家族“恩惠”的人，其角色更是成谜。“摩根宠幸的这些人，”《堪萨斯时报》颇为简洁地评论说，“对他自然是有义务担当的。”拉斯科布就曾对摩根的一个合伙人表达了这样的衷心愿望：有朝一日，“会有报答机会的”。“这跟行贿受贿没有任何区别，”堪萨斯州州长阿尔弗雷德 · 兰登评论优先名单时说道，“……我衷心希望总统勒令财政部部长伍丁辞职。”

伍丁也确实将辞职问题摆在了内阁和总统面前。加纳，得克萨斯银行家出身，素来对华尔街颇多憎恶，遂认为伍丁应当辞职。但伊克斯和卡明斯并不赞同。伊克斯实际上更关心诺曼 · 戴维斯，跟伍丁不一样，诺曼 · 戴维斯是在担任公职期间接受了摩根的贿赂，而且在 1933 年春天对摩根集团仍然有负债。罗斯福则是尽量低调处理此事，他说，很多人都在 1929 年做了一些事，若是放到现在，他们肯定不会去做的。最终，伍丁和戴维斯都得以留任。

在最终完成听证程序之前，摩根遭遇了最后一次羞辱。玲玲马戏团的广告代理人让一个女性侏儒坐在自己的腿上，然后宣示说：“世界上最矮小的女士想和世界上最富有的男人约会。”时代确实是变啦，像詹姆斯 · F. 伯恩斯这样的人，二十年前曾在普若听证会上见识过老摩根的陈词，抚今追昔，不禁品评了父子之间的反差；当年那个老人令人敬畏，颇不耐烦地用手杖敲击着地板，以巍然之势回应萨缪尔 · 安特梅耶的盘问（“最重要的是品格……品格高于金钱，也高于别的一切。金钱是买不到品格的。”）。如今这个儿子，和善且恭顺，当那些通达且正直的朋友们面对品格问题时，小摩根却可以将他们的品格批量收买过来。[2]

3

此时的佩科拉，一副冷冷的态势，让这些证人一一地回忆他们昔日的镀金时代，当年他们肆意收受巨额回馈，他们避税，他们操纵股票市场，他们发起控股公司，这个国家信任他们，他们却将恶劣投资贩卖给国民。从他们提供的不情愿的证言中，内幕逐渐浮现：经年累月之间，一个金融集团搜刮无辜且老实的美利坚民众，贪婪地填充自己的胃口。

1927 和 1928 年间，美国的一个财团酝酿着发行秘鲁债券，该财团自己的调查员（一个颇有讽刺性的人物，名叫劳伦斯 · 丹尼斯）坚决反对这个计划，并预判这样的计划不出五年就会出问题。财团对丹尼斯及其他专业人士的警告置若罔闻，向秘鲁总统的儿子行贿四十多万美元后，在美国市场大肆发放该债券。银行家们从中赚得盆满钵满，秘鲁政府最终于 1931 年丧失了偿还能力，比丹尼斯预计的时间略为提前，美国大批投资者手中的债券沦为废纸。全国城市开发公司也曾谋划着在美国发行巴西米纳斯吉拉斯州的债券，该公司自己的专家提出反对意见，特别指出该州政府之散乱境况已到了“匪夷所思”的地步，并强调该州在对外长期借贷这件事上“完全无知，肆意无度”。但该公司不为所动，依然代理了该州债券在美国的发行事务，并在募股章程中颇为冷静地申述说，该州的财政和金融状况素来“审慎且精细”。1932 年，米纳斯吉拉斯债券丧失偿还能力。

佩科拉以强劲笔法将这样一幅图景勾勒而出。此等图景显然不仅是对个人，而且是对国民心性的一场指控。参议员卡曾斯询问摩根集团的乔治·惠特尼为什么做此等事情，惠特尼只是颇为无助地回应：“我不知道，参议员先生。我们为什么这么干，这个问题很难回答。为什么不这么干，这个问题更难回答。”佩科拉询问阿尔伯特·维金为何操纵股票市场，维金回答：“我觉得原因在于时代……当时有太多人开始认为，手中若没有产权股，就是对所有人的巨大伤害。”（维金甚至将其中的责任提升到更高的层面，说 1929 年那场大繁荣是“上帝赐予的市场”。来自科罗拉多州的参议员亚当斯震惊不已，遂问道：“你确定你没有搞错那源头吗？”）库恩-罗布公司的奥托·H. 卡恩承认银行家集团并未尽心尽力地遏制投机狂潮，不过他也补充说：“当那样的狂潮彻底席卷了民众，全国上下都陷入疯狂境地，此等情形之下，我怀疑是否还有人能力挽狂澜，以避免一场灾难。”

更好一些的银行家自然也有自己的理由，他们通常会说，这是在用另一个时代的标准来评判他们昔日的行为，他们倒是得到了公众谅解，公众也将他们视为时代狂潮的受害者。还有一批银行家则未能抗拒诱惑，最终丧失责任意识并沦落犯罪境地，其中一些人最终被送进了码头和劳改营，接受改造。不过，落得此等下场的人并不多；休伊·朗颇为讽刺地评论说，美利坚民众真够体贴的，竟然小心翼翼地保证被拉出巢穴的狮子都是死去的狮子。“我们先踢他们，戳他们，确保他们已经死透了，然后才一起喊叫着：‘把这个也拉出去吧。’而且我们确实这么做了。他们想起来追索英萨尔时，英萨尔已经跑到希腊去啦。”[3]

4

参议员委员会借由不断质询、调查和采访，逐渐累积了规模空前的材料来揭示股票市场的乱象。这个过程中，很明显的一个难题就是卖家并不一定如实交代他们手中的股票存量，而且这对他们来说也是心安理得的事；解决办法是强制这些人充分披露相关信息。另一个难题在于，商业银行已然深深介入股票投机业务；解决办法是强制商业银行剥离政权业务。还有一个难题，私人银行就像摩根家族一样，既发行债券，又接收存款；解决办法是强制此类银行只从事一项业务。这些都是最基本的措施。不过，至少可以防范"新时代"的诸多恶端。

此类举措有相当多的先例。英国已经依据《公司法》对证券发行业务实施了将近一个世纪的监督。美国的很多州，从 1911 年开始，就已推行了蓝天法案，旨在保护投资者不受证券发行方错误信息的侵害。第一次世界大战之前，普若调查委员会的调查结果已令公众感觉到，这个问题也许同样是联邦层面的问题。第一次世界大战前期，资本发行委员会的经历直接催生了泰勒议案，旨在为证券发行业务确定标尺。罗斯福也曾在 1932 年的哥伦布竞选演说中呼吁推行金融管制。

此外，此番举措还得到了罗斯福支持者中两个集团的强力支持，其一是反对大公司体制的布兰代斯统绪中人，该集团的领袖是费利克斯 · 法兰克福特；其二是乡村进步派，这个集团长期以来对华尔街的经济霸权颇为戒惧，其领袖人物是诸如得克萨斯州的萨姆 · 雷伯恩和蒙大拿州的伯顿 · K. 惠勒这等人物。实际上，早在 1914 年，这两个集团便有了联盟行动，应该算是 1933 年联盟的早期版本，在那场联合行动中，布兰代斯和雷伯恩合作推出了一份议案，旨在授权州际贸易委员会管控铁路债券的发行事务。二十年后，再次面临这个问题，自由派也算是回归未竟的事业了。[4]

5

从罗斯福获选到就职之间的这段时期，莫利并没有闲着，他请求普若调查委员会的老兵安特梅耶拟定一份可行的股票交易和证券议案。1933 年 1 月初，安特梅耶的议案出炉，其中特别指定邮政部担当监管职责。这一特别条款，加上另一些条款在合宪性上存疑，以及安特梅耶本人在媒体抛头露面，自视为总统的顾问，这一切令罗斯福十分恼火。我们这位当选总统遂要求卡明斯和罗珀另立议案，并且在莫利面前未置一词；卡明斯和罗珀则将这个工作交付他们在威尔逊时代的老朋友休斯敦 · 汤普森，此人也曾是联邦贸易委员会的主席。

汤普森拟定的议案以各州的蓝天法案为蓝本，旨在授权联邦贸易委员会对证券发行事务实施监管，并拥有否决权。此举不仅令政府担当了过分的责任，而且议案的实际起草人身份没有太大的说服力。于是，摆在罗斯福面前的两份方案都不能令人满意，遂依照惯常做法，召集各方实施圆桌会商。然而，安特梅耶的张扬性格令各方很难展开合作，此次会商以失败收场。总统便对工作实施了分解，以此来解决问题。汤普森负责起草新股票和债券发行事务的管制议案，安特梅耶则负责起草证券交易管制议案。

这其中，证券立法工作是享有优先地位的；1933 年 3 月 29 日，在给国会的一份咨文中，罗斯福要求“依据这个古老真理实施立法：银行、金融公司及其他负责打理他人钱财的人，就是受托人，应当为委托人的利益考虑”。“买家自行当心”的准则必须予以取缔；“卖家也要当心”才对。罗斯福在咨文中申述说，这样的立法必须“责令卖家担当起披露全部真相的职责”。

萨姆·雷伯恩将汤普森议案放进众议院的议案箱里，但该议案很快激起了强烈的批评浪潮，即便是支持金融管控的议员也秉持批评态度。W. 埃夫里尔·哈里曼，自由派商人，曾投票支持史密斯和罗斯福，他的哈里曼-布朗兄弟财团曾相当引人瞩目地逃过了佩科拉的调查，此时他直接告诉莫利该议案并不可行，还颇有几分理据。看到汤普森议案已经没了希望，雷伯恩最终也选择了放弃，并告诉莫利，要挽救当前情形，唯有提出一份全新的议案。莫利随即向哈佛方面的法兰克福特发出了求救信号。两天后，也就是4月7日，法兰克福特现身华盛顿，带来了两个年轻人，说此二人能协助起草工作。

其中一人短小精干，长着一张鹰一样的脸，时年三十三岁，名叫詹姆斯·麦考利·兰迪斯，是哈佛法学院的立法学教授。另一个则是高个子，很温和的样子，时年三十九岁，声音抑扬顿挫，颇有韵律，名叫本杰明·V. 科恩。兰迪斯出生在东京，父亲是一名长老派传教士；科恩曾在普林斯顿就读，后来在哈佛法学院也成了一派的领袖人物，在入职法学院之前，曾在布兰代斯门下从事法律文书工作。兰迪斯的犀利长相，以及一名记者眼中的那双“明亮鹰眼”，足以揭示出传教士般的紧张性情。他将一种冷漠、锐利、近乎冰冷的头脑跟这种性情融合起来。科恩则赋有深沉且敏感的理想主义情怀，是极为出色的起草人，也是十分有头脑的幕僚人物。他的性情并不入世，不过深谙股票市场，在1920年代也确实深有介入，并在大崩盘之前全身而退。

应当秉持的原则，如法兰克福特所见，就在于：一家公司，倘若寻求公众资金，便成为“真正意义上的”公共实体，其管理者和银行家相应地成为公务人员。因此，法兰克福特集团主张以英国立法为蓝本创制议案，要求这样的公司必须充分披露信息，但并不具备否决发行的一般性权力，如同汤普森议案规定的那样。在某些方面，兰迪斯和科恩更主张超越英国立法，比如在信息披露程度上，还特别补充了所谓的“叫停”机制，依托这一机制，倘若证券在登记时没有充分披露信息，则可中止发行程序。二人从星期五早上一直奋战到星期一早上，付出了极大热忱，依据此思路拟定了一份草案，并在众议院商业委员会的雷伯恩小组委员会面前成功地为之作证。雷伯恩随即为该议案开了绿灯，兰迪斯和科恩便在众议院立法顾问米德尔顿·比曼和复兴金融公司的托马斯·科科伦（实际上此前已有几个晚上，科科伦协同兰迪斯和科恩一起草拟了该议案）的协助之下，着手完善手中的工作。

此时的华尔街一直在观望并等待事情的进展，他们内心的紧张可以理解，实际上他们在等待机会，打算在该议案进入商业委员会之前，掀起一场批判浪潮。莫利最后说服了并不情愿的雷伯恩听一下华尔街律师集团的声音，该集团的领袖人物是沙利文和克伦威尔律师事务所的约翰·福斯特·杜勒斯。但杜勒斯对这个问题实际上并不了解，这一点兰迪斯和科恩毫不费力证明给大家看了；因此，杜勒斯的申述没能触动雷伯恩的小组委员会。接下来的几个星期，众议院商业委员会和众议院本身，相继接收了科恩-兰迪斯草案。尽管参议院此时已经通过了汤普森草案，雷伯恩在商议时拿的仍然是众议院的版本。

1933 年 5 月 27 日，总统签署了《证券法》。几个月后，兰迪斯奉命进驻联邦贸易委员会，负责推行新法。[5]

6

在银行业务问题上，佩科拉委员会也有所主张，特别是让商业银行同证券业务剥离，并让投资银行同储蓄业务剥离。金融集团自然不会喜欢此类主张，如同他们憎恶证券立法一样。“如今的美利坚银行所需要的，”美利坚银行家协会主席弗朗西斯 · H. 西森于1933 年 1 月申述说，“就是取缔此类以公共规章和监管之名推行的特殊立法，而不是更多的限制和控制立法。”3 月，温思罗普 · 奥尔德里奇接替不幸的维金成为大通银行的总裁，新总裁颇出人意料地提议商业银行业务和投资银行业务实施分离。不过，这实际上只是华尔街一小部分人的观点；奥尔德里奇的此番提议当时被视为洛克菲勒集团对摩根集团的攻击行动，一时间让奥尔德里奇落下了金融集团叛徒的恶名。担保信托公司的 W. C. 波特干脆将此番提议说成是他“所见过的来自金融集团的最具灾难性的提议”；J. P. 摩根则预言说，若是储蓄业务和投资业务分离，将令自己的公司在未来提供资本“以推动国家发展”的能力大受折损，后果非常可怕。

但国会依然在 6 月通过了格拉斯-斯蒂高尔议案，旨在对银行业务实施剥离；更糟糕的是，还将联邦银行储蓄担保条款融入该法案。此等情形之下，银行家协会便亲自出面引领这场斗争，用银行家协会主席的话来说，要“死战到底”，在他们看来，这样的联邦担保条款“不合理、不科学、不公正，而且危险”。罗斯福此时对这个问题也极为关切。政府中的一些人，特别是琼斯和加纳支持担保条款；一批国会议员，特别是来自密歇根州的阿瑟 · H. 范登堡，也决心要让该条款落到实处。最终，罗斯福接受了这个方案，总统希望这个方案至少能促成银行体系的统一；法案中有条款规定，1936 年后，州银行必须加入联邦储备体系，以获取存款保险资格。

结果证明，存款保险体制自然是百日新政最显著也最成功的成就之一。金融集团曾预判这样的体制绝对是一场灾难，但联邦存款保险公司并不受此等预言的干扰，将相关事务运作得非常平稳且有效。最终，这十年余下的时间里，银行中止兑换的情况虽有发生，但其总数还不及 1920 年代单独一年的次数——尚且不及 1933 年的8% 。1933 年，银行家协会为了阻止新体制运行起来，可以说是竭尽所能了。[6]

7

1933年的这波金融管制浪潮，其中蕴涵的对于工商业集团的观念，跟国家复兴署的观念截然不同，确切地说，在前者眼中，商业集团并非一支应当予以推动的力量，最起码并不能加以引导并使之成为合作伙伴，而是一支不可靠且没有责任意识的力量，需要严格的社会纪律予以规训。此番金融管控浪潮也引入了一批新人，这些人跟通常的智囊人物（甚至包括特格韦尔这等智囊人物）不一样，他们完全不信任大公司体制，也不信任工业自治，相反，主张动用联邦权能去复兴并监管竞争性经济制度。

此等规训方式对工商业集团来说，自然十分难以接受；对银行家集团来说，则是最难以接受的。在所有的工商业集团中，银行家集团最为骄傲也最为强大，对自身之正确性最为自信；而且比任何集团都更习惯政府官员在自己面前低眉顺眼，躬身请益。此等情形下，竟然有人将他们作为一支反社会力量加以攻击，实在令他们无从理解；竟然有人将他们排除在公共决策之外，实在令他们无从承受。回想昔日时光，银行家集团的内部信息有着何等分量，同多少总统和财长有着何等亲密的关系，而今，华盛顿方面对他们竟如此冷漠且冷酷，这无疑是再残酷不过的惩罚了。此番金融立法，令华尔街的尖刻恨意奔流而出，大范围地席卷了工商业集团。于是，这个集团第一次对新政发起了声势浩大的抗议浪潮。“这片土地之上，还不曾有过如此猛烈的抗议浪潮，”《圣路易斯邮报》于1933年11月评论说，“这浪潮奔涌而起，打算力拒《证券法》。”

不过，真要说起来，此番金融管制还只是1933年新政的边缘举措，而且此时的法兰克福特、兰迪斯、科科伦及科恩等人还都是边缘人物。即便是在《证券法》起草和立法过程中功不可没的莫利，实际上也认为这样的办法是不会有效果的。莫利相信，真正需要的并非负面的遏制性举措，而是正面的联邦行动，以此促成各个因素和各个集团之间的和谐关系；政府“应当以自由角色参与其中，而不是以警察身份予以管制”。阿道夫·伯利认为，《证券法》绝少能遏制佩科拉调查委员会所谴责的那些金融交易，反而在应当实施制度重建时，把精力浪费在监管和巡视上。特格韦尔的批评意见则认为，这样的法案更适合1910年，至于1933年，情况显然是不一样的，他希望建立一套政府机制去管控投资活动，如同前次战争时期的资本发行委员会那样。耶鲁法学院的威廉·O.道格拉斯教授也认为，“这样的法案已是19世纪的立法作品了”。确切地说，该法案忽略了对投资活动的立法管控，忽略了资本结构问题；非但没有推动经济计划，反而致力于恢复小企业的自由竞争世界，这样一个世界已然是明日黄花。道格拉斯申述说，高端金融的诸般罪恶自然需要救治，就这方面的问题而言，该法案“显然只能扮演次要角色”，而且，法案“跟新政的管控规划全然背道而驰，跟我们如今置身其中的整个经济体制也背道而驰”。[7]

二十八　危机高悬

1

政府对待工商业集团的这种管制性态度，也许不能算 1933 年新政的核心要义，但有一点可以肯定，这种态度是在回应这一年的民众情绪。佩科拉听证会依然在无情地推进。1933 和 1934 年间那个秋天和冬天，参议院的一个调查委员会对船运公司和航空公司的补贴情况展开调查，此次调查活动由雨果 · 布莱克牵头，又挖出一批商业活动的猛料。在调查结束前，布莱克委员会便引发了一系列事件，令政府和工商业集团的关系更加紧张。

2

雨果 · 布莱克，1933 年四十七岁，自 1927 年便在参议院供职。他的外表和行事风格都很温和，但这只是表象，安静平和的长相、温婉的蓝灰色眼睛和亚拉巴马式的慢悠悠的谈风，这一切背后隐藏了他的锐利心性。他出生在克莱县，父亲经营着乡间的　间小卖铺，他成长的时期，正值平民主义席卷亚拉巴马州中东部地区的红泥地乡村地带。布莱克的家境在克莱县本地还算不错，父亲对平民派有过一段短暂的热情，少年时代的布莱克便对贫穷白人群体有了强烈的认同感，对亚拉巴马棉花县那些富有的波旁民主党人甚是反感。他后来前往亚拉巴马大学法学院求学，而后在伯明翰有一段执业生涯，再往后便成为警察法院的法官和诉讼监察官。他有政治家的本能，加入了他所能接触到的所有兄弟会团体，诸如共济会、皮西亚斯互助会、共济社等，1923 年 9 月，他还加入了罗伯特 · E. 李引领的三 K 党分会。

三 K 党对布莱克来说，自然是多了一条政治升迁之路，同时多了一个手段，可以对亚拉巴马的社会精英集团展开攻击。实际上，他对自己加入的这个集团并没有抱什么幻想，前一年三 K 党在伯明翰对当地的一个卫生官员实施鞭打，很快便激起了公愤。不过话又说回来，这股南方三 K 党势力就是以此等乱糟糟且为人不齿的方式，传承着平民主义的血脉。汤姆 · 沃森一旦越过佐治亚州的边界，便足以表明平民主义是多么容易蜕变成种族主义和排外主义。布莱克加入亚拉巴马三 K 党时，这个集团的主要对头是联邦参议员奥斯卡 · W. 安德伍德，安德伍德对此等顽固偏见的反对态势，很可能令他失去了 1924 年选战票单上的位置；而且，安德伍德所体现的是那种老派的南方保守主义，因此成了威廉 · 詹宁斯 · 布赖恩的宿敌，强烈反对妇女选举权及马斯尔肖尔斯公共电力计划。对 1923 年的布莱克来说，自由事业显然不如人民事业来得重要。

1925 年，布莱克宣布将参加第二年的竞选，同安德伍德竞争。候选人身份令他选择了脱离三 K 党，因为该集团中人认为，三 K 党的成员不应当竞逐并担当公职。布莱克对三 K 党的个人态度显然并没有发生变化。此时已经是老人的安德伍德遂决定退出竞选。接下来的选战中，布莱克在竞选传单上的自我描述是“民众的候选人”，并以此展开了如火如荼的竞选运动。他主要的组织化支持者是基督教妇女禁酒联盟和一些工会组织，当然也有三K党势力在其中扮演角色；最终，他挫败了那些更有名望的对手。

随后，他参加了伯明翰三K党的一场集会，听取“皇家巫师”——佐治亚州的海勒姆·埃文斯的演说。演说结束后，布莱克被授予“大护照”，这意味着布莱克将成为该集团的终身荣誉成员，这倒是令布莱克颇为吃惊。他被告知，“只要人在”，大护照就在。对此，布莱克回应说，他之获选进入参议院，“是靠着跟我信奉同样原则的人的支持，这些原则也正是这个组织的原则”。他还补充说：“我真正喜爱这个组织的地方，并非焚烧十字架之类的事，而是我们这个组织并不尝试管控任何人。”他说，越过三K党，他看到了更为辽阔的愿景，那是一场美利坚愿景，“一个仍然忠诚于人类自由原则的美利坚”。此后，布莱克便再也没有参加过三K党集会。数年后，他妻子偶然在抽屉里看到了“大护照”，遂将其付之一炬。

就这样，布莱克在华盛顿开启了新的生涯。他深知自己准备不足，遂阅读了法律、历史及政治理论方面的大量书籍。他的主要关系网在于参议院的自由派党团，诸如诺里斯、汤姆·沃尔什、拉福莱特、惠勒及科斯蒂根等人。他刻意同亚拉巴马州的另一名参议员汤姆·赫弗林保持距离，后者只是靠着教宗式的谴责和谩骂虚度无聊时光。偶尔，他需要向故土克莱县求援。《圣路易斯邮报》的保罗·Y. 安德森迟至1932年仍然评论说，布莱克“对于联邦救济计划之可能性已然变得歇斯底里，这样的计划在施食于白人的同时，显然也要施食于黑人，他的表态令一直蛰伏在后排的汤姆·赫弗林羞愧难当”。不过，如此勤勉之人，加上掌握了十足的信息，论辩有理有据，颇为犀利，对政府之基本原则更有日益深重的关切，这一切慢慢令同僚对他越发尊重了。平民主义中那些慷慨大度的方面，他一直维持着。他也扩展了对穷人的关切，将工会也涵括进来；这令他在三十四小时工时的斗争中赢得了一个突出位置。而且，此时的他已准备好，要用那强劲且多疑的头脑来对付工商业集团在各州的特权要求。[1]

3

罗斯福正式就职前，国会陷入“瘸鸭”境地，也就是在这段时间，布莱克委员会借由一项特殊立法而建立起来。布莱克本来只打算对海运领域的邮政合同补贴展开调查，但是来自内华达州的参议员金坚持将空运补贴也纳入调查范围，初步调查后，布莱克发现，空运补贴领域的猎物的确要多很多。

在调查过程中，布莱克听说赫斯特集团一个名叫小富尔顿·刘易斯的记者手中积累了一批劲爆材料，都是关于空运合同之分配问题的，刘易斯所在的报纸则一直拒绝将这些材料曝光。实际上，两年前，刘易斯偶然发现胡佛的邮政部曾将纽约和华盛顿之间的空运邮政合同发放给一家公司，拒绝了另一家公司的报价，尽管后面这家公司小得多，但其给出的费率仅是中标那家公司的三分之一。此等渎职行径即刻激发了刘易斯的关注，在历时数月的调查后，刘易斯得出如下结论：邮政部部长沃尔特·F. 布朗正系统地动用政府补贴，在空运领域支持大公司并对小公司实施封禁。

在某些方面，布朗可算是胡佛内阁颇具干才的人物，仅次于亨利·史汀生，他对该问题当然有自己的看法。他认为，美国的商业航运处于混乱的无政府状态，因此，作为邮政部部长，他自认的使命是对美利坚空运实施协调和强化，由此为一套全国性的空运体系打下基础。于是，他将自己职位所拥有的权力都调动起来，以无情且高压的方式来实现自己的霸权观念，毫无疑问，这中间也调动了其他的权力。为了强制大公司扩张业务，同时将喜欢找麻烦且经济实力一般的小型独立公司驱逐出去，空运补贴显然是他手中最具力度的武器。为了锻造这么一个统一体系，他需要自由空间，为此特别急于依靠竞争性投标制度。布朗的此番计划当然引发了独立公司的愤怒，其中一些公司比那些财大气粗的大公司更具创造力，也更有经验，却一直得不到业务扩张所需的补贴。

听证工作随即展开，布莱克已然借由刘易斯、独立公司以及相关的公司材料，充分武装起来，即刻传召了精心选定的一批航空公司管理人员。他的策略是让这些证人首先明白，他已经掌握了事实，只需要他们确认并正式予以归档。于是，布莱克面带笑容，很是平易谦和，大口大口地吸着雪茄，以这样的态势试图“激活”这些人的记忆，于无形中令这些人承认一些事实，他就可以依据这些证言得出犀利且颇具毁灭性的结论。

就这样，布莱克耐心地对故事进行重建，在这个过程中，一幅人们并非不熟悉的阴暗画面渐渐浮现：巨额薪水、各种奖金及投机利润；公司与相关政府官员之间的可疑关系；被秘密销毁的官方材料；等等，这一切将异乎寻常的昭彰情状揭示出来，告诉世人，工商业集团是如何利用政府来盘剥公众的。取证过程中，布莱克发现了 1930 年春天航运公司管理人员在邮政部进行大量秘密会谈的情况，甚至当事人自己都不确定是不是真的违背了《谢尔曼法》；其中便有人很肯定地作证说：“倘若这样的会面换到街对面的拉雷夫酒店进行，不会有人觉得这样的谈话方式合乎规矩；但是，我们是应内阁成员的传召前来参会的，还是在邮政部里面，所以完全不觉得有什么问题。”一家独立公司的代表试图破坏会谈，结果被当场赶了出去；航空邮政处的负责人直接告诉这个人，他的公司太小了，根本没有资格。布朗此番政策的结果是令三家航空控股公司斩获了二十七份联邦空运合同中的二十四份，这三家公司的身份也很明显，分别是联合航空公司、特拉华航空公司和北美通用公司。

4

毫无疑问，布朗并不像他自己在委员会面前展现的那么无私且富于远见，也不至于像布莱克力图向媒体展现的那般十恶不赦。布朗确实有心整顿产业乱象，为之建立一套秩序，不过在这方面，他确实将公司规模误认为就是效率，将资金支持度误认为就是技术。他对稳定状态是有欲念的，因此很自然地站在华尔街集团一边，无论华尔街对航运事务何等无知，将身无分文的航运业务开拓者晾在一旁，无视其何等精通业务。不过话又说回来，布朗并非逐利集团的代理人，即便他的方法允许其他人谋取巨额利润；他从来都在产业协调方面扮演积极角色，对于那些公司本身的业务扩张，他倒不是这个态度，而那些公司则一向深陷习惯性的彼此猜疑当中，确实需要从中协调。

布莱克当然也承认，为了国民利益去创设一套空运体系，补贴制度必不可少。但他同时也觉得，那些大公司图谋要遏制竞争性投标机制。而且，布莱克尤其反对政府将补贴集中在某些公司身上，在他看来，这些公司实质上就是华尔街释放出来的飞行小队，其任务并非真的是航运，而是要释放债券。“美利坚航运的控制权，”布莱克评论说，“就这样从那些懂得航运的人的手中被无情地剥夺了，转而交到银行家、经纪人、推销人及政客手中，这些人就安坐在自己的隐秘办公室里，谋划着怎么在自己人中间分配纳税人的钱。”此等情形下，必须有人站出来，实施破冰行动，瓦解这样的格局。1934 年 1 月下旬，布莱克利用白宫宴会的机会，向总统汇报，邮政部部长其实有权取消借由欺诈或阴谋而获取的合同。此时的邮政部方面，检察官卡尔 · 克罗利也在敦促取消此类合同。2 月 8 日，罗斯福要求霍默 · 卡明斯对此事展开调查。第二天早上，卡明斯报告总统，证据足以表明，有必要取消那些合同。

具体的时间问题上是存在分歧的。邮政部方面希望将取消合同的时间推迟到6月1日，并利用中间这段时间展开新的招标活动；这样可避免航空邮政业务中断。然而，总统认为，既然合同存在问题，就应即刻予以取消。那么中断的这段时间该如何处理呢？邮政部的一名助理部长遂请求陆军航空团的本杰明·D. 弗洛伊斯将军伸出援手，接管这段时间的航空邮政业务，尽管陆军航空团在1918年之后便一直没再接手这样的事情了。这一次，弗洛伊斯则欣然接受。两个小时后，同样在1934年2月9日，总统发布指令，宣布取消合同，并命令陆军航空团接手这段紧急时期的空运业务。[2]

5

陆军航空团就在同一周正式接受此番任务，二月的狂野天气此时正在这个国家肆虐，西部是暴雪，中西部和东部则笼罩着大风、雨雪、浓雾及极寒天气。陆军飞行员不曾受训在此等恶劣天气中飞行；很多飞行员甚至没做夜间飞行的准备；并且没几个飞行员在突然受命之下，确切知晓跨越大陆的航线。一架飞机脱离了航线，在爱达荷州杰尔姆附近坠机起火。还有一架飞机因为机翼被冰层冻结，束手无策之下，只能轰鸣着撞入犹他州的一处山体。陆军的一架舰载机在远离洛克威岬角的远海冰冻海面上降落，飞机很快被裹挟着冰块的海浪击碎。航空团接手这一任务的第一个星期，便有五名飞行员丧生（其中三人是在正式接手任务之前的测试飞行中丧生），此外有六名飞行员受伤，八架飞机坠毁。此等数据令整个国家都震动了。艾迪·里肯巴克，第一次世界大战中的王牌飞行员，此时担任东方航空公司副总裁，他谴责此等行为就是“合法谋杀”。

此番全国性的冲击一时之间令一直憋闷着的对新政的不满情绪，似乎是找到了发泄口。航运产业集团当然不会放过这样的反击机会。而且，在同政府的这场较量当中，这个集团也拥有自己的独一无二的武器，有一个人可以为他们代言，此人在国民中的受欢迎度并不逊色于富兰克林 · 罗斯福。此人就是人称“孤鹰”的查尔斯 · A. 林德伯格上校，1920 年代一个真正的美国英雄，此时年仅三十二岁，仍然是年轻人。他二十多岁时的英雄壮举，令“圣路易斯精神号”高高翱翔在大西洋上空，自那个英雄年代之后，他的勤奋、沉静和谦逊，便一直维持着他在民众心目中的高洁形象。1932 年，他的孩子遭到绑架并被杀害，此事更强化了民众对他的爱戴。这些年间，林德伯格也完全归附并认同航运产业集团。1929 年，他成为泛美航运公司的技术顾问。当时他接受了一张额度为二十五万美元的支票，依据先前的一份协议，他即刻将这张支票兑换成这家航运公司的股票，共计两万五千股。1933 年，他以泛美公司技术顾问的身份接受了认股证，这给他带来了十五万美元的收益，他把这些都重新做成公司投资。当政府取消合同时，林德伯格理所当然地成为航运产业的代言人，表达产业集团的不满和憎恨。

他即刻致电总统，措辞颇为严厉。这份电文以冷静且犀利的态势，直击罗斯福的政策弱点，即这些合同是在没有进行听证的情况下予以取消的。“您当前的行动并没有区分无辜者和罪人，也无意鼓励诚实业务……您下令取消全部航空邮政合同，令大批商业航运业务在没有公正审断的情况下，遭受惩罚。”乔治 · W. 诺里斯曾跟林德伯格的父亲并肩战斗，力主合众国远离第一次世界大战，对此，诺里斯不免评论说：“现在，林德伯格上校可是赚足了二十五万美元啊。”斯蒂芬 · 厄尔利也迅速作出回应，指责林德伯格没有给总统时间去接收电文，就将电文公布给媒体了。不过，所有这些反击行动，在伤亡名单和林德伯格那显然无可征服的声望面前，都不值一提。

打击的重点落在邮政部部长法利身上，据说正是此人为取消合同提供了技术上的服务。一家报纸刊载了关于他的漫画，画面中，十二具空运飞行员的骸骨仿佛正在控诉，法利则挥手示意，将这些控诉者赶走。实际上，法利在此次决策过程中并没有扮演什么角色。在布莱克委员会作证时，他的表现也足以说明他对补贴一事知之甚少。他的前任沃尔特·布朗确曾作证说，法利曾说过对“此类调查”没有同情可言。法利还补充说（这是布朗的供述；法利否认自己说过这样的话），他认为布莱克“不过是渴望出名，请不要告诉任何人这话是我说的，毕竟我还要跟他共事呢”。不过，在克罗利和布莱克的促动下，法利毕竟是同意此番决策的。当这场危机爆发出来时，法利遂将责任承担起来，并无怨言。私下里他还是记述说：“我确实中招了，总统并没有找到合适的人去转移这股怒潮。”

罗斯福和林德伯格之间的这场冲突，自然令很多美国人面临艰难选择。不过，陆军航空团的失败也令这场抉择并不困难。随着事故不断发生，抗议浪潮也涌动而起。到了 1934 年 2 月 25 日，阿瑟·克罗克已在《纽约时报》上写道，就职以来，政府第一次“实实在在地沦落守势”。3 月初，罗斯福告诉战争部部长德恩：“陆军航空团的伤亡不能再继续了。”航空团方面遂减少了航运次数，等待天气转好。与此同时，罗斯福要求国会通过新的立法，允许在自由竞价基础上让私人航运业务介入。德恩也表示了和解姿态，约请林德伯格进入牛顿·D. 贝克主持的一个战争部委员会，对航空团之事进行审议。

林德伯格无意接受安抚。他以另一份语气颇为直接的函件回绝了德恩的邀约：“我相信动用陆军航空团来执行航空邮政业务是不合理的，也违背了美利坚原则。”几天后，林德伯格前往华盛顿，在参议院邮政委员会作证。他颇为慵懒地半躺在一张宽大的红皮革椅子上，年轻的脸上是真切且严肃的表情，他以简洁且镇定的语气攻击总统的举措，核心小组委员会房间里的人们都已着迷。“但凡他脸上闪过那熟悉的、迷人的笑意，”《纽约时报》报道说，“整个房间就是一片赞许之声，如同过电一般。”艾迪·里肯巴克在林德伯格之后出面作证，他的陈述实质上跟林德伯格是一样的，只是语言相当花哨，结束时还诉请罗斯福“将政府队伍里那些背叛之人清洗掉，此等人物为数很少，不过我相信正是他们误导总统偏听偏信，令总统背离了美利坚原则”。

6

截止到5月，商业航运重新接掌邮政业务。不过，邮政航运集团虽然取得了显见的胜利，但此次经历给他们上了一课。吉姆·法利在重启航空邮政合同竞标时，给出了这样的规定：那些享受过沃尔特·布朗的特惠资源的公司必须实施重组，否则不得参与竞标。这一举措自然是要将一定程度的责任意识注入这个产业；而且，依据新的分配机制，航空邮政补贴额度从1933年的一千九百四十万美元沉降到1934年的不足八百万美元。此外，这番经历也表明，既有的航空立法是缺乏效能的，并最终促成了《航空邮政法》于1934年出台，该法案由布莱克和肯尼斯·麦凯勒引入国会（最终则正式催生了1938年的《民用航空法》，由来自内华达州的参议员帕特·麦卡伦和来自加利福尼亚州的众议员克拉伦斯·李引入国会，民用航运局就此诞生）。

此次事件自然也令政府方面震动不小。那些相信未来战争中空军将是决定性力量的人，此后便越发明确地感到要对航空工业及航空团来一场彻底检省。比利·米切尔将军，美利坚空军的铁杆先知人物，遂强烈支持雨果·布莱克展开航空邮政调查。“倘若政府要花钱在这上面，”他在众议院的一个委员会作证说，“那就应当保证这钱能花到刀刃上，而且不能允许这钱最终主要用来搞股票投机。”对于林德伯格的介入，米切尔根本不为所动。“林德伯格不过是航空托拉斯的‘走卒’，”米切尔说，“……他就是个商业飞行员。他的主要动机就是牟利。”

米切尔认为，航空团应当永久执行航空邮政业务。“这会令航空团的效能大为提升，也能襄助航空事务适当发展，以此提升国防力量。”1934 年这场实验的结果是灾难性的，米切尔将之归罪于私人航运公司。“国家不能使用它们的广播系统，不能使用它们的广播设备，也不能使用他的飞机……正因这些唯利是图的产业人物及其政客集团从中作梗，陆军航空团无法得到相应的装备，能在此等恶劣条件下执行这样的航运业务。”这些飞行员每年只有一百小时左右的飞行时间，怎么可能期望他们去应对这样的工作呢？“陆军已经丢失了飞行技能，”米切尔愤怒地申述说，“已经没有飞行能力了。倘若陆军航空兵不能在任何天气状况下飞这么一趟邮政业务，那么战争时期还能指望他们做什么呢？”

跟比利 · 米切尔提出的大部分问题一样，这个问题也是直戳痛处，让人不舒服，但确实犀利。这场航空邮政灾难甚至令战争部也无法继续回避问题了。米切尔说：“问题在这时暴露出来，应该是件好事，尽管已经牺牲了一些人，这很不幸。我认为我们无论如何要寻求改进。”这个国家也应当如此。H. H. 阿诺德少校此时正负责太平洋沿岸地区的航空邮政事务，他后来也评论说：“此次事件以令人震惊的方式体现了什么是战斗飞行，什么是夜间飞行，什么是恶劣天气条件下的飞行；不过，最重要的是，此番经验总算促动我们去寻求最新的飞行设备，以备航运和夜间飞行。”此次事件还催生了贝克委员会，该委员会尽管抵制了米切尔寻求建立独立空军军力的设想，但确实倡议建立一个空军指挥部，独立的空军建制迟早要从这个指挥体系中孕育而出。

这场航空邮政之战于 1934 年 1 月打响，于同年 4 月归于沉寂，到这一年的夏天便基本上被人淡忘了。时间虽短，但意义重大。斗争的结果显然侵蚀了罗斯福战无不胜的神话，同时强化了工商业集团对他们眼中新政的那些个人色彩十足且相当武断的举措的恶感。政府的步伐随之加快，对政府的批评浪潮也更为剧烈。斗争对具体的人员也有影响，比如令雨果·布莱克的地位此时更为突出，并在吉姆·法利内心种下了憎恨的种子，当然，查尔斯·林德伯格也证明了自己是极具民心的人物，对美利坚心灵的吸引力之大恐怕仅次于罗斯福。最重要的是，此次事件促动了航空产业领域及陆军航空团的一系列改革举措，在未来的危机中，这个国家确实应该感谢这些改革举措。[3]

二十九　管控股票交易

1

1934年3月，航空邮政危机正值顶峰，新政和工商业集团的关系也恰逢此时急转直下，变得更糟糕。此时，“百日”期间遗留了诸多未完成的事，其中最为突出的就是《证券法》的附属立法工作，确切地说是对股票交易实施管控的议案。1933年推出的股票交易议案草案，由萨缪尔·安特梅耶起草，此时已被放弃了。1933年12月，费迪南德·佩科拉和马克斯·洛温塔尔预料国会方面将要求拟定新的草案，遂约请科恩出手，拟定新草案。此时的科恩正忙于铁路贷款事务，遂分派了两个更年轻的人具体操持草案工作，其一是特尔福德·泰勒，其二是I. N. P. 斯托克斯，二人遂拟定了初步的草案。圣诞节期间，科恩腾出时间，在托马斯·G. 科科伦和詹姆斯·M. 兰迪斯的协助下完善草案。

科恩和科科伦在委派人手拟定股票交易草案时，给出的指令完全是模糊的。而且，二人从佩科拉和洛温塔尔那里接受的委派也全然是非正式的。当雷蒙德·莫利于12月对此事表示关切时，二人便感到白宫方面有希望予以支持，莫利则担心二人“过于张扬”，所以并没有将这一情况及早告诉二人：罗斯福已经明确要求准备一份草案。这项工作多多少少是在黑暗中展开的，因此，二人只能靠自己的力量推进下去。他们大范围地咨询了佩科拉及其助手团队的意见，特别是约翰·T. 弗林；此前，在兰迪斯引领之下的联邦贸易委员会已经做了一些草案的准备工作；联邦储备委员会的温菲尔德·里弗勒也在一些边缘条款上有所协助。到了2月的第一个星期，时任参议院银行委员会主席的来自佛罗里达州的参议员邓肯·弗莱彻要求呈送新的议案，此时，草案已酝酿成熟了。

2月9日，罗斯福向国会发送咨文，要求实施股票交易立法。科恩-科科伦议案随即由参议员弗莱彻和众议院萨姆·雷伯恩引入国会，该议案有五十页之多，技术细节方面自然晦涩难懂，不过，很显然有三个主要目标。其一，保护投资者不受证券市场内部操控的侵害，诸如对敲、洗售、合谋、操纵市场、期权等，为此，议案将证券业务置于联邦监管之下。其二，保护投资者不受错误信息之害，为此，议案规定不仅新发证券要进行登记，所有进行交易的证券也都要实施登记。其三，对投机行径实施压制，为此议案提出了诸多附属性质的规定，对证券市场上的举债能力实施控制。该议案的执行机构是联邦贸易委员会。该议案的总体希望是让股票市场在恰当管控之下，成为真正意义上的投资场所，而非投机和赌博之地。人们相信，此番改革不仅会拯救个体投资者，也能在相当程度上帮助提升普遍的经济稳定性。[1]

2

接下来的几个星期，工商业集团的领袖人物纷纷来到众议院州际贸易和对外贸易委员会，对该议案展开攻击，态势相当稳定且坚决。大部分批评和反对意见都沿着熟悉的思路展开，比如，对股票市场实施规制，既无必要，也不可行，而且相当危险，最终只会阻碍投资。1934 年 3 月 23 日，来自雷明顿兰德公司的小詹姆斯 · H. 兰德，时任国家委员会主席，也加入了反管制浪潮，他提出的新说法令人不寒而栗。他指出，该议案实际上是刻意而为，旨在推动这个国家“走向共产主义”。为了支撑这个说法，他拿出了威廉 · A. 维尔特博士的一份手稿，维尔特是一名教育工作者，在印第安纳州加里有过四分之一世纪的学校监管履历。

据手稿记述，1933 年夏天，维尔特曾询问一批“智囊”人物，他们是如何谋划颠覆社会秩序的。这些人的回答是，尽可能阻碍经济复苏，借此将这个国家的困境尽量延后，直到人民意识到已经别无选择，只能让政府接管一切。那么总统呢？维尔特问道。这些人说，到了那时，罗斯福也身在激流当中，面对如此强劲的激流，总统先生想必也束手无策。“我们相信我们可以将罗斯福先生牢牢地钉在那里，直到我们找到一个人物将他取代。我们都相信，罗斯福先生不过是这场革命洪流中的克伦斯基。”难道总统看不出他们的图谋吗？“我们都是局内人，”他们告诉维尔特，“我们可以控制种种影响力渠道。我们可以让总统相信，那些决策都是他自己的。”

委员会对这一非同寻常的故事满腹狐疑，遂决定展开进一步调查。4 月初，众议院任命了一个特别委员会，传召维尔特直接前来作证。作证伊始，维尔特便确认了此番谈话的场合。他说，那是一次宴会上的事，地点是阿里斯 · 巴罗斯的家乡，巴罗斯曾于四十年前当过维尔特的私人秘书，并从 1917 年开始就一直在教育局工作。在场众人包括戴维 · 库什曼 · 科伊尔，工程师出身的经济学家；罗伯特 · 布鲁埃尔，工业关系问题专家；劳伦斯 · 托德，曾是塔斯社驻华盛顿的记者；还有政府中的两位女士，分别是希尔德加德 · 尼兰德和玛丽 · 泰勒。调查很快发现，当日宴会上根本没有罗斯福圈子的成员，或者说，根本不曾有哪个人在新政圈子有任何突出位置。再次思量之后，维尔特确认科伊尔、布鲁埃尔和巴罗斯夫人并没有参与这场阴谋谈话。（实际上，后来的调查发现，除了托德外，巴罗斯夫人是该集团里唯一一个同美国共产党有关系的人；1953 年，调查方问询巴罗斯夫人究竟是不是美共党员，当时巴罗斯夫人召请宪法第五修正案，以寻求庇护。）此次作证，维尔特的证言实在是散漫且拖沓，他接着承认，当时实际上不曾有谁说过要遏制经济复苏，那是他自己的推断；他还说，大多数激进变革之论，都是他自己说的，当时他在竭力回忆特格韦尔以前的一份演说；他还含沙射影地作证说，他在说这番话时，在场的其他人似乎都“点头表示赞许”；而且，罗斯福-克伦斯基之喻是托德说的，当时托德就坐在维尔特身边，并且是在场众人当中唯一一个跟政府毫无牵扯的人。

维尔特在委员会面前既有此番表现，倒也不难想见他在巴罗斯宴会上的表现。“我承认，”维尔特谈到此次聚会时陈词说，“我当时确实说了很多很多。”此一证词也得到了在场其他人的确证，至于其他的证词，其真伪就很难说了。巴罗斯夫人的证词是：“作为一场聚餐，其实并不成功，因为实际上一直是维尔特博士在侃侃而谈。”尼兰德夫人的证词是：“其他人，包括我在内，实际上都没有插话的机会。”泰勒夫人的证词如下：“维尔特博士实际上根本无意交谈，一直都是他的独白。”科伊尔的证词（作为工程师，科伊尔恰巧专攻风阻问题）：“这实际上就是维尔特博士的独家谈话。”布鲁埃尔的证词：“数个小时里，我一直在倾听维尔特博士纵论货币问题。”

3

其中布鲁埃尔的陈词应该说是最有意思的。维尔特博士首先是一个货币激进派；而且置身此等货币幻象的统绪当中，他自然认定，如此显见的解决办法，竟然还不能即刻推行，唯一的解释就是有邪恶阴谋从中作祟。在这个信念群体中，当然有很多人认为这些阴谋者就是国际银行家集团或犹太人；在这个问题上，维尔特略显特殊，他认为是共产主义者在作怪。当国家委员会全文发布他的那份手稿时，他的倾向也就变得十分明显了。《美利坚必输无疑》（这一标题自然是在影射华莱士的那份小册子）是一份五十页的小册子，为美元在外汇市场上的贬值举措展开辩护，认为这是真正可靠的出路。这其中，兰德在众议院委员会供述的阴谋论则占据了六页的篇幅。不难看出，维尔特的核心论题并不是要坐实颠覆指控。毋宁说，提起这样的阴谋论叙事，是要借机解释一下政府为何未能接纳美元对外贬值这样一副万灵药方；依据维尔特的眼界，除了阴谋论，其他原因都很难解释。

故事初次爆发时，维尔特确实谈到了所谓的“共产主义的整套阴谋”，他在委员会的证词也确实有大量人身影射，不过，他真正要呈现的画面根本不是什么叛国阴谋，而是一场全然公共取向的思想运动，一场以计划经济为取向的公共运动。如同他自己说的，“我从未说过这些人或别的什么人在图谋颠覆政府，我说的是社会秩序问题”。“整整一年过去了，那些新政领袖人物，也就是那所谓的‘智囊团’，一直在公开表态……极为详细地阐述他们的计划，要在美利坚推行一场社会和经济革命”。最终，维尔特的证言变成了长篇大论，由种种含混不清的主张融构而成，中间还时不时地穿插着自以为是的错误说辞（比如这个阴谋集团曾在亨利·华莱士《美利坚必须选择》一书出版前六个月一起讨论过书稿）。实际上，就在维尔特作证的这段时间，华盛顿正有一场共产党的秘密行动在推展开来，这个情况恰好说明维尔特的阴谋论证词是很成问题的；毕竟在这时，他不可能得到此类活动的信息，而且他提供的所有阴谋论证据实在是蹩脚且荒谬。

唐纳德·里奇伯格的话足以概括华盛顿方面的反应：

乌贼喷墨，
无人受损，
从头至尾，
不过如此；
维尔特博士，
乌贼是也。

总统于4月中旬从巴哈马的钓鱼之旅返回，一群国会议员前来迎候，总统打趣说："你们在华盛顿过得也不错嘛，从维尔特到维尔特，来回游走。"《时代》周刊给出的评论则是："1934年的这场红色恐慌就这么脆生生地落幕了，比橘子黄油薄卷饼还要干脆。"

不过，余波并未完全平息。维尔特事件帮助塑造了一个新的形象，确切地说，就是将新政视为一场颠覆阴谋。实际上，马克·沙利文早在上一年12月的一系列专栏里，已经为这个形象破题了，那些专栏文章着力将特格韦尔呈现为一群年轻知识分子的头领，引领这群人改造美利坚社会，如同沙利文说的，要将美利坚改造得"无限切近'俄国'"。到了1934年7月，赫斯特报业集团便可以发表评论："事实就是事实，政府里有一个相当可观的集团，他们比共产党更共产主义。"当然会有一些保守派不屑于这样的攻击方式，不过也有不少保守派已做好十足的准备，要将维尔特博士扔到国家政治舞台上的这件武器运用起来，尽管维尔特博士的此番举动是如此混沌不堪。特格韦尔在4月的日记中留下了这样的陈词："这会引发怎样的后果，没人说得清，倘若眼前这股反动浪潮里有实实在在的力量，我们很可能会被扔进大海喂鱼。"[2]

4

维尔特揭秘事件就这样沦为一场拙劣闹剧。不过，小节目虽然落幕了，正剧仍然可以利用这个小节目激发起劲头十足的浪潮，那就是围绕股票交易管制议案而展开的斗争。弗莱彻-雷伯恩议案自然要面对十分严肃且正经的反对力量，而这反对集团的首领当然就是纽约证券交易所主席理查德·惠特尼。

1933年10月，佩科拉在追索股票市场的信息时，便已派出两个代表同惠特尼展开商议，看是否应当对交易所的成员展开问询。两个代表进入惠特尼办公室时，主人当场认出其中一人是约翰·T.弗林，华尔街的老对头。这令惠特尼恨意顿起，盛怒之下，直接从椅子上起身离开了房间。颇耗费了一些时间，惠特尼才压下情绪并返回房间，但他的怒火很快又升腾起来。当两位来访者断言股票市场需要联邦管制时，惠特尼做出了尖刻回应。“二位显然犯了大错，”他的语气颇为傲慢，“我的交易所是无可挑剔的。”

说真的，骄傲就是惠特尼的本质，对他的交易所、他的阶层以及他自己，他都是那么骄傲。他个子很高，胖胖的，硕大的鼻子，眉头突出，长得甚是硬朗英俊。他经历过格罗顿和哈佛的教育，娶了联盟俱乐部主席之女为妻；先是在波士顿为吉德尔-皮博迪银行效力，而后辗转纽约为摩根家族效力。他热衷运动，在老家新泽西的地产上养了一批纯种马，还是埃塞克斯猎狐俱乐部的主席兼纽约游艇俱乐部的财务官。他的俱乐部包括林克斯高尔夫球俱乐部、草地俱乐部、球拍俱乐部、尼克博克俱乐部等，他的表链上挂着一只金猪，那是哈佛大学坡斯廉俱乐部的身份标志。他自视为贵族品性的护卫者。有一次他撞见几个醉醺醺的毕业生在格罗顿教堂的墙壁上涂鸦，据说他当场就说，这些人日后若想加入尼克博克俱乐部，门都没有，他会动用所有能量将这类人关在门外。对待外人，他的举止态度，无论内心情绪是平和还是倨傲，都是那种深入骨髓的居高临下。

他的经济哲学简单明了。“这个国家就是靠着投机建立起来的，我就是这么看的，”他在参议院银行委员会作证说，“而且未来的进步也是要靠着这个才有可能。”他承认存在扭曲和滥权现象，但否认“1929 年及此前几年的投机过热在任何实质意义上可以归罪于股票交易或股票交易的方式”。“那么，投机过热是在什么时候开始的呢？”一个议员问道。“这个我不能告诉你们。”惠特尼回应说，还补充说，他倒是愿意将这个问题留待“那些控制着这个国家的信贷体系的人去解释”。反投机战争在他看来是毫无意义的。“你们这么做，显然是在跟人性为敌，”他说，“……只要我们还是美国人，投机就永远会在这片土地上存在下去。”[3]

5

在惠特尼看来，若是对股票交易实施联邦管制，实质就是大不敬之罪。他反复申述说，华尔街完全有能力自我规制。为了在委员会面前证明这一点，他特意援引了两个星期前交易所推出的一项规定，该规定旨在阻止交易所成员从事合谋及其他操纵手段。参议员科斯蒂根问询说，为何花了这么长时间才制定这么一条显而易见的规定。惠特尼回答说，很多规则都需要数年时间的讨论后才有可能付诸实施。参议员巴克利很是好奇地问道：“那么反对意见是怎样的呢？”惠特尼回答说：“参议员巴克利先生，我不认为有任何反对意见。”巴克利追问：“可是，你们毕竟花了数年时间用来讨论，无论如何都会有一些反对意见吧。”惠特尼重申，没有任何反对意见。科斯蒂根遂发出尖锐问询：“这可以算作调查结果之一吗？”惠特尼颇有些犹疑地回应说：“可以这么理解吧。”

惠特尼有着一切理由反对这项议案。他反对将经纪人、场内交易人和专营经纪人的职能分割开。他反对禁止经纪人用自己的账户进行交易的条款。他说，规制股票交易不过是借口，该议案实际上是要给联邦贸易委员会“绝对权力，去管制和操控股票交易”。表面上是要建立合理规则，其真正目的“是要拐弯抹角地将工商业国有化”。惠特尼还私信罗斯福，信中警告说，这样的议案很可能“将股票市场冻结，那可都是流动证券市场，就跟此前的《证券法》对资本证券市场产生的冻结效果一样”。惠特尼在众议院商业委员会作证说，倘若该议案获得通过，“这个国家的证券市场将因此干涸”；将引发“巨大甚至普遍”的公司退市潮。更何况，该议案还是违宪的。说到底，惠特尼所反对的不仅是议案中的具体条款，更是整个联邦管制观念。当然，交易所的顾问罗兰·雷德蒙也仔细考量了弱管制动议，但他最终承认，华尔街的弱管制方案在他和惠特尼看来，跟弗莱彻-雷伯恩议案一样是违宪的。

罗斯福向国会呈送立法咨文四天后，惠特尼召请三十家较大的通讯商行的代表，计划策动一场运动来抵制弗莱彻-雷伯恩议案。又过了两天，惠特尼致信交易所所有成员及八十家大公司的总裁。论战开启之际，他在华盛顿专门租了一栋房子，以便亲自指挥战斗。全国的工商业集团都集结在他的旗帜之下。汉纳公司的乔治·M. 汉弗雷，也是克利夫兰方面专门因弗莱彻-雷伯恩议案而组建起来的委员会的主席，认为该议案“将从整体上损害工业，遏制经济复苏，阻碍劳动力的正常再就业进程”。杰勒德·斯沃普及商务部商业顾问委员会则认为这样的议案将是“一场国家灾难”。尤金·迈耶说，该议案将导致“国家控制工业”。二十八名大工业家在蒙桑托公司的埃德加·M. 奎尼、合众国石膏公司的休厄尔·埃弗里、共和钢铁公司的托马斯·M. 格德勒以及菲利普斯石油公司的弗兰克·菲利普斯等人的引领下，以恳切之态为小企业发声，他们申述说，该议案将令近五十万家没有华尔街支持的公司“活活被此等联邦管制体系绞杀”。尤金·E. 汤普森，联合股票交易所的主席，更是相当直接地预断：“股票交易制度和体系将就此倾覆，还会……引发金融和工业混乱。”来自伊利诺伊州的共和党众议员弗雷德·布里滕也毫不留情地申述说：“该议案的真实目标就是要毕其功于一役，将这片土地的一切都俄国化。”[4]

6

新政走到现在，还没遭遇过工商业集团如此强劲的反对声浪。萨姆·雷伯恩说：“这是国会议案遇到过的最为强劲的院外反对集团。”威尔·罗杰斯于 3 月 23 申述说：“为了抵抗政府的管制，华尔街的这些老家伙们看来是拼了，那阵势相当可怕。”不过，他们推出的方案也相当复杂，令其支持者的处境变得十分艰难。参议院听证会前一天晚上，佩科拉突然要求这些人在第二天为他们拟定的方案作证，这令科科伦和科恩都不免有些吃惊。随后便是一个晚上的预演，将全部可能的问题和回答都考量进来，之后，预计将依托委员会秘密会议展开调查的科科伦，也变得十分有信心了。但是第二天早上，科科伦遭遇的不仅是一场公开听证和挤满人的房间，更遭遇了雷德蒙，此时的雷德蒙已设法从弗莱彻那里得到了一项交叉问询的特权，这种情况在国会听证史上可绝对不常见。不过，面对这出乎意料的情状，科科伦表现出无限的镇定，在专业技术问题上的表达毫不逊色，针尖对麦芒，对雷德蒙的一切提问均对答如流。(科科伦在起草议案期间，会不时利用晚上时间把草案读给奥利弗·温德尔·霍姆斯听，此次交叉质询几天后，这位老资格大法官告诉科科伦，还有一名前任部长因为科科伦在这场斗争中扮演的角色而感到自己受了羞辱，因此到霍姆斯处提出抗议。霍姆斯特意告诉科科伦："我跟他说了，跟这样一场辉煌战斗哪怕只沾上一点点边，我也很骄傲啦。"）

这场战斗继续向前推进，对议案的反对态势也逐渐集中在两个问题上，其一是有关券商保证金标准的条款，其二是有关令联邦贸易委员会成为管制机构的条款。

议案的支持者相信，证券市场上若是过量借款，将鼓励投机，因此要求对证券的融资额度实施严厉控制。为了达成这个诉求，他们希望推行 30% 的保证金率，并将这一条款写入法律条文，而非将其留给登记委员会酌情定夺；毕竟，他们不能肯定诸如此类的委员会能否顶住交易所方面放松保证金率限制的压力。在保证金率问题上采用此等办法，自然令惠特尼大为震惊。他说，这样的规定"将彻底消除大家都知道的'保证金交易'，而且在我看来，还将就此消除证券市场上的一切投机活动"。惠特尼颇为尖刻地申述说，倘若投机活动销声匿迹，"其结果在我看来也是非常显见的，证券市场本身也将不复存在"。（汤姆·科科伦则在委员会陈词："我相信股票交易。我不相信你们会杀死股票交易。我完全相信你们会对其实施规制。"）

惠特尼的另一个主要诉求是将管制权能从联邦贸易委员会手中夺走。为此，他提议建立一个由七人组成的特别委员会，其中两个委员代表交易所，一个委员代表联邦储备银行体系。有几个参议员向他发出问询：是否觉得铁路公司也应当指派自己的代表进入州际商业委员会？面对这样的问询，惠特尼依然不为所动。在参议院，卡特·格拉斯引领了一个集团，为这一特别委员会机制而战。[5]

7

3 月最初的几个星期，惠特尼的反击行动开始见效，甚至在政府内部也开始产生影响。来自阿肯色州的参议员罗宾逊以多数派领袖的身份公开申述说，这个会期不应继续推进这份议案。汤姆 · K. 史密斯，圣路易斯的一个银行家，曾在财政部担任摩根索的特别助理，此时也试图从内部着手来缓和这份议案；联邦储备委员会的尤金 · 布莱克和莫利此时也不知疲倦地展开工作，力促审慎之道。

不过话又说回来，如果说这个问题令政府发生了内部分裂，那同样也令华尔街发生了内部分裂。惠特尼代表的主要是交易所的券商集团，确切地说就是场内交易人、专营经纪人等，这个集团同公共利益并无太多直接牵扯，都是以自己的账户从事投机活动，并将股票市场视为某种形式的私人俱乐部。但是，几家大的经纪行对民情和民意不会抱持这么多幻想；他们不太可能依托自己的账户从事场内交易；而且他们对惠特尼体制的恨意累积了相当长的一段时间。到了这时，情况已经相当明朗：这个集团的组织，股票交易所协会，连同纽约路边交易所及场外交易体系，都随时可以脱离惠特尼策动的这场运动。诸如 E. A. 皮尔斯以及保罗 · V. 希尔兹这等有影响力的委托经纪人，以及狄龙的詹姆斯 · V. 福里斯特尔、哈里曼-布朗兄弟公司的里德和罗伯特 · A. 洛维特这样的人，则代表了华尔街的温和集团，他们对操纵市场的行为抱有敌意，而且能接纳市场管制举措。兰迪斯和科科伦自然觉察到此番情形，遂着手在两个集团之间打下楔子。不久，温和派便相信对该议案的正面进攻势必以失败收场，遂决定跟政府合作，拟定一份既有效又合理的议案。

科恩和科科伦遂重新起草，并于 3 月 20 日将全新的草案呈送众议院委员会。新版草案对华尔街温和派来说确实是缓和了很多，不过对惠特尼来说仍然太过严厉，惠特尼迅速作出反应，说新议案跟原来的议案一样糟糕。总统一直支持严厉管制，到了这个节点便明确表态，不会再让步。3 月 26 日，已然否决了罗宾逊推迟提议的罗斯福，致信弗莱彻，措辞甚是激烈。在信中，总统明确指出，他提出的所有立法动议中，这份股票交易议案显然遭遇了“最为明确也最具组织性的反对浪潮”；罗斯福还断言，绝大多数民众都要求结束证券投机之乱象。“我可以肯定，”罗斯福说，“除非我们的立法有利器在其中，否则这个国家是不会满意的。”罗斯福还补充说，当前这份议案似乎能满足人民的最低要求。“我确实看不出我们中的任何人有任何理由以任何方式去削弱这样一份议案。”

到了4月底，两院的委员会大体上议定了这样一种管制模式：政府有权强制公开信息，有权展开调查，有权控制保证金率，甚至有权促动交易所和券商改变自己的游戏规则。不过，重大分歧仍然存在。雷伯恩议案更信守原始议案，希望联邦贸易委员会担纲管制机构，并主张对保证金率实施立法规约。参议院的版本则主张设立专门的管制委员会，由这个委员会协同联邦储备委员会来确定保证金条款。设置特别委员会的问题，在某种程度上倒也并非重大分歧。兰迪斯曾经有过联邦贸易委员会的经验，因此，他实际上支持建立一个新的委员会；雷伯恩此时也对诸般反对意见实施了仔细考量，但并不是要反对新委员会，而是要在任命新委员会的委员时能施加自己的影响。5月5日，众议院以两百八十票对八十四票通过了本院的议案；一个星期后，参议院也通过了参议院版本的议案，而且票决结果颇令人吃惊，竟然是六十二票对十三票。两院在快到月底时以会商形式弥平了双方的分歧，众议院接受了新委员会动议，参议院则接受了45%保证金率的名义限制，联邦储备委员会在其中有着相当的介入空间。最终形成的议案实际上交付新立的证券交易委员会予以执行，该委员会保留了早期版本意图写入法律条文的大量股票市场管辖权威。

这样的结果，很大程度上应当归功于国会的力量及雷伯恩的才干。在整场斗争中，雷伯恩都十分冷静镇定，对其中的政治可能性也有着精明感受，他正是凭借这些能力，力拒各方压力。当然也会有一些正统主义者，诸如约翰·T. 弗林这样的人，认为原初议案遭到背叛，被贱卖给华尔街了，遂对总统展开抨击。不过，兰迪斯、科恩和科科伦对最终议案涵括的更大的灵活性倒也并不失望，对这样的结果算是满意。1934 年 6 月 6 日，罗斯福签署了《证券交易法》。[6]

8

这个新委员会既负责执行 1934 年的《证券交易法》，也负责执行 1933 年的《证券法》。接下来的关键问题便是委员会成员的甄选。该法案已经警醒并激怒了金融集团，此等情形下，罗斯福自然希望至少在一定程度上由政府来组建该委员会。于是，罗斯福对莫利的提议颇为倾心，莫利举荐了约瑟夫 · P. 肯尼迪担任证券交易委员会的主席。肯尼迪了解华尔街，而且这样一个人物能激发华尔街的信任；他的职业生涯涵盖范围甚广，令他有丰富的经验，可以将相互戒惧的人们集结在一起；而且，1932 年他对民主党选战也出了大力。

1934 年肯尼迪四十六岁，在波士顿东区出生长大，他的父亲是当地的一个成功商人和政客。在波士顿拉丁学校及哈佛，肯尼迪都将一个聪明、富有且颇具进取心的年轻爱尔兰人的形象展现在世人面前，并且一路向上。到了二十五岁，他已是一家银行的行长了。第一次世界大战期间，他进入福尔河造船厂工作，在那里第一次遇到富兰克林 · 罗斯福。战后，他一度担任海顿 · 斯通公司的经理，这是波士顿的一家投资行。1920 年代，他在金融界闯荡了一番，这段生涯相当丰富多彩。接着，大萧条降临了。“我并不介意将这些话写下来，”他于 1936 年记述说，“在那段日子，若是依据法律和秩序，我能留住一半财产就很满足了，为此，我愿意牺牲另一半财产；我就是这么觉得的，也是这么说的。”不过，他的事业仍然相当兴旺。到了1932年，这个粗犷、暴躁且看来很健康的人，这个总是戴着牛角边框厚重眼镜的人，这个有着九个可爱孩子的人，便已在纽约、海恩尼斯湾以及棕榈滩都拥有住宅，而且依然活跃在华尔街。

1932年，他支持罗斯福竞选总统。1933年夏天，他参与了一场针对利比-欧文斯-福特公司股票的合谋行动，这样的投机行径恰恰是后来的《证券交易法》予以禁止的。可能正是出于此类原因，有关他担任证券交易委员会主席的传闻刚出现，便激起了剧烈的反对声浪。新政派对这样的消息简直难以置信，他们大多支持兰迪斯或佩科拉出任主席之职。约翰·T. 弗林写道："我觉得这不会是真的。这不可能。不会发生这样的事情。"斯克里普斯-霍华德公司的罗伊·霍华德挺身而出，向总统表示抗议，还调动《华盛顿新闻报》以社论形式评论说，罗斯福不能"就这么硬生生地把巴掌扇在他最忠诚也最有干才的那些支持者脸上，总统先生会受到惩罚的"。不过，罗斯福于6月29日告诉内阁，他相信肯尼迪能把工作做好，因为肯尼迪对证券市场的种种把戏了如指掌。

新政派遂在委员会成员的甄选问题上寻求安慰和补偿，最终提名兰迪斯、佩科拉及两名共和党自由派，其一是乔治·C. 马修，来自威斯康星州的拉福莱特集团成员，在联邦贸易委员会有过任职经历；另一个是来自佛蒙特州的罗伯特·希利，曾担任联邦贸易委员会的首席顾问。莫利将委员会提名情况告诉科科伦，科科伦抱怨了一番肯尼迪后，说："还不错，不管怎么说，五个人里有我们的四个人。""你这话什么意思啊？"莫利问道。据莫利后来回忆，科科伦当时回答："我的意思是，这里面有四个人支持我们，有一个人站在工商业集团那边。"莫利则颇为认真地回应说，他觉得经济之事是合作而非冲突的舞台；莫利还说，他倒是很想知道科科伦及其朋友们是不是有不同的看法。莫利后来记述说，当时的科科伦看起来"就像被冤枉了的小孩子"，语气非常轻柔地申述说，莫利误解他了。但无论如何，科科伦的此番评说对莫利而言可不是什么好兆头，这也标志着从第一次新政到第二次新政的过渡。[7]

9

主席职位上的肯尼迪，行事审慎但坚定。此时的证券交易委员会自然是拥有诸如皮尔斯、希尔兹这样的华尔街温和派以及福里斯特尔、洛维特与费迪南德·埃伯斯塔特这等年轻势力的合作和支持，但仍然要面对理查德·惠特尼及其老派集团那无可调和的反对态势。肯尼迪的计划是让华尔街有责任意识的人有理由、有动力跟证券交易委员会合作，同时设法推动交易所以自我规约机制来实施改革。他的姿态是和解性质的，但绝不会因此让委员会的权威有所削弱。他支持兰迪斯拟定证券交易委员会的管理法令；而且，当兰迪斯约请耶鲁大学的威廉·O. 道格拉斯出面对公司种族事务展开极为强悍的调查之时，兰迪斯和道格拉斯都得到了肯尼迪毫无保留的支持。

与此同时，肯尼迪倾尽全力，力促新的融资活动铺展开来。工商业集团将资本发行趋缓之事归咎于新的立法；肯尼迪则指出，各家公司只是没能注意到利用长期资金谋取利润的机会。结果也证明了肯尼迪的这个说法：随着经济状况不断改善，很多金融公司的资本发行状况开始变得非常令人满意，尽管有新法令存在。1935 年的早春时节，斯威夫特公司发行了四千三百万美元的证券，由此展开了破冰之旅。截止到这一年 9 月，新的资本发行额度已达到八亿美元。

肯尼迪的目标是保障新的交易规则获得接纳并恢复资本市场，目标既已达成，肯尼迪便选择了辞职。罗斯福遂任命兰迪斯接任肯尼迪，证券交易委员会就此进入更为严厉的新阶段。不过，肯尼迪的贡献可以说是实质性的。他在没有牺牲原则的前提下，令证券交易委员会获得了接纳，还为其执法工作注入了无价能量。

这时，情况已经明朗起来：《证券法》和《证券交易法》非但没有摧毁证券业，反而令其获得了新的生命力。两项新法案不仅令此前已不抱幻想的投资者重拾信心，更令整个资本投资过程同猜测和赌博的因素隔离开来，并将投资活动置于可靠信息的基础之上，毕竟，证券交易委员会是要求充分且连续地公布信息的。其效果之一便如同科科伦后来说的，给金融集团上了一课，让他们知道该如何去算金融账。新法案在提案阶段时，华尔街方面的反对声浪近乎疯狂，但很快便基本上没人希望撤销新法案了。[8]

三十　保守派掀起反对浪潮

1

维拉德·M. 基普林格，工商业集团一份颇有影响力的内部通讯的作者，后来将1934年3月1日视为一个时间节点，工商业集团的反罗斯福潮流就是从这一天开始真正涌动起来的。“很显然，蜜月结束了，”哈兰·F. 斯通在这个3月致信赫伯特·胡佛，“看来我们可以见证，一场真正的政治论战就要开启啦。” 1934年9月，《时代》周刊便给出这样的报道：“私人诋毁和公共指责几乎成了工作日的常规事务，他们借此发泄着对新政的不满。”

这时经济已经取得了部分复苏，1934年间，国民收入增幅超过二十个百分点，国家危机意识也随之结束。1933年，临终忏悔的情感可谓遍布工商业集团，但到了1934年，这样的情感和意识便逐渐消散，取而代之的是自信的回归，当然还有对华盛顿的不信任。就在这段时间，国家复兴署的实验，加上证券和股票交易立法，令高高在上的管制性政府的鬼魅意象升腾而起。此时的劳工组织，显然是在新政的激励之下，表现出新的战斗热情，这自然也会激发刻骨恨意。爱德华·A. 法林在调研了十四个大城市的经济状况后，于1934年3月申述说，他遇到的“最为严厉”的批评是针对政府的劳工政策的。他指出，“雇主集团，特别是分支机构遍布各地的全国性大公司，绝不希望劳工群体成功地组织起来”。威廉·格林曾意气满满地预言说，美国劳工联合会的规模将达到千万级，这令《商业与金融纪事报》不免要多番思虑，并最终得出结论，若此言成真，将是“统摄一切的阶级专政，无人可以逃脱……自由将就此灭绝”。

此前的岁月里，美利坚工商业集团一直生存在内心安定的环境当中，满足且愉悦，经济体系由他们操控，社会秩序也由他们主导，他们的权威不曾受到挑战。纽约的弗雷德里克·R.寇德特曾致信费城的詹姆斯·M.贝克：“回想你我刚刚走上法律执业生涯时，人们根本不需要知道美利坚土地上还存在一个联邦政府，除非是出国的时候。”当然更无须知晓还有什么劳工运动。但现在，工商业集团要实实在在地面对大政府体制和大劳工体系的崛起，昔日这两股力量是完全不必放在眼里的，而今却越发有侵略性，威慑力也在不断提升。关键不在于管控举措的经济影响，而在于其心理影响，确切地说，此番管控举措削弱了工商业集团在国民中的权势，收窄了工商业集团的自由选择空间，同时令这个集团的自我意识及社会身份的定位出现滑落。要适应新的境遇，需要一个调整过程，这个过程对工商业集团来说自然极其痛苦。不难想见，集团当中很多人仍然信持往昔的记忆，并据此将1933年和1934年间的诸般潮流视为恐怖歧途，需要予以劝诫，重新回归昔日的根本原则，否则便无从修正。[1]

2

工商业集团及其政治支持者于1934年推出一批作品，以此呈现他们对新政及对自身的内心感受，很显然是要尝试清除他们眼中的这场噩梦。工商业领袖人物自然跟以往一样不明确表态，不过，詹姆斯 · P. 沃伯格是个明显例外，他于 1934 年先后推出了《货币泥潭》和《命由我定》两本书。政客集团则更为张扬。赫伯特 · 胡佛于 1934 年推出《自由的挑战》一书，对保守派立场实施了全面阐述。奥格登 · 米尔斯于 1935 到 1937 年间推出了三本书，《何处是明天？》《进击吧，自由主义》及《一千七百万》，集中拓展了该集团的主张。还有一批报刊评论家，特别是戴维 · 劳伦斯、弗兰克 · 肯特和马克 · 沙利文，都在这段时间成为保守派的忠诚代言人。

从这批保守派文献中浮现而出的新政形象，是一个威权国家，用奥格登 · 米尔斯的话来说，就是“一个全权中央政府，所有人都必须从那里寻求安全、指导和帮助，它则相应地要操控并指引所有人的生活和命运”。米尔斯申述说，新政的诸般举措和行动“消解了各州的主权。令昔日的有限政府成了无限权威，主宰芸芸众生……这样一个会犯错的单一存在物，掌控数百万人的生活和命运，拥有此等权能的绝对专制体制，怕是要回溯很多个世纪的时光，在专制者横行的那个时代，才能找到吧”。在胡佛看来，眼前的这场新政是“殖民地时代以来，这个国家整体的自由精神遭遇的最为凶猛的侵袭”。戴维 · 劳伦斯也评论说：“这场集权管制的凶悍潮流……实在像极了欧洲的法西斯体制，跟美利坚体制倒是没有太大关联。”

如此凶悍的魔鬼般的篡权浪潮是从何而来的呢？在大多数保守派批评家看来，其中的门道在于一批不切实际、满脑子幻想的知识分子颇为精明地利用了这场经济危机，用弗兰克 · 肯特的话来说，这些人不过是“三流学院的教授和失意的社会福利工作者”，他们同一批政治大佬结成同盟，并最终跟和善但莽撞的总统结盟。1934 年的总统仍然有着一定的民心，并不适合作为直接攻击的对象，于是一开始，工商业集团的怒火便向着总统的幕僚队伍倾泻而去。尤金·迈耶于1934年春天指责说，这个国家“最切近的威胁”，在于“这批年轻知识分子缺乏经验，但明显在执掌政府的政策”。“农业和外贸方面的重大决策，”乔治·皮克说，“竟然让这些人来操控，他们从来没有在实业、商业、金融及农业领域混过饭吃。”《星期六晚邮报》评论说：“倘若这样一群人也能计划并操持这个国家的工商业，那么实业领域的实际经验和磨练又有何用呢？”用拉乌尔·德斯弗奈因的话来说，这个“幻想家小集团”已成了脱缰的野马，玩疯了，但这些人也正如默尔·索普在《国家商业》杂志上批评的那样，“依照他们的能力和经验，只能是在权力的客厅里坐冷板凳”。来自各个学院的教授们竟然占据如此突出的位置，这一点尤其令人沮丧。《国家商业》杂志另有文章评论说：“暂且不管我们该如何看待这样的情形，思想家和行动家之间毕竟有差异，而且二者之间的差异应该说是根本性的，无可化约的。”“无论如何，”《星期六晚邮报》评论说，“这个小小的教授集团是在拿我们的国家而非实验室来做实验，而且那样的实验完全有可能导致一场爆炸和内斗。”广告业出身的布鲁斯·巴顿说得更为干脆：“终有一天，世界会觉得‘教授’这个称谓远不如‘银行家’来得尊贵。”

眼望星空、充满幻想，这样的学院派形象确实被呈现得充满戏剧色彩，这还只是这届政府形象的一半；已经被权力饥渴症浸透了的官僚集团，则是这些幻想家们更为邪恶的合作者。“人这种动物，”胡佛说，“……有着两种贪念，贪钱和贪权。这其中，权力欲望要邪恶不知多少倍。”工商业集团中的很多人实际上都秉持该集团一个成员于几年前在《国家商业》上表达的一种观点，即最好的公职人员就是最坏的公职人员：“他越好，在职位上待的时间就越长，危险也越大。倘若碰上一个满心热忱的家伙，一个狂热地希望在这个世界建造最好政府的疯子，这灾难可就大了，与之相比，黑死病也不过是家中宠物而已。”而今的华盛顿看来有太多这样的热情疯子。胡佛宣示说：“所有的官僚体系都存在三种无从平息的精神，其一是自我拱卫，其二是扩张，其三便是无可止息的权力欲。”胡佛据此认为，官僚体制无可避免的结果便是“大批政府雇员如蝗虫般遍布国土，限制人们的诚实劳作，四处分发恩赐和福利，所作所为不胜枚举，指挥、干预、宣传、刺探、威慑民众，并提出大量新的罪名，以便实施指控”。[2]

3

保守派理论家们着力构筑了这样一幅图景：知识分子幻想家们和浸透了疯狂权力欲念的官僚集团，掌控着一个有着无限权威的政府；这幅图景一旦确立，保守派理论家们便着手推演其后果。经济方面，这样的情状在他们看来，必然要给经济复苏设置障碍。道德方面，这样的情状则意味着创造力、积极性和自治精神之殒没，昔日正是这样的精神和品质成就了美利坚的伟大。政治方面，这更无疑是在推动人治政府，这样的政府可谓肆意无常且充满复仇欲念，最终的结局将是专制体制。

工商业界普遍相信，借由经济力量之自然伸展，复苏是迟早的事。真正需要的前提条件是经济信心。默尔·索普在《国家商业》刊文说：“一旦政治不确定性执掌天下，工商业界就无从指望订立长期合同，也不能指望做什么预先规划；当然也无法指望扩张。”新政有着狂热的干预欲望和花钱欲望，这令工商业陷入恒久的不稳定境地。此等情形下，工商业界无法确定一觉醒来美元价值几何。国债之规模更令他们惊恐不已。以税偿债的想法同样让他们害怕；哈里·霍普金斯于1934年颇为轻描淡写地申述说“这个国家并不知道真正的重税是什么”，此言既出，整个工商业界如触电般漫过一股恐怖寒意。工商业界对政府的竞争已颇为戒惧。他们说，不知道自己的哪个行动或策略会触犯法规，即便那样的行动和策略都是清白的；沃伯格申述说："政府急切地要阻止昔日投资者的不幸经历重演，为此实际上是摧毁了投资机制本身。"简言之，他们觉得政府是在玩一场游戏，但游戏规则本身变动无常，而且颇为神秘。显然，弗兰克·肯特所谓的"整套如迷雾般的新政程序"，正在制造沃尔特·李普曼所谓的"混乱经济"。来自纽约州罗切斯特的哈珀·西布里也申述说，只要"政治行径制造的人为风险"仍然存在，"资本就不会愿意展开投资行动，工业也不会有胆量去扩张"。

道德方面，很多保守派都发自内心认定，新政正在毁灭美利坚生活的传统模式，那传统模式是植根于地方创造力和个体责任感的。弗兰克·肯特于1935年2月写道："倘若当前的罗斯福规划得以推行，那么地方自治的最后残余也将就此消散。"肯特认为，各州实际上已经"走上了衰亡之路，除了名字、架构和地理疆界外，很快就什么都不剩了"。胡佛说，随着地方共同体之独立性的消散，"共同体责任意识也将转化成对联邦钱财的贪念"。最糟糕的是，在这个过程中，个人也将失去诸般开拓品质，比如坚韧、头脑及勇气等。博伊顿·斯帕克斯也在《星期六晚邮报》上刊文，抨击那些所谓的好心人的反童工运动，理由是"一个美利坚男孩若要获得辉煌成功，最可靠的激励办法就是令其在成年之前便投身劳动"。牛顿·D. 贝克写就《自立精神之衰落》一文，表达了自己的担心：年轻一代"置身这样一个为人们计划一切、思考一切并提供一切的国度，恐怕一门心思只想着安稳的平等"。有个年轻人立志在北极圈闯荡一番，成为真正的猎捕者，对这个并不寻常的年轻人，贝克却颇为伤感地评论说："恐怕你事实上是我见过的最后一个不惧黑暗和艰辛，自食其力，靠着自己的意志、精神和双手，在这世界闯荡一番的年轻人了。"达特茅斯学院的院长欧内斯特·M. 霍普金斯对此表示赞同，他说，"创造力、勇气、坚忍、节俭及自我提升的渴望”，此类品性如今正遭受惩罚，“那些经历了自我牺牲”以获取果实的人，“反而被剥夺了果实，令那些从未发育过此类品质的人得到这些果实，尽管他们根本就配不上这样的果实”。他据此认为，这个国家“势必会诱发民族品性的衰落，并一直衰落到近乎自我毁灭的地步”。[3]

4

新政的政治后果激起的关切和担忧应该说是最为强烈和严重的，尤其这种担忧：一个积极且强力的政府势必会摧毁美利坚自由。这样的政府首先会是独断的，而且是私人化的；这些年间有一个表述重新获得了相当大的热度，即这种政府是人治政府，而非法治政府。《财富》杂志于1935年登载了一篇颇有些思考的文章，宣示说，经济界人士不会有谁喜欢管制，不过，新政之管制举措真正激怒他们的并非具体的管制措施，而是管制举措涵涉的“私人行动意识及个人意志意识；让人活生生地感受到那就是人为干预”。对工商业集团来说，迎面袭来的并不是具体的什么法规，而是某个“聪明年轻人”的智识傲慢。

《财富》杂志刊载的这篇文章自然是在申述一个危险趋势，但在很多人眼中，这可不仅是趋势那么简单，而是活生生的现实，个人专断体制已然摆在眼前。威廉·伦道夫·赫斯特称之为“个人意愿统摄的政府”，无论是撤销航空邮政合同，还是休·约翰逊的严厉打压，抑或是佩科拉的调查活动，都足以佐证此等肆意无度的个人意愿。赫伯特·胡佛说，此类法规和举措明面上是冲着工商业集团的诸般恶行而来的，但人们可不能因此上当受骗，原因很简单，“倘若经济自由遭遇侵害，其他的自由又将何以为家呢……毕竟，最大限度的经济自由为人们提供了最为广阔甚至是普遍的空间，可以去释放并挥洒创造精神”。胡佛总结说，新政就是对“整个个人自由哲学”的一场攻击。曾在胡佛政府担任副国务卿的威廉·R.卡斯尔于1934年2月申述说：“在我看来，‘权利法案’才是美利坚宪法的精髓所在，然而，短短的十一个月时间里，‘权利法案’几乎荡然无存。”于是，有一种看法越发涌动起来，认为新政就是“共产主义”，尽管这个用词本身并非指涉具体的行径，而是在宽泛的意义上表示谴责。默尔·索普曾在1933年接近年底时批评那些哀叹个人主义之消亡的朋友们，到了1935年，他却写下这样的话：“我们已经整体地或者部分地令1848年《共产党宣言》十条纲领中的八条拥有了合法身份，而且在某些方面，我们的执行力度胜过了俄国。”财富集团的一个成员更在愤怒之下高声谴责罗斯福：“他就是那种最为恶劣的共产分子……除他之外还有谁会去迫害摩根先生和梅隆先生呢？”[4]

5

工商业集团，至少其指定的代言人，遂开始将新政视为极权暴政的代理者，在无情地扩张权能，要将美利坚生活的方方面面都控制起来。很显然，1933年那种自我怀疑及忏悔时刻已不复存在。阿尔伯特·W.阿特伍德，《星期六晚邮报》的评论员，评论说：“这个世界将随着工商业领袖集团的败落而一同败落，我们完全有理由这么说。”工商业集团已然成了一场没有公正可言的攻击行动的目标，用默尔·索普的话来说，就是“这个国家的头号替罪羊，是那些煽动家心目中真正的靶子，这些人从来都将毫无价值的东西视为这个国家最大的自然资源”。《星期六晚邮报》发现到处都是尖刻语词，诸如“托利党、反动派、食人族、污秽、爪牙法则”等。欧内斯特·T.韦尔在芝加哥联盟俱乐部的一次聚会上也提出颇有一番匠心的讽刺："看起来，你们就是一帮自私自利的绊脚石，人家的计划何等众多，何等宏阔，而且全是利他的，要是你们不横加阻拦，想必世间万事皆能修正。"既然人们都承认克雷斯勒拥有特出的小提琴天分，威尔·罗杰斯拥有特出的娱乐天分，那为什么就不能承认"这么一个小小集团同样有着特出天分，可以指挥芸芸众生的经济生活呢"？这就是《国家商业》杂志发出的问询。只要这场反商业运动还在继续，这个国家就难以摆脱险境。《星期六晚邮报》也申述说："经济体系一直未能恢复如常，原因很可能在于有人一直在实施攻击。"一名工商界人士认为"万事俱备只欠东风，所缺者仅仅是政府方面有个真心且友好的姿态"。

那么问题来了，除了华府的友善姿态外，工商业体系若要完全恢复，还需要什么呢？其实，很多资本家私下都已对美利坚资本主义体制深感悲观。D. W. 布罗根于 1934 年在美利坚巡游一番后，得出结论说，工商业集团里的很多人已经开始做空美利坚，这批人的数量很大，不容小觑。正是这些人跟布罗根谈起，这个国家已有上千万的过剩人口，该人群是绝对没有能力维持生计的。有人还告诉布罗根："如今，我所在的城市已经停止发育，以后也不再有发育之机，我们所能期望的就是延缓这座城市的衰败速度，倘若劳工方面麻烦不断，看来也不可能达成这个目标。"不过，官方哲学仍然取经济扩张一途。赫伯特·胡佛在谈论罗斯福 1932 年共和国俱乐部演说时说："他似乎要告诉我们，我们的工厂已经饱和，我们很早之前就已抵达我们最后的边疆……这个说法是错误的，原因很简单，科学、发明创造以及人类之灵感和渴望的边疆显然是今天的人们尚且很难碰触到的。"

如何恢复经济扩张，如何开拓新的边疆，在这些问题上，工商业集团的说辞就不那么言之凿凿了。一般而言，他们只能重申 1932 年的古老药方：削减政府开支，平衡预算，恢复金本位，取消政府对劳工的支持和扶助，结束这场实验，清洗那个智囊集团。一名工商业界人士说："工商业集团和银行集团一直在等待有人给出真诚保证，保证政府减少对供求法则的干预。"理查德·惠特尼将工商业集团的方案总结如下："为私人创业提供足够的激励！提供最大的管理自由度！恢复资本信心！只需达成这三大根本诉求，真正的复苏就有保证了！"[5]

6

看来，除非达成惠特尼的三大目标，否则这个国家都只能在通往专制的道路上一直滑落下去。美利坚自由既遭威胁，工商业领袖们便开始自视为自由信仰最后的捍卫者，俨然要在绝境中奋力抵抗，尽管希望渺茫。看来，他们要为之战斗的，绝不仅是他们自己的利益；或者可以这么说，工商业集团的利益就是所有人的利益。如同胡佛说的，"公司并非脱离人民的存在，因为有六百万到一千万个家庭都是公司的主人"。胡佛继续申述说，这场工商业战争的对战双方是很清楚的，"一边是有秩序的个人自由和有责任的合宪政府，另一边则是非美利坚体制和官僚霸权"。说白了，工商业集团是在为文明本身而战。J. P. 摩根告诉参议院的一个委员会："如果你们摧毁了有闲阶级，你们就摧毁了文明。"（有记者希望他界定一下什么是有闲阶级，他回答说，"雇得起女佣的人都算"。）

胡佛的说辞同样猛烈："即便只是部分地体制化也不行，部分地体制化最终仍将彻底毁了民主制度的生命力。"他还特别指出，自由体制的行动是有边界的，"一旦逾越了自由之边界，美利坚就不再是美利坚了"。

在 1934 年林肯诞辰纪念日上，一名共和党众议员发表的演说，可算略微升级了保守派的立场。

> 我就这样看着我们的宪政体制遭受破坏和蹂躏，沦为一场笑话。我就这样看着昔日那么风风火火的州权被中央权能这只莫洛克怪兽吞噬殆尽。我就这样看着合众国的国会如此决绝地将手中权能转给行政分支。我就这样看着集权体制从中崛起，令希特勒、墨索里尼都嫉妒不已。私人事务的独立已成过往烟云，个体自由也只是一场回忆而已。[6]

7

灾变意识就这样涌动而起，自然会在共和党阵营寻找发泄口。但 1934 年的共和党仍然没有从战斗疲劳症中恢复过来。1932 年选战中，共和党的国会党团只拥有五个参议员和一百一十七个众议员。百日新政更是令民主党形成风卷残云之势，令共和党涣散不堪且士气低落。共和党参议院党团的新领袖、来自俄勒冈州的查尔斯·麦克纳里，是 1920 年代农业战争的英雄人物，但本质上是一个温文尔雅的职业政客，可谓饱经战阵，颇有些犬儒气质了，他依托这样的精神和气质，竭力维系西奥多·罗斯福的传统。麦克纳里显然是那种党务积极分子，因此没有能力去效仿卡廷、约翰逊及拉福莱特这些人，在 1932 年的选战中选择支持罗斯福；不过他也确实挫败了那些将卡廷、约翰逊及拉福莱特这类异端逐出党务核心小组的企图，并对新政抱持审慎同情。共和党众议院领袖是伯特兰·H. 斯内尔，来自纽约州上州的一个商人，顽固的意识形态保守派，1934 年 6 月，他得出结论，“罗斯福政府的目标并不是救治经济疾病，而是毁灭我们的经济制度”——说白了，就是将“俄国化的政府形式”强加给我们。

不过，即便是斯内尔，若是同国会之外的共和党人比较起来，也只能算温和派。各州的共和党领导人组成了共和党的老派集团，诸如纽约州的查尔斯 · D. 希尔斯、康涅狄格州的 J. 亨利 · 科拉贝克等都是该集团中的人物，他们同围绕在赫伯特 · 胡佛身边的那个集团有很多差异；确实，此时的老派集团都参与了反全国委员会主席埃弗里特 · 桑德斯之事，力图摆脱此人，正是胡佛将此人送到了全国委员会主席的位置上。不过，老派集团和胡佛集团在一个重大环节上是一致的，二者都要求对新政及其全部工作来一场彻头彻尾的战争。到了 1933 年 11 月，共和党全国委员会便开始以暴烈态势推出一系列反新政论章（比如有论章的标题是“托利党、骗子、废物、巫医、银行毁灭者和背叛者”）。此番爆发令共和党国会党团错愕不已，共和党议员赶忙建立了自己的选战委员会。随后，全国委员会便消停下来，没什么动作了，并且在 1934 和 1935 年间，共和党的选战花费也远远比不上民主党。

与此同时，在一些有影响力的州，共和党内部自由派和保守派之间也激战正酣。1934 年春天，宾夕法尼亚州州长平肖宣布自己有意“支持罗斯福总统为被遗忘的人们而战”，并挑战了戴维 · A. 里德的连任诉求，里德是共和党参议院党团最为铁杆的保守派之一。5 月，里德以十多万票的优势获得连任提名，这个优势相当大，尽管平肖收获了近 40% 的选票。纽约州也出现了类似的斗争，也许没这么惨烈，共和党进步派菲奥雷洛 · H. 拉瓜迪亚在纽约市市长选战中获胜，令共和党州委员会主席 W. 金斯兰德 · 梅西备受鼓舞，遂提议推举萨缪尔 · 西伯里竞选州长，并提议对本州共和党组织实施全盘改革。老派集团在希尔斯、詹姆斯 · 沃兹沃思、汉密尔顿 · 菲什、约翰 · 泰伯及年轻的赫伯特 · 布朗内尔引领下，同梅西展开了决绝对战，9 月还成功地将梅西赶下了州委员会主席位置。

此时的全国委员会内部，老派集团看来也取得了同样的成功。桑德斯于 1934 年 5 月最终同意辞职。6 月，委员会拒绝了参议员博拉的提议，博拉认为应选任一个西部进步派担当全国委员会主席之职，老派集团最终选择了宾夕法尼亚州的亨利 · P. 弗莱彻，此人是一个退休的外交官，是胡佛集团予以提名的。希尔斯主导下的纲领委员会则以阴沉语调表达了共和党对新政的官方评价："华府的一个小小集团，身负临时权威，正在秘密图谋改变美利坚制度架构……他们显然是要消灭个人创造性，转而让政府控制一切农业生产及全部工商业活动。"纲领委员会继续宣示说，"牢不可破的国家信贷体系以及平衡预算"才是"国家福祉不可或缺的基石"。委员会留下了这样的总结陈词："美利坚制度和美利坚文明今时今日正面临着共和国历史上最大的威胁。"很显然，这样的陈词是相当阴冷的。几个星期后，共和党建党八十周年庆典上，弗莱彻申述说，罗斯福操持的权能"已经可以同墨索里尼和希特勒媲美了"。就在这种殊死抵抗的英雄主义氛围中，共和党开启了秋季国会选举的艰苦备战工作。[7]

8

这种灾变意识也渗透到民主党的保守派阵营当中。毕竟在过去，民主党可是相当欢迎工商业集团的支持的。在史密斯和拉斯科布的引领下，民主党甚至有过系统努力，要在党务议事会里给工商业人士一个突出位置。1932 年的胜利催生了这样一种希望：这些人可以在华盛顿牢牢把控领导权能。然而，新政令这样的希望受挫。1933 年，《财富》杂志发布了一份颇有分量的民主党工业家名单。1934 年 4 月，《财富》杂志则宣称"这份名单里的所有人显然都不受罗斯福先生待见"，即便有例外，也都是些无足轻重的人物。民主党保守派政客集团同样懊恼。弗兰克 · 肯特，一个老派民主党人，评论说："以今日之情形观之，很难找到一个前新政时期的民主党头面人物会对罗斯福的政策抱有同情……总统先生根本不曾征询这些人的意见，即便偶尔有交流，也完全是做个姿态而已。他们中的大部分人都已被彻底遗忘。然而，甚至就在两年之前，他们还都是民主党内最有地位和最受尊敬的人。”

造成这种情形的原因是很显见的。当初，几乎所有的民主党保守派都反对罗斯福的提名。其中大部分人对罗斯福的政策和目标谈不上同情。这个群体里，绝少有谁的建议会得到总统尊重，也绝少有谁的才具是总统能够真正用起来的。这些人自己已经淡忘了布赖恩和威尔逊这样的人物，他们认定新政是在背叛民主党的整体历史使命，很显然，他们是以原教旨杰斐逊主义来看待此一使命的，说白了，就是捍卫州权并抵制联邦权威扩张。“罗斯福的政策，”肯特于1935年申述说，“恰好跟我党的历史原则迎头相撞；我党的历次选战，包括最近这次在内，可都是奉行那样的原则的。”诸如肯特和阿瑟·马伦这样的民主党人，将罪责全部归于共和党进步主义党团对民主党的渗透，他们认为这些进步主义者都秉持了邪恶的汉密尔顿观念。戴维·劳伦斯，一个老派民主党人，更是直接地申述说，如今的民主党两翼应当被称为宪法派民主党人和社会主义民主党人。科罗拉多州的前参议员查尔斯·S. 托马斯说：“倘若罗斯福也算民主党人，那我就不会是民主党人，而且从来都不可能是民主党人。”新政派的卡特·格拉斯说：“民主党人，民主党人，为什么啊，托马斯·杰斐逊可是不会向这些人说话的。”

民主党大多数仍然在世的总统候选人都秉持这样的看法。詹姆斯·M. 考克斯是个例外。罗斯福曾邀约他出任驻德国大使，还约请他担任联邦储备委员会的主席，最终成功说服他引领代表团前去参加伦敦经济会议；考克斯也许不是坚定的新政派，但他拒绝参加这场针对昔日竞选伙伴的运动。不过，约翰·W. 戴维斯对罗斯福政府心怀恐惧。“这个世界正面临被过度统治的危险，而不是统治太少了。”他写道，民主党“不能接受这样的教义，将国家当成普遍救济者，或者当成特殊的分配者，将金钱和特权向特定的群体或集团发放”。牛顿 · D. 贝克是 1932 年提名争夺战的一个主要竞争者，在他看来，大部分新政举措都是违宪的；他甚至拒绝举荐自己的一个朋友在乡村电力化署任职：“毕竟，我深信联邦政府无权介入乡村电力化事务。”

阿尔 · 史密斯的情绪最为强烈。他宣称：“我支持恢复昔日情状，令工商业领导权能成为可能。”唐纳德 · 里奇伯格更是令史密斯联想到斯大林；而且他对新政派有着普遍恶感。“一边是从前的领导集团，另一边是……毫无经验可言的一批年轻大学教授，倘若让我在二者之间做出选择……我当然要选择那些铸造了今日之美利坚的人，尽管他们犯下了不少错误。”民主党的传统角色就是对抗“高度集权化的联邦控制权能”；史密斯越是端详华盛顿，就越是觉得那里跟他认识的民主党其实已没什么关联了。“伊克斯是谁？华莱士是谁？霍普金斯是谁？老天啊，特格韦尔又是谁，他是从哪里冒出来的？……拉瓜迪亚是民主党吗？如果连他都是民主党人，那么我岂不成了没有留辫子的中国人？”[8]

9

1934 年之后，保守派越发觉得有必要建立一个组织，以此为依托，将这场为美利坚原则而展开的斗争推进下去。此时的共和党依然深陷恶政和失败的泥潭当中；起码绝少有迹象可以表明此时的共和党正从 1932 和 1933 年的冲击中恢复过来。詹姆斯 · M. 贝克在这一年评论说，这个党“似乎睡着了……我怀疑它已经睡死过去了”。全国制造业协会增加了会费和预算；罗斯福就职四年后，这个协会的收入提升了将近六倍之多。不过，若要成为真正有效的保守派组织，其基础尚需拓宽。如同来自西弗吉尼亚州的共和党参议员亨利 · 哈特菲尔德博士跟贝克说的，这个组织必须“从两党的自由集团和宪法集团中吸纳支持者”。

实际上，这样一场两党运动的核心力量已经存在了，那便是美国反禁酒修正案协会，该协会是几年前由巴尔的摩汽船公司的威廉·H. 斯泰顿上尉联合一批工商界人物建立起来的，旨在撤销禁酒修订案，以此增加酒税收入，进而缓解其他产业的税收负担。朱厄特·肖斯离开民主党全国委员会后，没过几个星期，便成为这个协会的主席。该协会的一个重要支持者是皮埃尔·S. 杜邦，1932年选战中，杜邦实际上曾试图让该协会去支持罗斯福；自当年的杰斐逊同杜邦家族建立友谊之后，这个家族便一直归属民主党阵营，与杰斐逊交好的家族成员也叫皮埃尔·S. 杜邦，是一名重农派经济学家，就是他襄助自己的儿子艾伦尼在特拉华州威尔明顿布兰迪温河边建立了火药工厂。

宪法第十八修正案撤销后，协会中人遂梦想着征服新的领域。到了这时，其中一些人自然酝酿着要对收入税修订案动手了。另有一些人则追随斯泰顿的意见，后来于 1933 年 8 月致信贝克说，既然禁酒令在这么长的时间里一直对美利坚构成了如此巨大的威胁，“那么，3 月 4 日后发生的一系列事情（当然，我是坚定的民主党人）”显然就是更大的威胁。这一年的年底，该协会在解散之际，理事会也作出决议说，协会成员可以自行考虑“依托协会会员身份，组建一个集团，在联邦宪法遭遇威胁时可随时挺身而出，捍卫父辈信仰”。1933 至 1934 年间的冬天，保守力量开始据此集结起来。1933 年 12 月，贝克在给友人的信中申述说，“不受党派纽带牵绊的财富群体”是时候团结起来，发起一场反新政运动了。

此外，这种担惊受怕的日子也越发令财富阶层感到需要一场反向革命。1934 年 3 月，罗伯特·R. M. 卡彭特，杜邦集团的一个副总裁，也是杜邦家族的一个女婿，致信约翰·J. 拉斯科布，言辞痛切，历数了自己在罗斯福体制之下经受的苦楚。“我在南卡罗来纳的种植园，今年春天有五个黑人辞了工，他们说他们能在政府那边找到更轻松的工作。此前我可是把他们照顾得很好，免了他们的房租，三年大危机期间，也是我给了他们工作……我在梅尔堡还有一处水上住宅，那儿的一个厨师也辞职不干了，就因为他可以从政府那里找到油漆工的活，一小时挣一美元。”卡彭特申述说，一个人就遭遇了这么多事，不难想见这样的事情在这片土地上势必会重演千千万万次，毕竟南卡罗来纳州有着成千上万的种植园，佛罗里达也有着成千上万的水上住宅——然而，此等可怕情状却无人知晓：“广播和报纸的自由言论渠道，总统先生都予以封杀了，用的都是不得而知的手段。”

卡彭特相信来自俄克拉何马州的参议员埃尔默·托马斯“比列宁还激进”，由此不难看出，卡彭特正是那种观念极端之人。不过，拉斯科布本人也正是杜邦集团中人，遂作出同情回应，并谈到“要促成杜邦集团、通用集团及其他一些大工业集团以明确态势组织起来，保护社会免受戕害，倘若纵容美共势力诱惑人民去相信工商业集团全都是恶人，全都不值得信任，并且相信不应当容许任何人致富，那么这个社会一定会遭受戕害”。拉斯科布还特别申述说，应当建立“非常明确的组织来推行民众教育计划”。他还补充说，无论如何，杜邦集团“借由共同持股机制，手中掌控的工业份额是合众国任何集团都不能比的”。[9]

10

美利坚财富阶层内部遂躁动起来。到了 1934 年仲夏时节，这个群体在多番酝酿后，决定建立一个自己的组织，名为“美国自由同盟”。本质上，这是民主党保守派的一个组织，阿尔·史密斯、约翰·J. 拉斯科布、约翰·W. 戴维斯、班布里奇·科尔比、朱厄特·肖斯以及杜邦集团悉数在列，还有一批富豪在背后支持，比如通用汽车公司的阿尔弗雷德·P. 斯劳恩和威廉·S. 努德森、欧内斯特·T. 韦尔、得克萨斯的棉花经纪人威尔·L. 克莱顿（这个克莱顿只在这个组织待了几个月时间）、通用食品公司的爱德华·F. 霍顿和科尔比·M. 切斯特、太阳石油公司的J. 霍华德·皮尤、蒙哥马利·沃德公司的休厄尔·L. 埃弗里，等等。8月，肖斯获选成为自由同盟的主席，遂向罗斯福发出吁请，希望总统先生将施政意图告诉自己。肖斯从口袋里拿出一张纸片，大声宣读了自由同盟的两个目标，其一，教育人们尊重人权和财产权，其二，教育政府学会担当鼓励私人创业并保护财产所有权和使用权的责任。对此，罗斯福相当练达地评论说，美利坚的每个公民都会认同这两大目标。肖斯接着问询罗斯福，对自由同盟是否有什么反对意见。罗斯福的回答当然很明确：没有反对意见；罗斯福说，这并不是总统的事情，他绝对不会反对这样一个为美利坚根本原则而斗争的私人团体。

不过，罗斯福在后来的一次记者招待会上也评论说，自由同盟的原则当然是无可指摘的，但未必完备。“一个组织，倘若只从十诫中摘引了两三条予以倡导，当然也可以说是非常好的组织，只要不因此反对十诫里另外两三条诫命；不过话又说回来，若能将十诫里剩余的七八条诫命一并予以倡导，那就真的完美了。”比如自由同盟在倡议人权时，显然忘记了这样的人权包括个人抵制共同体中损人肥己之人的权利；政府自然有责任让那些希望工作的人找到工作机会，对于政府的这一责任，自由同盟同样只字未提。几天后，罗斯福致信身在莫斯科的比尔·布利特：“那些大炮看来都开始轰鸣了，阿尔·史密斯、约翰·W. 戴维斯、詹姆斯·W. 沃兹沃思、杜邦、肖斯，等等。他们的组织都已经冠名为‘我不接受’俱乐部。”不免有人问询罗斯福，肖斯是否邀请总统先生入会。“应该是没有，”我们这位总统先生笑着说，“想必是疏忽了。”

拉斯科布倒确实向赫伯特·胡佛发出了邀请，却令这位前总统甚是愤怒。“就是这个集团当年赞助了民主党那场肮脏选战，”胡佛这种痛彻评说自然是可以理解的，“……所以，他们配不上领导自由事业。”这位前总统还不忘补充说，他“当然不信任华尔街的自由模式，这个集团恰恰代表了这种自由，就像不能信任如今正在这个国家大行其道的宾夕法尼亚大道那种模式”。不过，其他保守派则表现出相当的热情。《纽约时报》评论说，华尔街方面认为自由同盟之创立“几乎是在回应祈祷”（罗斯福在记者招待会上说，如此反应令他早上躺在床上足足笑了十分钟）。戴维·劳伦斯则在《合众国新闻报》上刊文，颇为恭敬地评论：“美国自由同盟之创立不啻为战斗号角。”[10]

11

自由同盟投身这场新的运动，自然秉持了十足的热忱和认真，这一点无需怀疑。该同盟在原则和目标问题上所作的宣示，也确实严肃且郑重地阐发了 1934 年的保守派深信他们自己相信的观念。虽然都已是陈词滥调，但尽皆在列，基本上没有哪条被忽略；赫伯特·斯宾塞和威廉·G. 萨姆纳的那些话语已然被时间打磨得十分苍白，沦为毫无意义的说教和套话；其结果就是清晰地揭示出保守主义哲学是何等乏味，人们对此甚至已经颇感厌烦。

只有在一个领域，自由同盟的诉求关联到了颇为重要的美利坚情感。该同盟之于政治论战的特殊贡献是其对宪法的强调。如同该同盟执行委员会的成员斯泰顿上尉于 8 月所言：“我并不相信有多少问题能比宪法问题获得更多的支持或激发更多的热情。”即便很少有人真正了解宪法，“但对宪法的情感毕竟存在，尽管很模糊，却十分强劲。我相信只需要对人民进行引领和教育就足够了”。

然而，即便是宪法，在自由同盟这里，似乎也只是半吊子契约。该同盟的全国律师委员会正是因此遭到批评，人们认为所谓的律师委员不过是在为战斗中的财富阶层效力。为了平息这样的批评，詹姆斯·M. 贝克相当鲁莽地让委员会为所有自感宪法权利遭受威胁的人服务。美利坚公民自由联合会接受了自由同盟这个主动提议；宾夕法尼亚州约克县的霍德运输联合会也接受了自由同盟的帮助，该联合会的一个成员因议论公共用地问题而遭到逮捕。不过，自由同盟的此番自由热忱很快冷却了。贝克接到公民自由联合会的诉请后，将其转呈肖斯，而后便石沉大海，再没消息。从所有的档案材料来看，自由同盟理解的"自由"全然是指涉金钱，此外便没有别的意涵。没有任何证据可以表明该同盟对民生疾苦有任何令人信服的关切，说白了，他们眼中只有那些在南卡罗来纳有种植园的人或者在克卢萨哈奇河上有船屋的人。

此时的自由同盟暂时约束了自己的动作。肖斯一直宣称自由同盟是非政治的；拉斯科布也在 11 月告诉法利："自由同盟绝对无涉党派，如同先前的反禁酒修正案协会一样。"然而，贝克私下则申述说，自由同盟是在等待时机，等待秋季的国会选战。到了那时，他们将全力投入"这场近在眼前的斗争，以保卫我们的宪法"。[11]

三十一　1934 年的裁决

1

1934 年一整年，种种理论、推理以及或痛苦或警世的呼声此起彼伏，如雷霆般向整个国家宣泄而来。保守派当然是以相当严肃的态度提出诸般论说的，但人们未必会严肃对待。美国自由同盟将种种申述铺展开来，态度确实是发自内心、严肃认真，但在很多美国人看来，不过是夸张表演、伪善之举。比如，这个集团此前一直如此成功地掩盖了他们的真正诉求，竟然在这时突然有了如此激情去宣讲宪法自由，该叫世人作何感想呢？保守派的此番宣示并未打动威廉 · E. 博拉。“看来，他们确实对合众国宪法深有触动，”他颇为讽刺地说，“他们好像刚刚发现合众国还有一部宪法。”威廉 · 艾伦 · 怀特也是这样的看法，谈到小西奥多 · 罗斯福以战斗的自由主义者姿态为保守派站台之事，他不禁评论说：“‘权利法案’在我们这位小泰迪口中以皇皇之词呈现，但我实在担心那不过是为了给特权构筑堡垒，根本不是为了捍卫民主。”

保守派此番攻击浪潮将美利坚政府描绘成极权独裁体制，这是大多数民众都不能接受的。“这些歇斯底里的保守派，”沃尔特 ·

李普曼说，“这时也该明白了，在这场斗争中徒逞口舌之能是毫无胜算的。”那疯狂的灾变主义辞令，在民众经验中根本就没有可资对应的东西。富兰克林·罗斯福于 1934 年 6 月炉边谈话时提出的问题可谓切中要害，保守派的灾变主义辞令根本没法与之相提并论。罗斯福在谈话中告诉听众：“那些穿凿附会的自利主义者及理论上的强硬派自然会告诉各位，个人自由遭受了侵害。那么我在此提请各位依据自身的生活经验……回答这样的问题：你们真的觉得自己的权利、自由或宪法赋予的行动和选择自由受到侵害了吗？”罗斯福申述说，不妨看看宪法，展读“权利法案”的每项条款，“而后扪心自问，是否真的觉得里面所作的伟大保证遭受了一丁点的戕害”。

无论如何，若以历史为向导，便不难发现，极权体制之所以到来，并不是因为一个积极政府做得太多，而是因为一个消极政府无所作为。瑟曼·阿诺德据此提出批评：“认为独裁体制是中央政府小小的篡权行径在长时间积累后的结果，这样的观念实在是荒谬。”真相恰恰相反，“我们迄今所知的一切独裁体制，都是因为中央政府在面对切实困难时碌碌无为，拒绝行使权威，才造成了真空地带，令独裁体制乘虚而入，执掌权能”。此外，但凡对极权观念有真正了解的人都明白，将极权体制套在新政头上，这样的举动实在令人愤怒。“将罗斯福和希特勒的举措和行动进行比较，”温斯顿·丘吉尔说，“这简直就是在羞辱，羞辱的可不是罗斯福，而是整个文明。猥琐的迫害行径及旧世界的种种野蛮主张令那位德意志偶像沉迷其中，只不过表明了他们是何等渺小且肮脏，怎么可能同新世界的此番创造性的复兴事业相提并论，罗斯福的名字将永远同这场复兴事业联系在一起。”

民众同样不至于将新政派视为无能之辈，特别是当这样的描述出自那个集团时，正是那个集团刚刚将这个国家引入大萧条泥潭。唐纳德·里奇伯格说，“恐惧头脑”已经成了“疯病”，席卷了整个工商业集团。里奇伯格完全拒斥那种将“智囊”视为“神秘之物”的看法；但凡有点头脑的人都会有独立心性，自然不容易被托拉斯化，不过话又说回来，“蠢猪当然是喜欢成群结队的，已经习惯了此等生存之道的人自然无力意识到，头脑不可能用这样的方式拉帮结派”。里奇伯格就此总结说：“若有谁真要讽刺或斥责政府动用头脑之事，那就请他解释一下，人类事务若不靠头脑来解决，又能靠身体的哪个部位呢？”[1]

2

说新政意图扼杀美利坚个人主义，这样的理论同样没有说服力。沃尔特·李普曼认为，保守派自己很久之前就扼杀了美利坚个人主义。李普曼指出，他们在宣示创业和企业自由时嗓门最大，但恰恰是他们将这个国家的工业生活送入了高度集权化的公司体制；这对传统的美利坚个人主义造成的威胁，恐怕远远超过了1933年3月4日之后华府所做的一切。对于美利坚自立精神之当前状况，摩根集团的罗素·莱芬韦尔此前在佩科拉的委员会就给出了更为贴近真相的陈词：“公司体制不断成长发育，正在吸干个人独立性和主动性……我们正在变成一个雇员国度，雇主则是巨大的资本集团。”

“那么多家庭都拥有高度技能，一直精打细算，勤俭节约，但他们最终明白了，多年的计划、多年的技能磨练和艰苦奋斗，到头来……还是一无所获。”究竟是谁让人们认清了这个情况呢，是《社会保障法》，还是自由放任资本主义？政府当然不是个人主义的敌人，恰恰相反，政府是唯一能够给个人在工业化社会提供坚实立足之地的体制力量。旨在帮助所有人获取公平起点的政府政策，当然不可能剪灭人类的全部主动性和创造性。如同温斯顿·丘吉尔在谈论英国救济制度时说的，即便政府救济体系保证一个星期会有那么几个先令，也并不妨碍给人类生活留出完全够用的磨砺空间，令人类变得聪明、敏锐。杰尔姆 · 弗兰克写道：“只要共同体借助政府的力量实施明智选择和行动，据此给个人奠定牢靠的物质基础，就不会侵害个人的自由和尊严；反而是在促成个人的自由和尊严。”[2]

3

保守派认定，新政在玩弄经济的自然法则，由此阻碍了经济复苏；此论同样不足以触动那些因为政府无所作为而承受了漫长痛苦的人们。1935 年，赫伯特 · 胡佛在德雷克大学毕业典礼上发表演说，试图安抚毕业生，让他们无需为未来担心。这位前总统宣示说：

> 你们是否想过，今时今日活着的所有人，今时今日操持着这个巨大的生命和文明肌体的所有人，他们都终将死去？这是无可避免的，那么你们是否也将无可避免地接续先辈，传承使命呢？

前总统的此番抚慰之词，听起来颇有些讣告的意味。无论如何，如同沃尔特 · 李普曼告诫的，只要工商业领袖告诉年轻人说，经济力量是超越人类控制的，除了等待，人类无事可做，那他们实际上就是在宣讲“挫败福音”，这样的福音必然将年轻人向法西斯主义驱赶，令年轻人对“几乎一切响亮、大胆和肯定的东西趋之若鹜”。越来越多的人都开始认为唯一的希望在于政府做出清明举措，控制经济力量。李普曼说，政府应当承担起人民之生活标准的责任，这是新的律令。已经没有人真正相信守夜人式的国家观念了，此乃“新律令”；“人们已经可以直接宣示，自由放任已死，集体原则已然在今时今日获得普遍接纳。”约瑟夫 · P. 肯尼迪评论说，“一个组织化的社会要求对经济实施计划。社会越复杂，对计划的需求就越大。”

说政府干预破坏了“经济信心”，不恢复经济信心便没有复苏可言；这样的论说同样不能打动多少人。大约三百亿美元的国债，年利息额度虽然远远没到十亿美元，但确实令金融集团恐惧万分；不过，这个国家的民众，作为一个整体，完全有理由拒绝相信共和国因此就终结了。李普曼说，你不能总告诉人民学会等待，学会受苦，“就如同饥荒中的中国苦力，等待某些神秘力量自行发挥作用，令信心之暖流再次在银行董事和公司管理人员的血管里涌动起来”。阿道夫 · 伯利则直接质疑了这样一种看法：可以通过劝说和保证之类的办法，诱使经济扩张。“要是这么干有用，那就去干；如果没用，那就别干。”说到底，既存产能利用率已经低落到如此地步，对资本投资的新需求又在哪里呢？

工商界一些人认为，可以提供预期收益保证，以此推动经济复苏，这样的说法究竟有几分理据，不得而知，不过，看来并没有多少人信从。确实，工商业集团也认同，工人阶层的经济安全状况堪忧，那么他们又凭什么给自己这么大的鼓励呢？于是，里奇伯格劝说美利坚工业联合会大胆行动起来，希望美利坚工商业集团在此等危机和不确定性中迅速展现出斗争精神和热情，毕竟，一直以来他们都极为强悍地要求他们的雇员表现出这样的精神和热忱。[3]

4

暂时来看，1934 年工商业集团的这场抗议浪潮倒也并不特别令人印象深刻。得克萨斯州的汤姆·康纳利于这一年 10 月总结了民众的反应。他说："倘若政府没有介入工商业事务，今天工商业想必已不复存在。工商业集团就是这样，只要看到些微的改善，就会不停地大喊'政府必须离开工商业'。除发牢骚外，他们什么都不干。"

这样的民众反应，工商界的一些人表示认同。在这场斗争中，工商业界的主要贡献就是大声鼓噪，要求彻底信任工商业集团的领导权能，这做法令不少工商业领袖都感到没有说服力。得克萨斯休斯敦的背包制造商米洛·珀金斯就曾在 1934 年写道："派出一批富人为资本主义体制摇旗呐喊，伸张辩护，这其实是摧毁资本主义制度的一个好办法，其效能胜过从莫斯科方面调遣数百万红军直接攻打。"珀金斯还补充说，美利坚有工作的权利，也有权利给孩子提供像样的家园。"整个私有制生产体系，在为人民提供基本生存所需方面，显然已经失败了。"除非资本主义能解决这场挑战，否则一切就完蛋了，而且时间确实不多了。"抓住火炬吧，有钱人，抓住火炬吧！"

工商业集团的异见派也不乏自己的声音。芝加哥方面，拥有二十五年成功的肉类零售业经历的 E. G. 辛纳在《被遗忘的人》里申述说，他认为连锁业是"一场根本错误"，应当予以改变，"尽管这会对他个人的生意有重大影响"。在颇为透辟地分析了小零售业者的诸般问题之后，辛纳总结说："愿上帝恩准富兰克林·罗斯福拥有足够的健康和力量，在这条他认为是正确的道路上追索下去。"得克萨斯方面，威尔·L. 克莱顿此时也已脱离自由同盟，他向工商界同行解释了为什么资本主义已处于防御态势。"一个高度工业化的社会，已经习惯了机器和工厂的折旧摊销制度，而今则必须为人力资源的折旧以及反复袭来的失业浪潮做好准备。"他还补充说，"私人财产权是宽许性的权利，并非自然权利。"

在马萨诸塞州，素来秉持进步主义倾向的企业家亨利·S. 丹尼森已然论定，政府是唯一的希望所在。“我们的老观念总觉得靠宣讲就能达成良好管理制度所需的一切，所有这些老观念已经随风而去了。任何一个行业，只要有 5% 没管理好，就足以毁灭整个行业，我们甚至连管理好 5% 的能力都没有，更别提管理好那 95% 了。”波士顿百货的老板爱德华 · A. 法林也申述说：“如今，真正能代表工商业利益的，已经不是合众国商务部……而是罗斯福总统。”法林以中正态度接受了新政的税收政策，他说：“美国人民为何就不应当拿走我半数的钱呢？这些钱全是从他们那里来的。”《财富》杂志在总结罗斯福政府前三年施政历程时，也评论说，“大多数公正之人都不难看出”，新政“一直在力图保护资本主义”。[4]

5

保守派的主导路线很可能是错误的，但凡有些头脑的老一代政治人物都有这样的疑虑。亨利 · L. 史汀生在 1934 年颇为遗憾地谈到了共和党及共和党奉行的“愚蠢的、不加区分和甄别的反对路线”。当赫伯特 · 胡佛邀约自己的老朋友、大法官哈兰 · F. 斯通读一读《自由的挑战》一书的手稿时，斯通约略有些怀疑这位前总统是否懂得“个体自由的要求和日益复杂的文明催生的诸般必要性之间，那恒久且某种程度上可说是无可调和的冲突；在此等复杂的文明中，一国之中的所有个体和一切团体已然越发互为倚靠了”。自杰斐逊时代之后，世事已经变了。“就我个人来说，”斯通告诉胡佛，“当然更喜欢杰斐逊的国家，但我必须承认，生活在这个高度工业化的现代国家，若要这制度运转下去，必须承受个体自由的诸多限制，尽管杰斐逊很可能认为那样的限制是无法忍受的。”一旦个体自由受到并非个人可以掌控的经济力量的摆布，共同体就定然有权予以干涉。斯通特别申述说：“诉求 18 世纪的抽象个人主义哲学根本解决不了问题，毕竟那套哲学已经不能完全适应20世纪的国家了。”斯通力劝胡佛不要出版这部手稿。“这个国家深信大变革的时代已经降临，也深信那些对现状有着极度利益诉求的人，正在且一定会出于自私自利的考量而抵制改革。”在这样的情况下，再去召请抽象的“个人自由”教义，不会有任何效用。“即便是大街上的普通人也很清楚，过去七十五年间所有重大改革，在遭遇抵制和攻击时，反对者都打着侵犯个人自由的旗号。”

斯通还致信另外一些友人，做出同样的申述，他在信中指出，问题的关键是要调和自由原则和工业社会，这就意味着要寻找“一条道路，以确保更为公平的收入分配格局”。然而，1935年，这位大法官也不免灰心丧气地写道：“共和党的那些头面人物，不曾有谁承认这一真相。”在这个保守集团，类似斯通、史汀生、丹尼森、法林和辛纳这样的人，仍然是没什么能量的少数派；工商业集团则基本上没人挺身而出，去抓住米洛·珀金斯所说的那把火炬。相反，大多数人都接受了共和党、商会、全国制造业协会以及美国自由同盟的领导。

对此等领导集团的依赖，只不过确证了民众的看法：工商业集团都是愚蠢且贪婪的。对于罗斯福政府，很多批评意见当然也有理有据，特别是新政派在众多场合无数次予以伸张的那项傲慢观念：政府官员总比私人个体更为聪明。但是，不能因为这样的批评有理有据，就认为极权体制必将由此降临这个国家，这是没有道理的。保守派宣传家们其实创造了一种看似华丽但终归令人厌烦的毁灭幻象，此等幻象在大多数国民眼中，不过是令人气愤的虚伪，或是一场无可救药的喜剧表演罢了。

唐纳德·里奇伯格称之为“后萧条时代精神病”。这些人眼睁睁地看着自己的威望和权力化作云烟，听着过去对他们逢迎有加的人纷纷嘲笑他们的愚蠢，看着昔日的同伴纷纷失去财富和荣誉，一些人沦落至理所应得的无名境地，一些人为躲避法律制裁而沦为逃亡者。里奇伯格说，为了维系自尊，他们唯一的办法就是培植种种迫害幻象，透过这样的幻象见证自己是如何为了自由去对抗那个学院教授集团的邪恶阴谋的。财富集团纷纷叫嚷着说，美利坚已经陷入革命的魔掌，就因为他们的仆人已不再满足于昔日的薪酬，这样的场景显然不可能真正触动多少同胞。这些灾变论的兜售者基本上是世人已见怪不怪的假正经，他们的每一次宣示只不过坐实了针对他们自己的那些指控。里奇伯格说："'假正经同盟'的这场运动恰恰是今时今日之经济复苏的最大威胁。"

难道这其中没有涵涉别的任何东西吗？一切都完全不值一提，没有其自身就令人憎恶的东西吗？显然并非如此。詹姆斯·博伊德在评说迈阿密的状况时，应该说是瞥见了这样的东西："跟这个国家的其他地方一样，"博伊德说，"这里的人们也分为两大群体，即罗斯福毁灭了的和罗斯福拯救了的。罗斯福毁灭了的那些人仍然住在拜占庭式的宫殿里，全然是东方式的奢华，甚至有过之而无不及；罗斯福拯救了的则仍然住在用沥青纸做屋顶的破败棚舍里。"并没受苦的人在假装自己承受了太多苦楚，并竭尽所能地阻止政府帮助那些真正受苦的人，说到底，这样的情状真的合理吗？美利坚富人在 1934 年的这场表演，甚至连高傲者的尊严都没有了。就跟第一次世界大战之前英国上院和阿斯奎思政府的那场斗争一样，那矫揉造作的强烈态势，令富人们自己在几年后回望当年时，也只能震惊且无从置信。[5]

6

有一个美国人倒不那么震惊，此人就是总统。对于富人，罗斯福已有太长时间的了解，而且了解得再透彻不过了，他当然不会把富人的此番惺惺作态真正当回事。总统本人就是在哈得孙河大农场长大的，这自然令他在那些暴发户的富翁面前有优越感；而且，自海德帕克和格罗顿公学时代以来，他的所见所闻，都不曾令他觉得金钱可以催生并赋予智慧。这样一个人自然不会畏惧富人，更不会因此在富人面前低眉顺眼、恭敬有加。恰恰相反，他眼中的富人都无知且狂躁。实际上，他倒是曾经表达过这样一种期望，即大萧条催生的谦卑感能持续下去。1933年，他曾尝试工商业-政府合作机制，此番尝试是足够真诚的，这一点可以肯定。《国家工业复兴法》当然涵涉了“对工业的挑战”，对1934年3月的罗斯福来说，这样的挑战仍是“一场伟大考验”，说白了，此时的总统仍然有心据此看一看工商业集团的领袖们如何对待民众福祉问题。不过，他也已经开始对工商业集团的动机失去了信任。“很显然，这些人都是从防风窖里走出来的，”罗斯福抱怨过，“他们当然会忘记曾经有一场风暴。”罗斯福相信，1933年的秋天的确有一场“相当明确的组织化运动”，意在破坏新政；而且在他看来，这场运动在1934年的春天有卷土重来的势头。1934年8月，总统在威斯康星州的格林贝发表演说，也借此表达了这样的看法：一批工商界人士总认为，若要恢复信心，就必须撤销所有管制立法；“倘若我们听从他们这类人，昔日的爪牙法令就会在这个国家再次大行其道”。工商业集团口口声声说的所谓“自由”，同样不受总统待见。“我可不赞同回归这样的自由，”总统在10月很干脆地申述说，“正是这样的自由，在那么多年时间里，一步步地将自由人民纳入体制化的轨道，最终不过是为了给特权少数派做牛做马。”[6]

7

1934年的国会选举正在迫近，工商业集团的抗议和批评浪潮遂越发猛烈了。罗斯福于7月1日登上美军休斯敦号战舰，开启了一段一万四千英里的巡游，穿越加勒比海和巴拿马运河，前往夏威夷，并于8月回归华盛顿，刚返回便发觉抗议浪潮有了新的动向。紧随夏天的罢工浪潮而来的，是刘易斯·道格拉斯于9月的辞职，这些都令工商业集团更加忧虑。9月中，大约一百五十个颇有分量的工业家在鲍德温机车制造厂的乔治·休斯敦和约翰斯-曼维尔公司的刘易斯·布朗引领下，在弗吉尼亚的温泉镇秘密集会。此次集会的内容并未披露出来，不过《纽约时报》的路易斯·斯塔克看到了议题的副本，据斯塔克说，倘若他们的方案真的付诸实施，“上一届国会推出的所有紧急立法都将片瓦不留，即便能存续，也会被修改得名存实亡”。上千家公司企业纷纷向新英格兰委员会诉苦说，因为对经济缺乏信心，他们都不得不“否决、延迟或直接撤掉正常的业务及合同”。在波士顿一次有关分配问题的集会上，有人对新政展开暴烈攻击，西尔斯-罗巴克公司的尤利乌斯·罗森瓦尔德趁势提议将此次集会者的意见和看法直接呈送总统，“不仅是表达此次集会的看法，也要表达全国工商业界的感受”。9月下旬，美国商会便要求罗斯福“明确表态”，是否以及何时着手平衡预算，稳定货币并恢复工商业的信心和积极性。

政府和工商界的关系越发紧张起来，这令政府中的保守派支持者们甚是担忧。特别是雷蒙德·莫利，他希望借由“互谅举措”来缓解此等紧张态势，甚至觉得工商业集团的很多抱怨都纯粹是臆想出来的。正是因此，在回应工商界的一次诉求时，他说会安排一系列宴会，让新政派和工商界领袖能坐下来面对面谈谈。与此同时，尼亚加拉哈得孙公司的弗洛伊德·卡莱尔也安排了一场宴会，哈里·霍普金斯到场，同托马斯·W. 拉蒙特、杰勒德·斯沃普、刘易斯·布朗等工商界领袖人物商谈救济问题。席间，拉蒙特告诉霍普金斯，他认识罗斯福多年了，他觉得罗斯福至少会在总统位置上待到1940年，“很可能”会一直到1944年，工商业的“唯一希望”就是罗斯福，“明智政策之堡垒”能否成形，也全看罗斯福；

拉蒙特还说，他会竭尽所能从中襄助。“经常有人跟我抱怨政府举债太多，”拉蒙特说，“我从来都是这么回应的：‘好吧，倘若这个国家愿意每年花费三百亿美元去救济德国人，那么花费五十或六十亿美元，不让自己的人民忍饥挨饿，这又有何不可呢？有什么好抱怨的呢？’”罗斯福遂亲自拟定了一份长长的工商业领袖名单，约请这些人于 9 月前往海德帕克进行私人晤谈。[7]

8

此番晤谈的一个结果就是 9 月 30 日那场和解性质的炉边谈话，罗斯福借此机会宣示了对“个体创造力及公正的私人营利动机”的信心，当然，总统也不忘补充说，“我们所有人都对公共利益负有责任和义务，若能接纳这样的责任和义务”，我的这份信心“就必定会强化起来”。一些工商界人士仍然表示，罗斯福对健全货币及平衡预算只字未提，不过其他的人已经发觉，罗斯福政府实际上是信任利润体制的，这也令他们明显舒缓下来。大约在这时，确切地说是 10 月的第三个星期，美国银行家协会在华盛顿召开年会，此举看来是一个明确表态，要抓住此次政府与工商界和解的新机会。此前一年，华尔街银行家集团在芝加哥的那番遭遇和挫折，自然令这个集团尤其盼望协商和平的机会。温思罗普·奥尔德里奇在同白宫的一次通话中，一下子轻松下来，他告诉白宫，只要总统愿意抓住机会“重建公众对银行家的信心”，那么一切都会好起来。

然而，奉命来到华盛顿协助拟定银行家年会的演说词的莫利，此时发现，政府内部有人反对这一和解计划。汤姆·科科伦此前就告诉莫利，新政少壮派对他的纽约宴会颇为不满。摩根索和霍普金斯也秉持了类似的疑虑；而且在美国银行家协会演说前一天的总统研判会上，这些人讲述了一个又一个令人不快的故事，借此申明工商业集团的敌对态势，在莫利看来，此举显然是要激发总统的反工商业集团的情绪。摩根索尤其对银行家年会的开幕演说感到愤怒，演说人是纽约州第一国民银行的杰克逊·雷诺兹，此君的演说稿一开篇就讨论了古罗马大将西庇阿拒绝同汉尼拔和谈一事，并提请人们回忆此举引发的后果，那就是两军均遭毁灭，两名统帅都落入流亡境地。摩根索对此番议论颇为恼火，认为这样的说辞实在不知检点，竟然将银行家集团和政府视为对等的至高权力实体，这其中暗含的个人野心和欲念自然无需多言。接着，雷诺兹计划回忆一下自己在哥伦比亚大学法学院当教授的那段时光，当时班里“有一个非常好学的学生名叫富兰克林·罗斯福”；“我常常提一串问题给他，”雷诺兹演说稿中写道，“我还想告诉诸位一件事情，此举若是背弃了双方的信任，那请各位一定多多见谅：当时这个学生并不一定总能答对问题。”此番议论就意图而言，显然是友好的，但是罗斯福并没有拿到哥伦比亚大学的学位，因此很是尴尬，内心难免不悦。不过，莫利认为双方需要建立和谐关系，并敦促摩根索出面，让雷诺兹将这些冒犯性的说辞删掉。但此时的总统看来也是受了摩根索-霍普金斯态度的影响，在着手起草演说初稿时，表现出来的杀气不免令莫利备感绝望。当夜，莫利试图修订并润色草稿，令其语气缓和下来。第二天早上，罗斯福接受了莫利的缓和版本。

第二天，制宪大厅里挤满了来自全国各地的银行家。大多数的与会者，特别是来自小城镇的银行家，都是坚决的反新政派，他们的反对态度比纽约那些老谋深算的同行强烈多了。雷诺兹也算颇为大度地承认，银行家集团对平衡预算和稳定货币的强悍要求，令政府承受了过分的压力。他向总统申述说：“过去两年间，银行集团已经接受了足够力度的惩罚，如今已懂得改正，懂得理解，您完全可以大度地接纳银行集团的任何合作动议。”接着，雷诺兹便对罗斯福赞誉了一番，说罗斯福在 1933 年 3 月“为拯救并修复已然碎裂的银行业结构做出了重大贡献，那是我们当中任何人都不能比拟的，无论是个人贡献还是集体贡献”。

第三天，罗斯福对雷诺斯的此番议论未作任何反应，而是直接否认银行家集团可以作为跟政府对等且独立的单位；“政府必须是领导者，这是事理之本性所决定的，共同体中包括银行家集团在内的一切集团利益的冲突，政府都必然是那个判官”。接着，罗斯福呼吁银行家承担更多的放款责任，并表示，只要银行家集团展现出重振士气的态势，政府就会削减公共贷款。“我们所谓的利润体制”这个表述，罗斯福在演说时现场做了调整，变成了“我们所说的——并予以接受的——那么一套利润体制”，很显然，这一修改是为了鼓励听众；在为演说做结论时，罗斯福还提议：“各方力量携起手来，共促经济复苏……工商业、银行业、农业、工业、劳工以及资本，等等。说白了，整个美利坚都团结起来！”《纽约时报》报道，罗斯福此次演说收获了“一片欢呼”，但莫利后来回忆说，此次演说“只是走个形式”，现场气氛相当“僵冷”。演说的总体语调应该说是漠然且中正的；银行家们从中只能得到少许安慰。[8]

9

在国会选战前夜给出这样的和平姿态，罗斯福自然不会觉得是坏事，不过，此时的罗斯福很可能已经放弃了同通商业集团构筑建设性伙伴关系的切实希望，尽管这样的希望确实体现在国家复兴署里。他多次尝试听一听工商业集团领导人物的想法，但都无果而终，很显然，这是令他放弃希望的最主要原因。面对总统提出的每一个问题，工商业集团领袖人物的回答都一样简单：要平衡预算，要叫停改革，要减少政府管制，以此恢复“信心”。当世界博览会于5月在芝加哥开幕时，阿尔弗雷德·P. 斯劳恩主持了一场宴会，议题关涉工业进步，斯劳恩利用这个机会释放了来自大约三百名银行家和工业家的信息。伊萨多·卢宾为弗朗西丝·珀金斯分析了其中的意涵，他报告说，只有一打左右的人对政府目标表现出些许同情，绝大多数人只是在抱怨“税收、政府管制及自由受限”等，而且总体而言，他们“显然证明，美利坚工商业集团对新政完全缺乏最起码的了解和认知”。

此时，罗斯福收到了哈佛商学院院长 W. B. 多纳姆的一封信，信中谈论了如何恢复经济信心的问题，罗斯福遂约请院长前来海德帕克晤谈。“我向他提了好几个问题，”罗斯福后来写道，“他没有对任何一个问题给出切实回答！”他还叫来了工商业集团最有头脑的代表人物之一、摩根集团的莱芬韦尔。莱芬韦尔告诉罗斯福，“您不能靠着格言警句来喂饱人民”，并就此放弃对“平衡预算之古老符咒”的任何兴趣。然而，即便是在两封长信里，莱芬韦尔也没有提供任何实在的东西，只是申述了反对公共工程开支和政府管制的立场。“我不免感到一股寒意，”罗斯福在给法兰克福特的信中谈到莱芬韦尔，“因为我在他的两封信里没有看到任何建设性考量。”商业思维显然已经破产，但那些学术顾问的头脑仍然源源不断，取之不竭，这样的对照实在诡异。10月，在给来自新泽西州的女众议员玛丽·诺顿的信中，罗斯福总结了自己的感受：

> 说真的，一直以来，他们不断地要求我：“总统先生，说点什么吧，安抚一下工商业集团。”这样的要求如同风暴不断袭来，这样的情况实在太有意思了。为了安抚他们，我究竟应该说些什么，看来没人知道。最起码那些提出要求的人没有给出任何切实建议。
>
> 要安抚这些怯懦之辈，我相信正在做的事情、正在产生的结果，是最有效的手段，也是唯一的办法……行动和结果才是

真金白银，我不相信纯粹的说辞有任何特殊“安抚效果”。

罗斯福也相当注意在批评者中作出区分。读了亨利 · L. 史汀生的一封来信之后，他用铅笔记下这样一番心得：“有些人显然心怀叵测，要建立经济封建主义体制，有些人则是诚实之人，只是对眼前的事情感到害怕，不可让这两拨人兵打一处。”在他看来，如此繁盛且肆意的商业思维显然不具备现实性，在解释此等虚幻思维时，罗斯福将其归因于对现实的无知。当詹姆斯 · P. 沃伯格将《货币泥潭》一书赠给他时，他回复说，真希望有一天这书能再版，不过在这之前，他希望沃伯格能穿上最旧的衣服，买上一辆二手福特车，在这个国家走走看看，“要计划好一路上不跟任何银行家或工商业界人士有任何交谈（当然，加油站的所有人不算在内），一路上也不要入住每晚价格超过 1.5 美元的旅店”。罗斯福特意申述说，如此一来，这一路上您无法忍受的东西，恰恰是今时今日让国民担惊受怕的东西。1934 年 9 月，他修订了自己的就职演说词，据此指出，如今有人刻意将恐惧灌输给美利坚人民，我们不得不害怕这些人，这是比恐惧本身更令人恐惧的事。

这段总统生涯由此确证了他对工商业集团的不信任。哈佛大学的新生年级长于 8 月致信罗斯福，询问总统对自己刚上大学的小儿子约翰有何嘱咐，总统回复说，“看看商会的海报和演讲吧，往往会主打‘如何走向商业成功’的话题，简直是天花乱坠”，新生的教育“最好是跟商会思维反着来”。在总统看来，商业伦理，包括他们的观念、立场、目标以及虚荣，显然都是荒谬的。他痛恨这一切。他认为这并不能解释大多数美国人的实际经验，并不理解美利坚文明更高的价值和理想，甚至不能明智地推进他们自身的利益。罗斯福于 11 月写下的一段话足以表达他的深切信念：“我的重大使命之一就是阻止银行家和工商业集团自杀！”[9]

10

与此同时，罗斯福政府已经开始准备迎接第一次全国大考，那就是国会中期选举。6月下旬，罗斯福的炉边谈话就为民主党选战确立了基调。“要评判这段复苏之路，对我们所有人来说，最简单的办法在于每个人自己的日常生活状况。跟去年相比，你的生活有改善吗？你的债务负担是否减轻了？你的银行账户是不是更安全了？你的工作条件有提升吗？你对自己的未来是否有了更牢靠一些的信心？”此番诉请之外，罗斯福还补充了一项个人决定，即要让这场秋季选战在总体上脱离政治色彩。6月，他告诉全国应急委员会：“眼前的情况我们都很清楚……政府之运作较之以往，政治诉求更少一些，公共利益上的诉求则更为强烈一些……换言之，我们考虑的是政府，而不单单是政党；而且我们越强调这一点，就越能让公众认识到，我们是在为国效力，我们不会单纯地考虑政党或政治上的因素。”接着，总统若有所思地补充说，“从政治角度来看，只要这么做，就能拿到最多的选票。”

1933和1934年间的罗斯福，其政治策略是以超越党争的形象示人，这一点可以肯定。他拒绝参加民主党传统的杰斐逊纪念日庆典，转而提议约请民主党人和共和党人共同参加“非党派性质的杰斐逊庆典晚宴”。“在这样一个特殊的恩典年份，我们要向这个国家发出最强烈的呼吁：复苏和重建大业，需要所有党派的男男女女一同参与进来，共同完成，我已反复呼吁民主党和共和党为这场大业出力。”1934年初，他还指派民主党全国委员会以查尔斯·米切尔森的卓绝风格写就年度总结；在记者招待会上，有人问他在11月选战中会如何投票，总统回答说：“好吧，斯蒂夫，让我告诉你，我很多次都只看个人，不看党派，因此把票投给某个共和党人，这情况想必会让诸位相当高兴吧。”一名来自艾奥瓦州的众议员在 1936 年实在忍无可忍，怒气冲冲地致信马尔文 · 麦金太尔，发出问询：“自就职之后，总统可曾提及民主党，甚至可曾提及‘民主党人’这个词呢？他可是用我们民主党候选人的身份竞选总统的啊。”詹姆斯 · M. 伯恩斯则给出了华彩申述：“他扮演的是国父的角色，他是两党领袖，是全民总统。”

问题依然存在：他是否真的相信这样的角色并将某种形式的全民团结视为恒久之事呢？或者说，他这样的非党派姿态是不是刻意摆出来，以便吸引共和党进步派和独立派人士加入民主党，并以此作为沿着自由派-保守派路线重建政党体系的第一步呢？有很多迹象表明，他的真实目标在于一个自由派政党而非全国性政党。从西奥多 · 罗斯福时代开始，他就特别关心并同情共和党里的进步主义脉络。“在获选成为总统前很多年间，”对他的那段时期非常了解的欧内斯特 · 林德利写道，“他一直怀着这样一个野心：将共和党进步派和各色自由派纳入民主党，由此建立一个新的自由派政党。”1916 年威尔逊曾尝试过这样的事，史密斯于 1928 年也有过这类尝试，不过很显然，一个名字中间有“罗斯福”三个字的民主党人是最有资格将公廉党运动真正贯彻下去的。而且他的第一项政治行动就是反对这台政治机器，算是他的政治处女作，因此，他这样的政治人物对独立票仓自然有着异乎寻常的敏感度。“常常有人告诉我……我的政府里有太多人并非民主党积极分子，”他曾在某次杰克逊纪念日宴会上说，“我必须承认这一温和指控。”不过，他也补充说，政治人物若要掌控未来，就必须认识到，“民众真正关心的是政府而非政治……大量民众只是在名义上自感是某个政党的成员，这并不妨碍他们在投票时，以完全自由的姿态，在选举日为另一个政党的某个或多个候选人投票”。1932 年的某个晚上，在奥尔巴尼的炉边，罗斯福跟特格韦尔有一番交心之论：“雷克斯，我们很可能会在华盛顿待上八年。这八年结束时，我们也许还会有一个民主党，也许不会；但我们肯定会有一个进步党。”特格韦尔后来评论说，这是他“最为深切的愿望”。1936 年，罗斯福跟伊克斯也谈过，他希望有一场“政党重组”，意思似乎是要将共和党进步派的血脉注入民主党，以此复活民主党。

很显然，在政治允许的范围之内，罗斯福竭力推进非政党路线，不过，此举本质上只是一个旗号，确切地说，并不是向全体共和党人发出呼吁，而只是向共和党进步派发出诉请，于政党重组的梦想而言，共和党进步派的力量是不可或缺的。他任命两个进步派领袖进入内阁，还将一些前公麋党运动的成员，诸如里奇伯格和法兰克福特，招纳到身边。他跟乔治·诺里斯也保持了非同一般的良好关系。他不会错过任何可以支持海勒姆·约翰逊的机会。他给菲尔·拉福莱特提供了八个职位，可任意选择（1934 年，鲍勃·拉福莱特曾公开说起此事）。这段时期，他的两党领袖的政治身位界定应该说并不是发自内心的，毋宁说，他只是以两党合作的旗号为掩护，实际上在精明运作，意图组建一个全国性的自由派政党。[10]

11

7 月结束了休斯敦号上的休假后，罗斯福于 8 月初在西海岸登陆，中期选战实际上就以此为节点非正式地拉开了序幕。接着，罗斯福便从西海岸开始，展开一场跨越美利坚大地的胜利巡游。尽管此时的新闻界已经对新政多有批评，那些对新政实验本身持批评态度的报刊评论，通常也会对实验者多有褒扬。此时的民众应该说并没有什么疑虑。总统专列缓缓穿越蒙大拿州、北达科他州、明尼苏达州、威斯康星州、伊利诺伊州，穿越了被夏日骄阳炙烤过的、被干旱肆虐过的地区。成千上万的人越过尘土飞扬的平原，从数百英里外纷纷赶来，在铁路边上拢起篝火，在各处站点集结，等待着一瞥总统尊容，等待着在列车驶过时有机会挥手、呐喊，向总统表达感激之心。记者们纷纷报道，他们从未听过此等欢呼。罗斯福自己也跟加纳说：“这趟穿越大陆之行，一路上人们的迎接态势相当壮观，我比任何时候都更相信，就人民的追随程度而言，我们不比以往任何时候逊色，甚至更为强大。”

工商业集团掀起的反新政浪潮，令一些民主党人颇有些战前的紧张不安。总统依然是平静自若。回到华盛顿之际，罗斯福告诉全国应急委员会：“总体上说，接下来的两个月里，我们一定要保持平和。”在他看来，问题的关键在于把观念的事情讲清楚，“我相信这么说基本上是切近真相的”——反对势力主要“来自国民中 10%—15% 的一群人，他们的精神取向也许应当归为现代哲学当中的极右翼，另有 10%—15% 的人，其精神取向则可以归为现代哲学当中的极左翼”。（“当然，”他也补充说，“也有大量的批评是完全合情合理的，我们能从中有所汲取、有所收益。”）9 月下旬，罗斯福跟加纳谈起：“我们正在向某些目标进发，而且仍然渴望行动，我相信选民作为一个整体对此非常满意。”

10 月，罗斯福有一系列运作，做出同银行家集团休战的姿态，以此遏制工商业集团的批评浪潮。同时，他小心翼翼地避免在这场选战中扮演活跃的党派角色。此外，他禁止内阁成员（当然，邮政部长除外）发表选战演说，除非是在他们自己的州；他还发布专门指令，禁止民主党人依托救济资源捞取政党资本。如此，便令政府依然在某种程度上拥有超越党争的政治地位。此时总统的形象看来也更具能量且更受人仰慕了。选战中，威斯康星州的一个共和党国会候选人说罗斯福是“一个没有拐杖就没法自己站起来的人”，现场的共和党听众群随即发出一片愤怒呼声，令这位共和党参议院候选人不得不退出讲台。各地的信息如潮水般涌入民主党全国指挥部，令吉姆·法利都无法压制自己的愉悦心情。选举日之前那个星期六，他致信总统，预判民主党将大获全胜。法利宣称，在三十五个参议院席位争夺战中，民主党将赢得其中二十六个，其中包括共和党的传统堡垒宾夕法尼亚州；众议院方面，政府也将收获中期选举中罕见的佳绩，用法利的话来说就是“我们将分得半壁江山”。[11]

12

罗斯福觉得法利的此番预测过于乐观了。然而，实际结果表明，法利的预测反而是过分保守了。参议院方面，法利说对了；共和党参议员纷纷折戟沉沙，其中包括不少的共和党右翼领袖人物，比如来自宾夕法尼亚州的戴维·A. 里德（被约瑟夫·F. 古费击败）、印第安纳州的阿瑟·R. 罗宾逊（被谢尔曼·明顿击败）、俄亥俄州的西米恩·D. 费斯（被维克·多纳希击败）以及密苏里州的罗斯科·C. 帕特森（被哈里·S. 杜鲁门击败）。众议院方面，民主党的收获则超过了法利的预测：民主党议席从三百一十三增长到三百二十二，这主要是因为在宾夕法尼亚州的大胜，共和党议席则从一百一十七降到一百零三。此次国会选战的总票仓方面，民主党所占比率实际上是上升了（尽管只是从 56.6% 上升到 56.8%），这样的情况在中期选举的历史上没有先例。州长职位方面，此次选战过后，共和党手中的州长职位仅有七个，民主党则拥有三十九个，进步党和农工党各一个。

阿瑟·克罗克在《纽约时报》发表评论说，新政已然“赢得了美利坚政治史上最具压倒性的一场胜利”。“自托马斯·杰斐逊和安德鲁·杰克逊之后，便不曾有过如此高的民众支持度，”威廉·伦道夫·赫斯特致信罗斯福说，“这足以表明美利坚人民是何等信奉民主之真义……被忘记的人们并没有忘记。”威廉·艾伦·怀特不免也对罗斯福的这场胜利多有思量：“只能说，人民这是在给他加冕啊。”[12]

第八部分　总统制的演化

三十二　决策机制

1

富兰克林·罗斯福的两年白宫生涯已然在相当程度上将可能变成了现实。身在权力边缘时，他就已是一个集魅力、勇气、精明和信仰于一身的人，那时的他曾闯过一场可怕的个人考验，但还没经受终极公共职责的考验。现在的他则闯过了危机考验。其结果是一个硬化和深化的过程，将一个温和的、谜一般的绅士改造成一个坚决、强悍的总统，但依然是一个令人深感迷惑的总统。

2

1933 年之后，白宫的日常运作并未改变很多。早上 8 点刚过，总统便开始在卧室里用早餐，餐具一如既往地是托盘，一天的工作也由此开启。在窄窄的白色铁床架旁边，是 张白色桌子，很朴素，电话、铅笔、备忘录、烟灰缸、雪茄、滴鼻液就摆放在上面，还有 杯水。船画和海景画，老罗斯福的最爱，则悬挂在墙上。壁炉上方，有着葡萄纹的大理石壁炉台上面，摆放着家庭合影照、动物玩具及一些总统喜欢的纪念品。跟罗斯福宅第的所有房间一样，总统的卧室是绝对的维多利亚风格，装修老派且不够灵变，装饰风格笨拙厚重，给人的感觉是丑陋但舒适。

早餐时，总统会快速浏览半打左右的主要报刊，其中有一半是在尖锐地批评他的政府的（比如《纽约先驱论坛报》《华盛顿时代先驱报》以及《芝加哥论坛报》）。这时他通常穿着线衣或披风；对他这样的残障人士来说，穿长外衣自然是太麻烦了。百日新政期间的早餐晤谈，到这时基本上已经没有了，除非是紧急情况。即便是埃莉诺·罗斯福，在出门之前来问候丈夫时，通常也只是简单地说一声早上好；“这个时候，他不喜欢说话。”罗斯福自然要竭力跟进政府事务和国务，快速浏览报刊则是第一步。

9点到9点半之间，秘书会跟总统谈论一天的日程，在患病之前，斯蒂芬·厄尔利和马尔文·麦金太尔及路易斯·豪先后担任他的秘书，而后这个角色便通常由总统的军事随员埃德温·M.沃森担任，人们通常称呼他为“帕”。接下来半个小时是穿衣服、刮胡子的时间，罗斯福也会把工作拿来一起做。哈罗德·伊克斯写道：

> 每次前往他的书房时，他的管家都会先把我领到他的卧室，并告诉我总统正在刮胡子。管家会向浴室方向打个招呼，总统遂招呼我进去。进入房间，总统正坐在梳洗台的镜子前刮胡子。他就请我坐在马桶座上，然后开始谈话。刮完胡子，他就坐着轮椅回到房间，斜靠在床上，管家则过来帮他穿戴……他这样的人有着毫无造作的简单和淳朴，个人魅力自不待言，每次都让我深为触动。他是合众国的总统，但他也是一个再朴素不过的人，边刮胡子，边跟朋友谈天说地，议论彼此都感兴趣的事情，会在管家的帮助下穿衣服。身体虽然残疾，但看来

他没有任何介怀，也根本不曾扰动他的文雅和平和。

大约10点半，他通常会让人推着轮椅，沿着新修的坡道前往白宫西厢的办公室。在这间漂亮的椭圆办公室里，他会约见各种人物，工作日的大部分时间也都在这里度过。房间里的格调是罗斯福家族乡间住宅那典型的无拘无束。“你尽可以设想，”埃米尔·路德维希说，“这就是一家汽船公司经理人员的度假屋，里面摆放了各种纪念品，以便主人回想自己的船长时代。”墙壁上挂着库里尔和艾夫斯制作的哈得孙河风景画；壁炉台上放着各种船只模型；办公桌上放着备忘录、政府报告、书籍、玩具猪、玩具驴，还有船舵模型等；地板上，靠着总统一侧，是两只相当漂亮的爱尔兰长毛猎犬，不时会站起身让人抚摸。高级职位的象征物，诸如总统旗和天花板上的大印章图，则都经过特别安排和处理，已经变得很不显眼了。总统身后，阳光穿过大玻璃窗，轻柔地落在办公室地板上，眼睛的余光能不时瞥见东面那处安静的玫瑰园、回廊及木兰树。在华盛顿的喧嚣中，这个明亮且开放的房间，显得那么宁静，不免令人惊讶。

总统的大多数约见都安排在午饭前两个小时里。通常规定的约谈时间是十五分钟，不过往往会延长，来访者一般在前厅等候，麦金太尔和沃森则会用旁敲侧击的办法，力争加快谈话进度。午饭就在办公桌上解决，饭菜被从一个金属烤箱里直接拿出来上桌；通常就是一份土豆肉丁加一个鸡蛋（若加了两个鸡蛋，罗斯福常常会传话给管家说太浪费食物了）；午餐时间也是连带办公的。下午会有更多的约见；大约下午时间过半，总统通常会把格雷丝·塔利叫来，作一两个小时的口述记录。第一个任期里，大约下午五点，罗斯福通常会招呼工作人员一起放松和聊天，称之为“孩子时间”。5点半刚过，一天的办公时间就结束了；接下来，总统会花二十分钟游泳，白宫的这个游泳池是从纽约《每日新闻报》筹措的选战资金里拨付建造的。游泳过后，身心都得到恢复，总统便开始准备用晚餐，就餐前通常会喝上一杯马提尼酒或古典酒。晚餐后，总统通常会前往自己的私人书房，那是二楼一处很温馨的椭圆房间，紧邻着卧室，在那里，总统会进一步口述一些东西，或者读一读报刊，当然也会跟人谈谈话。他通常在午夜之前上床休息，而且很快就能扔掉一天的烦扰，不到五分钟就稳稳当当地进入梦乡。罗斯福从来不允许安保人员在晚上将自己房间的门锁上，这一点他跟其他的总统都不一样。[1]

3

罗斯福身边的工作人员都很忠诚且很有效率。服务期最长的当然是路易斯·豪，他已经为罗斯福效力将近二十五年了。此时的豪刚过六十岁，但身体脆弱且消瘦，看起来比实际年龄老一些。到了这时，他对总统的忠诚似乎更具专属性质，对其他人的刻薄态度也更为强烈了。不过，富兰克林和埃莉诺都很珍视他。在某些事情上，特别是政治运作及利益分配问题上，罗斯福已然极为看重豪的意见；大多数事情也都很欢迎豪提供建议。“我要跟豪仔细谈谈这件事，”这是总统常常会说的话，“他每天都有四十个想法，这其中当然会有一些不错的想法，尽管为数不多。”当然，总统也常常避开豪的建议，倘若必须绕开这个老朋友，他能做得很得体，极其讲究策略。

路易斯·豪并不会因为自己的这位门生执掌总统大位而在二人关系问题上有所拘束。有一次，总统的管家麦克达菲给豪传了个话，豪则脆生生地回答说：“告诉总统下地狱去吧。”麦克达菲不禁大惊失色，遂告诉自己的妻子、白宫服务生莉兹说，他可不敢把这话传给总统。莉兹说她会摆平这件事。而后她转达说：“总统先生，豪先生说那样的事情简直就是地狱。”总统即刻笑了起来，根本就不相信，并说：“豪肯定不是这么说的，莉兹。他原话应该是让我下地狱吧。”总统对豪的情感，里奇伯格有明敏评说：那就像中年儿子仍然尊重老父亲的智慧，但也对老父亲的管教颇不耐烦了。

到了1934年底，路易斯·豪一直欠佳的身体状况开始恶化。于是，越来越多的时间他都是在白宫二楼自己的房间里度过。1935年2月，支气管病令他一下子垮了。人们火速将他送往海军医院，给他戴上氧气罩。医生们对他的情况已经绝望了。“他似乎要顽强地抓住生命，那样的毅力让人震惊，”埃莉诺·罗斯福悲伤地致信莫莉·杜森，“但是我担心他的生命已经走到了尽头。”埃莉诺低估了路易斯·豪的能量。这位老人竟然重拾生命力，尽管再也不曾离开医院太长时间，但又活了一年。此前他便有大量时间是在床上度过的，这一次床上的时间又加倍了，以此缓解痛苦；他的胡子已经长成了长长的山羊胡，令他的容貌较之以往更形特出。他依然对政治保持密切关注和跟进，不断发送各种含混指令给全国委员会和内阁成员。罗斯福夫妇和家人会定期探视。不过他心里也清楚，自己时日无多。一天，一个朋友跟他说，大家都等着他出山主持1936年选战呢。“不，”老人回答说，“不，他们将在没有我的情况下运作这次选战啦。”停顿片刻，他接着说，“现在，富兰克林只能靠自己了。”1936年4月中，路易斯·豪与世长辞。

埃莉诺·罗斯福一直觉得，路易斯·豪的离开在富兰克林生活中留下了无可弥补的空隙。埃莉诺相信，豪是唯一一个愿意且能够跟丈夫将一个问题彻底谈论清楚的人，也是唯一一个能凭借颇有些惹人恼火的坚持态势，迫使丈夫看到问题阴暗面的人：“路易斯死后，”埃莉诺写道，“富兰克林经常在未能彻底且全面考量问题的情况下做出决定。”哈罗德·伊克斯也有同样的评说：“豪是唯一一个敢于跟总统开诚布公地讨论问题的人，而且毫无畏惧。他不仅敢于告诉总统他认定的真相，而且能在总统面前坚持将问题讨论得彻底且清楚，直到得出最后的结果。”此外，豪还会没有任何顾忌地将众人组织起来，在总统面前推进自己的观点；在他的策动之下，埃莉诺·罗斯福、法利、艾德·弗林等人会突然联合起来向总统施压，表面上看是巧合，但都为推进同一个观点而来。埃莉诺·罗斯福则更进一步地感觉到，路易斯·豪活着时，自己的丈夫能见到一批更为优秀的人物，也能听到更多的看法。

这些情况可能都是真的。不过，豪的领域也是有限的。“路易斯并不了解经济。”罗斯福曾经这么说；事实上，路易斯·豪对公共事务的任何方面都所知甚少，对于新政也只有模糊的认知。他当然可以令罗斯福避免犯下政治错误，但在政策问题上，他所能做的就少之又少了。但不管怎么说，他是罗斯福团队中最能反驳并顶撞总统的人，失去这个人当然不会是一件幸事。[2]

4

罗斯福提名路易斯·豪担任自己的首席秘书，这算是回报路易斯·豪对自己的多年陪伴。另外两个秘书厄尔利和麦金太尔，享受跟路易斯一样的薪资待遇，并且随着时间推移，也逐渐接手了越来越多的日常职责。厄尔利此前多年都是联合通讯社的一张王牌，肯吃苦，干劲十足，无所顾忌，此时还不到五十岁，媒体关系是他的主攻方向。麦金太尔此时五十五岁左右，温和，平易，在新闻事务和公共关系领域有过长期历练，有一定背景，但并不十分突出，主要负责政治约谈事务（当然，在罗斯福政府中，所有人都时不时会有这方面的职责担当）。厄尔利和麦金太尔都是南方人，厄尔利来自弗吉尼亚州，麦金太尔来自肯塔基州。二人都在 1920 年副总统选战中为罗斯福工作过，都秉持颇为强烈的非意识形态立场。二人都更偏爱政治和职业类型的人，这些人是他们所熟悉的，至于新起的新政派，他们相对不太喜欢，总觉得怪怪的。比如，麦金太尔对院外游说集团的喜爱，往往会无所掩饰地自然流露，这可不止一次给白宫惹来麻烦。二人都忠于罗斯福其人，而非罗斯福的哲学。不过他们不会去碰触政策问题，尽量做好本职工作。

帕·沃森，罗斯福的军事随员，负责操持一般的约见日程，此人更为复杂，也更为细腻。他是亚拉巴马州人，此时刚刚五十岁出头，凡尔赛和谈期间曾担任威尔逊的助手，相当有个人魅力。“我从未见过他这样的人，”伊克斯曾评论说，“……他有能力让我们所有人都心情愉悦，而且完全不用刻意为之，只需要做他自己就足够了。”人们总是艳慕他那欢快、平和的性情，却常常因此忽略了那些欢声笑语背后隐藏着的精微感受力和认知力。沃森并非新政派，但他对新政的了解并非厄尔利和麦金太尔所能及。

所有工作人员中，玛格丽特·莱汉德，总统的私人秘书，毫无疑问是最亲近总统的，对总统的影响力也是最大的。此时的莱汉德小姐快四十岁了，高个子，纤细苗条，头发过早地变成了灰白色，长得很漂亮，灰蓝色眼睛很吸引人。她在罗斯福身边已经工作了很长时间，对罗斯福的一举一动、一颦一笑自然了如指掌；罗斯福显然非常喜欢这个私人秘书，以至于在任命问题乃至政策问题上都会倾听她的意见，而很少听取其他人的意见（“总统先生，您确实得这么做或那么做。”这就是莱汉德常常跟总统说的话）。她住在白宫三楼，埃莉诺不在时，她会代行白宫女主人之职，呼朋唤友，力争让总统愉悦放松。埃莉诺·罗斯福当然尊重莱汉德小姐的能力，也理解她对自己丈夫的价值，但仍然觉得“有时候莱汉德小姐的社交活动会同工作搅在一起，令自己和其他人都十分困扰”。总统大人指出，像布利特和科科伦这样的人，“实际上都在利用她的社交圈”为自己图谋。不过，“尽管她偶尔会被人利用，但我一直在等待她有一天会醒转过来，这样的信心是植根于长期经验的”。莱汉德小姐很漂亮，很快活，并且喜欢活泼的同伴；她将一种本质上的阴柔元素及一种充满同情的常识感注入罗斯福的生活，这一点是可以肯定的，而且没有证据可以表明她辜负或滥用了他对她的喜爱和信任。1926 年，一场风湿热令莱汉德小姐的心脏遭受冲击；格雷丝·塔利遂开始接手越来越多的办公室事务，比如做口述记录之类，格雷丝·塔利也是个漂亮且活泼的女孩，自 1928 年选战开始，一直为罗斯福工作。两个姑娘都是天主教徒，莱汉德是法国血统，塔利则是爱尔兰血统。二人都对新政目标有深切关怀，都是特别能干且忠诚的女人。

白宫团队中的另一个关键人物是行政文员鲁道夫·福斯特，自麦金利时期开始一直在白宫效力。他的职责是传送各州的报告和文件，在这个工作上，他表现得十分严格，也表现出惊人的效率。对他来说，工作本身就是目的；总统就是流水的兵，来来去去，文件材料却是永恒的，一直在流转。他曾跟罗斯福的一个助手谈起：“说起来也许会吓你一跳，我根本就不关心谁是总统。”（然而，即便是福斯特，最终也屈服了。1944 年选战期间，罗斯福正待离开白宫展开一场政治巡游，罗伯特·E. 舍伍德描述了当时福斯特“神态如同要以决绝之心打破十诫的全部戒律并准备好承担一切后果”，他握着罗斯福的手，祝福罗斯福好运。罗斯福也相当吃惊且感动，汽车驶远时，他说：“这么多年了，鲁道夫可是第一次表现得不像他自己，跟我说话时就像我是个人而不再是个总统。”）[3]

5

总统圈子就像同心圆般的星系，紧随白宫工作团队而来的圈层就是内阁。在美利坚制度中，这个圈层一向是很模糊的，而且从来都不那么令人满意。建国之初，一些人认为这就是某种形式的行政委员会。人们认为，所有重大事务都应当交付内阁票决，而且在杰斐逊看来，“总统也只能算一票”。不过，历任总统，甚至包括杰斐逊在内，都避开了这样的设想；杰克逊在对总统制实施大变革的过程中，更是决定性地重新界定了总统和内阁的关系。

比如，杰克逊非常明确地拒绝将问题交付内阁票决。“我本人当然一向尊重并听取别人的建议，”他说，“但也从来都是自行担当决策责任。”林肯甚至更进一步，觉得内阁议事会根本没什么用处，往往避开内阁，有一次甚至差点完全将内阁晾在一边。至于票决机制，一个古老说法便是：“一人赞成，七人反对。赞成票获胜。”林肯的海军部部长吉迪恩·韦尔斯曾抱怨：“此时此刻的内阁基本上形同虚设，在这样一个关键时期，基本上没人征询过内阁意见。”韦尔斯类似的申述并不在少数，比如“内阁基本上不议事了，看最近的情况，根本就算不上什么委员会或议事会。各部门操持各自的事务，并自行酌情向总统汇报”。西奥多·罗斯福在重大问题上都会避开内阁。伍德罗·威尔逊甚至不愿意跟内阁讨论“卢西塔尼亚号”被击沉的事，宣战之事就更不用说了。威尔逊的内政部长富兰克林·莱恩也曾写道：“有几个星期，我们的内阁会议基本上就是闲扯，纯粹是在消磨无聊时间。”

罗斯福基本上遵循了这个传统，当然，跟林肯或威尔逊相比，他还是付出了更多的努力去认可内阁的存在。一开始，他计划了每周两次的内阁会议，具体时间设定在每周二和每周五的下午。但真正执行的却只是每周一次；周二例会一开始召集了各个应急机构的首脑，但不久就完全放弃了这一机制。内阁会议的氛围是那种典型的罗斯福式的氛围，众人随意，不讲究形式。内阁会议开始时，总统通常会读一些有趣的东西，比如最近报刊上有关总统或内阁成员的报告，总统会借这个机会揶揄一番在座各位，活跃一下气氛。而后，总统便会抛出议题，供大家漫谈一番，当然不会有最终定论；

或者转向国务卿，很是随意地问询："好吧，科德尔，这个问题你怎么看？"然后依照次序把在座的人问个遍。

围坐在桌子四周的这些人，性情和能力各不相同。不过他们有一个明显的共同点，那就是高度正直的个人品性。在华盛顿拥有二十年新闻经验的雷蒙德·克拉珀评论说："就个人的正直和诚实品性而言，我认为这届内阁胜过战后的所有内阁。在这一点上，这届内阁确实与众不同。这群人里没有低劣之辈。"此外，这些人代表了各派观点和各种脾性，全然是借由对总统的忠诚、至少是依附，得以维系在一起。这其中包括加纳（总统后来颇有些后悔将他招入内阁），一个对自己的乡绅智慧相当自负的人；赫尔，谦恭且严肃，一向相当警觉地捍卫自己的权威不受任何真实的或想象的侵夺；亨利·摩根索，同总统私交最为密切，认真、忠诚且有些苛刻；伊克斯，暴躁且相当有攻击性；华莱士，专注且有头脑；霍默·卡明斯，温和、精明且镇定；杰西·琼斯，警醒且谦和；珀金斯，聪敏，口齿伶俐（说起话来长篇大论，令总统甚是痴迷，但令大部分阁员甚是厌烦，有时还会因此激怒伊克斯，"她说起话来滔滔不绝，几乎不带换气"）；法利，为人和善，只有在涉及政治事务时才会有所反应。所有这些人的个性都很强，表面上大家相处得甚是愉悦融洽，这只是勉强掩盖了彼此之间深深的戒心。大多数情况下，他们只是选择中等分量或具有高度普遍性的问题，交付集体会商。这一部分是因为官僚体制自身无可避免地会有权责冲撞的事情发生，说白了，所有人都觉得这是彼此对抗的关系，没有人希望把自己的弱点暴露给别人；一部分则是因为这样一种看法：总有些成员会想着"泄露"一些可能招致麻烦的信息，比如加纳会向国会山的朋友泄露信息，伊克斯会向专栏作家德鲁·皮尔森泄露信息。因此，他们通常将各自真正关心的问题保留着，随后跟总统私人商议，这就是加纳常常说的"祷告会制度"。也如摩根索说的，"如此一来，就可以兀自留下，在总统耳边窃窃私语，总统会告诉他是或者否"。

罗斯福内阁成员从来都是备受挫折，而且始终认为自己的经验是独一无二的。私下里，他们常有类似吉迪恩·韦尔斯和富兰克林·莱恩那样的抱怨。“唯有最平常的事才会被拿来讨论，”1935年的一次内阁会议之后，伊克斯不禁在日记中发了一通牢骚：“此等情形也算让我认清了长期以来的内心想法，认清了当前这届内阁究竟有何用处。重大事务绝少被拿来会商并听取大家的建议，这就是冷冰冰的事实。我们绝对不会围绕任何政策问题或政治战略问题展开详尽讨论。一切决策都留待总统自行定夺……事实上，我从来没想过将真正重要的部门问题提交内阁会议讨论。”威廉·菲利普斯偶尔会代表赫尔参加内阁会议，他也记述说：“在我看来，内阁会议实在是浪费时间，大量的讨论并无任何切实意义。”摩根索则评论说：“重要问题是绝对不会拿到内阁会议讨论的。”“总统对待他们就像对待孩子，基本上不会讨论重要问题。”这是特格韦尔在日记中留下的评说。

不过，这样的内阁会议对总统仍然有一些模糊效用。各部门首脑混杂一堂，总统由此得到的反馈自然令总统对舆情有所体认。同时，总统可借此体认下属的能力。比如格雷丝·塔利就曾记述说，总统更喜欢亨利·华莱士，因为华莱士在大量问题上直言不讳，“一些内阁成员始终沉默，始终守口如瓶”，这令总统颇为不悦。不过话又说回来，跟所有的强势总统一样，罗斯福眼中的内阁也只是各部门首脑的集合体而已，各部门首脑各行其是，各负其责；甚至有时只是将之视为智者聚会，其效用就是快速了解各方意见，这样的内阁会议当然不会是体制性的顾问委员会。[4]

6

接续内阁而来的圈层就是行政分支，这个圈层可是既有惯例和既得利益的无尽杂合体，层层叠叠，盘根错节，在一系列传统管辖权中散布开来，借由一系列传统方式和目标规制起来。这就是人们日常理解的合众国政府，确切地说，就是人员、政府各部门和机构，其职责是推行国家法律并实施国家政策。总统的基本职责就是监督和把控这套政府机制，除此之外便基本上没别的重大职责可言。总统制政府究竟有怎样的担当，这可能是最令富兰克林·罗斯福困惑的问题。总统在这个问题上的表现，也被普遍视为一场失败；被如此普遍地判定为失败，这样的事在罗斯福身上可实在不多见。

归根结底，这样的判决植根于一套公共行政哲学，后来的很多年间，公务制度的专家们都信持这套哲学，各个政治科学院系也都在阐扬这套哲学，令这套哲学就那样似是而非地进驻了常识领域。学院派的信仰在于合乎逻辑的政府组织方式，以职权之清晰且硬性的界定为基础，各个渠道各司其职，拥有不受侵扰的神圣性，如此便可将政府系统维系并运转起来。这套哲学的武器是职责划分和组织图表。其暗含的假定是，行政问题是一成不变的；其最大的担忧便是行政过程中的权宜行事、自由裁量及不可预测性，说白了就是创造性。若由此标准来衡量，则无需多言，罗斯福政府显然是糟糕行政的教科书。比如罗斯福不时对预算局的事务实施干预，侵扰了预算案制定过程的所有神圣准则。

曾为罗斯福工作过的人留下的文字材料中，有大量内容是明显支持这一既成判决的。这些文字材料在别的很多问题上都有歧异，在这个问题上则往往达成一致，都认为罗斯福并非合格的管理者。还有一点也是共同的，即这些文字所采用的自下而上的视角。确切地说，他们都从下属的视角而非总统的视角来解释总统制的问题。大量的个人记述，当然非常生动且难以反驳，但无可避免地会产生扭曲，而且往往带有情绪。毕竟，不会有哪个下属得到了自己全部想要的或自己认为自己需要的东西。这也就是乔治·C. 马歇尔后来谈到的“局部利益症”，所谓“局部利益症”如同一场战争，每个战区的将领都坚决认定，这场战争之胜败取决于自己的战区，倘若该战区获胜所需的必要资源没能到位，便只能证明上级的盲目甚至是无能。“局部利益症”表现形式各不一样，是所有下级官员的职业病，没人能避开；而且在某种意义上，也必然会是这样的情况，毕竟每个官员为了把工作做到最好，都应当尽可能地为自己争取资源。但是话又说回来，“局部利益症”可不是评判上级的牢靠标尺，上级的角色定然是要挫败下属的很多梦想的。这实际上就形成了一座层层挫败的金字塔，居于这座金字塔顶端的就是总统。总统的本质职责就是确定优先次序而后予以推行，因此定然会令所有人都感到不满。而且就总统的情况而言，绝少会有谁站在这座金字塔顶端的立场上予以评说，但总统恰恰就是在这个位置上做决定的。正如格雷丝·塔利（她的回忆录在一定程度上修正了这种不平衡）在品评其他回忆录作者时所说的：“每个人都知道自己跟总统待了一分钟时间，但没人知道在这之前和之后，总统需要耗费上百分钟独自思量，更需要花费上千分钟同另外几十个人商议，在这个过程中要不断地否决、调整、权衡和比较，才能做出最终决定。”

问题的关键在于衡量管理者的真正标尺何在，究竟是管理者设计并遵从组织图表的能力、遵从运作机制且不越界的能力，还是协调并释放众人能量并以此促成公共目标的能力。应该说，一套成功的管理体制，其要素在于：其一，获取明智决策所需观念和信息的能力；其二，掌控实际决策机制的能力；其三，动员相关人员令这两种元素有效且顺畅运转的能力，这相关人员说白了就是能提供有效观念和信息的人，以及能将决策付诸实施的人。不难想见，这些事情比保持行政组织体系之逻辑性和纯洁性来得重要，确实，若是过分坚持权责界定及组织图表之神圣性，最终很可能遏制想象力、生命力，并就此剪灭创造力。[5]

7

无论如何，富兰克林·罗斯福有自己的施政哲学。他的看法其实很明确，行政人员的第一职责是保证有效的信息和观念渠道。而且，罗斯福的首要洞见，至少说是他的深刻信念在于：为达成这个目标，文字规定的那些渠道和机制，无论设计得何等简单或何等复杂，肯定都是不够的。行政人员若倚靠单一的信息系统，必然会成为这一系统的奴隶。因此，罗斯福一直非常注意从大量私人的、非正式及非正统的渠道以及情报网络搜集而来的信息，以同官方渠道提供的信息进行比对和权衡。有时他甚至会让个人渠道跟官方渠道展开对抗。从下属的角度来看，这样的办法自然会扰乱他们的正常工作流程，甚至令他们备感沮丧。但罗斯福素来对事实和观念充满渴望，当然会用这样的办法去比对、核查官方系统，由此令官方系统保持警醒，同时令自己多方听取，多加权衡，否则无法安心做决策。

当然，官方体系也能维持稳定的信息流。身为总统的罗斯福其实是极其容易沟通和交流的。几乎上百个人都可以直接跟总统通电话，无需借由秘书中转；政府官员若有任何严肃想法，也很容易见到总统。此外，罗斯福还会审阅大量的官方文件，包括国务院的电文、政府各部门的报告等，而且一直有浏览《国会议事录》的习惯。这样的信息流是相当大的，罗斯福也一直在梳理它们，为它们建立秩序。总统曾跟路易斯·布朗洛说起："我从威尔逊那里学到一个办法，他曾告诉我：'把你要读的文件材料都写在一页纸上。'所以，我来到白宫时，就发布了类似的指令，说这是指令也许有点言过其实。不过，即便是这样，我身边的老同志们也确实说得没错，我要处理的文件仍然会是前面那些总统的上百倍之多。"

可以肯定，他的下属对这一页纸规则基本上是漠然置之的。

罗斯福施政之法的一个突出特点在于他为了强化官方信息机制而付出的系统努力。每天早上，他的床头都堆满了报刊，这只是他为补充信息而迈出的第一步。在这场努力中，阅读当然是有用的武器，但只是辅助作用。除了政府文件和报刊外，他便很少去读什么东西了。流行杂志方面，据厄尔利说，总统只是“快速浏览”，无论什么内容。书籍方面，罗斯福则显然只在休息时才读，也不那么认真。弗朗西丝·珀金斯曾将布鲁金斯学会的《美利坚产能》一书赠予总统，总统说：“非常感谢……旅行时候我会带上，我保证会浏览一下，但不能保证每个字都读！”总体上，这位总统更愿意通过交谈的方式获取信息和观念。

确实，很多访客在离开时都留下了这样的印象：从头到尾，一直是罗斯福在说。这种情况在第一个任期还不那么明显，后来便越发明显了。1934 年，亨利·普林格记述了自己对华府的印象：“总统不太愿意倾听。”对总统话多的此类抱怨，某些情况下只不过意味着来访者遭遇了总统刻意为之的阻碍演说（威廉·伦道夫·赫斯特在 1933 年同罗斯福会面之后，颇为恼火地抱怨“总统都没给我机会提意见，他就那么一直说个不停”）。“用得好的话，言词是十分有效的火力网。”罗斯福曾跟一个来访者说起。而且，跟很多谈话者一样，一旦来访者抱怨自己插不上话，罗斯福便能靠着察言观色的手段来汲取各方的态度和想法，这实质上是一种神秘的渗透装置。

交谈是他的一种手段，借此体察别人的想法，也可以廓清自己的观念，要达成这样的目的，这个手段显然是不可或缺的。总统不拒绝跟任何人交流，也不拒绝谈论任何事情。他这种逾越常规的谈话习惯，自然会时不时地带来困扰。倘若他听闻某个部门的下属职员中有个聪明人，会毫不犹豫地召唤此人直接来到白宫。伊克斯曾在日记里尖刻抱怨：“他经常干这种事，动不动就把我的手下召入白宫，直接问询部门事务，事前根本不跟我打个招呼，也不跟我商量。”他还经常询问来访者管辖领域之外的事，令来访者难堪且困惑。杰西·琼斯就记述说：“他确实有一个重大习惯，常常跟一个来访者谈论上一个来访者关心的问题。”“我去跟总统谈事情时，”詹姆斯·P. 沃伯格回忆说，“我前面的那个访客正跟总统讨论棉花问题，总统一转头就跟我说：‘喂，你怎么不吭声啊，你也说说嘛。’我们的谈话还没结束，先前那个人本来是要跟他谈论棉花问题的，却已在跟他纵论黄金问题了。”此等做法，对于习惯了常规的人来说，确实相当恼人，但对罗斯福来说，则无疑扩大了倾听范围，毕竟，有些领域的事情，任何人都会犯错，而且但凡有些头脑的人都是可以提供有用意见的。

更何况，遇到这些领域的问题时，总统的谈话氛围会变得异乎寻常地开放且坦诚。罗斯福对公众的批评从来都很敏感，但对于个人分歧有着极大的包容度。莫利曾这样描述总统：“耐心、敏于纳谏，温和，对待批评总是温软宽和，不会特别介怀。”里奇伯格记述说：“那段日子里，最初的‘智囊’和我在跟总统讨论问题时，就是那么率直，也不怎么恭敬，他倒是很享受这些。”若有什么分歧，大家尽可以直言不讳，详细道来。爱德华·弗林 1940 年曾直接挂断总统的电话：“我跟他有过多次争吵，不过，如同所有真诚的朋友一样，争吵从未损及我们的友谊。”[6]

8

在搜集信息的过程中，罗斯福非常注意一点，那就是不可将首都混同于这个国家。“不要在意华盛顿方面说什么，”他曾经告诉莫莉·杜森，“这里的意见并不是决定性的。”他喜欢亲自外出，巡游这个国家，去看一看人群中的脸庞，透过缓慢行进的火车车窗安静地瞥一眼各地的城镇，一路上不时地跟普通人聊上一聊，这些都会给他带来无尽的激励。不过，身体的残疾及总统职责都限制了他的活动。于是，他派遣人手前往华盛顿之外的地方展开考察。他曾叮嘱特格韦尔："出去看看各地的情况吧，看看我们所做之事究竟是怎样的结果。跟人们聊聊；多多体认民情。"

在这方面，他的首要倚靠便是自己的妻子。刚丧失行动能力，他便训练她充当自己的眼睛。埃莉诺后来记述说："时光推移，我成了越来越好的汇报人，当然观察能力也越发提升，这主要是因为富兰克林，他给我准备的问题涵括的领域实在广阔。我不得不迫使自己对一切都多加观察。"他有时当然会怀疑她在政策问题上的判断力，特别是在时机问题上的判断力，不过，他终究是信任她的观察能力的。他会在内阁会议上说"我家娘子说了，那个地区有伤寒爆发的可能性"，或者"我家娘子说了，上周她造访的那个城镇，人们的工资普遍低于国家复兴署确定的最低标准"。格雷丝·塔利说："他经常这样，先说'我家娘子这么这么说'，然后展开整个论说，这没什么不寻常的。"此外，他颇为欣赏比较详尽的报告，比如洛雷娜·希科克和玛莎·盖尔霍恩有关受救济人群之生存状况的那些报告。并且凡是有关人们生活状况的报告，只要足够简洁，他都会很有兴致地倾听，无论是关于哪个地方的。

另一个重要的信息来源就是邮件。正常情况下，每天都有五千到八千封信笺送入白宫；若遇到动荡时期，当然会多出很多。白宫方面会定期予以评析，以测评民意之波动。总统也会不时随机抽取一些信笺予以展读，以此维持对基础民情的感受。如同白宫的邮件文员后来记述的，"罗斯福先生对于信笺从来都有强烈关注，一直关心邮件中透露的动向"。

所有这些渠道，为罗斯福积累了有关政府和国家的海量信息和看法，而且十分多元。阿尔本·巴克利记述说："他对各个部门事务之细节的亲身了解，是任何总统都比不了的。"实际上，巴克利也完全有理由指出，罗斯福对这个国家的地理、风貌以及人民的切实了解，很可能也是其他总统比不了的。对详细情况的掌握是罗斯福特别骄傲的事，一旦身边有人想了解这些事情时，他通常会详尽无遗地予以展示。不过话又说回来，如此海量的信息及由此催生的骄傲感，也说明了他那种异乎寻常的接受能力和包容能力，这恰恰是他的主要特质之一。

此等接受能力相应地催生了相当复杂的信息系统，令他避免了白宫的单方面影响。这也就牵引着政府机制脱离常规，向着创新靠拢；令新政的思想火花成为可能；同时激发了政府内部观念的迸发和碰撞，因为这样的情形令每个人都感觉到，在这样一个白宫，观念之成败全在于观念自身之优劣，而不在于观念能否得到合适的传送渠道。只要是好的观念，无论来自何方，总能脱颖而出。“有时候，你们在狂热分子那里也能发现极好的想法。”罗斯福曾在记者招待会上陈词，不管怎么说，今日之美利坚之所以能够重塑出来，“就是靠着大量在我童年时代被视为狂热和极端的观念和事物”。但凡有些新想法的人都会觉得自己的想法是值得推进的，原因很简单，倘若这想法确实不错，就有机会得到通达权力中心之路。当然，有时这也会带来麻烦和问题：罗斯福偶尔会被一些粗陋观念打动，若有更缜密的程序，此类观念本应被屏蔽掉，这令相关官员着实吃了不小的苦头，而后罗斯福才会从中解套。不过，两相权衡，应该说利远大于弊。H. G. 威尔斯就见证了开放心性和果决意志在罗斯福一人身上的融合，由此也看到了自己那《公开的密谋》旧梦的实现，他于 1934 年颇为仰慕地写道：“他就是那个活生生的神经节，负责接收、表达、传输、联合和实现，在我看来，这恰恰是现代政府的典范。”[7]

9

如果说信息是行政官员的第一职责，那么决策便是第二职责。

美国总统大体上可分为两个类型，其一是喜欢做决策的，其二当然就是不喜欢做决策的。喜欢做决策的，自然会设计一套行政系统，方便自己做决策；不喜欢做决策的，则相应地会设计一套让自己远离决策的行政系统。后面这种技巧或手段，当然有更为美妙的称谓，那就是“让权”，传统的公共行政理论对此也颇为待见。不过，“让权”行动若是推进得太远，显然就对总统制的根基形成了打击。日常权能当然可以让渡，却不能将任何重大职责也转让出去。用安德鲁·杰克逊的话来说，整个的宪法理论令最高行政长官“必须就政府的所有行动和法案向公众负责并交待”，因此，就其政治良知而言，也应当为所有重大决策负责。

罗斯福无论如何都是属于第一个类型的总统，而且是这类总统的典型。他很明确，无论是总统职位之尊严还是政府之团结和连贯，都要求由他来担当重大决策，绝不可将其他人推到前面。比如，鲁道夫·福斯特曾有过这样一个计算：罗斯福同卡尔文·柯立芝的决策数量，至少是三十五比一的比例，罗斯福对此也甚为骄傲。鉴于这种总统制观念，他通常刻意地对自己的指挥体系实施组织或者拆解，以此保证重大决策都由权力金字塔最顶端的那个人做出。他最喜欢的手段便是不给出完整授权，不明确界定管辖权，并令各种特别授权相互交叉重叠。此等竞争性的行政设计，往往会造成具体施政层面的混乱及施政人员的不满和愤怒；不过也应当想到，如此庞大的官僚体系充斥了野心和权力欲十足的人，除此之外，便没有别的办法可以令决策及决策权保留在总统手中。就罗斯福自己而言，这其中当然有自我保护的本能在发挥作用；不过，这样的情状一部分也是其躁动、充满探究欲以及不知停息的个性的性情表达。同无序共存，这几乎是他的生活模式。从结婚开始，他置身其中的家庭环境便处于大权悬而未决的状态，他也从来没想过要就母亲和妻子的权力做出最终的明确划线。在担任海军部助理部长时，他便十分喜欢这种自由开放、肆意发挥的行政状态，如今他大权在握，尽可以在其他部门也推行这套办法，当然不会想着要对之实施惩罚。如同他的医生说的，罗斯福“喜欢了解正在进行的一切，喜欢在所有事情上都插上一脚”。

一旦将决策机会稳稳地掌控在自己手中，实际的决策过程就会变得隐而不彰。如同特格韦尔说的，“富兰克林不允许任何人发现这其中的主导原则”。清晰明确的行政决策若要真正发挥效能，就必须同样清晰明确地反映并表达背后的行政能力和行政能量，这是罗斯福非常确定的感受。倘若不能做到这一点，行政权能之平衡不足以支撑决策，那么，任何决策就只能造成混乱，最终令政府威信扫地。靠着书写或宣读行政指令，是不可能让人发现并意识到行政权能之现实存在的，要做到这一点，就必须对那巨大的政治力量星系有直觉的洞见。罗斯福拥有复杂的行政感受力，极其精微且敏感，他就是凭借这样的感受力，从无间断地考量、权衡个人力量、政治时机、国会的心思、党派的利益以及公共利益等问题。必须允许现实情状去发育、去结晶、去廓清；诸般争斗势力必须在现实的冲撞当中证明自己；公众舆论自然也必须去面对问题，考量问题，并宣示自己的看法，只有到了那时，到了那漫长且疲惫的冲撞和淬炼进程的终端，总统的直觉才会支持并推进这最终的结果。

干脆利落的决策能力，罗斯福的确很享受给人这样的印象，但实际上，他绝少做什么干脆利落的决策。人们对他最大的抱怨恰恰是他办事总拖拖拉拉。此等拖延往往令人觉得他是在回避问题。当然，有时确实是这样。不过，有时来自下面的要求看来是比来自上面的要求更为迫切，而且在经历了时间的沉淀和淬炼后，这样的情形也能得到明确证明。不管怎么说，罗斯福对时机问题有自己的感受和把控，终究能用这样的感受来证明并解释自己的迁延。艰苦的经验令他明白，冰冻三尺非一日之寒，一个人不可能在一天或者一年之内就将身体恢复过来；没有任何理由认定一个国家能以更快的速度恢复过来。埃莉诺曾记述：“他能以巨大耐心静观事态发展，并且等待最佳时机再采取行动。”常常有人向他提供建议并向他施压，对此，他常常如1936年对待弗兰克·沃克尔那样，回答说：“你绝对是正确的……这只是个时间问题。”在他看来，总统制度的悲剧就在于总统的孱弱无力。他曾品评说，亚伯拉罕·林肯“就是这么一个悲剧人物，因为他无法一下子得到一切。说真的，任谁都做不到这一点”。曾有一个颇有分量的年轻人向他请教，他给出了如下的非正式回答：“也许你会是一个比我强得多的总统。有朝一日，你会做到的。当你真正坐在这个位置上，你就会明白，你不可能就那么站在屋顶，振臂一呼，就一定能得到想要的一切。”

不过，谨慎归谨慎，他也从来都抱持一种前进势头。“我们一定要将那纯粹的动能维持下去，不可令其过度疲软，”他于1934年时候告诉豪斯上校，“而且，我根本无意放弃进攻势头。”伍德罗·威尔逊曾将一种有关美利坚社会变迁的循环观念灌输给罗斯福。罗斯福则告诉罗伯特·H. 杰克逊，自己曾认为威尔逊的这种看法实质上是要将部分改革计划留待第二个任期；对此，威尔逊实质上给出了这样的申述：我们并不确定会有第二个任期，倘若有，也肯定不会比第一个任期更为进取，更具建设性。美利坚的历史表明，每隔二十年才会出现一个改革派政府，而且其改革动能不会超过一个任期。即便还是原来的政党和原来的人在执政，一旦到了第二个任期，便都变得自满起来。“若有事情没能在第一个任期做完，那就别指望还有机会做成这件事了。”（罗斯福也曾在第二个任期第一年的某次记者招待会上说起这个故事，当时他可是将完工的时间从四年拉伸到了八年。）[8]

10

这样的拖延策略常常令下属无比恼火，很显然，那些下属基本上都是激情满怀且黑白分明的人，要么是这个立场，要么是那个立场，并且怀着无可遏制的明确心态去感受问题的逻辑。这样的策略令敌对集团也大为光火，敌对者们自然是享有优势地位，可以肆意简化问题，他们在看待问题时，通常不需要有任何责任担当。但总统的这种拖延策略恰恰在这个意义上成了一种手段，可以借此去观察并吸纳全国范围的各种压力、恐惧和希望之间的冲撞。很显然，我们这位总统的头脑并不是分析性质的。他不会在内心系统地评估种种因素和力量。在其他人那里，这很可能只是一场内心的对话，但在罗斯福这里，这场对话则必须是外化的；要实施这样的外化，最便利的手段就是倾听各方观点，特别是那些强有力的阐释者和支持者的说法。他会平和地倾听各方申述，观察彼此冲突的观点是如何经受实践考验的，并对相关证据进行消化，慢慢从中摸索出通达结论的道路。而且，即便是这一点也并不总是那么容易识别出来。“他痛恨在下属相互冲突的权力要求中间做出明确裁夺，”弗朗西斯·比德尔记述说，“而且他通常是秉着仲裁精神来做事情的，说白了，就是冲突双方都能分到一部分权力。”罗斯福最常见的做法就是令冲突各方自行达成妥协方案，如同国家复兴署问题上及农业政策问题上那样。在这方面，罗斯福对阿尔·史密斯的一番话倒是津津乐道：“他说，如果你能将各方请到一起，大家在一张大桌子四周坐下来，让他们脱掉外套，把脚跷到桌子上，给每个人发一根上好的雪茄，那就总能让他们达成妥协和一致。”

一旦有了结论，一个新阶段也将就此开启。有一次，在罗斯福已然做出决定的情况下，加纳试图再争执一番，总统的回应很是干脆：“你管好你的事情，我管好我的事情。”（加纳说：“对此我确实没啥好说的，因为他说的确实没错。”）“在某个节点之前，你尽可以跟罗斯福斗争，跟罗斯福论辩，”摩根索说，“——但一定要记住，只要他醒着，他绝对就是那个裁决者。”韦恩·科伊曾在罗斯福处当过数年助手，他的评论是：只要罗斯福还在说“依我愚见”或者“我觉得”这样的话，你就尽可以把内心想法和盘托出。若他改了口风，用起“本总统认为”这样的表述，那就意味着讨论时间要结束了。总统的另一个助手詹姆斯·罗曾希望总统以自己的方式做事，罗斯福回答：“这个我可不能听你的，我来告诉你为什么吧。原因很简单，他们确实会犯错，但选我当总统的是美国人民，不是你啊。”

若是到了宣示决定的时候，罗斯福是非常果断的，而且勇气十足。他喜欢告诉幕僚“我现在要释放炸弹了”，而后以十分新奇的提议令四座皆惊，确切地说，他的决议确实会令一些幕僚惊讶万分，但另一批幕僚则会有所预期。“他喜欢搞突袭，喜欢让人吃惊，聪明、诡诈且迅速，”休·约翰逊说，“他喜欢用完全出乎意料的东西，让敌人和朋友都惊诧不已。”不过，应该说，他绝少认为任何的具体决定拥有终极的正确性，甚至不觉得有什么决定会拥有十足的分量。“我从不指望每次挥棒时都能打出本垒打。我所寻求的是尽可能提升平均的击打质量。”他一直记得西奥多·罗斯福跟他说过的话：“倘若能达成75%的正确率，我想我就已经做到极致了。”“你必须明白公共生活是要付出大量汗水的，”罗斯福也曾跟特格韦尔谈起，“不过，你完全不必为此介怀。你不可能永远都对，不必因为犯了错而太过痛苦。我们这样的人，是很容易被这种心态杀死的。”罗斯福接着申述说，设若一个卡车司机来干你这活；平均来说，他的决策会有一半的概率是正确的。“你可不是卡车司机。你是有备而来的。你的概率肯定会更高一些。”而且，罗斯福很清楚，拒绝决断本身其实就是一种决断。他曾跟弗朗西丝·珀金斯谈起：“这确实很糟糕，不过有一点可以肯定，我们必须做点什么。我们必须就我们了解的情况，将事情做到最好。”停顿片刻之后，总统接着谈道：“倘若事实证明我们并没有做对，我们还可以不断予以调整。”

很显然，罗斯福并不是坚定信从某套观念的人，他信仰的是多种选择，这就进一步削弱了任何单一决策的分量。如同珀金斯评说的，“我基本上不会信从并紧紧追随任何没有折冲和回头余地的方案”。他的组织模式通常含混不清，比如管辖权总是重叠交叉，比如责任总是多方共担，恰恰是这样的模糊性促成了灵活性，变通也就成了很容易的事。倘若事情开始变糟，他能迅速对人员和职能实施重组，其速度是那种职责分明、层级链条僵硬的政府体制可望而不可即的。在此等竞争原则下，他总能为行政保留灵变空间。

唯有一个有着无限精力和头脑的人，才有可能将这样一个系统维持起来。即便是罗斯福，有时也难以阻止这套系统的组成部分各行其道，甚至分崩离析。不过，他确实成功地将行政决策权集中起来，并集中到宪法所要求的地方，这一点是现代的历任总统都不曾做到的。W. M. 基普林格说：“据我所知，没有哪个总统能像罗斯福这样无所不在。”爱德华 · 弗林也说：“大多数为罗斯福做事的人，其实不过是信差。他确实是自己做决策的。”[9]

三十三　控制政府

1

总统解决信息问题，令决策成为可能；同样道理，总统解决决策问题，便相应地导向了政府的第三个重大责任，那就是执行。施政之成败，显然取决于执行之能力和技术。首先要用对人，说白了就是要遴选并启用有能力提供信息并执行决策的人。对总统而言，有一批能干且富有想象力的人，且他们有着必要的理解力、忠诚度以及热忱，没有什么比这更重要的了。

总统对下属的要求自然各不相同。一些总统要的是忠诚，一些要的是勤政，一些要的是谄媚，还有一些只需要平平常常的能力，能为自己卸去肩头责任就足够了。罗斯福则无疑在各个时间段对所有这些都有要求。而且他最想要的显然是有活力、有动力且有视野的下属。他要找的人需要有想法，有干劲；他设计的政府体系也能帮他找到这样的人。不妨仍以信息问题为例，他推行的竞争模式显然能极其有效地帮他达成这样的诉求。罗斯福身边的人并不那么容易满足，也不那么听话。无论在观念领域还是权力领域，他们一向保持进取和开放姿态。一个依照传统章法组织起来的政府，势必令他们生出幽闭恐惧症。新政体系则非常活络松散，这令他们感受到自由空间和发挥空间，公职于他们而言变得可以忍受，甚至令人愉悦。

2

为了保证这样的自由空间，罗斯福必须对政府结构实施重塑。依据传统的行政理论，反萧条之职责有对应的机构予以掌控，比如农业部、商务部、劳工部及财政部等，这些都是老派部门。但罗斯福觉得，这些老派部门即便换了新首脑，也完全不能催生应对这场危机所需的能量和胆略。“我们面对的是新问题，都非常复杂。我们还不能确切知道这些问题究竟是什么。为什么不建立新的机构，将新责任担当起来呢，为什么要将新问题交付老机构就算完事了呢？”于是，从一开始，应急机构便成为新政的基本诉求，也成为罗斯福的行政调整策略中的一个本质性要素。倘若正规的行动渠道已然沦落至堵塞境地，且不值得耗费巨大的政治心力将其炸开，就应当建立应急机构，将职责承担起来，将工作做下去。而且，新机构不需要撤销先前的指令或纠正先前的错误，由此将问题简化了。“我们必须做好准备，抛弃那些出于无知的糟糕做法。在我看来，启用新机构更为简便，毕竟新机构并非政府体系的常规元素。既然不是常规元素，就不会有恶劣先例之负担。”

新政派，特别是布兰代斯-法兰克福特集团中人，着力伸张英国模式的重要性，力求建立一流的公务体系。罗斯福将此作为一种渴望接纳下来。1934 年他还颇为骄傲地说：“公务员体制为人们提供了更好的机会，这是我国此前的历史上不曾有过的。”但在实践中，职业化的公务员体制往往会成为制造混乱的火药库。特格韦尔说，这一体制已演变成一套“‘瘸子里挑将军’的制度，实际上只能确保这种情状：为了遏制革命、战争或经济灾难，特意甄选一大批蠢材，让他们过上一段悠长、安宁且彻底安稳的生活”。不妨再看看高级职位的公务员名册，几乎是清一色的共和党职业集团和工商业集团成员。数据已然表明，借由公务员选拔体制充任新政团队，结果只会令关键职位落入反新政派之手。因此，各新政机构都尽其所能地绕开公务员体系。截止到 1936 年，依托“绩效考核”制度担当公职的人员比例已大为下降了。

新机构显然是不可或缺的。新机构在行政工作上的胆略和锐气是老机构不能比拟的，那些老机构已在常规化的进程中陷入怠惰泥潭了。不过这个理论也不能推进得太远。有时罗斯福的行动足以表明，新机构本身就是解决办法。总统对新机构的痴迷几乎到了神经质的地步，即便是贪念十足的新政派人物，也不免备受惊扰。到了 1936 年，特格韦尔便恳请总统先生不要再设立什么新机构了。“我的经验，当然也包括哈里的经验，足以证明，要完善一个全国性的新机构，差不多要花一年时间，而且在完善过程中，还会对工作造成相当大的政治侵扰，令其程序遭受各方批评以及老机构的嫉恨，老机构当然会觉得自己的特权遭到了威胁，别的诸多因素也令那些老机构愤懑不已。”

每个新机构都有自己的专属职责。但在很多情况下，管辖权都互有交叉，甚至会跟内阁的平级部门发生冲撞。此等情状确实凌乱，也催生了大量麻烦。不过话又说回来，正是交叉地带的这种松散状态，对伸展性和可能性的这种意识和感受，也就是亨利·史汀生所谓的罗斯福政府的“内在的无序性质”，令公共职位对于那些有胆略和想象力的人有了不小的吸引力。罗斯福喜欢用这种竞争模式来对待行政问题，不仅因为这样的办法可以将重大决策权维持在总统手中，更有可能是因为总统可以据此来检验并培育下属的才干。哪些人更好，哪些办法更好，该如何评判？答案之一就是将他们悉数放在战场上。这当然会造成浪费，但也能保证不会令政府陷入停滞泥潭。罗斯福自己就曾说："应当……让各个机构之间有些冲撞和摩擦。小小的争斗是有刺激作用的，这一点你们都知道。这可以让所有人都不断地去证明自己比下一个更好，更能令他们保持诚实。毕竟这些人手中都是要控制大笔经费的。知道有别人盯着自己的一举一动，这本身就是相当强劲的激励，令人厉行诚实。"比如看看哈罗德·伊克斯的日记，便不难发现霍普金斯和摩根索的威胁性存在，令伊克斯是如何每时每刻牢骚不断，想方设法予以应对；同时不难看出，这种仇怨式的竞争是何以驱策伊克斯及其团队达成更高的效率，对救济和公共工程领域的所有工作都从不懈怠。

有时这样的竞争模式能满足政治需要。罗斯福本身是一个联盟体系的首脑，必须令这个同盟中的各方利益得到满足，至少让那些未得到满足的集团抱有希望。如此看来，在决策过程中给予各方一定的权重，应该说就是最好的办法；除此之外，还有更好的办法吗？一些机构依托古代波斯人的做法来甄选人员，确切地说，就是将彼此不信任的人安排在一起，将彼此的刀剑都放在台面上。实际上，处处都需要在右翼和左翼之间作出平衡，比如可以让科恩和科科伦拟定法令，建立证券交易委员会，但让约瑟夫·肯尼迪负责管理这个委员会，同时在约瑟夫·肯尼迪身边安插詹姆斯·兰迪斯和费迪南德·佩科拉这样的人。如此，那创造性的力量就不会处处遭受压制，反而令各个派系都拥有一定的权能，共同促成想要的结果。弗朗西丝·珀金斯颇有洞见地评论说："他以这种松散的、自我引导的机制推动众多集团共赴大业，在这方面，他的本领是植根于他的本能的。"

政府内部的竞争，若不加以充分控制，势必造成混乱和失序；若能予以充分控制，将催生非同寻常的创造力。新政确实催生了一片昏暗地带，行政体系在这地带陷入乱战，各个官僚集团在暗夜中彼此冲撞、争斗。但新政也令生命力和观念不断注入政府体系。若在平静时段，问题都是常规性质的，自然有一切理由让行政体系变得紧凑且整齐。但在危机时段，积极性和创造力当然更有分量，因此需要相应的机构和组织，令积极性和创造力得以释放并得到所需的自由空间。[1]

3

然而，单靠有胆略和想象力的下属，并不能完全解决执行问题。若是认为自己的决策能自动执行起来，这将是一个总统能犯下的最严重错误。某些情况下，能干的下属反而会令问题更为严重，毕竟，但凡强悍人物，往往有自己的强烈主张。民事政府是靠着同意而非命令运作起来的；总统的职责，即便在自己统领的行政分支，也不在于命令，而在于领导。公共行政的研究者们从未真正研究过下级政府有着何等能量可以摧毁或抵制总统，即便是一个强势总统。无论如何，总统必须让行政分支有心执行自己的决策，为此，魅力、劝诱和思想工作，以及压力、规训乃至强制，或多或少都是必要的手段。

竞争性的行政模式给了罗斯福诸多巨大优势：带来了有效的信息流，助他将决策大权掌握在自己手中；同时促成了行政灵活性，激励下属展开有效工作。

这样的机制确实令人们的工作情绪有所折损。那些亲近他的人都处在源源不断的压力之下。甚至那些本来就从事高强度工作的人，在最好的情况下，也因此备受摧残，常常变得情绪低落。不过，这样的情况同样变成了罗斯福的优势，令他更容易操控全局。人们的这种不安全感显然给了他更多的控制机会，我们这位总统则以近乎残忍的手腕，对此加以利用，虽然表面上摆出一副毫不在乎的样子。他假装不必知道身边正在发生的事情；特格韦尔自然明白得很，说："总有人认为他的弱点是不愿意亲自接触棘手问题，但这些人最终都从小小细节中明白了，他一直在透过指缝偷偷观瞧。"在某种意义上可以说，他颇为喜欢下属的这种痛苦，科德尔·赫尔颇有些哀怨地说："他给人的印象几乎就是袖手旁观，并且很享受那一幕幕剧情。""那些人的满腔愤怒摆在他面前，看起来他的态度是置若罔闻，"特格韦尔说，"不过，切不要以为他真的不了解下面的怨愤，或者说……切不可以为他真的不享受这一切。"

"你们都知道的，"哈里·霍普金斯曾谈起，"他颇有些恶作剧的品性。"很显然，"恶作剧"一词有时是不够用的。置身山巅的罗斯福自然可以平和、安详地观望下面的情形，但对置身山下的人来说，那情形往往已是无法忍受的了。这可不是淡忘或享受那么简单；他还会不时加剧人们的焦虑和烦恼，并以此为乐，那快乐相当轻松惬意且反复无常。他不时会无情地捉弄自己的助手，这其中约略显现出施虐狂的倾向，他对此偶尔会有意识，偶尔感到后悔。弗朗西斯·比德尔曾记述："无论他的嘲笑或捉弄何等温和，经常……会令人有针刺的痛感，令人感觉有些残忍，因为那样的玩笑或捉弄往往直击一个人的本质，透过肋骨，直刺柔软的心脏，而那心脏里常承载着一个人对首领的没有道理可言的情感。"不少人都跟比德尔一样，担心"若是跟他走得太近，很可能会受到伤害，毕竟他有着十足的能力去伤害爱他的人"。

跟他最为亲近者非亨利·摩根索莫属，当然也没人比他受的伤害更为深重。无私奉献这样的品性如同比德尔说的，有时却会令人厌烦："对亨利这样的人，是要不时公开打击一番，方能卸去心头怒气，当然是还算温和的怒气。仅在私下场合是不可能捉弄一个人的。"罗斯福自己也曾跟摩根索坦承："我确实很烦很累啦，很想看看你哭鼻子的样子，很想用针刺那些人，折磨他们，我倒是很享受这些。"摩根索几乎算是罗斯福的家庭成员了，对于罗斯福这种过分的暴躁，自然承受了太多。不过，总统也有办法折磨所有人。确实，若要折磨其他人，只需要对摩根索表现出极为亲近的姿态就可以了，这本身就是一件武器。每周一的午餐会上，总统都会展现一下对摩根索的亲近态度，令其他高官愤懑不已，心如刀绞，这些官员看不出（或者刻意不去看）摩根索身上的任何才能或任何吸引人的地方，很显然，他们低估了这位财政部长。如同里奇伯格说的，“总统和摩根索财长之间的关系触发了巨大的嫉恨”。“可以肯定，”特格韦尔说，“两相对照之下，其他所有在场的人都自感遭受了冷调；同时也可以肯定，没人能真正理解这件事情。”

总统就这样在内阁会议的桌子四周走动。他会如职业钓鱼人那样捉弄伊克斯，放出长长的线，看着他在盛怒中挣扎、扑打，还时不时地收一收线。对待历任检察长，他则会不时抛出问题，勾勒出目标，然后说：“如果你是个像样的检察长，就告诉我该怎么办。”摩根索回忆道：“遇到这种情况，他们总是露出蠢蠢的笑容，然后到房间外，跟总统讲该怎么办。”总统常常避开赫尔，只跟法利交谈甚欢，对华莱士一片漠然，至于对剩下的一打人，则是忽冷忽热。“他就那样看着这些下属钩心斗角，”特格韦尔记述说，“必要时会约束一下；会顺势做个人情，帮助鼓吹一下；会不予认可，借此展开强力批评；当然也会通过亲密举止来实施奖励。”

没有谁能弄清他的心思。伊克斯就曾为此向他咆哮：“您确实是了不起的人，不过，您也是我所知的最难共事的人。”罗斯福回应说：“是不是因为我有时太严厉了？”“不，”伊克斯说，“您从不会太过严厉，但您从不开诚布公，即便是跟忠诚于您的人以及其忠诚完全可以确定的人。您总是将您的牌死死压在肚子下面。您从来不把牌亮在台面上。”（伊克斯还补充说，罗斯福“谈起话来总是那么友善，从来没有坦言”。）

罗斯福对总统制自然也有自己的看法，在他看来，任何总统都不会将自己的牌亮在台面上。他的游戏方式令他的下属颇感震慑。他待人接物的弯弯绕绕甚是了得，在这方面的确有天赋。总统身边几乎所有人在面对总统时，都有一种不寒而栗的恐惧感，这感觉直透内心深处，令他们自感在总统眼中，他们都是可以随意延展并膨胀的东西。如同弗朗西丝·珀金斯说的："他保留着自己的权利，可以在你陷入麻烦时不出面施救。"特格韦尔也说："那是你们的战斗，人们也都预期你们要去战斗。倘若你带着一堆问题跑到总统面前求助，他总是很和善，有时甚至会暗加鼓励，但他绝对不会公开表态予以支持。"杰尔姆·弗兰克曾在激愤下提出这样一个自由主义政治原则："一个自由派领袖，从来都可以依靠一些人的强力支持，因为这些人信从他的重大决策，无论他对待他们是何等糟糕。（注：这其中，有些人显然是受虐狂，越是遭遇恶劣对待，干活就越是卖力。）如此一来，所谓奖励就不能浪费在这些人头上，而是要给潜在的敌人留着。"

罗斯福团队中当然会有人更为自主，因此对罗斯福的这种态度极其不满，相当愤怒，只要机会合适，就会向总统发泄不满。更具哲学心性的人则视之为无可避免之事。"这样的事情总会令人愤怒，这不假，不过，愤怒归愤怒，你们什么都做不了，而且仔细思量，不难发现，你们实际上也无话可说。总统并不是一个活生生的人，而是一套制度。一旦抓住政治机会，他要威胁的可不是他自己，而是整个新政体系。新政不可能为那些威胁其生命的执行者负责；所谓威胁，说白了就是令新政票仓遭受折损。"究竟是什么威胁到了总统的重要目标，这个问题终究由总统自己来判断，而且他是"在自己内心深处做出考量和判断的，那样的幽深之处，没有人能看穿"。摩根索也不免回望过去那段岁月，颇有洞见地评论说："他从不会让身边任何人觉得自己未来的工作是完全有保证的。"摩根索还补充道："罗斯福最引以为傲的事就是‘我必须拥有一艘令人愉快的船’。但他从来没有达成这个诉求。”[2]

4

不过，在不同的场合和心绪中，摩根索也相当大度地承认，这艘船并非全然不能令人愉悦；如果说操控不安全感是罗斯福统治之道的组成部分，魅力和安抚同样是不可或缺的要素。很可能没有哪个总统拥有罗斯福那样的说服技巧。他可谓动用了人类书册中记载的所有说服手段，而且大多数情况下都能展现出大师风范。如同比德尔说的，他对人的弱点有着直觉的把握；并且对此等直觉的运用往往会产生令人震惊的效能，可以让人悲伤或者恐惧，也能让人愉悦满足。威廉·菲利普斯评论：“若是无意间伤害了别人的感情，他也有着非凡的能力让那创伤愈合。”罗斯福将这样的办法称为“手牵手，心连心”。在这件事上，他付出了相当的心力，也贡献了相当的天赋。格雷丝·塔利说：“为了维持这个官员家族的祥和，罗斯福可以说是每时每刻都在操心。”

如同捉弄、嘲讽的本事一样，“手牵手”的本事也发乎罗斯福的本能，也是从他那复杂性情中自然生长出来的。他对人们的关心全然是自发且真实的，而且有着巨大的效能，可以化解人与人之间的戒备。他确实跟摩根索说过他很烦很累，很想享受一下摩根索的哭泣，但接着便补充说：“我俩都需要定期休假放松一番……可不能再这么累下去了。”诸如此类的话他跟所有下属都反复说过。“一旦他觉察到过度紧张或过度劳累的迹象，”格雷丝·塔利说，“会即刻提议相关的人去沃姆斯普林斯休养几天，或者不定期地休假。他还曾不止一次替自己身边的工作人员支付医疗账单，那可是一笔不小的数字。”1934 年 1 月，他敦促伊克斯和华莱士抛开工作，外出放松放松。“他的态度非常坚决，”伊克斯说，“他告诉我，他只要看见我，就开始担心了，要是我不出去放松，他会大发雷霆。”5月，总统直接命令华莱士和伊克斯前往圣达菲休息几天。（伊克斯说：“这种持续不断的关心，着实让我感动。”）6月，总统命令霍普金斯外出旅游，恢复一下身体。12月，总统致信里奇伯格：“你的情绪还是这么糟糕，这让我极为难过，现在我就是老家庭医生罗斯福，必须给你下达明确医嘱……等你休假回来，我们再详谈我的‘问题’吧，在此之前，想都别想。”（里奇伯格说：“这样的信笺令人一下子平静下来，其效能是可想而知的。”）

罗斯福实在狠不下心将任何人解职，这可能是他最明显也最为人所知的施政弱点。他通常会避免令人不悦的个人谈话，并宣称自己在面对面的关系问题上，是“彻头彻尾的软心肠”。1936年，他说“不得不做出来到华府后最为艰难的决定”，其实该决定并不关涉什么内政或外交的重大问题，只不过是未能重新任命老朋友阿道夫·米勒和查尔斯·哈姆林进入重组后的联邦储备委员会。而且，他很难承受让人辞职的事情。哈罗德·伊克斯就经常提出辞职，有一次，他在结束跟罗斯福的晤谈时已是怒气冲冲：“我之所以要立即递交辞呈，其实是因为我担心总统真的会那么做，但实际上他已经那么做了。遇到这种情况，他总是避开我。我基本上找不到机会跟他再行理论。”里奇伯格也是动不动就提交辞呈的人，有一次，罗斯福颇为温和地回应并挫败了他的辞职申请：“唐，你不会就这么辜负一个老人家，对吧？”还有一次，罗斯福认为他所受冤屈不过是细碎之事，在挫败他的辞职要求时，这位自称“老人家”的总统给出了颇为讽刺的回应：“我刚得到一些坏消息，唐。赫尔部长正威胁要辞职。他非常愤怒，就因为我不同意将驻堪察加的大使解职，然后让他成为驻斯沃迪亚的三等秘书。”（里奇伯格说：“这话让我深感自责，而且总统在言谈间表现出来的只有和颜悦色，没有任何严厉和不悦，这让我感佩不已，毕竟若是换个总统，对人性没有他那样的了解，也没有他那样的大度和幽默感，肯定是绷不住要发脾气的。”）

总统更是耗费大量时间来应对他常常说起的“恃才傲物之人”，这些人总觉得自己怀才不遇，受了冷遇，不断要求得到总统的关注和同情。伊克斯和摩根索在内阁当然享有突出位置。这位内政部长，罗斯福常常私下里称他是“唐老鸭”，就是这么一个阁僚，总是那么自以为是、固执己见，令人无从忍受，令罗斯福不得不长时间地回避他；时不时也会用甜言蜜语来安抚他受伤的情绪。至于摩根索，这位财长也许比大多数人都受到了更多的惩罚，但也比大多数人都收获了更多的安抚。有一次，罗斯福告诉工作人员，自己多么希望办公室里能挂上海军版画，对此，马尔文·麦金太尔说：“您是对的，总统先生，您当然可以挂上这些版画，让自己更舒服一些。毕竟在这间办公室里，除了亨利·摩根索，您就是最重要的人了。”

总有诸多个人争吵需要总统去关注。有一次，摩根索因为管辖权越界之事跟伊克斯起了争执。罗斯福遂写了张便条给摩根索：“你可不能用这种语气跟另一个阁僚说话。”待摩根索过目后，他便将便条撕掉了。此举并未见效，争吵仍在继续，最终罗斯福不得不开口说话：“亨利，哈罗德已经说了他不知情，难道你没听明白吗，这事就到这吧。”摩根索回应说：“恕我愚钝，总统先生，我没听明白。”罗斯福也冷冷地回应：“你确实够愚钝的。”据摩根索在日记中记述，当晚，罗斯福就跟摩根索通了电话，“极为同情，也极为和善”。总统在电话的最后说：“别担心啦，亨利，上床好好睡一觉吧。”同一天晚上，罗斯福也跟伊克斯通了电话，同样是一番安抚，并批评了摩根索的态度，还希望伊克斯不要介怀；伊克斯在日记中记述：“他这显然是在替摩根索道歉。”罗斯福就用这样的办法维持和平与安宁。[3]

5

当然还有另外一些“恃才傲物之人”。这其中，罗斯福尤其对乔伊·肯尼迪（“肯尼迪的麻烦在于，你必须不断地跟他来上一场手拉手……他会不停打来电话，说他受伤了，因为我有段时间没见他了。”）和莫利（“他几乎每个月都会闹腾一场。”）颇多抱怨；对约翰逊和里奇伯格也差不多。不管怎么说，罗斯福显然很享受分担者和安抚者角色，对待所有这些怒气和不快。约翰·冈瑟尔曾敏锐地品评说，他喜欢自称“爸爸”。演讲或记者招待会之后，他常常会说“爸爸干得不错吧？”；也常常跟手下的负责人说“你们要是遇到麻烦，就到爸爸这里来”。格雷丝·塔利不止一次听到他跟下属说：“没关系，交给我吧。我肩膀够宽。我担得起。”他的医生常常抱怨有太多人来烦扰他，但这样的抱怨一直不见效。麦金太尔后来也记述说：“他非但不会拒绝这些‘求助者’，反而常常鼓励他们。”乔治·克里尔也说：“那些受他任命的人常常折返回来，要求他给建议和意见，他不但不为所扰，反而乐在其中。”

有时他的确是乐在其中。不过，他这谜一样的性情，自然不能一概而论，有时他也喜欢相反的做法。有一次，恰恰在谈到“恃才傲物之人”时，罗斯福特意谈到了特格韦尔，并将特格韦尔视为反例。总统说，没有谁像特格韦尔那样遭受过如此批评。“但雷克斯从无怨言，也从未向别人要求同情或帮助。他就那么硬生生地挺过来了。”（这话多少是冲着伊克斯说的，但伊克斯显然不觉得这话是冲自己来的，反而很严肃地倾听着，还全部记了下来。）出于同样的原因，罗斯福也甚是喜欢霍普金斯。

罗斯福确实很注意将重大问题的决策权控制在自己手中，同时对细节问题很痴迷，不过，他绝少在细碎事务上介入下属的工作。但凡吸引他的观念，他当然一直会予以研究并跟进，还会在白宫的记事本上写下一些简单批注。不过总体上，他会给手下人相当宽阔的自由裁量空间，甚至到了令手下人对他的指示不管不顾的程度，只要他们看来是担得起责任的。（总统的一名助手乔纳森·丹尼尔斯曾评论说："总统会给出很多提议，从理论上讲，此类提议都带有指令性质，但内阁成员将其中半数提议直接忽略掉了，这没什么关系。"）曾为罗斯福做过一系列工作的菲利普·弗莱明将军也作证说："他会把一件差事交给你，而后任由你自主行动。他绝对不会耳提面命地告诉你该怎么做。"刘易斯·B. 赫尔希说："他从未干预过特勤事务。他通常是把工作交给我，然后放手让我去做，绝对不会在后面紧盯着我。"杰西·琼斯说："倘若他要求我去做一些在我看来是无力或者不应当做的事情——当然，这种情况只有寥寥几次，我们不去做就是了。"弗朗西丝·珀金斯说："他是通过友谊、鼓励和信任来施政的。他不会向下属直接发布具体的指令，如此为政之道释放了很多人的创造力。""他通常是给他们一张空白支票，"弗雷德里克·A. 德拉诺说，"即便他们差点毁了他，他也不会怒气冲冲……总体上说，他的方法培养了不少人，否则这些人都难免于寂寂无闻的命运。"

他想方设法地对人实施管理。他显然有十足的准备，付出时间并牺牲自己的脾气，以此维持有干劲、有想法之人的忠诚。所有为他工作过的人，都经历过幻想破灭并内心绝望的时段，都会质疑他的正直和诚恳，也都酝酿过言辞强烈的辞职信；不过，最终总统还是凭借三寸不烂之舌，将其中大多数人留住了。豪斯上校说："我还从未遇到过能像罗斯福这样待人的人呢。"

不过，若是认为罗斯福在待人方面取得如此成功，本质上是靠手腕和技巧，那就大错特错了。毫无疑问，他是个伟大的管理者；不过，他取得如此成功的最终原因并不在于他是个伟大管理者。他最大的资本不在于他待人接物的魅力，也不在于他的说服技巧；而在于他的一种能力，能激发他人灵魂深处的理想主义。“对于那些必须担当艰苦、困顿且实际上是不可能的任务的人，他有能力激发他们，鼓励他们，”弗朗西丝·珀金斯说，“这种能力是毫无争议的。不管是我或别的任何人，每次跟总统交谈一番后，感觉都会好很多。”他有意让政府各个层面都感觉到自己的存在，这种做法对正统的链条式指挥理论自然有毁灭性的打击，但也有令人称奇的效果，因为这种做法可以在极大程度上将自己的希望和理想注入政府体系当中。如此一来，总统便不再是一个包裹起来的遥远形象，不再兀自伫立在那令人难解的官僚金字塔顶端，而是一个领袖人物，一个凭借其个性和气质触动并激励大多数政府官员的领袖人物。

一个有创造力而非循规蹈矩的政府，这就是罗斯福想要的，而且他早就下定了决心。他需要快速抵达目的地，所以，真要说起来，他要选用的不是一群稳稳当当的负重骡马，而是一批从各处集结而来的意气高昂且有着相当感受力的纯种骏马。于是，人们看到他竭力管束这群四处跳跃冲撞的骏马。这些马匹的脾气可都不小，他则不惜时间，不停地梳理他们的鬃毛，轻抚他们的眉头，一块又一块地喂他们糖吃。温顺的马匹不可能有这么远或这么快的脚程。倘若缰绳从他手中掉落，这些马匹即刻会四散开来，狂奔而去，这足以证明他有着何等的控制能力。[4]

6

不过，监督一个政府，并非完全个人性的事务。罗斯福当然在竭尽所能地将此事变成个人事务，但事实归事实：他要驱策的不仅是一群骏马，更要操持一个巨大且多元的国家。这其中的问题之大、之多，单靠他的个人方式是必定要失败的。必须找到个人之外的方法和机制，让决策过程变得稳定、连贯，并协调各方力量推进政策的执行。

从很早开始，他便围绕各色人员及各种机构来做文章，希望靠这样的办法提升各部门和机构之间的协调关系。所谓“协调者”一词，早在 1933 年 9 月，便已非常让人瞧不起了，路易斯·豪甚至语含讥讽地向摩根索保证说：“亨利，假如你像我这样在政府干了很多年，你也会意识到，所谓协调者就是流水的兵，来了又去，去了又来，我可没少见过，有时候，将如此繁重的工作压在一个人身上，令其不知何去何从，这倒也是一桩好事。”执政之初的六个月里，理论上的协调工具便是名为“行政委员会”的机构，该机构于 1933 年 7 月 11 日设立，其成员涵括了各部门和机构的首脑。该委员会的执行秘书是弗兰克·沃克，一个来自蒙大拿州的律师，特别温和公正，对罗斯福非常忠诚，而且新政内部的诸多争斗一直需要他这样一个人作为裁夺者。“所有人都信任他，喜欢他，”特格韦尔说，“他是那种典型的新政派人物，没有私心，没有野心，没有报复心。”这般温良中正的品性自然令沃克有所得益，但他也确实缺乏力量；行政委员会的每周例会确实取代了每周二的内阁例会，但当时的一些管理者可都不是什么好惹的人物，特别是约翰逊和皮克这样的人，他们骨子里就不会将这个委员会放在眼里。这样一个既无日程表也没有强悍领导人的委员会，只有在总统亲临时才会有生命力，如同约翰逊在品评其影响力时说的那样“可有可无”。

1933 年 11 月，罗斯福再次做出尝试，这一次他创设了全国应急委员会。在人员上，这个委员会不再那么大包大揽，而是专门用来协调各个复兴机构。弗兰克·沃克仍是委员会的主席。全国应急委员会吸纳了工业复兴特别委员会，并最终于 1934 年 10 月也吸纳了原来的行政委员会。1933 年 12 月 19 日的第一次会议上，罗斯福解释说，国会会期期间，他“平均每天都要花三四个小时跟国会领袖晤谈”，因此没有足够时间来应付政府的行政事务。他认为，复兴计划总体上进展得不错；“有一点我特别满意：已经没那么多职责交叉和冲撞啦”；不过，也确实需要“一个机构在国会会期期间代替我处理行政事务，这个机构就是我的腿、我的耳朵和我的眼睛，要巡视各处，提出一些可以称之为建议的东西……说白了，就是为我分担，令我们在国会会期期间无需为那么多事分神”。

最起码，全国应急委员会可以有自己的日程表。不过，其成员数量相当迅速地从十个扩容到三十三个，这么多人显然没办法展开有效商议；而且，委员会的所谓讨论，基本上就是宣布一些已印刷好的材料，那都是各机构向各自首脑提供的材料。约翰逊后来记述说：“直到会议快结束时，我都不曾看到有切实问题被提交讨论，要一直等到总统驾临……除非总统驾临，否则不会有什么事情发生。”这一评说自然是切中真相。全国应急委员会的备忘材料，体量之巨仅次于总统记者招待会的备忘材料，可以说是蔚为壮观地展示了罗斯福在行政事务领域的掌控范围和掌控力度。

1934年年中，沃克不得不选择离职以便照管自己的私人事务。此时的罗斯福也在寻求将新的能量注入协调机制，遂将沃克的两大职责都交给了唐纳德·里奇伯格。里奇伯格其人，有进取心，有野心，他的干劲可不是沃克能比的。据他自己说，有一段时间，罗斯福甚至有心任命他担当一个新的职位，也就是总统助理。1934年10月29日，行政委员会和全国应急委员会正式合并，里奇伯格成为最大的权力受益者。《纽约时报》的头条文字颇能代表各方的反应：“里奇伯格正式收纳内阁进入新的应急委员会……现在，他是头号人物了。”媒体纷纷将里奇伯格称为“助理总统”；他的反应相当迅速且有爆炸性。他告诉斯蒂芬·厄尔利：“盯一盯克罗克，告诉克罗克……这纯粹是胡扯，更是在刻意误导、欺诈公众。

这样的谎言其实一直都有，先前他们也在头条报道说，莫利在操控政府；接着又说巴鲁克是代理总统；再往后，还说约翰逊是大权在握之人；说法兰克福特在操控内阁，现在又说里奇伯格接管了内阁……整套故事显然是裁剪好的套路，足以说明现在的公众为何越来越不相信报纸的所谓新闻专栏了。”此时的内阁和总统都非常震惊和不悦，总统向内阁解释说，里奇伯格，用伊克斯的话来说，顶多是个“高级信差”罢了。[5]

7

全国应急委员会逐渐建立了属于自己的令人生畏的行政配置。它在每个州都设立了负责人，并且很快建立了一系列分部，以便在当地展开工作。不过，在正式运作方面，委员会还是有赖于各地提交的报告的准确性。在随后的进程中，这些报告越发地变成了公关简报，真正的问题和困难则越来越难以呈现。此外，全国应急委员会自身也在不断扩张，不久就变得非常笨重，无法展开坦率沟通。“最终，”罗斯福说，“我也无法再忍受下去，因为我发现自己实际上在给委员会做竞选演说，而非听取他们的意见。”

不过，在协调机制方面，还是有一些切实的收获。总统就发现这样的每周例会能帮助自己伸展“触角”，更多地体察政府事务。罗斯福曾说过：“整套全国应急委员会机制，就是民主制度的一场非同一般的尝试，像极了新英格兰的市镇集会。所有人都有机会发言，有机会表现。这样的聚谈让我着实学到不少东西，其中有很多事，汇报人一向觉得我已经知道了；还有一些事，他们则肯定不希望我知晓。而且，他们彼此之间也了解了不少事情。”

实际上，全国应急委员会的例会相当于一个中央申批场所，行政分支的所有立法动议都汇集到这个地方进行商议，总统由此便能掌控政府的立法事务。就像罗斯福说的，所有的拨款提案都应当经由预算局，所有的立法提案都应当经由全国应急委员会。1934年，罗斯福曾解释说，在上一个国会会期，他就被结结实实地“吓住了，可不止一次，而是很多次，我在全国应急委员会的报告中发现，一些政府部门或机构竟然在我不知情的情况下，兀自提出并推进各种提案”。对此，总统申述说：“倘若你们有立法要求，必须经由唐纳德·里奇伯格，必要时呈送到我这里。”

关于自己的意图和打算，罗斯福全然没有避讳。在委员会后来的一次会议上，他解释说，在他看来立法提案可分为三类，其一是他不可能给予支持的，其二是相关部门或机构力图推进，但不可能作为政府的重要议案获得接纳的，其三就是所谓的“必要”立法，“这就是我所关心的”。“倘若政府有意推动‘必要’立法，但由我亲自提出所有的相关议案，就会把事情变得非常复杂……实际上，我只需要在此类立法动议旁批注‘不反对’字样，就足够了，因为这就意味着你们可以自由施展手脚，将事情推动下去；我肯定不会为这样的事发出专门的立法咨文。那是你们的职责，不是我的。”说白了，借由全国应急委员会和预算局实施集中结算，是不可或缺的关键机制，总统可以借此掌控主动并捍卫自己的权威。

这套新机制自然不可能立竿见影，一下子取得成功。在实践中，总统自己就是其主要颠覆者之一。第七十四届国会上，绝少有重大议案能通过这套新机制的淬炼。甚至在预算局试图厘清已经议决的资金分配问题时，总统还不时予以干涉，挫败预算局的努力。摩根索曾谈到1935年初的一件事：“他向我和哈里·霍普金斯保证过，除非等到下一次会议，在此之前他不会再拨付资金。但两个星期前，我获悉他竟然给霍普金斯秘密拨付了一亿两千五百万美元的资金。接着特格韦尔也直接向他伸手要钱，他也满足了特格韦尔的要求。此举的结果是令所有人都非常愤怒，简直要口吐白沫了。我当然要提醒他注意这个情况，但他非但没有坦率行事，直接取消特格韦尔本不该有的授权，反而采取了迂回之道，出卖了特格韦尔，他竟然让我去告诉贝尔［预算局局长］，除非得到预算局的批准，否则不能给特格韦尔一分钱。如此一来，这个圆圈就算是完满了，所有人都陷进去了。”摩根索特意补充说，“这是总统先生的典型套路。”摩根索的此番申述并不算夸张。

不过，全国应急委员会自然也确立了一些准则；并且借由这些准则逐渐创设了诸般先例，最终，随着预算局权力的不断提升，这些先例在短短几年时间里转化成了惯例。全国应急委员会本身实际上一直在衰落，特别是里奇伯格于1935年离开政府之后，不过，这个委员会毕竟体现并表达了对政策统一性的新的渴望，也将这种渴望烙印在罗斯福政府之上。[6]

8

不管怎么说，结构性协调方面的最初尝试，此番以失败告终。由于缺乏一套机制，确切地说是因为厌恶机制性的东西，罗斯福只能依靠具体的人员来担当协调职责，于是不时会谈到一个所谓的“核心内阁”。1934年下半年，总统曾跟伊克斯谈起，这个“核心内阁”的成员就是摩根索、卡明斯、伊克斯、珀金斯、华莱士、霍普金斯、切斯特·戴维斯以及能领导国家复兴署的那个人。但是，就总统的诉求而言，即便是这个核心团体，显然也太过冗赘了。作为一个独一无二的管理者，他最好能找到一个人，一个他长期以来一直在寻找的“另一个自我”，作为他个人的伸展。作为一个孤独的人，他最好是向某个个人而非某个委员会寻求密切沟通，有时他是需要这样一个人作为至交的。

毫无疑问，多年来，路易斯·豪一直在扮演这“另一个自我”的角色。但是到了罗斯福入主白宫时，路易斯年事已高，身体状况也不好，加上要面临新的问题，自然就令他落伍了。总统遂不断寻找可替代之人。埃莉诺·罗斯福说："他一直在有意无意地寻找可填补空缺之人，但出于种种原因，一直没找到特别合适的；就这样，一个又一个人选相继从舞台上消失，有些人在离开时内心是有不满的，这些我都能理解，而且我一直为此感到遗憾。"

莫利是第一个到来也是第一个离开的。即便在他离开政府，转而担任《今日》杂志的主编之后，整个1934和1935年间，他还是会前往白宫拜访，协助起草演说稿。不过，在这个过程中，他越发对新政的新取向有所怀疑；也越来越不觉得自己在政策问题上是总统的心腹了，当然，罗斯福也是这么看的。莫利后来记述说："他们召我前往，主要是作为一个技术人员帮助构思演说稿而已，这跟水管工的工作没什么区别，当管道需要修理时，自然就需要水管工了。"很显然，他受命前往白宫，就是要提供强劲有力的文字来表达他并不认同的观念，慢慢地，他对这个差事竟然生出了有悖常理的骄傲感。

1934年，特格韦尔开始取代莫利，成为政策幕僚。特格韦尔并没有莫利那样的笔头，也不是很有天分的组织者。不过，他基本上不需要安抚，而且他的忠诚无可撼动。依据特格韦尔的纪律原则，无论自己内心是否认同，都必须追随并遵从罗斯福："除非在一个领袖之下团结起来，否则我们将一事无成……我们这些人并没有真正的［独立］判断之权利。"此外，特格韦尔对森林、土地以及作为一桩巨大产业的美利坚，都有着灼热情感，在他眼里，这些都需要养护和珍视；总统内心深处当然也涌动着这样的激情，而且，身边那些城市出身的助手中，绝少有人分享此等激情。最重要的是，恰恰就在这个时段，可能性之地平线已经开始收窄了，但特格韦尔的心性中极富挑战和质疑的元素很可能就是吸引罗斯福的地方，毕竟这样的心性可以不断激发总统的想象力，令总统建立起新的视野。"没有什么是不能跟他商讨的，"特格韦尔在回望1933和

1934 年间的那段时光时，不免评论说，“而且，跟总统商讨问题的机会是足够的。”

罗斯福的幕僚团队中，特格韦尔应该算是最不顺服的一个。他认为自己的角色并不是发现并迎合总统的心意，而是告诉总统应该怎么干，说白了，他认为自己应当代表总统的良知，将那个“更为一贯的总统”呈现在罗斯福面前。特格韦尔负责经济政策方面的协调工作，因此总是用协调的逻辑来衡量新政。回想起来，特格韦尔当然也觉察到，总统有时肯定也相当坚决且固执。“他想必有很多次对我十分不耐烦了。［不过］他绝少怒形于色。”不过，1935 年，协调哲学趋于衰落，特格韦尔不像莫利那样能说会道，因此随之一起衰落了。移民拓殖署的负责人，这是他的新职位，占了他更多的时间和精力；对于已然变化的形势，他和总统之间自然有着甚是微妙的体认，可谓心照不宣，两人的交流也就越来越少了。当然，他们的友谊一直保持着，不曾有过减损。[7]

9

在这个时刻，结构性的协调机制尚未建立，罗斯福自己作为负责接收、传送和执行的神经节，就必须担当起协调工作。总统先生在这上面也确实付出了热忱和精力。他对根本且普遍的问题有着直觉和本能，对于细节也有着捕蝇纸式的把握能力，他还可以同时应付大量驳杂的问题，在各种问题之间迅速切换，对长时间的枯燥且艰辛的工作也很有兴致，对于纷繁复杂的种种势力和人物，从高洁之人到自私自利之人，从体面之人到败坏之人，用阿道夫·伯利的话来说，他都有着“巨大且慷慨的包容度”；这一切让他得以始终走在危机前面。应该说，除此之外，他实际上没有别的办法可以做到这一点的。休·约翰逊说：“他几乎完全没有能力以组织形式展开行动，不妨这么说，他只懂得以个人形式展开行动，在这方面他比任何人都彻底。”约翰逊还说，他之所以成功，“并不是因为他有高超的规划能力，也不是因为他的学识，而是因为他极为灵敏，是技巧大师。”

讲述罗斯福的总统生涯，若重点只放在他面对的问题上（本书显然略掉了对外政策问题），那显然无法充分揭示他作为行政官的技能。要真正呈现行动中的罗斯福，就必须考虑到他需要同时应对很多事情，更需要在混乱和紧急中予以应对和处置，国家复兴署、农业调整署、救济事务、环保事务、货币政策，等等，一直到裁军、“睦邻政策”、中国东北问题、埃塞俄比亚问题以及希特勒问题等，此类事务或大或小，潮水般连续涌动而起，相关文件材料悉数堆放在总统办公桌上，总统则几乎一直与这一切保持联系，实施跟进，负责全面掌控和调度，而且从不会把事情搞乱。他有耐心，有个人热情，有令人称奇的细节把控能力，狡黠灵敏，懂得有所保留，镇定从容，时不时会变得极为严厉，令人胆寒，而且他有职责意识，更有历史意识；这些都是他可以用来应对并掌控政府危机的手段。大多数为他工作的人都不时会对他大为恼火，这个情况大家都不难理解。不过，这些人对他的仰慕终究胜过对他的恼恨，这一点也应当予以体认。说到底，总统制是否应当有效地官僚化，对于这个问题，想必很多人都是存疑的。总统制的精髓在于独立性、主动性和创造性，这些都需要总统之职位拥有自己同外界沟通的渠道，并依靠这些渠道。在美利坚体制中，若没有罗斯福这般灵敏的高超手腕占据政府的核心舞台，美利坚便不可能拥有一个强有力的政府。

哈罗德·史密斯于 1939 年成为预算局局长，他秉持了预算局的偏见，认为政府就应当讲求条理，讲求规矩，讲求工整对称，他自然反思过罗斯福的行政观念。在当时，那样的行政观念可能是最令人受不了的事情，但事后回想起来，罗斯福这种不讲规则也无稳定性可言的为政之道，竟然产生了非同寻常的效能，令史密斯这样的人惊诧不已。他总结说：“我只能说，罗斯福是世上最伟大的管理天才之一。我们当时没能意识到，在政府事务上，他是真正的艺术家。”[8]

三十四　解析领袖

1

领导行政分支只是工作的一部分。总统还必须领导国会；此外，还要领导选民。如果说领导行政分支意味着管理，那么其他领域的领袖权能就意味着政治。当然，对罗斯福来说，这样的领袖权能是天然介质。他毕生都是一个政治人；跟法律相比，这才是他真正的职业。在大家讨论应当做什么的问题时，他时常安静倾听；一旦讨论涉及应当怎么做时，他就要发声了："这是政治问题，对此我是有些权威的。"所谓政治，可以是高级政治，诸如教育和说服等；也可以是低级政治，比如压力、操控及手腕等。这两种政治，罗斯福玩得同样纯熟。[1]

2

他跟国会的关系将两种政治都涵括在内。当然，高级政治更为重要。在这方面，跟通常的传闻恰恰相反，要让国会议员支持自己，最大的动力倒不在于政治上的庇护或恩惠，也不在于压力，而在于提案本身能否打动他们。当然，在提起立法诉求时，罗斯福在程序上的主要渠道便是立法咨文。查尔斯 · A. 比尔德说："他经常在咨文和演说中讨论美利坚生活和社会的根本问题，其数量超过了所有其他总统的总和。"除此之外，罗斯福主要是通过常规的党团领袖群体来展开运作，比如参议院的罗宾逊、哈里森、伯恩斯和巴克利，众议院的雷尼、伯恩斯、班克黑德、雷伯恩和道顿等。这些人（巴克利和雷伯恩除外）内心对于信仰的同情当然远远比不上两院的进步派，不过，他们对总统的个人忠诚纽带也是进步派不能企及的，他们无疑有着更为强烈的政党纪律，在两院也都有更为广泛的影响。进步派对议案的一般性意图持赞同态度，不过他们通常会在具体内容方面有所挑剔，设置障碍，罗宾逊则不然，他通常会挺身而出，为他个人并不赞同的议案而战。1934 年的选举将一批新的新政派民主党人送入国会，由此强化了总统在国会山的影响力，参议院方面包括了来自华盛顿州的施韦伦巴赫、来自印第安纳州的明顿、来自宾夕法尼亚州的古费以及来自密苏里州的杜鲁门，众议院方面则包括了莫里 · 马弗里克集团那些更具责任意识的成员，这批新人的到来，将老派民主党人的政党纪律性同老派进步党人的自由主义热情融合起来。

每逢国会会期，罗斯福都会跟政党领袖频繁晤谈。他还会花费大量时间，通过电话或面谈，对诸多参议员和众议员进行说服、保证、安抚以及规训。他必须表现得强悍，否则就会失去控制权；他一定不能有报复之心，否则偶尔的不同意见者将因此变成刻骨仇敌。来自得克萨斯州的参议员汤姆 · 康纳利，偶尔会反对新政，但也给出了这样的评说："总统于 1933 年解释我对国家复兴署的反对态度时，将其视为诚实的个人性质的分歧。跟他打交道并不难，因为他很看重在我们讨论的所有事情上都保持坦诚。"（坦率在罗斯福这里自然也能成为武器。）他有各种办法让国会议员感到满意，在这方面堪称大师，比如会亲昵地称呼他们的名字，会极为亲切地握手寒暄，会给对方以迷人的笑容，会开各种熟人之间的玩笑，总是那么平易和关切，会约请议员推心置腹地交谈，会把跟议员的合影摆在白宫的办公桌上，会跟议员一起登上议员家乡报纸的头条，等等。国会会期期间，他自己估计平均每天要花费三四个小时来经营国会山方面的关系，这个估算倒也不算夸张。

有关国会是“橡皮图章”的说法，在那个时代已然深入坊间，不过不应当忽略一个事实：此时的国会有着一批心志独立且颇有头脑的人，这批人相当强劲有力，在一些关键场合握有立法创制权能。这可不是一个驯服温良乃至卑躬屈膝的集团，恰恰相反，在塑造新政的过程中，他们扮演了关键角色，尽管这个角色一直被低估了。诸多重要立法行动都全然由国会策动，比如联邦存款保险制度、全国劳工关系法案以及公共住房立法等。有时候，国会的立法主动性甚至会迫使政府行动起来，比如布莱克的三十工时议案推动了国家复兴署；埃尔默·托马斯的提案相当出人意料地将货币问题上的自由权能赋予政府；拉福莱特、科斯蒂根和瓦格纳不断施压，才帮助提升了救济及公共工程等领域的拨款额度。应该说，在罗斯福执政早期的这几年里，国会虽然经常掣肘罗斯福，但也经常促动罗斯福。

国会的这种主动性有时甚至有些过火，比如在公司红利问题上。若遇到这样的情况，罗斯福就不得不动用否决权，以此作为合宪回应。如同理查德·诺伊施塔特说的，他动用否决权有着明确目的，就是要让国会尊重总统的政策和特权。有时他会刻意挑选一批议案实施否决；有一次，他直接用口袋装了一堆提案，将其返还预算局，并赠言：“预算局太软蛋啦；告诉他们，硬起来。”他告诉全国应急委员会：“若他们已经决定了，我就动用否决权。”还没有哪个总统能像他那样否决如此范围的议案。就纯粹数量而论，克利夫兰总统也许略胜罗斯福一筹，不过克利夫兰否决的议案大部分是私人补贴方面的。据计算，到罗斯福第二个任期结束为止，克利夫兰和罗斯福否决的议案数量，占据了自华盛顿1792年在合众国历史中第一次动用否决权以来，全部否决数量的三分之二。而且，在罗斯福前八年任期予以否决的五百零五份议案中，只有七份是国会在推翻总统否决权之后重新通过的。

此时的国会，着实有一批骄傲之人，他们在华盛顿待的时间比总统要长，对总统的特权也颇为介怀，因此，总统必须避免表现出命令姿态，即便是在国会议员恳请总统发出命令的时候（如同1934年萨缪尔·B. 佩滕吉尔所说的："人民已经彻底厌倦了这场大萧条，迫切地要从中摆脱出来，因此，若要在众议院建立强悍的政党纪律，他们定然会欢迎，这毕竟是他们在渴求的东西。"）。1936年，罗斯福在科德尔·赫尔的要求下，提请众议院筹款委员会主席罗伯特·道顿拒绝对关税议案实施听证，道顿可是相当强势的人物。罗斯福打算写一张便条给道顿："倘若世人知道是我写信给你，在关税议案问题上做了此番提议，他们势必会说，我又一次在众议院面前挥舞起独裁者的鞭子了。倘若我只是将科德尔·赫尔的这份令人愉悦的备忘录转呈给您，那么您和杰瑞·库珀就都不会有这样的感觉，这一点我是知道的。我们且就事论事，看看议案本身究竟是怎样的，我认为，赫尔是完全正确的。"信的结尾，罗斯福希望道顿也将信笺转给库珀看，然后将其毁掉。白宫团队里的一些人甚至对此等巧妙做法不予赞同："我觉得这么做非常不明智——您知道，他是不会毁掉这封信的，您也知道国会那些人是怎么说话的！您就不能打电话给他或者派人去面见他吗？"罗斯福接纳了这个看法，最终没有将便条传送给道顿。

当然会遇到无法说服国会议员的情况，如此便只能设法对其实施操控或威慑。在跟国会山玩弄低级政治方面，总统就不会如此频繁地亲身参与了。罗斯福通常通过白宫的代理人来做这些事，这些人自然有办法。对待国会，利益分配本身的效果一直以来都被高估了。不过，偶尔确实需要用一个特格韦尔之类的人物来交换一个恶人，而倘若胜负就在毫厘之间，那么诸如邮政部部长之职位或水坝工程这样的资源分配就会发挥决定性作用。不过，真正难做的事情在于如何对待忠实追随者，毕竟有时不得不否决追随者享受分配的机会，又要尽量避免招致不愉快。此等情形下，总统偶尔需要实施介入，对这些追随者进行安抚。

有一次，乔伊·罗宾逊支持一个并不适合的人担任印第安事务专员之职。伊克斯则有更为合适的人选，为了解决这件事，罗斯福约请罗宾逊和伊克斯来白宫喝茶。其时，总统让罗宾逊谈一谈他最近是如何对抗休伊·朗并捍卫政府的，并不断表现出惊诧和艳慕，以此鼓励罗宾逊将话题延展下去。这场显然是漫无目的的闲聊就这么继续着，伊克斯不免怀疑总统还能不能切入正题："我感觉总统打算将事情拖延下去。"晚饭时间，两人遂起身准备离开，罗斯福趁此机会说："正好，乔伊，我顺便跟你说说印第安事务专员的情况。你推荐了阿肯色州的一个人担当这个职位……但是一些妇女组织、一些印第安人权利组织对这个人可有不小的抗议，改革派也普遍不认可此人。既然反对意见这么强烈，我觉得你我就不必勉为其难了吧。"话一出口，令罗宾逊猝不及防，只能含糊其词。"很好，我觉得你也会这么看。"总统颇为和善地说道，"我是身负压力的，最好能提名约翰·科利尔担当这个职位。而且，哈罗德·伊克斯不想要梅里特。他觉得没法跟梅里特共事。他想要的是科利尔。既然他负责此事，我觉得就让他去找他想要的人吧。"

罗斯福很享受自己在此类事情上的大师级技艺。他自然也跟摩根索吹嘘过这方面的技艺，说有一次他是这么跟参议院的一个代表团表示愿意接受白银议案的，尽管政府方面秉持明确反对态度："当时我可有办法了。我看着包括巴克利在内的一干人等，抬起我的右臂说：'反正我是寸步不让，一寸都不行！'不过，我也伸出我的左手说：'孩子们，过来拿吧。'"查尔斯·陶西格曾有一次在总统会客厅里等候，在总统成功摆平了一个怒气冲冲的国会代表团之后，他无意中瞥见了总统。罗斯福当时并没意识到有人在观察他，就那么悠然自得地向后靠着，缓缓地拿出一支雪茄，放进烟嘴，然后划了根火柴，颇为悠长地吞吐了一番。“他的脸上绽放出花一样的笑容，那是彻底的满足感啊。”[2]

3

这满足的笑容是否真是彻底的，倒也很难定论。高级政治和低级政治，罗斯福自然玩得同样纯熟，却并非同样津津有味。作为一场游戏，他当然很享受低级政治，但这样的事情是有限度的。他确实热衷于在自己擅长的领域胜过那些职业人士（“当前的政治形势可是让我略有些紧张啊，”1933 年，基·皮特曼致信罗斯福，颇为仰慕地写道，“当然，您是一点都不会紧张的。”）。不过真要说起来，虽然他经常玩弄马基雅维利的手腕，但本质上不是马基雅维利主义者。在这个问题上，恩迪科特·皮博迪的阐释确实是过分了。罗斯福有着醇良的理想主义，而且这理想主义极其切近他人格之核心，因此，他不可能把这些低端手腕无限制地玩下去。“在玩弄低级政治时，”汤姆·利科伦说，“他骨子里是对自己感到羞耻的。他当然不会承认这一点，不过，从他对待其他事情的态度上，不难体认到这一点。”阿道夫·伯利也写道：“在他以相当的技巧和兴致玩弄政治时，内心多多少少是瞧不上的，认为那是令人憎恶的、毁人的事情。”

他真正关心的是高级政治，说白了就是教化意义上的政治，而非手腕或者谋略意义上的政治。他深信，除非公众心灵对政府事务有稳固把握，否则，政府所做的一切都不会有太大意义。他曾说过：“我想做一个教化万民的总统，就像我的那位表亲一样。”他也曾告诉全国应急委员会：“政府打算做的一切……其命运终究取决于民众的理解，选举倒是次要的。”领导权能的未来前景同样取决于人民的心思和愿望，或者可以说，取决于如何引导人民的思考和愿望。罗斯福曾跟厄普顿·辛克莱谈起：“我的行进速度不能超过人民容许的范围。”在新政问题上，最令罗斯福高兴之处或许在于新政本身提升了民众对公共政策的关注度。1935 年，罗斯福致信 H. G. 威尔斯：“我认为我最大的成功就是在过去两年间，开始让人民思考了。他们不一定就能想明白，但毕竟是在正确的方向上思考。”（罗斯福还补充说：“你我的方向倒也不能说是风马牛不相及；最起码，这一路上我们都在寻求和平之道。”）在罗斯福看来，总统制度是“最具分量的交流中心，但凡涉及公众福祉的信息、观念、事实和理想，都将在此处集结、交换”。他也曾说过：“无论如何，政治不过是施政工具而已。”

倘若政治本质上就是一场教化，那么行动当然是最重要的老师。新政本身则是一所巨大的学校，促动着美国人加深对这个国家及其诸般问题的认知。罗斯福告诉安妮·奥黑尔·麦考密克，国家复兴署之价值首先在于教化功能，说白了，它是个教化机构，要敦促其规章体系之内和之外的人都就核心经济问题做一些艰深思考。诸如社会保障、铁路工人补贴、住房抵押再融资、乡村电力化、工作救济、农场所有权等，法律可以借由这些新东西来重塑民众的生活，这一切都将勉励民众的公共热忱，并由此成为美利坚人民生活的组成部分。

罗斯福非常注重将政府唤醒的公众热忱利用起来。他充分抓住了广播这样的革命性新媒介，将之作为同民众直接交流的手段。“我们这个州经常会有立法阻碍，”罗斯福在入主白宫前曾记述说，“我经常通过广播，将问题直接交付民众，民众给出的回应向来极具热忱。人民的直接统治催生了文明的众多新发展，这其中，广播的作用是非常特殊的，因为广播显然恢复了人民同人民所选择的领袖之间的直接联系。”罗斯福推出了多种形式的广播谈话，这其中最具效能的当属“炉边谈话”。“炉边”一词（最初的发明者是哥伦比亚广播公司驻华盛顿办事处的经理哈里·C. 布彻）传递了这样一种自我印象：一个人在自己家中悠然而坐，率直且亲密地跟邻居谈天说地，邻居则只需要待在各自家中。罗斯福在第一个任期推出了八场“炉边谈话”，其中有六场是在 1933 和 1934 年间进行的。[3]

4

罗斯福演说的准备过程相当复杂。先是总统斟酌演说基调、主题及目的。倘若他有时间，还会自行写上几段话，作为样板（“让孩子们找到下嘴的地方”）；不过基本上不会亲自写就连贯的草稿（“孩子们，就是这个思路，剩下的你们负责搞定”）。而后，罗斯福会将种种观念和“念头”交付自己的首席代笔人（在这段时期通常就是莫利）去加工并成稿，当然，还会将莱汉德保管的演说素材文件里所有相关的东西一并转交首席代笔人。代笔人遂着手运作，将这些材料串联起来，并加工成连贯文稿，而后，代笔人会征询各方意见，只要他觉得总统会对这些人的意见有兴趣。草稿经过适当加工之后，被呈送给总统过目。随之而来的便是成文和修改的过程，这个过程相当紧张，甚至令人恼火。总统会叫来格雷丝·塔利，实施口述，插入一些玩笑话，将复杂句子和语式去掉，并变成自己的语调，这等于重塑了演说稿的辞章；代笔人则会据理力争，希望恢复总统希望删除的段落，也会悄悄删除总统的一些念头，因为他们未必能认同总统的全部念头；所有相关的人都会力争精简文字，并让稿子更为生动，但各方合力的结果往往是令稿子变得冗长且枯燥。在这个过程中，他们时常会在内阁会议室的大桌子旁围坐下来，桌子上满是纸片、书本、剪贴、烟头、三明治、姜味汽水和啤酒，有时稿子的情况甚至到了令人绝望的地步，简直没法补救。不过，总统会逐渐介入其中，并将精力集中在这件事情上，稿子也由此慢慢开始成形。罗斯福绝少涉足具体的文字工作，但最后他会跟其他人一样，相当密切地参与到这个颇具创造性的过程中。他会不断修订和添加，通常这能将温和率直的风格及明确无误的个人特质注入辞章当中，无论写作团队如何修改，这些都能存续下来。查理·米切尔森写道："我见证过不少重大演说稿正式出炉的时刻，就我见证过的这些演说稿而言，应该说，总统从不会简单地直接拿别人提供的食材，用自己的方式加工……实际上，罗斯福的章句能力胜过在他身边工作过的所有人。"

最后则是发表演说的环节。但凡这样的时刻，罗斯福一向表现得十分镇定且专业。倘若是炉边谈话，则会有人推着轮椅，将罗斯福送入白宫一楼的外事接待厅。他在桌子前坐下，温和地向技术人员和在场宾客挥手示意，然后打开黑皮装的活页笔记本，里面是他的讲话稿；接着便从播音员那里借一只表，通常还会派人上楼取那一副可随时卸下的齿桥，他平时很反感戴齿桥，但在炉边谈话之时，这可以帮他消除杂音。"我的朋友们"，这是他惯用的开场白，接着便是平稳且放松的"谈话"，这个过程中，他会保持平均每分钟一百个词的语速，而且从来都在规定时间内完成"谈话"。"谈话"结束时，他通常会饶有兴致地询问情况如何；稍作盘桓之后，他便颇为满意地上床休息去了。[4]

5

公共教化方面，他的另一个重要工具便是媒体。罗斯福之贴近报刊，有着诸多先在优势。他喜欢记者，而且总体上尊重记者的工作。他熟知他们的名字，读过他们的报道，愿意倾听他们的想法，不时也会拿他们酩酊大醉的样子调侃一番，当然，他会给他们提供新闻，邀请他们来白宫参加星期天晚宴，总统家里也有他们的位置。记者招待会是他在这方面的特别成就。他曾经说过，这是一门“浑然天成的特殊技艺”。他曾担任过《哈佛深红报》的主编，有时他在记者招待会上的举动就像是那段编辑经历已然令他洞悉了这门职业的全部秘密，这当然会激怒记者们，但不管怎么说，没人能以他那样的魅力和技巧来运作记者招待会。

如果说西奥多·罗斯福是第一个体认到报纸作为通达民众之渠道的分量的总统，那么威尔逊就可算是第一个定期举行现代意义上的记者招待会的总统。哈定政府时期，记者招待会制度归于败落，胡佛政府最后那段阴沉的日子里，该制度跌落谷底。此前，胡佛坚持以书面方式回应种种提问，这令记者招待会制度沦落至无用境地，到了最后这段日子，则实际上已经被放弃了。罗斯福则从未忘怀在奥尔巴尼时经常跟新闻界人士举行的家庭招待会。入主白宫之后，他每个星期举行两次记者招待会，星期二和星期五各一次，此举取得了令人吃惊的成功。在第一个任期里，罗斯福共举行了三百三十七次记者招待会，第二个任期的数量则提升到三百七十四次。

记者招待会召开之际，记者们纷纷拥向总统办公室，通常有上百人之多，人群攒动，一直挤到椭圆办公室的总统办公桌前面。罗斯福就坐在那里，嘴里叼着烟斗，眼神和善但警惕，谈风很是快活，但不失戒备，整个神态如同一个人在兴致勃勃地等待一场即将到来的智慧较量。接着便是各种问题迎面而来。总统对某些问题回答得简明且严肃；有些问题则用作引申，适时展示一下自己的行政知识或地理知识；有些问题用玩笑或者外交辞令一掠而过；还有些问题不予正式回应；偶尔还会批评或斥责记者们提出的一些并不合适的问题。约翰·多斯·帕索斯评点说，总统应答如流，“简洁且从容，就像在跟老朋友促膝谈心”；“他的语调是那种父亲般的友善、温和、自然，就像一流男校的校长”。记者招待会过程中，总统会展示出各种表情和姿态，比如脑袋后仰，鼓动腮帮子，摸摸鼻子，噘噘嘴唇，脸上则不断地表现出高兴、震惊、迷惑、关切、明白等表情，时常还会一脸刚正之气。招待会的结束语通常是“谢谢您，总统先生”，而后记者们蜂拥前往白宫的新闻间，抢电话用。

预算新闻发布会是罗斯福的独创。先前的总统，比如胡佛，通常用打印好的传单来解释预算问题，这些传单都是预算局方面提前备好的。罗斯福则将预算问题变成了一场媒体讨论会。就像罗斯福自己说的，“我们把第二天要呈送国会的预算咨文拿来详加讨论，将之一条一条拆解开来。人们可以问任何问题”。这样的记者招待会无疑展示了罗斯福对施政细节的了解和把握，令人敬意顿生，除此之外，也能保证媒体方面在报道预算时有一个同情的态度。

对罗斯福来说，记者招待会是相当珍贵的机会，总统可以借此相当有效地解释政策，当然，也可以为相关的新闻报道定下基调。不仅如此，记者招待会能令总统在一定程度上引领公众讨论，突出一些问题，淡化另一些问题。总统还可以利用这样的机会说一些在更为正式的场合并不适合说的话。记者招待会的交流机制当然不是单向的。招待会上，记者们所提问题的性质及烈度能令总统对公众要求有所体认，有时甚至会令总统注意到一些新的问题。

这样的记者招待会实际上给了媒体正式的质询特权，罗斯福因此让总统记者招待会享有了准宪法的地位，相当于英国的议会提问时间，这也令他之后的那些总统不敢轻易削弱这样的准宪法地位，否则很容易给自己带来麻烦。罗斯福此举实际上成了榜样，令内阁成员和各机构首脑纷纷效仿，定期举行各自的记者招待会，由此催生了整个政府体系的开放政策。结果之一便是来自华盛顿的新闻体量获得巨大提升。截止到 1934 年，合众社方面来自华盛顿的新闻体量已是 1930 年的三倍，联合通讯社的全部新闻报道中，来自华盛顿的新闻就占据了四分之一。此前的记者们长期习惯了刺探者的角色，说白了，已惯于遭人鄙夷，但罗斯福操持下的记者招待会给了他们一种参与意识，令他们也成了新政大潮的一员，这可算另一个结果。确实，很多记者都要为政府工作。1934 年，雷蒙德 · 克拉珀记述说，大部分记者都感觉“自罗斯福总统往下，这届政府绝少隐瞒什么东西，并且很愿意开门办公”。

除记者招待会外，罗斯福还十分懂得利用报刊，将之作为公众意愿的探测板。他极其擅长用隐秘手腕操控媒体，比如释放各种测试气球，说白了就是刻意释放一些传闻，看看公众会如何反应。罗斯福有一整套的办法去了解民情，这样的反馈机制在这其中当然扮演了重要角色。此外，他时常专门约谈一些人，以此确立自己的一般性观念，比如《柯里尔》的乔治 · 克里尔、《纽约时报》的安妮 · 奥黑尔 · 麦考密克等。

记者方面对罗斯福的感觉自然是有些复杂，高兴、不信任以及出于职业的仰慕，应该说都存在；不过，这其中不信任的元素倒不至于有太大分量；他们自然要利用总统，就如同总统也在设法利用他们；而且，无论哪边收获成功，这都是一场风险游戏。罗斯福这种方式的一般性的效果便是自由交流机制自然会产生的那种效果，即便有时所谓的自由交流实际上也是在回避问题，当然，这样的情况并不多见。记者们从未见识过有哪个总统如此平易，如此机敏，如此坦诚相见。西奥多 · G. 乔斯林，胡佛的新闻秘书，在品评“某个前总统”时说，没有哪个最高行政长官能满足媒体，除非他已死并入土为安；乔斯林还特意补充说，“罗斯福比任何总统都更能满足媒体军团的期待”。一个职业记者给出了更为仰慕的证言：“我从未见过有人能像罗斯福那样如此准确、清晰且坦诚地阐述此类问题。”威斯布鲁克 · 佩格勒于 1934 年写道：“……说真的，连我都希望能博得罗斯福信任。从事这个行当这么多年，我还是第一次愿意为得到一个为总统效力的机会而争斗。”[5]

6

总体上，罗斯福能对职业媒体的善意做出回报。不过偶尔他也会对最终的报道抱持疑虑。有一家报纸登载了罗斯福的照片，配图文字却显然是用来描述一个美貌王后的，罗斯福遂将这份报道转给斯蒂芬·厄尔利看，还用铅笔做了批注：“看看，这就是美国新闻的准确性。”跟大多数公共人物一样，罗斯福也发觉现实中的报刊评论可没理论上说得那么好。有些批评者甚至会把总统刺激得狂怒（当然，罗斯福基本上只在私下宣泄这样的情绪）。他是这么说弗兰克·肯特的：

> 这个叫肯特的家伙，毫不顾及真相，而且他的舌头和笔头都染有剧毒，令他的朋友们唯恐避之不及。

对于克罗克，他是这么说的（在给《纽约时报》的发行人兼克罗克的老板阿道夫·奥克斯的信中）：

> 这可不是克罗克先生第一次找麻烦了……我倒真是第一次这么干，确确实实是第一次，通常，无论记者们从华盛顿发出怎样的报道，我都不会因为不满而写信给他们的老板。

四年后，罗斯福再次品评克罗克：

> 克罗克这人实在是可恶！不过，我已经懒得给他写信让他纠正错误了，上次给他写信是五年前的事了。实际上，我本应每个星期都写信骂他的！

对于沃尔特·李普曼，总统是这么评说的：

> 他的文笔流畅无比，魅力十足，往往令人忽略了这样的事实：他的论章无论如何都是矛盾百出。我倒是真希望他能多接触这个国家的平头百姓，不能只关心有钱人！

对于《纽约时报》的编辑团队，他的评论是：

> 大约十五年前，我前往《纽约时报》那以法式红木雕刻装饰的圣所，参加了一次午餐会。当时在场的尽是一些油头粉面、自命不凡的学者，此等阳春白雪实在让我自愧不已，感觉自己就是一条没受过教育的虫子。

罗斯福很反感媒体做事不考虑责任。内阁的朋友曾告诉德鲁·皮尔森，罗斯福曾亲自督促道格拉斯·麦克阿瑟对皮尔森和罗伯特·S. 阿伦提起诽谤诉讼，目的是让“华盛顿旋转木马”栏目停办。（麦克阿瑟照办了，但最终还是寻求了庭外和解，并同意支付被告诉讼费用；皮尔森和阿伦当然也没有撤销专栏。）在著名的烤架俱乐部的一次晚宴上，罗斯福近乎狂暴地谴责了美国媒体，以此回击自己最为尖刻的批评者 H. L. 门肯，他申斥说，美国媒体充斥着“愚蠢、贪婪和市侩气”，已经烂到骨子里了，媒体的人“都不知道什么是交响乐，也不知道什么是链球菌……他们连哈佛、塔斯基吉甚至耶鲁的入门资格都拿不到”，在场听众慢慢地才发觉罗斯福此番评说恰恰是在引用门肯自己讨论“美国新闻业”的文章，不禁都会心一笑。（“我要灭了这家伙，”当时的门肯幽默感顿失，暴怒之下跟坐在他身边的里奇州长说，“我要把他见不得光的东西全部挖出来。”）

罗斯福相信职业媒体人的内在德性，因此，在他看来，报界对自己的敌意之所以日益强烈（到了 1935 年，已经有六成的报纸站在反新政立场上），是因为发行人的偏见所致。他说："大多数情况下，问题并不出在伏案写稿的那些人身上。责任不在记者。追根溯源，责任在报界老板身上……你们当然都清楚，老板要什么，报纸各部门的负责人就得写什么，他们通常要删掉一半的真相。"罗斯福认为，报业老板越是有钱，就越是远离平头百姓，"他们在各色社交圈出入无间"之后，变得胆小如鼠了；"支票本和证券市场取代了他们从前的爱国精神，并就此瓦解了他们昔日秉笔直书、据实执言的雄心"。罗斯福把此类报纸称为"阔佬报纸"，对它们的评价是颇为阴暗的："我认为，他们在刺激共同体之恐惧方面，贡献巨大，非其他人可以比拟。"他如此评论自己的老朋友赫斯特：

> 我时常觉得，赫斯特对民主和文明的伤害，是这个时代的任何三个人加起来都不能比的。

对于亨利·R. 卢斯，罗斯福是这么说的：

> 从《时代》杂志的创刊号开始，我就发现，他们之所以取得如此的经济建树，其奥秘之一在于他们刻意为之的夸大或者扭曲之术。根本不用在意他们——就像我这样。

对《芝加哥论坛报》，罗斯福评论如下（据伊克斯转述）：

> 我认为这是全美国最为败坏的报纸，他同意我的看法。

常常有人指责新政图谋钳制媒体，这样的指责最令罗斯福气愤。"新闻自由确实遭遇了威胁，但说真的，这威胁并非来自政府，而是来自某些报业老板。"伊克斯在《今日之新闻自由》一书中，着力批评了当时的报刊所有权模式，罗斯福则在书中留下这样的批注："这书确实值得一看。"

那段时间，偶尔会有人指控说，新政正酝酿着摧毁报业，显然没有证据可以支持这样的指控。不过，在应当如何书写新闻报道以及应当如何运营报纸的问题上，罗斯福提供的建议确实比别的任何总统都多；也绝少有哪个总统会像他那样，对报纸的扭曲报道如此愤怒。"别介怀啦，"威廉·艾伦·怀特曾跟他说起，"他们就是靠这个赚钱的，这是他们的经营之道。那样的东西伤不到你，不过会让他们多少舒服一些。"罗斯福本应更多地倾听此类建言。但是，看看合众国的历史，也确实不曾有哪个总统能以哲学式的平静，接纳那些并非身临其境之人提供的建言；更何况，真要说起来，自安德鲁·杰克逊之后，罗斯福可算是受到媒体批评最多的总统了。

罗斯福对媒体的愤怒日益强烈，但他基本上不会公开表露。海德帕克保存了 1935 年 6 月的一份材料，里面有这样的陈词："我，富兰克林·罗斯福，甲方，在此郑重将一切可能的对媒体的攻击方式提交乙方，玛格丽特·莱汉德和费利克斯·法兰克福特，以供充分讨论"；下方签字则是自嘲性质的否决语："全是胡说——富兰克林·D. 罗斯福"。到了 1936 年，总统已经失去了大量报刊阵地，报界也在纷纷推出各色新闻专栏，对总统实施歪曲报道和描绘，数量之巨着实有些过分。不过，罗斯福仍然极具成效地利用了媒体，其效能远超媒体对他的歪曲。基本上不会有报纸敢于不给总统版面。制造新闻并令自身成为新闻，这样的手法虽然简单，但效能十足，罗斯福就是靠这个战胜了报业老板集团的普遍敌意，并令他的公共领导权能极具效力地挥洒而出。[6]

7

罗斯福用这样的方式处理政府事务、国会事务，还有他的演说，他的记者招待会，更有他作为公共人物的举止风范；这一切令罗斯福的身影投射在美利坚大地之上，这身影若是放在一个更具公关意识的时代，其实就是所谓的“形象”。1933 年的罗斯福，是一个有着父亲般关切和诉求的形象，这个形象安抚并团结了这个惊慌失措的国家。接下来，这个形象就其效果而言，则产生了越来越强烈的分裂性。在这段时间，一些美国人越发仇视罗斯福这个公共“面具”，那仇视堪称暴烈且无可平复。另一批美国人，数量远超前者，则开始用激情崇拜来制衡前者的仇恨，这崇拜同样没有分辨和批评可言。

对罗斯福的这种仇视是在 1934 年浮现出来的，到了 1935 年，这种情绪已相当强烈了。这仇恨情绪既深且强，却并非因为发自内心的反对而起。说白了，这是一种非理性的暴力激情，是针对罗斯福其人，而非针对他的改革计划，其具体论说也是矛盾百出，并无连贯性和系统性可言，其具体展示也颇令人不齿，有时几乎到了臭不可闻、令人恶心的地步。其表达方式多种多样。不过，几乎所有的此类表现，不仅体现了共同的精神病理性的冲动，更有着共同的社会根源。

这根源就是美国的上层社会。对总统的“刻骨的个人仇恨”，如同马奎斯 · W. 蔡尔兹于 1936 年春天评说的那样，已经开始渗透整个上流社会。《时代》杂志于这一年 4 月也评论说：“所谓上流社会的成员，无分党派，无分地区，今时今日都已经毫不隐讳对罗斯福的仇视，鲜有例外。”J. P. 摩根家族成员但凡有访客，都会警告他们不要在老摩根面前提到罗斯福这个名字，以防内心的暴怒令老人的血压升高，带来生命危险。确实，只要罗斯福这个名字出现，不管具体所指是何人，都十分危险，都会令老人家怒不可遏。比如有一次，有人提到了西奥多，老人就禁不住撕心裂肺地喊叫起来：“所有这些遭天谴的罗斯福啊！”老摩根这种反应相对来说还算克制的。此时的财富集团借由自己的种种渠道，比如俱乐部、银行、经纪人办公室、公园大道沙龙、乡村俱乐部更衣室、南卡罗来纳狩猎场以及佛罗里达的度假屋等，开始策动一股凶猛的宣传潮流，各种传闻、抨击如潮水般漫卷而来，很多都是无法刊印的，纷纷将罗斯福描绘成骗子、盗贼、喜欢狂笑的疯子、酒鬼、性病患者、美共分子，等等。甚至连名片都利用起来，上面写着："要是你不给我订单，我就还把票投给'那家伙'。"有一首打油歪诗，以富兰克林、埃莉诺二重唱的方式呈现出来：

你亲吻黑人
我亲吻犹太人，
我们安居白宫，
想待多久都行。

当然也不乏更有野心的歪诗：

要是组织者需要钱，
我就为产业工会联合会关了他们的工厂。
我毁灭工作，毁灭健康，
还要勒索富人。
要是有谁支撑不住，
那就来叫我，且看我如何大笑。
要是他们强烈抵抗，
我就打包走人，直奔老沃姆斯普林斯。
我会毁了他们的国家，他们的家园，
然后，将罪责推给那九个老家伙。

此类风言风语有时也会遭到抵制。一名餐厅服务员曾试图给赫伯特·胡佛讲一个关于罗斯福的玩笑。胡佛颇有感触地说："我不喜欢这么给总统编织笑料。”不过，大多数时候，这些人对此类东西都是喜闻乐见，而且不断重复，津津有味。但凡讲道理的人都难免会指出，大多数仇视罗斯福的人，在1933年3月4日之后的状况要比之前好多了，罗斯福非但没有摧毁资本主义，反而应该说是拯救了资本主义；但这样的申述并不见效。但凡已经着了魔的人，当然是自认看透一切，而且都已陷入狂热境地，他们自身的经验及社会的经验根本无助于他们恢复理智。一个自以为是的罗斯福仇恨者在《哈珀》杂志上撰文说，倘若未来的某个历史学家对自己这篇文章的论调感到吃惊，那他定然也会对很多的历史情状“备感震惊，比如谢尔曼将军在佐治亚州不受欢迎，比如墨索里尼在亚的斯亚贝巴受人憎恶。这样的历史学家定然不会明白为什么德国不会遵守《凡尔赛和约》，为什么犹太人对那个元首不会有好感”。这个作者坦率地补充说，将罗斯福仇恨者联结起来的那条纽带，是这样一种意识，“作为一个社会和经济阶层，我们这些某种程度上靠存款或者力图靠存款活着的人，而今正在遭受清盘”。

这样的意识恰恰就是狂热的根源。这是食利阶层的病症。大萧条和新政已然将他们的生存之本连根拔起；已经习惯了安稳的他们，而今沦落飘零境地；已经习惯了权力的他们，而今正在遭受来自底层深渊的新力量的威慑。他们所代表的一切，看来都正在受到致命攻击，最糟糕的是，领导这场蛮族入侵的人，竟然是他们当中的一员。于是，他们将这个领袖人物视为法律、商业和社会领域的失败者，正竭力在大众的欢呼和掌声中寻求补偿，是自己阶层的背叛者，他的脸上总是挂着童子军的灿烂笑容，总是在高谈阔论种种道德原则，但实际上他就是一个伪善者，这些只不过是用来掩盖他的背叛而已。《纽约客》登载了彼得·阿尔诺的那幅著名漫画，画面中，一群受到围困和攻击的贵族正透过一家俱乐部的窗户向另一批贵族喊话：“来吧，我们都去跨力士剧院，给罗斯福喝倒彩。”（厄尔利将这幅漫画转给罗斯福，罗斯福在上面批注了一个字：“牛”。）[7]

8

政府准备对安德鲁·梅隆避税之事展开诉讼，此举最能激发上流社会的这股怒潮。梅隆毕竟是美利坚的伟大商业人物，“亚历山大·汉密尔顿之后最伟大的财长”，更是那个令人无限缅怀的“新时代”备受敬仰的象征之一。政府顾问罗伯特·H. 杰克逊以极大的耐心，揭开梅隆家族那盘根错节的业务内幕，最终断言，梅隆家族编造了虚假赠予和亏损数据，以这样的办法成功避税。颇具戏剧性的是，他找到了梅隆担任财长时期，梅隆的国税局专员送给梅隆的一份备忘录，里面列举了一打之多的避税方法；随后，梅隆便雇用了财政部的一个税务专家，并动用了备忘录中的五个办法来削减自己的税负，对此，梅隆在辩护时也只能声称是巧合。对新政派来说，这件案子涉及根本原则问题。摩根索告诉杰克逊：“我认为这并不是一场简单的审讯，我们的民主制度、特权群体，当然还有我，都想看看最终是谁胜出。”

对罗斯福仇恨者来说，这同样是涉及根本原则之事。在他们眼中，这也是一场邪恶迫害，背后自然有着深刻的社会意涵。梅隆的律师特意对《纽约时报》的一个记者展开抨击，这倒不是因为这个记者的报道存在事实错误，而是因为这样的报道“给激进派提供了弹药”。当一个联邦大陪审团否决了政府的诉讼时，保守集团欢呼雀跃。当梅隆申请退还税金，国税局遂在税务上诉委员会重启该案，在保守集团看来，这就进一步证明了罗斯福睚眦必报的性情。“倘若只考虑我个人，”霍默·卡明斯说，“我完全没必要自找麻烦，完全可以将这个案子撂下——但是，我看不出有什么理由放弃，除非我们全盘放弃这样的努力，对此等‘洗售’行径不闻不问……我不是那种只追小鱼小虾却对大家伙放任不管的人。”最终，税务上诉委员会部分地支持了梅隆，部分地支持了政府。《财富》杂志评论："这件案子的事实是非常显见的，梅隆先生在上一个经济时期缴纳的税赋，在接下来的这个经济时期遭遇了诉讼。"但是，罗斯福仇恨者们拒绝接受这个新时代。对这些愤怒且困顿的富人来说，仇恨显然是一条退路，不管怎样，他们可以在反罗斯福的狂热情绪当中，设法激活对自身能量的感受。

对罗斯福的此等仇恨甚至压制了古老的校友纽带。一批愤怒的格罗顿校友直接致信校长，猛烈抨击学校历史上唯一一个成为合众国总统的校友。恩迪科特·皮博迪在 1932 年把票投给胡佛，此时则为罗斯福和新政辩护。对于那些质疑罗斯福之真诚品性的人，皮博迪以校长身份给出了这样的背书："他在格罗顿待了四年，据我了解，整整四年光阴里，没有任何迹象可以表明他不守信或不真诚。"对于那些指控罗斯福侵犯宪法的人，皮博迪回应说，如今很多人都宣称自己深深尊重宪法，但他们自己恰恰正在违背宪法第十八修正案；"这些人的宪法观念在我看来根本不值一提"。对于那些抨击新政政策的人，皮博迪说："罗斯福成为总统时，接下的可是一个烂摊子，正是胡佛先生作为总统的无能令这个国家沦落谷底。当时的美利坚正需要强烈变革，富兰克林回应了变革呼声。有些政策确实是错了。对此，他也有所预见……不过，依我愚见，很多政策都推动了民众的普遍福祉，并且将这个国家从极端激进派的猛烈攻击中拯救出来。"罗斯福的画像摆放在这位校长书房的壁炉台上。对于画中人，校长评论说："能拥有这样一个将精神生活作为首要关注点的领袖人物，实在是这个国家的大幸。"

校长此番激情并未收获任何效果：他可以说服昔日的学生们接受任何事情，除了这样的激情。格罗顿校友们在纽约联盟俱乐部为这位老校长举办了宴会，这本应是一场其乐融融的家庭聚会，本该有阵阵笑声和掌声，但是皮博迪在讲话时，话风突然一转，谈到了最近一直令他困扰的事情："眼前这场国家危机可谓深重，我们都已相当亢奋，我们会骂娘，会泄愤，我想日后我们会为此感到后悔。我相信富兰克林·罗斯福是勇敢且侠义的绅士。我真的很高兴能跟他成为朋友。”

现场黑压压一片，全是富兰克林·罗斯福的校友，却一片静寂，那光景甚是凄凉。[8]

9

这位老校长当然比自己的学生们看得深远。如果说有 1% 的美国人对罗斯福抱以刻骨仇恨，那么对罗斯福抱有强烈亲情和感恩之心的美国人的比例可要高得多了。合众国历史上，还不曾有哪个总统能像罗斯福这样，以如此鲜活的形象深入千家万户，走进人们的内心。白宫收到的邮件就足以证明。1933 年 3 月，白宫尚且只需要一个人去操持总统全部的信件事务，即便在第一次世界大战期间，以及 1931 年和 1932 年的那段焦灼时光，也是如此。而罗斯福就职仪式之后不到一个星期，白宫邮件处就积压了将近五十万封未及拆封的邮件，邮件团队遂开始迅速且稳定地扩张。待一切都平稳下来，罗斯福每天的平均收信量就是胡佛的十倍之多了。

人们写信给他，是因为人们将他视为朋友，而且是一个可以深切回应他们的困顿和苦难的朋友。人们会将他的照片裁剪下来，镶在金边相框里，摆在桌子上。他讲话时，他们纷纷聚拢在广播周围，不住地点头，脸上不禁释放出赞许和宽慰的表情。玛莎·盖尔霍恩于 1934 年从北卡罗来纳汇报说，她发现总统的照片几乎每家每户都有；总统已经“成了人们的神，也成了人们的亲密朋友；总统知道他们所有人的名字，了解他们的小城和磨坊，了解他们的生活和困难……总统就在那里，他不会让他们倒下”。洛雷娜·希科克从新奥尔良报告说：“那里的人们似乎都觉得总统就是他们生活中的朋友！……他们都觉得总统在跟他们一个个亲切交谈。”洛杉矶的人们告诉希科克：“他让我们所有人都觉得他在跟我们每个人直接聊天。”《柯里尔》的沃尔特·达文波特写道：“听他讲话时，我不禁热血沸腾，几乎到了狂热地步……在我们这里，若是人们听闻有哪个雇主以嘲讽口吻告诉失业者，‘去向你的朋友罗斯福要工作吧’，我想人们会当场将说这话的人打倒在地。”舍伍德·安德森说：“在我们的记忆中，还不曾有哪个总统令人感觉如此亲近，仿佛就在身边。”

当然，也有一些人不免觉得炉边谈话的所谓朴素多多少少含有屈尊的元素，甚至觉得有些造作；这其中包括为数不多的一些支持者。“不难想象，有那么一个人，正隔着桌子探身过来，”约翰·多斯·帕索斯如此评说这些广播讲话，“清晰且真诚地跟众人说话，说他正从华盛顿的一张桌子前探身过来，那声音是那么真切、真诚，让大家完全明白，他确实正坐在华盛顿的办公桌前，全盘操控着联邦政府的控制板。”不过，这样的品评自然是太过精细了。大多数人都觉得这样的谈话是自发的，也是真切的。他之所以能借助广播，如此贴近民众，是因为民众都感觉到——事实的确如此——他喜欢他们，他关心他们；说白了，这也是一种情感交流模式。弗朗西丝·珀金斯在现场见证了炉边谈话之后，不禁说，他已是全副身心地投入其中，脑海里只想着在另一端收听广播的普通民众，完全感觉不到身边的这些人。谈话过程中，他会不断地点头，双手的动作很简单，也很自然。“他脸上带着笑容，很是兴奋，仿佛真的置身门廊或会客室，在跟民众谈天说地。民众当然都感觉到了这一点，便于无形中跟总统建立起深厚的情感纽带。”民众主要是从个人的切身角度来看待他，不仅将他视为强劲且效能十足之人，也将他视为温暖且体贴之人。他身负权威，那样的权威是民众很乐于授予他的；他那样的人性，更是民众完全信任的。此外，民众还将他视为他们事业的支持者，那么平易，那么值得信托，是一个热爱战斗、无所畏惧的人。威斯布鲁克·佩格勒不免在惊诧中评论说，罗斯福已然展现出自己“是极为强悍且坚韧的战士，人们知道他会战斗到底，他也是这么期望的”。他关心人民，为人民而战，并且很享受这样的战斗。

这样一个饱含人性之温暖的形象，置身一场全国性的剧烈战斗中，自然而然地就会激发人民的爱戴，这并不需要政客们的任何幻术。若是脱离了目标，一切政治技艺又有何意义呢？单纯作为政客，罗斯福显然是被高估了。他自然很是勤勉，处理政治问题也能表现出一般性的技巧和效率，但没有任何证据可以表明他在这方面拥有非凡天赋。1932 年，任何获得民主党提名者都可能获选成为总统；有了新政作为支撑，无论是谁成为民主党候选人，都将有机会赢得 1936 年的选战。随后的那段时光，情况变得越发艰难，罗斯福自然也可能犯下政治大错。说白了，真正令他成功的，不是他作为政客的非凡手腕，而是他对政治的戏剧化处理，使政治就此成为一座璀璨舞台，令他得以教化民众，领导民众。大萧条的背景和新政的成就自然是他政治生涯的重大要素，不过，罗斯福最终还是靠着自身之个性和公共理想主义的融合来汲取民众力量的，他以无可抗拒的态势将二者联合起来，由此创造了一个有着极其深沉的说服力的全国性形象。[9]

三十五　面具背后

1

公共形象虽然树立起来，但问题依然存在：这形象背后究竟是怎样一个人呢？这可能是他身边的人最为关心的问题，应该说也是最让他们受挫的问题。如果说就职前夜的富兰克林·罗斯福已然令人迷惑地融合了鹰级童子军的乐观主义和坚忍心志，那么两年的白宫生涯只不过是给这个矛盾组合体的每一面都打上了一层更完美、更深彻也更难以穿透的光芒。

2

两年总统生涯的砥砺之后，他的体型基本上没有改变，身体状况很好，除了经常有一些小感冒以及慢性的肌腱问题（白宫医生罗斯·麦金太尔几乎每天都会处理一下他的肌腱问题）。此时，他基本上已经放弃了恢复腿部肌肉运动能力的努力，大部分时间靠着轮椅行动，除了演讲和一些特殊场合。演讲时他会戴上腿部支撑装置，至于特殊场合，则是诸如感恩节之后那个礼拜天晚上的奉献服务之类，1935 年是在沃姆斯普林斯举行的（埃文斯·卡尔森将军记述了当时的情形）：

> 我们将轮椅放在路边供总统使用，但他驱车到来时，挥手示意将椅子挪开。从车上下来时，他用力站了起来，沿着坡道自行走下去，穿过大门，一直走到病人当中自己的位置上，那样的自尊和意志，令人钦佩之至。我绝不会忘记他独自行走的情景，周遭的一切都安静下来，绝对的安静。那需要何等努力和意志，无需多做解释了。我能感觉到，他这么做是为了给前来聚会的病人带来希望和激励，我知道在场的所有人也都能感受到这一点。

他绝少出现精力不济的情况。有时持续的高强度工作会令他的眼圈变黑，也会令手偶尔颤抖的情况加重（“我的孩子们的手也会这么抖动，”遇到这种情况，罗斯福会说，“这是家族病。”）；不过，只需要在沃姆斯普林斯晒几天太阳或者出海休息一下，他又会变得精力十足。安妮·奥黑尔·麦考密克于 1937 年记述道：“同一时代的所有领导人中，他或许是变化最小的。”欧洲各国的领导人在麦考密克看来，都已经在权力的炙烤之下变得枯萎、苍老，罗斯福却仍然是罗斯福，甚至更胜于以往，虽然头发略为稀疏了一些，脸庞和身材更胖了一些，但他的姿态、他的热情、他的镇定，还有他的节奏，却是一如既往。“罗斯福先生是当今世界独一无二的人物；据我所见，他是唯一一个能放松下来的政治家。”

然而，这样一种放松的姿态，会不会是一种自我保护的手段呢？毕竟，这样的姿态完全有可能令那些意图刺探面具后面之真实存在的人们放弃警觉，并滞留在困惑当中。特格韦尔说，富于魅力、恶作剧式的幽默，执着于令人着迷的细节，热衷手腕和计谋，这就是他的外在；只有一件事是可以肯定的：但凡重大事务之运作和操持，都深深地隐藏在这表面之下。罗斯福的态度非常明确：这个领域是他的专属领域，他人不得插手。特格韦尔说："他自然有明确的自我角色定位，绝对不允许自己表现出疲惫、厌倦或愤怒，这正是他的角色定位所要求的。"他宁愿后人相信，在他这里，决断是很简单的事情，在目标选择方面也是游刃有余、轻松写意，并且在追逐目标的过程中，他从来都是那么镇定。相形之下，他绝不希望后人觉得他也会担忧，也会不安。特格韦尔说："但凡严肃的研究者都难免得出这样的结论：这个人是在刻意掩盖自己的内心。"这话只说对了一部分，赫尔曼·卡恩则将另一部分说了出来：此等从容不迫的风格，也正是常春藤盟校学生的一贯做派，只不过现在是第一次得以在总统职位上挥洒。

在某个层面上，这样的姿态已然变成了纯粹的舞台艺术，有时还非常明显。他那快活、直爽的表情以及率真、明澈的眼神，令佩吉·培根不免品评说："绝顶聪明却又如此无辜……确实是了不起的老戏骨了"。一名不为所动的白宫职员也不禁评论说，他的灿烂笑容绽放出来，"如同有人按下按钮，璀璨光芒从灯塔散射而出，直透远海"。这个职员拥有丰厚的白宫履历，自麦金利开始便一直在为历任总统工作，在他眼中，较之其他总统，罗斯福的私人自我和公共自我更为紧密地贴合在一起，这是因为罗斯福的表演从未中断，确切地说，"他在任何场合都能找到舞台感，并以主角姿态将自己呈现出来"。那些近距离观察罗斯福的人，一直在尝试看穿他的内在，罗伯特·舍伍德颇为形象地称之为"丛林密布的内在"。但他们通常也都跟舍伍德一样得出结论："我始终无法看穿那丛林密布之地究竟发生了什么。"

罗斯福的谦恭姿态是发自内心的，很能吸引人，但本质上也是冷淡的，这是他的第一道防线，既是在挑逗入侵者，也是在挫败入侵者。亚尔马·沙赫特博士这样描绘他："率直有加，但城府深重。”玛丽·科拉姆曾前往白宫参加一次文学聚会，她留下了这样的品评：“迷人的笑意，极其灵变，极具神韵，浑然天成，毫无造作”，面色沉静如水，荡漾着睿智，除了礼节上的温和、优雅，似乎从中看不出任何东西，不过，还是能感觉出他内心深处“未经砥砺的紧张感”。“很难想象，如此平和、快活的外表下深藏着铁石。”安妮·奥黑尔·麦考密克说，不过她很清楚，那铁石就在那里。“可别搞错了，”C. G. 荣格博士于 1936 年见过罗斯福后评论说，“他就是力量，心思卓绝，无人可以探测，但绝对无情，而且极其灵变，令人无从预见。”[1]

3

当然也有一些幸运的来访者，有机会穿越这道借由礼节性的谦恭构筑起来的防线，但接下来还会遭遇第二道防线，就是他那无可攻克的内在尊严感。偶尔有一两个人认为这是虚荣；不过罗斯福并非虚荣之人。如果说他的确会在意人们的出身背景——比如他极为偏爱欧洲头衔，不管那有多么糟糕；但若没有这一背景，他的想法也不会有任何改变。斯坦利·海伊评论说，“在私人交往方面，罗斯福是那种骨子里的民主人”，而且是那种“真正的、浑然天成的”贵族，说白了，摆出和善姿态，对他来说是无所失的；摆出高高在上的姿态，对他来说也是无所得的。“倨傲之人就跟恃才傲物之人一样，会被他列入黑名单。”他给哈佛大学那些院长的信显然含有焦虑情绪，他迫切地希望能帮自己的儿子摆脱“没有个性且狭隘”的生活模式，罗斯福认为这是“私立学校新生在波士顿和俱乐部的生活”之普遍写照。罗斯福最为亲密的三个朋友，一个是中产阶级报业人士，一个是犹太人，还有一个则是马具工匠的儿子。“我们在他面前都非常安静，且毕恭毕敬，”白宫的一个女佣说，

“不过，罗斯福先生从未让我‘自感是个仆人’或者‘感觉是个黑人’。”吉姆·法利是有关罗斯福之虚荣的传闻的主要来源，为了支持此类传闻，法利将这样一句说辞溯源至埃莉诺·罗斯福：“富兰克林觉得跟不同于自己的社会阶层的人相处，很难放松下来。”埃莉诺否认自己说过这样的话，而且完全可以证明这样的传闻是不真实的，如艾德·弗林所言：“这类传闻太荒唐了。罗斯福夫妇可都是极其平易近人的，几乎到了愚蠢的程度。”在尚未遭遇个人挫败感的折磨之时，法利自己实际上也曾给出截然不同的证言。他于1938年写道，“罗斯福骨子里没任何虚骄之气”；因为出身高贵而生出优越感，这样的人不在少数，“不过我敢说，我从未在罗斯福身上看到过……他的朋友和伙伴可不是从某个阶层的特定群体挑选的”。

问题的关键并不在于他是否虚荣，而在于他总是高度警觉地保护着自己的内心。“他从来不是‘众人中的一员’，”特勤局的麦克·雷利写道，“尽管他也在不断努力。恰恰因为他在这方面太过努力，反而从来没什么好的效果。”没有人能获得允许去瞧一瞧他的内心是如何运转的。“他的放松从来都是有限度的。”亨利·摩根索说。唐纳德·里奇伯格则说：“我也许是最后一个有资格宣称曾见识过他内心的人了。”在这个问题上，哈罗德·伊克斯的结论是：无论他展现出何等的开放态度和笑容，“其内核从来都是自持自主，这种保守态度几乎到了冰冷的地步。”斯坦利·海伊说：“罗斯福有一大堆亲近之人，但密友则寥寥无几，可推心置腹者更是一个都没有。”休·约翰逊说：“他的内在蕴含了骄傲之气，甚至可以说是傲慢之气，我更能斗胆说那是孤独之气。据我所知，不曾有人真正地切近过他的这种贵族内质。”

即便是他挚爱的妻子，也不曾真正分享他内心深处的希望和痛苦。埃莉诺曾写道，她甚至不知道他是何时决定竞选总统的，她还是从路易斯·豪那里得到的消息。她曾说：“无论是在吃饭时，还是在家人聊天时，富兰克林都不怎么谈工作上的事情。”特格韦尔对总统夫妻关系的总结算是相当贴切的：“埃莉诺竭尽所能且全心全意地跟富兰克林分享自己的一切，她那忠诚之心全然向富兰克林敞开。但富兰克林的深沉城府是无意识的，他自己实际上也没有内心这无意识之域的钥匙。所以二人的关系完全谈不上对等和互惠。”二人之间的纽带“的确是无可破解的，不过，跟通常的夫妻关系不一样，他们并未完全融合起来”。[2]

4

有些人在工作时极具城府，不显山露水，休闲时则会有所显现。但是在罗斯福这里，休闲归休闲，他一样将自己包裹得很严实；在这方面，还有谁能比得上他呢？

支架和轮椅当然已经极大地限制了他的生活，白宫的环境本身则会给他更大的限制。在这里基本上不可能逃避官方氛围，即便是在顶楼的家庭房间。罗斯福给白宫带来的那种轻松随意的风格和氛围是后来的白宫不曾有过的，尽管如此，白宫的生活也并非完全放松。在这方面，最引人瞩目之处便在于食物。内斯比特夫人是埃莉诺从海德帕克带过来的，负责居家事务，她的自我定位是“来自小城镇的居家妇女”，饮食方面的信条是“简单朴素”。这对总统夫人来说，自然是很好，毕竟对于吃什么这个问题，埃莉诺的关切程度已然低到不能再低；但是总统不一样，他很享受美食，因此，白宫的生活自然令他的胃口备受压抑，他就在这样的状态下过日子。这个国家最有权势的人物，却不能下令吃上一顿美餐。来访宾客对此更是不满。特格韦尔谈到白宫的食物和酒水时，禁不住感叹“着实可怕”。伊克斯在经历了一场白宫晚宴之后，痛苦地写道：“那香槟实在是太差了，我只在别处尝过一次比这更差劲的。”

在白宫，罗斯福最主要靠找人聊天来寻求放松。他要求了解情况，要求聊天消遣；他喜欢那些能跟他相谈甚欢的人，因为这能令他的心思从弗朗西斯·比德尔所谓的“全然没有人情味的生活造成的可怕倦怠”中挣脱出来。诸如文森特·阿斯特或者亨利·胡克这样的老朋友，虽然对官方事务一无所知，但也恰恰因此发挥了作用。在政府幕僚中，罗斯福则唯有跟那些和他一样有能力抛开常规的人才聊得来，也唯有跟这些人相处，他才能放松下来。这就是为什么吉姆·法利始终未能跟罗斯福达成亲密关系，说白了，这并不是因为他不在总统的“社交名册”上，而是因为除了政治，他什么都谈不了。相形之下，爱德华·弗林能进入总统的私交圈子，如莫利所说，是因为弗林“总是表现出政治厌倦症，而且博闻强记，能用远离治国大计的话题逗乐罗斯福”。

为了调剂一下这样的白宫生活，莱汉德小姐于1936年开始，不时会组织一些聚会，地点就选在切维蔡斯湖对岸哈罗德·伊克斯的家中，这里的环境十分幽静。伊克斯本身是一个美食家，因此为众人奉上美餐也就不是什么难事；莱汉德特意选择了一批人前来放松娱乐：科科伦，当然还有他的手风琴；还有沃森、厄尔利、霍普金斯、摩根索、麦金太尔；后来还邀请了比尔·道格拉斯和鲍勃·杰克逊，他们通常会在晚上打上几场扑克牌。这样的晚间时光，大家主要是天南海北地闲聊，十分惬意，时不时开上一些玩笑。他们会不动声色地让总统进入轻松、休闲的状态，这办法非常有效，恰好契合了总统的防卫体系。“看到总统融入这样的聚会，确实令人高兴，”伊克斯说，“他玩得很开心，就跟其他人一样，笑着，闹着……不过，他尽可以这么笑闹，其他人则肯定都很谨慎，不会在他面前表现得过于随便。”

如果说总统的业余爱好更能揭示出什么的话，那么所揭示者也只是一系列相互矛盾的特质。他最爱的一些娱乐活动，比如玩牌、调酒、说笑等，明显体现出他的习惯是相当随意且无序的。在牌桌上（他玩的赌注都很小，身为严肃玩家的副总统不免颇为不屑地说，他玩牌其实“就是为了聊天”），他热衷于种种没有规矩的变通玩法，比如七张牌梭哈玩法，却胡乱以“2”和“J”为主牌；还有近乎无厘头的即兴玩法，比如“比点数”等。罗斯福在玩拉米纸牌游戏时表现出来的作风，据莫莉·杜森观察，差不多就是“大胆、冲劲十足，而且情绪昂扬”。调酒时，他也总是放了过多的苦艾酒在马提尼酒里，要不就是放了过多的苦啤酒在古典酒里。他的幽默感粗糙潦草、机智不足，主要是一些陈词滥调，当时听来自然很有趣，若真的付诸文字，印发出来，就不是那回事了。一次记者招待会上曾有这样的问答：

> 记者：总统先生，这次封路，是不是路肩（parking shoulders）也要包括在内？
>
> 罗斯福：啥？公园里的肩膀？（parking *shoulders*）
>
> 记者：是这么说的，是路两边的加宽区域，在军队通过时，供平民在此停车、避让之用。
>
> 罗斯福：你确定不是指公园里拥吻的地方？（长时间的笑声）

有一次，乔治·德恩在内阁会议上宣读一份有关甜菜糖的报告，报告很长，摩根索实在受不了了，遂写了张便条给总统：“我能唱点轻柔的歌曲吗？”总统的便条很快便递了回来：“没问题，室内（译注：chamber，此处有会议室的意思）乐或者混合曲（译注：*pot*pourri，罗斯福将‘pot’写成斜体，有暗讽德恩是话罐子的意思）。”有一段时间，全国各地的人们纷纷给白宫汇钱，帮助总统跟脊髓灰质炎作斗争，罗斯福遂给邮件处传了一条很能代表他风格的信息：“希望你们过得还不错。”（编按：原文为“having a good dime”［有一角钱］，与“having a good time”［过得还不错］谐音。）他的纸板火柴盒上一度写着这样一串文字说明：“从富兰克林 · D. 罗斯福那里偷来的。”

他对待棒球的态度涵括了所有这些特质：“我是那种花了钱就要看得值的球迷。”投手对决当然不错，不过，“我还是喜欢那种大开大合的大比分比赛，确切地说就是击球手直接将球打得远远的，让外野手狼狈不堪，这边随即来上一场全垒打。简言之，我心目中最好的比赛，就是要给球迷保证至少十五个全垒打，而且两队要势均力敌，一边八个，一边七个”。

尽管有这么多爱好，他最感兴趣的还是集邮；很显然，集邮需要完全相反的心性。为了这个爱好，他不知在白宫楼上书房里度过了多少愉快的夜晚时光，集邮册摊开，摆放在他面前，还有放大镜、镊子、铰链等工具，一应俱全；他会一页一页地浏览目录，并将新的邮品整理归类，这让他沉浸其中，其乐无穷。1920 年代，罗斯福便开始集中搜集北美、中美和南美以及香港的邮票。到了 1930 年代，他已经集齐了两万五千枚邮票，拥有大约四十本集邮册。胡佛也是集邮爱好者，罗斯福则效仿胡佛，吩咐白宫邮件处将所有珍稀邮票都保留下来。这样的爱好很可能折射出一种特殊性格，其典型品质就是精细、讲求条理、吝啬、固执。毫无疑问，这爱好跟胡佛再契合不过；但罗斯福这等没有规矩、慷慨大度且灵活性十足的人物，又该如何拿捏这样的爱好呢？但不管怎么说，在白宫的一切事务中，集邮给他带来的放松和愉悦胜过其他所有事情，而且，这爱好显然对应了他那谜一般的性格中的某些元素和需求。[3]

5

说到底，若要寻求真正有效的放松，他必须离开华府。旅游给了他大量的机会去休息并保护隐私。1933 年，他不在华盛顿的时间是九十二天；1934 年是一百四十九天；1935 年则是一百四十五天。他喜欢乘坐汽车或慢速专列游走各地，看着乡间风景在他面前铺展开来，那的确是恢复精力的好办法。他最熟悉的地方是他最偏爱的目的地，也最能让他放松下来，比如海德帕克和沃姆斯普林斯。在这些地方，他随时可以避开官方照管甚至官方监视。1933 年的迈阿密确实出现了暗杀事件，不过，罗斯福依然对特勤局的警戒体制颇为恼火。胡佛用不间断的巡视制度将白宫防护起来，一楼常驻四个警卫，往上每层都安排两个警卫，罗斯福则命令所有警卫都老老实实待在传达室里。一旦离开华盛顿，他便更加漫不经心了。“我可不希望沃姆斯普林斯的小屋周围铸起高高的铁丝网！”1933 年年初，罗斯福告诉侍卫长莫兰，“咱们干脆跟以前一样，用最简单的办法，用一排探照灯把屋子前前后后、左左右右都照进来得了。”埃莉诺说：“在海德帕克或沃姆斯普林斯，能将特勤局的尾巴甩掉，是最能让我丈夫高兴的事情。”白宫总管斯塔林上校因为暗杀传闻，取消了 1934 年的一趟外出行程，罗斯福认为这样的做法实在是“荒谬”。“最高行政长官只要在公共场合露面，难免会有风险……倘若真的有人想杀我，那是躲也躲不掉的。你们能做的，就是设法防住第二枪。”他唯一担心的是火。入主白宫不久，他便建立了一套逃离系统，其中甚至包括一个帆布滑道，用于在发生火灾时直接滑到安全之地。斯塔林后来写道：“他完全不担心什么，这就让他很难理解身边的安保机制。他喜欢彻底的自由感，而且始终不明白为什么不能这么做。”

他当然是不可能感受到彻底的自由。不过，他时常会看着海德帕克的玫瑰园；会驾着他那经过特殊改造的车，沿着哈得孙河畔弯弯曲曲的小路一路前行；会站在他即将建造心仪已久的“山顶小屋”的坡脊之上俯瞰周遭风景；会伫立在瓦尔基尔池塘边上，观瞧暮色中蹁跹起舞的蓝鹭；还会在沃姆斯普林斯的圆丘上野餐，乡间的绿色原野在眼前无限铺展开来，安详地向远方退去，退入朦胧之地；当然也会在晨昏幽光之间，驻足于可爱的南方松树林；这些都能让他感受片刻的放松。之后，他就会重新投入繁忙的工作节奏中，处理来自华盛顿的文件材料、电报电话，还要不停地约见重要人物。

最好的“避难所”是大海。罗斯福曾告诉伊克斯，唯一能让他真正放松下来的，就是航海。患病之后，除了游泳，航海是他唯一还在坚持的运动；再加上钓鱼，这能将兴奋感注入他的内心，更不会有人打扰他的个人生活。他会驾驶自己的“琥珀鱼”号，穿着破旧不堪的汗衫和脏兮兮的法兰绒裤，根本不用操心刮胡子。乘坐文森特·阿斯特的“努尔玛哈尔”号，约上一批非政治圈的朋友同行，实在是针对总统生活的令人快慰的解毒剂（爱德华·弗林目睹一干人等扬帆起航，不免尖酸地品评说：“看呐，‘速煮布丁俱乐部’出海啦。”）。还有更令人胆战心惊的远航，比如1935年秋天“休斯敦”号的那次，霍普金斯和伊克斯永远都不会忘记，他们一直航行到科科岛，那是哥斯达黎加海岸附近一处繁花似锦的翠绿小岛，从碧蓝的太平洋海水之中超拔而起，有两千英尺之高。船头是特别设置的钓鱼台，罗斯福就坐在那里的一张椅子上，在波浪翻滚的太平洋上同海里各种鱼战斗，用尽强壮手臂和肩膀积蓄的所有力量，将上钩的鱼往回拉，在阳光、水花和盐分的疗愈浸润之下，抛却了一切疲惫和烦恼。[4]

6

无论是工作还是休闲，罗斯福的自我防御机制都不曾松懈。他似乎刻意地将一批没有好奇心的人安排在自己身边，诸如厄尔利、麦金太尔以及沃森，这仿佛是要保护内心的隐秘之境。特格韦尔颇为敏锐地品评说："看来，那些能同他维持长时间亲密关系的人，之所以能一直留在他身边，并不是因为他们不去探究，不去理解，而是因为他们只做不问。"

当然，也会有人太得寸进尺。这些人好奇心太重，或者太不敏感，要么太喜欢家长里短。罗斯福若是遭调了这样的情况，通常的应对之策就是绕圈子，说假话；他觉得自己有权这么做。那些很少追根究底的人自然也很少抱怨自己上当受骗。"我认识罗斯福二十年了，"莫莉·杜森说，"他对我从来没有虚辞。人际交往中，倘若对方回避某个问题，那就不应当追问了，否则只能得到一个虚实难辨的回答，此乃基本常识。"弗朗西丝·珀金斯也一向能约束自己，她说："他从未让我失望过，这就是我要说的。"那些追根究底的人，则自然都难逃失望之惩罚。"很明显，"里奇伯格说，"他常常觉得欺骗是有理的，特别是在遇到那些力图让他表明立场的人的时候。"

毫无疑问，倘若他觉得有必要，倒是很乐于对某些人实施误导。由此，本来是不得已而为之，到头来很可能变成一桩颇令人愉快的事情。"他敏于洞察眼前目标的分量，"特格韦尔说得确实准确，"至于可疑手段会产生怎样的结果，他却不是那么敏锐。"这样的短视成了他总统生涯挥之不去的弱点。对罗斯福来说，随着时间推移，结果也越发比手段重要了；而且他似乎从未充分意识到，手段上的随意，很可能会对结果造成威胁，甚至会令结果变得糟糕。"绝不要让你的左手知道你的右手在干什么。"他曾跟摩根索这么说。"那么我是哪只手呢，总统先生？"摩根索随即问道。罗斯福回答："右手，不过我的左手是藏在桌子下面的。"（"我听他说过不少话，这句话可算是最为率直地表达了那个真实的罗斯福，"摩根索记述说，"这就是他真实的工作方式，不过谢天谢地，我是理解他的。"）有一次，罗斯福在彩排演说时读到一段话，便说这段话是西奥多·罗斯福的风格。汤姆·科科伦赶忙说

（这是里奇伯格的记述）："哦，不过总统先生，您跟西奥多·罗斯福是不同的，您从不作假。"罗斯福回答说："哦，不过汤米，有时候我也作假，真的，真的！"

一点没错，他确实作假；这恰恰是他的最后一道防线。那些试图刺破这道防线的人，结果都只能落得满身刺痛和满心恨意。一些人永远不能原谅他。另一些曾经仰慕他的人则因此深感恼恨。一名民主党议员曾跟哈罗德·伊克斯谈起，休伊·朗指控罗斯福是个骗子，总统先生可是要花费一番功夫去驳斥这样的指控了；听闻这话，哈罗德评论说："合众国总统竟然被人这么议论，这确实够糟糕的，更何况，他自己团队的成员以及本党的国会议员也都觉得他的话并不可靠。揭示这样的情状让我伤心难过，但这的确是事实，我知道这还不止一次。"

罗斯福过于享受这种神秘化了。不过话又说回来，总统制度本身天然就有神秘化的元素。科科伦说："根本没有足够时间将一切事情跟所有人都解释清楚，也没有时间引导、劝说所有人，让所有人都明白为什么这么做而不是那么做。倘若总统力图做这样的事情，那就根本没有时间干别的了。所以，总统必须误导、歪曲，甚至撒谎，剩下的只能靠着魅力、忠诚和结果去弥补……伟人不可能是好人。"[5]

7

这世界有着两种类型的伟大，其一是方正、单一，坚如磐石，无所变通，诸如华盛顿、杰克逊、温斯顿·丘吉尔这类伟人；其二是光华灿烂，灵变多元，无从琢磨，诸如杰斐逊、亨利·克莱、劳合·乔治这等人物，这类人的个性如洋葱一般，须层层剥落方能有所探察，但那样的透明也只是虚幻的，若有人试图靠着层层剥落来探究真实的内核，结果只能是一场挫败。最伟大的政治家当然有可能将两种类型汇聚一身，比如林肯，用阿基罗库斯的话来说，这样的人物既是刺猬，也是狐狸。富兰克林·罗斯福显然属于第二个类型。确切地说，他拥有的并不是单一的一种个性，而是一组个性，若有人接近，这些个性会一一消解，永远有更深一层的个性等在前面。

人们当然会说罗斯福很复杂，但这话并不能穷尽罗斯福的奥秘。他个性的内核自然无从确定，不过，在那炫目多变的外表下，在那层层叠叠的面具背后，人们始终能感受到他心性深处的单纯。他的复杂可说是没有限度的，但这复杂性仅及于策略层面。在根本目的层面，他始终保有一种单纯，这单纯涵养了鲜活的天真元素，因此更令人迷惑。“他有时会竭力展现他的粗糙、草率和玩世不恭，”霍普金斯曾跟舍伍德谈起，“但那只是在做戏……您和我之所以支持罗斯福，就是因为他是伟大的精神人物，是个理想主义者。”确实如此。他在策略上的回环曲折时常令他陷入麻烦；正是这种根本性的、诱人的、时断时续但最终坚不可摧的理想主义拯救了他。

罗斯福的确是复杂人物，不过他内心的至深之处除外。在那至深之处，他用朴素的，甚至是孩子般的信仰来感受事物。有年轻人问他：“您的哲学是什么？”“哲学？”他回应，“说到我的哲学，我是一个基督徒，一个民主党人，就是这些。”而且在罗斯福这里，他的教会、他的党，意味着一系列清晰的承诺，比如尊重人类，尊重自然，尊重自由。他持守这些承诺，那样的信念他从未质疑过，那样的庄重宁静也从未被扰动过。

此等宁静的内在源泉也正是他精神活力的无尽源泉。安妮·奥黑尔·麦考密克说他“看上去是这个国家最不焦虑的人”。杰勒德·斯沃普也曾跟他说起，自己震惊于他竟然以如此的平静担当着总统的职责。“我这么跟你说吧，杰勒德，”罗斯福回应道，“夜深人静之际，我枕着枕头，会思量白天遇到的事情以及做出的决定。我会跟自己说，好吧，我已经尽力了，现在翻个身，好好睡觉吧。”麦金太尔医生说：“我从未见过他那样的人……如此平稳沉着，如此祥和，将工作和生活料理得如此平衡。”埃莉诺是这么总结他的态度的：“你决定了要做一件事情，你会全力以赴。倘若结果不好，那就重新来过，尝试别的办法，但绝对不会浪费时间去抱怨、去懊悔。”总统夫人还颇有深意地补充道：“我从没见过有人能像他那样，给人这么大的安全感……我从未听他说过有什么问题是人解决不了的。”特格韦尔说：“罗斯福其人，在我所认识的人里，是疑虑最少的。”

此等宁静，其源泉是什么呢？罗斯福自己并没有提供什么线索；他常常说自己是“世界上最缺乏内省的人”。当然，这源泉部分在于他的性格、气质、经验以及面对危机取得的胜利。“罗斯福非常坚韧，”弗朗西斯·比德尔说，“他屹立在生活的顶端。没有什么能伤害他。”但这只是部分因素。特格韦尔说：“他拥有一种淡然超拔的力量，无论结果怎样，他都不为所扰。”埃莉诺说：“巨大危机面前，他总能感受到比他更高的力量和智慧的指引。”休·约翰逊则有更为强劲的刻画：“他有弥赛亚情结，任何接近他的人都无法否认这一点。”当然，这语势或许有点过了。

罗斯福确实有深沉的宗教确证感，这一点毫无疑问，尽管他的性格依然是个谜团。他的信仰是未经分析的，也不是神学性质的，而是传统和性情熔铸而成的，只可意会不可言传。“我觉得对这东西，还是别思虑过多为好！”这是他常常用来劝诫妻子的话。他绝对不是教堂活动的积极分子：“走进教堂，在座位上坐下来，所有人都看着我，这种情况下，我没办法做任何祈祷。”教义神学的分裂颇令他反感：“在宗教事务上，我们应当通力协作，而不是彼此离散，怒目相视。”他本人就是海德帕克圣詹姆斯教堂的高级督导员，但他个人更偏爱长老会、循道宗以及浸礼会的布道，对圣公会的布道则没太大兴趣；圣诞节时，他通常也是前往华盛顿的某个循道宗或浸礼会的大教堂（“怎么了？我就是喜欢跟循道宗信徒一起唱圣歌”）。他甚至一度从《世界名人录》里他的词条中删除了自己的圣公会渊源，直到 1924 年才予以恢复。不过，也正如罗伯特·舍伍德说的，“宗教信仰是他内心最强大也最神秘的力量”。他自己也曾写道：“倘若人类和国家都依据‘登山宝训’的平常教诲来规制生活，那我觉得这个世界的任何问题都不难解决，无论是社会问题、政治问题还是经济问题。”如果说不曾有什么东西让他烦扰，让他动摇，如果说他的信心是无限的，那就是因为他从来都秉持彻底的敬畏和谦恭，在内心深处相信他做的事情是上帝眼中最好的事情，上帝会祝福他的目标和诉求，并且他同宇宙间的善意力量是一体的。[6]

8

归根到底，一个合众国的总统，其成败所系就在于对未来的本能感知、对过去的理解以及对现在的把握。他内心必然深植了他希望看到的美利坚形象、他要竭力实现的美利坚承诺以及他所信奉的世界潮流；这一切不一定——甚至他不期望——是清晰的或有意识的，但肯定是极其丰富、灵变、宽宏的。倘若没了这样的感受和意识，总统生涯就会变得呆滞且缺乏创造力。如同罗斯福的继任者所说的：“身为总统，就必须立下宏愿，盯准目标。”对未来的构想是总统之价值的源泉；它将证成他的奋斗，驱策他的希望，为他的生活提供坐标和方向。

罗斯福最与众不同的特质在于他对未来的这种令人震惊的本能感受。对于正在涌现的时代潮流和正在崛起的民众渴望，他有着非同寻常的感受力，这样的感受力同时寓居于他的性格和头脑当中，那性格和头脑本身就足以构筑一道联结过去和未来的桥梁。他恰好站在新旧世界的临界点上，这个位置本身赋予他特殊的自由和自发性，那是只有受到古老价值滋养的人才能拥有这样的。变革无可避免的，罗斯福在接受这一点时，并不是出于必然性，而是基于有意识的选择。他做出了决断，要冒险，要实验，这决断是经过三思的，既是出于性情，也是出于理智。H. G. 威尔斯写道："对于总统夫妇，我的印象如下：他们都是没有条条框框的人，心灵开放，行动讲求逻辑，这些都完全是现代的。"没什么能吓住他，绝少有什么会让他吃惊，他对一切都敞开心怀，而且并非消极接受。他接受一切，不是为了累积，而是为了行动；他所感知的未来在某种程度上就是他自己的创造（对这一点，他深信不疑）。威尔斯对他作了如此总结："新世界秩序即将到来，而他就是这一新秩序能找到的最有效的输送工具。他极为'睿智'，而且毫不妥协。他证明了，全面的新观念在无需强制或教条的情况下，也能在普遍事务中得到采纳、实验并最终推行起来。在这条新的道路之上，他一直扮演着革命性的角色，但不曾激起任何一场严重的革命危机。"

无所畏惧且激情满怀的确信和主张，是罗斯福其人的精髓所在，这也是他施展得最为充分的内心品质，正是这样的品质令他拥有如此魅力。他一向支持生命，支持行动，支持前进，支持未来。面对大峡谷那震慑人心的空寂气象，他的反应就颇能说明问题："死气沉沉的。我还是喜欢海德帕克的如荫绿树。它们是活的，它们在生长。"他总是回应有生命的东西，不回应无生命的东西；回应即将到来的东西，不回应正在消逝的东西。遥远的地平线和无边无际的自由海洋令他兴奋，令他充满生命力。正是这一点，在那段恐慌岁月为他赢得了人们的信任和忠诚，要知道，在那段岁月，到处都回荡着确定性归于碎裂的声音；同时，这也在民众内心种下这样的信念：他已经将情感和理智都给了他们，而且为了他们，他不会停止这场战斗。[7]

注　释

太多的注释显然会令读者备感绝望，为了避免这种情况，本书采取这样一种做法：将一节的叙事内容涵涉的全部必要注释集结成单一的一个注释。完整的文献名称只在每章第一次引用之时出现；不过，下列文献除外，因为下列文献的名称在整本书中都以节略形式出现：

1. Franklin D. Roosevelt, *Public Papers and Addresses*, S. I. Rosenman, comp. (New York, 1938－1950), cited as F. D. R., *Public Papers*, 后面会用括弧标注相应卷册的出版年份。
2. Franklin D. Roosevelt, *His Personal Letters: Early Years*, Elliott Roosevelt, ed. (New York, 1947); *His Personal Letters: 1905－1928*, Elliot Roosevelt, ed. (New York, 1948); *His Personal Letters: 1928－1945*, Elliot Roosevelt, ed. (2 vols., New York, 1950), cited as F. D. R., *Personal Letters*, I, II, III, IV.
3. *Franlin D. Roosevelt Collector,* cited as F. D. R. Coll.
4. *Annals of the American Academy of Political and Social Science*, cited as *Annals*。
5. Bureau of the Census, *Historical Statistics of the United States, 1789－1945* (Washington, 1949), cited as *Historical Statistics*.
6. Harold L. Ickes, *The First Thousand Days, 1933－1936* (New York, 1953), cited as Ickes, *First Thousand Days*.
7. Raymond Moley, *After Seven Years* (New York, 1939), cited as Moley, *After Seven Years*.
8. Henry Morgenthau, Jr., *Diary*, Morgenthau Papers, cited as Morgenthau, *Diary*; Farm Credit Administration Diary, Morgenthau Papers, cited as Morgenthau, Farm

Credit Administration Diary.

9. Rexford G. Tugwell, "A New Deal Memoir: Early Days, 1932 - 1933," Tugwell Papers, cited as Tugwell, "New Deal Memoir"; and Diary, Tugwell Papers, cited as Tugwell, Diary.

本书援引了不少手稿，下列手稿收藏于纽约海德帕克的罗斯福图书馆：Franlin D. Roosevelt Papers; Franklin D. Roosevelt, Press Conferences; Roosevelt Foundation Papers; Democratic National Committee Papers; Morris L. Cooke Papers; Mary W. Dewson Papers; Harry L. Hopkins Papers; Louis Howe Papers; Henry Morgenthau, Jr., Papers; Herbert Claiborne Pell Papers。下列手稿收藏于华盛顿的国家档案馆：Depatment of Agriculture Papers; Bureau of the Budget Papers; National Recovery Administration Papers; National Resources Planning Board Papers; Proceedings of the Executive Council, the National Emergency Council, Special Industrial Recovery Board and National Resources Committee。The E. M. House Papers and The Henry L. Stimsen Diary，收藏于耶鲁大学的斯特林图书馆。Jay Pierrepont Moffat Diary，收藏于哈佛大学霍顿图书馆的 Moffat Papers。我是在纽约市对外关系委员会查阅的 Norman H. Davis Papers，如今这些文件收藏在国会图书馆。口述史研究所则是当代史学研究不可或缺的助力，该机构设置在哥伦比亚大学。小阿道夫·伯利、弗朗西斯·比德尔、赫伯特·费斯、利昂·亨德森、雷蒙德·莫利、布莱克韦尔·史密斯和雷克斯福德·特格韦尔等人的文件则为他们私人保存。

一 序幕：百日

1. F. D. R., *Public Papers* (1933), 16; R. L. Hazlet, "Will There Be an FDR Legend?" F. D. R. Coll., May 1953; *New York Times*, March 5, 1933.
2. Cordell Hull, *Memoirs* (New York, 1948), I, 167 - 168; R. G. Tugwell, *The Democratic Roosevelt* (New York, 1957), 270 - 271; Woodrow Wilson, *Constitutional Government in the United States* (New York, 1908), 73; *New York Times*, Feb. 8, March 27, 1933, Aug. 4, 1936。此处兰登州长的这番言辞是引自内政部的速记版，而不是《纽约时报》同时刊载的那个更为简洁的版本（否则，这两个版本的表述将完全一致）。
3. W. S. Myers and W. H. Newton, *The Hoover Administration: A Documented Narrative* (New York, 1936), 338 - 341, 351; "Memorandum of Treasury Conference[s]," March 5 - 6, 1933, Berle Papers; Moley, *After Seven Years*, 148 - 150; Tugwell, "New Deal Memoir," Ch. 1; F. D. R., *Diary*, March 5 - 6, 1933, La Follettee and Costigan to F. D. R., March 9, 1933, Roosevelt Papers; M. W. Childs, *I Write from Washington* (New York, 1942), 21; Bronson Cutting, "Is Pirvate Banking Doomed?" *Liberty*, March 31, 1934; R. G. Tugwell, "The New Deal in Retrospect," *Western Political Quarterly*, Dec. 1948; Frankin D. Roosevelt, *On Our Way* (New York, 1934), 3 - 8; *New York Times*, March 5 - 8, 1933.
4. Moley, *After Seven Years*, 150 - 155; Moley, *27 Masters of Politics* (New York, 1949), 187 - 188; Charles Michelson, *The Ghost Talks* (New York, 1944) e, 55 - 58; Tugwell, *Democratic Roosevelt*, 264; A. A. Ballantine, "When All the Banks Closed," *Harvard Business Review*, March 1948; F. D. R., Public Papers (1933), 46; S. K. Bailey and H. D. Samuel, *Congress at Work* (New York, 1952), 229 - 235; *New York Times*, March 9, 10, 19, 1933.
5. F. D. R. to J. A. Simpson, May 20, Wallace to F. D. R., May 16, 1933, Roosevelt Papers; Amherst Student, Oct. 14, 1937; Morris Markey, "He's Got His in Your Pocket," *American Magazine*, June 1933; Turner Catledge, "A Hard-Hitter Strikes at the Budget," *New York Times Magazine*, March 19, 1933; *New York Times*, April 28, 1933; L. W. Douglas, "Economy in Federal Government," *Review of Reviews*, April 1933; F. D. R., *Public Papers* (1928 - 1932), 807 - 808. *Public Papers* (1933), 49 - 50.
6. F. D. R. to House, April 5, 1933, Roosevelt Papers; Moley, *27 Masters*, 31;

New York Times, May 19, 1933; Tugwell, *Diary*, May 31, 1933; E. K. Lindley, *The Roosevelt Revolution* (New York, 1933), 90–95.

7. F. D. R., *Public Papers* (1933), 30, 65; Grace Tully, *F. D. R.*, *My Boss* (New York, 1949), 89–91; F. D. R. to Helen W. Reynolds, Oct. 30, 1933, in *Dutchess County Historical Society Yearbook* (Hyde Park, 1933), XIII; A. A. Berle, Jr., Diary, Sept. 19, 1939, Berle Papers; Michelson, *Ghost Talks*, 56–57; Ballantine, "When All the Banks Closed"; Stimson to F. D. R., March 14, Hearst to F. D. R., n. d., Roosevelt Papers; *New York Times*, March 19, 31, May 13, 1933; Will Rogers, *Sanity Is Where You Find It*, Donald Day, ed. (Boston, 1955), 167; Rogers, *Autobiography*, Donald Day, ed. (Boston, 1949), 312–313; Walter Lippmann in *Review of Reviews*, May 1933.
8. E. W. Starling, *Starling of the White House* (New York, 1946), 306–307; S. J. Woolf, *Here Am I* (New York, 1941), 198; *New York Times*, March 19, May 16–22, 1933; Jo Davidson, *Between Sittings* (New York, 1951), 275; Tugwell, "New Deal Memoir," Ch. 3; Tully, *F. D. R.*, 64–65; Eleanor Roosevelt, "My Day," *New York Post*, May 19, 1958; interview with Thomas G. Corcoran, Oct. 21, 1957; *Nation*, May 31, 1933; *Time*, May 22, 29, 1933; Frances Perkins, *The Remember* (New York, 1949), 112–113; Jack Douglas, *Veterans on the March* (New York, 1934), 324.
9. George N. Peek, with Samuel Crowther, *Why Quit Our Own* (New York, 1936), 20, 114; W. M. Kiplinger, "What's Ahead in Washington," *Nation's Business*, June 1934; Krock in Hanson Baldwin and Shepard Stone, eds., *We Saw It Happen* (New York, 1938), 5, 9; A. T. Mason, *Harlan Fiske Stone* (New York, 1956), 384; Anne O'Hare McCormick, *The World at Home* (New York, 1956), 177; Ray Tucker, "The National Air," *Collier's*, Jan. 27, 1934; Henry James, *The American Scene* (New York, 1946), 343; J. P. Moffat, *Diary*, May 16, 1933; Herman Kahn, "What Happened to the First New Deal, 1933–1934," Roosevelt Library; Francis Biddle, "The Labor Board," Biddle Papers; Tugwell, "New Deal Memoir," Ch. 2; T. L. Stokes, *Chip Off My Shoulde*r (Princeton, 1940), 362.
10. R. B. Fosdick, *Chronicle of a Generation* (New York, 1958), Ch. 10; O. G. Villard, "Mr. Roosevelt's Two Months," *New Stateman and Nation*, May 13, 1933; Tugwell, *Diary*, May 6, 1933; F. D. R., *Public Papers* (1933), 302; H. S. Johnson, "Pied Pipers," *Vital Speeches*, March 11, 1935; R. G. Tugwell, "The Ideas behind the New Deal," *New York Times Magazine*, July 16, 1933;

Walter Lippmann in *New York Herald Tribune Forum*, *This Crisis in History* (New York, 1933), 15 - 16; Krock in *New York Times*, March 12, 1933; Mason, *Stone*, 344; J. G. Frederick, *Primer of "New Deal" Economics* (New York, 1933), 281 - 282; McCormick, *World at Home*, 174; Ray Tucker, "Ickes-and No Fooling," *Collier's*, Sept. 30, 1933; editorial in *Collier's*, Sept. 23, 1933; Winston S. Churchill, "While the World Watches," *Collier's*, Dec. 29, 1934.

二 农业政策出台

1. *Historical Statistics*, Ser. E93, 95, 104; Senate Agricultural and Forestry Committee, *Agricultural Adjustment Relief Plan: Hearing*, 72 Cong., 2 Sess. (1933), 15; Anne O'Hare McCormick, "Roosevelt's View of the Big Job," *New York Times Magazine*, Sept. 11, 1932; E. D. Coblentz, *William Randolph Hearst* (New York, 1952), 147.
2. Russell Lord, *The Wallaces of Iowa* (Boston, 1947), especially 167, 589; H. A. Wallace, *Statesman and Religion* (New York, 1934), especially 8, 22, 44 - 47, 71, 79 - 80, 102, 125; Wallace, *New Frontiers* (New York, 1934), especially 1, 76, 269; Wallace, *The Price of Freedom* (Washington, 1940), especially 1, 76, 105; Jack Alexander, "Henry A. Wallace: Fornfield Prophet," *Life*, Sept. 2, 1940; E. D. Graham, Jr., "Henry Wallace: Modern Prophet" (seminar paper, Harvard University); Hubert Herring, "Henry Ⅲ of Iowa," *Harper's*, Feb. 1943; Daniel Seligman, "Henry Wallace" (research memorandum; author's possession).
3. Wallace, *Statesmanship*, 77 - 78; Wallace, *New Frontiers*, 279; Wallace to Roerich, June 17, to F. D. R., Sept. 18, Hull to F. D. R., Oct. 11, Wallace to F. D. R., Oct. 27, to Marvin McIntyre, Nov. 10, 1933, Roosevelt Papers; Henry Morgenthau, Jr., "The Morgenthau Diaries: III," *Collier's* Oct. 11, 1947; J. P. Moffat, *Diary*, Dec. 4, 1933; *Newsweek*, March 22, 1948; Westbrook Pegler in the *New York Journal-American*, March 1948, passim; purported Wallace texts in *New York Journal-American*, Oct. 22, 1948; National Emergency Council, Proceedings, Jan. 23, 1934; Wallace to Lawrence Westbrook, Jan. 27, 1937, Hopkins Papers; Gardner Jackson, "Henry Wallace: A Divided Mind," *Atlantic*, Aug. 1948; Dwight Macdonald, *Henry Wallace: The Man and the Myth* (New York, 1948), Ch. 7.
4. Sherwood Anderson, "No Swank," *Today*, Nov. 11, 1933; Jackson, "Henry

Wallace"; George Creel, *Rebel at Large* (New York, 1947), 313; Donald Richberg, *My Hero* (New York, 1954), 245; Tugwell, "New Deal Memoir," Chs. 1, 2; H. F. Pringle, "Our Unknown Dictator," *Red Book*, Sept. 1933; H. A. Wallace, "Address ... before the Democratic Women's Club, Philadelphia ... May 9, 1933" (Department of Agriculture release), 2; Wallace to F. D. R., Feb. 19, 1933, Roosevelt Papers; K. L. Butterfield, "Wanted-Farm Life," *World Tomorrow*, March 1, 1933; M. O. Sillars, "Henry A. Wallace's Editorials on Agricultural Discontent, 1921 - 1928," *Agricultural History*, Oct. 1952; Wallace, *New Frontiers*, 111; Ferner Nuhn, "Wallace of Iowa," *New Republic*, March 15, 1933; W. G. Shepherd interviewing Wallace, "Why the Farmer Doesn't Like Our Dollar," *Collier's*, April 1, 1933.

5. House Agriculture Committee, *Farm Marketing Program (Voluntary Domestic Alltoment Plan): Hearings*, 72 Cong., 1 Sess. (1932), 2 - 5; M. L. Wilson, *Farm Relief and the Domestic Allotment Plan* (Minneapolis, 1933), 26 - 28; Russell Lord, "M. L. Wilson: Pioneer," *Survey Graphic*, Oct. 1941; Lord, *Wallaces*, 295 - 312; Tugwell, "New Deal Memoir," Ch. 1; G. C. Fite, *George N. Peek and the Fight for Farm Parity* (Norman, Okla., 1954), 230 - 232; Chester Davis, "Toward Planned Harvests," *Review of Reviews*, Dec. 1933; Senate Agariculture Committee, *Farm Relief: Hearings*, 72 Cong., 1 Sess. (1932), 56 - 59; House Agriculture Committee, *Agricultural Adjustment Program: Hearings*, 72 Cong., 2 Sess. (1932), 139 - 141; O. E. Baker, Ralph Borsodi, and M. L. Wilson, *Agriculture in Moern Life* (New York, 1939), 215, 244.
6. W. I. Myers, "Confidential Memorandum of Discussion on Emergency Farm Reliet Legislation ... Washington, D. C., Dec. 12 - 14, 1932," Morgenthau Papers; C. V. Gregory, "Birth of AAA," Bureau Farmer, Aug. -Sept. 1935; Wallace, "Address ... Democratic Women's Club"; F. D. R., *Public Papers* (1933), 74; *New York Times*, March 19, 1933.

三 组织农业调整

1. *Congressional Record*, 73 Cong., 1 Sess., 669, 693 (March 21, 1933); E, K, Lindley, *The Roosevelt Revolution* (New York, 1933), 97; J. E. Reeve, *Monetary Reform Movements* (Washington, 1943), especially Chs. 4, 9, 10; Moley, *After Seven Years*, 159 - 160.

2. Milo Reno, "What the Farmer Wants," *Common Sense*, Feb. 1934; *New York Times*, March 13, April 28 – May 4, 1933; Harlan Miller, "Watchfully the Farmer Awaits Events," *New York Times*, May 7, 1933; *Chicago Tribune*, April 28, 1933; *Time*, May 8, 1933; "Prairie Fire," *Nation*, May 17, 1933; Karl Pretshold, "Do Farmers 'Revolt'? " *North American Review*, July 1933; Frazier Hunt, *One American* (New York, 1938), 378 – 379.
3. *New York Times*, April 23 – May 13, 1933; H. E. Gaston to L. M. Howe, "Progress of Farm Mortgage Refinancing through the Farm Credit Administration," Dec. 1, 1933, in *Morgenthau Diary*; Farm Credit Administration, *Cooperative Farm Mortage Credit*, 1916 – 1936 (Washington, 1936); Henry Morgenthau, Jr., "The Paradox of Poverty and Plenty," *Collier's*, Oct. 25, 1947.
4. Mordecai Ezekiel, "Agricultural Adjustment: First Phase," *New Republic*, June 23, 1937; George N. Peek, with Samuel Crowther, *Why Quit Our Own* (New York, 1936), 14 – 17, 39, 43, 46, 78, 83, 90, 97; Russell Lord, *The Agrarian Revival* (New York, 1939), 155; Tugwell, *Diary*, April 3, 1933; Tugwell, "New Deal Memoir," Ch. 2; Senate Agriculture and Forestry Committee, *Agricultural Emergency Act to Increase Farm Purchasing Power: Hearings*, 73 Cong., 1 Sess., (1933), 82; G. C. Fite, *George N. Peek and the Fight for Farm Parity* (Norman, Okla., 1954), 244 – 257; Morgenthau, *Farm Credit Administration Diary*, May 3, 1933; Wallace to F. D. R., May 15, 1933, Roosevelt Papers; interview with John D. Black, 1956; Chester Davis to author, Aug. 10, 1956.
5. 此处要感谢理查德 · H. 罗维尔先生让我查阅他为杰尔姆 · 弗兰克的一副侧面像所作的笔记，而且，此处特别参照了下面一封信件: Abe Fortas to Mr. Rovere, Oct. 25, 1946; Tugwell, "New Deal Memoir," Ch. 2; Peek, *Why Quit Our Own*, 14, 21 – 22; Russell Lord, *The Wallaces of Iowa* (Boston, 1947), 346 – 347; Lord, *Agrarian Revival*, 156; Fite, *Peek*, 260 – 261。
6. 应当指出的是，纳坦尼尔 · 维尔和惠特克 · 钱伯斯都指认阿尔杰 · 希斯是韦尔集团的成员，不过，李 · 普雷斯曼虽然提到了阿布特、威特等人，但在谈到希斯时是这么说的:"关于阿尔杰 · 希斯的政治信仰以及政治关系网，我并不了解……在我身处这个集团期间，阿尔杰 · 希斯并非该集团的成员。" Weyl, "I Was in a Communist Unit with Hiss," *U. S. News & World Report*, Jan. 9, 1953; Whittaker Chambers, *Witness* (New York, 1952), 332 – 347; testimony of Pressman, John Abt, House Committee on Un-American Activities, *Hearings Regarding Communism in the United States Government*, 81

Cong., 2 Sess. (1950), especially 2845, 2926; testimony of Weyl, Senate Judiciary Committee, *Institute of Pacific Relations: Hearings*, 82 Cong., 2 Sess. (1952), 2799 – 2800; Ella Reeve Bloor, *We Are Many* (New York, 1940), 279; Jerome Frank to Charles J. Brand, Aug. 10, 1933, AAA Papers; *Time*, Feb. 14, 1955; Tugwell, "New Deal Memoir," Ch. 3; H. A. Wallace, "The Rules of the Game," *Survey Graphic*, July 1934; Gardner Jackson to author, May 2, 1957.

四 农业政治

1. George N. Peek, with Samuel Crowther, *Why Quit Our Own* (New York, 1936), 101 – 103; Special Industrial Recovery Board, Proceedings, Sept. 25, 1933; E. G. Nourse, *Marketing Agreements under the AAA* (Washington, 1935), Chs. 1 – 2.
2. Nourse, *Marketing Agreements*, Chs. 2, 5; Peek, *Why Quit Our Own*, Ch. 8; G. C. Fite, *George N. Peek and the Fight for Farm Parity* (Norman, Okla., 1954), 254 – 266; Tugwell, "New Deal Memoir," Chs. 2, 4.
3. Russell Lord, *The Agrarian Revival* (New York, 1939), 161 – 162; Lord, *The Wallaces of Iowa* (Boston, 1947), 381 – 382; Grant McConnell, *The Decline of Agrarian Democracy* (Berkeley, 1953), 74 – 75.
4. H. I. Richards, *Cotton and the AAA* (Washington, 1936), especially Chs. 7, 8, 11, 14; J. S. Davis, *Wheat and the AAA* (Washington, 1935), especially Chs. 3, 4, 11; Jesse H. Jones, with Edward Angly, *Fifty Billion Dollars* (New York, 1951), Ch. 6; statement by Davis in National Emergency Council, Proceedings, Feb. 20, 1934; H. A. Wallace, "Ameircan Agriculture and World Markets," *Foreign Affairs*, Jan. 1934; Chester Davis, "Toward Planned Harvests," *Review of Reviews*, Dec. 1933; Fite, *Peek*, 254 – 255; Peek, *Why Quit Our Own*, 127; H. A. Wallace, *New Frontiers* (New York, 1934), 171.
5. D. A. Fitzgerald, *Corn and Hogs under the Agricultural Adjustment Act* (Washington, 1934), especially Chs. 2 – 3; Fitzgerald, *Livestock under the AAA* (Washington, 1935), Chs. 4 – 5, 12; Wallace, *New Frontiers*, 138 – 139, 178 – 183, 200; Wallace, "The Farm Situation," *Vital Speeches*, Dec. 3, 1934; Executive Council, Proceedings, Aug. 15, 1933; H. F. Pringle, "The Secretary of Agriculture Takes the Stand," *American Magazine*, July 1934; Lord, Wallaces, 329, 363 – 366; J. K. Galbraith, "An Economic Aspect of Farm Crop Restriction," *Plan Age*, April 1939; *Historical Statistics*, Ser. J49; Wallace,

American Must Choose (New York, 1934), 8, 23; Wallace, "American Agriculture and World Markets" ; Mordecai Ezekiel, "Can We Starve Ourselves Rich? " *Today*, Nov. 11, 1933; R. G. Tugwell, "The Price Also Rises," *Fortune*, Jan. 1934.

6. Wallace to F. D. R., Sept. 11, 1933, Floyd Olsen to F. D. R., March 19, F. D. R. to Olson, April 16, 1934, Roosevelt Papers; E. C. Owen to F. D. R., Oct. 16, 1933, Department of Agriculture Papers; Lorena Hickok to Harry Hopkins, Nov. 7,23, 1933; Wallace, *New Frontiers*, 56 – 58; William Hard, "Reno and Revolt in Iowa, " *Today*, Nov. 11, 1933; "Byran! Byran! ! " *Fortune*, Jan. 1934; F. A. Pearson, W. I. Myers, and A. R. Gans, "Warren as Presidential Adviser," *Farm Economics*, Dec. 1957.

五 先知浴火

1. Department of Agriculture, "The Drought Situation, June 1, 1934," and Drought Coordinating Committee, "The Drought of 1934, A Report of the Federal Government's Assistance to Agriculture," Roosevelt Papers; National Emergency Council, Proceedings, Aug. 21, 1934; M. I. Cooke, "Twenty Years of Grace," *Survey Graphic*, June 1935; H. H. Bennett, "The Vague, Roaming 'Dust Bowl'," *New York Times Magazine*, July 26, 1936; R. G. Tugwell, "No More Frontiers," *Today*, June 22, 1935; Tugwell, "New Deal Memoir," Ch. 4; Russell Owen, "Where Drought Sears Land and People," *New York Times Magazine*, Feb. 15, 1931; Lawrence Svobida, *An Empire of Dust* (Caldwell, Idaho, 1940), especially Chs. 6 – 7; Harlan Miller, "When Searing Drought Smites the Farm," *New York Times Magazine*, May 27, 1934; Miller, "Dust Rides the Winds," *New York Times Magazine*, March 31, 1935; Sherwood Anderson, "War of the Winds," *Today*, Feb. 23, 1935; Lorena Hickok to Harry Hopkins, Aug. 24, 1934, Hopkins Papers; Russell Lord, *The Wallaces of Iowa* (Boston, 1947), 370 – 372; P. B. Sears, *Deserts on the March* (Norman, Okla., 1947); Sears, "The Black Blizzards," in Daniel Aaron, ed., *America in Crisis* (New York, 1952), 287 – 302.
2. Murphy to F. D. R., Sept. 5, 1934, Roosevelt Papers; *Historical Statistics*, Ser. E 88, 91, 104, 244 – 249; F. C. Mills, *Prices in Recession and Recovery* (New York, 1936), 238; E. G. Nourse, J. S. Davis, and J. D. Black, *Three Years of the Agricultural Adjustment Administration* (Washington, 1937), especially

Chs. 10, 11.

3. Tugwell, *Diary*, Jan. 6, 1933; H. A. Wallace, *New Frontiers* (New York, 1934), 219, Chs. 19, 20; M. L. Wilson, "Agricultural Adjustment," *Harvard Business Review*, Summer 1935; R. G. Tugwell and E. C. Banfield, "Grass Roots Democracy-Myth or Reality? " *Public Administration Review*, Winter 1950; Tugwell, *The Battle for Democracy* (New York, 1935),198; L. V. Howard, "The Agriculruarl Feferendum," *Public Administration Review*, Winter 1942; Raymond Moley, " 'Never-Never Land,'" *Today*, June 29, 1935。不过，关于莫利的此番评论，也应当说明一下，1935 年 12 月的一次早期盖洛普民意测验显示，农业调整署的反对率是 59%，支持率是 41%。不过，此次民意测验显然漏掉了"无观念"群体；而且有内部证据显示，此次民调错误计算了民主党（该党对农业调整署的支持率达到了 70%）和共和党在人口中的相对比例。参见 Hadley Cantril, ed., *Public Opinion*, 1935 - 1946 (Princeton, 1951), 135。

4. Lord, *Wallaces of Iowa*, 395 - 409; George N. Peek, with Samuel Crowther, *Why Quit Our Own* (New York, 1936), 91; Chester Davis, "Toward Planned Harvests," *Review of Reviews*, Dec. 1933; Appleby to J. D. LeCron, July 20, 1934, Department of Agriculture Papers; Natl. Emer. Council, Proceedings, Feb. 20, 1934; Tugwell, *Diary*, April 8, 1934; J. D. Black, *The Dairy Industry and the AAA* (Washington, 1935), 128 - 130; E. G. Nourse, *Marketing Agreements under the AAA* (Washington, 1935), 47 - 48; Gardner Jackson, "Henry Wallace: A Divided Mind," *Atlantic*, Aug. 1948; interview with Chester Davis, Jerome Frank, Gardner Jackson; Paul A. Porter to author, March 28, 1958.

5. H. I. Richards, *Cotton and the AAA* (Washington, 1936), Ch. 9; Lord, Wallaces, 395 - 409; Appleby to C. B. Baldwin, March 7, 1935, Dept. of Agr. Papers; F. D. R. to E. P. Costigan, Feb. 13, 1935, Roosevelt Papers; Jackson, "Wallace: A Divided Mind" ; Tugwell, *Diary*, Feb. 6 - 13, 1935; *New York Times*, April 22, 1935; Chester Davis to Wallace, Jan. 12, 1951; H. A. Wallace, "No Final Answer to the Farm Problem," *U. S. News & World Report*, Jan. 8, 1954; W. R. Amberson, "The New Deal for Share-Croppers," *Nation*, Feb. 13, 1935; R. G. Swing, "The Purge at the AAA," *Nation*, Feb. 20, 1935; Gardner Jackson to Burton K. Wheeler, March 11, Wheeler to Chester Davis, March 21, 1935, AAA Papers; Ickes, *First Thousand Days*, 292 - 293, 302 - 303; interviews with Davis, Frank, Jackson; Davis to author, Aug. 10, 1956;

Porter to author.

6. Morgenthau, *Diary*, Oct. 28, 1935; H. A. Wallace, "The Next Four Years in Agriculture," *New Republic*, Dec. 2, 1936; speeches by Wallaceand Tolley in Appendix B of Nourse, Davis, and Black, *Three Years*.
7. H. A. Wallace, *America Must Choose* (New York, 1934), 16-18, 20, 23-25, 28; Wallace, *New Frontiers*, 78.

六　国家复兴署诞生

1. *Historical Statistics*, Ser. H3, J30, J49; Senate Finance Committee, *Investigation of the National Recovery Administration: Hearings*, 74 Cong., 1 Sess. (1935), 2409-2411; Moley, *After Seven Years*, 185; H. S. Johnson, *The Blue Eagle* (New York, 1935), 93, 101, 114, 153-155, 169, 172, 187-188; C. F. Roos, *NRA Economic Planning* (Bloomington, Ind., 1937), Ch. 1; A. M. Schlesinger, Jr., *The Crisis of the Old Order* (Boston, 1957), 181.
2. Raymond Moley, "Changing the NRA," *Today*, June 2, 1934; G. B. Galloway et al., *Industrial Planningunder Codes* (New York, 1935), 21-23; J. T. Flynn, "Whose Child Is the NRA?" *Harper's*, Sept. 1934; Schlesinger, *Crisis*, 182-83; Ickes, *First Thousand Days*, 24; Frances Perkins, *The Roosevelt I Knew* (New York, 1946), 230; House Labor Committee, *Thirty-Hour-Week Bill: Hearings*, 73 Cong., 1 Sess. (1933), 198-199 (Harriman); Sen. Finance Com., *Investigation of Economic Problems: Hearings*, 72 Cong., 2 Sess. (1933), 299-301 (Lewis), 875-876 (Hillman).
3. Matthew Woll and W. E. Walling, *Our Next Step-A National Economic Policy* (New York, 1934), 80; Sen. Finance Com., Investigation of Economic Problems, 875 (Hillman); Mary W. Dewson to F. D. R. [Feb. 1933], in Mary W. Dewson, "An Aid to the End," I, 104-105, Dewson Papers; Josephine Goldmark, "The New Menace in Industry," *Scribner's*, March 1933; Senate Judiciary Committee, *Thirty-Hour-Work Week: Hearings*, 72 Cong., 2 Sess. (1933), especially 2-11, 21-22, 285; House Labor Committee, *Six-Hour Day-Five-Day Week: Hearings*, 72 Cong., 2 Sess. (1933), especially 14, 17; Ralph E. Flanders, "Limitations and Possibilities of Economic Planning," *Annals*, July 1932; John Chamberlain, "Panaceas for the Depression: Solving It with a Thirty-Hour Week," *New Republic*, March 20, 1933; J. P. Frank, *Mr. Justice Black* (New York, 1949), 89; Charlotte Williams, *Hugo Black*

(Baltimore, 1950), 47–49.

4. Donald Richberg, "Trying to Bury the Big Stick," *Survey Graphic*, Sept. 1929; Richberg, *Tents of the Mighty* (New York, 1930), 196–203; Senate Committee on Manufacturers, *Unemployment Relief: Hearings*, 72 Cong., 1 Sess. (1932), 340; Sen. Com. on Man., *Federal Aid for Unemployment Relief: Hearings*, 72 Cong., 2 Sess. (1933), 453–455; Sen. Finance Com., Investigation of Economic Problems, 643048; Moley, *After Seven Years*, 184; R. G. Tugwell, *The Industrial Discipline* (New York, 1933), 212–216; Tugwell, "New Deal Memoir," Ch. 2; Tugwell, "America's War-Time Socialism," *Nation*, April 6, 1927; Jerome Frank, *Save America First* (New York, 1938), 341–343; Schlesinger, *Crisis*, Ch. 2, pp. 224–226.
5. J. T. Flynn, "The New Capitalism," *Collier's*, March 18, 1933; Johnson, *Blue Eagle*, 153; Alexander Sachs, "National Recovery Administration Policies," in Clair Wilcox et al., eds., *America's Recovery Program* (New York, 1934), 117; Perkins, *Roosevelt I Knew*, Chs. 16, 22; Perkins, letter in *Washington Post*, April 20, 1933; *Time*, April 17, 1933; House Labor Com., Thirty-Hour-Week Bill, especially 3–7; Frances Perkins, "Eight Years as Madame Secretary," *Fortune*, Sept. 1941; Ickes, *First Thousand Days*, 21; Tugwell, *Diary*, March 31, April 2, 3, 1933; Moley, *After Seven Years*, 184–190.
6. Moley, *After Seven Years*, 184–190; Johnson, *Blue Eagle*, 193–204; J. P. Warburg, "Reminiscences" (Oral History Research Office, 1952), 213, 216, 248, 369–370, 378–380, 493; Tugwell, *Diary*, April 21, May 30, 1933, and "New Deal Memoir," Ch. 2; Press Conference # 11, April 12, 1933, # 18, May 5, 1933; H. I. Harriman to F. D. R., May 11, 1933, Roosevelt Papers; F. D. R., *Public Papers* (1933), 157, 164–165; Donald Richberg, *The Rainbow* (New York, 1936), 106–110; "The Birth of the NRA," unsigned memorandum, NRA Papers; Perkins, *Roosevelt I Knew*, Chs. 17, 22; Donald Richberg, *My Hero* (New York, 1954), 163–165; Flynn, "Whose Child is the NRA?"; H.S. Johnson, "Background of NRA," *Saturday Evening Post*, June 30, 1934; Roos, *NRA Economic Planning*, 36–40; E. K. Lindley, *The Roosevelt Revolution* (New York, 1933), 151–161; *New York Times*, May 4, 1933; *Time*, May 15, 1933; Leon Keyserling to author, April 9, 1958.
7. House Ways and Means Committee, *National Industrial Recovery: Hearings*, 73 Cong., 1 Sess. (1933), 72, 95–96, 117–122; *Congressional Record*, 73 Cong., 1 Sess., 5279–5280 (June 7, 1933).

8. *Congressional Record*, 73 Cong., 1 Sess., 5153, 5244, 5245, 5307 (June 7, 1933), 5835, 5838, 5839, 5840, 5845, 5861 (June 13, 1933); F. D. R., *Public Papers* (1933), 246, 252, 256.

七 蓝鹰

1. H. S. Johnson, *The Blue Eagle* (New York, 1935), 197, 200, 206 - 211; Frances Perkins, *The Roosevelt I Knew* (New York, 1946), 201 - 203; Alexander Sachs to F. D. R., Sept. 14, 1936, Roosevelt Papers; Ickes, *First Thousand Days*, 52 - 55.
2. Johnson, *Blue Eagle*, especially 208; Matthew Josephson, "The General," *The New Yorker*, Aug. 18 - Sept. 1, 1934; Jonathan Mitchell, "The Versatility of General Johnson," *Harper's*, Oct. 1934; Raymond Clapper, "Top Sergeants of the New Deal," *Review of Reviews*, Aug. 1933; Russell Owen, "General Johnson Wages a Peace-Time War," *New York Times Magazine*, July 30, 1933; Isabel Leighton, "The NRA-and General Johnson," *Red Book*, Nov. 1933; Margaret Marshall, "Hugh-and-Cry Johnson," *Nation*, March 12, 1938; Perkins, *Roosevelt I Knew*, 200 - 201; "No Climax," *Fortune*, Oct. 1933; Donald Richberg, *Tents of the Mighty* (New York, 1930), 128, 214; Richberg, *My Hero* (New York, 1954), 165 - 166; Jonathan Mitchell, "Grand Vizier: Donald Richberg," *New Republic*, April 24, 1935.
3. Johnson, *Blue Eagle*, 211, 368; Tugwell, *Diary*, May 30, 1933, and "New Deal Memoir," Ch. 3; Tugwell, "The Experimental Roosevelt," *Political Quarterly*, July-Sept. 1950; Tugwell, "America Takes Hold of Its Destiny," *Today*, April 28, 1934; Sachs memorandum in C. F. Roos, *NRA Economic Planning* (Bloomington, Ind., 1937), 84 - 85; Sachs to F. D. R., Sept. 14, 1936, Roosevelt Papers; Ickes, *First Thousand Days*, 52 - 55; Sidney Hyman, memorandum of conversation with Philip Fleming, Aug. 19, 1949, Roosevelt Foundation Papers; Mitchell, "Versatility of General Johnson"; Owen, "General Johnson"; Leighton, "The NRA"; Johnson at the Conference of State Directors of the National Emergency Council, Jan. 31 - Feb. 3, 1934, *Addresses and Minutes*, NRA Papers; Johnson to Richberg, Dec. 26, 1933, NRA Papers; Johnson at the National Association of Manufacturers, Dec. 7, 1933, NRA Release # 2126.
4. Johnson, *Blue Eagle*, Chs. 19 - 20; F. D. R., *Public Papers* (1933), 299; Bruce Bliven, "Washington Kaleidoscope," *New Republic*, Aug. 16, 1933; articles by

Owen, Mitchell, Josephson, previously cited; *Time*, July 3, Aug. 21, 1933.

5. Special Industrial Recovery Board, *Proceedings*, July 18, 19, 1933.
6. Johnson, *Blue Eagle*, Ch. 21; F. D. R., *Public Papers* (1933), 298, 301; Donald Richberg, *The Rainbow* (New York, 1936), 159 - 162, 288, 295; *New York Times*, Sept. 14, 1933; *Time*, Sept. 18, 25, 1933; *Nation*, Aug. 30, 1933; Herbert Hoover, *Memoirs ... The Great Depression*, 1929 - 1941 (New York, 1952), Ch. 38.
7. Johnson, *Blue Eagle*, Ch. 20; E. K. Lindley, *The Roosevelt Revolution* (New York, 1933), 233 - 244; President's Committee of Industrial Analysis, *The National Recovery Administration* (multigraphed, Washington, 1937), 25; G. B. Galloway et al., *Industrial Planning under the Codes* (New York, 1935), especially Chs. 5 - 9, 16; Morgenthau, *Diary*, Aug 16, 1933; Ford jottings, *New York Times*, May 7, 1953; Ickes, *First Thousand Days*, 91 - 92; J. A. Farley, *Jim Farley's Story* (New York, 1948), 42; Richberg, *Rainbow*, 162.

八 价格之谜

1. Special Industrial Recovery Board, Proceedings, Aug. 21, 1933; E. K. Lindley, *The Roosevelt Revolution* (New York, 1933), 252 - 261; *New York Herald Tribune*, July 29, 1933.
2. H. S. Johnson, *The Blue Eagle* (New York, 1935), Ch. 21; George Leighton, "In Search of NRA," *Harper's*, Jan. 1934; Lorena Hickok to Hopkins, April 11, 1934, Hopkins Papers; Walter Lippmann, *Interpretations*, 1933 - 1935, Allan Nevins, ed. (New York, 1936), 98; Gerard Swope, statement at meeting of the Business Advisory Council, Department of Commerce release, Nov. 1, 1933; *Time*, Nov. 12, 30, Dec. 4, 1933; Donald Richberg, *The Rainbow* (New York, 1936), 159 - 163.
3. F. D. R., *Public Papers* (1933), 255; G. B. Galloway, "Genesis of NRA Price Policy and Practice," *Plan Age*, July - Aug. 1935; C. F. Roos, *NRA Economic Planning* (Bloomington, Ind., 1937), 93; Alexander Sachs, "National Recovery Administration Policies," in Clair Wilcox et al., eds., *America's Recovery Administration Program* (New York, 1934), 178; Donald Richberg, "The Future of the NRA," *Fortune*, Oct. 1934; G. B. Galloway et al., *Industrial Planning under the Codes* (New York, 1935) Ch. 3; A. R. Burns, *The Decline of Competition* (New York, 1936), Ch. 10; Tugwell, *Diary*, April 23, 1934;

Tugwell, "The Price Also Rises," *Fortune*, Jan. 1934; Tugwell, *The Battle for Democracy* (*New York*, 1935), 44; Tugwell to Johnson, June 29, 1933, Bureau of the Budget Papers; Spec. Indus. Recov. Bd., Proceedings, June 19, Aug. 21, Oct. 9, 16, Nov. 13, 1933; Wallace to F. D. R., Oct. 2, 1933, Roosevelt Papers; L. S. Lyon et al., *The National Recovery Administration* (Washington, 1935), 760.

4. Spec. Indus. Recov. Bd., Proceedings, Oct. 9, 1933; Johnson, *Blue Eagle*, 177 –181; Leon Henderson, "Statement ... on 'Price Provision in Codes' in the Public Hearings on Price Provisions in Codes of Fair Competition," Jan. 9, 1935, NRA Papers; NRA, *Prices and Price Provisions in Codes* (multigraphed, Washington, 1934); Burns, *Decline of Competition*, Ch. 10; C. A. Pearce, *NRA Trade Practice Programs* (New York, 1939); William Hard, "Left, Right," *Red Book*, April 1935; H. L. Ickes, "The Function of Government," *New York Times Magazine*, Feb. 2, 1936; Persia Campell, *Consumer Representation in the New Deal* (New York, 1940), 113 – 114; NRA Report, April 3, 1935, Senate Finance Committee, *Investigation of the National Recovery Administration: Hearings*, 74 Cong., 1 Sess. (1935), 940, 2476; Eugene Grace, "Industry and the Recovery Act," *Scribner's* Feb. 1934.
5. Tugwell, *Battle for Democracy*, 58; Spec. Indus. Recov. Bd., Proceedings, Nov. 13, 27, Dec. 12, 1933; G. S. Ferguson, Jr., to F. D. R., Dec. 30, 1933, Roosevelt Papers; Tugwell, "New Deal Memoir," Ch. 4.
6. S. J. Woolf, "Champion of the Consumer Speaks Out," *New York Times Magazine*, Aug. 6. 1933; Raymond Moley, "Mary Harriman Rumsey," *Today*, Dec. 29, 1934; *Time*, July 10, 1933; *New York Times*, Dec. 19, 1934; F. J. Schlink to F. D. R., Nov. 20, 1933, in *Senate Commerce Committee*, *Foods, Drugs and Cosmetics: Hearings*, 73 Cong., 2 Sess. (1934), 293 – 297; J. B. Matthews, *Guinea Pigs No More* (New York, 1936); F. J. Schlink, *Discovering Consumers* (New York, 1936), Chs. 1, 2; Clark H. Foreman and Michael Ross, *The Consumer Seeks a Way* (New York, 1935); Gardiner C. Means, "The Consumer and the New Deal," *Annals*, May 1934; Walton H. Hamilton, "Consumers' Interest in Price-Fixing," *Survey Graphic*, Feb. 1934; Sue White to Mary W. Dewson, Feb. 18, 1935, Roosevelt Papers; Campell, *Consumer Prepresentation*, 62 – 70; Frances Perkins, *The Roosevelt I Knew* (New York, 1946), 206.
7. Campell, *Consumer Representation*, 31, 67 –74, Johnson, *Blue Eagle*, 180, 272;

Congressional Record, 73 Cong., 2 Sess., 866 – 871 (Jan. 18, 1934); *Time*, Jan. 29, 1934; P. H. Douglas, "The Role of the Consumer in the New Deal," and Dexter Keezer, " The Consumer under the National Recovery Administration," *Annals*, March 1934; F. D. R., *Public Papers* (1934), 123 – 131; *New York Times*, March 5 – 8, 1934; Leon Henderson to author, March 8, 1957; Lyon et al., *National Recovery Administration*, Ch. 28.

8. Lowell Mason, "Darrow vs. Johnson," *North American Review*, Dec. 1934; Darrow Board reports, special and supplementary report by Darrow and Thompson, minority by John F. Sinclair, April 14, 1934, Johnson to F. D. R., May 15, Thompson to F. D. R., June 13, 1934, Roosevelt Papers; *Congressional Record*, 73 Cong., 2 Sess., 9236 – 9237 (May 22, 1934); Paul Y. Anderson, "The Darrow Report," *Nation*, May 30, 1934; NRA Release # 6136, June 29, 1934; Irving Stone, *Clarence Darrow for the Defense* (New York, 1941), 507 – 514; Sen. Finance Com., Investigation of NRA, 305 – 309; Johnson, *Blue Eagle*, 272 –274; *New York Times*, March 8, 1934; *Washington Post*, May 24, 1934.
9. Lyon et al., *National Recovery Administration*, Ch. 24; Galloway, "Genesis of NRA Price Policy" ; H. F. Taggart, *Minimum Prices under NRA*, 232 – 238, 1693 – 1694; Leon Henderson to Frances Robinson, May 11, 1934, NRA Papers; Roos, *NRA Economic Planning*, 333; Henderson to author, March 8, 1957.

九 劳工之谜

1. R. S. Rubinow, *Section 7 (a): Its History, Interpretation and Administration* (NRA, Division of Review, Work Materials No. 45, Washington, 1936), 7 – 17; Francis Biddle, " Labor Boards," *New Republic*, Oct. 9, 1935; P. F. Brissenden, "Genesis and Import of the Collective Bargaining Provisions of the Recovery Act," *Economic Essays in Honor of Wesley Clair* Mitchell (New York, 1935); Irving Bernstein, *The New Deal Collective Bargaining Policy* (Berkeley, 1950), Ch. 3.
2. James A. Wechsler, *Laobr Baron: A Portrait of John L. Lewise* (New York, 1944), Chs. 1 – 5; S. D. Alinsky, *John L. Lewis* (New York, 1949), Chs. 1 – 3; S. J. Woolf, "Lewis Challenges Labor's Old Order," *New York Times Magazine*, March 15, 1936; Louis Adamic, "John L. Lewis' Push to Power," *Forum*, March 1937; "John Llewellyn Lewis," *Atlantic*, June 1937; Dale Kramer, "John

L. Lewis: Last Bid?" *Harper's*, Aug. 1942; M. W. Childs, "The Illinois Mine Battle," *New Repulic*, Sept. 14, 1932; John L. Lewis, "Labor and the NRA," *Annals*, March 1934; *United Mine Workers Journal*, June 1, 15, 1933; Kentucky State Federation of Labor handbill in Roosevelt Papers; McAlister Coleman, *Men and Coal* (New York, 1943), Ch. 15.

3. Alinsky, *Lewis*, 67 – 70; Matthew Josephson, *Sidney Hillman: Statesman of American Labor* (New York, 1952); George Soule, *Sidney Hillman* (New York, 1939); R. H. Rovere, "Sidney Hillman and the House-broken Workers," *Reporter*, Feb. 17, 1953; Benjamin Stolberg, *Story of the CIO* (New York, 1938), 53, 58 – 59; M. D. Danish, *The World of David Dubinsky* (Cleveland, 1957), Ch. 6.
4. Frances Perkins, *The Roosevelt I Knew* (New York, 1946), Ch. 18; *New York Times*, Aug. 16, 1933; *Time*, Oct. 2, 1933; Leon Henderson to author, March 8, 1957.
5. C. F. Roos, *NRA Economic Planning* (Bloomington, Ind., 1937), Ch. 8; Senate Education and Labor Committee, *To Create a National Labor Board: Hearings*, 73 Cong., 2 Sess. (1934), 111 – 112; A. L. Bernheim and Dorothy Van Doren, eds., *Labor and the Government* (New York, 1935), 78 – 79; Special Industrial Recovery Board, Proceedings, Aug. 14, Sept. 11, 1933; Rubinow, *Section 7 (a)*, Ch. 4; Cyrus S. Ching, *Review and Reflection* (New York, 1953), 41; Jonathan Mitchell, "The Versatility of General Johnson," *Harper's*, Oct. 1934; Donald Richberg, *The Rainbow* (New York, 1936), 287; E. K. Lindley, *The Roosevelt Revolution* (New York, 1933), 242; Perkins, *Roosevelt I Knew*, 232; Cyrus Sulzberger, *Sit Down with John L. Lewis* (New York, 1938), 68; Henderson to author.
6. L. L. Lorwin and Arthur Wubnig, *Labor Relations Boards* (Washington, 1935), 88 – 108; Rubinow, *Section 7 (a)*, Chs. 4 – 5; Perkins, *Roosevelt I Knew*, Ch. 20; Sen. Ed. and Labor Com., To Create a National Labor Board, 102, 104 – 105, 758 – 763; E. T. Weir, "New Responsibilities of Industry and Labor," *Annals*, March 1934; Hook to Johnson, March 8, 1934, Roosevelt Papers.
7. Lorwin and Wubnig, Labor Relations Boards, 107 – 113, 353 – 359; Rubinow, *Section 7 (a)*, 68 – 73; H.S. Johnson, *The Blue Eagle* (New York, 1935), 292 – 294; *New York Times*, March 8, 1934; "The President's Conference with the Senators" [on the Wagner Bill], April 14, 1939, Roosevelt Papers; Bernstein, *New Deal Collective Bargaining*, Chs. 5 – 6.

十 国家复兴署衰落

1. Matthew Josephson, "The General," *The New Yorker*, Sept. 1, 1934; [J. F. Carter], *The New Dealer* (Washington, 1934), 36; Ickes, *First Thousand Days*, 197; Morgenthau, *Diary*, Aug. 7, 1934; Special Industrial Recovery Board, Proceedings, Sept. 11, 1933; Frances Perkins, *The Roosevelt I Knew* (New York, 1946), 206, 240 - 241; H. S. Johnson, "Future of NRA," *Saturday Evening Post*, July 21, 1934; memorandum of phone call from Secretary Perkins to Harry Hopkins, June 28, 1935, Hopkins Papers; H. S. Johnson, *Where Do We Go from Here?* (New York, 1935), 1; Johnson, *The Blue Eagle* (New York, 1935), x, 320, 343 - 344.
2. Johnson, *Blue Eagle*, 242, 371 - 375, 385 - 386; Donald Richberg, *My Hero* (New York, 1954), 174; Richberg, *The Rainbow* (New York, 1936), 182; Ickes, *First Thousand Days*, 147, 173.
3. Johnson, *Blue Eagle*, Ch. 29; *New York Times*, Oct. 2, 1934; Richberg, *My Hero*, 173 - 176; Richberg to F. D. R., Sept. 4, to McIntyre, Sept. 5, Tugwell to F. D. R., Sept. 5, Sept. 7, Johnson to F. D. R., Sept. 9, 24, F. D. R. to Johnson, Sept. 25, 1934, Roosevelt Papers; "Difficulet or Controversial Matters Requiring Attention in Immediate Future," memorandum [for the President], Aug. 24, 1934, Blackwell Smith Papers; Ickes, *First Thousand Days*, 195; Blackwell Smith to author, April 24, 1957.
4. Early to F. D. R., Oct. 15, 1934, Roosevelt Papers; Richberg, *Rainbow*, 191; Tugwell, *Diary*, Nov. 22, 1934; Ickes, *First Thousand Days*, 198, 201, 209 - 211, 219 - 221, 235 - 236; *Washington Post*, May 24, 1934; M. W. Childs, *I Write from Washington* (New York, 1942), 229 - 230; Robert McCormick, "Where the Thinking Starts," *Collier's*, Jan. 7, 1939; Sam Lubell, "The Daring Young Man on the Flying Pri-cees," *Saturday Evening Post*, Sept. 13, 1941; Henderson to author, March 8, 1957; Henderson memorandum on NRA, June 27, 1934, Roosevelt Papers; Henderson to Johnson, May 14, 1934, and T. C. Blaisdell, Jr., to National Industrial Recovery Board, Jan. 5, 1935, NRA Papers; "Memorandum concerning Industrial Emergency Committee Meeting, Nov. 8, 1934," Howe Papers.
5. NRA Division of Research and Planning, "Trend Away from Code Restrictive Provisions," April 3, 1935, in Senate Finance Committee, *Investigation of the*

National Recovery Administration: Hearings, 74 Cong., 1 Sess. (1935), 940-941, 2461-2462; *New York Times*, Jan. 10, 1935; *Time*, Jan. 21, 1935; C. A. Pearce, *NRA Trade Practice Programs* (New York, 1939), 121; Johnson, "Future of NRA"; Johnson, "Reorganization of NRA," Sept. 9, 1934, Roosevelt Papers; F. D. R., *Public Papers* (1934), 417-418; Blackwell Smith to author, April 24, 1957.

6. Ickes, *First Thousand Days*, 210, 221, 242, 247-248, 314; Donald Richberg, "NRA Deals," *New York Times Magazine*, Feb. 25, 1934; Richberg, "The New Deal's 'Revolution' Defended," *New York Times Magazine*, Dec. 5, 1937; Richberg, Address at General Conference of Code Authorities, March 5, 1934, NRA release; Richberg, "The National Emergency Council," *Vital Speeches*, Oct. 22, 1934; Jonathan Mitchell, "Grand Vizier: Donald R. Richberg," *New Republic*, April 24, 1935; *New York Times*, Feb. 2, 5, 8, 23, 1935; Lewis before Senate Judiciary Committee, *Thirty-Hour Work Week: Hearings*, 74 Cong., 1 Sess. (1935), 67-68; L. L. Lorwin and Arthur Wubnig, *Labor Relations Boards* (Washington, 1935), 353-359, 376-381; H. S. Johnson, "Pied Pipers," *Vital Speeches*, March 11, 1935; [Carter], *New Dealer*, 40-41; Richberg to Early, Jan. 30, 1935, Roosevelt Papers.
7. Richberg to McIntyre, March 19, 1935, Roosevelt Papers; Richberg, *My Hero*, Ch. 16.
8. F. D. R., *Public Papers* (1935), 79-83; *New York Times*, March 8, 1935; Donald Richberg, "Planning and Controlling Business Activities," *Vital Speeches*, Dec. 17, 1934; Richberg, *Government and Business Tomorrow* (New York, 1943), 19; H. L. Ickes, "The Function of Government," *New York Times Magazine*, Feb. 2, 1936; Sen. Finance Com., Investigation of NRA, 127, 314, 609, 627-628, 2416, 2474; House Ways and Means Committee, *Extension of NIRA: Hearings*, 74 Cong., 1 Sess. (1935), 683; *United Mine Workers Journal*, May 1, 1934; Moley, "The NRA: Dead or Alive?" *Today*, March 12, 1935.
9. *New York Times*, Feb. 23, 25, March 11, 1935; Sen. Finance Com., Investigation of NRA, 9, 15 (Richberg), 651 (Black), 1112-1117 (Mason), 1384-1385 (Ryan), 2412, 2439, 2447 (Johnson); Johnson, "Future of NRA"; J. A. Ryan, *Social Doctrine in Action* (New York, 1941), 249-250; W. Averell Harriman, "Why the Little Fellow Needs the NRA," *Today*, May 18, c1935; Raymond Moley, "A House Divided," *Today*, June 2, 1934; Johnson, *Blue Eagle*, 279, 280; Johnson to F. D. R., June 26, 1934; Richberg to F. D.

R., April 13, 1935, Roosevelt Papers; NRA Legal Division memorandum in House Ways and Means Com., *Extension of NIRA*, 725 - 750; C. F. Roos, *NRA Economic Planning* (Bloomington, Ind., 1937), Ch. 13; Committee of Industrial Analysis, *National Recovery Administration* (Washington, 1937), Chs. 13 - 14; Pearce, *NRA Trade Practice Programs*, 191; L. S. Lyon et al., *The National Recovery Administration* (Washington, 1935), Chs. 23, 24, 39.

10. Richberg at Conference of State Directors of the National Emergency Council, Jan. 31-Feb. 3, 1934, Addresses and Minutes, NRA Papers; Sen. Finance Com., Investigation of NRA, 8, 2415 - 2416, 2450; Com. of Industrial Analysis, *NRA*, Ch. 20; Lyon et al., *NRA*, Ch. 40; Roos, *NRA Economic Planning*, Ch. 15; Leon Keyserling to author, Feb. 4, 1958; Perkins, Roosevelt I Knew, 207 - 212, 350; William Saroyan, *The Daring Young Man on the Flying Trapeze* (New York, e1934), 139.

十一 第一次新政

1. Theodore Roosevelt, *Works* (Natl. ED., New York, 1925), XVI, 456 - 463, XVII, 12; R. G. Tugwell, *The Battle for Democracy* (New York, 1935), 7, 8, 153; Tugwell, "The Ideas behind the New Deal," *New York Times Magazine*, July 16, 1933; H. L. Ickes, *The New Democracy* (New York, 1934), 96.
2. Moley, *After Seven Years*, 162, 184; Moley, editorial, *Today*, Sept. 26, 1933; Moley, "An NRA for Finance," *Today*, Dec, Dec. 30, 1933; Moley, "The March of Circumstance," *Today*, July 13, 1935; Morgenthau, *Diary*, May 5, 1933; Tugwell, "New Deal Memoir," Ch. 2; E. K. Lindley, "War on the Brains Trust," *Scribner's*, Nov. 1933; Washington Observer, "A Brain Trust at Work," *Review of Reviews*, July 1933; Vincent Astor to Moley, June 25, 1957, Moley Papers; A. A. Berle, Jr., "What's Behind the Recovery Laws," *Scribner's*, Sept. 1933; Berle, "The Trend of the Turn," *Saturday Review of Literature*, April 15, 1933; Tugwell, *Battle*, 14, 56, 259; Tugwell, "New Deal Memoir," Ch. 1; J. G. Frederick, *Primer of "New Deal" Economics* (New York, 1933), 276; E. K. Lindley, *The Roosevelt Revolution* (New York, 1933), 307 - 308; Raymond Moley, "On Reading Ecclesiastes," *Today*, July 13, 1935; R. G. Tugwell, "The Future of National Planning," *New Republic*, Dec. 9, 1936.
3. J. M. Keynes, "National Self - Sufficiency," *Yale Review*, June 1933; Keynes, "Proposals for a Revenue Tariff," *New Statesman and Nation*, March 7, 1931;

Keynes in Arthur Salter et al., *World's Economic Crisis* (New York, 1932), 67; Keynes, *Essays in Persuasion* (New York, 1932), 279 - 289; Samuel Crowther, *American Self-Contained* (New York, 1933), 338.

4. Walter Lippmann, "The Second Reconstruction," *American Magazine*, Sept. 1933; Charles A. Beard, *The Open Door at Home* (New York, 1934), vii, 279, 287; John Chamberlain, "Youth and the Old Economics," *Common Sense*, Jan. 1934; F. W. Taussig, "Necessary Changes in Our Commercial Policy," *Foreign Affairs*, April 1933; Walter Lippmann, "An Economic Issue," *Fortune*, Aug. 1932; W. B. Donham, "National Ideals and Internationalist Idols," *Harvard Business Review*, April 1933 (supplement); "Baruch," *Fortune*, Oct. 1933; H. S. Johnson, *The Blue Eagle* (New York, 1935), 116 - 117; Donald Richberg, *The Rainbow* (New York, 1936), 92; Moley, *After Seven Years*, 196; R. G. Tugwell, "Address ... before the International Institute of Agriculture at Rome, Oct. 24, 1934," Roosevelt Papers.
5. Cordell Hull, *Memoirs* (New York, 1948), especially I, 3 - 4, 24, 37, 48 - 50, 52, 136 - 137; H. B. Hinton, *Cordell Hull* (New York, 1942), especially 32 - 33, 87, 119, 123, 143, 159; "The Hulls of Tennessee," *Life*, March 18, 1940; W. R. Allen, "The International Trade Philosophy of Cordell Hull, 1907 - 1933," *American Economic Review*, March 1953; William Phillips, *Ventures in Diplomacy* (North Beverly, Mass., 1952), 185; Arthur Krock in *New York Times*, July 26, 1955; Jonathan Deniels, *Frontier on the Potomac* (New York, 1946), 21; Grace Tully, *F. D. R., My Boss* (New York, 1949), 174; H. B. Hinton, "Hull Describes Our Role in the World," *New York Times Magazine*, Sept. 29, 1935; Cordell Hull, address at Charlottesville, Virginia, July 14, 1932; Moley, *After Seven Years*, 113; Tugwell, "New Deal Memoir," Ch. 2.
6. Wallace to F. D. R., Sept. 28, F. D. R. to Blanshard, Aug. 4, 1933, to Hull, Nov. 19, 1934, Rossevelt Papers; E. D. Coblentz, *William Randolph Hearst* (New York, 1952), 147 - 151; F. D. R, *Public Papers* (1933), 14, 139, 157, 164; Tugwell, "New Deal Memoir," Ch. 1, Franklin D. Roosevelt, *On Our Way* (New York, 1934), x.

十二 美元困境

1. A. M. Schlesinger, Jr., *The Crisis of the Old Order* (Boston, 1957), 453; G. .G. Johnson, Jr., *The Treasury and Monetary Policy*, 1933 - 1938 (Cambridge,

1939), 15; Press Conference #1, March 8, # 10, April 7, 1933; F. D. R. to House, April 5, to Simpson, April 6, 1933, Roosevelt Papers; W. L. White, *Bernard Baruch* (New York, 1950), 82; J. P. Warburg, *How to Co-Exist without Playing the Kremlin's Game* (Boston, 1952), 68 - 69; Warburg to author, Jan. 25, 1957.

2. Irving Fisher with H. R. L. Chorssen, *Stable Money: A History of the Movement* (New York, 1934), especially 104 - 122; I. N. Fisher, *My Father Irving Fisher* (New York, 1956), especially Chs. 12, 14; H. M. Bratter, "The Silver Episode: I," *Journal of Political Economy*, Oct. 1938; Bratter, "The Committee for the Nation," *Journal of Political Economy*, Aug. 1941; J. E. Reeve, *Monetary Reform Movements* (Washington, 1943), especially Chs. 4, 9, 10.

3. Walter Lippmann, *Interpretations: 1933 - 1935*, Allan Nevins, ed. (New York, 1936), 50 - 53; J. P. Warburg, "Reminiscences" (Oral History Research Office, 1952), 305 - 306, 495 - 499, 503 - 504, 507 - 508; Herbert Feis, memorandum of April 20, 1933, Feis Papers; Moley, *After Seven Years*, 159 - 160; Ickes, *First Thousand Days*, 659; J. P. Warburg, *The Money Muddle* (New York, 1934), 92 - 96; Tugwell, *Diary*, May 6, 1933; Warburg to author, Jan. 25, 1957.

4. "No Climax," *Fortune*, Oct. 1933; White, *Baruch*, 79; Senate Finance Committee, *Investigation of Economic Problems: Hearings*, 72 Cong., 2 Sess. (1933) 555; Leffingwell to F. D. R., Oct. 2, 1933, Roosevelt Papers; Leffingwell, "Managing Our Economy," *Yale Review*, June, 1945; Leffingwell, "The Gold Problem and Currency Revaluation," address before the Academy of Political Science, March 21, 1934; *New York Times*, April 20, June 11, 1933; Warburg, "Reminiscences," 1194 - 1195; Warburg, *Hell Bent for Election* (New York, 1935), 67.

5. Schlesinger, *Crisis*, 442; Department of State, *Foreign Relations of the United States*, 1932 (Washington, 1948), I, 809, 817, 827, 840; F. D. R. to Davis, Nov. 26, 1932, Davis Papers; Tugwell, *Diary*, Feb. 26, April 2, 1933, and "New Deal Memoir," Ch. 2; Stimson, *Diary*, Feb. 26, 1933, Stimson Papers; Moley, *After Seven Years*, 116; Moley to author, Aug. 5, 1957; Cordell Hull, *Memoirs* (New York, 1948), I, Ch. 18; *New York Times*, April 9, 1933.

6. 关于此次会晤的官方声明，可参见 Department of State, *Foreign Relations of the United States*, 1933 (Washington, 1950), I, 452 - 825。也可参见 F. D. R., *Public Papers* (1933), 140; *Time*, May 1, 1933; Tugwell, *Diary*, May 3, 1933;

Herbert Feis, *The Sinews of Peace* (New York, 1944), 53; Jeanette P. Nichols, "Roosevelt's Monetary Diplomacy in 1933," *American Historical Review*, Jan. 1951; Winston S. Churchill, "The Bond between Us," *Collier's*, Nov. 4, 1933; Moley, *After Seven Years*, 206 – 210, 406 – 414; memorandum of March 29, 1933, confidential source; Hull, *Memoirs*, I, 247 – 249.

7. Moley, *After Seven Years*, 215 – 220; Hull, *Memoirs*, I, 259; Dept. Of State, *Foreign Relations ... 1933*, I, 620 – 627; Tugwell, *Diary*, May 31, 1933; Ickes, *First Thousand Days*, 42.
8. Dept. Of State, *Foreign Relations ... 1933*, I, 586, 597 – 598, 607; Moley, *After Seven Years*, 217; Hull, *Memoirs*, I, 250 – 255; W. D. Robbins to F. D. R., June 15, 1933, Roosevelt Papers.
9. Feis, memorandum of July 17, 1933, Feis Papers; Warburg, "Reminiscences," 486 – 487, 882, 895, 902 – 903, 929, 941 – 942; L. B. Wehle, *Hidden Threads of History* (New York, 1953), 112 – 115; J. M. Cox, *Journey through My Years* (New York, 1946), 373; Moley, *After Seven Years*, 135 – 137; Nichols, "Roosevelt's Monetary Diplomacy" ; Harry Barnard, *Independent Man: The Life of Senator James Couzens* (New York, 1958), Ch. 40.

十三 伦敦爆炸

1. Moley, *After Seven Years*, 224038; Department of State, *Foreign Relations of the United States*, 1933 (Washington, 1950), I, 631 – 654; House to Lothian, June 23, 1933, House Papers; Moley to author, Aug. 5, 1957; Leo Pasvolsky, *Current Monetary Issues* (Washington, 1933), Ch. 4; Bingham to F. D. R., June 16, 1933, Roosevelt Papers; J. P. Warburg, "Reminiscences" (Oral History Research Office, 1952), 978, 1559 – 1560; Morgenthau, *Diary*, June 29, 1933; J. M. Cox, *Journey through My Years* (New York, 1946), 368; *Time*, June 26, 1933; Jeanette P. Nichols, "Roosevelt's Monetary Diplomacy in 1933," *American Historical Review*, Jan. 1951.
2. Moley, *After Seven Years*, 238 – 256; Cordell Hull, *Memoirs* (New York, 1948), I, 259 – 262; Dept. Of State, *Foreign Relations ... 1933*, 656 – 672; (London) *Times*, June 15 – July 1, 1933; Moley to author, Aug. 5, 1957; Morgenthau, *Diary*, June 29, 30, July 21, 1933; S. Gold, "London Economic Conference," Dec. 13, 1943, in *Morgenthau Diary*, Vol. 683; Basil Blackett, *Planned Money* (New York, 1933), 21, 91; Warren to F. D. R., July 12, 1933, Roosevelt

Papers; F. Livesey to Feis, June 29, and Feis memorandum of July 3, 1933, Feis Papers; Garet Garrett, "This Thing of Trade," *Saturday Evening Post*, July 1, 1933; Raymonde Moley, "Heat Lightning or Dawn? " *Today*, Oct. 31, 1936; Herbert Elliston, "Ties of Gold," *Atlantic*, March 1938; E. K. Lindley, *The Roosevelt Revolution* (New York, 1933), Ch. 6; Charles Michelson, *The Ghost Talks* (New York, 1944), 108 - 114; J. A. Farley, *Jim Farley's Story* (New York, 1948), 40 - 41; Ickes, *First Thousand Days*, 76 - 77.

3. Dept. Of State, *Foreign Relations ... 1933*, I, 679, 680; J. P. Moffatt, *Diary*, July 6, 1933; R. F. Harrod, *Life of John Maynard Keynes* (New York, 1951), 445; Churchill in 280 H.C.Deb. 5 s., 787 - 788 (July 10, 1933); Winston S. Churchill, "While the World Watches," *Collier's*, Dec. 29, 1934; *Time*, July 17, 1933; Meade, Harrod et al., to F. D. R., Nov. 20, Baruch to F. D. R., July 5, Lefingwell to F. D. R., Oct. 2, 1933, F. D. R. to Mrs. Eliot Cross, July 27, 1933, Roosevelt Papers.
4. Dept. Of State, *Foreign Relations ... 1933*, I. 681; Mary Heaton Vorse, "The Gods Play Tiddlywinks," *Common Sense*, Aug. 1933; confidential source (conversation with George V); MacDonald to Hull, July 5, 1933, Roosevelt Papers; Moley, *After Seven Years*, 259 - 269; Hull, *Memoirs*, I, 262 - 269; Warburg, "Reminiscences," 1076 - 1105; Dept. Of State, *Foreign Relations ... 1933*, I, 679 - 697; Lindley, *Roosevelt Revolution*, Ch. 6; Pasvolsky, *Current Monetary Issues*, Ch. 4.
5. Harrison to F. D. R., Dec. 12, and F. D. R. memorandum for the historical record, Dec. 16, 1933, Roosevelt Papers; Gustav Cassel, *The Downfall of the Gold Standard* (Oxford, 1936), 141; Dept. Of Statre, *Foreign Relations ... 1933*, I, 743 - 745; Pavolsky, *Current Monetary Issues*, 86 - 87.
6. Dept. Of State, *Foreign Relations ... 1933*, I, 625, 687, 738; (London) *Times*, June 27, 1933; *Manchester Guardian*, July 14, 1933; James Couzens, "When Nations Talk Business," *Nation's Business*, Aug. 1933; J. M. Keynes, *The Means to Prosperity* (London, 1933), 25; Warburg, "Reminiscences," 351054; Herbert Feis, "Synchronized Expenditure Program," April 4, 1933, Feis Papers; J. W. Beyen, *Money in a Maelstrom* (New York, 1949), 95.
7. Dept. Of State, *Foreign Relations ... 1933*, I, 734, 680; Warburg, "Reminiscences," 1060; Hull to F. D. R., July 11, 1933, Roosevelt Papers; Moley, *After Seven Years*, 267 - 277; Michelson, *Ghost Talks*, 117; Welles to Davis, Sept. 4, 1933, Davis Papers; [J. F. Carter], *The New Dealers* (New

York, 1934), 294; Morgenthau, *Diary*, July 30, 1933; Vincent Astor to Raymond Moley, June 25, 1957, Moley Papers.

8. F. D. R. to MacDonald, Aug. 30, MacDonald to F. D. R., Sept 27, 1933, Roosevelt Papers; F. D. R. to George V, Nov. 5, 1933, in Harold Nicolson, *King George the Fifth* (New York, 1953), 501.

十四 黄金与白银之变

1. J. P. Warburg, "Reminiscences" (Oral History Research Office, 1952), 1165069, 1188 – 1195; Warburg to F. D. R., July 24, 1933, Roosevelt Papers; Warburg, *The Money Muddle* (New York, 1934), 124 – 134; G. F. Warren and F. A. Pearson, *Prices* (New York, 1933), 125, 176; F. A. Pearson, W. I. Myers, and A. R. Gans, "Warren as Presidential Adviser," *Farm Economics*, Dec. 1957, 5621 – 5627, 5643.
2. H. A. Wallace, "Money and Credit in Relation to Agricultural Prices," in E. A. Duddy, ed., *Economic Policy for American Agriculture* (Chicago, 1932), 114; Warren to F. D. R., April 24, 1933, Roosevelt Papers; Robert E. Wood to Henry Wallace, Sept. 1, 1933, Department of Agriculture Papers; H. A. Wallace to F. A. Pearson, Jan. 4, 1958, Wallace Papers; Warburg, "Reminiscences," 1251 – 1254, 1376 – 1378; Warburg, *Money Muddle*, 134 – 140; I. N. Fisher, *My Father Irving Fisher* (New York, 1956), 278 – 281; S. Gold, "London Economic Conference," Dec. 13, 1943, in *Morgenthau Diary*, Vol. 683.
3. Rayburn, Black, John Wood, Luther Johnson, W. B. Bankhead, W. J. Driver, D. D. Glover, Jed Johnson to F. D. R., Sept. 14, Mckellar, Morris Shepard, Rankin, Doughton to F. D. R., Sept. 15, 1933, Roosevelt Papers; *Time*, Sept. 25, Oct. 2, 1933; F. D. R., *Personal Letters*, III, 366; Warburg, *Money Muddle*, 133, 146 – 148; F. D. R. to Woodin, Sept. 30, Warburg to F. D. R., Sept. 20, 1933, Roosevelt Papers; Warburg, "Reminiscences," 1458 – 1463; Warburg to author, Jan. 15, 1957.
4. Warren to F. D. R, Sept. 20, 1933, Rooosevelt Papers; Morgenthau, Farm Credit Administration Diary, Aug. 16, Sept. 26, Oct. 1, 18, 19, 1933; "Memorandum for the Attorney General with Respect to the Power of the President ... to Purchase Gold" [1933], Department of Justice Papers, National Archives; Pearson et al., "Warren," 5639; Philip Hamburger, "Mr. Secretary," *The New Yorker*, Nov. 19, 1949; Joseph Alsop and Robert Kintner, " 'Henry Penny,' Farmer at the

Treasury," *Saturday Evening Post*, April 1, 1939; Warburg, "Reminiscences," 1577 - 1581, 1641 - 1645; F. D. R., *Public Papers* (1933), 426 - 427; Ickes, *First Thousand Days*, 110.

5. E. K. Lindley, "Roosevelt in Print," *Southern Review*, Autumn 1939; Warburg, *Money Muddle*, 133, 144; Walter Lippmann, *Interpretations*, *1933 - 1935*, Allan Nevins, ed. (New York, 1936), 160 - 165; Jesse Jones, with Edward Angly, *Fifty Billion Dollars* (New York, 1951), Ch. 20; Henry Morgenthau, Jr., "The Paradox of Poverty and Plenty," *Collier's*, Oct. 25, 1947; Jonathan Grossman, "The New Deal Grain and Gold Buying Programs, 1933 - 1934" (mimeographed); Grace Tully, *F. D. R.*, *My Boss* (New York, 1949), 193; Pearson et al., "Warren," 5620, 5638 - 5644.
6. Morgenthau, Farm Credit Administration Diary, Oct. 27, 29, Nov. 13, 1933; John Gunther, *Roosevelt in Retrospect* (New York, 1950), 43 - 44; Tully, *F. D. R.*, 177 - 178; Hamburger, "Mr. Secretary"; Morgenthau, "Paradox of Poverty and Plenty".
7. "One of Two of a Kind," *Fortune*, May 1934; Alsop and Kintner, "Henry Penny"; Josephus Daniels, *The Wilson Era: Years of War* (Chapel Hill, 1946), 214 - 215.
8. *New York Times*, Nov. 22, 23, 1931; Alfred E. Smith, "Sound Money," *New Outlook*, Dec. 1933; F. D. R., memorandum for the historical record, Dec. 16, 1933, F. D. R. to Woodin, Oct. 9, 1933, to Sprague [Nov. 1933], K. C. Blackburn to Louis Howe, "Public Reaction to the Gold Buying Policy," Roosevelt Papers; O. M. W. Sprague, *Recovery and Common Sense* (Boston, 1934), 18 - 22, 74; *Time*, Dec. 5, 1933; J. E. Reeve, *Monetary Reform Movements* (Washington, 1943), 58 - 60; Irving Fisher, *Stable Money* (New York, 1934), 364 - 367.
9. Seymour E. Harris, *Exchange Depreciation* (Cambridge, 1936), especially xxiii, xxvi, Chs. 8 - 10; G. G. Johnson, Jr., *The Treasury and Monetary Policy* (Cambridge, 1939), especially 4 - 6, 18; F. D. R. to House, Nov. 21, 1933, Leffingwell to F. D. R., March 3, 1934, Roosevelt Papers.
10. A. S. Everest, *Morgenthau*, *The New Deal and Silve*r (New York, 1950), 39, Chs. 2 - 3; H. S. Johnson, *The Blue Eagle* (New York, 1935), 133; Raymond Moley, "Justice for Silver," *Today*, Jan. 6, April 28, 1934; Reeve, *Monetary Reform Movements*, Ch. 15.
11. Coughlin to F. D. R., Sept. 24, 1933, Roosevelt Papers; H. M. Bratter, "The

Silver Episode," *Journal of Political Economy*, Oct. – Dec. 1938; Morgenthau, *Diary*, April 27, 1934, Dec. 12, 1935; Everest, *Morgenthau*, Ch. 3; R. G. Swing, "Father Coughin," *Nation*, Jan. 2, 1935; "Discussion on Silver: The President's Conference with the Senators, April 14, 1934," Roovelt Papers; Johnson, *Treasury and Monetary Policy*, Ch. 6; *Time*, May 14, 1934; *Statistical Abstract of the United States*, 1943 (Washington, 1944), 720.

十五 互惠机制的胜利

1. Cordell Hull, *The Path to Recovery* (Washington, 1934), 12 – 13; *Congressional Record*, 73 Cong., 2 Sess., 9006 – 9007, 9133, 9683, 9693 (May 17, 21, 28, 1934); H. B. Hinton, "Again the Vexatious Tariff," *New York Times Magazine*, Aug. 2, 1936; Joseph Alsop and Robert Kintner, "Sly and Able," *Saturday Evening Post*, July 20, 1940; H. L. Stimson and McGeorge Bundy, *On Active Service* (New York, 1948), 299 – 300; Cordell Hull, *Memoirs* (New York, 1941), I, 357.
2. Hull, *Memoirs*, I, 370; George N. Peek, "How to Sell Cotton," *Today*, May 18, 1935; Wallace to F. D. R. (draft), Nov. 27, 1934, Department of Agriculture Papers; George N. Peek, "World Market—Closed," *Today*, Oct. 24, 1936; Peek, with Samuel Crowther, *Why Quit Our Own* (New York, 1936), Chs. 1, 9, 10; G. C. Fite, *George N. Peek and the Fight for Farm Parity* (Norman, Okla., 1954), 268 – 279; F. B. Sayre, *Glad Adventure* (New York, 1957), Ch. 12; Raymond Moley, the following in Today for dates indicated: "Toward a Democratic Foregn Policy" (March 24, 1934), "Save Our Foreign Trade" (May 18, 1935), "Open Covenants, Limited" (Nov. 23, 1935); F. B. Sayre, Tariff Bargaining (Washington, 1934), 5, 8; Senate Finance Committee, *Reciprocal Trade Agreeements: Hearings*, 73 Cong., 2 Sess. (1934), especially 5.
3. F. B. Sayre, *Increased Exports with a Diminishing Export Balance* (Washington, 1935); Sayre, *American Commercial Policy* (Washington, 1935), 17; Sumner Welles, The Trade-Agreements Program (Washington, 1934), 5 – 6; Peek, *Why Quit Our Own*, Chs. 1, 10 – 17; F. D. R. to Peek, Nov. 22, 1935, Roosevelt Papers; Fite, *Peek*, 277 – 290; F. B. Sayre, *The Way Forward* (New York, 1939), 54 – 59, 205; H. J. Tasca, *The Reciprocal Trade Policy of the United States* (Philadelphia, 1938), Chs. 3, 5; Hull, *Memoirs*, I, 370 – 377.

4. Hull, *Memoirs*, I, 376-377; *Historical Statistics*, Ser. M32, 52, 54, 55.

十六 联邦救济崛起

1. H. L. Hopkins, "The War on Distress," *Today*, Dec. 16, 1933; Hopkins, "Emplyment in American," *Vital Speeches*, Dec. 1, 1936; Josephine C. Brown, *Public Relief*, 1929-1939 (New York, 1940), Chs. 6-7, p. 249; Gertrude Springer, "The New Deal and the Old Dole," *Survey Graphic*, July 1933; Frances Perkins, *The Roosevelt I Knew* (New York, 1946), 167, 182-185; *Congressional Record*, 73 Cong., 1 Sess., 1038, 2108, 2114, 2118 (March 30, April 21, 1933); Hopkins to Lehman, May 19, Lehman to F. D. R., May 19, 1933, Frances Perkins to Hopkins, Aug. 26, 1940, Hopkins Papers; Press Conference #6, March 24, #22, May 19, 1933.
2. Robert E. Sherwood, *Roosevelt and Hopkins* (New York, 1948), Chs. 1-2; "Harry Hopkins," *Fortune*, July 1935; Thomas Sugrue, "Hopkins Holds the Bag," *American Magazine*, March 1936; Jonathan Mitchell, "Alms-Giver: Harry L. Hopkins," *New Republic*, April 10, 1935; Raymond Clapper, "Who Is Hopkins?" *Forum*, Dec. 1937; M. W. Childs, "The President's Best Friend," *Saturday Evening Post*, April 26, 1941; George Creel, "One-Round Hopkins," *Collier's*, Nov. 9, 1935.
3. Corrington Gill, *Wasted Manpower* (New York, 1939), 152; Hopkins to Andre Maurois, June 27, 1933, Hopkins Papers.
4. H. L. Hopkins, "Federal Emergency Relief," *Vital Speeches*, Dec. 31, 1934; Hopkins, *Spending to Save* (New York, 1936), Ch. 4; Hopkins, testimony before House Appropriations Committee, *Federal Emergency Relief and Civil Works Programs: Hearings*, 73 Cong., 2 Sess. (1934), 3-18; J. L. Heffernan, "The Hungry City," *Atlantic*, May 1932; "On the Dole: 17,000,000," *Fortune*, Oct. 1934; Arnold Johnson, "Give Us Relief or We'll Take It," *Modern Monthly*, Feb. 1934; E. A. Williams, *Federal Aid for Relief* (New York, 1939), 107-111; J. A. Maxwell, *Federal Grants and the Business Cycle* (New York, 1952), 96-97.
5. House Appro. Com., *Federal Emergency Relief*, 20-28; Sherwood, *Roosevelt and Hopkins*, 51-59; "On the Dole"; *New York Times*, Jan. 23, 27, 1934; R. F. Post, "Grappling the Vast Problem of Relief," *New York Times Magazine*, July 8, 1934; Lt. Col. J. C. H .Lee, "The Federal Civil Works Administration: A Study

Covering Its Organization in November 1933 and Its Operations until 31 March 1934," Hopkins Papers; Louis Brownlow, *A Passion for Anonymity* (Chicago, 1958), 286–288.

6. Lorena Hickok to Hopkins, Report on Pennsylvania, Aug. 7–12, 1933, Report on West Virginia, Aug. 16–26, 1933, Report on Eastern Kentucky, Aug. 31–Sept. 3, 1933, Letters to Hopkins, Oct. 28, Nov. 7, 25, 1933, April 2, 1934, to Katherine Godwin, Hopkins's secretary, Nov. 21, 1936, Martha Gellhorn to Hopkins, Nov. 5, 11, Dec. 1934, April 25, 1935, Hopkins Papers; Theodore Dreiser, "Keep Moving or Starve," *Today*, March 3, 1934; Louise V. Armstrong, *We Too Are the People* (Boston, 1938), 162; G. H. Brooks, "White-Collar Workers on Relief," *Today*, Aug. 24, 1935; Hopkins, *Spending to Save*, 99; L. F. Quigley to Hopkins, Jan. 11, 1934, Hopkins Papers.
7. Kyle Crichton, "This Is the Day of Opportunity," *Collier's*, Nov. 10, 1934; R. E. Wood to Henry Wallace, June 29, 1934, Department of Agriculture Papers; Lincoln Colcord to Hopkins, Dec. 5, 1934, Hopkins Papers; William H. Matthews, "Relief Can Be Too Cheap," *Survey*, Jan. 1935; R. L. Andrews to Eugene Talmadge, Feb. 7, Talmadge to F. D. R., Feb. 11, F. D. R. to Talmadge (draft), Feb. 13, Grace Tully to Stephen Early, Feb. 21, Early to Hopkins, Feb. 21, 1935, Hopkins Papers; F. A. Vanderlip, with Boyden Sparkes, *From Farm Boy to Financier* (New York, 1935), 257–258; H. L. Ickes in *New York Times*, April 7, 1936; Lorena Hickok to Hopkins, Feb. 214, Sept 2, 1934, to Aubrey Williams, Aug. 24, 1934, to Katherine Godwin, Nov. 21, 1936, Hopkins Papers.
8. Joseph M. Clark, "Relief: The Naion's Stepchild," *Today*, Jan. 12, 1935; James F. Byrnes, "Shall We Return Relief to the States?" *Vital Speeches*, May 1, 1939; Joseph Alsop and Turner Catledge, "Our Biggest Business-Relief," *Saturday Evening Post*, April 3, 1937.
9. Alfred E. Smith, "Civil Works," *New Outlook*, Dec. 1933; Clapper, "Who Is Hopkins?"; Sherwood, *Roosevelt and Hopkins*, 55–56, Williams, *Federal Aid*, 122; *Time*, April 16, 1934; F. D. R. to Wallace, Sept. 11, 1933, Roosevelt Papers; Tugwell, "New Deal Memoir," Ch. 4; "The Federal Surplus Relief Corporation," FERA, Monthly Report, July 1935; "On the Dole"; Williams, *Federal Aid*, 142–144; Hopkins, *Spending to Save*, Ch. 8.
10. Hopkins to Bronson Cutting, Feb. 20, 1935, *Congressional Record*, 74 Cong., 1 Sess., 3954–3963 (March 19, 1935); F. D. R. to Ickes and Hopkins, April 16,

1935, Roosevelt Papers; Paul S. Taylor and Clark Kerr, "Putting the Unemployed at Productive Labor," *Annals*, Nov. 1934; Joanna Colcord, "Ohio Producer for Ohioans," *Survey*, Dec. 1934; P. A. Kerr, "Production-for-use and Distribution in Work Relief Activities," FERA, Monthly Report, Sept. 1935; Udo Rall, "Self Help-Practical and Proved," *Survey*, Nov. 1937; Williams, *Federal Aid*, 145 - 146; R. G. Swing, "EPIC and the Ohio Plan," *Nation*, Oct. 3, 1934.

11. Elmer Davis, "New World Symphony," *Harper's*, May 1935; Richard H. Rovere, "End of the Line," *The New Yorker*, Dec. 15, 1951.

十七 公共工程之战

1. H. L. Ickes, *Autobiography of a Curmudgeon* (New York, 1943); P. H. Douglas, "Ickes of Chicago," *New Republic*, May 3, 1933; Donald Richberg, *My Hero* (New York, 1954), 62 - 64; R. G. Tugwell, *The Stricken Land* (New York, 1946), 656 - 657; *Time*, July 24, 1933; Walter Lippmann, "Ickes: American Fundamentalist," *New York Herald Tribune*, Feb. 7, 1952; S. J. Woolf, *Here Am I* (New York, 1941), 239; S. K. Padover, "Ickes: Memoir of a Man without Fear," *Reporter*, March 4, 1952; Jack Alexander, "Reformer in the Promised Land," *Saturday Evening Post*, July 22, 1939.
2. Ickes, *First Thousand Days*, 59; Ickes, *Back to Work* (New York, 1935), Chs. 1 - 3; Sidney Hyman, Memorandum of talk with Philip B. Fleming, Aug. 19, 1949, Roosevelt Foundation Papers; Frances Perkins, *The Roosevelt I Knew* (New York, 1946), Ch. 22.
3. Ickes, *Back to Work*, Chs. 1; Ickes, "Precept-Then the Ax," *New Republic*, Dec. 24, 1951; Ickes to F. D. R., Dec. 27, 1934, Jan. 30, 1935, Roosevelt Papers; Ickes, *First Thousand Days*, 55, 159; Tugwell, *Stricken Land*, 17, Alexander, "Reformer"; Padover, "Ickes".
4. Corrington Gill, *Wasted Manpower* (New York, 1939), 208 - 209; R. L. Duffus, "Lifting America's Face," *New York Times Magazine*, June 13, 1937; H. L. Ickes, "My Twelve Years with F. D. R.," *Saturday Evening Post*, June 12, 1938; Ickes, *First Thousand Days*, 256.
5. Public Works Administration, *America Builds: The Record of PWA* (Washington, 1939); J. F. Isakoff, *The Public Works Administration* (Urbana, Ill., 1938); J. K. Williams, *Grants-in-Aid under the Public Works Administration* (New York, 1939); Ickes, "My Twelve Years"; Ickes, *Autobiography*, 286 - 294.

6. Lewis W. Douglas, *The Liberal Tradition* (New York, 1935), 72; Ickes, *First Thousand Days*, 115, 134, 174; interview with Henry Morgenthau, Jr., Oct. 12, 1954; Press Conference # 77, Dec. 13, 1933; Douglas to F. D. R., Dec. 1933, Roosevelt Papers.
7. Ickes, *First Thousand Days*, 134 - 136, 143; Douglas before the Conference of State Directors of the National Emergency Council, Feb. 2, 1934, Minutes; Williams, *Grant-in-Aid*, 130 - 132; Morgenthau, *Diary*, Aug. 20, 31, 1934; Douglas to F. D. R., Nov. 28, 1934, Roosevelt Papers; Douglas, *Liberal Tradition*, 53; *New York Times*, Aug. 30 - Sept. 5, 1934.
8. Morgenthau, *Diary*, Aug. 13, 1934; Hopkins to Morgenthau, Sept. 6, 1940, Hopkins Papers; Hopkins, "Beyond Relief: The Larger Task," *New York Times Magazine*, Aug. 19, 1934; Josephine C. Brown, *Public Relief*, 1929 - 1939 (New York, 1940), 234, 249; E. A. Williams, *Federal Aid for Relief* (New York, 1939), 82; E. W. Bakke, "Fifth Winter of Unemployment Relief," *Yale Review*, Winter 1935; Lorena Hickok to Hopkins (这封信的第一页缺失了，写信日期显然是 1934 年的年底), Hopkins Papers; Morgenthau, *Diary*, Sept. 8, Oct. 1, 10, 16, 17, 18, 1934; Ickes, *First Thousand Days*, 194, 200 - 203, 206; Henry Morgenthau, Jr., "The Fight to Balance the Budget," *Collier's*, Sept. 27, 1947.
9. Baruch to F. D. R., Oct. 11, F. D. R. to E. M. House, Nov. 27, 1934, Roosevelt Papers; A. J. Muse and I. M. Rubinow, "The Lundeen Bill," *Survey*, Dec. 1934; Benjamin Gitlow, *The Whole of Their Lives* (New York, 1948), 260, 261; House Labor Committee, Unemployment, *Old Age and Social Insurance: Hearings*, 74 Cong., 1 Sess. (1935), 819; Press Conference # 156, Nov. 7, 1934.

十八 社会保障诞生

1. C. L. Harriss, *History and Policies of the Home Owner's Loan Corporation* (New York, 1951); F. D. R., *Public Papers* (1933), 135 - 136, 233 - 237; *Historical Statistics*, Ser. H113 - 127.
2. Frances Perkins, "Eight Years as Madame Secretary," *Fortune*, Sept. 1941; C. M. H. Lynch, "Frances Perkins," *Mount Holyoke Alumnae Quarterly*, April 1929, Russell Lord, "Madame Secretary," *The New Yorker*, Sept. 2, 9, 1933; Herbert Corey, "Madame Secretary," *Today*, Jan. 27, 1934; Benjamin

Stolberg, "Madame Secretary," *Saturday Evening Post*, July 27, 1940; Frances Perkins, *The Roosevelt I Knew* (New York, 1946), 150 - 152; Emil Ludwig, *Roosevelt* (New York, 1938), 315; Jesse Jones, with Edward Angly, *Fifty Billion Dollars* (New York, 1951), 308 - 309.

3. E. E. White, " Development of Unemployment Compensation," *Yale Law Journal*, Dec. 1945, 1945; P. H. Douglas, *Social Security in the United States* (New York, 1936), Ch. 1; Abraham Epstein, *Insecurity: A Challenge to America* (3rd ed., New York, 1936), Ch. 18; Perkins, *Roosevelt I Knew*, Ch. 23; Perkins, "Unempolyment and Relief," *American Journal of Sociology*, March 1934; Grace Abbott, *From Relief to Social Security* (Chicago, 1941), 248 - 256; P. A. Raushenbush, "The Wisconsin Idea," I. M. Rubinow, "The Ohio Idea," J. B. Andrews, "Prospects for Unempolyment Compension Laws," *Annals*, Nov. 1933; interview with Thomas H. Eliot, Nov. 10, 1947; Charles E. Wyzanski, Jr., "Brandeis," *Atlantic*, Nov. 1956.

4. Douglas, *Social Security*, 5 - 12; Epstein, *Insecurity*, Ch. 28; Tugwell to F. D. R., Feb. 24, 1934, Roosevelt Papers; F. D. R., *Public Papers* (1934), 161 - 162, 287 - 292, 321 - 322.

5. Frances Perkins, "The War of Security," *Survey Graphic*, Dec. 1934; House Ways and Means Committee, *Unemployment Insurance: Hearings*, 73 Cong., 2 Sess. (1934), 13 - 14 (Perkins); House Ways and Means Com., *Ecomomic Security Act: Hearings*, 74 Cong., 1 Sess. (1935), 182 - 183 (Perkins), 372 - 373 (Hansen), 571 (Epstein), 874 - 882 (Report of the Technical Board); Senate Finance Committee, *Economic Security Act: Hearings*, 74 Cong., 1 Sess. (1935), 113 - 115 (Perkins), 468 (Epstein), 902 - 906 (Paul Kellogg), 1012 (Eveline Burns); Arthur J. Altmeyer to author, March 31, 1958; E. E. Witte, "An Historical Account of Unemployment Insurance in the Security Act," *Law and Contemporary Problems*, Jan. 1936; Witte, "Development of Unemployment Compension" ; Perkins, *Roosevelt I Knew*, 290 - 292; Tugwell, *Diary*, June 6, Dec. 28, 1934, Jan. 16, 1935; Abraham Epstein, "Social Security under the New Deal," *Nation*, Sept. 4, 1935; Epstein, "Social Security-Where Are We Now? " *Harper's*, June 1940; Epstein, *Insecurity*, 696 - 718; Douglas, *Social Security*, 29 - 50; interview with Alvin H. Hansen, Oct. 17, 1955; M. T. Reynolds, *Interdepartmental Committees in the National Administration* (New York, 1939), 32 - 41.

6. J. Douglas Brown, "The Development of the Old-Age Insurance Provisions of the

Social Security Act," *Law and Contemporary Problems*, April 1936; Altmeyer to author; Hopkins to John. A. Kingsbury, April 16, 1934, FERA Papers.

7. Tugwell, *Diary*, Nov. 22, Dec. 31, 1934; Perkins, *Roosevelt I Knew*, 188 - 189, 282 - 284, 284 - 285; Press Conference # 360 - A, April 15, 1937; Luther Gulick, "Memorandum on Conference with Franklin D. Rooseelt ... Summer 1941," Roosevelt Foundation Papers; R. G. Tugwell, "Roosevelt and Hoover," *Antioch Review*, Winter 1953 - 1954.
8. House Ways and Means Com., Economic Security Act, 897 - 899 (Morgenthau), 242 - 243 (Brown), 993 - 1007 (Folsom); Committee on Economic Security, Reprot to the President (Washington, 1935), 25 - 37; Brown, "Development of the Old-Age Insurance" ; G. M. Modlin, "The Old-Age Reserve Account and Its Economic Implications," *Law and Contemporary Problems*, April 1936; Abraham Epstein, "Government's Responsibility for Ecomomic Security," *Annals*, Nov. 1939; Perkins, *Roosevelt I Knew*, 293 - 294; Douglas, *Social Security*, 168; interview with Alvin H. Hansen, May 4, 1957.
9. National Association of Manufacturers, *Annual Proceedings ... 1930* (New York, 1930), 36; *Literary Digest*, Jan. 14, 1933; A. P. Sloan, Jr., "Industry's Responsibilities Broaden," *Vital Speeches*, Dec. 30, 1935; *Congressional Digest*, Feb., March, 1935; House Ways and Means Com., Economic Security Act, 1102 (Chandler); *Congressional Record*, 74 Cong., 1 Sess., 6054 (Taber), 6051 (Reed), 6061 (Wadsworth), April 19, 1935; J. K. Calbraith, *Economic and the Art of Controversy* (New Brunswick, N. J., 1955), 82 - 85.
10. Seymour E. Harris, "Priorities in Welfare Outlays" (mimeographed, 1955), 48 - 51; Arthur J. Altmeyer, "The Future of Social Security in America," *Congressional Record*, 83 Cong., 1 Sess., Appendix, 4491 - 4493.
11. J. Q. Adams, First Annual Message to Congress.

十九 品评田纳西河谷

1. Anne O'Hare McCormick, "Roosevelt Surveys His Course," *New York Times Magazine*, July 8, 1934; McCormick, "Still 'A Little Left of Centre,' " *New York Times Magazine*, Nov. 25, 1934.
2. A. E. Morgan, *The Work of the Tennessee Valley Authority ... Address before the Democratic Women's Luncheon Club of Philadelphia* (Philadelphia [1934]), 18 - 20; R. L. Duffus, *The Valley and Its People* (New York, 1946), 53.

3. C. H. Prichett, *The Tennessee Valley Authority* (Chapel Hill, 1943), Ch. 1; J. S. Ransmeier, *The Teennessee Valley Authority* (Nashville, 1942), Ch. 2; Norman Wengert, "Antecedents of TVA," *Agricultural History*, Oct. 1952; Herbert Hoover, *Memoirs ... The Cabinet and the Presidency*, 1920 - 1933 (New York, 1952), 304; Arthur Pound and S. T. Moore, eds., *They Told Barron* (New York, 1930), 51; Anne O'Hare McCormick, "The Great Dam of Controversy," *New York Times Magazine*, April 20, 1930.
4. Alfred Lief, *Democracy's Norris* (New York, 1939), 314, 415; Morgan, *Work of the TVA*, 11 - 12; Morgan, "Bench-Marks in the Tennessee Valley," *Survey Graphic*, Jan. 1934; Joint Committee on the Investigation of the Tennessee Valley Authority, *Investigation of the Tennessee Valley Authority: Hearings*, 75 Cong., 3 Sess. (1939), 313; T. R. B., *New Republic*, Feb. 15, 1933; F. D. R. to Norris, March 12, 1933, Roosevelt Papers; F. D. R., *Public Papers* (1933), 122 - 123; E. B. Nixon, ed., Franklin D. Roosevelt and Conservation, 1911 - 1945 (Hyde Park, 1957), I, 151 - 152; *Literary Digest*, Feb. 18, 1933; *New York Times*, April 27, 1933; House Military Affairs Committee, *Muscle Shoals: Hearings*, 73 Cong., 1 Ses. (1933), 1.
5. House Mil. Affairs Com., *Muscle Shoals*, 107, 115, 159, 223, 225; Wendell Willkie, "Government and the Public Utlities," *Vital Speeches*, Feb. 11, 1935; *Congressional Record*, 73 Cong., 1 Sess., 2178, 2179 (April 22, 1933), 2260 (April 24, 1933); Lief, *Norris*, 415 - 420; S. K. Bailey and Howard Samuel, *Congress at Work* (New York, 1952), Ch. 9.
6. (A. E. Morgan 是下面六份作品的作者。) *Edward Bellamy* (New York, 1944), 414 - 416; "The American Bent for Planning," *Survey Graphic*, Jan., Nov. 1934; "Not by Eastern Windows Only," *Antioch College Bulletin*, March 1936; "Sky Hooks," *Antioch Notes*, Jan. 1933; "Tho Community," *Atlantic*, Feb. 1942; Judson King, "Keep Your Eye on the Ball," *National Popular Government League Bulletin*, March 17, 1938; A. E. Morgan, *The Philosophy of Edward Bellamy* (New York, 1945), 67; Louis Admic, *My America* (New York, 1938), 595 - 611.
7. Donald A. Richberg, *My Hero* (New York, 1954), 126 - 127; Willson Whitman, *David Lilienthal* (New York, 1948), Ch. 1.
8. Joint Committee, *Investigation of the TVA*, 102 - 103, 147, 233, 331; R. G. Tugwell and E. C. Banfield, "Grass Roots Democracy-Myth or Reality? " *Public Administration Review*, Winter 1950; Tugwell, *The Battle for Democracy* (New

York, 1935), 24; Jonathan Daniels, *A Southerner Discovers the South* (New York, 1938), 57 - 59, 66 - 71; Daniels, "Three Men in a Valley," *New Republic*, Aug. 17, 1938; J. C. Poe, "The Morgan-Lilienthal Feud," *Nation*, Oct. 3, 1936; "Sweetness and Light vs. Power and Light," *Today*, Feb. 6, 1937; Wilson Whitman, "Morgan and Morgan and Lilienthal," *Harper's*, Sept. 1938.

9. Philip Selznick, *TVA and the Grass Roots* (Berkeley, 1949), Ch. 1; David E. Lilienthal, *TVA: Democracy on the March* (New York, 1953), Chs. 10, 13, 14, 18; Lilienthal, "Administrative Decentralization of Federal Functions," *Advanced Management*, Jan. - March 1940; Lilienthal, "The TVA and Decentralization," *Survey Graphic*, June 1940.

二十 拯救土地

1. F. D. R. to H. W. Van Loon, Feb. 2, 1937, Roosevelt Papers; Nelson C. Brown, "Personal Reminiscences of Franklin D. Roosevelt," Roosevelt Foundation Papers; Brown, "Presisent Has Long Practiced Forestry," *New York Times*, April 30, 1933; F. D. R., *Public Papers* (1934), 290, *Public Papers* (1935), 65.
2. F. D. R., *Public Papers* (1934), 289; Senate Education and Labor Committee, House Labor Committee, *Unemployment Relief: Joint Hearings*, 73 Cong., 1 Sess. (1933), especially 46, 69; Civilian Conservation Corps, *Two Years of Emergency Conservation Work* (mimeographed, Washington, 1935); E. B. Nixon, ed., *Franklin D. Roosevelt and Conservation*, 1911 - 1945 (Hyde Park, 1957), I, 138 - 151, 431 - 433, 591 - 593; Brown, "Personal Reminiscences"; Ferdinand Silcox, "Our Adventure in Conservation," *Atlantic*, Dec. 1937; C. P. Harper, *The Administration of the Civilian Conservation Corps* (Clarksburg, W. Va., 1939); Kenneth Holland and F.E. Hill, *Youth in the CCC* (Washington, 1942); H. M. Walker, *The CCC through the Eyes of* 272 *Boys* (Cleveland, 1938); Frances Perkins, *The Roosevelt I Knew* (New York, 1946), Ch. 14; Perkins, "The Builder of Roosevelt's Presidency," *New Republic*, June 21, 1954; Tugwell, "New Deal Memoir," Chs. 2, 3; National Emergency Council, Proceedings, Oct. 30, 1934; F. D. R. to F. C. Walcott, Oct. 22, 1934, to C. L. Peck, Sept. 7, 1935, Marguerite LeHand to I. Van Meter, July 15, 1939, Roosevelt Papers; Moley, *After Seven Years*, 173 - 174; Morgenthau, *Diary*, Dec. 9, 1937; D. C. Roper, *Fifty Years of Public Life* (Durham, N. C., 1941), 289; H. H. Woodring, "The American Army eStands Ready," *Liberty*, Jan. 6,

1934.

3. H. A. Wallace, “New Vistas for Agriculture,” *New York Times Magazine*, March 29, 1936; R. G. Tugwell, “The Planned Use of the Land,” *Today*, Jan. 20, 1934; Tugwell, “No More Frontiers,” *Today*, June 22, 29, 1935; E. W. Tinker, “The Plains Shelterbelt,” Aug. 15, 1936, Harold Smith to F. D. R., Nov. 6, 1941, Roosevelt Papers; M. L. Cooke, “Shelterbelts for Dustbowl Control,” *Survey Graphic*, Sept. 1947.
4. Tugwell, “New Deal Memoir,” Ch. 4; Wellington Brink, *Big Hugh: The Father of Soil Conservation* (New York, 1951); H. H. Bennett, *Soil Conservation* (New York, 1939), especially viii-ix, 8, 9, 11, 55; Russell Lord, *The Wallaces of Iowa* (Boston, 1947), 372 - 374; C. M. Hardin, *The Politics of Agriculture* (Glencoe, III., 1952), 102 - 103, 239; F. D. R. to Wallace, March 17, 1937, Roosevelt Papers; Russell Lord, *The Agrarian Revival* (New York, 1939), 161; Mordecai Ezekiel, “Farm Aid-Fourth Stage,” *Nation*, Feb. 26, 1938.
5. Pinchot letter in *Washington Post*, July 17, 1935; House Public Lands Committee, To Provide for the Orderly Use, *Improvement and Development of the Public Range: Hearings*, 73 Cong., 1, 2, Sess. (1933, 1934), 134.
6. House Pub. Lands Com., *Public Range: Hearings*, especially 26, 52, 56; E. L. Peffer, *The Closing of the Public Domain* (Standford University, 1951), 214 - 224; Ickes, *First Thousand Days*, 169 - 170; Nixon, ed., *Roosevelt and Conservation*, I, 160, 296, 314; Marquis James, with Ickes, “The National Domain and the New Deal,” *Saturday Evening Post*, Dec. 23, 1933.
7. Ickes, *First Thousand Days*, 202, 203, 208, 551, 681; *Washington Post*, July 17, 1935; Ickes statement, Department of the Interior release, May 2, 1937; Ickes speech at Evening Star Forum, May 31, 1937, Roosevelt Papers; Ickes, *The Lowering Clouds* (New York, 1954), 111, 118; Ickes, “Not Guilty! Richard A. Ballinger —an American Dreyfus,” *Saturday Evening Post*, May 25, 1940; Ickes, *Autobiography of a Curmudgeon* (New York, 1943), 153.
8. Tugwell, *Diary*, March 30, 1934; Ickes, *First Thousand Days*, 250, 259, 350, 417, 542, 596; Senate Committee on Expenditures in the Executive Departments, *To Change the Name of the Department of the Interior and to Coordinate Certain Governmental Functions: Hearing*, 74 Cong., 1 Sess. (1935), especially 4, 5, 18 - 20; House Committee on Expenditures in the Executive Departments, *Change Name of Department of the Interior to the Department of Conservation and Works: Hearings*, 74 Cong., 1 Sess. (1935), 1 - 3, 122.

9. F. D. R. to Harold Smith, Jan. 24, 1940, to Pinchot, Jan. 15, 1940, Roosevelt Papers; Ickes, *First Thousand Days*, 151, 328, 417 – 418; Ickes, *The Inside Struggle* (New York, 1954), 8, 43, 311; Ickes, "My Twelve Years with F. D. R.," *Saturday Evening Post*, June 19, July 24, 1948; Tugwell, "New Deal Memoir," Ch. 4; Hopkins to F. D. R., April 18, 1937, Roosevelt Papers.
10. National Planning Board, *Minutes*, June 25, 1934, National Archives; Ickes, "总统已然明确，他所谓的'国家资源'既包括物质资源，也包括人力资源。" Senate Commerce Committee, *National Planning Board of 1935: Hearing*, 74 Cong., Sess. (1935), 4。
11. Press Conference #98, Feb. 14, 1934; Ickes, *First Thousand Days*, 145 – 146, 171 – 172; Ickes, *Back to Work* (New York, 1935), 79 – 80; J. D. Millett, *The Process and Organization of Government Planning* (New York, 1947), 143 – 146; C. E. Merriam, "The National Resources Planning Board," *American Political Science Review*, Dec. 1944; Lucy Sprague Mitchell, *Two Lives* (New York, 1953), 369 – 370; R. G. Tugwell, "The Utility of the Future in the Present," *Public Administration Review*, Winter 1948; Tugwell and E. C. Banfield, "Governmental Planning at Mid-Century," *Journal of Politics*, May 1951; Tugwell, "The Sources of New Deal Reformation," *Ethics*, July 1954.

二十一 社区复兴

1. R. G. Tugwell, *The Battle for Democracy* (New York, 1935), 66.
2. R. G. Tugwell, "Freedom from Fakes," *Today*, Nov. 17, 1933; Tugwell, "America Takes Hold of Its Destiny," *Today*, April 28, 1934; Tugwell, Thomas Munro, and R. E. Stryker, *American Economic Life* (New York, 1930), 584 – 585; Tugwell, *The Industrial Discipline* (New York, 1933), 127, 173 – 174; Arthur Kallet and F. J. Schlink, *100,000,000 Guinea Pigs* (New York, 1933).
3. Senate Commerce Committee, *Foods, Drugs, and Cosmetics: Hearings*, 73 Cong., 2 Sess. (1933), especially, 12, 172, 322, 394; Senate Commerce Com., *Foods ... Hearings*, 73 Cong., 2 Sess. (1934), especially 292, 411; House Interstate and Foreign Commerce Committee, *Foods, Drugs and Cosmetics: Hearings*, 74 Cong., 1 Sess. (1935), especially 507, 523; Tugwell, "New Deal Memoirs," Chs. 2, 4; D. F. Cavers, "The Food, Drug, and Cosmetic Act of 1938," *Law and Contemporary Problems*, Winter 1939; Ruth de F. Lamb, *American Chamber of Horrors* (New York, 1936); Tugwell to F. D. R., Feb. 21,

Marguerite LeHand to Marvin McIntyre, Feb. 28, 1934, Roosevelt Papers; Arthur Kallet, "Foods and Drugs for the Consumer," *Annals*, May 1934; R. G. Tugwell, *The Democratic Roosevelt* (New York, 1957), 464 – 467; Arthur Kallet, "Consumers' Research on Strike," *New Masses*, Sept. 17, 1935; Don Wharton, "Arthur Kallet," *Scribner's*, Nov. 1937; Consumer Reports, Aug. 1957; interview with D. F. Cavers, 1957.

4. H. S. Johnson, "Background of NRA," *Saturday Evening Post*, June 30, 1934; Maury Maverick, *A Maverick American* (New York, 1937), 235 – 236. Tugwell, *Diary*, March 22, 1934; Russell Lord, "Rural New Yorker," *The New Yorker*, March 23, 30, 1935; Senate Agriculture and Forestry Committee, *Confirmation of Rexford G. Tugwell: Hearings*, 73 Cong., 2 Sess. (1934), especially 166 – 167, 171; R. G. Tugwell, "The Compromising Roosevelt," *Western Political Quarterly*, June 1953; *Time*, June 25, 1934; Ickes, *First Thousand Days*, 164.
5. Ford in *Time*, June 13, 1932; E. E. Peoples to Lawrence Westbrook, May 21, 1934, FERA Papers; Bruce Bliven, "Mr. Borsodi's Way Out," *New Republic*, July 10, 1929; Ralph Borsodi, "One Way Out," *New Republic*, July 17, 1929; Borsodi, *Flight from the City* (New York, 1933); Borsodi, "Subsistence Homesteads," *Survey Graphic*, Jan. 1934; F. D. R. to Norris, April 17, 1933, Roosevelt Papers; E. D. Coblentz, *William Randolph Hearst* (New York, 1952), 148; John H. Bankhead, "The One Way to Permanent Recovery," *Liberty Magazine*, July 22, 1933.
6. Russell Lord and Paul H. Johnstone, eds., *A Place on Earth* (Bureau of Agricultural Economics, Washington, 1942); Wallace to Lewis Douglas, June 5, 1933, Bureau of the Budget Papers; H. L. Hopkins, "Beyond Relief," *New York Times Magazine*, Aug. 19, 1934; H. S. Johnson, *The Blue Eagle* (New York, 1935), 198; M. L. Wilson, *Farm Relief and the Domestic Allotment Plan* (Minneapolis, 1933), 49 – 50; Wilson, "The Place of Subsistence Homesteads in our National Economy," address, Philadelphia, Dec. 27, 1933 (Department of Agriculture release), 5 – 6; Russell Lord, *The Wallaces of Iowa* (Boston, 1947), 300 – 304; Lord, "The Rebirth of Rural Life," *Survey Graphic*, Dec. 1941; C. E. Pickett, *For More Than Bread* (Boston, 1953), 52 – 53, 62; H. A. Wallace, "We Are More Than Economic Men," *Scribner's*, Dec. 1934.
7. Eleanor Roosevelt, *This I Remember* (New York, 1949), 126 – 132; Ickes, *First Thousand Days*, 129, 152, 154, 218 – 219, 227 – 232, 253 – 254; Louis Howe radio Broadcast, Sept. 28, 1934, Roosevelt Papers; Pickett, *For More Than*

Bread, 58 - 61; Wesley Stout, "The New Homesteads," *Saturday Evening Post*, Aug. 4, 1934; Eleanor Roosevelt, "Subsistence Farmsteads," *Forum*, April 1934; W. E. Brooks, "Arthurdale — A New Chance," *Atlantic*, Feb. 1935; M. M. Rice, "Footnote on Arthurdale," *Harper's*, March 1940; Wilson, "Place of Subsistence Homesteads"; Subsistence Homestead Division, Circular No. 1, *General Information Concerning the Purposes and Policies of the Division of Subsistence Homesteads* (Washington, 1933); *Time*, June 18, 1934; Margaret Coit, *Mr. Baruch* (Boston, 1957), 690.

8. H. L. Ickes, *Back to Work* (New York, 1936), 191 - 194; Lorena Hickok to Hopkins, May 25, 1934, Hopkins Papers; R. P. Duggan, *A Federal Resettlement Project: Granger Homesteads* (Washington, 1937); H. L. Hopkins, *Spending to Save* (New York, 1936), 147; Hopkins to Lawrence Westbrook, Nov. 5, 1934, in *Rural Rehabilitation*, Nov. 15, 1934; Hopkins, "Hope for the Millions," *Today*, May 4, 1935; E. A. Williams, *Federal Aid for Relief* (New York, 1939), 140 - 141; Berta Asch and A. R. Mangus, *Farmers on Relief and Rehabilitation* (Works Progress Administration Research Monograph VIII, Washington, 1937).

二十二 抑制乡村贫困之战

1. R. G. Tugwell, "No More Frontiers," *Today*, June 29, 1935; Tugwell, *The Battle for Democracy* (New York, 1935), 157; Tugwell, *The Stricken Land* (New York, 1946), 21, 35, 218; Tugwell, "The Preparation of a President," *Western Political Quarterly*, June 1948; Tugwell, "New Deal Memoir," Chs. 1, 2; O. E. Baker, Ralph Borsodi, and M. L. Wilson, *Agriculture in Modern Life* (New York, 1939), 246.

2. E. C. Banfield, *Government Project* (Glencoe, III., 1951) with foreword by R. G. Tugwell; G. A. Warner, *Greenbelt: The Cooperative Community* (New York, 1954) with introduction by J. S. Lansill; Russell Lord and Paul H. Johnstone. Eds., *A Place on Earth* (Bureau of Agricultural Economics, Washington, 1942); M. W. Childs, *I Write from Washington* (New York, 1942), 10 - 14; Lorena Hickok to Hopkins, May 28, 1934, Hopkins Papers; Tugwell, *Diary*, March 3, 1935; Tugwell, "The Meaning of the Greenbelt Towns," *New Republic*, Feb. 17, 1937; Baker, Borsodi, and Wilson, *Agriculture*, 255 - 256; G. G. Gross, "Greenbelt—the Boondoggle That Made Good," *Washington Post*, June 8, 1947; Jonathan Daniels, *Frontier on the Potomac* (New York, 1946), 135 - 136;

Russell Lord, "The Rebirth of Rural Life," *Survey Graphic*, Dec. 1941; Redelia Brisbane, *Albert Brisbane* (Boston, 1893), 218; F. D. R. to Alexander, Aug. 28, 1936, to Wallace, Feb. 2, 1937, Roosevelt Papers.

3. Resettlement Administration, *The Resettlement Administration* (Washington, 1935); Farm Tenancy: Message from the President of the United States Transmitting the Report of the Special Committee on Farm Tenancy, 74 Cong., 1 Sess., Hse. Doc. No. 149 (Washington, 1937); Howard Kester, *Revolt among the Sharecroppers* (New York, 1936); J. D. Black and R. H. Allen, "The Growth of Farm Tennancy in the United States," *Quarterly Journal of Economics*, May 1937; C. S. Johnson, E. R. Embree, and W. W. Alexander, *The Collapse of Cotton Tenancy* (Chapel Hill, 1935), 6–23; H. C. Nixon, *Forty Acres and Steel Mules* (Chapel Hill, 1938), 19 – 27; L. P. Davis, "Relief and the Sharecropper," *Survey Graphic*, Jan. 1936; C. T. Carpenter, "King Cotton's Slaves," *Scribner's*, Oct. 1935; *New York World-Telegram*, July 30, 1935; *Time*, March 4, 1935; H. A. Wallace, "Wallace Maps a Farm Program," *New York Times Magazine*, Jan. 3, 1937; Russell Lord, *The Wallaces of Iowa* (Boston, 1947), 459–462.
4. Kester, *Revolt*; Carpenter, "King Cotton's Slaves"; Essick Low to Harry Hopkins, April 9, 1934, FERA Papers; *Arkansas Gazette*, Aug. 3, 1954; *New York Times*, April 18, 1935; Frazier Hunt, *One American* (New York, 1938), 394; Thomas to F. D. R., March 15, April 9, 22, 23, Davis to F. D. R., March 19, to Thomas, March 19, 1935, Roosevelt Papers; Norman Thomas, *Plight of the Sharecropper* (New York, 1934); Thomas, "Reminiscences" (Oral History Research Office), 83, 88; P. S. Taylor and Clark Kerr, "Uprisings on the Farms," *Survey Graphic*, Jan. 1935; James Rorty, "Lettuce-with American Dressing," *Nation*, May 15, 1935.
5. Sharecropper's Voice, July, Oct., Nov. 1936; H. A. Wallace, "Wallace Points to the Danger of Tenancy," *New York Times Magazine*, March 31, 1935; Tugwell, *Diary*, Jan. 23, April 14, 1935; Tugwell, "Behind the Farm Problem: Rural Poverty," *New York Times Magazine*, Jan. 10, 1937; Bilbo to F. D. R., Aug. 18, 1935, Roosevelt Papers; W. W. Alexander memorandum of May 27, 1948, Roosevelt Foundation Papers; J.G. Maddox, "The Bankhead–Jones Farm Tenant Act," *Law and Contemporary Problems*, Oct. 1937; Paul V. Maris, "*The Land Is Mine*": *From Tenancy to Family Farm Ownership* (Washington, 1950), Ch. 1; Tugwell to author, April 14, 1958.

二十三 劳工的苦难

1. Irving Bernstein, "The Growth of American Unions," *American Economic Review*, June 1954; *Historical Statistics*, D 224 - 238; Edward Levinson, *Labor on the March* (New York, 1938), 55 - 57.
2. Charles Rumford Walker, *American City* (New York, 1937), Chs. 6 - 12; "Revolt in the Northwest," *Fortune*, April 1936; Herbert Solow, "War in Minneapolis," *Nation*, Aug. 8, 1934; C. R. Walker, "The Farmer - Labor Party of Minnesota," *Nation*, March 13, 1937; Herbert Lefkovitz, "Olson: Radical and Proud of It," *Review of Reviews*, May 1935; Eric Sevareid, *Not So Wild a Dream* (New York, 1946), 58; James P. Cannon, *History of American Trotskyism* (New York, 1944), Ch. 8.
3. "The Maritime Unions," *Fortune*, Sept. 1937; Creel to F. D. R., March 21, 1934, John Steelman to Frances Perkins, May 19, 1937, Roosevelt Papers; Louis Adamic, "Harry Bridges," *Nation*, May 6, 1936; G. P. West, "Labor Strategist of the Embarcadero," *New York Times Magazine*, Oct. 25, 1936; Bruce Minton and John Stuart, *Men Who Lead Labor* (New York, 1937), Ch. 7; Frances Perkins, *The Roosevelt I Knew* (New York, 1946), 316.
4. *Time*, June 25 - Aug. 6, 1934; Perkins, *Roosevelt I Knew*, 312 - 315; H. S. Johnson, *The Blue Eagel* (New York, 1935), 321 - 326; Hiram Johnson to Ickes, July 16, Meier to F. D. R., July 16, Perkins to F. D. R., July 15, Howe to F. D. R., July 15, 1934, Roosevelt Papers; F. D. R., *Public Papers* (1934), 399; Lillian Symes, "Thunder over San Francisco," *Modern Monthly*, Aug. 1934; Miriam Allen De Ford, "Labor Bids for Power," *Nation*, July 18, 1934; "San Francisco: An Autopsy on the General Strike," *Nation*, Aug. 1, 1934; Minton and Stuart, *Men Who Lead Labor*, 181 - 189; Johnson, speech of July 17, 1934, NRA Release #6823, July 27, 1934; Larry O'Conner, "The Facts behind the San Francisco Strike," *Today*, Sept. 8, 1934; Maurice Goldbloom, John Herling, et al., *Strikes under the New Deal* (New York [1936]), 44 - 52; Walter Lippmann, *Interpretations: 1933 - 1935*, Allan Nevins, ed. (New York, 1936), 139 - 140; W. Z. Foster, *Pages from a Worker's Life* (New York, 1939), 193 - 197.
5. "The Industrial War," *Fortune*, Nov. 1937; *Time*, June 4 - Sept. 24, 1934; Daniels to F. D. R., Sept. 17, 1934, Roosevelt Papers; Levinson, *Labor*, Ch. 3.

6. Herbert Harris, *American Labor* (New Haven, 1938), 279 - 283; Harris, *Labor's Civil War* (New York, 1940), 31 - 32; Levinson, *Labor*, Chs. 3 - 4.

二十四 全国劳工政策的发展

1. Francis Biddle, "The Labor Board," Biddle Papers; Garrison to Johnson, Aug. 17, Johnson to Garrison, Aug. 18, Biddle to F. D. R., Dec. 6, Richberg to Marvin McIntyre, Dec. 6, 13, Richberg to F. D. R., Dec. 15, 18, 26, 1934, Roosevelt Papers; Senate Finance Committee, *Investigation of the National Recovery Administration: Hearings*, 74 Cong., 1 Sess. (1935), 1536 - 1538; L. L. Lorwin and Arthur Wubnig, *Labor Relations Board* (Washington, 1935), 302 - 303, 309, 324 - 338, 439 - 440; Francis Biddle, "Labor's Status Today," *Nation*, June 26, 1935; L. K. Garrison, "The National Labor Board," *Annals*, March 1936; Garrison, "7 - A and the Future," *Survey Graphic*, Feb. 1935; Garrison, "The National Labor Relations Act," *Survey Graphic*, Dec. 1935; *New York Times*, March 8, 1935; R. G. Swing, "Richberg Misinforms the President," *Nation*, Feb. 6, 1935.
2. Leon Keyserling, "Why the Wagner Act?" in L. G. Silverberg, ed., *The Wager Act after Ten Years* (Washington, 1945); Irving Bernstein, *New Deal Collective Bargaining Policy* (Berkeley, 1950), Ch. 7; Senate Education and Labor Committee, *To Create a National Labor Board: Hearings*, 73 Cong., 2 Sess. (1934), especially 7 - 13; Sen. Ed. and Labor Com., *National Labor Relations Board: Hearings*, 74 Cong., 2 Sess. (1935); Biddle, "The Labor Board"; Heywood Broun, "Labor and the Liberals," *Nation*, May 1, 1935.
3. F. D. R. to Garner, Aug. 11, Alice Winegar to William D. Hassett, Oct. 6, Cummings to F. D. R., July 20, Early to F. D. R., Sept. 13, 1934, Roosevelt Papers; Press Conference, # 125, May 25, 1934; R. G. Tugwell, *The Industrial Discipline* (New York, 1933), 115, 134 - 135; Frances Perkins, *The Roosevelt I Knew* (New York, 1946), 303 - 304, 307 - 310, 325; R. G. Tugwell, "Franklin D. Roosevelt on the Verge of the Presidency," *Antioch Review*, Spring 1956; Bernstein, *New Deal Collective Bargaining*, 26, 99; Donald Richberg, "Rights and Wrongs of Labor," *Vital Speeches*, June 1, 1953; Edmund Wilson, *The American Earthquake* (New York, 1958), 561.
4. Senate Ed. And Laobr Com., *NLRB: Hearings*, 125, 126, 581 - 587; House Labor Committee, *Labor Dispute Act: Hearings*, 74 Cong., 1 Sess. (1935), 174;

Sen. Ed. And Laobr Com., To Create a Naitonal Labor Board, 59, 496, 763, 972 - 992; L. H. Brown, Charles R. Hook, G. H. Houston, et al., to F. D. R., March 21, 1934, Roosevelt Papers; Commercial and Financial Chronicle, March 24, 1934; E. T. Weir, "Present Relations of Business to Goverment," *Vital Speeches*, April 22, 1935; Walter Lippman, *Interpretations: 1933 - 1935*, Allan Nevins, ed., (New York, 1936), 148, 153, 154; clipping from an Oklahoma City paper, April 19, 1934, Hopkins Papers; A. P. Sloan, Jr., "Comments on the Current Situation," *Vital Speeches*, April 22, 1935; Bernstein, *New Deal Collective Bargaining*, Ch. 8; Keyserling, "Why the Wagner Act? "

5. Bernstein, *New Deal Collective Bargaining*, Ch. 9; Roper to F. D. R., May 22, 1935, Roosevelt Papers; *New York Times*, May 25, 1935; *Congressional Record*, 74 Cong., 1 Sess. 9679 (June 19, 1935); Biddle, "The Labor Board"; Malcolm Ross, *Death of a Yale Man* (New York, 1939), 173 - 174; National Lawyers' Committee of the American Liberty League, *Report on the Constitutionality of the National Labor Relations Act* (Washington, 1935), xi.

二十五 产业工会联合会现身

1. 此处给出的总体分析非常倚重我同约翰 · T. 邓洛普的交流。也可对比邓洛普的一篇文章:"Structural Changes in the American Labor Movement and Industrial Relations System" (MS); Benjamin Stolberg, *The Story of the C. I. O.* (New York, 1938), 11; Edward Levinson, *Labor on the March* (New York, 1938), Ch. 4。
2. Theresa Wolfson and Abraham Weiss, *Industrial Unionism in the American Labor Movement* (New York, 1937), 8 - 19; Daniel De Leon, *Industrial Unionism* (New York, 1935), 4; Arnold Petersen, *Daniel De Leon: Social Architect* (New York, 1941), 242; Marjorie R. Clark, "Recent History of Labor Organization," and John L. Lewis, "Adapting Union Methods to Current Changes," *Annals*, March 1936.
3. Levinson, *Labor*, Chs. 3, 4.
4. AF of L., *Proceedings of the Fifty-fifth Annual Convention* (Washington [1936]), 521 - 564, 727; *New York Times*, Oct. 20, 1935; Levinson, *Labor*, Ch. 5; James A. Wechsler, *Labor Baron: A Portrait of John L. Lewis* (New York, 1944), 50 - 51.
5. S. D. Alinsky, *John L. Lewis* (New York, 1949), 78; Leinson, *Labor*, Ch. 6;

Wechsler, *Labor Baron*, 54–57; *New York Times*, Jan. 24, Aug. 5, 1936; *Time*, Feb. 10, 1936; Louis Stark, "The Crisis in the Labor Movement," *New York Times Magazine*, March 25, 1936; John L. Lewis, "Industrial Unionism Surveys the Future," *Forum*, April 1936; Walter Galenson, "Relationship between the A. F. of L. and the C.I.O., 1935–1941" (MS); "The Great Labor Unheaval," *Fortune*, Oct. 1936.

6. Walter Galenson, "The Unionization of the American Steel Industry," *International Review of Social History*, I, 29; Levinson, *Labor*, Ch. 6; *Time*, June 15, 1936; Kermit Eby, "They Don't Sing Any More," *Christian Century*, Feb. 27, 1952.
7. 刘易斯在《重大演说集》中的这些演说都有相应的日期标注："The Battle for Industrial Democracy" (Aug. 1, 1936), "The Future of Labor" (Oct. 15, 1936), "I Solemnly Warn the Learders of Industry" (Jan. 15, 1937); Selden Rodman, "Labor Leader No. 1," Common Sense, Jan. 1936; Wechsler, *Labor Baron*, 3, 73–83; Lewis before Senate Finance Committee, *National Industrial Recovery: Hearings*, 73 Cong., 1 Sess. (1933), 406; C. L. Sulzberger, *Sit Down with John L. Lewis* (New York, 1938), 54; Heywood Broun, "We Still Want the United Front," *Nation*, Jan. 1, 1936; Bruce Minton and John Stuart, *Men Who Lead Labor* (New York, 1937), 114。

二十六 通往工商业集团的桥梁

1. J. P. Kennedy, *I'm for Roosevelt* (New York, 1936), 93; Topeka Capital, May 26, 1933; *New York Times*, Sept. 14, 1936; Walter Lippman, "Big Business Men of Tomorrow," *American Magazine*, April 1934; interview with Frances Perkins, Feb. 21, 1947; Donald Richberg, "The Future of the NRA," *Fortune*, Oct. 1934; J. T. Flynn, "Other People's Money," *New Republic*, Dec. 11, 1935; Raskob to F. D. R., April 4, Leffingwell to F. D. R., Oct. 2, 1933, Roosevelt Papers; W. A. White in Emporia Gazette, Jan. 3, 1934; "Mr. Roosevelt's Men," *Fortune*, April 1934.
2. D. C. Roper, *Fifty Years of Public Life* (Durham, N. C., 1941), 284, 346–347; Ickes, *First Thousand Dayts*, 542; Jesse H. Jones, with Edward Angly, *Fifty Billion Dollars* (New York, 1951), especially 290; B. N. Timmons, *Jesse H. Jones* (New York, 1956); T. L. Stokes, *Chip off My Shoulder* (Princeton, 1940), 232; Ray Tucker, "Texas Steerer," *Collier's*, Sept. 22, 1934; Dwight

Macdonald, "Jesse Jones, Reluctant Dragon," *Nation*, Feb. 7, 1942; W. B. Huie, "Jesse Jones," *American Mercury*, April 1942; Tom Connally, with Alfred Steinberg, *My Name Is Tom Connally* (New York, 1954), 131 – 132.

3. Jones, *Fifty Billion Dollars*, 73, 84, 290, 517 – 518; Timmons, *Jones*, 168, 174; Senate Banking and Currency Committee, *Creation of a Reconstruction Finance Corporation: Hearings*, 72 Cong., 1 Sess. (1932), 40; Herbert Hoover, *State Papers* (New York, 1934), II, 228 ff.
4. Leffingwell to Alexander Sachs, Jan. 4, 1935, Roosevelt Papers; *New York Times*, Sept. 5, 1933; Jones, *Fifty Billion Dollars*, 26 – 27, Jones, Ch. 18; C. F. Roos, *NRA Economic Planning* (Bloomington, Ind., 1937), 383 – 386; Elliot V. Bell, "The Bankers Sign a Truce," *Current History*, Dec. 1934.
5. F. D. R. to Woodin, Oct. 9, 1933, Roosevelt Papers; Ickes, *First Thousand Days*, 108 – 109; Jones, *Fifty Billion Dollars*, 27 – 37.
6. Reconstruction Finance Corporation, *Seven-Year Report* (Washington, 1939); "The House of Jesse," *Fortune*, May 1940; Jones, *Fifty Billion Dollars*, 261 – 262; Macdonald, "Jesse Jones"; M. W. Childs, *I Write from Washington* (New York, 1942), 28; Timmons, *Jones*, Ch. 22; Jesse Jones, *Recovery Is Obvious ... Address ... May 10*, 1935 (n. p., n. d.), 5; Thomas G. Corcoran to author, April 1, 1958.
7. A. A. Berle, Jr., "High Finance: Master or Servant," *Yale Review*, Autumn 1933; Raymond Moley, "Must the Government Take Over the Banks?" *Today*, Feb. 3, 1934; A. A. Berle, Jr., *New Directions in the New World* (New York, 1940), Ch. 5; F. D. R., *Public Papers* (1934), 152 – 154; C. B. Upham and Edwin Lamke, *Closed and Distressed Banks* (Washington, 1934), 235 – 240; A. A. Berle, Jr., "The New Deal and Economic Liberty," *Annals*, March 1935; Corcoran to author, April 1, 1958.

二十七　金融集团叛离

1. Herbert Hoover, *Memoirs ... The Great Depression, 1929 – 1941* (New York, 1952), 125 – 130; J. T. Flynn, "The Marines Land in Wall Street," *Harper's*, July 1934.
2. Senate Banking and Currency Committee, *Stock Exchange Practices: Hearings*, 73 Cong., 1 Sess. (1933), 53, 61, 175; *Report*, 73 Cong., 2 Sess. Especially 125 – 133; Ferdinand Pecora, *Wall Street under Oath* (New York, 1939), Chs.

1, 2; T. L. Stockes, *Chip off My Shoulder* (Princeton, 1940), 345 – 350; Flynn, "Marines Land in Wall Street"; *New York Times*, May 25 – June 1, 1933, Sept. 14, 1936; *Topeka Capital*, May 26, 1933; *Time*, June 5, 12, 1933; Ickes, *First Thousand Days*, 45 – 46.

3. Pecora, *Wall Street*, 96 – 103; Sen. Banking and Cur. Com., *Stock Exchange Practices*, 388, 1010, 2834; *New York Times*, March 26, 1933.
4. J. M. Landis, "Should the Federal Securities Act of 1933 Be Modified?" *Congressional Digest*, May 1934; A. S. Link, *Woodrow Wilson and the Progressive Era* (New York, 1954), 68; Pecora, *Wall Street*, Ch. 13.
5. Moley, *After Seven Years*, 175 – 184; "The Legend of Landis," *Fortune*, Aug. 1934; Ray Tucker, "Wall Street's Boss," *New York Times Magazine*, Oct. 6, 1935; "SEC," *Fortune*, June 1940; F. D. R., *Public Papers* (1933), 93 – 94; Felix Frankfurter, "The Federal Securities Act," *Fortune*, Aug. 1933; Landis to author, Feb. 13, 1957.
6. F. H. Sisson, "Men, Not Laws, Make Sound Banks," *Nation's Business*, Jan. 1938; B. N. Timmons, *Jesse H. Jones* (New York, 1956), 177 – 178, 183, 187; *New York Times*, March 9, 1933; Pecora, *Wall Street*, 285, 295; *Historical Statistics*, Ser. N 135.
7. Elliot V. Bell, "The Bankers Sign a Truce," *Current History*, Dec. 1934; Bell, "The Decline of the Money Barons," in Hanson Baldwin and Shepard Stone, eds., *We Saw It Happen* (New York, 1938); *St. Louis Post – Dispatch*, Nov. 5, 1933; Raymond Moley, "An NRA for Finance," *Today*, Dec. 30, 1933; A. A. Berle, Jr., "High Finance: Master or Servant," *Yale Review*, Autumn 1933; Tugwell, "New Deal Memoir," Ch. 2; W. O. Douglas, "Protecting the Investor," *Yale Review*, Spring 1934; Gardiner C. Means, "Protecting the Buyers of Securities," *New York Times*, April 9, 1933.

二十八 危机高悬

1. J. P. Frank, *Mr. Justice Black* (New York, 1949), Chs. 1 – 3; Charlotte Williams, *Hugo L. Black* (Baltimore, 1950), Ch. 2; Paul Y. Anderson, "Democracy at Work," *Nation*, March 2, 1932; Raymond Clapper, "Hugo Black," *Review of Reviews*, April 1934.
2. H. L. Smith, Airways (New York, 1942), 212 – 268; M. R. Werner, Privileged Characters (New York, 1935), Ch. 6; Clapper, "Hugo Black"; Frank, *Black*,

52 – 53; Time, Feb. 19, 1934; Paul Tillett, "The Army Flies the Mails," *Inter-University Case Program*, *No. 24* (1955), 1 – 29.

3. Senate Post Office Committee, *Revision of Air-Mail Laws: Hearings*, 73 Cong., 2 Sess. (1934), 114, 124, 220; House Post Office Committee, *Air Mail: Hearings*, 73 Cong., 2 Sess. (1934), 382 – 388; Tillett, "Army Flies the Mails," 30 – 69; *New York Times*, Feb. 9 – March 17, 1934; *Time*, Feb. 19 – March 19, 1934; Smith, *Airways*, 142 – 143, 249 – 277; J. A. Farley, *Jim Farley's Story* (New York, 1948), 47; Isaac Don Levine, *Mitchell: Pioneer of Air Power* (New York, 1943), 392 – 394; Emile Gauvreau and Lester Cohen, *Billy Mitchell* (New York, 1942), 211; H. H. Arnold, *Global Mission* (London, 1951), 109 – 111; Werner, *Privileged Characters*, 433; F. D. R., *Public Papers* (1934), 138 – 142.

二十九 管控股票交易

1. 参见 testimony by Corcoran and E. A. Goldenweiser, Senate Banking and Currency Committee, *Stock Exchange Practices* (*National Securities Exchange Act*)*: Hearings,* 73 Cong., 2 Sess. (1934), 6437 – 6440, 6465 – 6466; 也请参见 House Interstate and Foreign Commerce Committee, *Stock Exchange Regulation: Hearings*, 73 Cong., 2 Sess. (1934), especially 85 – 86; Moley, *After Seven Years*, 284 – 285; Benjamin V. Cohen to author, Dec. 30, 1955; Landis to author, March 20, 1956。
2. Select House Committee, To Investigate Charges Made by Dr. William A. Wirt: *America Must Lose* (New York, 1934), 22 – 25, 33 – 37; Wirt, *Keeping America Safe for Democracy* (n. p., 1936); *New York Times*, March 25 – April 11, 1934; House Interstate and For. Commerce Com., Stock Exchange Regulation, 755 – 773; *Time*, April 23, 1934; F. D. R., *Public Papers* (1934), 182; Mary Heaton Vorse, "Behind Dr. Wirt," *New Republic*, April 25, 1934; W. R. Hearst, *Selections from Writings and Speeches* (San Francisco, 1948), 109; Mark Sullivan in *New York Herald Tribune*, Dec. 12 – 28, 1933; Tugwell, *Diary*, April 8, 1954; Edmund Wilson, *The American Earthquake* (New York, 1958), 538 – 544; J. C. Malin, *On the Nature of History* (Lawrence, Kan., 1954), 237 – 262; Charles Collins, "The Ordeal of Dr. Wirt," *Chicago Tribune*, April 4, 1954.
3. Joseph Alsop and Robert Kintner, "The Battle of the Market Place," *Saturday Evening Post*, June 11, 1938; Matthew Josephson, "Groton, Harvard, Wall

Street," *The New Yorker*, April 2, 1932; Whitney's testimony in *Sen. Banking and Cur. Com.*, *Stock Exchange Practices*, 98, 6605, 7538, and House Interstate and For. Commerce Com., Stock Exchange Regulation, 195; S. J. Woolf, "Whitney Defends the Takers of Risks," *New York Times Magazine*, July 3, 1932; *Time*, Feb. 26, 1934; T. L. Stokes, *Chip off My Shoulder* (Princeton, 1940), 359.

4. Sen. Banking and Cur. Com., Stock Exchange Practices, 6583 - 6584, 6606, 6609, 7000, 7486; House Interstate and For. Commerce Com., Stock Exchange Regulation, 495, 561, 731, 939; Whitney to F. D. R., Feb. 8, 1934, Roosevelt Papers; *Congressional Record*, 73 Cong., 2 Sess., 7944 (May 2, 1934), 8012 (May 3, 1934); *New York Times*, March 17, April 22, May 7, 1934; "Wall Street's Aid on the New Deal," *Today*, April 21, 1934.
5. Will Rogers, *Autobiography*, Donald Day, ed. (Boston, 1949), 339; Alsop and Kintner, "Battle of the Market Place"; *New York Times*, April 24, 1934; Corcoran to author, April 1, 1958; Sen. Banking and Cur. Com., Stock Exchange Practices, 6574, 6584, 6601, 6733; Landis to author, March 20, 1956.
6. F. D. R., *Public Papers* (1934), 170; *New York Times*, March 7, 8, 20, 21, May 5, 13, 27, 1934; Alsop and Kintner, "Battle of the Market Place"; J. T. Flynn, "The Marines Land on Wall Street," *Harper's* July 1934; Landis to author, Feb. 13, 1957.
7. Moley, *After Seven Years*, 286 - 289; J. P. Kennedy, *I'm for Roosevelt* (New York, 1936), 3; "Mr. Kennedy the Chairman," *Fortune*, Sept. 1937; Karl Schriftgiesser, "Mr. Ambassador Kennedy," *North American Review*, Winter 1938 - 1939; J. T. Flynn, "Other People's Money," *New Republic*, July 11, 18, 1934; Ickes, *First Thousand Days*, 173；科科伦写道："我不太记得是否跟莫利说过这样的话，认为敌人'支持工商业集团'……我很可能是这样说的：'四个支持我们，一个反对我们。'当时的情形，本和我都在承受一场所谓的'反共'浪潮，那样的情形之下，我们的心绪很难平静……不过，并没有真正的仇怨，原因很简单，工商业界有人反对我们，也有人支持我们。" To author, April 1, 1958。
8. Landis to author, Feb. 13, 1957; Corcoran to author, April 1, 1958; Elliot V. Bell, "Wall Street's Life with SEC," *Banking*, Jan. 1939; Alsop and Kintner, "Battle of the Market Place"; "SEC," *Fortune*, June 1940; "Kennedy, Who Guards the Investor," *Nation's Business*, March 1935.

三十 保守派掀起反对浪潮

1. W. M. Kiplinger, "What's Ahead in Washington," *Nation's Business*, May 1934; Stone to Hoover, March 27, 1934, in A. T. Mason, *Security through Freedom* (Ithaca, 1955), 74; *Time*, Sept. 24, 1934; E. A. Filene, "A Report of a Study Tour of Business Conditions in 14 Large Cities," March 1934, Roosevelt Papers; *Commercial and Financial Chronicle*, Oct. 7, 1933; Coudert to Beck, Dec. 20, 1932, in Morton Keller, "Journey to Disillusion: James M. Beck and the Course of Modern American Conservatism," Ph. D. thesis, Harvard University; 关于管制体制之"心理成本"这一观念，可参见 Robert E. Lane, *The Regulation of Businessmen* (New Haven, 1954), Ch. 1。
2. Ogden Mills, *What of Tomorrow?* (New York, 1935), 2, 7 - 11; Herbert Hoover, *The Challenge to Liberty* (New York, 1934), 85, 114 - 115; David Lawrence, *Stumbling into Socialism* (New York, 1935), 5; Frank Kent, *Without Grease* (New York, 1936), 33; *New York Times*, April 22, 1934; George N. Peek, with Samuel Crowther, *Why Quit Our Own* (New York, 1936), 11; " 'Smilin' Through!" *Saturday Evening Post*, Sept. 22, 1934; R. E. Desvernine, *Democratic Despotism* (New York, 1936), 158; Merle Thorpe, "The Supreme Court of Worth," *Nation's Business*, Dec. 1935; L. W. Lancaster, "The Professor's Place in Government," *Nation's Business*, June 1935; Heywood Broun, *It Seems to Me* (New York, 1935), 237; Homer Ferguson, "A Plea for Inefficiency," *Nation's Business*, Nov. 1928; Herbert Hoover, "The Towers of Babel," *Vital Speeches*, Feb. 24, 1936.
3. Merle Thorpe, "Speculating upon Speculation," *Nation's Business*, May 1934; *Time*, July 2, 1934; J. P. Warburg, *It's Up to Us* (New York, 1934), 194; Kent, *Without Grease*, 56, 76 - 77; Harper Sibley, "The Function of Government," *New York Times Magazine*, Feb. 2, 1936; W. M. Kiplinger, "Why Business Men Fear Washington," *Scribner's*, Oct. 1934; Raymond Moley, "Our Present Discontent," *Today*, Sept. 8, 1934; Hoover in *New York Herald Tribune* Sixth Annual Forum, *The New Way of Living and the Political Issues Which American Faces in* 1936 (New York, 1936), 175; Boyden Sparkes, "Horatio Alger at the Bridge," *Saturday Evening Post*, May 2, 1936; N. D. Baker, "The Decay of Self - Reliance," *Atlantic*, Dec. 1934; E. M. Hopkins, "Thoughts Current," *Atlantic*, Oct. 1936.

4. "The Case against Roosevelt," *Fortune*, Dec. 1935; Thorpe, "Speculating upon Speculation" ; Hoover, *Challenge*, 1, 33; Roger Burlingame, "Freedom and the Lone Wolf," *Harper's*, June 1934; Cornelius Vanderbilt, Jr., "Society Snubs Roosevelt," *Liberty*, July 14, 1934; Merle Thorpe, "Redefinition of Liberty," *Nation's Business*, July 1935; Elliot V. Bell, "Roosevelt and Business: The Wide Rift," *New York Times Magazine*, Aug. 16, 1936.
5. A. W. Atwood, "Has Business Leadership Failed? " *Saturday Evening Post*, Sept. 22, 1934; Merle Thorpe, "The First Order of Business," *Nation's Business*, Sept. 1936; " 'Smilin' Through! " ; E. T. Weir, "Present Relations of Business to Government," *Vital Speeches*, April 22, 1935; Merle Thorpe, "Give Management Its Job! " *Nation's Business*, Jan. 1936; Forney Johnston, "Why Industry Hesitates," *Nation's Business*, Feb. 1935; D. W. Brogan, *American Themes* (New York, 1948), 32 – 33; Hoover, *Challenge*, 147 – 148; W. L. Garrison, Jr., "The Hand of Improvidence," *Nation*, Nov. 14, 1934; Richard Whitney, *Elements of Recovery: Address Delivered ... Pittsburgh, Pa., Feb. 26, 1935* (n. p. [1935]), 16; New England Council, "The Extent, Causes and Suggested Remedies for the Current Lack of Confidence," Sept. 1934, W. B. Donham to F. D. R., Sept. 10, 1934, Roosevelt Papers; Colby M. Chester, "Industry and Recovery," *Vital Speeches*, April 6, 1936.
6. Hoover, *Challenge*, 5, 156, 198; Hoover, "A Call to Republicans," *Vital Speeches*, April 8, 1935; Ogden Mills, *Liberalism Fights On* (New York, 1936), 70; Mills, *What of Tomorrow?* 26, 41; *New Republic*, Feb. 19, 1936; J. W. Taylor in *Congressional Record*, 73 Cong., 2 Sess., 12595 (June 18, 1934).
7. *Congressional Record*, 73 Cong., 2 Sess., 11875, 11882 (June 15, 1934); *New York Times*, Nov. 1, Dec. 5, 1933, Feb. 9, April 10, June 7, July 8, 1934; Louise Overacker, "Campaign Funds in the Presidential Election of 1936," *American Political Science Review*, June 1937。在此应对理查德 · E. 洛表示感谢，我在哈佛开设讨论班时，他贡献了一篇相当出色的论文——"The Republican Reaction to the New Deal, 1933 – 1938"。
8. "Mr. Roosevelt's Men," *Fortune*, April 1934; Frank Kent, "Which Way Will the Elephant Jump? " *American Magazine*, Dec. 1935; Kent, Without Grease, 8 – 10; Lawrence, *Stumbling into Socialism*, 63; C. S. Thomas to Elmer Thomas, April 15, 1934, in *Congressional Record*, 73 Cong., Sess. 9836 – 9837 (May 29, 1934); Arthur Mullen, *Western Democrat* (New York, 1940), 316 – 318; J. W. Davis, "The Torch Democracy Keeps Alight," *New York Times Magazine*, March

5, 1933; *New York Times*, Feb. 28, 1934; Baker to Russell Cook, Nov. 7, 1935, Roosevelt Papers；阿尔弗雷德 · E. 史密斯的下列文章都有相应的日期标注: "Business Control" (July 1933), "On the Way Repeal" (Aug. 1933), "Sound Money" (Dec. 1933), "I Am an American Before I Am a Democrat," in *Vital Speeches*, Oct. 15, 1936。

9. A. S. Cleveland, "NAM: Spokesman for Industry," *Harvard Business Review*, May 1948; R. W. Gable, "NAM: Influential Lobby or Kiss of Death?" *Journal of Politics*, May 1953; Keller, "Journey to Disllusion," 417 - 420; Special Senate Committee Investigating the Munitions Industry, *Munitions Industry: Hearings*, 73 Cong., Recess (1934), 4424 - 4427; Senate Committee to Investigate Lobbying Activities, *Investigation of Lobbying Activities: Hearings*, 74 Cong., 2 Sess. (1936), 2059; Mason, *Security through Freedom*, 93 - 95.
10. Press Conference # 137, Aug. 24, 1934; F. D. R., *Personal Letters*, III, 417; *Time*, Sept. 3, 1934; Herbert Hoover, *Memoirs ... The Great Depression*, 1929 - 1941 (New York, 1952), 454 - 455; *United States News*, Aug. 27, 1934.
11. Mason, *Security through Freedom*, 95; Raskob to Farley, Nov. 5, 1934, Roosevelt Papers; Keller, "Journey to Disillusion," 427, 429; *American Liberty League: A Statement of Its Principles and Purposes* (Washington, 1934); Frederick Rudolph, "The American Liberty League, 1934 - 1940," *American Historical Review*, Oct. 1950.

三十一 1934年的裁决

1. *New York Times*, April 11, 1936; W. A. White, *Selected Letters ... 1899 - 1943*, Walter Johnson, ed. (New York, 1947), 346; Walter Lippmann, *Interpretations, 1933 - 1935*, Allan Nevins, ed. (New York, 1936), 184; F. D. R., *Public Papers* (1034), 314 - 315; Thurman Arnold, "How They Are Voting," *New Republic*, Sept. 30, 1936; Winston S. Churchill, "While the World Watches," *Collier's*, Dec. 29, 1934; *New York Times*, April 11, 1934.
2. Walter Lippmann, *The New Imperative* (New York, 1935), 43 - 46; Lippmann, *The Method of Freedom* (New York, 1934), 27; Senate Banking and Currency Committee, *Stock Exchange Practices: Hearings*, 72 Cong., 1 Sess. (1932), 954; Whiting Williams, "'But You Can't Let People Stave,'" *Survey Graphic*, Feb. 1932; J. G. Winant, "An Approach to Social Security," *Atlantic*, July 1936; Winston S. Churchill, "The Dole," *Saturday Evening Post*, March 29, 1930;

Jerome Frank, *Fate and Freedom* (New YORK, 1945), 214.

3. *New York Time*, June 4, 1935; Lippmann, *New Imperative*, 1, 46 - 47; J. P. Kennedy, *I'm For Roosevelt* (New York, 1936), 14; Lippmann, *Method of Freedom*, 37; A. A. Berle, Jr., "The New Deal and Economic Liberty," *Annals*, March 1935; Donald Richberg, "Points of View," *Nation's Business*, Feb. 1935.
4. *Time*, Oct. 29, 1934, Nov. 9, 1936; Milo Perkins, "Grab the Torch," *Nation*, Nov. 28, 1934; E. G. Shinner, *The Forgotten Man* (Chicago, 1933), ix, 109; W. L. Clayton, "The Future of Capitalism," *Vital Speeches*, Oct. 1, 1936; H. S. Dennison to Ida Tarbell, March 14, 1935, courtesy of Mrs. Henry Dennison; Senate Finance Committee, *Investigation fo the National Recovery Administration: Hearings*, 74 Cong., 1 Sess. (1935), 1431; "The Case against Roosevelt," *Fortune*, Dec. 1935.
5. H. L. Stimson and McGeorge Bundy, *On Active Service* (New York, 1948), 300; A. E. Mason, *Harlan Fiske Stone* (New York, 1956), 371 - 375; *New York Times*, April 11, 1934; Gerald Johnson, *Incredible Tale* (New York, 1950), 188; Roy Jenkins, *Mr. Balfour's Poodle* (London, 1954).
6. F. D. R., *Public Papers* (1933), 252, *Public Papers* (1934), 125, 420; F. D. R. to Edwin S. Smith, April 18, 1939, Roosevelt Papers; F. D. R., *Public Papers* (1934), 373, 422.
7. *New York Times*, Sept. 16, 25, 1934; *Time*, Oct. 8, 1934; Moley, *After Seven Years*, 294 - 295; Lamont to Norman Davis, Oct. 1, Davis to F. D. R., Oct. 10, 1934, Roosevelt Papers; Hopkins memorandum of talk with Lamont, Oct. 1, 1934, Hopkins Papers.
8. F. D. R., *Public Papers* (1934), 416 - 417, 435 - 440; Time, Oct. 8, Nov. 5, 1934; H. M. Kannee to Marvin McIntyre, Oct. 23, 1934, Roosevelt Papers; Moley, *After Seven Years*, 295 - 298; Artur Krock, "The Bankers Were Suppliants in 1934," *New York Times*, Sept. 25, 1953; *New York Times*, Oct. 25, 1934.
9. Lubin to Frances Perkins, June 7, Donham to F. D. R., Sept. 10, F. D. R. to De Coursey Fales, Oct. 6, Leffingwell to F. D. R., Oct. 13, 30, F. D. R. to Frankfurter, Nov. 2, to Mary T. Norton, Oct. 22, Stimson to F. D. R., Sept. 5, F. D. R. to Warburg, May 23, 1934, Roosevelt Papers; Press Conference #141, Sept. 5, 1934; F. D. R., *Personal Letters*, III, 419, 429.
10. F. D. R., *Public Papers* (1934), 314, (1940), 28; National Emergency Council, Proceedings, June 26, 1934; F. D. R., *Personal Letters*, III, 394; James M. Burns, *The Lion and the Fox* (New York, 1956), 183 - 185; Press

Conference #155, Nov. 2, 1934; Fred Biermann to McIntyre, April 28, 1936, Roosevelt Papers; E. K. Lindley, *The Roosevelt Revolution* (New York, 1933), 10; R. G. Tugwell, "Roosevelt and Hoover," *Antioch Review*, Winter 1953 – 1954; Tugwell, "New Deal Memoir," Ch. 1; Ickes, *First Thousand Days*, 533; La Follette in *New York Times*, Oct. 25, 1934.

11. F. D. R. to Garner, Aug. 11, Sept. 11, Sept. 25, to Claude Swanson, Oct. 25, 1934, Katherine Blackburn to Louis Howe, Aug. 10, 1934, "Supplementary Memorandum on Editorial Reaction to Recovery Administration," Roosevelt Papers; National Emergency Council, Aug. 21, 1934; *Time*, Aug. 20, 1934; *New York Times*, Oct. 15, 24, 1934; Ickes, *First Thousand Days*, 202; J. A. Farley, *Jim Farley's Story* (New York, 1948), 47 – 48.
12. *New York Times*, Nov. 7, 11, 1934; *Time*, Nov. 19, 1934.

三十二 决策机制

1. Eleanor Roosevelt, *This I Remember* (New York, 1949), 84; Frances Perkins, *The Roosevelt I Knew* (New York, 1946), 65 – 66; Grace Tully, *F. D. R., My Boss* (New York, 1949), 71 – 81; Ickes, *First Thousand Days*, 421 – 422; Emil Ludwig, *Roosevelt* (New York, 1938), 290 – 294; R. G. Tugwell, "Must We Draft Roosevelt?" *New Republic*, May 13, 1940; Ross McIntire, *White House Physician* (New York, 1946), 65, 76; James W. Gerard, *My First Eighty-Three Years in America* (New York, 1951), 355; Drew Pearson and Robert S. Allen, "How the President Works," *Harper's*, June 1936; H. F. Pringle, "The President," *The New Yorker*, June 16, 23, 1934.
2. Interview with John Keller, Oct. 9, 1949; Keller with Joe Bolt, " 'Franklin's on His Own Now,' " *Saturday Evening Post*, Oct. 12, 1940; Donald Richberg, *My Hero* (New York, 1954), 210 – 211; Henrietta Nesbitt, *White House Diary* (New York, 1949), 137; Eleanor Roosevelt to Molly Dewson, March 22, 1935; Dewson Papers; Eleanor Roosevelt, *This I Remember*, 113, 145, 167; Ickes, *First Thousand Days*, 552, 640; Pringle, "The President," *The New Yorker*, June 30, 1934; E. J. Flynn, *You're the Boss* (New York, 1947), 144 – 145; Lela Stiles, *The Man behind Roosevelt* (Cleveland, 1954), 236 – 301; John Gunther, *Roosevelt in Retrospect* (New York, 1950), 84 – 86; Raymond Moley, 27 *Masters of Politics* (New York, 1949), 142.
3. Tully, *F. D. R.*, 150 – 155; Ickes, *First Thousand Days*, 398, 461; Eleanor

Roosevelt, *This I Remember*, 108, 114, 170; Doris Fleeson, "Missy — to Do This — F. D. R.," *Saturday Evening Post*, Jan. 8, 1938; S. J. Woolf, "Roosevelt as His Secretary Sees Him," *New York Times Magazine*, June 10, 1934; Gunther, *Roosevelt*, 72 - 73; Jonathan Daniels, *Frontier on the Potomac* (New York, 1946), 49 - 50; Robert E. Sherwood, *Roosevelt and Hopkins* (New York, 1948), 207 - 209.

4. E. S. Corwin, *The President: Office and Powers* (New York, 1957), 19, 320, 323, 491 - 492; A. M. Schlesinger, Jr., *The Age of Jackson* (Boston, 1945), 40; H. L. Ickes, "My Twelve Years with F. D. R.," *Saturday Evening Post*, June 5, 1948; Ickes, *First Thousand Days*, 152, 308, 315, 407; William Phillips, *Ventures in Diplomacy* (North Beverly, Mass., 1952), 183; Tugwell, *Diary*, Feb. 16, 1935; Tully, *F. D. R.*, 187; interview with Morgenthau, Dec. 20, 1945, Morgenthau Papers; Perkins, *Roosevelt I Knew*, 134 - 135; D. C. Roper, *Fifty Years of Public Life* (Durham, N.C., 1941), 288 - 289; Jesse H. Jones, with Edward Angly, *Fifty Billion Dollars* (New York, 1951), 303 - 304; Cordell Hull, *Memoirs* (New York, 1948), I, 203 - 207; Pringle, "The President," *The New Yorker*, June 30, 1934; Raymond Clapper, *Watching the World* (New York, 1944), 154.
5. 本节依据我在美国历史学会年会上宣读的一篇文章修改而成，宣读日期为1954年12月29日。格雷丝·塔利的引文见 *F. D. R.*, *My Boss*, xi。
6. Louis Brownlow, The President and the Presidency (Chicago, 1949), 61 - 62; Early to Eugene Lyons, Feb. 2, 1939, Frances Perkins to F. D. R., June 18, F. D. R. to Frances Perkins, June 19, 1934, Roosevelt Papers; Pringle, "The President," *The New Yorker*, June 30, 1934; E. D. Coblentz, *William Randolph Hearst* (New York, 1952), 154; Rosita Forbes, *These Men I Knew* (New York, 1940), 220; Ickes, *First Thousand Days*, 326; Jones, *Fifty Billion Dollars*, 261; J. P. Warburg, "Reminiscences" (Oral History Research Office, 1952), 1299; Moley, 27 *Masters*, 45; Richberg, *My Hero*, 160 - 161; Gunther, *Roosevelt*, Ch. 8; "More Candor," *The New Yorker*, Aug. 30, 1947; Flynn, *You're the Boss*, 214.
7. Mary W. Dewson, Appendix of "An Aid to the End," Dewson Papers; Tugwell, "New Deal Memoir," Ch. 3; Eleanor Roosevelt, *This I Remember*, 56, 125; Perkins, *Roosevelt I Knew*, 30, 68 - 70; Tully, F. D. R., 107; Ira T. Smith and Joe Alex Morris, "*Dear Mr. President*" (New York, 1949), 150 - 151; Louis Howe, "The President's Mailbag," *American Magazine*, June 1934; Leila A.

Sussmann, "FDR and the White House Mail," *Public Opinion Quarterly*, Spring 1956; Alben Barkley, *That Reminds Me* (New York, 1954), 144; Press Conference # 952, May 30, 1944; H. G. Wells, *Experiment in Autobiography* (New York, 1934), 683; James Kieran, "The President Listens In on the Nation," *New York Times Magazine*, Oct. 3, 1937.

8. Andrew Jackson, Protest to the Senate of the United States, April 15, 1834; Louis Brownlow, *A Passion for Anonymity* (Chicago, 1958), 384; McIntire, *White House Physician*, 80; R. G. Tugwell, "Franklin D. Roosevelt on the Verge of the Presidency," *Antioch Review*, Spring , 1956; Eleanor Roosevelt, *This I Remember*, 7; F. D. R., *Personal Letters*, III, 401, 554; Press Conference # 360A, April 15, 1937, # 649A, June 5, 1940, Robert H. Jackson to Arthur M. Schlesinger, Oct. 9, 1950.
9. Francis Biddle, "The Labor Board," Biddle Papers; F. D. R., *Public Papers* (1944 – 1945), 232; interview with John N. Garner, *United States News & World Report*, March 8, 1957; interview with Henry Morgenthau, Jr., July 26, 1946; interview with Wayne Coy, May 10, 1949; Tully, F. D. R., 172; H. S. Johnson, "Profile of a President," *Ladies' Home Journal*, Marh 1938; F. D. R., *Public Papers* (1933), 165; R. G. Tugwell, "The Experimental Roosevelt," *Political Quarterly*, July – Sept. 1950; Perkins, *Roosevelt I Knew*, 137, 164; W. M. Kiplinger, "What's Ahead in Washington," *Nation's Business*, Feb. 1934; E. J. Flynn, "Reminiscences" (Oral History Research Office, 1950).

三十三 控制政府

1. Frances Perkins, *The Roosevelt I Knew* (New York, 1946), 359 – 360, 380, 385; F. D. R., *Public Papers* (1934), 315; R. G. Tugwell, "The New Deal:The Available Instruments of Government Power," *Western Political Quarterly*, Dec. 1949; *Time*, July 27, 1936; Tugwell to F. D. R, Dec. 21, 1936, Roosevelt Papers; H. L. Stimson and McGeorge Bundy, *On Active Service* (New York, 1948), 333; A. M. Schlesinger, Jr., "Curmudgeon's Confessions," *New Republic*, Dec. 7, 1953.
2. R. G. Tugwell, "The Experimental Roosevelt," *Political Quarterly*, July – Sept., 1950; Cordell Hull, *Memoirs* (New York, 1948), I, 205; Tugwell, "New Deal Mimoir," Ch. 2; Francis Biddle, "The Labor Board," Biddle Papers; Morgenthau, *Diary*, Dec. 2, 1935, Aug. 5, 1942; Donald Richberg, *My Hero*

(New York, 1954), 288; R. G. Tugwell, *The Democratic Roosevelt* (New York, 1957), 359,442; Perkins, *Roosevelt I Knew*, 137; R. G. Tugwell and E. C. Banfield, "Grass Roots Democracy — Myth Or Reality? " *Public Administration Review*, Winter 1950; H. C. Ickes, *The Inside Struggle* (New York, 1954), 659; Jerome Frank to Harry Hopkins, Aug. 22, 1937, Hopkins Papers; interview with Morgenthau, July 26, 1946.

3. Bidle, "The Labor Board" ; William Phillips, *Ventures in Diplomacy* (North Beverly, Mass., 1953), 184 - 184; Grace Tully, *F. D. R., My Boss* (New York, 1949), 72, 170; Morgenthau, *Diary*, Feb. 15, April 13, Dec. 2, 1935; Tugwell, "The Experimental Roosevelt" ; Ickes, *First Thousand Days*, 144, 165, 245, 295 - 296, 426; Robert E. Sherwood, *Roosevelt and Hopkins* (New YORK, 1948), 63; F. D. R., *Personal Letters*, III, 442; Richberg, *My Hero*, 291 - 292; Mary W. Dewson, "An Aid to the End," Dewson Papers; F. D. R. to A. A. Sprague, Jan. 29, 1936, Roosevelt Papers; W. O. Douglas, "Spoken Like a True American," *Virginia Quarterly Review*, Spring, 1954.

4. Morgenthau, *Diary*, April 13, 1935; John Gunther, *Roosevelt in Retrospect* (New York, 1950), 49; Tully, *F. D. R.*, 66; Ross McIntire, *White House Physician* (New York, 1946), 80; George Creel, *Rebel at Large* (New York, 1947), 333; Ickes, *First Thousand Days*, 692; Jonathan Daniels, *Frontier on the Potomac* (New York, 1946), 31; Sidney Hyman, memoranda of conservations with Philip B Fleming, Aug. 19, 1949, with Lewis B. Hershey, Oct. 9, 1949, Roosevelt Foundation Papers; Jesse Jones, with Edward Angly, *Fifty Billion Dollars* (New York, 1951), 262; Perkins, *Roosevelt I Knew*, 380, 385; Delano to H. S. Hooker, Oct. 28, 1936, Roosevelt Papers; James E. Abbe, "Revolutions Don't Grow Here," *Today*, Nov. 23, 1935.

5 Morgenthau, *Diary*, Sept. 27, Tugwell, *Democratic Roosevelt*, 380; H. S. Johnson, *The Blue Eagle* (New York, 1935), 370 - 371, 430 - 432; National Emergency Council, Proceedings, especially Dec. 19, 1933; Richberg, *My Hero*, 177 - 178; *New York Times*, Nov. 1, 1934; F. D. R. to Early, Nov. 3, 1934, Roosevelt Papers; Ickes, *First Thousand Days*, 220 - 221; Louis Brownlow, *A Passion for Anonymity* (Chicago, 1958), 318 - 322.

6. Brownlow, *Passion*, 321; Natl. Emer. Council, Proceedings, Dec. 11, 1934, Jan. 22, 1935; Morgenthau, *Diary*, Jan. 22, 1935; R. E. Neustadt, "Presidency and Legislation: The Growth of Central Clearance," *American Political Science Review*, Sept. 1954.

7. Ickes, *First Thousand Days*, 201, 596; Eleanor Roosevelt, *This I Remember* (New York, 1949), 145; Moley, *After Seven Years*, 283-284; Tugwell, Diary, March 26, 1934; Tugwell, "New Deal Memoir," Chs. 2, 3.
8. H. S. Johnson, "Profile of a President," *Ladies' Home Journal*, March 1938; S. J. Woolf, "Up the Ladder with F. D. R.," *New York Times Magazine*, Aug. 27, 1939; A. A. Berle, Jr., Diary, April 14, 1945, Berle Papers; Sherwood, *Roosevelt and Hopkins*, 73.

三十四 解析领袖

1. Donald Richberg, *My Hero* (New York, 1954), 293.
2. National Emergency Council, Proceedings, Dec. 17, 1935; R. E. Neustadt, "Presidency and Legislation: The Growth of Central Clearance," *American Political Science Review*, Sept. 1954; George C. Robinson, "The Veto Record of Franklin D. Roosevelt," *American Political Science Review*, Feb. 1942; Charles A. Beard, "Roosevelt's Place in History," *Evants*, Feb. 1938; Pettengil to McIntyre, Feb. 24, 1934, Hull to F. D. R., May 4, F. D. R. to Doughton [not sent], *May Name Is Tom Connally* (New York, 1954), 154, 184; H. L. Ickes, "My Twelve Years with F. D. R.," *Saturday Evening Post*, June 12, 1948; Morgenthau, *Diary*, June 29, 1939; Drew Pearson and Robert S. Allen, "How the President Works," *Harper's*, June 1936.
3. Interview with Thomas G. Corcoran, Oct. 21, 1957; A. A. Berle, Jr., "Roosevelt's Rendezous with History," *New York Times Book Review*, June 4, 1950; interview with Herbert C. Pell, Aug. 30, 1957; Natl. Emer. Council, Proceedings, Dec. 17, 1935; Upton Sinclair, *I, Candidate for Governor and How I Got Licked* (Pasadena, 1935), 78; F. D. R., to R. W. Farrell, March 28, 1932, Pittman to F. D. R., Aug. 25, 1933, F. D. R. to Wells, Feb. 15, 1935, Roosevelt Papers; F. D. R., *Public Papers* (1940), 27, 31; Anne O'Hare McCormick, "Roosevelt Surveys His Course," *New York Times Magazine*, July 8, 1934.
4. John H. Sharon, "The Fireside Chat," F. D. R Coll., Nov. 1949; Charles Michelson, *The Ghost Talks* (New York, 1944), 13; Grace Tully, *F. D. R., My Boss* (New York, 1949), 98-100; Raymond Moley, *27 Masters of Politics* (New York, 1949), 149; Eleanor Roosevelt, *This I Remember* (New York, 1949), 72-73; Press Conference #969, Sept. 22, 1944; Robert E. Sherwood, *Roosevelt*

and Hopkins (New York, 1948), 212 - 218; Richberg, *My Hero*, 285.

5. James E. Pollard, *The Presidents and the Press* (New York, 1947), 773 - 818; "Washington, D. C.," *Fortune*, Dec. 1934; Raymond Clapper, "Why Reporters Like Roosevelt," *Review of Reviews*, June 1934; Natl. Emer. Council, Proceedings, Dec. 11, 1934; F. D. R., *Public Papers* (1933), 38 - 45, *Public Papers* (1935), 509; Westbrook Pegler, "Fair Enough," *New York World-Telegram*, March 13, 1934; A. Merriaman Smith, *Thank You, Mr. President* (New York, 1946), Ch. 2; Emil Ludwig, *Roosevelt* (New York, 1938), 283 - 284; John Gunther, *Roosevelt in Retrospect* (New York, 1950), 21 - 23; Geoffrey Hellman, "Roosevelt," *Life*, Jan. 20, 1941; W. D. Hasset, "The President Was My Boss," *Saturday Evening Post*, Oct. 17, 1953; William L. Chenery, *So It Seemed* (New York, 1952), 258; George Creel, *Rebel at Large* (New York, 1947), 290.
6. Mrs. Stephen Early, "F. D. R. — As My Husband Knew Him," *American Weekly*, April 24, 1955; F. D. R. to Ochs, Nov. 26, 1934, to B. P. P. Moseley, March 25, to Robert M. Hutchins, June 29, July 1, to Norman Hapgood, July 10, 1935, to Cleveland Rodgers, Aug. 11, 1936, 1939, to Josephus Daniels, Sept. 28, 1940, Roosevelt Papers; Drew Pearson, "My Life in the White House Doghouse," *Saturday Evening Post*, Nov. 10, 1956; Edgar Kemler, *Irreverent Mr. Mencken* (Boston, 1950), 268 - 272; F. D. R., *Public Papers* (1935), 512 - 513, *Public Papers* (1938), 278 - 281; Ickes, *First Thousand Days*, 204; Roosevelt inscription in Ickes, *Freedom of the Press Today* (New York, 1941), Roosevelt Papers; LeHand scrapbook, June 19, 1935, Roosevelt Papers.
7. M. W. Childs, "They Hate Roosevelt," *Harper's* May 1936; Time, April 27, 1936; Nocholas Roosevelt, *A Front Row Seat* (Norman, Okla., 1953), 4 - 5; A. S. Karr, "The Roosevelt Haters," F. D. R. Coll., May 1950; J. K. Wilcox, "Anti-FDR Checklist," F. D. R. Coll., May 1954；在此要感谢 W. P. 吉洛特先生，他为我提供这首歪诗的更为完整的版本。吉洛特还指出："战前，这首歪诗一直在共和党中秘密流传。" Moley, *After Seven Years*, 301; Robert Hale, "But I, Too, Hate Roosevelt," *Harper's*, Aug. 1936; Mrs. Early, "F. D. R."; Esther Arthur, "Have You Heard about Roosevelt?" *Common Sense*, Aug. 1938; M. W. Childs, "They Still Hate Roosevelt," *New Republic*, Sept. 14, 1938; Stephen Early, "Below the Belt," *Saturday Evening Post*, June 10, 1949.
8. Morgenthau, *Dairy*, May 8, 1935; *Time*, April 15, 1935; M. W. Childs, "Mr. Mellon in Court," *New Republic*, May 15; Raymond Daniell, "Land of the

Free," in Hanson Baldwin and Shepard and Shepard Stone, eds., *We Saw It Happen* (*New York*, 1938), 83 - 84; Homer Cunmings, *Selected Papers*, C. B. Swisher, ed. (New York, 1939), 247; "Robert H. Jackson," *Fortune*, March 1938; F. D. Ashburn, *Peabody of Groton* (New York, 1944), 295, 340 - 345; George Biddle, *An American Artist's Story* (Boston, 1939), 66 - 67.

9. Ira T. Smith and Joe Alex Morris, "Dear Mr. President" (New York, 1949), 12, 213 - 214; Lorena Hickok to Hopkins, April 8, July 1, Martha Gellhorn to Hopkins, Nov. 11, 1934, Hopkins Papers; Walter Davenport, "Recovery Throws Away a Crtuch," *Collier's*, May 5, 1934; Sherwood Anderson, "Explain, Explain!" *Today*, Dec. 2, 1933; John Dos Passos, "The Radio Voice," *Common Sense*, Feb. 1934; Frances Perkins, *The Roosevelt I Knew* (New York, 1946), 72; Westbrook Pegeler, *The Dissenting Opinions of Mister Westbrook Pegler* (New York, 1938), 152 - 153; F. H. Sanford, "Public Orientation to Roosevelt," *Public Opinon Quarterly*, Summer 1951.

三十五 面具背后

1. Evans Carlson to Marguerite LeHand, Jan. 4, 1940, Roosevelt Papers; Grace Tully, *F. D. R., My Boss* (New York, 1949), 273; Walter Tittle, *Roosevelt as an Artist Saw Him* (New York, 1948), 135; N. C. Fabricant, "Franklin D. Roosevelt's Nose and Throat Ailments" and "Franklin D. Roosevelt, the Common Cole and American History," *Eye, Ear, Nose and Throat Monthly*, Feb. 1957, March 1958; Jesse Jones, with Edward Angly, *Fifty Billion Dollars* (New York, 1951), 262; Anne O'Hare McCormich, "Still 'A Little Left of Center'," "An Unchanging Roosevelt Drives on," and "As He Sees Himself," *New York Times Magazine*, June 21, 1936, Aug. 15, 1937, Oct. 16, 1938; "Peggy Bacon's Guillotine," *New Repulic*, Dec. 12, 1934; Ira T. Smith and Joe Alex Morris, "*Dear Mr. President*" (New York, 1949), 6, 156; Robert E. Sherwood, *Roosevelt and Hopkins* (New York, 1948), 9; Hjalmar Schacht, *My First Seventy-six Years* (London, 1955) l Mary Colum, *Life and the Dream* (New York, 1947), 440 - 442; C. G. June in *London Observer*, Oct. 18, 1936.
2. Stanley High, *Roosevelt — And Then?* (New York, 1937), 27, 63; F. D. R., *Personal Letters*, II, 513 - 514, III, 418 - 419; J. A. Farley, *Jim Farley's Story* (New York, 1948), 68, and *Behind the Ballots* (New York, 1938), 64, 318, 349; Eleanor Roosevelt, "If You Ask Me," *Ladies'Home Journal*, Sept. 1947;

"More Candor," *The New Yorker*, Aug. 30, 1947; interview with Morgenthau, July 26, 1946; Elizabeth McDuffie, "What I Miss Most about Franlin D. Roosevelt," *Look*, April 22, 1952; Michael Richberg, *My Hero* (New York, 1954), 292; H. L. Ickes, "My Twelve Years with F. D. R.," *Saturday Evening Post*, July 24, 1948; H. S. Johnson, "Profile of a President," *Ladies' Home Journal*, March 1938; Eleanor Roosevelt, *This I Remember* (New York, 1949), 65, 161; R. G. Tugwell, *The Democratic Roosevelt* (New York, 1957), 65–66.

3. Henrietta Nesbitt, *White House Diary* (New York, 1949), 3; Tully, *F. D. R.*, 4, 7, 115, 206; Tugwell, "New Deal Memoir," Ch.s; Ickes, *First Thousand Days*, 50–51, 126–127, 240, 249, 449–452, 537, 633–635; Francis Biddle, "The Labor Boarde," Biddle Papers; Raymond Moley, 27 *Masters of Politics* (New York, 1949), 113; Garner interview in *U. S. News & World Report*, March 8, 1957; Mary W. Dewson, "An Aid to the End," Dewson Papers; James Kieran, "How FDR Played Poker," *Look*, Aug. 19, 1947; John Gunther, *Roosevelt in Retrospect* (New York, 1950), 67–70; F. D. R. to J. P. Dawson, Jan. 25, to Early, June 18, 1937, Roosevelt Papers; Ross McIntire, *White House Physician* (New York, 1946), 78–79, 84–85; Smith and Morris, "*Dear Mr. President*," 144–145; Ickes, "My Twelve Years"; Henry Morgenthau, Jr., "The Paradox of Poverty and Plenty," *Collier's*, Oct. 25, 1947.
4. "What's to Become of Us?" *Fortune*, Dec. 1933; F. D. R. to W. H. Moran, May 27, 1933, Roosevelt Papers; *Time*, July 27, 1936; E. W. Starling, *Starling of the White House* (New York, 1946), 309–311; Margaret L. Suckley, "A Day at Hyde Park," *New Republic*, April 15, 1946; H.F. Pringle, "The President," *The New Yorker*, June 23, 1934.
5. Tugwell, *Democratic Roosevelt*, 97, 333; Dewson, "An Aid to the End"; Frances Perkins, *The Roosevelt I Knew* (New York, 1946), 162, Donald Richberg, *My Hero* (New York, 1954), 281, 185–186; Morgenthau, *Diary*, May 20, 1935; Ickes, *First Thousand Days*, 606; interview with Thomas G. Corcoran, Oct. 19, 1957.
6. Sherwood, *Roosevelt and Hopkins*, 9, 266; Perkins, *Roosevelt I Knew*, 145, 173, 330; McIntire, *White House Physician*, 77; Anne O'Hare McCormick, *The World at Home* (New York, 1956), 219, 324; Swope to Grace Tully, March 30, 1949, Roosevelt Foundation Papers; J. N. Rosenau, "Interviews with Mrs. Franklin D. Roosevelt," Appendix B of "An Estimate of Franklin D. Roosevelt Based upon His Personal Letters," senior thesis, Bard College, 1948; Eleanor Roosevelt,

This I Remember, 67－69; R. G. Tugwell, *The Stricken Land* (New York, 1946), ix; Biddle, "The Laobr Board"; R. G. Tugwell, "The Experimental Roosevelt," *Political Quarterly*, July－Sept. 1950; Eleanor Roosevelt, *This Is My Story* (New York, 1937), 150; Roosevelt, *Public Papers* (1933), 368, *Public Papers* (1938), 381－382; Johnson, "Profile of a President"; Tully, *F. D. R.*, 6; Ickes, *The Inside Struggle* (New York, 1954), 290.

7. 此处的引文出自 "The Presidency at Mid-Century," *Law and Contemporary Prolems*, Autumn 1956; H. G. Wells, *Experiment in Autobiography* (New York, 1934), 681 － 682, and Eleanor Roosevelt, "My Day," *New York World-Telegram*, April 20, 1945。也可参见以赛亚·伯林爵士在《大西洋月刊》上刊发的两篇精彩文章:"Mr. Churchill" (Sept. 1949)和 "Roosevelt through European Eyes" (July 1955)。

Arthur M. Schlesinger, Jr.
THE COMING OF THE NEW DEAL: 1933-1935, THE AGE OF ROOSEVELT, VOLUME Ⅱ

Copyright © 1958, Arthur M. Schlesinger, Jr.
Copyright renewed © 1986 by Arthur M. Schlesinger, Jr.
All rights reserved

图字：09－2018－1136号

图书在版编目（CIP）数据

新政的来临：罗斯福时代. Ⅱ /（美）小阿瑟·M. 施莱辛格（Arthur M. Schlesinger, Jr.）著；林国荣译. -- 上海：上海译文出版社，2025. 6. --（小阿瑟·M. 施莱辛格史学经典）. -- ISBN 978-7-5327-9364-8
Ⅰ. K712. 507
中国国家版本馆CIP数据核字第2025693KM2号

新政的来临1933—1935
罗斯福时代Ⅱ
The Coming of the New Deal: 1933-1935, the Age of Roosevelt, Volume Ⅱ

Arthur M. Schlesinger, Jr.
［美］小阿瑟·M. 施莱辛格　著
林国荣　译

出版统筹　赵武平
策划编辑　陈飞雪
责任编辑　邹　滢
装帧设计　张擎天

上海译文出版社有限公司出版、发行
网址：www.yiwen.com.cn
201101　上海市闵行区号景路159弄B座
上海盛通时代印刷有限公司印刷

开本 890×1240　1/32　印张 23.5　插页 2　字数 442,000
2025年6月第1版　2025年6月第1次印刷

ISBN 978－7－5327－9364－8
定价：149.00元

本书版权为本社独家所有，未经本社同意不得转载、摘编或复制
本书如有质量问题，请与承印厂质量科联系，T：021－37910000